Profil mordercy

PAUL BRITTON

Profil mordercy

tłumaczenie
Przemysław Kiliński

znak litera nova

Kraków 2018

Tytuł oryginału
The Jigsaw Man

Projekt okładki
Magda Kuc

Fotografia na pierwszej stronie okładki
Copyright © Caspar Benson/fStop/Getty Images

Opieka redakcyjna
Przemysław Pełka
Artur Wiśniewski

Projekt typograficzny
Daniel Malak

Opracowanie tekstu i łamanie
MELES-DESIGN

Korekta
Małgorzata Kłosowicz

ISBN 978-83-240-4814-4

Książki z dobrej strony: www.znak.com.pl
Więcej o naszych autorach i książkach: www.wydawnictwoznak.pl
Społeczny Instytut Wydawniczy Znak
ul. Kościuszki 37, 30-105 Kraków
Dział sprzedaży: tel. 12 61 99 569, e-mail: czytelnicy@znak.com.pl

Wydanie III, Kraków 2018
Druk: READ ME

Niniejszą książkę dedykuję dwóm grupom ludzi, którzy wywarli ogromny wpływ na moje życie.

Ofiarom przestępstw, do których rozwikłania się przyczyniłem. Przed ich cierpieniem i bólem nie byłem w stanie uciec.

Pracownikom policji, którzy muszą w czasie pracy odsunąć na bok uczucia, a po powrocie do domów znów normalnie funkcjonować w swoich rodzinach.

Dziękuję również Marilyn, która zawsze była ze mną, i mam nadzieję, że zawsze ze mną pozostanie. Ona też nie mogła całkiem uciec.

Podziękowania

ZAJMUJĄC SIĘ WIELOMA KRYMINALNYMI I INNYMI TRUDNYMI SPRAWAMI, zetknąłem się z najbardziej błyskotliwymi i przenikliwymi policjantami. Wszyscy oni przyczynili się do zmiany sposobu zbierania, analizowania i wykorzystywania w śledztwie informacji. Na mój szczególny podziw zasłużyli: podinspektor David Baker, komendant John Grieve, komendant David Tucker, nadkomisarz Bob Taylor, zastępca komisarza policji hrabstwa Tom Cook, podinspektor Harry Shepherd, nadkomisarz Ian Johnston, nadkomisarz Ian Gordon, podinspektor Duncan Bailey, podinspektor Brendon Gibb-Grey, komisarz policji hrabstwa John Stevens, podkomisarz Keith Pedder, „Lizzie James", nadkomisarz Mickey Banks, podkomisarz John Pearse, nadkomisarz Albert Kirby, nadkomisarz John Bennett, podinspektor Colin Port, nadkomisarz Tony Bayliss i podkomisarz Gino Varriale, a także Judd Ray, Greg Cooper, „Roy" Hazelwood i John Douglas z FBI.

Kiedy przeżywałem trudny okres, prawdziwymi przyjaciółmi i dobrymi kolegami okazali się Paul Jackson, Julian Boon i Sarah Lewis.

Ursula Mackenzie, Bill Scott-Kerr, Garry Prior, Patrick Janson-Smith, Larry Finlay i Alison Barrow z wydawnictwa Transworld oraz Mark Lucas z LAW potrafili doskonale wyważyć zachęty i wymagania, dzięki czemu książka ta ujrzała światło dzienne.

Diane Purves – moja sekretarka – doskonale organizowała pracę kliniczną, podczas gdy ja zajmowałem się sprawami kryminalnymi.

Chyba nie można zaangażować się w śledztwo bez poświęcenia życia osobistego. Mal, Emma, Rufus, Ian i Katherine ofiarowali mi swą miłość i czuwali nad intelektualnym i emocjonalnym życiem rodziny.

Pragnę także podziękować wszystkim osobom, których nazwisk nie mogę tu podać ze względów bezpieczeństwa. Wiecie, że o Was mówię. Życzę Wam powodzenia. Nie ustawajcie w wysiłkach. Ciemność ogarnie nas, jeśli przestaniecie pracować.

(…) spotkajmy się znowu,
Aby zbadawszy to tak krwawe dzieło,
Poznać je bliżej. Lęk i wątpliwości
Wstrząsają nami. W wielkiej ręce Boga
Stoję i obca mi trwoga. Dlatego
Wroga naszego podstępnego zamysł
Obnażyć pragnę.

William Shakespeare, *Makbet*, akt II, scena III,
przełożył Maciej Słomczyński

Słowo od autora

SPRAWY PRZEDSTAWIONE NA KARTACH NINIEJSZEJ KSIĄŻKI wybrałem, pragnąc pokazać początki i rozwój profesjonalnego wykorzystania psychologii w pracy śledczej, a także ze względu na fakt, że mój udział w nich jest już powszechnie znany, a działania wymiaru sprawiedliwości zakończyły się. Nie omawiam tych spraw, w których tajemnica nadal ma decydujące znaczenie.

W niektórych przypadkach zmieniłem szczegóły przestępstw oraz prowadzonego śledztwa. Zrobiłem to, by chronić świadków i ofiary, a także ze względu na dobro trwającego nadal dochodzenia oraz by nie wskazywać ewentualnym przestępcom, jakich błędów należy unikać.

Zmieniono wszystkie informacje pozwalające zidentyfikować pacjentów, chyba że są znane opinii publicznej.

1

WE WTORKOWY RANEK, 22 LISTOPADA 1983 ROKU, wyjrzałem przez okno swego gabinetu na taras i zaniedbany ogród prowadzący do rozciągających się dalej pól i zobaczyłem dziwną procesję. Spoza drzew wyszły dziesiątki ludzi, którzy posuwali się naprzód i tworzyli długi, nieprzerwany łańcuch. Nad ich głowami unosiły się obłoczki pary, wyglądające prawie jak dymki w komiksach, na zmianę pojawiające się i znikające w rytm oddechu.

Od czasu do czasu któryś z nich zatrzymywał się i kucał, przyglądając się ziemi. Pozostali również przystawali, a czekając, pochylali się nad zamarzniętą trawą i błotem. Chociaż byli grubo okutani, na ich twarzach nie dostrzegłem zapału ani zadowolenia z wykonywanego zadania.

– Co oni robią? – zapytała Anne Chalmers, sekretarka na oddziale psychologii.

– Wyglądają na policjantów – odpowiedziałem.

– Hm.

Zamilkła i wspólnie wyglądaliśmy przez okno, zastanawiając się, co przywiodło policję do naszych drzwi – do Carlton Hayes, szpitala dla psychicznie chorych w Narborough w hrabstwie Leicestershire.

Ogromny edwardiański budynek szpitala był widoczny z daleka. Wyróżniał się pośród kilkunastu malowniczych wiosek we wschodniej i środkowej Anglii. Kiedy wybudowano go w latach 1905–1907 jako szpital dla obłąkanych z całego hrabstwa, podróż konna lub powozem z pobliskich miast targowych musiała się wydawać podróżą donikąd. W tamtych czasach wszystkie okoliczne grunty należały do szpitala. Pracowali na nich pacjenci, tak więc szpital był w zasadzie samowystarczalny. Nigdy już jednak nie pozbył się atmosfery szaleństwa, która otacza wszystkie tego typu instytucje i czyni z nich przedmiot powszechnego strachu. Chyba dlatego też w 1938 roku nazwę zmieniono na Dom dla Nerwowo Chorych.

Mimo to Carlton Hayes nie był przytłaczającym ani przerażającym miejscem. Natychmiast po przekroczeniu bramy wjazdowej gość miał poczucie przestronności i spokoju, gdy szedł drogą łagodnie wijącą się pomiędzy bramą, parkingiem, trawnikiem do gry w kule, polem do krykieta i rabatami kwiatów, by w końcu dotrzeć do głównego gmachu szpitala. Potężne budynki wzniesione z czerwonej cegły, ze stromymi dachami z łupka, oraz dwa ogromne kominy były widoczne z odległości wielu mil.

Przypomniałem sobie wizytę sprzed pięciu lat, kiedy przyjechałem na rozmowę kwalifikacyjną w sprawie przyjęcia na staż w charakterze psychologa klinicznego. Chociaż spędziłem tam już sześć miesięcy, pracując społecznie jako stażysta, to nadal onieśmielał mnie sam widok Carlton Hayes. Szerokie kamienne stopnie, dębowe drzwi, izba przyjęć i korytarz administracji sprawiały wrażenie starego ratusza. W pokojach snuło się echo, drzwi obracały się na ciężkich zawiasach, a klamki błyszczały od wieloletniego używania.

Na ścianach sali konferencyjnej wisiały portrety byłych dyrektorów w sztywnych kołnierzykach i z baranimi baczkami. W początkowym okresie zebrania naszego oddziału odbywały się przy jednym z końców stołu. W późniejszych latach oddział powiększył się na tyle, by zapełnić cały stół.

Swoje stanowisko objąłem w październiku 1978 roku i przez następne trzy lata stykałem się z wieloma pacjentami i różnorodnymi problemami psychologicznymi. Sporą część moich zajęć stanowiła praca z pacjentami ambulatoryjnymi, przychodzącymi na oddział opieki dziennej szpitala Woodlands. Mieścił się on w dużym dworku o dziewięciu czy dziesięciu pokojach, oddalonym od głównego budynku o około ćwierć mili. Pracowałem również na oddziale stanów ciężkich, składającym się zaledwie z czterech pododdziałów, gdzie pacjentów poddawano intensywnemu leczeniu przed wypisaniem do domu albo przeniesieniem na inne oddziały.

Większość hospitalizowanych pacjentów wymagała długotrwałej opieki. Głównie były to osoby cierpiące na choroby wieku starczego, zanik przedniego płata kory mózgowej, depresje. Byli też młodsi pacjenci z poważnymi chorobami psychicznymi, takimi jak schizofrenia. Rzadko zaglądałem na oddziały, gdzie przebywali pacjenci z demencją starczą, ale nigdy nie zapomnę charakterystycznego zapachu, który tam panował. Odnosiło się wrażenie, że przez dziesiątki lat mocz przesiąknął każdą cząstkę budynku. Bez względu na staranność szorowania podłogi nic nie było w stanie go usunąć.

Na szczęście oddział psychologii znajdował się w pawilonie, z dala od głównego gmachu, w dawnym domu dyrektora szpitala (noszącym nazwę Dom Rosinga). Jednopiętrowy budynek miał ogromne okno wykuszowe wychodzące na niewielki kamienny taras, na którym często siedzieliśmy z otwartą butelką wina, jedząc lunch i obserwując zające szukające pożywienia na pobliskich polach.

Teraz po zamarzniętej ziemi stąpały ciężkie policyjne buty. Przez cały dzień policjanci przeczesywali teren i gromadzili się pod drzewami, gorliwie dyskutując. Odcięty od świata w naszym pawilonie, dopiero późnym popołudniem dowiedziałem się, czego szukali.

– To dziewczyna – powiedziała Anne Chalmers z widocznym przygnębieniem. – Została zamordowana.

– Zamordowana? Gdzie?

– Jeden z naszych portierów znalazł ją rano, idąc do pracy. Leżała przy Czarnej Ścieżce.

Nigdy nie korzystałem z Czarnej Ścieżki, chociaż każdego dnia w drodze do pracy mijałem jej początek. Biegła po obwodzie Carlton Hayes i wykorzystywano ją jako skrót z Narborough do Enderby, a cała droga zajmowała około piętnastu minut.

– Czy wiesz, kim ona jest? – zapytałem.

– Miejscową dziewczyną, nastolatką.

Nagle pomyślałem o Emmie, mojej własnej córce. Właśnie teraz wraca ze szkoły, a później pójdzie na spacer z Jess – naszą suczką, będą biegać po polach, dopóki nie zapadnie mrok. Jak wielu ojców, chciałem ją chronić, ale Emma od najmłodszych lat sama chodziła do szkoły.

– Kto mógł zrobić coś tak potwornego? – zapytała Anne, coraz bardziej przygnębiona.

– Pomyślą, że to ktoś stąd – przyszło mi na myśl.

Byłaby to naturalna reakcja, ale błędna. W Carlton Hayes nie przebywali pacjenci niebezpieczni dla otoczenia. Większość z nich była w podeszłym wieku i zniedołężniała do tego stopnia, że potrzebowała pomocy przy korzystaniu z ubikacji. Ostre przypadki były dobrze znane, a na oddziale dziennym Woodlands leczyliśmy neurotyków i pacjentów ze stanami lękowymi, którzy nie byli w stanie poradzić sobie z przygniatającymi ich czasami kaprysami codziennego życia. Nie byli agresywni ani niebezpieczni.

Wieczorem obejrzałem wiadomości w telewizji.

„Policja prowadzi śledztwo w sprawie piętnastoletniej uczennicy, której częściowo ubrane ciało znaleziono dzisiaj rano przy ścieżce w pobliżu wioski Narborough, na terenie należącym do szpitala psychiatrycznego w Carlton Hayes.

Miejscowa nastolatka, Lynda Mann, po raz ostatni widziana w poniedziałek o 19.30, została znaleziona dzisiaj rano w pobliżu drogi określanej przez tutejszych mieszkańców mianem Czarnej Ścieżki. Policja natychmiast zabezpieczyła teren i rozpoczęła czynności operacyjno-rozpoznawcze, mające na celu określenie ostatniej drogi dziewczynki. Przyczyny śmierci nie ujawniono".

Fotografia ukazywała ciemnowłosą, drobną dziewczynkę o nieśmiałym uśmiechu, w ubraniu, które wydawało się na nią za duże.

W listopadzie 1983 roku Zespół Opieki Zdrowotnej Hrabstwa Leicestershire mianował mnie starszym psychologiem klinicznym i skierował do nowo utworzonego oddziału chorób psychicznych w Szpitalu Rejonowym w Leicester. Nadal dojeżdżałem do Carlton Hayes, by prowadzić pacjentów w przychodni i na oddziale dziennym Woodlands.

Zgodnie z moimi oczekiwaniami policja natychmiast zainteresowała się Carlton Hayes, jednak nie spodziewałem się, że zajmą sąsiednie pokoje. Niezagospodarowana część przychodni zamieniła się w pomieszczenie operacyjne, ekipa przywiozła własne szafki na dokumenty, białe tablice suchościeralne, karty katalogowe.

– Jak sobie radzą z meblami? – zaciekawiłem się.

Kilka lat temu, kiedy po raz pierwszy wprowadzaliśmy się do pawilonu przychodni, błagaliśmy, pożyczaliśmy i w końcu ukradliśmy podstawowe rzeczy, takie jak krzesła i lampy. Administracja nie dała nam praktycznie nic. W pomieszczeniach opuszczonej połowy pawilonu wypatrzyliśmy przez zamknięte drzwi wszystkie potrzebne nam sprzęty pokryte grubą warstwą kurzu.

– Czy możemy dostać niektóre z tych mebli? – zapytałem w dziale administracyjnym.

– Cóż… hm… już zostały przeznaczone do…

– Dokąd je wysyłacie?

– Ach, tego nie możemy powiedzieć.

Dość tego – pomyślałem. W naszym dziale było czterech psychologów, trzech mężczyzn i jedna kobieta, wszyscy mniej więcej w tym samym wieku – chętni, aby czegoś dokonać.

– Więc wszyscy w to wchodzimy – powiedziałem, gdy uzgodniliśmy już plan.

– Ależ to kradzież – powiedział nerwowo Russel.

– Nie, wcale nie – zapewniłem go. – My jedynie dokonujemy przemieszczenia środków w celu optymalizacji ich wykorzystania.

– Ale nie będziemy wyłamywać żadnych zamków ani okien… to znaczy nie chcę się włamywać… – zastrzegł Russel.

– Zostawcie to mnie.

Przyniosłem z sadu drabinę, zaniosłem ją na górę i otworzyłem klapę na strych. Panowały tam egipskie ciemności. Ostrożnie stąpałem po belkach, które niepokojąco trzeszczały.

Znalazłem następny właz, wyważyłem go i spuściłem drabinę do opuszczonej połowy budynku – prawdziwego skarbca porzuconych mebli i naczyń. Nie mogliśmy zwyczajnie wyjść przez frontowe drzwi zamknięte na kłódkę, ale znalazłem ogromne okno przesuwane w górę, wychodzące z tyłu na ogród. Otworzyłem je i zacząłem podawać rzeczy. W ciągu tygodnia przeprowadziliśmy jeszcze cztery czy pięć takich wypraw, dopóki nie zgromadziliśmy wszystkiego z wyjątkiem dywanów.

W różnych częściach szpitala, na przykład w starym internacie pielęgniarek, znajdowało się wiele pięknych i nieużywanych dywanów, więc postanowiliśmy rozwiązać nasz problem. Wymagało to śmiałej strategii. Zdecydowaliśmy, że trzech facetów i kobieta otwarcie niosący dywany nie wzbudzą niczyich podejrzeń, jeżeli tylko będziemy zachowywać się swobodnie.

Tak też było. W ten sposób, pomimo ścian wyłożonych białymi kafelkami przywodzącymi na myśl publiczne toalety, stworzyliśmy sobie całkiem wygodne biuro. Nikt nigdy nie wspomniał o brakujących przedmiotach, ale jednak poczułem coś na kształt nieczystego sumienia, kiedy do sąsiednich pomieszczeń wprowadziła się ekipa śledcza.

W ciągu kilku następnych tygodni śledztwo w sprawie morderstwa Lyndy Mann stało się częścią mojego życia. Przez cały czas śledziłem doniesienia w lokalnej prasie i oglądałem wiadomości telewizyjne. Pojawiały się liczne apele do społeczeństwa wspierane akcjami plakatowymi. W pomieszczeniu operacyjnym zajmowano się wieloma doniesieniami i przeglądano archiwa miejscowej policji z całych dziesięcioleci, szukając podobnych przestępstw i notowanych przestępców, których można byłoby powiązać z morderstwem. Do pawilonów krykietowych wprowadziły się dwie kolejne ekipy śledcze. Jedna z nich skoncentrowała się na chodzeniu od domu do domu i przeprowadzaniu rozmów z mieszkańcami pobliskich wiosek. Druga zajęła się grzebaniem w szpitalnych dokumentach, próbując zidentyfikować prawdopodobnych pacjentów oddziału dziennego i przychodni, którzy przewinęli się przez Carlton Hayes w ciągu ostatnich pięciu lat.

Pomimo stworzenia licznych teorii i zatrzymania wielu podejrzanych na Boże Narodzenie ekipa śledcza nawet odrobinę nie przybliżyła się do schwytania mordercy Lyndy. Policjanci na ochotnika zgłosili się do pełnienia dyżurów w ciągu świąt, aby nie zamykać pokoju operacyjnego. W „Leicester Mercury" pojawił się nagłówek: „POMÓŻCIE ZNALEŹĆ ZBOCZEŃCA!".

W następnym tygodniu szedłem Forest Road na dyżur na oddziale dziennym w Woodlands i nagle uświadomiłem sobie, ile czasu upłynęło już od morderstwa. Przechodząc koło Czarnej Ścieżki, ujrzałem pozostałości żółtej policyjnej taśmy, poskręcanej jak zapomniane świąteczne dekoracje na metalowych barierkach.

– Dlaczego nikogo nie złapali? – zastanawiałem się. – Czy naprawdę wiedzą, co się stało?

Zacząłem myśleć, w jaki sposób do sprawy podszedłby psycholog. Dziwaczny pomysł, ale w końcu psychologia polega na rozumieniu ludzkich motywacji i przyczyn, dla których ludzie postępują tak, a nie inaczej. Było tyle pytań, które sam bym zadał, a które policjantom chyba nawet nie przyszły do głowy.

Na opustoszałej ścieżce, pośród mroku i ciemności spotkało się dwoje ludzi i jedno z nich nie żyje. Musiały między nimi zachodzić jakieś interakcje, nieważne jak krótkie i gwałtowne. Ci ludzie mieli swoje rodziny, przyjaciół, przeszłość. To, co sobie powiedzieli, i sposób, w jaki reagowali, było określone przez to, kim byli i co ukształtowało ich osobowość.

W takiej samej sytuacji różni ludzie zachowują się na różne sposoby. Na przykład, jeśli trzy młode kobiety przeszłyby przez te same ulice, zajrzały do tych samych sklepów, restauracji i pubów, to każda widziałaby co innego. Jedna widziałaby ludzi, którzy się śmieją, dobrze bawią i uznałaby ich za potencjalnych przyjaciół. Druga, widząc tych samych ludzi, uznałaby ich za wrogo nastawionych i mających chęć ją wyśmiać. Trzecia kobieta z zupełnie neutralnym stosunkiem do rzeczywistości uznałaby, że są to normalni ludzie – ani źli, ani dobrzy, a zajmujący się jedynie swoimi sprawami.

Trzy kobiety nosiłyby różne ubrania z różnych przyczyn, a nie dlatego, że pasował im po prostu pewien styl. Wyobraźmy sobie, że pierwsza kobieta pragnie zwracać na siebie uwagę. Nosi więc ubrania, które przyciągają wzrok. Druga kobieta próbuje tego uniknąć. Nie chce się niczym wyróżniać. Jest bardziej ostrożna i konserwatywna. Trzecia z nich wybiera stroje, które się jej podobają i są wygodne.

Każda z nich jest inna i w podobnej sytuacji zachowa się w odmienny sposób. Nic nie dzieje się bez przyczyny. Jesteśmy produktem naszej przeszłości. Gdy Lynda Mann szła w poniedziałkowy wieczór Czarną Ścieżką, niosła z sobą bagaż doświadczeń, które ją ukształtowały i które sprawiły, że zachowała się w określony sposób, gdy zetknęła się z mordercą. Czy uciekała? Czy się zdenerwowała? Czy była bierna?

Wiedziałem również, że zabójca jest kimś więcej niż postacią z karykatur czy komiksów. On też miał bogate życie, które ukształtowało jego osobowość i wpłynęło na jego zachowanie. Zastanawiałem się, o czym myślał, kiedy zobaczył Lyndę. Co ujrzał i dlaczego wybrał właśnie ją? Jeżeli zdecydował się zaatakować młodą dziewczynę, to co myślał o kobietach w ogóle? Czy mógł być inteligentny? Jaki był jego prawdopodobny zawód?

Wiatr szarpał mankiety moich spodni, pędził liście rynsztokami i rzucał nimi o metalowe barierki, a ja obróciłem się i poszedłem swoją drogą. Gdzieś tam morderca Lyndy Mann chodził ulicami, jadł lunch, brał prysznic, spał i być może pił piwo w pubie.

Po kilku krokach przestałem rozmyślać o Lyndzie, a zacząłem myśleć o czekającym mnie dyżurze. Doszedłem do wniosku, że nie jest to w końcu moja sprawa. Nikt nie prosił psychologów, aby pomagali łapać morderców. Była to ponura praca policjantów, której im nie zazdrościłem.

Po dwóch tygodniach, 2 lutego 1984 roku, koroner oddał ciało rodzinie i Lynda spoczęła na cmentarzu przy kościele Wszystkich Świętych. Na nagrobku znalazła się inskrypcja:

LYNDA ROSE MARIE MANN

zabrana 21 listopada 1983 roku w wieku 15 lat.

Nie mieliśmy czasu się pożegnać, ale jesteś blisko w naszych myślach.

2

W MOIM ŻYCIU NIE BYŁO ŻADNEGO PUNKTU ZWROTNEGO czy też sytuacji, która sprawiłaby, że chciałem zostać psychologiem. Ludzie często próbują znaleźć takie fakty, ale niezmiennie ich decyzje lub wybory są kulminacją wielu drobnych zdarzeń i okoliczności, które w przypadkowy sposób się zbiegają.

Jako nastolatka nigdy nie interesowało mnie, w jaki sposób działają mechanizmy. Nie rozbierałem starych budzików ani nie zastanawiałem się, dlaczego gra radio w kuchni mojej matki. Nie wykazywałem również szczególnego zainteresowania maszynami parowymi, modelami samolotów ani też eksperymentami na lekcjach fizyki w szkole.

Później, kiedy za 39 funtów kupiłem swój pierwszy samochód – stary furgon Standard 10 bez drugiego biegu –moja wiedza o tym, co sprawia, że koła się kręcą, była nadal żałośnie skromna. Pamiętam, kiedy wybrałem się z Marylin, moją żoną, w naszą pierwszą wielką podróż do Walii, żeby odwiedzić jej babcię. Samochód z wysiłkiem wyciągał 56 mil na godzinę, a my świętowaliśmy świeżo odkrytą wolność.

W jakimś momencie na Old Road zaraz za Chepstow zauważyłem, że maksymalna szybkość zaczyna spadać. Nawet z nogą na podłodze nie mogłem wyciągnąć więcej niż 35 mil na godzinę. Gdy szybkość nadal spadała, aż do 20 mil na godzinę, zdecydowałem, że czas znaleźć jakiś warsztat. Z początku sądziłem, że to problemy z paliwem. Może szybkość maksymalna zależała od ilości paliwa w zbiorniku: mniej paliwa oznaczało wolniejszą jazdę.

Mechanik o znudzonym wyglądzie, z kosmykiem włosów zakrywającym jedno oko, wyszedł z kanału. Wycierając dłonie w szmatę, leniwie podszedł do samochodu. Wyjaśniłem, w czym problem, starając się sprawić wrażenie specjalisty od silników spalinowych.

– A może to olej? – zapytał.

– Olej. Nie, nie sądzę. Nic nie skrzypi. Marylin, słyszałaś jakieś skrzypienie?

Pokręciła głową.

Mechanik spojrzał na mnie dziwnie i poprosił Marylin, żeby otworzyła maskę. Zajrzałem mu przez ramię. Bawił się mnóstwem rozmaitych przewodów i sprawdzał akumulator. Następnie wyciągnął wskaźnik bagnetowy.

– Proszę spojrzeć – powiedział, pokazując błyszczący pręt.

– Na moje oko wygląda na czysty – odpowiedziałem.

– Czysty? Słuchaj, stary, nie masz wcale oleju.

– I w tym tkwi problem?

Mówię o tym zdarzeniu nie tylko po to, by wykazać swą ignorancję w kwestii wszelkich mechanizmów, ale by pokazać na zasadzie kontrastu, gdzie się skupiały moje prawdziwe zainteresowania. Chociaż nie fascynowały mnie maszyny, to intrygowali mnie ludzie i sposób, w jaki działają ich ciała i umysły, dlaczego robimy to, co robimy i stajemy się ludźmi, którymi jesteśmy.

Wiele odpowiedzi na te pytania kryje się w przeszłości. Moja rozpoczęła się w maju 1946, w rok po zakończeniu wojny w Europie. Urodziłem się i dorastałem w Royal Leamington Spa. Jest to wspaniale brzmiąca nazwa jak na miasto, którego świetność minęła i od ponad wieku należała już do historii. Wiele z hoteli i wytwornych pensjonatów w wiktoriańskich domach, w których kiedyś zatrzymywali się możni i wielcy tego świata, by skorzystać z wód uzdrowiska, przerobiono na mieszkania i kwatery prywatne.

Nie pamiętam, żebym miał ojca. Odszedł wcześniej, niż mogłem zauważyć takie rzeczy. W ciągu lat słyszałem o nim różne historie. Nie wszystkie przedstawiały go w korzystnym świetle. Nigdy nie usłyszałem jego wersji zdarzeń. Moje najwcześniejsze wspomnienia to dorastanie w przeklętym pokoju w suterenie w Leamington. Nie wiem, dlaczego miałby być przeklęty, może przez wszechobecną wilgoć i zapadanie się gruntu, lecz moja mama zawsze pilnowała, żeby był nieskazitelnie czysty, tak by można było jeść z podłogi.

Przez całe życie była oddaną katoliczką, sumiennie zabierała mojego młodszego brata Anthony'ego i mnie na niedzielną mszę w kościele Świętego Piotra, dziękując za pomoc, jakiej Kościół udzielał jej w samotnym wychowywaniu dzieci.

W czasie tygodnia wykonywała różne prace. Ta, którą pamiętam najlepiej, to praca pomocy pielęgniarskiej w domu starców. Utkwiła w mojej pamięci z powodu jednego ze staromodnie wyglądających mieszkańców – pana Blowera, którego poznałem pewnego dnia podczas wakacji, kiedy matka zaniosła mu lunch. Podopieczny pachniał tytoniem i starymi fusami herbacianymi. Ciągle siedział w kapciach i szlafroku; sprawiał wrażenie, jakby wyglądał przez niewidoczne okno. Musiał mieć z osiemdziesiąt lub dziewięćdziesiąt lat, ja miałem siedem.

– Jak masz na imię? – zapytał mnie.

– Paul, proszę pana.

– Lubisz piratów, Paul?

– Nie znam żadnych piratów.

– Co??? Żadnych piratów? A może jakichś podróżników?

Pokręciłem głową.

Wciągnął powietrze przez zęby i popatrzył na mnie, jakby w pół zdania zapomniał o naszej rozmowie. Lecz po kilku dniach moja matka wróciła do domu z kilkoma książkami.

– Od pana Blowera – powiedziała.

To były pierwsze prawdziwe książki w naszym domu i czytałem je w kółko. Nadal je mam: *Zagubiony w kanadyjskiej dziczy* Eleanor Stredder, *Szwajcarscy Robinsonowie* Johanna Wyssa, *Wyspa Skarbów* Roberta Louisa Stevensona oraz *Łowcy wilków* Jamesa Olivera Curwooda.

Sądzę, że był to początek mojego długoletniego flirtu z książkami. Pan Blower ciągle podsyłał mi nowe tytuły, dopóki mu się nie skończyły.

Gdy byłem trochę starszy, zapisałem się do biblioteki w Leamington. W tym czasie przeprowadziliśmy się już do Lillington, rozrastającej się wsi na przedmieściach Leamington, którą wkrótce wchłonęło miasto.

Pomiędzy nimi leżały wzgórza Campion Hills, które stały się moim dziecięcym placem zabaw. Na szczycie stał samotny dąb. Z wielkiego rozwidlenia pnia widziałem całe miasto, a nawet dalsze okolice – cztery, pięć mil w kierunku Warwick, siedziby hrabstwa. Drzewo było magicznym miejscem, które stawało się zamkiem, pirackim statkiem czy fortem kawalerii, w zależności od tego, w co się bawiłem.

Nie uważałem swojej rodziny za szczególnie ubogą czy też pochodzącą z nizin. Niektórzy mieli więcej, inni mniej. Podobnie brak ojca nie był czymś niezwykłym, sprawiła to wojna. Z tego też powodu pojawienie się ojczyma powitałem z pewną ambiwalencją. Miałem wtedy dwanaście lat i nie dostrzegałem w swoim życiu ogromnej pustki, jaką miałby nagle wypełnić.

Był Rosjaninem, któremu wojna zabrała żonę i dwie córki. Zażarty antykomunista, walczył w stopniu majora w Armii Czerwonej, następnie uciekł przed reżimem Stalina, idąc na piechotę ze swojej ojczyzny do Szwajcarii. W końcu trafił do Warwickshire, gdzie pracował jako inżynier w zakładach Forda.

Chociaż mówił po angielsku zupełnie dobrze, to nie potrafił swobodnie czytać, co stanowiło ciągłe źródło jego frustracji. Wydawał się kompletnie nie na swoim miejscu. Posiadał dobre wykształcenie, pochodził z raczej zamożnej rodziny, miał wysokie kwalifikacje techniczne i wojenne doświadczenie dowódcze, a jednak obracał się w towarzystwie i pracował z ludźmi pochodzącymi z zupełnie odmiennych kręgów. Nawet w środowisku innych emigrantów z Europy Wschodniej wydawał się wyobcowany z powodu swej inteligencji i poprzedniego statusu.

Uzyskanie dobrego wykształcenia w miejscowej szkole katolickiej przypominało trochę ruletkę. Rejon szkoły podstawowej był ogromny i skupiał dzieci z wielu różnych grup społecznych: od rodzin zamożnych po rodziny, które zdawały się specjalizować w płodzeniu dzikusów. Było to miejsce o fatalnym poziomie nauczania, przeznaczone dla twardzieli, gdzie dzieci bez problemów przechodziły do następnej klasy, a nauczyciele zamiast nauczać pilnowali, żeby uczniowie nie rozrabiali.

Zanim ukończyłem trzynaście lat, straciłem wszystkie paznokcie. Zadziwiające było to, że nie miało to nic wspólnego ze znęcaniem się nade mną przez moich kolegów. Odpowiedzialność za to ponosił pan Adams, nauczyciel, który czerpał sadystyczną przyjemność z zadawania bólu. Jego ulubioną karą było bicie uczniów ponadpółmetrową listwą po paznokciach.

Nie byłem przez niego jakoś specjalnie dyskryminowany. Po pewnym czasie każdy chłopiec w klasie bez poczerniałych paznokci był uważany za nauczycielskiego lizusa.

Kolejny nauczyciel z podstawówki urozmaicał naukę ortografii, każąc nam stać z wyciągniętymi rękoma i za każdą źle przeczytaną literę walił nas krawędzią linijki. Aż do dziś mam niekiedy problemy z ortografią z powodu lęku, jaki we mnie wytworzył.

Jakby mało było tego, że poziom szkoły był skandaliczny, to jeszcze system edukacyjny wszystko pogarszał. W wieku jedenastu lat uczniowie musieli przystąpić do egzaminu klasyfikacyjnego, który decydował o tym, czy szedłeś do liceum, czy do szkoły zawodowej. Liceum otwierało drogę na studia, a zawodówka praktycznie przygotowywała do życia po ukończeniu nauki.

Nie wiem, w jaki sposób inne szkoły organizowały egzamin kwalifikacyjny, ale w mojej klasie w zasadzie dokonano podziału na dzieci z zamożniejszych domów i pozostałe, mniej hojnie obdarzone przez los. Ponieważ w liceum obowiązywały mundurki i oczekiwano, że uczniowie będą mieli kulturalne obycie, wydawało się, że dzieci z bogatszych rodzin otrzymają wystarczające środki, by kontynuować taką naukę.

Właśnie te dzieci zostawały po lekcjach na dodatkowych zajęciach, przygotowujących do egzaminu kwalifikacyjnego. Inne, takie jak ja, pozostawiono same sobie. Jak można było przypuszczać, wszystkie dzieci z pierwszej grupy zdały, a pozostałe spojrzały na test i powiedziały: „Co to?".

W ten właśnie sposób zadecydowano o mojej przyszłości – poszedłem do szkoły zawodowej. Nie było już przede mną małej ani dużej matury. Przygotowywano mnie do życia. Swoją sytuację uświadomiłem sobie pewnego dnia, gdy stanąłem pod ścianą i zauważyłem, że drzwiczki szafki stoją otworem. Zajrzałem do środka i ujrzałem kolby, probówki, palniki Bunsena i statywy – wszystko to stanowiło dla mnie zagadkę.

– Co to jest? – zapytałem nauczyciela, wskazując probówkę.

– A, to. Odłóż wszystko na miejsce. Nigdy nie będziesz tego potrzebował.

Chociaż nie chciałbym zmieniać swojej przeszłości, to sądzę jednak, że system, który przesądza o przyszłości dziecka w wieku jedenastu lat, jest największym przestępstwem względem młodzieży.

Kiedy opuściłem szkołę, uświadomiłem sobie, że chcę studiować. Nie wiedziałem dokładnie, jak to osiągnąć, ale planowałem odłożyć trochę pieniędzy i w końcu zrobić małą i dużą maturę. Pomysł dalszego studiowania nie spotkał się w domu z pełnym zrozumieniem. Moja matka wychowała się w małej irlandzkiej wiosce i miała proste priorytety. Nie zaliczało się do nich wykształcenie uniwersyteckie, a do uczonych miała wręcz uniżony i bojaźliwy stosunek.

Nie pamiętam, dlaczego zdecydowałem się zostać kadetem policji. Może dlatego, że kilku miejscowych gliniarzy wywarło na mnie wielkie wrażenie. Pamiętam, że spałował mnie inspektor policji, gdy rozbiłem klosz w starej lampie. Nie przypominam sobie, by zdarzały się jakieś przestępstwa w Leamington, gdzie dorastałem. Taki jest pożytek z doskonałej pamięci dziecka. Ludzie nie ryglowali drzwi, matki zostawiały niemowlęta w wózkach przed sklepami, a dzieci pieszo chodziły do szkoły. Przestępstwa zdarzały się w powieściach kryminalnych lub przytrafiały się innym ludziom.

Jak większość z nas zakładałem, że prawdziwych przestępców można z łatwością rozpoznać. Ich postacie stworzyli w mojej wyobraźni Conan Doyle i Charles Dickens. Byli to profesor Moriarty i Bill Sykes. Oczywiście w rzeczywistości nie jest to takie proste.

Nie mogę określić, kiedy uświadomiłem sobie, że zła nie nosi się jak tatuażu, blizny czy przyczepionego identyfikatora. Gdy zostałem kadetem policji i pracowałem w komisariacie w Leamington, we wczesnych godzinach rannych, w czwartek 8 sierpnia 1963 roku piętnastu zamaskowanych mężczyzn zatrzymało nocny pociąg z Glasgow do Londynu na moście kolejowym niedaleko Leighton Buzzard i zrabowało 2 631 684 funty. Wydarzenie to stało się znane pod nazwą Napad Stulecia i zawładnęło wyobraźnią świata.

Dla policji było to jak kubeł zimnej wody. Cały system i ludzi ogarnęła apatia. Jesse James rabuje pociąg, to się przecież tutaj nie zdarza. Panowała atmosfera oburzenia i afrontu, zwłaszcza gdy gazety opisały zdarzenie w stylu opowieści o Robin Hoodzie - pieniądze nie były niczyją własnością, i tak miały zostać zniszczone, a złodzieje się po prostu poczęstowali - i Bóg z nimi. Niestety w trakcie napadu został poważnie pobity maszynista, Jack Mills, i choćby nie wiadomo jak romantycznie opinia publiczna odbierała to przestępstwo, to policja odpowiedziała gwałtownie na ten akt przemocy. Będąc kadetem, nie odgrywałem prawie żadnej roli, lecz pamiętam ciągłe klekotanie dalekopisu i dalej widzę sierżantów, którzy nagle ruszyli w teren po dziesięciu latach siedzenia za biurkiem. Gdy po kilku dniach opublikowano pierwsze zdjęcia poszukiwanych mężczyzn, patrzyłem na twarze Bruce'a Reynoldsa, Charliego Wilsona i Jimmiego White'a i wydało mi się, że wyglądają zupełnie zwyczajnie. Mogli być moimi kolegami z podwórka, ich ojcami, miejscowymi biznesmenami, kupcami, taksówkarzami, nauczycielami... każdym, tylko nie bandytami.

Uświadomiłem sobie, że nurtują mnie liczne pytania: Co się stało, że ci normalnie wyglądający ludzie stali się tym, kim się stali? Jak doszło do tego, że trafili na pierwsze strony gazet i jaki mieli inny wybór?

Bracia Kray byli identyczni. Pamiętam, jak ujrzałem wczesne zdjęcia Rona i Reggiego kręcących się na imprezach, przy stole z osobistościami i gwiazdami sportu we wschodnim Londynie. Wyglądali zupełnie tak samo jak zwykli ludzie, którym się poszczęściło w życiu. Później, gdy zdjęcia wybierano staranniej i powszechnie znana stała się ich mordercza kariera, zaczęli się wydawać bardziej złowrodzy.

Gdy byłem kadetem, jednym z moich obowiązków było dostarczanie posiłków z pobliskiej kafejki do cel. Stukałem w metalowe drzwi i podawałem tacę przez okienko.

Pewnej nocy znajomy głos powiedział:

– Cześć, Paul.

Był to ktoś, kto chodził ze mną do szkoły, kilka klas wyżej. Teraz był zamknięty w celi.

Jak do tego doszło? – pomyślałem. – Co sprawiło, że poszedł inną drogą niż ja?

Po roku zrezygnowałem z pracy w policji, ale te pytania nie przestawały mnie dręczyć i prawdopodobnie były jedną z przyczyn, dla których zostałem psychologiem. W międzyczasie rozpocząłem pierwszą z moich niezliczonych prac. Za dużo ich było, żeby je zliczyć, a co dopiero spamiętać nazwy; pracowałem wszędzie: począwszy od sklepu, a skończywszy na sali posiedzeń zarządu.

Chociaż mieszkałem w domu rodzinnym, to cieszyłem się wolnością zarabiania pieniędzy. Kiedy kupiłem swoją pierwszą parę dżinsów, wbrew woli ojczyma, to było to coś więcej niż tylko wybór ubrania. Zarobiłem na nie i miałem prawo wybierania swoich ubrań.

– W moim domu mieszkają bikiniarze – powiadał, wzdychając z odrazą.

Od czasu do czasu chodziłem na miejscowe potańcówki. Szczególnie utkwiła mi w pamięci jedna, która miała miejsce pod koniec 1963 roku w sali Locarno w Coventry. Pewna młoda dama przez całą noc wydawała się zainteresowana tańcem ze mną i dlatego nie zwracałem zbytnio uwagi na zespół i jego dziwacznego wokalistę, który ciągle zeskakiwał ze sceny i biegał po sali. Był to Mick Jagger i The Rolling Stones.

Po paru tygodniach, 27 grudnia, kolega szkolny przekonał mnie do pójścia na kolejną potańcówkę w Szkole Tańca w Leamington, gdzie grali Woody Allen i The Challengers. Nie byłem zbytnio zainteresowany, ale pożyczył mi płaszcz i powlokłem się za nim.

W środku było głośno i hałaśliwie, w tłumie wyróżniały się dwie dziewczyny. Z jedną z nich, która została później pielęgniarką, chodziłem do szkoły, ale drugiej nie znałem. Wysoka i wiotka, o ciemnobrązowych włosach, miała na sobie sukienkę w szkocką kratę, bez rękawów, przewiązaną paskiem i białą bluzkę z długimi rękawami. Nie mogłem od niej oderwać oczu, a ona zarumieniła się, gdy poprosiłem ją do tańca.

Potem odprowadziłem ją do domu po drugiej stronie miasta. Noc była kryształowo czysta, gdyż chodniki i żywopłoty lśniły od mrozu.

Przed furtką dała mi bardzo nieśmiałego całusa w policzek, a ja wróciłem do domu sześć mil pieszo. Z każdym krokiem mówiłem sobie, że oto znalazłem dziewczynę, z którą się ożenię.

Ślub odbył się na początku czerwca 1966 roku. Na miesiąc miodowy pojechaliśmy pociągiem do Tenby w Walii, gdzie zatrzymaliśmy się w pensjonacie. Potem przeprowadziliśmy się do wynajmowanego mieszkania w Leamington. Marylin była sekretarką na Uniwersytecie Warwick, a ja nadal zmieniałem prace jak rękawiczki; byłem krupierem w kasynie w Birmingham do chwili, gdy pewien policjant uświadomił mi, że nie jest to rozsądny wybór w rozwoju zawodowym młodego człowieka.

Gdy po roku pojawiła się Emma, a po dwóch latach Ian, mieliśmy mały czteropokojowy bliźniak, który uważaliśmy za cudowny, oraz kredyt hipoteczny. Wszelkie marzenia o studiach zawiesiliśmy na kołku, gdyż czasami musiałem podejmować dwie prace, żeby związać koniec z końcem. W międzyczasie Marilyn zajmowała się wszystkim w domu. Dowiedziałem się, jaka to radość obudzić się tylko dwa razy w ciągu nocy w towarzystwie dwojga dzieci. Kiedy śpię, niewiele może mnie obudzić.

Jesienią 1972 roku pracowałem jako asystent do spraw eksportu w firmie Automotive Products, która była międzynarodowym producentem części samochodowych i największym pracodawcą w mieście. Moim zadaniem było dopilnowanie tego, by przydzieleni mi klienci otrzymali części w chwili, gdy były one potrzebne. Na pewno nie była to „kariera" i wiedziałem, że przytłacza mnie kołowrót codzienności. Sądziłem, że nigdy nie obejmę jakiegoś odpowiedzialnego stanowiska i mogłem mieć tylko nadzieję, że w ciągu czterdziestu lat zgromadzę odpowiednią kwotę, by przetrwać czas emerytury. Do tej pory wykonywałem mnóstwo prac – niektóre z nich były bardzo absorbujące, ale żadna nie dawała satysfakcji. Wiedziałem, że muszę znaleźć pracę, która by mnie pochłaniała i dawała mi motywację – coś, co mógłbym robić przez całe życie.

Mając wsparcie Marylin, zapisałem się do szkoły wieczorowej, żeby zrobić małą maturę i później rozpocząć studia na uniwersytecie.

Oznaczało to przychodzenie z pracy do domu, szybki obiad i jazdę rowerem do Thornbank – Studium Kształcenia dla Dorosłych w Warwickshire, tak aby dotrzeć tam na dziewiętnastą. Do domu wracałem o 21.30, odrabiałem prace domowe i szedłem spać o północy lub później.

Do egzaminu przystąpiłem latem 1973 roku i natychmiast zacząłem myśleć o dużej maturze. Niestety, okazało się, że w Thornbank nie prowadzono zajęć z moich przedmiotów w trybie wieczorowym. Zaszedłem już zbyt daleko, aby zawrócić; szedłem na studia, aby odmienić swój los, więc dlaczego nie zrobić tego teraz – pomyślałem. Umówiłem się na rozmowę z dyrektorem, wyjaśniłem, że chcę w ciągu dnia chodzić do szkoły, i poprosiłem o pracę urzędnika na nocnej zmianie.

Zacząłem pracować na nocnej zmianie od dwudziestej do ósmej rano cztery noce w tygodniu. Zgodnie z planem miałem chodzić na zajęcia w ciągu dnia, a potem złapać kilka godzin snu przed pracą i w czasie weekendów. Sądziłem, że w najgorszym przypadku będzie to najwyżej jeden rok. Ale gdy już zmieniłem pracę i pojechałem do Thornbank, żeby się zapisać, odkryłem, że miejsca na zajęcia przygotowujące do dużej matury są zajęte już na dwa lata z góry.

Nie było sensu się kłócić. Poprosiłem o listę podręczników, wróciłem do domu i zacząłem się uczyć sam w ciągu dnia. Moim celem było rozpocząć studia w październiku 1974 roku, a oznaczało to, że muszę zdać maturę w ciągu siedmiu–ośmiu miesięcy. W styczniu otrzymałem ofertę warunkowego przyjęcia na prawo w Oksfordzie lub medycynę w Birmingham, ale jedno i drugie oznaczało przeprowadzkę i zaciągnięcie kolejnego kredytu hipotecznego bez nowej pracy. Bardziej atrakcyjną możliwość stwarzał Uniwersytet Warwick, który powstał w odległości dwunastu mil od Coventry, oczywiście jeżeli mnie przyjmą.

– W czym mogę panu pomóc? – zapytała sekretarka, podnosząc wzrok znad maszyny do pisania. Miała długie, proste włosy i doskonale poziomą grzywkę.

– Szukam doktora Samualsa, w sprawie przyjęcia na studia – odpowiedziałem.

– Sądzę, że w tej chwili pije poranną kawę, ale może pan sprawdzić w jego biurze. Proszę skręcić w lewo i prosto korytarzem, trzecie piętro.

Obserwowała mnie, gdy wychodziłem, i poczułem się lekko nieswojo. Byłem chyba jedyną osobą na całym kampusie uniwersyteckim, która nosiła garnitur. Zatrzymawszy się przy drzwiach, zebrałem się w sobie i zapukałem. Bez odpowiedzi.

– Szukasz Jima? – Skądś pojawił się niski, łysy mężczyzna. – Jest na kawie. Zaraz go ściągnę.

– Nie ma sprawy. Poczekam – odpowiedziałem.

– Nie, wystarczająco długo już go nie ma. – Zniknął równie szybko, jak się pojawił.

Chociaż całą noc spędziłem, pracując w Automotive Products, to nie czułem zmęczenia. To był zbyt ważny dzień. Przyjechałem do domu o ósmej rano, akurat żeby zjeść śniadanie i pożegnać Emmę przed wyjściem do szkoły. Następnie wykąpałem się, ogoliłem, wypastowałem buty, założyłem garnitur i złapałem autobus linii 517, jadący na przedmieścia Coventry.

Korytarzem zbliżał się mężczyzna. Wyglądał na osobę w moim wieku, może trochę starszą. Ubrany był w dokładnie wyprasowane spodnie i sweter wycięty w serek. Widziałem, że myśli: „Kto to jest? Nie znam go. Za stary na studenta i ubrany w garnitur".

– W czym mogę pomóc?

– Nazywam się Paul Britton i chciałbym rozpocząć tu studia.

Nieco zaskoczony powiedział:

– Hm, rozumiem. No cóż, w takim razie proszę wejść.

Chociaż nigdy do tej pory nie byłem w pokoju na uczelni, to jego wygląd mogłem sobie z łatwością wyobrazić. Było w nim sfatygowane biurko, kilka krzeseł, ogromna tablica i setki książek na półkach.

– Czy złożył pan formalne podanie? – spytał.

– Ach, nie.

– Taka jest zwykle procedura. W przeciwnym razie tuziny osób wyczekiwałyby przed drzwiami mojego pokoju.

– Przepraszam. Sądziłem…

Spojrzał lekko ubawiony.

– No, ale jest pan teraz tutaj. Dlaczego chce pan studiować zarządzanie?

Wiedząc, że takie pytanie musi paść, byłem na nie przygotowany. Powiedziałem mu, że chcę być psychologiem i zarządzanie na Uniwersytecie Warwick jest dla mnie nadzieją, gdyż na trzecim roku sporo miejsca poświęca się naukom związanym z behawioryzmem. Poza tym miałem sporo doświadczeń z pracy, a uniwersytet był wystarczająco blisko domu, tak że nie musielibyśmy się przeprowadzać. Słuchał i od czasu do czasu zadawał pytania, przekrzywiając głowę, jakby się bał coś przegapić.

– Jest pan trochę starszy niż przeciętny student, panie Britton – powiedział bez nagany.

– Mam dwadzieścia siedem lat, żonę, dwoje dzieci i kredyt hipoteczny.

– Aż tyle! Obawiam się, że nadal nie rozumiem, dlaczego zjawił się pan u mnie. Zwykle załatwiamy te rzeczy trochę inaczej.

– Po prostu sądziłem, że rozsądnie jest przyjść i osobiście porozmawiać z osobą, która podejmuje decyzje – z tą najważniejszą.

Zaśmiał się głośno i poczułem się trochę bardziej odprężony.

– Wiem, co to ciężka praca. Przez ostatnie dziesięć lat wykonywałem różne prace w pełnym wymiarze godzin. Chodziłem do szkoły, żeby zdać małą maturę, a teraz przystępuję do dużej matury.

– Ależ to zajmuje dwa lata. A pan mówi o rozpoczęciu studiów w październiku.

– Zamierzam przystąpić do egzaminu w maju.

– Za cztery miesiące. – Jego ton nie krył wątpliwości.

– Wiem, ale nie mogę czekać. Jestem starszy niż pozostali kandydaci. Zegar tyka cały czas. Mam na utrzymaniu rodzinę.

Pochylił się do przodu.

– Co prowadzi do mojego kolejnego pytania. W jaki sposób zamierza pan sobie finansowo poradzić z trzyletnimi studiami w trybie dziennym, panie Britton?

– Mam nadzieję dostać stypendium.

– A jeśli nie, to co?

– Omówiłem tę kwestię z rodziną. To najważniejsza okazja, jaką mamy, tak czy inaczej poradzimy sobie jakoś.

Doktor Samuals odchylił się na krześle do tyłu, ważąc swoje słowa.

– Takie studia wymagają dużych umiejętności poznawczych. Jak daleko zaszedł pan z matematyką?

– Dostałem najwyższą ocenę na małej maturze.

– Hm. Zwykle przyjmujemy kandydatów, którzy zdawali matematykę na dużej maturze.

Straciłem nadzieję.

– No cóż, sprawdźmy to, zgadza się pan? – Stanął przy dużej tablicy i narysował kredą układ współrzędnych, nazywając jedną oś *x*, a drugą *y*. Następnie poniżej zapisał równanie. – Czy może pan narysować przebieg funkcji?

Cholera – pomyślałem. Znałem równania tego typu, ale byłem zbyt zdenerwowany, żeby robić dokładne wyliczenia. Zamiast tego w kredowym pyle na tablicy narysowałem palcem podstawową krzywą tego typu równań.

Uśmiechnął się.

– Zgadza się. Chociaż powinna zaczynać się około pół cala niżej.

Z powrotem za biurkiem splótł dłonie i przycisnął do ust. Długa cisza stała się po jakimś czasie niezręczna. W końcu przemówił:

– Na pana miejscu skupiłbym się na zdaniu ekonomii na szóstkę na maturze. Jeżeli dostanie pan trójkę lub więcej, to gwarantuję przyjęcie.

Poczułem się cały w skowronkach.

– Nie wie pan, ile to dla mnie znaczy – powiedziałem.

Znowu się zaśmiał.

– Może to dziwne, ale chyba wiem.

Przez następne cztery miesiące każdą wolną chwilę poświęcałem nauce. Jednak pojawiło się coś, co budziło o wiele większy niepokój. U Iana wykryto zwyrodnienie stawu biodrowego, chorobę bioder, która powodowała ogromny ból, przez co nie mógł chodzić i musiał być wszędzie noszony lub zabierany na wózku inwalidzkim. W stawie biodrowym brak było płynu smarującego, co prowadziło do ścierania główki i panewki.

Chirurdzy, ortopedzi oraz inni specjaliści badali go i w końcu zdecydowali się wziąć do szpitala i położyć na wyciągu. Wczesnym rankiem Marylin zabierała Emmę do szkoły, potem szła do szpitala, a ja przychodziłem prosto z pracy i siedziałem z Ianem w ciągu dnia. Trwało to tygodniami i był to okropny czas. W trakcie tego wszystkiego zdołałem przystąpić do egzaminu, a potem musiałem czekać na wyniki, które decydowały, czy cała ta ciężka praca i poświęcenie rodziny były tego warte.

W połowie sierpnia nadal czekałem na wyniki. Pewnego dnia pojechałem do szpitala, żeby posiedzieć z Ianem. Dołączyła do mnie Marylin i spędziliśmy tam większą część dnia. Znaliśmy prawie wszystkie pielęgniarki. Pod koniec dnia jedna z nich zapytała mnie o zawód.

– Być może pójdę na uniwersytet – odparłem. – To zależy od…

– A, wyniki – powiedziała Marylin. – Przyszły dziś rano. Zapomniałam. – Spojrzałem na nią, nie ważąc się zapytać. Uśmiechnęła się – Dostałeś szóstkę.

Nawet ze stypendium przez następne trzy lata żyliśmy bardzo skromnie. Na szczęście poślubiłem kobietę, która potrafiła przygotowywać zadziwiające posiłki, nawet gdy szafki wydawały się świecić pustkami. Dawała mi swoje wsparcie i powstrzymywała przed rezygnacją.

W ciągu miesiąca od rozpoczęcia studiów na uniwersytecie utworzono Wydział Psychologii, na który natychmiast się przeniosłem z Zarządzania. Nie potrzebowałem wiele czasu, by uświadomić sobie, że odnalazłem swój przyszły zawód – psychologia dawała mi nie tylko szansę zaspokojenia własnej ciekawości, ale również naprawiania ludzkich losów.

Umysł człowieka jest nadal w dużej mierze nieopisany. Jego parametry są zbyt szerokie, żeby je wszystkie ująć i zmierzyć. Jak to się dzieje, że trzy, cztery funty „szarego błota" w głowie mogą wytworzyć wszystko, co myślimy, rozumiemy i wiemy? Kiedy Mozart pisał swoje symfonie, kiedy Michał Anioł malował freski w Kaplicy Sykstyńskiej, kiedy Hitler nakazał przeprowadzić ostateczne rozwiązanie, kiedy nastoletnia matka zostawia niemowlę w pojemniku na śmieci, kiedy ofiara przestępstwa boi się wyjść frontowymi drzwiami, kiedy przestępca torturuje i morduje młodą dziewczynę... nie ma znaczenia, jak ważne jest zdarzenie czy wypowiedź, wszystko wynika z jakichś aspektów ludzkiego zachowania i interakcji – z tych trzech, czterech funtów „budyniu", z których składa się nasz mózg.

Wyobraźmy sobie sieć rybacką utworzoną z setek linii połączonych tysiącami węzłów. Każdy węzeł jest interesujący, ale kiedy próbuje się go oddzielić, pociąga za sobą wszystkie inne. Każdy jest połączony z każdym i nie można zrozumieć pojedynczego węzła, dopóki nie zrozumie się zasad rządzących zachowaniem pozostałych. Właśnie to czyni psychologię tak interesującą. To jak ciągłe przyglądanie się trójwymiarowej mapie z zaznaczoną trasą podróży. Po trzech latach wykładów, zadań domowych i pisanych do późnej nocy referatów ukończyłem studia z pierwszą lokatą i przyjąłem ofertę studiów podyplomowych na Uniwersytecie Leicester. Moja praca dotyczyła lęków i fobii, a zwłaszcza pomiarów arachnofobii – lęku przed pająkami. W celu dokonania pomiarów stworzyłem skomplikowane labirynty dla pająków i badanych ludzi.

Przeprowadzka do Leicester, o trzydzieści pięć mil od Leamington, nie przyszła łatwo. Dla Marylin i dzieci były to przenosiny na drugi koniec świata i strasznie tęskniły za dotychczasowym domem. Ian miał już siedem lat, biegał i chodził bez trudności, chociaż musiały jeszcze minąć całe lata, zanim problem ze stawem zniknął całkowicie. Powiedzieliśmy mu, że pozna nowych przyjaciół, i w dniu, w którym wprowadziliśmy się do naszego nowego domu, wyszedł na zewnątrz, oświadczając, że nie wejdzie do środka, dopóki nie znajdzie przyjaciela.

Jego widok chwytał nas za serce. W końcu pani, która mieszkała naprzeciwko, powiedziała do swojego synka: „Wyjdź i porozmawiaj z tym chłopcem. Stoi tam już wieki całe". Życzenie Iana się spełniło.

Wkrótce po rozpoczęciu studiów podyplomowych zostałem stażystą wolontariuszem na stanowisku psychologa klinicznego w Wydziale Zdrowia hrabstwa Leicester, największym w Wielkiej Brytanii. Moim długoterminowym celem była praca w klinice, więc po dziewięciu miesiącach przyjąłem proponowane mi płatne stanowisko.

Po uzyskaniu dyplomu moja praca obejmowała diagnozowanie i leczenie ludzi, których doświadczył los. Byli to pacjenci cierpiący na powracające nocne koszmary, ostre stany lękowe, inni mieli problemy seksualne lub zaburzenia osobowości, niektórzy cierpieli na bezsenność, nie mogli się powstrzymać od prania, nie mogli się zmusić, żeby wyjść z domu na pocztę. Niektórzy z nich mieli również problemy psychosomatyczne: uważali się za sparaliżowanych, mieli egzotyczne choroby lub zaburzenia, których lekarze nie mogli zdiagnozować. Żaden z tych przypadków nie był trywialny czy drobny, ponieważ każdy miał negatywny wpływ na jakość życia i mógł zniszczyć więzi międzyludzkie i życie rodzinne. Pamiętam pewnego ośmiolatka, który pewnego dnia przyszedł do mojego gabinetu i dał mi pióro, kupione widocznie za swoje kieszonkowe.

– To za to, że pomógł pan mojej mamie – powiedział nerwowo i rzucił się w jej stronę. Przez ostatnie sześć lat jego mama nie mogła wyjść z domu po zakupy ani nawet żeby zabrać go do parku. Całe miesiące upłynęły, zanim udało się ją uwolnić od agorafobii.

Młoda kobieta w wieku około dwudziestu pięciu lat trafiła do mnie skierowana przez lekarza. Martha cierpiała na stany lękowe, które zagrażały jej małżeństwu. Wraz z mężem desperacko pragnęli dziecka, ale nie mogła zajść w ciążę. Prawdę mówiąc, nigdy nie miała miesiączki. Poza tym miała całkiem poważne problemy ze słuchem, co wprawiało ją w zakłopotanie.

Chociaż próbowałem sprawić, aby poczuła się trochę bardziej swobodnie, to jednak każda komórka jej ciała emanowała brakiem wiary w siebie i niską samooceną. Wszelkie zwykłe historie, które opowiadała, kontrastowały z tonem jej głosu i zachowaniem. Słowa przekazywały własną historię, a ciało zdradzało zupełnie inną.

Zacząłem jej opowiadać o ludziach przychodzących do mnie po raz pierwszy, przerażonych i przygnębionych, czerpiących wyobrażenia o tym, co się może zdarzyć, z telewizji lub kina. Całe dnie poświęcają oni na przygotowania, próbując dokładnie zaplanować, co powiedzieć. Kiedy wchodzą do gabinetu, zapominają wszystko i czują się głupio.

A potem dodałem:

– Kiedy zaczynamy mówić o tych fragmentach życia, o których chcą zapomnieć, denerwują się i wpadają w zakłopotanie. W końcu jestem zupełnie obcy. Wiem, że jest im ciężko, ale to zupełnie jak skok ze spadochronem: podchodzisz do drzwi samolotu i musisz uczynić ten ostatni krok.

Dalej tłumaczyłem, że bardzo często w takich sytuacjach okazuje się, iż problemy pojawiły się o wiele wcześniej, kiedy byli dużo młodsi. Może jakiś dorosły zmusił ich do zrobienia czegoś, co ich przestraszyło, i nie wiedzą, w jaki sposób o tym mówić. Czasami mają wrażenie, zupełnie błędne, że sami ponoszą za to odpowiedzialność.

Gdy tak mówiłem, Martha zaczęła bezgłośnie szlochać i w końcu się rozpłakała. Opowiedziała o swoim dzieciństwie: miała problemy ze słuchem, przez co w końcu trafiła do szkoły dla głuchych. Tam była systematycznie wykorzystywana seksualnie przez jednego z nauczycieli. Pierwszy wypadek miał miejsce przed okresem dojrzewania i zapoczątkował całą serię, która trwała wiele lat.

Ponieważ nie mogła się porozumieć, a była przy tym chorobliwie nieśmiała, Martha we własnym przekonaniu stała się winna brutalnego traktowania. Przeprowadziłem ją przez bolesne wspomnienia, wyjaśniając, kto jest naprawdę winien. W trakcie rozmowy widziałem, jak opada z niej poczucie winy i wyłania się nowa osoba.

Zanim wyszła, zgodziła się przyjść na wizytę w przyszpitalnej przychodni. Tego wieczoru po raz pierwszy dostała miesiączkę, a po kilku tygodniach zaszła w ciążę, w rezultacie której urodziło się pierwsze z trojga dzieci.

Właśnie dlatego wybrałem zawód psychologa klinicznego – żeby pomagać ludziom takim jak Martha. Wszystko, o czym marzyłem i na co tak ciężko pracowałem, stało się rzeczywistością – nie było żadnego poczucia niepewności czy też pytania: „Co potem?". Miałem zawód, który stawiał przede mną wyzwania i który mnie motywował, zawód, który zapewni utrzymanie mojej rodzinie i uleczy ludzkie dusze.

3

KIEDY NA POCZĄTKU 1984 ROKU ZADZWONIŁ DO MNIE nadkomisarz David Baker, pierwszą reakcją było przypuszczenie, że któryś z moich pacjentów ma kłopoty. Szef wydziału śledczego policji w Leicestershire przedstawił się uprzejmie i powiedział, że polecił mnie jeden z jego kolegów. Wytężyłem szare komórki.

– Kiedyś pan nam pomógł – powiedział i wymienił nazwisko policjanta.

– A, tak – przypomniałem sobie przypadek młodej kobiety niebezpiecznie zakochanej w policjancie.

– Szczerze mówiąc, psychologia to nie moja para kaloszy – rzekł Baker. – Widzi pan… jestem detektywem i… – Zawiesił głos.

To musi do czegoś prowadzić – pomyślałem.

– Czy nie mam racji, uważając, że pańska praca daje wgląd w motywacje ludzi i w to, jak stają się tym, kim się stają?

– Ogólnie rzecz ujmując, tak – powiedziałem ostrożnie.

– Cóż, zajmuję się trudnym śledztwem w sprawie morderstwa i chciałbym wiedzieć, czy mógłby mnie pan w związku z nim odwiedzić. Pana wsparcie byłoby bardzo pomocne.

Zaintrygowało mnie to. Co mógłbym wnieść do śledztwa? Moja wiedza na temat pracy policji pochodziła z dzieciństwa z lektury opowiadań o Sherlocku Holmesie i okresu, gdy byłem kadetem policji w wieku szesnastu lat. Potem przypomniała mi się Lynda Mann i powstrzymałem się.

– Oczywiście – powiedziałem. – Czy jutro panu odpowiada?

– Proszę zjeść dobre śniadanie przed przyjściem – odparł raczej tajemniczo. – Nie będzie pan miał ochoty na lunch.

Biuro Bakera w komendzie policji hrabstwa przy London Road w Leicester było zaśmiecone dowodami ponaddwudziestosiedmioletniej służby. Na ścianach znajdowały się proporczyki i zdjęcia, a biurko ozdabiała precyzyjna waga, używana przez handlarzy narkotyków do dzielenia towaru. Baker zbliżał się do pięćdziesiątki. Był niewysokim mężczyzną, mocno zbudowanym, łysiejącym, jego twarz wyglądała prawie jak twarz cherubina. Nosił się nieco po wojskowemu i uwielbiał nienagannie wyprasowane granatowe garnitury w prążki. Siedział w marynarce.

– Nie ma ustalonych reguł w kwestiach, w których będę prosił teraz o pomoc – zaczął jak ktoś, kto zdaje sobie sprawę z tego, że może brzmieć głupkowato.

– Jeślibym panu pokazał miejsce przestępstwa, będące mniej więcej w takim samym stanie jak pierwotnie, to czy mógłby mi pan opowiedzieć coś o osobie mordercy?

Wziąłem głęboki oddech i jeszcze raz moje myśli powędrowały do Lyndy Mann.

– W zależności od tego, co zobaczę – tak.

Odprężył się odrobinę.

– Czy słyszał pan o morderstwie Caroline Osborne?

Zaskoczył mnie.

– Nie, przykro mi...

– Jej ciało znaleziono w sierpniu w wysokiej po pas trawie na łąkach Aylestone Meadows, obok kanału Grand Union w Leicester. Pewne aspekty tego morderstwa są zaskakujące.

Skinąłem głową.

W miarę jak kontynuował, troszeczkę się wahał, niepewny, jak przejść dalej.

Ubiegły rok, 1983, był bardzo zły dla wydziału śledczego policji w Leicester. Popełniono trzy niewyjaśnione morderstwa. W lipcu znaleziono ciało pięcioletniej Caroline Hogg na skraju trawnika niedaleko Twycross Zoo, dziesięć dni po tym, jak zniknęła z dzielnicy Portobello w Edynburgu. W tym samym miesiącu została zamordowana Caroline Osborne – kosmetyczka z salonu piękności dla zwierząt – gdy wyprowadzała na spacer swojego psa, a potem nastąpiło morderstwo Lyndy Mann.

Trzydziestotrzyletnia Caroline Osborne od siedmiu lat mieszkała i pracowała w szeregowcu na rogu Danvers Road w Leicester. Prowadziła swój salon Clippapet w pomieszczeniach od ulicy, a sama mieszkała na piętrze i w pokojach na zapleczu. W dniu morderstwa wyszła z salonu o osiemnastej, żeby wyprowadzić swoje psy na spacer po łąkach Aylestone Meadows – ogromnym zielonym pasie boisk, działek, nieużytków i alejek. Wzięła swoją czarną labradorkę Tammy i tak samo nazywającego się, należącego do sąsiadów brązowego mieszańca labradora, którym pozwalała wyhasać się bez smyczy.

Późną nocą wałęsającego się psa znalazł John Douglas, mieszkaniec okolicy, który rozpoznał Tammy, a także zauważył, że pies przebywał w wodzie. Zabrał Tammy do siebie, a potem powiedział jej, żeby wracała do domu. Trzy godziny później sąsiedzi mieszkający na Danvers Road usłyszeli wyjącą Tammy i wezwali policję.

Nocne poszukiwania nie doprowadziły do znalezienia śladów Caroline. Wznowiono je w sobotę rano. O wpół do jedenastej opiekun policyjnego psa zauważył całkowicie ubrane ciało Caroline leżące w wysokiej po pas trawie.

– W sprawie są pewne niepokojące aspekty – powiedział Baker, wyciągając kilka segregatorów z napisem „WŁASNOŚĆ POLICJI". – Jej ręce i stopy były związane sznurem. Miała pięć ran kłutych na szyi i dwie rany kłute klatki piersiowej, które przebiły serce. Nie było śladów rabunku ani wykorzystania seksualnego. Nie znaleźliśmy użytej broni... – Zamilkł na chwilę. – Ale znaleźliśmy to...

Przy ciele odkryto kawałek papieru z rysunkiem przedstawiającym pentagram w kole – symbol związany z satanizmem i czarną magią.

– Uważamy, że zgubił to morderca – powiedział Baker, nie mogąc ukryć podniecenia.

Otwierając pierwszy skoroszyt, zapytał:

– Paul, widziałeś już kiedyś zdjęcia z miejsca zbrodni?

Pokręciłem głową.

– Przykro mi, ale nie jest to miły widok.

Pierwsza strona zawierała zdjęcia określające lokalizację: kanał i biegnącą obok ścieżkę, używaną do ciągnięcia łodzi. Kolejne ujęcia stopniowo zbliżały się do ciała, które zostało sfotografowane pod każdym możliwym kątem. Było to obrzydliwe i bardzo pragnąłem odłożyć zdjęcia, zamknąć album i wyjść. Nigdy dotąd nie widziałem czegoś takiego. Aż do tej chwili nie wiedziałem, co rany kłute czynią z ciałem, ani w jaki sposób gwałtowna śmierć pozostawia członki w nienaturalnych pozycjach, ani że taka wielka ilość krwi utrudnia zorientowanie się w tym, co się stało.

Caroline sfotografowano również na wszystkich etapach sekcji. Gdy otworzyłem nowy segregator, natychmiast ujrzałem różnicę między ciałem leżącym na miejscu zbrodni a tym samym ciałem umytym, zważonym, wyczyszczonym i przygotowanym dla patologa. Było to jak spoglądanie na posąg, który jest mniej więcej doskonały, z wyjątkiem tych odrażających dziur po ciosach – jak dzieło sztuki zniszczone przez wandala.

Zmuszając się do patrzenia, skoncentrowałem się na tym, co przydarzyło się Caroline. Musiałem zrozumieć rozmieszczenie ran i sposób, w jaki były zgrupowane. Prawie nieświadomie zacząłem zadawać sobie pytania. Jakiego noża użył morderca? Czy był praworęczny (tak jak 95 procent populacji)? A jeśli tak, to czy można określić, gdzie stał, gdy zaczął zadawać ciosy? Kiedy ją związał? Jak długo była przytomna? Jak szybko umarła?

Odpowiedzi były ważne, ponieważ miały wpływ na znacznie obszerniejszą kwestię motywacji. Co morderca pragnął osiągnąć, kiedy mordował Caroline? Morderstwo na tle seksualnym miało inne implikacje niż napad rabunkowy, w którym złodziej przestał panować nad przebiegiem zdarzeń.

W końcu zamknąłem albumy i wyprostowałem się, próbując usunąć sprzed oczu makabryczne obrazy.

– Jaka była Caroline? – zapytałem Bakera.

Przesunął w moim kierunku fotkę, na której uśmiechała się do aparatu wesoła dziewczyna pełna życia i werwy. Zaczął podawać zwykłe informacje: wzrost, waga, kolor włosów, skóry... Przerwałem mu:

– Jaka była jako OSOBA?

– A, rozumiem. Cóż, była sprawna, pracowita, błyskotliwa... Kobieta sukcesu, tak sądzę. Na pewno dużo czasu poświęcała swojemu salonowi kosmetycznemu. Osiemnaście miesięcy temu rozstała się z mężem i teraz byli w trakcie rozwodu. Mąż mieszka gdzieś na południu kraju. Właśnie go sprawdzamy. O ile zdołaliśmy ustalić, nie miała ukrytego życia ani facetów, żadnych zainteresowań.

– I nikt jej nie widział tego wieczoru?

Baker pokręcił głową.

– Szacujemy, że w okolicy Aylestone Meadows było wówczas około dwustu osób. Około stu dwudziestu osób zgłosiło się i nikt nie widział Caroline na ścieżce przy kanale. Sprawdziliśmy również firmy organizujące przejażdżki, wynajmujące łodzie i barki... i nic.

Baker nie potrafił ukryć frustracji. Dochodzenie było jednym z największych, jakie kiedykolwiek przeprowadzono w Leicestershire. Przesłuchano ponad piętnaście tysięcy osób, niektóre z nich nawet siedemnaście razy, a tymczasowo aresztowano osiemdziesięciu mężczyzn, by w końcu wypuścić ich po dalszych przesłuchaniach.

– Czy możemy do tej sprawy wrócić za jakiś czas? – zapytałem na koniec spotkania. – Chcę to wszystko przemyśleć.

– Oczywiście – odpowiedział, ściskając mi dłoń.

– Czy mogę wziąć z sobą część materiałów?

– Zanotuj, co jest ci potrzebne.

Gdy tylko wszedłem do domu, Marylin wyczuła, że coś nie gra. Nie chciałem rozmawiać o śledztwie, a w porze obiadu opuścił mnie mój legendarny apetyt.

Przez następne trzy dni zagłębiłem się w bólu po śmierci Caroline Osborne i analizowałem szczegóły. W przypadku Lyndy Mann tylko rozważałem, jakie zadać pytania, teraz to odbywało się naprawdę. Co mogłem powiedzieć policji o mordercy Caroline? Na pewno nie działał pod presją okoliczności. Wskazywało na to związanie ofiary sznurem, przyniesienie noża i rysunku pentagramu. Wszystko to świadczyło o pewnym stopniu planowania i działania z premedytacją.

Nie było to również przypadkowe spotkanie atrakcyjnej kobiety przez mężczyznę, który nagle podniecił się, a będąc odtrąconym, zadźgał ją i szybko uciekł. Caroline została obezwładniona, związana w szczególny sposób, a następnie zaatakowana. Jednak pomimo tych elementów kontroli brak było pewnego wyrafinowania. Dlaczego wybrał miejsce publiczne i porę, kiedy panuje tak duży ruch? Mógł przecież osiągnąć o wiele więcej, gdyby wybrał bardziej ustronne miejsce. Mógł zdobyć nad nią większą władzę, zastosować doskonalsze węzły, uzyskać większą przyjemność. Zamiast tego ofiara umarła w ciągu kilku minut.

Ten element przypadkowości sugerował, że Caroline nie znała zabójcy, chociaż nie musiała być dla niego zupełnie obca. Być może widywał ją, gdy wyprowadzała psy, albo był klientem jej salonu. Jeżeli chodzi o motyw, to nie miałem wątpliwości, że był seksualny, chociaż nie tak samo jak w przypadku gwałtu czy napadu o takim podłożu. Wskazywał na ostrzejsze dewiacje seksualne. Moja praca w Szpitalu Rejonowym w Leicester pomogła mi zrozumieć, że życie seksualne ludzi może być uzależnione od wielu okoliczności.

Jeśli mężczyzna i kobieta nie mogą osiągnąć bliskości w sposób satysfakcjonujący dla każdej ze stron, nie oznacza to, że popęd po prostu znika. Czasami stwarzają sobie fetysze i bujne fantazje. Osiąga to takie rozmiary, że nie mogą odbyć i czerpać przyjemności z normalnego stosunku, jeżeli brak im będzie jakiegoś czynnika, na przykład określonej bielizny, obuwia czy też rytualnego zachowania. Niektórzy do tego stopnia przejmują się tymi czynnikami, że stosunek staje się coraz mniej ważny i cenny, a fantazje masturbacyjne w coraz większym stopniu kierują się w stronę fetyszy i wybujałych pragnień. Mężczyzna przestaje postrzegać kobietę jako osobę, która za obopólną zgodą i dla obopólnej przyjemności uczestniczy w uprawianiu seksu, a zamiast tego staje się zdepersonalizowanym obiektem służącym zaspokajaniu żądzy.

Morderstwo Caroline Osborne było wyrazem takiej zepsutej żądzy. Skrępowanie, uzyskanie kontroli nad kobietą i wybór ofiary sugerowały mordercę, którego żądze seksualne mieszały się z gniewem i potrzebą dominacji. Zamiast myśleć o jakiejś formie seksu z dobrowolnie w nim uczestniczącą partnerką, w jego fantazjach pojawiała się nieopanowana agresja w stosunku do kobiet, której skutki ujrzeliśmy na Aylestone Meadows. W myślach wielokrotnie przyglądał się tej scenie: snuł wyobrażenia o atakowaniu, wiązaniu, dominowaniu, znęcaniu się, okaleczaniu i zabijaniu nożem. Ale w jaki sposób stał się taki? Rozgoryczenie i gniew w stosunku do kobiet rozpoczyna się wcześnie, gdy na przykład samotny i seksualnie niedojrzały młody człowiek odkrywa, że nie posiada wystarczających umiejętności społecznych, które skłoniłyby dziewczyny do zainteresowania się nim. Widzi, że inni chłopcy i młodzi mężczyźni odnoszą sukcesy u kobiet, a jemu się to nie zdarza. Czując się zraniony i odrzucony, może zacząć obwiniać kobiety o swoją samotność i frustrację. W miarę upływu czasu rosnące rozgoryczenie i gniew mogą zmienić seksualność. Zamiast dążyć do wzajemnie satysfakcjonującego seksu z chętną partnerką, zaczyna łączyć przyjemność osiąganą na drodze masturbacji z seksualną przemocą. W swoich fantazjach może zmuszać kobiety do wszystkiego, na co tylko mu przyjdzie ochota, i co ważniejsze, może je karać za to, co według niego mu zrobiły.

Kluczem był pentagram znaleziony w pobliżu ciała. Caroline nie była rytualną ofiarą. Symbol narysowano wcześniej i pozostawiono na miejscu zbrodni, tak żeby scena przypominała rytualną ofiarę seksualną składaną satanistycznemu czy też magicznemu bóstwu. Oto w jaki sposób zabójca nadał cechy racjonalizmu swoim w wielkiej mierze dewiacyjnym żądzom, aby owładnąć, torturować i zamordować kobietę. Przydało to jego działaniom cel, nawet jeżeli był on fałszywy. Jeśli motywem naprawdę byłaby ofiara z człowieka czy też gdyby chodziło o kult szatana, to przygotowania, tortury i widowisko byłyby o wiele bardziej wyrafinowane.

Znalazłem duży arkusz papieru i zacząłem spisywać cechy mordercy, które można było wywnioskować z materiału. Zapisałem: „Brak dużego wyrafinowania lub doświadczenia w zabijaniu sugeruje, że jest to bardzo młody mężczyzna: nastolatek lub dwudziestoparolatek. Najprawdopodobniej jest bardzo samotny i seksualnie niedojrzały. Do tej pory nie posiadał wcale lub bardzo niewiele dziewczyn. Pragnie bliskich związków, ale nie ma odpowiednich umiejętności, aby je rozpocząć i podtrzymać".

Punkt drugi: „Prawdopodobnie mieszka w domu z rodzicami lub rodzicem". Jest to całkiem powszechne wśród młodych mężczyzn, którzy nie posiadają umiejętności społecznych i wiary we własną seksualność.

Kolejną wspólną cechą jest prawdopodobne miejsce pracy. Brak łatwości wysławiania się utrudnia uzyskanie pracy na stanowisku kierowniczym lub posady pracownika umysłowego wyższego szczebla. Dlatego też napisałem: „Prawdopodobnie jest pracownikiem fizycznym na stanowisku wymagającym zręczności, być może wymagającym umiejętności obchodzenia się z ostrymi nożami". Wzmianka o nożach wynikała z rodzaju ran, jakie znajdowały się na ciele Caroline.

„Jest silny i dobrze zbudowany" – napisałem rzecz oczywistą, wynikającą ze sposobu, w jaki sterroryzował i związał ofiarę, oraz siły, jakiej użył, żeby pociąć ciało Caroline.

„Być może znał Caroline albo przynajmniej był świadom jej istnienia, a ona sama mogła odgrywać jakąś rolę w jego fantazjach masturbacyjnych".

„To jest jego terytorium. Zna teren i mieszka niedaleko – jeżeli nie teraz, to w przeszłości". Wyjaśnia to, w jaki sposób zdołał zamordować Caroline, a potem zniknąć z Aylestone Meadows tak szybko, że nikt z obecnych nie zauważył nikogo zachowującego się podejrzanie ani nic niezwykłego. Żeby mu się to udało, musiał bardzo dobrze znać teren.

Jednocześnie znacznym ryzykiem było uderzenie na otwartej przestrzeni, w ciepły letni wieczór, kiedy jest jeszcze jasno.

„Jego pełne przemocy fantazje seksualne są podsycane przez pornograficzne książki i czasopisma oraz filmy wideo, niektóre posiadające satanistyczne motywy. Kiedy go znajdziecie, przeszukanie jego domu ujawni liczne dowody na powyższe stwierdzenia, jak również świadectwo silnego zainteresowania nożami".

„Fakt, że na miejscu zbrodni nie znaleziono broni, może świadczyć o tym, że sprawca ma świadomość przestępczą. Równie dobrze może to dowodzić, że traktuje nóż jako przedmiot o szczególnej wartości i dlatego też nie porzucił go. Trzyma go przy sobie".

Omawiając poszczególne punkty w biurze Davida Bakera, wyczułem, że nie całkiem wie, jak się zachować. Chociaż był wdzięczny, to nie był pewien, w jaki sposób mogłem tyle wyczytać z fotografii i akt sprawy, które on i jego koledzy przeglądali miesiącami. Ile wagi przywiązywał do moich ustaleń? Nikt, o ile mi wiadomo, nigdy przedtem nie prosił psychologa o włączenie się do śledztwa, w ten sposób wstępowaliśmy na dziewiczy teren, bez map, a ja byłem przewodnikiem, który szedł według znaków, których David Baker nie widział.

Upłynęły tygodnie, potem miesiące i kiedy nie miałem od Bakera wiadomości, uznałem, że moja rola się skończyła. Nie miałem żadnego sposobu, żeby sprawdzić, czy pomoc na coś się przydała, skupiłem się więc na pracy w klinice.

Czternaście miesięcy później, w poniedziałek 29 kwietnia 1985 roku, w drodze do domu zobaczyłem w gazecie ogromny tytuł: „DWUDZIESTOJEDNOLETNIA PIELĘGNIARKA ZAMORDOWANA NA POLNEJ DRODZE". Amanda Weedon była jedną z nas, pracowała w szpitalu przy Groby Road w północno-zachodnim Leicester, była zatrudniona w państwowej służbie zdrowia, niedawno skończyła szkołę pielęgniarską i wkrótce miała wyjść za mąż.

Tego wieczoru zadzwonił do mnie David Baker i następnego ranka zjawiłem się u niego w biurze, przysłuchując się kolejnej odprawie.

O 16.15 w sobotę ciało Amandy znalazła jakaś nastolatka pod żywopłotem przy wysadzanej drzewami drodze dla pieszych prowadzącej z cmentarza Gilroes do szpitala przy Groby Road. Kilka kroków od tego miejsca znajdował się Dom Przejściowy Zakładu Psychiatrycznego – budynek z czerwonej cegły, w którym pacjenci mieszkali przez jakiś czas przed powrotem do domów. Jeden z członków personelu widział „mglistą postać" myszkującą przy drodze mniej więcej w czasie morderstwa.

Ofiara, podobnie jak Caroline Osborne, została wielokrotnie ugodzona nożem. Brakowało normalnych śladów przestępstwa na tle seksualnym. Początkowo policja sądziła, że ma do czynienia z przypadkowym rabusiem, który spartolił napad. Portmonetka Amandy zawierała 20 funtów, a w brązowej torebce brakowało karty do bankomatu.

Rano dziewczyna pobrała z banku pieniądze i poszła na zakupy z narzeczonym Cliffordem Eversfieldem. W porze lunchu pożegnała się z Cliffordem, który był menedżerem jednego z lokalnych zespołów piłkarskich. W chwili gdy Amanda została zaatakowana, na boisku obserwował grę swojej drużyny. Wiadomość dotarła do niego w momencie, gdy przyszedł do internatu pielęgniarek w sobotę wieczorem, żeby zabrać dziewczynę na przyjęcie.

Po lunchu Amanda poszła do przyjaciółki mieszkającej w Beaumont Leys, przy Amadis Road. Wyszła od niej około 15.15 i poszła do sklepu z prasą w centrum handlowym Fletcher Mall, by kupić kartkę urodzinową. Zapamiętał ją sprzedawca.

O 15.45 ruszyła z powrotem do szpitala przez zaspy i lodowaty wiatr. Droga zajęła jej od siedemnastu do dwudziestu dwóch minut i prawdopodobnie dotarła do alei około szesnastej. Jej ciało znaleziono piętnaście minut później. W pobliżu leżała kartka.

– Musimy jedynie wyjaśnić, co się zdarzyło w ciągu pół godziny – powiedział Baker z wyczuwalnym naciskiem.

– Potrzebuję informacji o Amandzie.

– Tutaj jest historia rodziny – odparł, szukając segregatora. – Jej rodzina pochodzi z Burton-on-the-Wolds, 10 mil na północ stąd. Ojciec na emeryturze... Pracował w zakładach Rolls-Royce'a. Amanda była najmłodsza spośród trojga dzieci... była jedyną córką... zawsze chciała zostać pielęgniarką... niewiele więcej mogę powiedzieć. – Baker dalej czytał na głos. – W piątek trzy razy rozmawiała z matką o zaproszeniach na ślub, który miał się odbyć 27 lipca.

Baker, z prawie przepraszającą miną, przysunął w moją stronę album ze zdjęciami z miejsca zbrodni. Wziąłem głęboki oddech. Natychmiast stało się oczywiste, że rozmieszczenie zadanych ran jest podobne jak w przypadku pierwszego morderstwa – głównie na szyi i ramionach. Ponownie brakowało widocznych oznak napadu na tle seksualnym, ale nie miałem wątpliwości, że morderstwo miało tło seksualne. To było jak przyłożenie tego samego szablonu do obu morderstw. Występowały różnice, ale o wiele więcej było podobieństw.

– Mamy do czynienia z tą samą osobą, która zabiła Caroline Osborne – powiedziałem.

Baker, zgadzając się, skinął głową.

– Atak był nagły i nieprzemyślany. Podjął duże ryzyko.

– A to oznacza…?

– Hm, sugerowałoby to chorobę albo stan większego podniecenia niż ostatnim razem. W przeciwieństwie do morderstwa Caroline nie doszło do dłuższej wymiany zdań, co sugeruje, że zabójca jest niedojrzały. W przeciwnym wypadku zachowałby się w bardziej wyrafinowany sposób. Seksualni mordercy mają tendencje do doskonalenia techniki i zwiększania władzy nad ofiarami z każdym nowym morderstwem. Ale ten zabójca podjął większe ryzyko i poświęcił jeszcze mniej czasu. Nie próbował związać ofiary i nie zostawił żadnych symboli na miejscu zbrodni.

– A to oznacza…? – zapytał Baker.

– Bardzo znacznie zmniejsza prawdopodobieństwo, że znał Amandę.

– Więc uderzył na ślepo?

– Hm… Nie całkiem. Nie sądzę, żeby to była przypadkowa ofiara.

Baker uniósł brwi.

– Alejką musiało przejść z tuzin kobiet, które zignorował. Coś sprawiło, że zwrócił uwagę na Amandę właśnie w chwili, gdy był najbardziej podniecony. Może wyglądała jak znajoma albo miała w szczególny sposób związane włosy, a może sprawił to jakiś fragment jej ubrania.

Cmentarz Gilroes rozciągający się na dziesiątkach akrów dominował na fotografii lotniczej miejsca zbrodni, którą dostałem od Bakera. Wyjaśnił on, że policja przeszukiwała teren, który był znany jako oaza wąchaczy kleju, mając nadzieję znaleźć portmonetkę Amandy.

Prawie odchodząc, powiedział, że na tym właśnie cmentarzu pochowano Caroline Osborne. Nasze oczy spotkały się na moment i widziałem, że zadajemy sobie to samo pytanie: „Czy morderca był na jej grobie?". Cmentarz jest ogromny i jak rozumowałem, istnieje duże prawdopodobieństwo, że większość osób, które zmarły, chowanych jest w tym miejscu. Jeżeli istniał między tymi faktami jakiś związek, to trudno powiedzieć, czy jest ważny. Być może odwiedziny na grobie pobudziły go seksualnie. Mając przy sobie nóż i będąc w takim stanie, prawdopodobnie wyszedł z cmentarza i natknął się na Amandę Weedon.

Przechodnie mówili o obecności jednego lub kilku mężczyzn pomiędzy 15.15 a 16.30. Jedno zeznanie wspominało o mężczyźnie, który wychodził z alejki o 16.05. Był biały, wysoki i nosił ubranie polowe koloru khaki albo zgniłozielone.

Baker wyjaśnił, że ekipa śledcza bada teraz ogromną listę podejrzanych przesłuchiwanych po morderstwie Caroline, a także sprawdza rejestry w poszukiwaniu miejscowych ekshibicjonistów i przestępców na tle seksualnym. Sporządzony przeze mnie profil psychologiczny pomagał dokonać selekcji i skoncentrować się na o wiele mniejszej grupie podejrzanych, którzy posiadali odpowiednie cechy charakterystyczne.

Umówiliśmy się na rozmowę za kilka dni. Opuściłem komendę i pojechałem do szpitala w Leicester, gdzie czekała mnie codzienna praca.

Mający dziewiętnaście lat, 195 centymetrów wzrostu i ważący 95 kilogramów Paul Kenneth Bostock doskonale pasował do opisu mężczyzny widzianego w alejce.

Jego babcia zachęciła go, żeby zgłosił się na policję, aby wykluczyć się z grona podejrzanych. W środowe popołudnie, cztery dni po drugim morderstwie, przybył do komisariatu na Blackbird Road. Był zdenerwowany i wielokrotnie zaprzeczał sam sobie, kiedy wyjaśniał, co robił w ubiegłą sobotę.

Przy okazji pierwszego morderstwa był trzykrotnie przesłuchiwany, ale widocznie przedstawił zadowalające alibi. Mieszkał z rodzicami na Blakesley Walk w dzielnicy Beaumont Leys, niedaleko miejsc, gdzie dokonano obu zbrodni.

Osiem miesięcy wcześniej mieszkali w pobliżu psiego salonu piękności, którego właścicielką była Caroline Osborne i którego klientami były również ich dwa psy.

Bostock jawił się jako łagodny olbrzym, do tego lubiany w pracy. Pracował w masarni, co w oczywisty sposób wiązało się z używaniem noży.

Był entuzjastą sportu – biegał i jeździł na rowerze przed pracą i po pracy, a garaż babci zamienił w siłownię.

Jako junior grał w rugby w drużynie Zachodniego Leicester. Jego naturalnym atutem był wzrost. Później zainteresował się sztukami walki, trenował we wtorki i piątki w miejscowym klubie robotniczym. Zawsze przyjeżdżał na treningi z upranym i pięknie wyprasowanym strojem, ale rzadko kiedy odzywał się do kogoś.

– Zawsze był cichy i spokojny – powiedział Colin Underwood, jeden z zawodników, w wypowiedzi dla miejscowej gazety. – Czasami ludzie denerwują się, kiedy przypadkowo partner trochę przesadzi w czasie treningu, ale Paul nigdy tego nie robił. Zawsze był opanowany i akceptował to jako część gry.

Baker zadzwonił do mnie tego wieczoru i powiedział o podejrzanym.

– Dokładnie odpowiada opisowi, który nam dałeś. Wystąpiliśmy o nakaz rewizji.

– Pamiętaj, co mówiłem po morderstwie Caroline – odparłem. – Jeżeli to nasz morderca, to w jego domu prawdopodobnie znajdziecie noże, pornografię i mnóstwo rzeczy związanych z czarną magią… coś w tym rodzaju.

Baker nie zapomniał.

– Słuchaj, chciałbym poprosić cię o jeszcze jedną przysługę. W świetle tego, co powiedziałeś o motywacji mordercy, czy mógłbyś porozmawiać z chłopakami, szczególnie z oficerami, którzy go przesłuchują? Chcę, żebyś pomógł im zrozumieć, z czym mają do czynienia.

– Kiedy?

– Teraz. To robota w sam raz dla ciebie.

W drodze do komisariatu na Blackbird Lane wciąż zadawałem sobie pytanie, dlaczego jeden z najbardziej doświadczonych oficerów policji w Wielkiej Brytanii zwracał się o pomoc przy przesłuchaniu podejrzanego do psychologa na skromnym stanowisku. Prowadzenie przesłuchań to ich sprawa, a moja znajomość metod policji jest ograniczona.

Gdy z trudem przejeżdżałem przez ronda na przedmieściach Leicester, zacząłem myśleć w kategoriach pracy klinicznej. Gdyby Paul

Bostock zgłosił się do mnie do gabinetu w celu wydania opinii, to moim pierwszym zadaniem byłoby poznanie jego przeszłości, a następnie wytworzenie więzi z pacjentem. Nie każdy pragnie wracać do przeszłości i odsłaniać swoje uczucia. Niektórzy opierają się temu lub nawet całkowicie blokują wydarzenia, które leżą u źródła ich problemów. Przełamanie takich blokad wymaga specjalnej strategii rozmowy, która stopniowo, powoli dociera do źródeł problemu.

Pomyślałem, że oprócz tego mogę zaoferować policji jedynie zrozumienie psychoseksualnego funkcjonowania mordercy, natury jego dewiacji i seksualnych fantazji.

W komisariacie wprowadzono mnie do ogromnej sali, gdzie siedziało około pół tuzina detektywów. Niektórzy z nich powiesili marynarki na oparciach krzeseł. W koszulach z podwiniętymi rękawami niedbale opierali się o stoły. Część spośród nich już w przeszłości poznałem, ale teraz czułem się niepewnie, gdy Baker przedstawiał nas sobie i mówił, jak „niesamowicie" byli zaskoczeni trafnością przygotowanego przeze mnie profilu. Chociaż byłem outsiderem, to nie musiałem się przypochlebiać. Jeżeli zaakceptował mnie Baker, to oni również mnie akceptowali. Wiele to mówiło o szacunku i podziwie, jakie żywili dla swojego szefa.

Wszyscy obecni w pokoju byli przekonani, że odnaleźli mordercę, zwłaszcza po przeszukaniu domu jego rodziców. W sypialni znaleziono całą kolekcję noży, mieczy, pistoletów i stalowych gwiazdek używanych przez wojowników kung-fu. Ściany były oklejone plakatami i rysunkami. Niektóre były wykonane samodzielnie i przedstawiały symbole czarnej magii, sceny, na których torturowano skute, nagie kobiety. Jeden z symboli odpowiadał symbolowi znalezionemu przy ciele Caroline. Detektywi znaleźli również mnóstwo komiksów i czasopism opisujących przemoc.

Baker przypomniał, jak ważne jest wyjaśnienie wszystkich szczegółów. Po wykonaniu takiej ogromnej pracy teraz nikt nie mógł sobie pozwolić na to, żeby winny uniknął kary z powodu przeoczenia lub nieprzestrzegania jakiejś procedury. Równie ważne jest, stwierdził, żeby nie zmusić niewinnego mężczyzny do złożenia fałszywego zeznania i przyznania się do winy.

Kiedy nadeszła moja pora, zacząłem od opisania natury zaburzeń i dewiacji seksualnych, tak jak to uprzednio wyjaśniłem Bakerowi. Opowiedziałem, w jaki sposób rozwijają się wzorce zachowań, jak ludzie stają się tym, kim się w końcu stają, i w jaki sposób tworzą psychologiczną obronę przed pokazaniem swojej prawdziwej natury.

– Opowiedzcie mi o poprzednich przesłuchaniach – poprosiłem.

– No cóż, nie załamał się – powiedział ochrypłym głosem podkomisarz Ian Leacy. – Po pierwsze, nie wiedziałem, czy to pierdolony kretyn, czy geniusz. A teraz? Hm. Nie sądzę, żeby celowo odmawiał współpracy, ale kiedy zbliżamy się do decydującej kwestii, spina się i mówi „Nie" albo „Nie pamiętam".

– A jaki jest? Jak się zachowuje?

– Nie jest pewien siebie ani agresywny, jeżeli o to ci chodzi. Mówi, że chce pomóc. Ciągle pyta o mamę i ojca. Szczerze mówiąc, sądzę, że jest przerażony.

– OK, możliwe, że zepchnął to w sferę nieświadomości i naprawdę tego nie pamięta, ale wątpię. To nie jest osoba, która jednorazowo nie mogła się opanować i popełniła morderstwo – zrobił to dwa razy. Jednocześnie, kiedy był przesłuchiwany przy okazji pierwszego morderstwa, zdołał uniknąć zdemaskowania. Oznacza to, że stworzył jakąś maskę i wizerunek, który w tej chwili utrudnia mu opowiedzenie innej historii.

Teraz musiałem skonstruować strategię i jednocześnie uważać, by nie nadepnąć nikomu na odcisk.

– Nie mam najmniejszego pojęcia, w jaki sposób przeprowadza się przesłuchania. Wy jesteście ekspertami. Polegam całkowicie na swojej wiedzy o tym, jak działa ludzki umysł. Z tego, co mi powiedzieliście, wynika, że facet nie jest triumfującym entuzjastą sadystycznych zboczeń. Przez długi czas udawało mu się je ukrywać bez zwracania uwagi ludzi wokół siebie, co sugeruje, że w normalnym towarzystwie będzie potępiał takie zachowanie i okazywał odrazę.

Prawdopodobnie nie będzie siedział i myślał: „Wiem, kim jestem, wiem, co narobiłem i wezmę tych facetów na przetrzymanie". Prawdopodobnie nie przyznaje się przed sobą do tego, co zrobił tym kobietom ani dlaczego to zrobił. Nie może poradzić sobie z uczuciem wstydu i osądem innych. Zwłaszcza swojej rodziny, więc ucieka przed mówieniem o tym, co się stało.

– Więc w jaki sposób możemy posunąć się do przodu? – zapytał Baker.

– Najważniejsza rzecz to przygotowania, przygotowania i jeszcze raz przygotowania. Prowadzący przesłuchanie muszą wiedzieć wszystko, co tylko się da, o przestępstwie, ofiarach i podejrzanym. Trzeba sprawić, aby rozmowa nie była dla niego trudna i traktować go, jakby naprawdę chciał wam powiedzieć o tym, co się stało, a co jest dla niego emocjonalnie trudne. Nie osądzajcie go, nie dążcie do konfrontacji ani nie okazujcie odrazy.

Zacząłem przedstawiać swoją strategię podobną do tych, które wykorzystywałem w gabinecie, gdy pacjenci bronili się przed ujawnieniem zdarzeń z przeszłości.

– Wyobraźcie sobie, że prawda znajduje się w środku wielu koncentrycznych kół. Nie można od razu przejść do sedna sprawy, podejrzany nie pozwoli na to. Więc zaczynacie od rodziny, młodości, wakacji szkolnych. Niech przywyknie do mówienia szczegółowo o takich sprawach, tak żeby później nie trzeba było nagle przechodzić od mówienia o sprawach ogólnych do opisywania najdrobniejszych szczegółów. Ten brak ciągłości wytrąci go z równowagi.

W miarę takiego postępowania będzie wzmacniać się między wami więź, a on sam będzie miał poczucie bezpieczeństwa. Będzie sobie zdawał sprawę z konsekwencji, ale nie będzie się obawiał waszego ataku, tego, że nazwiecie go zwierzęciem czy potworem. Zamiast tego będzie mu zależało, żebyście zrozumieli, jak do tego doszło.

Kiedy będzie już swobodnie i szczegółowo opowiadał o swoich związkach oraz uczuciach, naprowadzajcie go coraz bliżej tego tygodnia, dnia i godziny, w której zamordowano Caroline Osborne.

Jeżeli posuniecie się za daleko, to powie „Nie wiem" albo „Nie było mnie tam", albo „Nie pamiętam". Możecie przypierać go mocno do muru, a on równie mocno będzie się bronił. Dajcie mu wtedy spokój, zróbcie przerwę i wróćcie do tej kwestii później. Tym razem zacznijcie od wcześniejszego miejsca, pozwalając mu przejść przez znany teren, zanim ruszycie dalej. Musicie dokładnie omówić cały dzień. O której wyszedł z domu? Czy skręcił w lewo czy w prawo? Czy trzymał ręce w kieszeniach?

Następnie pozwólcie mu mówić samodzielnie i zobaczycie, że tym razem posunie się trochę dalej. Powie na przykład: „Tak, chyba ją widziałem na ścieżce przy rzece".

Nie róbcie wtedy zdziwionej miny. Nie mówcie: „Zaraz, zaraz. Przecież do tej pory opowiadałeś coś innego". Zamiast tego powinniście powiedzieć: „Doskonale. Gdzie stała? Co miała na sobie?".

W ten sposób będzie się poruszać, dopóki nie dojdziecie do kolejnego miejsca, w którym powie „Nie wiem" albo „Nie pamiętam". Nie przypierajcie go do muru. Wycofajcie się i znowu zastosujcie tę samą strategię. Nie mówcie: „To do niczego nas nie prowadzi". Powiedzcie: „Świetnie. Dużo dzisiaj zrobiliśmy. Teraz czas na przerwę. OK?".

Równie ważne było, aby przesłuchujący wyjaśnili Bostockowi kwestię nienormalnej seksualności. Muszą mu pomóc zrozumieć, że nie jest sam, że inni go rozumieją.

– Powiedzcie mu, że wiecie, jak mu jest ciężko, ale że słyszeliście już takie rzeczy i nie jest jedyną osobą, która to przeżyła, nawet jeżeli on sam nie może zrozumieć swoich uczuć.

W końcu, kiedy będziecie coraz bliżej, bariery staną się dużo mniejsze, aż w końcu dojdziecie do punktu, w którym nagle znikną, i w czasie tego przesłuchania powie całą prawdę. Będzie mówił w pośpiechu, ponieważ odczuje ogromną ulgę, że się pozbywa tego balastu.

Nie powstrzymujcie go. Pozwólcie mu się swobodnie wygadać. Potem będziecie mogli wrócić i zadać bardziej szczegółowe pytania.

Kiedy przez to przejdziecie, możecie zakwestionować te fragmenty, które brzmią fałszywie. Może na przykład powiedzieć: „Byłem tam. Rozmawiałem z nią. Ale nie zrobiłem tego w ten sposób".

Teraz możecie dążyć do konfrontacji, bardziej naciskać. Nie będzie chciał mówić o okrucieństwach ani aktach sadyzmu – nie chce, żeby inni postrzegali go w złym świetle. Ale wam będą potrzebne wszystkie szczegóły.

Przez kilka kolejnych dni słuchałem taśm z przesłuchań, analizując pytania i odpowiedzi. Powoli kolejne bariery opadały i Paul Bostock powrócił na Aylestone Meadows w ciepły letni wieczór 1983 roku, kiedy spotkał Caroline Osborne, i na alejkę przy cmentarzu Gilroes w zimne popołudnie, gdy wyśledził Amandę Weedon. Jak się okazało, tego dnia był na grobie Caroline i wracając, zobaczył młodą pielęgniarkę. Dlaczego ją wybrał?

– Miała na nogach czerwone buty – odpowiedział.

W czerwcu 1986 roku sąd w Leicester uznał Bostocka winnym obydwu morderstw i skazał na dożywocie. Jego adwokat opublikował kilka listów, które Bostock napisał do swojej dziewczyny, oczekując na proces. W jednym z nich stwierdził:

> Tych kilka chwil zniszczyło nie tylko mnie, to, kim chciałem być, ale także zrujnowało życie rodzin ofiar, życie mojej rodziny i nasze życie, które wspólnie planowaliśmy.
>
> Męka, poczucie winy sprawiają, że nie mogę spojrzeć w oczy moim rodzicom, Tobie, samemu sobie, a nawet policjantom. Gdyby tylko można było cofnąć to, co się wydarzyło, zrobiłbym to.

Zanim rozpoczął się proces, przeprowadziliśmy się do nowego domu w maleńkiej wiosce w hrabstwie Leicestershire, gdzie mogliśmy poczuć się jak na prawdziwej wsi. Wystarczyło przejść kilka kroków w dowolnym kierunku, by natknąć się na pola i lasy poprzecinane żywopłotami i strumieniami. Najtrafniejsze myśli przychodziły mi do głowy w czasie popołudniowych spacerów, gdy Jess biegała, a ja obserwowałem niknące światło słońca.

Dom był całkiem nowoczesny i miałem dość miejsca na gabinet – użyteczny dodatek, gdyż nie wiedziałem, jak będzie się rozwijać moja kariera w państwowej służbie zdrowia.

Uważałem, że sprawa Bostocka była jednorazowym zdarzeniem, ale dała mi pojęcie o tym, jakie korzyści przynosi psychologiczne podejście w przypadku analizowania przestępstw. Na pewno pozwalało zawęzić liczbę potencjalnych podejrzanych i wydajnie wykorzystać posiadane środki. Stwierdzenie, że przestępca był mężczyzną w wieku od kilkunastu do dwudziestu kilku lat, radykalnie zmniejszało liczbę podejrzanych. Stwierdzenie, że nie był żonaty, eliminowało kolejnych. Dzięki temu można było skoncentrować się na fakcie, że był dobrze zbudowanym pracownikiem fizycznym i miał wprawę w posługiwaniu się nożami.

Nie byłem w stanie podać policji nazwiska i adresu Paula Bostocka, ale wiedziałem, jak wygląda jego mieszkanie, jakie są jego motywy i co dzieje się w jego głowie.

4

MOJA PRACA OD SAMEGO POCZĄTKU POLEGAŁA NA LECZENIU LUDZI, którzy ucierpieli w wyniku pechowych wydarzeń. Byli raczej ofiarami niż prześladowcami. W 1986 roku uświadomiłem sobie, że pacjenci nie mieszczą się w poczekalni, a wizyty zajmują mi cały dzień od rana do wieczora, jeden pacjent na godzinę. Nic dziwnego zatem, że radość czerpana z pracy zmalała wraz z upływem czasu, chociaż nie zanikło odczuwane przeze mnie współczucie.

Mniej więcej w tym samym czasie stwierdziłem, że moja praca kliniczna nabiera coraz bardziej kryminalistycznego zabarwienia. Nie było sposobu, aby powstrzymać tę zmianę – w moim gabinecie pojawiało się coraz więcej pacjentów, którzy popełnili jakieś przestępstwo lub byli o krok od tego, a także ich ofiar.

Zaczęło się od przypadkowego skierowania, związanego z moją pracą nad zaburzeniami seksualnymi w szpitalu w Leicester. Pewnego razu internista napisał do mnie:

> Paul! Mam pacjenta, który wydaje się doskonale pasować do wszystkich objawów opóźnionego wytrysku. Skarży się również na to, że odczuwa pociąg seksualny do dzieci swojej siostry. Powiada, że nic się jeszcze nie zdarzyło, ale byłbym wdzięczny, gdybyś wyznaczył mu wizytę w najbliższym czasie.

Wielu pacjentów pojawiało się w związku ze sprawami, jakie się przeciw nim toczyły pod zarzutami publicznego obnażania, kradzieży sklepowych lub niszczenia mienia społecznego. Kierowali ich do mnie adwokaci próbujący znaleźć okoliczności łagodzące lub sędziowie, którzy chcieli zrozumieć, z kim mają do czynienia. Zdarzali się także pacjenci, którzy krzywdzili samych siebie w związku z zachowaniami seksualnymi, oraz inni, których pragnienia napełniały obawami i szukali pomocy, zanim ściągną na siebie kłopoty.

Praca z pacjentami sądowymi wymaga zupełnie innego podejścia niż praca ze zwykłymi pacjentami. W przeciwieństwie do naturalnej więzi z cierpiącym pacjentem w tym wypadku musisz uświadomić sobie, że osoba po drugiej stronie stołu może mieć najokropniejsze pragnienia. Pierwszym więc odruchem jest surowość, a nie chęć udzielenia pomocy człowiekowi znajdującemu się w trudnej sytuacji.

Tego lata dotarła do mnie wiadomość, że zwolniło się stanowisko dyrektora miejscowej służby psychologii kryminalnej. Po raz pierwszy poważnie zastanawiałem się, czy nie chcę, by moja kariera poszła w tym kierunku. Oznaczało to oczywiście wyższe stanowisko, lepszą pensję, ale jednocześnie odsunięcie od pracy klinicznej, która dawała mi mimo wszystko tyle satysfakcji.

Wiązało się to z pracą w pełnym wymiarze godzin, z hospitalizowanymi pacjentami, którzy należeli do najmniej wdzięcznych przypadków. Do mojego gabinetu trafialiby najbardziej niebezpieczni, zdeprawowani przestępcy o całkowicie wypaczonych umysłach. Czy naprawdę chciałem spędzić całe swoje życie zawodowe pogrążony w okropnych zbrodniach, czując cierpienie ofiar?

Zastanawiałem się nad tym przez dłuższy czas. Wiele nocy spędziłem przy kuchennym stole na rozmowach z Marylin. Sytuację komplikowała moja chęć włączenia do pracy klinicznej również psychologii pracy. Obejmowała ona stres w miejscu pracy, pracę w zespole i czynniki ryzyka w biznesie. Przechodząc z przemysłu i handlu do psychologii, wydawało się to naturalnym krokiem.

Jednak nie mogłem zaprzeczyć, że zafascynowała mnie psychika przestępców. Co sprawiało, że ktoś bił kobietę lub gwałcił dziecko? Jakie czynniki powodowały, że jedna osoba stawała się destruktywnym i brutalnym przestępcą, a ktoś inny troskliwym i odpowiedzialnym członkiem społeczeństwa?

Wiedziałem, że mogę pomóc ludziom. Gdybym na przykład prowadził terapię przestępcy seksualnego na samym początku jego „kariery", to bez wątpienia kilkanaście osób uniknęłoby losu kryminalisty. Równie ważne było to, że rozmawiając z ofiarami przemocy, mogłem uleczyć ich rany i uwolnić ich od cierpienia. TO MUSIAŁO być warte zachodu.

Rozmowa kwalifikacyjna w sprawie tego stanowiska odbyła się w lipcu. W międzyczasie nadal prowadziłem pracę kliniczną i przygotowywałem się do studiów podyplomowych z psychologii pracy na Uniwersytecie w Sheffield.

Od zamordowania Lyndy Mann w pobliżu szpitala Carlton Hayes minęły dwa lata i nadal w drodze do pracy niekiedy przechodziłem obok Czarnej Ścieżki. Mordercy dotąd nie znaleziono, ale od czasu do czasu, zazwyczaj w rocznicę śmierci, ukazywały się apele o pomoc. Sytuacja taka trwała aż do 1 sierpnia, kiedy to, kupując mleko w sklepiku na rogu, zauważyłem na pierwszej stronie miejscowej gazety „Leicester Mercury" artykuł:

> TRWAJĄ POSZUKIWANIA ZAGINIONEJ UCZENNICY
>
> Starsi detektywi i policjanci operacyjni wraz z psami tropiącymi przyłączyli się do zakrojonych na szeroką skalę poszukiwań prowadzonych w obszarze Narborough. Piętnastoletnia dziewczyna zaginęła wczorajszej nocy niedaleko miejsca, gdzie trzy lata temu znaleziono zwłoki zamordowanej uczennicy.
>
> Dawn Amandę Ashworth z Mill Lane w Enderby po raz ostatni widziano żywą o godzinie 16.30, kiedy to wyszła z domu przyjaciół przy Carlton Avenue w Narborough.

W południe następnego dnia znaleziono ciało Dawn Ashworth przy ścieżce. Tym razem była to droga prowadząca na wschód od szpitala Carlton Hayes i zwana powszechnie Ten Pound Lane. Podobnie jak Lynda, ofiara była także uczennicą miejscowego liceum Lutterworth Grammar School.

Przez kolejny tydzień to drugie z kolei morderstwo zdominowało miejscową i ogólnokrajową prasę. Ponieważ byłem strasznie zapracowany, docierały do mnie tylko okruchy wiadomości z przypadkowo usłyszanych programów radiowych i przeglądanych gazet. Wiedziałem jednak, że miejscowa społeczność jest przerażona.

Tym razem policja szybko dokonała aresztowania siedemnastoletniego młodzieńca z Narborough. Pracował jako pomoc kuchenna w ogromnej stołówce wydającej posiłki dla pacjentów i personelu w szpitalu Carlton Hayes. Jedenastego sierpnia postawiono mu zarzut zamordowania Dawn Ashworth i aresztowano.

Po kilku dniach na mojej wycieraczce pojawił się list z miejscowego Wydziału Zdrowia. Była to formalna umowa o pracę potwierdzająca, że jestem teraz nowym dyrektorem Regionalnego Wydziału Służby Psychologii Kryminalnej. Istniał jednak pewien haczyk. Wydział Zdrowia uważał, że nie będę w stanie udźwignąć ciężaru dodatkowych obowiązków, jednocześnie studiując zaocznie. Do tej pory sądziłem, że otrzymam wsparcie finansowe, ale teraz okazało się, że nie mogę na nie liczyć. Zasugerowano mi przy tym, że być może pomoc zostanie mi udzielona, jeżeli opóźnię studia o rok i przez ten czas skoncentruję się na nowych obowiązkach.

Musiałem teraz podjąć decyzję. Czy postąpić zgodnie z planami? W tej sytuacji musiałbym sam za wszystko płacić. A kto wie, czy nie ściągnąłbym na siebie gniewu moich przyszłych szefów. Może lepiej zrezygnować ze studiów z nadzieją na przyjęcie w przyszłym roku? Zacząłem wątpić, czy naprawdę pragnę nowego stanowiska, gabinetu i całej tej kariery w psychologii sądowej.

Tuż przed dziewiątą w pierwszym dniu września wjechałem na parking w Arnold Lodge w Leicester i obejrzałem swoje nowe królestwo. Był to raczej przysadzisty, dwukondygnacyjny budynek otoczony wysokim na prawie pięć metrów ogrodzeniem z drutu kolczastego. Większość okien wykonanych z metalizowanego szkła można było jedynie nieco uchylić. Mieścił się w nim dwudziestoczteroosobowy zamknięty oddział psychiatryczny, który miał w przyszłości rozszerzyć się do sześćdziesięciu łóżek. Ogrodzenie i wartownia jasno wskazywały, że mieszkańcy mają pozostać wewnątrz – zazwyczaj na krótki czas, maksymalnie do dwóch lat. Jednak oddział nie wyglądał na AŻ TAK zamknięty. W co ja się pakuję? – pomyślałem.

Moim pierwszym wrażeniem była wszechogarniająca ciemność po wejściu do środka. Ciemne drewno, które wybrano ze względów dekoracyjnych, sprawiało, że sufity zdawały się przygniatać. Wszystkie drzwi miały zamki, przewody dochodziły z każdego pomieszczenia do sterowni, która miała reagować na zdarzenia w całym budynku.

Oddział bardzo się różnił od jasnych, pełnych powietrza korytarzy szpitala Leicester General. Od tej chwili każdy mój krok miał być obserwowany. Często zapominamy, że w zamkniętych instytucjach personel przebywa dłużej niż pacjenci.

Pensjonariuszami Arnold Lodge byli mężczyźni i kobiety w wieku od osiemnastu do czterdziestu lat. Niektórzy z nich dokonali przerażających czynów lub mogli takich rzeczy dokonać. Byli wśród nich podpalacze, pedofile, gwałciciele, sadyści, mordercy… Byli to ludzie młodzi, sprawni fizycznie i w całym szpitalu wyczuwało się drzemiącą energię. Nie była to jednak energia pozytywna, było to coś, czego należało się strzec.

Wśród pacjentów, których miałem leczyć, znajdowała się kobieta w wieku mniej więcej dwudziestu pięciu lat, która podpaliła centrum handlowe, dwudziestojednolatek, który próbował poderżnąć ojcu gardło, mężczyzna, który uważał, że jego córka jest dzieckiem szatana i był przekonany, że musi oślepić ją i okaleczyć przed powieszeniem. Był również mężczyzna o skłonnościach sadystycznych, który związał swoją byłą dziewczynę, torturował ją, by w końcu zabić.

Ludzie ci mieli za sobą drogę przez system prawny: zostali skazani wyrokiem sądu lub zatrzymani na podstawie Ustawy o ochronie zdrowia psychicznego. Niektórzy z nich spędzili już jakiś czas w więzieniu albo szpitalu więziennym takim jak Rampton w Nottinghamshire.

Kolejnym etapem było przeniesienie do Arnold Lodge w celu dalszego specjalistycznego leczenia przed powrotem na łono społeczeństwa. To właśnie my podejmowaliśmy decyzję, czy nadal stanowią oni zagrożenie dla otoczenia. Niektórzy pacjenci, którzy popełnili szczególnie groźne przestępstwa, mogli być zwolnieni jedynie za zgodą ministra spraw wewnętrznych.

Przestępcy, którzy w każdej chwili mogli stanowić śmiertelne zagrożenie dla innych, ale istniały szanse na ich wyleczenie, zazwyczaj byli kierowani do szpitali więziennych. W naszym szpitalu mieliśmy albo pacjentów, którzy mogliby w określonych okolicznościach stanowić śmiertelne niebezpieczeństwo, albo takich, którzy mogli stanowić natychmiastowe, niewielkie zagrożenie. Założono bowiem, że pacjent, któremu udałoby się uciec, mógłby stać się niebezpieczny tylko w określonych warunkach albo też stanowiłby natychmiastowe, ale niezbyt poważne zagrożenie dla społeczeństwa.

Wielu z pacjentów było kierowanych do Arnold Lodge bezpośrednio przez sądy, pod warunkiem, że spełniali normy ryzyka, a ich zaburzenia psychiczne można było leczyć w naszym ośrodku. Byli też tacy, którzy przychodzili z normalnych więzień, gdyż zaburzenia pojawiły się u nich w okresie odbywania kary. Jednocześnie istniały przychodnie dla przestępców i ofiar przestępstw. Ich pacjentami były osoby kierowane przez miejscowych lekarzy, od czasu do czasu przez adwokatów. Często trafiali do nich ludzie kierowani przez psychologów pracujących w państwowej służbie zdrowia, którzy nie mieli inklinacji do zajmowania się chorymi, mogącymi skończyć jako mordercy biegający po ulicach z siekierami.

Do naszego rejonu należały hrabstwa Leicestershire, Nottinghamshire, Derbyshire, Lincolnshire i południowe Yorkshire. Był to obszar blisko 1000 mil kwadratowych. Przez pierwszych kilka miesięcy, dopóki nie znalazłem pracowników na pozostałe stanowiska, sam zapewniałem obsadę Jednostki Psychologii Sądowej na obszarze zamieszkanym przez ponad 5 milionów ludzi. Podróż samochodem do Barnsley lub Lincoln zabierała mi około dwóch godzin. Po spotkaniu z miejscowym lekarzem, kuratorem sądowym lub psychologiem (w zależności od tego, kto mnie wzywał) czekała mnie taka sama droga powrotna.

Okazało się, że dotychczasowe doświadczenia nawet w najmniejszym stopniu nie przygotowały mnie do przerażających aspektów nowej pracy. Każdy dzień zaskakiwał mnie i pogłębiał smutek, dopóki nie pojawił się u mnie chłodny profesjonalizm, chroniący nawet przed najgorszymi szczegółami. Wielu sprawców było w przeszłości wykorzystywanych seksualnie, padało ofiarą przemocy lub było zaniedbywanych w okresie, gdy formowała się ich osobowość. Jeśli miałem im pomóc, to musiałem zrozumieć, co się wydarzyło w przeszłości i dlaczego.

Prawie trzy miesiące po rozpoczęciu pracy, 22 listopada, odebrałem telefon od miejscowego dziennikarza „Leicester Mercury". Chciał wiedzieć, czy mógłbym przedstawić psychologiczną charakterystykę osoby, która zabiła Lyndę Mann i Dawn Ashworth.

– Kogoś już zatrzymali – odpowiedziałem.

– Nie słyszał pan najnowszych wiadomości? Został zwolniony. Na podstawie tej nowej metody, testu DNA.

Nieco zaskoczony odpowiedziałem, że nie mam w tej sprawie nic do powiedzenia. Nigdy nie czytałem o „genetycznych odciskach palców" ani testach DNA. Co najdziwniejsze, metodę tę odkryto o kilka mil od mojego biura. Dokonał tego doktor Alec Jeffreys, młody naukowiec z Uniwersytetu w Leicester. Badał on możliwości określenia różnic pomiędzy ludźmi na podstawie wyizolowanego DNA. Wiadomo, że każda komórka ciała zawiera matrycę z informacjami o całym organizmie danej osoby. Są one zakodowane w kwasie dezoksyrybonukleinowym (DNA). DNA jest powiązany w grupy, tworzące geny. Ponieważ od genów zależy dziedziczność, Jeffreys uznał, że gdyby udało się wyizolować z komórki materiał DNA i przedstawić w formie graficznej, to uzyskany w ten sposób obraz byłby unikatowy. Jedynie bliźnięta jednojajowe mogłyby posiadać taką samą mapę DNA.

Technika ta stwarzała ogromne perspektywy w medycynie, naukach przyrodniczych i sądownictwie, ale aż do 1986 roku była wykorzystywana jedynie w sprawach o ustalenie ojcostwa i sporach imigracyjnych. Zmieniło się to 21 listopada, kiedy chłopak pracujący jako pomoc kuchenna w Carlton Hayes stał się pierwszym domniemanym zabójcą zwolnionym na podstawie wyniku testu DNA.

Dla reputacji Wydziału Kryminalnego w Leicester była to katastrofa. Na wolności nadal znajdował się morderca dwóch uczennic, a przez trzy miesiące w więzieniu przebywał niewinny nastolatek. Na konferencji prasowej dziennikarze nie zostawili suchej nitki na Davidzie Bakerze.

– Aresztowanie nie było kompromitacją – stwierdził David na konferencji. – Nastolatka aresztowano po szeregu przesłuchań, które odbywały się w obecności adwokata i zostały nagrane na taśmie. Teraz wiemy, że aresztowany chłopak nie jest odpowiedzialny za pewne aspekty morderstwa.

– Czy został całkowicie wyeliminowany? – padło pytanie któregoś z dziennikarzy.

– Nikt nie został całkowicie wyeliminowany.

Lynda Mann została zamordowana prawie o krok od mojego biura i pamiętam, jak rozważałem, kto mógł to zrobić. Trzy lata później, po zamordowaniu drugiej dziewczyny, David Baker dał mi szansę powtórnego zbadania tej sprawy. Jego telefon był krótki i ogólnikowy. Nie ufał szpitalnym centralkom i chciał się spotkać osobiście.

Leicestershire miało nowy budynek policji wybudowany specjalnie w tym celu na ogromnym kampusie za miastem, o kilka mil od Narborough. Hol przy wejściu wyglądał jak recepcja przydrożnego hotelu. Po przejściu krętymi korytarzami znalazłem biuro Bakera. Było trochę większe niż jego stary pokój, ale puste. Pamiątki poprzednich spraw nie przeprowadziły się razem z właścicielem albo nie zostały jeszcze rozpakowane.

Zostałem przedstawiony nadkomisarzowi Tony'emu Painterowi, wysokiemu mężczyźnie o rzymskich rysach, w okularach, mówiącemu z miejscowym akcentem. Był podobny do Bakera wiekiem i doświadczeniem. Wyglądali, jakby razem przeszli przez te same szczeble policyjnej kariery. Baker był spokojniejszy od swojego kolegi, ale nie mniej asertywny.

– Paul, mamy problemy – powiedział, łapiąc się za podbródek. – Byliśmy przekonani, że złapaliśmy mordercę. Mieliśmy jego przyznanie się do winy, znaleźliśmy świadków, którzy widzieli go na miejscu przestępstwa. Znał informacje o zabójstwie Dawn, które nigdy nie zostały ujawnione publicznie. Oskarżyliśmy go, a potem pojawił się jego ojciec, który przeczytał w jakimś szmatławcu o badaniach genetycznych i zaczął się domagać przeprowadzenia testu na swoim synu.

Przerwał na chwilę i spojrzał na mnie.

– Jak sądzę, poznałeś już doktora Aleca Jeffreysa?

Pokręciłem głową.

– No cóż – ciągnął dalej – przeprowadził test, o którym nigdy nie słyszeliśmy i powiedział: „Chłopaki, złapaliście nie tego faceta". I nie można tego podważyć. Jak można podważyć metodę, która dopiero co powstała? Nikt nigdy nie słyszał o tych cholernych testach.

Nastąpiła chwila ciszy, w której – jak się wydawało – zawisło pytanie. W końcu Baker zapytał:

– Chcę wiedzieć, w którym miejscu popełniliśmy błąd.

– A jaka ma być MOJA rola w tym wszystkim?

– Według mnie dochodzenie poprowadzono bez zarzutu. Ale chciałbym, abyś zapoznał się z taśmami z przesłuchań. Chcę wiedzieć, czy w jakiś sposób nie przekazaliśmy mu informacji, które potem uzyskaliśmy od niego. Czy w czasie przesłuchań wywieraliśmy na niego presję? Czy w ten sposób zmusiliśmy go do przyznania się do winy? Skąd wiedział to, co wiedział?

Painter przekazał mi czternaście kaset z przesłuchań przeprowadzonych w ciągu kilkunastu dni na komisariacie w Wingston. Przy większości z nich był obecny adwokat.

– Ale to nie jest dla nas najważniejsze... – przerwał Baker. – Mamy teraz na głowie mnóstwo przerażonych ludzi... rodziców, którzy nie wiedzą, czy ich dzieci mogą bezpiecznie chodzić do szkoły...

– W jednej chwili mieliśmy mordercę, a w następnej zostajemy z ręką w nocniku.

– I co ważniejsze – dodał Baker – mamy teraz na wolności podwójnego mordercę i chcemy, abyś pomógł nam go schwytać.

Ponieważ teraz wiedziałem lepiej, czego się ode mnie oczekuje, odpowiedziałem:

– To oznacza, że będę musiał dokładnie zapoznać się z całym śledztwem od samego początku.

– Doskonale – odezwał się Baker. – Dostaniesz wszystko, czego tylko zażądasz. Niczego nie mamy zamiaru ukrywać.

Ponieważ śledztwo w sprawie morderstwa Dawn Ashworth od pierwszego dnia prowadził Tony Painter, mógł mnie szczegółowo zapoznać z jego przebiegiem.

Dawn pracowała dorywczo w czasie wolnym od nauki w sklepie z prasą na Mill Lane w Enderby. Trzydziestego pierwszego lipca wyszła z pracy o 15.30. Według słów przyjaciółki: „Była szczęśliwa i cieszyła się z powodu sobotniego wyjazdu na wakacje z rodzicami do Hunstanton".

W domu powiedziała matce, że idzie na podwieczorek do koleżanki mieszkającej w Narborough. Miała wrócić o 19.00, gdyż chciała jeszcze pójść na przyjęcie urodzinowe do chłopca, którym się czasami opiekowała, żeby dorobić do kieszonkowego. Wpadła nawet ponownie do sklepu z gazetami, by kupić pudełko czekoladek na prezent.

Ze sklepu wyszła ostatecznie o szesnastej, kierując się do Narborough. Dawn miała 160 centymetrów wzrostu, a na zębach nosiła aparat korekcyjny. Była szatynką o prostych, średniej długości włosach. Ubrana była w białą spódnicę do połowy łydki, białą koszulkę polo bez rękawów, kolorowe wdzianko i dżinsową kurtkę. Miała przy sobie jedynie 10 funtów.

Najkrótsza droga między domami Dawn i jej koleżanki wiodła przez Ten Pound Lane i przez zwykłe polne drogi oraz ścieżki prowadzące od boisk szkoły Brockington w Enderby, pomiędzy polami na wschód od szpitala Carlton Hayes, aż do Narborough, gdzie dochodziła do trasy Leicester–Coventry.

Na wschód, prawie równolegle, biegła autostrada M1, przecinając zachodni kraniec Narborough, a następnie skręcając bezpośrednio na północ przez Enderby niedaleko boisk szkolnych.

Dawn miała dwie możliwości. Mogła skręcić w lewo, przechodząc kładką nad autostradą, a potem iść ścieżką do King Edward Avenue, lub wybrać krótszą drogę, podążając Ten Pound Lane.

W Narborough Dawn odwiedziła wielu znajomych, a ostatnią osobą, która ją widziała, była pani Valerie Allsop, matka koleżanki mieszkającej przy Carlton Avenue. Zauważyła ona dziewczynę, gdy ta, wychodząc, przechodziła pod oknem jej kuchni. Przejeżdżający motocyklista widział ją około 16.40, gdy przechodziła przez King Edward Avenue i udawała się w kierunku bramy farmy po drugiej stronie Ten Pound Lane.

Jej na wpół obnażone ciało policja odkryła w południe w sobotę, na polu w pobliżu ścieżki. Było prawie całkowicie ukryte pośród trawy, pokrzyw, suchych liści i połamanych gałęzi, którymi je przykryto.

Painter otworzył album fotografii z miejsca zbrodni. Na pierwszym zdjęciu zrobionym po usunięciu roślinności widać było Dawn leżącą na lewym boku z kolanami podciągniętymi do klatki piersiowej. Od pasa w dół była obnażona, jej majtki zaczepiły się na prawej kostce, a na lewej stopie znajdował się biały pantofelek. Stanik miała zepchnięty nad piersi, a na udzie widoczna była rozmazana strużka krwi. Leżała na polu już pewien czas, w środku lata, i pierwsze znalazły ją owady. Chociaż jej oczy pozostały zamknięte, to na powiekach i w oczodołach zebrał się śmietankowobiały śluz pozostawiony przez larwy.

Chciałem odwrócić wzrok. Chciałem zapewnić młodej dziewczynie choć odrobinę prywatności i odwrócić obiektyw aparatu. Biorąc głęboki oddech, przewróciłem stronę, zapamiętując w myślach liczne zadrapania, ślady ukąszeń owadów i oparzeń pokrzywą.

Painter zaczął teraz czytać raport patologa, wyjaśniając znaczenie określonych szczegółów. Dawn miała dwa zadrapania wysoko na czole po lewej stronie, spuchnięty lewy policzek i siniak od lewego oka do szczęki. W jamie ustnej znajdowały się skaleczenia spowodowane przez aparat ortodontyczny, a na twarzy, klatce piersiowej i karku liczne zadrapania. Według patologa niektóre z tych obrażeń powstały już podczas przenoszenia i ukrywania ciała.

Zmarła w wyniku uduszenia rękami. Przed uduszeniem prawdopodobnie została uderzona pięścią, a znajdujący się za nią napastnik miażdżył jej krtań przedramieniem. Była dziewicą, a została bestialsko zgwałcona. Ponadto napastnik zgwałcił ją przez odbyt. Patolog stwierdził: „Biorąc pod uwagę stopień pokrycia siniakami krtani, muszę zasugerować, że atak seksualny nastąpił po zadławieniu i w związku z tym w chwili lub zaraz po śmierci".

To było ważne, chociaż na razie nic nie chciałem mówić Tony'emu Painterowi. Moment penetracji może często dostarczyć wskazówek na temat motywacji mordercy. Istnieją znaczne różnice pomiędzy funkcjonowaniem gwałciciela, który wpada w panikę i zabija swoją ofiarę, aby chronić swą anonimowość, a kimś, kto odczuwa perwersyjną przyjemność z wykorzystywania ofiary w chwili, gdy ta umiera.

Początkowo ekipa śledcza skoncentrowała się na młodym człowieku, którego widziano uciekającego z miejsca zbrodni. Kobieta jadąca samochodem musiała ostro hamować, aby nie przejechać mężczyzny, który przebiegał drogę Leicester–Coventry pod skrzyżowaniem z autostradą M1 przy King Edward Avenue w czwartek około 17.30. Trzydzieści minut wcześniej pracownik Marston Radiators znajdujący się na skrajnym pasie sześciopasmowej autostrady usłyszał dwukrotny krzyk dochodzący z obszaru, gdzie znaleziono Dawn. Poszukiwano pary zakochanych, którą widziano na pobliskich polach około 16.35. Dwóch niezależnych świadków potwierdziło, że widzieli mężczyznę klęczącego w trawie i ukrywającego się w żywopłotach na nasypie przy King Edward Avenue o 17.30.

– No a potem pojawił się ten chłopak z kuchni – powiedział Painter. – Czterech różnych świadków stwierdziło, że widzieli jego motorower zaparkowany niedaleko skrzyżowania z M1 między 16.30 a 17.30. Właściciel motoroweru miał bardzo widoczny czerwony hełm, dokładnie taki sam jak hełm pomocnika kuchennego.

– W jaki sposób dotarliście do niego? – zapytałem.

– W niedzielę wieczorem chłopiec prowadzący motorower podszedł do jednego z naszych ludzi na posterunku na Mill Lane w Enderby i powiedział, że widział, jak Dawn szła w kierunku Ten Pound Lane w czwartek po południu. Oficer zanotował jego nazwisko, a my podążyliśmy tym śladem i przesłuchaliśmy go dwa dni później. To był właśnie pomocnik kuchenny.

Painter skierował moją uwagę na kilka faktów. W dniu zaginięcia Dawn powrócił z urlopu jeden z pracowników Carlton Hayes. Następnego dnia odwiedził go nasz pomocnik kuchenny, mówiąc mu, że „w pobliżu furtki koło skrzyżowania z autostradą M1 znaleziono ciało Dawn ukryte w żywopłocie".

– Znaleźliśmy je, ale dopiero po czternastu godzinach – rzekł Painter z niedowierzaniem. – W jaki sposób wiedział o furtce prowadzącej do Ten Pound Lane i o tym, że była tylko o dziesięć minut drogi od kładki nad M1?

W podobny sposób o 13.45 w sobotę chłopiec powiedział jednemu z mieszkańców, że znaleziono ciało Dawn. To prawda, że je znaleziono, ale nie ogłoszono tego publicznie. Skąd mógł to wiedzieć?

– Przesłuchaliśmy go tydzień po morderstwie.

– I...?

– Przyznawał się do pewnych rzeczy, ale był w tym raczej niekonsekwentny. Najpierw coś stwierdzał, a potem temu zaprzeczał, mówił zagadkami i obwiniał kogoś innego. Przyznał się, że był na ścieżce razem z Dawn, opisał, w jaki sposób ją zaatakował, i podał szczegóły ukrycia ciała. Nie obchodzi mnie, na ile bujna jest jego wyobraźnia, ale nie mógł w żaden sposób wymyślić tego z tyloma szczegółami.

Painter przedstawił jeszcze kilka informacji dotyczących upodobań seksualnych siedemnastolatka, który był już notowany przez policję po tym, jak odbył stosunek analny ze swoją czternastoletnią dziewczyną na nasypie kolejowym. Przyznał się również do pieszczenia dziewięcioletniej dziewczynki, co zostało potwierdzone przez świadków.

Policja widocznie szukała poszlak mogących stanowić podstawę do powiązania gwałtu analnego na Dawn z osobą pomocnika kuchennego.

Painter stwierdził:

– Kiedy wysłuchasz taśm, zrozumiesz, co mam na myśli. Przyznał się, zaprzeczył, przyznał, zaprzeczył i w końcu powiedział: „Zróbcie badanie krwi – ja tego nie zrobiłem".

– Czy test DNA połączył obydwa morderstwa? – spytałem.

– To jedyna dobra wiadomość: szukamy tego samego faceta.

W ciszy rozważałem implikacje tego stwierdzenia. Jeżeli jest to ten sam człowiek, to znaczy, że już dwa razy zabił. Co może go powstrzymać przed ponownym atakiem?

Painter zawiózł mnie na miejsce zbrodni. Zaparkowaliśmy samochód na początku Ten Pound Lane, na King Edward Avenue. Zameldowaliśmy się na ruchomym posterunku w przyczepie, po czym poszliśmy betonową rampą prowadzącą do furtki, za którą rozpoczynała się Ten Pound Lane. Ścieżka była oświetlona słabym światłem słonecznym przefiltrowanym przez krzaki głogu rosnące po obu jej stronach. Jesień pojawiła się późno i pozostało jeszcze wiele zieleni pośród krzaków jeżyn i splątanych zarośli.

Po około ćwierci mili ścieżka zaczęła się zwężać, a żywopłot zamknął się wokół nas, tworząc wąski zielony wąwóz od czasu do czasu poprzerywany bramami prowadzącymi na sąsiednie pola.

– Jak widzisz, w tych miejscach wycięto roślinność w czasie poszukiwań – powiedział Painter, oddychając teraz z nieco większym wysiłkiem. – W niektórych miejscach pokrzywy i jeżyny sięgały do ramion.

– O której godzinie Dawn tutaj była? – zapytałem.

– Kierowca widział ją na King Edward Avenue idącą w kierunku furtki około 16.40. Dotarcie do tego miejsca zajęło jej jakieś dziesięć minut.

Usunięto tyle roślinności, że trudno było sobie wyobrazić, jak teren ten wyglądał w chwili zbrodni. Natychmiast zdałem sobie sprawę, że jest to najbardziej odludny obszar w okolicy. Do pierwszego kontaktu doszło na ścieżce. Mogła to być rozmowa, groźba albo po prostu spojrzenie. W zależności od tego, w jaki sposób Dawn zareagowała, mogła wpłynąć na to, co się wydarzyło później, ale wiedziałem o niej zbyt mało, żeby przewidzieć jej reakcję.

Śmierć nastąpiła prawdopodobnie na ścieżce, a następnie jej ciało przeniesiono przez bramę na skraj przyległego pola. Trawa i pokrzywy były tu całkiem wysokie, gdyż traktor nie mógł zbytnio zbliżyć się do żywopłotu.

Oparty o słupek bramy leżał bukiet przywiędłych kwiatów. Painter wyjaśnił, że rodzina Dawn jest tak przybita morderstwem, że ciągle przynosi kwiaty, aby oznaczyć miejsce zbrodni.

– Jeśli raz zaczniesz to robić, to w jaki sposób możesz przestać? – zapytał. – Czy można powiedzieć: „Od dzisiaj nie będziemy już nosić kwiatów"? Nie pozbędziesz się już wtedy poczucia winy.

Otwierając kłódkę, pchnął bramę, która zajęczała na zardzewiałych zawiasach. Otwarcie wymagało użycia obydwu rąk, więc oznaczało to prawdopodobnie, że Dawn przerzucono przez ogrodzenie. Czułem nierówności gruntu pod stopami i zauważyłem kępy pokrzyw i jeżyn. Wszystko to pomogło odtworzyć rzeczywisty obraz wydarzeń.

Poszliśmy dalej Ten Pound Lane w kierunku Enderby i zauważyłem, że ścieżka rozdwaja się. Jedna z odnóg prowadziła do kładki nad autostradą M1, a druga do boisk szkolnych. W jakim stopniu miejsce zbrodni jest odsłonięte? Czy można zaparkować samochód na M1, przejść ścieżką, popełnić morderstwo, a następnie odjechać?

Zaledwie o pięć pól stąd, na zachodniej granicy ziem należących do szpitala, zamordowano Lyndę Mann. Zaparkowaliśmy przy oddziale pobytu dziennego w Woodlands i przeszliśmy Forest Road do Czarnej Ścieżki.

Po kilku metrach patrzyłem przez żelazny parkan na małą porębę, gdzie znaleziono ciało Lyndy. Na ścieżce zainstalowano teraz lampy uliczne, ale w listopadową noc 1983 roku było tu ciemno i cicho.

To kolejna nastolatka, którą ktoś zaczepił na ścieżce. Została zaciągnięta w ustronne miejsce i zabita pośród srebrnych brzóz i krzaków ostrokrzewu o kilka metrów od ścieżki. Zupełnie jak Dawn, znaleziono ją z lekko rozchylonymi nogami, przykrytą gałęziami. Nie wiedziałem, jakie to miało znaczenie i czy w ogóle coś oznaczało.

Sekcja wykazała otarcia na policzku i brodzie Lyndy. Znaleziono też sińce na obojczyku i górnej części klatki piersiowej. Painter zasugerował, że morderca klęczał na niej, gdy zaciskał szalik wokół jej szyi. Nie było śladów penetracji pochwy i odbytu, ale na włosach łonowych znaleziono zaschnięte nasienie. Patolog policyjny stwierdził: „Podjęto próbę odbycia stosunku, jednak doszło do przedwczesnego wytrysku".

Siedząc przy kolacji tego wieczoru, próbowałem odepchnąć na bok wspomnienia całego dnia i rozmawiać o zwykłych codziennych sprawach domowych. Po umyciu i schowaniu wszystkich naczyń pomogłem Ianowi odrobić pracę domową, a następnie skierowałem kroki do swojego gabinetu. Zamknąłem drzwi na klucz. Tony Painter dał mi fotokopie zeznań i raportów patologa, mapy i zdjęcia lotnicze.

Teraz musiałem właściwie zrekonstruować to, co się wydarzyło – nie z perspektywy ofiary, ale napastnika. Sprawa Osborne/Weedon dodała mi pewności siebie i pozwoliła opracować metodę pracy. Musiałem odpowiedzieć na cztery pytania: co się wydarzyło? jak? komu? i dlaczego?

Takie same pytania pojawiają się w mojej pracy klinicznej, zwłaszcza gdy mam do czynienia z ofiarami, chociaż stosuję je w nieco inny sposób. W gabinecie często rozmawiam z osobami, które cierpią, zostały zranione i muszę stwierdzić, kim są i jak doszło do tego, że do mnie trafiły. W tym przypadku ofiara nie siedziała na fotelu w moim gabinecie i musiałem z innych źródeł uzyskać informacje na temat Lyndy i Dawn.

Cały ból skupia się na trzecim pytaniu. Im więcej dowiaduję się o ofiarach, o ich mocnych i słabych stronach, o rzeczach, które kochały i nienawidziły, tym większy odczuwam ból, gdyż stają mi się bliższe. To samo muszą odczuwać policjanci, pomyślałem, i oczywistą tendencją jest skupianie się na osobie mordercy. Ja nie mogłem sobie na to pozwolić. Rygor, jaki narzucam sobie przy odpowiadaniu na pierwsze trzy pytania, dramatycznie wpływa na odpowiedź na czwarte. Wyobrażam sobie, że sprawca jest w moim gabinecie i przeprowadzam z nim rozmowę. Jeśli dowiem się, jakie są motywy, dla których zabija kobiety, będę mógł przedstawić dokładny model funkcjonowania jego psychiki. Następnie przejdę przez całe jego życie od ostatniego przestępstwa do dzieciństwa i zacznę szkicować wizerunek jego rodziny, przyjaciół, dziewczyn oraz środowiska szkolnego.

Jakie były jego stosunki z matką i ojcem w okresie dzieciństwa? Jakie są teraz? Jak radził sobie w szkole podstawowej i średniej? Czy jego inteligencja jest średnia, niższa czy wyższa od przeciętnej? Wziąwszy pod uwagę jego brutalny czyn wobec konkretnej kobiety, co można powiedzieć o jego stosunku, uczuciach względem wszystkich kobiet? Czy spotykał się z wieloma dziewczynami? Czy widuje się z jakąś w tej chwili? Jaki jest jego prawdopodobny zawód? Czy jest to praca fizyczna czy umysłowa? Czy posiada umiejętności umożliwiające utrzymanie się na tym samym stanowisku przez dłuższy czas?

Zboczeńcy, tacy jak Paul Bostock i ten, z którym mamy teraz do czynienia, nie są wyjątkami. Można ich znaleźć w więzieniach, szpitalach psychiatrycznych, szpitalach więziennych, a czasami nawet w przychodniach - w Wielkiej Brytanii i na całym świecie. Chociaż prowadziłem praktykę w zakresie psychologii kryminalnej od zaledwie trzech miesięcy, to zetknąłem się już z półtuzinem mężczyzn, którzy fantazjowali o gwałceniu i zabijaniu młodych kobiet. Moje doświadczenie zawodowe ciągle się wzbogacało. Miałem ponadto dostęp do specjalistycznych czasopism, prezentacji konkretnych przypadków, książek i prac naukowych psychologów, którzy prowadzili podobne prace w Wielkiej Brytanii i za granicą.

To wszystko wziąłem pod uwagę, gdy zasiadłem do rozważań nad umysłem mordercy z Narborough.

Po dwóch dniach zjawiłem się w biurze Davida Bakera. Miałem przy sobie kilkanaście dużych, ręcznie zapisanych kartek papieru kancelaryjnego.

- Sprawca mieszka w okolicy lub dobrze zna teren - powiedziałem. Wynika to z jego umiejętności szybkiego zniknięcia po dokonaniu przestępstwa i niezwracania na siebie uwagi ewentualnych świadków. Nikt nie był w stanie przedstawić wystarczająco szczegółowego rysopisu, który umożliwiłby zidentyfikowanie przestępcy lub wywołał reakcję mieszkańców.

- Wszystko wskazuje na pojedynczego sprawcę. Seksualni psychopaci rzadko trzymają się razem, jedna osoba mogła z łatwością przenieść każde z ciał. Jednocześnie uznałem, że nie jest klasycznym samotnikiem czy dziwakiem zwracającym powszechną uwagę. W takim przypadku wymieniłby jego nazwisko któryś z mieszkańców pobliskich wiosek. Byłby znany jako dziwak, napawający kobiety niepokojem lub zachowujący się podejrzanie.

Wszystko to wskazuje na kogoś starszego i nierzucającego się w oczy. Na przykład mężczyznę żonatego lub pozostającego w stałym związku. Posiada umiejętność samokontroli, gdyż nie zdradził się w czasie przeprowadzanych w okolicznych domach przesłuchań.

Painter spytał:

– Więc może mieć żonę albo dziewczynę?

– Sugeruję taką możliwość, żebyście nie odrzucali mężczyzny tylko dlatego, że pozostaje w stałym związku. Za każdym razem potrafił się opanować wystarczająco długo, żeby zmaksymalizować szanse na uniknięcie schwytania. Jest ostrożny i potrafi planować swoje działania. Ludzie jego pokroju są w stanie stworzyć trwały związek.

Musicie również zadać sobie pytanie, w jaki sposób udaje mu się utrzymać pozory i zachować tajemnicę bez zwracania podejrzeń, chociaż mieszka w niewielkiej społeczności. Zna swoich sąsiadów podobnie jak oni jego i niczym się nie wyróżnia. Musicie spytać: „Dlaczego tak się dzieje?". Znowu sugeruje to, że jest dojrzałym mężczyzną i prawdopodobnie pozostaje w stałym związku.

– Więc jego rodzina może go chronić? – zapytał Baker.

– Nie, w to raczej wątpię. Pewne aspekty jego zachowania mogą sprawiać, że czują się nieswojo, ale wątpię, czy wiedzą, że jest seksualnym maniakiem.

Baker zapytał:

– Ile ma lat?

– Zbliża się do trzydziestki.

– A stopień inteligencji?

– Stopień inteligencji przeciętny, jeżeli chodzi o staranność i przygotowania. Wskazuje na to łatwość, z jaką znalazł nastolatki w miejscu, które odpowiadało jego celom, a po wszystkim uciekł. Mamy do czynienia z seksualnym psychopatą, a jego seksualnością kierują fantazje, tak jak w przypadku Paula Bostocka. Okresowo doświadcza szczególnie gwałtownego pragnienia dominacji. Musi wyrazić to poprzez agresję, narzuca swoją wolę, dominuje, gwałci i zabija kobietę. Jeśli zajrzycie do kartoteki, to być może ten człowiek już zwrócił uwagę policji, na przykład z powodu jakichś drobnych występków przeciw moralności.

Widziałem, że David już wcześniej o tym myślał, ale przepaść myślowa pomiędzy gwałcicielem mordującym swoją ofiarę a ekshibicjonistą obnażającym się przy przechodzącej kobiecie okazała się zbyt wielka.

Wiedziałem jednak, że każdym z nich rządzi ten sam nieodparty przymus i że jeden może stać się drugim.

Rozmawiałem z ekshibicjonistami w warunkach szpitalnych i chociaż motywy wydawały się brzmieć racjonalnie, to po zbadaniu przeszłości na światło dzienne wychodziły nowe elementy. Dla mężczyzn niezwykle duże znaczenie mają bodźce wzrokowe. Z tego właśnie żyją magazyny pornograficzne pełne zdjęć nagich kobiet. Niektórzy ekshibicjoniści błędnie zakładają, że podobny wpływ na kobietę może mieć wzwiedziony męski członek, że również kobietę ogarnie żądza i że odbędzie z nimi stosunek. Inni z kolei pokazują swoje genitalia, ponieważ widok żywej kobiety jest o wiele bardziej podniecający niż martwe zdjęcie. Obecność kobiety stwarza różne możliwości. Istnieje tu również element agresji lub zemsty: czasami zdarza się, że mężczyzna został odrzucony lub wyśmiany przez kobietę i teraz chce wszystkie kobiety szokować, przerażać i dominować nad nimi.

Wszystkie te powody mieszają się tak, że nie można wyłonić jednego z nich i powiedzieć: „Oto PRZYCZYNA!", ponieważ prowadziłoby to do błędnych wniosków.

Istnieje wiele poziomów dewiacyjnych zachowań i gdyby umieścić je na wykresie, to zobaczymy ciągły wzrost. Początek stanowią drobne wykroczenia, których stopień dewiacji z czasem rośnie. Morderstwa Lyndy i Dawn nie pojawiły się bez powodu. Morderca miał na sumieniu drobne przestępstwa, po których przechodził do coraz poważniejszych.

– Mógł więc już gwałcić, nie zabijając swoich ofiar? – zapytał Painter.

– Tak, ale nie wszystkie gwałty są zgłaszane na policję, a ich sprawcy wykrywani.

– I teraz prawdopodobnie znowu zabije?

– Tak, kiedy żądza stanie się wystarczająco silna. Nie żyje w celibacie. Potrzebuje i pragnie seksu. A jednak pomiędzy obydwoma morderstwami upłynęły trzy lata i w tym czasie znalazł seks w innych związkach. Być może kocha się z żoną lub swoją dziewczyną kilka razy w tygodniu, ale to mu nie wystarcza. Musi jeszcze zaspokoić drugi aspekt swojej seksualności.

Chociaż sam akt wyglądał bardzo podobnie w obydwu przypadkach, Painter skoncentrował się na różnicach i zapytał, dlaczego za pierwszym razem nie usiłowano odbyć stosunku analnego ani nie próbowano ukryć ciała.

– Morderca nie zawsze działa w jednolity sposób. Czasami okoliczności są odmienne i nie pozwalają na replikację zachowań. Czasami ofiara wpływa na sposób postępowania przestępcy, gdy powie lub zrobi coś nieprzewidzianego. O tym muszę powiedzieć trochę więcej. Z psychologicznego punktu widzenia musimy rozdzielić atak analny i pochwowy, gdyż były zamierzone jako oddzielne akty i nie jestem pewien, w jakiej kolejności nastąpiły.

Baker zapytał:

– Czy jest możliwość, że znał te dziewczyny?

– Tak. Albo przynajmniej znał je z widzenia.

– Czy jest jakiś szczególny powód, dla którego je wybrał?

Nad tym zastanawiałem się przez cały wczorajszy wieczór, wpatrując się w dwa zdjęcia dziewczyn stojące na półce. Obydwie były piękne młodzieńczą urodą i każdą z nich mógł zainteresować się mężczyzna lubiący raczej kobiety niż dzieci.

Napastnik szukał ofiary spełniającej określone kryteria. Musiała być wystarczająco dojrzała, aby mogła go pobudzić seksualnie, ale równocześnie nie mógł obawiać się, że zaatakuje go lub wyśmieje, co zepsułoby mu całą przyjemność. Lynda i Dawn nadawały się do tych celów doskonale. Były wystarczająco dorosłe, by pociągać go seksualnie, ale również wystarczająco młode, by nie mieć pewności siebie i nie znać świata. Dlatego wybrał właśnie je.

Kiedy skończyłem, wypiliśmy jeszcze trochę kawy, a Painter przekazał mi najnowsze wiadomości. Od czasu zwolnienia pomocnika kuchennego otrzymaliśmy ponad tysiąc zgłoszeń na komisariacie w Wingston. Nad sprawą podwójnego morderstwa pracowało ponad pięćdziesięciu policjantów. Koncentrowali się na morderstwie Dawn Ashworth, gdyż jej śmierć nadal tkwiła w świadomości społeczeństwa.

Dwaj inspektorzy, Derek Pearce i Mick Thomas, kierowali zespołami chodzącymi po domach. Teraz ponownie odwiedzali wszystkich mieszkańców, przesłuchiwali podejrzanych, prosząc każdego świadka, aby przypomniał sobie jeszcze jakiś szczegół. Jednocześnie „Leicester Mercury" przygotował specjalny czterostronicowy numer zawierający wszystkie znane informacje o morderstwach. Posterunkowi doręczyli go osobiście do wszystkich domów w Narborough, Enderby i Littlethorpe.

Osiemnastego grudnia *Crimewatch* UK w pierwszym programie BBC pokazał rekonstrukcję zdarzeń, zwracając specjalną uwagę na młodego człowieka, którego widziano, gdy uciekał z Ten Pound Lane o 17.30. Program obejrzało trzynaście milionów osób, sześćdziesięciu widzów zadzwoniło z miejsc tak odległych, jak Londyn i Irlandia Północna. Trwało polowanie na mordercę.

W międzyczasie zacząłem zapoznawać się z taśmami z przesłuchań pomocnika kuchennego. Wsuwając pierwszą kasetę do magnetofonu, usłyszałem głos siedemnastolatka, odpowiadającego na pytania cicho, ale z pewnością siebie. Powiedział, że znał Dawn około trzech tygodni i widział, jak szła przez wieś. W tamten czwartek, 31 lipca, miał wolne i spał do dziesiątej albo jedenastej. Po południu pojechał motorowerem King Edward Avenue w kierunku Narborough. Koło autostrady zauważył Dawn idącą w kierunku bramy prowadzącej do Ten Pound Lane.

– Skąd wiedziałeś, że to Dawn?

– Poznałem ją po fryzurze i po tym, jak chodziła. Od razu wiedziałem, że to Dawn.

– Czy dobrze ją znałeś?

– Tylko z widzenia. To wszystko.

– W co była ubrana?

– Coś w rodzaju białej spódnicy i żółtą albo białą kurtkę. Pomyślałem sobie, że zatrzymam się i zapytam ją, dokąd się wybiera. Ale potem pomyślałem, że muszę jechać do domu i załatwić ten olej, bo szybko go ubywało. Cały czas kapało, kap, kap, kap, więc pojechałem prosto do domu.

Gdy powiedziano mu o motorowerze zaparkowanym pod mostem i o młodym człowieku z kaskiem motocyklowym, zaprzeczył, że to mógł być on.

– Na litość boską, jeżeli się zatrzymałeś i uciąłeś z nią pogawędkę, powiedz nam… Jeżeli zaczniesz kłamać, to nawet gdybyś był niewinny, twoja sytuacja będzie wyglądać gorzej. Sądzę, że zatrzymałeś się i zostawiłeś motorower pod mostem. Być może nawet z nią rozmawiałeś…

– No, teraz pamiętam – padła odpowiedź.

– Więc zatrzymałeś się pod mostem. Czyż nie tak?

– Zajrzałem pod motorower, żeby sprawdzić, czy olej nie wycieka.

– I co jej powiedziałeś?

– Tylko widziałem, jak się zbliża do bramy.

Pytania obracały się wokół tych samych kwestii, ale postęp był niewielki. W którymś momencie nastolatek powiedział, że poszedł Ten Pound Lane, a po chwili twierdził, że był tam poprzedniego dnia.

W końcu prowadzący przesłuchanie przeszedł do meritum.

– Chodzi nam o jedną rzecz: czy miałeś zamiar ją zabić?

– Nie.

– Więc co się stało?

– No dobra. Widziałem ją, gdy szła ścieżką. Zjechałem na pobocze, zsiadłem z motoroweru. Zacząłem z nią rozmawiać. Zapytałem, gdzie są Queenie i Michael. Odpowiedziała: „Nie wiem". Zapytałem: „Dokąd idziesz?". Odpowiedziała: „Do domu". Odprowadziłem ją do połowy ścieżki i zawróciłem. Zapytałem: „Poradzisz sobie teraz?". Odpowiedziała: „Jasne". Więc zawróciłem i poszedłem w swoją stronę. Wsiadłem na motorower i wróciłem do domu.

Znowu pytania zaczęły padać w wolnym tempie. Coraz bardziej niespokojny podejrzany zapewniał, że nic nie pamięta i że chcą go wrobić.

Podczas następnych przesłuchań analizowano jego życie seksualne i przyznał się, że regularnie uprawiał seks z czternastolatką na nasypie torów kolejowych. Raz albo dwa „chyba się wślizgnąłem do jej pupy, ale nie pamiętam". Potem wycofał swoje zeznanie i zaprzeczył, żeby posiadał jakiekolwiek doświadczenia w sprawach seksu, a nawet masturbowaniu się.

Jak na razie nie przedstawił żadnych informacji, które mógłby znać jedynie morderca, chociaż jego niepewne odpowiedzi i ciągłe zmiany wątku świadczyły o inteligencji poniżej przeciętnej.

Gdy zapytano go, w jaki sposób dowiedział się, że znaleziono ciało, stwierdził, że powiedział mu o tym starszy brat Dawn. Dawn nie miała starszego brata. Zaprzeczył również, jakoby rozmawiał z posterunkowym w niedzielny wieczór. Twierdził, że policjant to wymyślił, próbując „ściągnąć na niego kłopoty".

Czasami wydawało się, że odpowiada na zupełnie inne pytania niż te, które mu zadawano.

Na kolejnej taśmie rozpoznałem głos Tony'ego Paintera. Pokazywał przesłuchiwanemu zdjęcie Dawn Ashworth.

– Uważam, że ty jesteś za to odpowiedzialny.

Sierżant Dawe powiedział:

– Nie wydaje mi się, abyś zamierzał ją zabić.

– Nie pamiętam. Chyba naprawdę zwariowałem i teraz nic nie wiem.

– Czy podobała ci się? – spytał Dawe.

– Aha. Trochę. Ale nic nie pamiętam.

Painter poprosił:

– Opowiedz, co się dokładnie wydarzyło.

– Szła ścieżką i dotknąłem ją... na górze. Nie walczyła, dopóki nie wsunąłem rąk pod spódnicę. Widzicie, odprowadzałem ją ścieżką i zacząłem dotykać jej tyłeczka. A ona przysunęła się do mnie i trochę podnieciła. Nadal ją macałem i zaczęła walczyć, ale ją przytrzymałem. Potem zaczęło mi się tak kręcić w głowie, zupełnie jakbym był pijany. Nic więcej nie pamiętam, aż do chwili, gdy uciekałem... Po prostu zwariowałem. Nic na to nie mogłem poradzić. Dawn powiedziała, że nikomu nic nie powie. To było jakby ktoś przejął władzę nade mną. Po prostu zwariowałem. Jakby ktoś mi mówił, że mam to zrobić. Nie chciałem tego. Ktoś mnie do tego zmuszał. Wprawiał w ruch moje ramiona i nogi. Z początku się na to zgadzała, ale potem poszła dalej. Walczyła i poczułem, że mam pustą głowę. Nie sądzę, żebym ja to zrobił, ale kiedy skończyłem i wstawaliśmy, uciekłem.

Prawie natychmiast zaprzeczył wszystkiemu i zmartwił się.

– Nigdy jej nie dotykałem. Dlaczego mnie o to obwiniacie. Nawet przecież z nią nie rozmawiałem.

Kolejne przesłuchanie rozpoczęło się w piątkowy ranek. Twierdził, że Dawn żyła w chwili, gdy ją opuścił. Wpadł w panikę.

– W jaki sposób zmusiłeś ją do bezruchu?

– Chyba kiedy się na niej położyłem.

– Gdzie były twoje dłonie?

– Na jej ramionach.

– Co jej robiłeś, kiedy na niej leżałeś?

– Tylko się śmiałem i żartowałem z nią. Powiedziałem: „Teraz cię nie puszczę". Ona zaczęła się śmiać. Przytulała się do mnie.

– Więc co zrobiłeś?

– Przesunąłem się do przodu, w kierunku jej twarzy, i usiadłem na klatce piersiowej. Tak właśnie to zrobiłem, usiadłem na klatce piersiowej.

– Czy skrzywdziłeś ją przedtem czy potem?

– Wcześniej.

– Jak się czułeś, kiedy przestała się ruszać?

– Nie wiem.

– No dalej. Powiedz nam.

– Kiedy to zobaczyłem, pomyślałem: o kurwa, Jezu Chryste. Po prostu wstałem i poszedłem ścieżką z powrotem. Myślałem, że dostała ataku serca albo coś w tym rodzaju.

– Gdzie to wszystko miało miejsce?

– Przy żywopłocie, przy kanale irygacyjnym. Nie pamiętam, bo ja tego nie zrobiłem. Dlatego nie pamiętam na sto procent.

Podczas następnego przesłuchania próbował przypomnieć sobie trochę więcej.

– Więc doszedłem aż do dotykania jej rękami na górze. Potem włożyłem jej ręce pod spódnicę. Powiedziała: „Nie". Ja postawiłem na swoim. Zaczęła krzyczeć. Zakryłem jej usta dłonią, żeby się zamknęła… A potem leżała spokojnie. Ja tylko mocno nakryłem dłonią usta i nos. Udusiła się. To wszystko pamiętam. Nie mogłem jej zostawić tam, gdzie to zrobiłem, więc ją ukryłem.

– Gdzie ją ukryłeś?

– Pod jeżynami przy żywopłocie.

– Jak ją zostawiłeś? W jakiej pozycji?

– Na twarzy.

– Słucham? Czy leżała na brzuchu, na boku, na plecach?

– Na boku.

Podczas dalszego przesłuchania wyjaśnił, w jaki sposób zacisnął palce wokół gardła Dawn, żeby wyglądała na uduszoną. Potem zdjął jej majtki i kochał się z nią. Następnie przeniósł ją przez ogrodzenie i ukrył ciało.

W ciągu kolejnych sesji wielokrotnie wyciągano z niego szczegóły na temat tego, w jaki sposób zbliżył się i zaatakował Dawn.

– W jaki sposób powaliłeś ją na ziemię?

– Podstawiłem nogę od tyłu i pchnąłem?

– Przed chwilą powiedziałeś, że wyszliście już przez bramę na pole.

– Pomyliłem się. Tak, pomyliłem.

– Gdzie to wszystko zrobiłeś? Na polu czy na ścieżce?

– W bramie.

– Właśnie wtedy, mówisz, zdjąłeś jej majtki? Zgadza się?

– Tak.

– Co z nimi zrobiłeś?

– Nie wiem. Po prostu wyrzuciłem.

– Ale przed chwilą właśnie opisałeś, w jaki sposób je potem nałożyłeś.

– Wszystko jej założyłem. Spódnicę. Stanik. Koszulę. Wszystko na nią wcisnąłem. I już.

– Do jakiego stopnia zachowywałeś się w stosunku do niej brutalnie?

– Nie wiem.

– Po prostu opowiedz mi.

– Uderzyłem ją.

– Czym ją uderzyłeś?

– Tym. – Pokazał zaciśniętą pięść.

– Gdzie?

– W twarz. Tutaj. Dookoła brody.

– Dookoła brody?

– Tak sądzę. Tak. Uderzyłem w usta.

– Czy zrobiłeś coś jeszcze?

– Po prostu uderzyłem ją trzy razy.

– Było to, zanim ją wykorzystałeś?

– Tak.

– Czy dlatego, że nie chciała tego zrobić?

– Tak.

Pod koniec przesłuchania jeszcze raz poproszono go o wyjaśnienie, dlaczego zabił Dawn.

– ...wpadła w panikę, więc pomyślałem, że jeżeli ją zostawię, to powie o tym rodzicom i będę miał przez nią problemy. Więc coś zrobiłem. Zaczęła krzyczeć, więc położyłem rękę na jej twarzy, drugą ręką robiłem jej palcówkę. Zdjąłem jej majtki i kochałem się z nią i zakopałem ją. I to wszystko, co pamiętam. Zaraz wróciłem ścieżką.

Na pierwszy rzut oka przyznanie się nastolatka brzmiało przekonująco, ale przysłuchawszy się jego odpowiedziom, widać było, że stanowiły one ciąg zaprzeczeń i zwrotów. Jednocześnie nie czułem wyrachowanego kłamstwa ani też próby stworzenia strategii obrony. Pomocnik kuchenny mówił, co mu ślina na język przyniosła, często bez sensu.

Wiedziałem, dlaczego David Baker był zaniepokojony. Z jakichś względów nastolatek doskonale znał miejsce zbrodni, obrażenia ofiary i wiedział o próbie ukrycia ciała, a większość z tych informacji nigdy nie została ujawniona publicznie.

Istniały cztery możliwości. Pierwsza z nich, że po prostu wszystko to sam wymyślił i poprzez jakiś niewiarygodny zbieg okoliczności jego fantazje czy też kłamstwa zgadzały się z rzeczywistością, przez co doprowadziły do jego oskarżenia. Druga możliwość, że policjanci nieświadomie przekazywali mu szczegóły; trzecia, że był współuczestnikiem morderstwa, ale nie pozostawił na miejscu zbrodni nasienia ani żadnych innych śladów; czwarta możliwość, że był świadkiem wszystkiego, co się zdarzyło.

Pierwsza możliwość posuwała się zbyt daleko. Gdyby podał wiele niepoprawnych informacji, a pomiędzy nimi trochę poprawnych, to skłonny byłbym w nią uwierzyć.

Z tego, co usłyszałem na policyjnych taśmach, wynikało również jasno, że przesłuchujący nie przekazywali mu informacji, i chociaż słychać było zdenerwowanie spowodowane jego zagmatwanymi odpowiedziami, nic nie wskazywało na wywieranie presji czy też próby zastraszenia.

Moja analiza wskazywała na pojedynczego mordercę, co wykluczało możliwość współuczestnictwa. Pozostawał czwarty wariant: czy był świadkiem morderstwa, czy tylko natknął się na ciało już po wszystkim? Nadszedł czas, aby ponownie odwiedzić Ten Pound Lane.

Wyszedłem z King Edward Avenue i podążyłem śladami Dawn, odtwarzając trasę jej ostatniego spaceru wyboistą wiejską drogą. Tym razem pamiętałem, żeby zabrać kalosze, chociaż w związku z tym dodatkowym obciążeniem droga wydawała mi się bardziej stroma. Przeszedłem całą ścieżkę i skręciłem w prawo w kierunku kładki nad autostradą M1. Od czasu do czasu stawałem i rozglądałem się, sprawdzając, jak daleko sięga mój wzrok i w którym miejscu znika mi z oczu brama na pole i określony obszar ścieżki. Tamtego wieczoru przechodzień idący ścieżką mógł zobaczyć, co się dzieje.

W okolicach kładki zszedłem na skraj pola i spojrzałem na Ten Pound Lane. Ponieważ znajdowałem się trochę wyżej, doskonale widziałem miejsce, w którym znaleziono Dawn, a także miejsce, gdzie została prawdopodobnie napadnięta. Osoba, która usiadła lub przykucnęła przy żywopłocie, mogła z łatwością niezauważona wszystko obserwować.

Ale dlaczego powiedział, że jej dotykał? I czy jego kryjówka była wystarczająco blisko, żeby zauważyć, że majtki Dawn były opuszczone, a ona leżała na boku?

Na te pytania taśmy nie chciały odpowiedzieć.

Kilka dni przed Bożym Narodzeniem znowu zgłosiłem się do Davida Bakera i Tony'ego Paintera. Z ich punktu widzenia trudno było powiedzieć, czy przynoszę dobre, czy złe wiadomości. Obydwaj wyglądali na pewnych siebie, dopóki nie zapytałem, czy prowadzący przesłuchanie nie wpłynęli na pamięć pomocnika kuchennego i nie stosowali jakichś nacisków.

– Czy ten dzieciak jest niewinny, czy jest uczestnikiem związku przestępczego? – spytał Baker.

– Trudno to stwierdzić tak po prostu – odpowiedziałem. – W czasie przesłuchań nie przekazano mu żadnych informacji ani nie wywierano nacisku w celu złożenia fałszywych zeznań, jeżeli o to wam chodzi.

– Więc musiał tam być?

– Całkiem prawdopodobne. Być może widział, co się tam działo.

– Chryste! – Painter pokręcił głową.

– Wyjaśnia to również różnice w zeznaniach o Lyndzie Mann i Dawn Ashworth. W jednym przypadku jest niesamowicie dokładny, a w drugim o niczym nie ma pojęcia. Sugeruje to, że nie ma żadnego związku z pierwszym morderstwem.

Baker skinął głową i odsunął krzesło.

– Więc nadal poszukujemy mordercy.

– Tego się właśnie obawiam.

Baker wstał.

– Zamierzamy zakończyć tę sprawę raz na zawsze. Jeżeli nauka uniewinniła go, to nauka pomoże nam znaleźć prawdziwego sprawcę.

– Co masz na myśli?

– Znajdziemy mężczyznę, który zostawił spermę na miejscu zbrodni.

Baker wyjaśnił, że uzyskali zgodę na przeprowadzenie dobrowolnych badań krwi wszystkich mężczyzn mieszkających w Narborough, Enderby i Littlethorpe. Mieli to być mężczyźni, którzy w chwili morderstwa mieli od czternastu do trzydziestu czterech lat, jak również wszyscy ci, którzy nie posiadali alibi i mieszkali, pracowali lub mieli związek z tymi trzema wioskami w ciągu ostatnich pięciu lat, włączając w to pacjentów Carlton Hayes.

Rozmach planu zaskoczył mnie. Przed sprawą Bostocka nikt nie stosował profilowania w celu wykrycia morderców i Baker był pierwszym, który wkroczył na ten obszar. Teraz rozpoczynał unikatową operację mającą na celu przebadanie DNA tysięcy mężczyzn.

– Oczywiście, musi to być dobrowolne – powiedział Baker. – W tej chwili wysyłamy do nich wszystkich listy z prośbą o dostarczenie próbek krwi i śliny w celu wyeliminowania ich ze śledztwa.

To może się udać – pomyślałem, rozważywszy wszystkie możliwości. Pomysł był błyskotliwy. Zgadzaliśmy się co do tego, że mordercą jest mężczyzna, mieszkający w tej chwili lub w ciągu ostatnich kilku lat w okolicy. Większość mężczyzn z chęcią zgodziłaby się na pobranie próbek, gdyż w ten sposób eliminowali się z kręgu podejrzanych. Ci, którzy by się nie zgodzili, znaleźliby się pod lupą policji w o wiele mniejszej grupie podejrzanych.

Jakie morderca będzie miał możliwości? – pomyślałem. – Jeżeli dostarczy próbki, to laboratorium natychmiast wskaże jego związek z morderstwami. Jeżeli nie zgodzi się na oddanie próbki, to zacznie go odwiedzać policja, która tym razem zajrzy w każdy kąt.

– A jeżeli ktoś odda krew zamiast mordercy? – pozwoliłem sobie głośno pomyśleć.

– Będzie musiał okazać jakiś dowód tożsamości. Nie będzie to doskonałym zabezpieczeniem, ale mamy nadzieję, że wystarczy.

– Jeżeli ktoś odda krew zamiast niego, to na pewno wyjdzie to na jaw – odpowiedziałem. – Nie będą w stanie utrzymać tajemnicy, zwłaszcza że badania będą tematem wszystkich wiadomości.

Drugiego stycznia 1987 roku „Leicester Mercury" podał elektryzującą wiadomość: „DWA TYSIĄCE BADAŃ DNA POMOŻE WYKRYĆ MORDERCĘ". Temat szybko podchwyciła prasa ogólnokrajowa i z Londynu przyjechali dziennikarze, aby pisać o akcji. Wkrótce dołączyli do nich koledzy z całego świata.

Powstały dwie stacje pobierania próbek: jedna w Danemill School w Enderby, a druga w Radzie Okręgowej Blaby w Narborough. Wysłano listy do mężczyzn urodzonych pomiędzy 1 stycznia 1953 i 1 stycznia 1970 roku, którzy mieszkali w trzech wioskach. Pobieranie próbek odbywało się dwa razy dziennie – rano i wieczorem, trzy dni w tygodniu.

Próbki krwi i śliny pobierali lekarze policyjni. Następnie wysyłano je do laboratorium przy Centrum Kryminalistyki na East Midlands w Huntingdon i do centralnych laboratoriów Ministerstwa Spraw Wewnętrznych w Aldermaston.

Pierwsze próbki pobrano 5 stycznia i do końca miesiąca zgłosiło się tysiąc mężczyzn. Laboratoria robiły wszystko, aby dotrzymać terminów, ale mimo to powstały duże opóźnienia. Nagle „dwumiesięczna" operacja poważnie się wydłużyła, powodując ogromny wzrost kosztów.

Niemniej cieszyło, że 90 procent mężczyzn zgłosiło się już po pierwszym liście. Z chęcią przybywali do punktów pobierania próbek, mimo że nie było żadnego przymusu prawnego. Świadczyło to, jak bardzo miejscowa społeczność pragnie złapania mordercy. Wszyscy, którzy nie odpowiedzieli na listy, znajdowali się pod baczną obserwacją policji, chociaż z początku wielu policjantów podróżowało po całym kraju, szukając mężczyzn, którzy się wyprowadzili.

Media nadały akcji kryptonim „Krew", przypominając, że przed polowaniem chartom daje się posmakować krwi. Moje zaangażowanie w sprawę zakończyło się, ale od czasu do czasu czytałem doniesienia w gazetach i dowiadywałem się o przebiegu akcji z telewizji. Wiedziałem, że w miarę wzrostu kosztów operacji Baker i jego zespół będą pod coraz większym naciskiem.

Pośród tysięcy mężczyzn, których przesłuchano i którzy znaleźli się na liście podejrzanych, był również Colin Pitchfork, dwudziestopięcioletni piekarz, który przeniósł się z Leicester na nowe osiedle mieszkaniowe w Littlethorpe kilka miesięcy po znalezieniu ciała Lyndy Mann.

W czasie przesłuchania powiedział, że w wieczór zaginięcia Lyndy zawiózł swoją żonę do szkoły wieczorowej o 18.00, a następnie wrócił do domu, żeby się zająć trzymiesięcznym synkiem do 21.00, kiedy to kończyły się zajęcia. Oznaczało to, że nie miał alibi na krytyczny czas, ale ponieważ nie mieszkał w okolicy w chwili morderstwa i nie wydawało się prawdopodobne, aby morderca ciągnął z sobą niemowlę, dano mu niską ocenę w skali prawdopodobieństwa.

Z tysięcy nazwisk zapisanych w komputerze każde sklasyfikowano i przypisano określonym kategoriom w zależności od wieku, kryminalnej przeszłości, alibi i powiązań z terenem. Chodziło tu na przykład o przebywanie w szpitalu lub odwiedzanie krewnych.

Komputery dopiero zaczęły być wykorzystywane w kryminalistyce i trudno było powiązać rozsypane dane. Dlatego też początkowo Pitchfork nie zwrócił niczyjej uwagi, chociaż, jak się w końcu okazało, pojawił się na trzech listach: mieszkańców, osób popełniających przestępstwa seksualne oraz liście pacjentów stałych i pacjentów przychodni szpitala Carlton Hayes, gdzie został skierowany przez sąd w ramach wyroku za ekshibicjonizm w 1980 roku.

Pracował w piekarni Hampshires w Leicester od szesnastego roku życia. W wieku dziewiętnastu lat poznał swoją przyszłą żonę – Carole, gdy obydwoje pracowali społecznie w Domu Dziecka Doktora Barnardo w Leicester. Po tym, jak w sierpniu 1983 roku urodził się ich syn, Carole chciała wyprowadzić się z miasta i wybrała Littlethorpe, ponieważ jej ojciec mieszkał w Narborough.

Prośba o zgłoszenie się na pobranie krwi została wysłana do Pitchforka w styczniu 1987 roku. Ponieważ nie stawił się, po dwóch tygodniach wysłano powtórną prośbę. Zanim zdążyło to obudzić czyjeś podejrzenia, we wtorek 27 stycznia w punkcie w Danemill School pobrano od niego próbki śliny i krwi. Jako świadectwo tożsamości przedstawiono paszport i prawo jazdy.

We właściwym czasie nadeszły wyniki analizy, eliminujące go z dochodzenia.

Do kwietnia przebadano próbki krwi prawie czterech tysięcy mężczyzn i nastolatków, ale wyniki z laboratoriów nadchodziły z coraz większym opóźnieniem. Na listy odpowiedziało ponad 98 procent adresatów, ale lista możliwych sprawców coraz bardziej się wydłużała, powodując znaczny wzrost kosztów.

Operacja trwała przez całe lato, ruchome punkty kontrolne odwiedzały osiedla mieszkaniowe i fabryki. Ekipa śledcza znalazła się już pod naciskiem „góry", a media zaczęły zadawać pytanie, czy nie jest to po prostu trwonienie sił policji i pieniędzy podatników.

David Baker zasłużył na odmianę losu i w końcu stało się to 1 sierpnia, kiedy dwudziestoczteroletni piecowy w piekarni Hampshires, Ian Kelly, siedząc z kolegami przy piwie, skierował rozmowę na Colina Pitchforka.

– Colin kazał mi zrobić badanie krwi za siebie – powiedział Kelly.

– Jakie badanie?

– No to z tymi morderstwami.

Kelly wyjaśnił, że Pitchfork go naciskał i nie dawał mu spokoju, bo sam już oddał krew za kogoś innego – kolegę, który był notowany za ekshibicjonizm. Powiedział też, że nie mieszkał w wiosce, kiedy zamordowano pierwszą dziewczynę, więc myślał, że policja da mu spokój.

Po sześciu tygodniach kierownik piekarni, który przysłuchiwał się rozmowie, wspomniał o tym miejscowemu policjantowi. Informacja została przekazana do ekipy śledczej, porównano podpisy złożone podczas przesłuchania w domu po morderstwie i na formularzu wypełnianym podczas pobierania krwi. Różniły się.

W sobotę 19 września Ian Kelly został aresztowany w swoim mieszkaniu. Natychmiast załamał się i przyznał, że oddał krew zamiast Pitchforka. Wyjaśnił, w jaki sposób Colin wyciął i podmienił fotografię w paszporcie, a następnie zawiózł go pod szkołę i czekał w samochodzie, kiedy jemu pobierano krew.

Po tym, jak przedstawiono mu zarzuty spiskowania w celu wpłynięcia na przebieg śledztwa, detektywi przybyli do Littlethorpe, do domu na ulicy Haybarn Close i o 17.45 zatrzymali Colina Pitchforka. Po odczytaniu mu jego praw jeden z detektywów zapytał:

– Dlaczego wybrałeś Dawn Ashworth?

Piekarz wzruszył ramionami.

– Okazja. Ona tam była. I ja tam byłem.

Ponieważ nie byłem w żaden oficjalny sposób związany ze śledztwami, w których jedynie pomagałem, więc nierzadko nic nie wiedziałem o ostatecznych wynikach. W tym przypadku dopiero po kilku miesiącach poznałem szczegóły aresztowania Pitchforka i wyniki jego przesłuchań. David Baker zaprosił mnie na uroczysty obiad do komendy hrabstwa Leicestershire. Było to coś w rodzaju wieczornego przyjęcia z najwyższymi dygnitarzami odbywającego się kilka razy w roku.

Zeznania Pitchforka uznano za „zimne", bez oznak wyrzutów sumienia. 21 listopada 1983 roku zawiózł żonę do liceum i krążył, szukając kobiet, przed którymi mógłby się obnażyć. Jego synek spał w przenośnej kołysce na tylnym siedzeniu. Przejechał z Leicester do Narborough i skręcił w Forest Road niedaleko Carlton Hayes.

Minął Lyndę, gdy szła w kierunku Enderby, a następnie zaparkował samochód na drodze prowadzącej na oddział opieki dziennej szpitala

Woodlands. Potem czekał pod lampą na jej nadejście. Kiedy się przed nią obnażył, oczekiwał, że ucieknie w stronę Enderby, ale zamiast tego Lynda rzuciła się w ciemność w kierunku Czarnej Ścieżki.

Pitchfork wyznał:

– Właśnie tego nie rozumiem w ekshibicjonizmie. Raz na sto przypadków zdarzy się kobieta, która oszaleje, zacznie krzyczeć i wtedy musisz szybko znikać. A wszystkie pozostałe po prostu przechodzą obok ciebie i ignorują. Ale ona skręciła i pobiegła ciemną ścieżką. Stanęła pod parkanem… Popełniła dwa wielkie błędy: pobiegła ścieżką i spytała „Co na to powie twoja żona?". Widziała moją obrączkę.

Lynda próbowała odwieść go od zgwałcenia jej. Częściowo rozebrała się sama, zbyt przerażona, by krzyczeć lub walczyć. Pitchfork stwierdził, że doszło do pełnej penetracji, i obraził się na sugestię, że miał przedwczesny wytrysk. Powiedział również, że zaczął ją dusić, gdy wciąż był w niej. Nie było to poparte faktami, ale odgrywało prawdopodobnie znaczną rolę w jego fantazjach.

Dawn Ashworth zobaczył, kiedy jechał swym motocyklem odebrać składniki do ciasta. Właśnie przejechał King Edward Avenue i wjechał w Ten Pound Lane. Zaparkował swój motocykl i poszedł za nią na piechotę.

– Nikt mnie nigdy nie widział. Widzieli mnóstwo ludzi, ale chyba nigdy mnie. A ja tam byłem zupełnie otwarcie, w dżinsach, swetrze i ciemnozielonej kurtce z kapturem.

Pobiegł za nią ścieżką, żeby ją dogonić. Przycisnął dłoń do jej twarzy, zaciągnął na pole przez bramę. Brama nie była zamknięta.

Zignorował jej prośby o to, aby jej nie gwałcił. Po wszystkim usiadła i zapytała: „Skończyłeś już? Mogę już iść? Nikomu nic nie powiem. Słowo. Proszę. Pozwól mi już iść. Proszę".

A potem udusił ją, zaciskając swoje przedramię od tyłu na szyi dziewczyny.

Podczas całego śledztwa, bez względu na sposób formułowania pytań, Pitchfork zaprzeczał, jakoby odbył z nią stosunek analny.

Ze szczegółami opowiadał o ataku, ale utrzymywał, że nie dotykał jej po śmierci i nie czynił żadnych wysiłków, żeby ukryć jej ciało. Obydwie rzeczy stały w sprzeczności z miejscem, gdzie znaleziono zwłoki Dawn, i obrażeniami na jej ciele. Baker był zdziwiony rozbieżnościami i istniejącymi znakami zapytania, ale z radością wzniósł kieliszek, by uczcić złapanie „Kochasia", gdyż tak nazywał go cały czas podczas śledztwa.

Jeżeli kiedyś chciałem się nauczyć prowadzenia śledztwa, czy też zobaczyć jak wygląda praca policji, to Baker zapewnił mi jedno i drugie, i zrobił to doskonale. Nie sądzę, żeby komuś udało się to uczynić bardziej jasno i przejrzyście. On tego dokonał. Jednak i on na koniec przeprosił mnie.

– Jednej z twoich rad nie doceniliśmy – powiedział. – Stwierdziłeś, że morderca w przeszłości był notowany z tytułu drobnych wykroczeń popełnianych na tle seksualnym. Nie posłuchałem cię. A miałeś rację.

5

W SIERPNIU 1988 ROKU DO CENTRALI PEDIGREE PET FOODS LTD w Melton Mowbray w hrabstwie Leicestershire dotarł napisany na maszynie list, zaadresowany do dyrektora naczelnego, pana Johna Simmensa. Załączono do niego puszkę karmy dla psów, która na pierwszy rzut oka niczym się nie różniła od milionów puszek sprzedawanych w sklepach czy też od puszek znajdujących się w mojej własnej spiżarni.

> Niniejszym domagam się od Pedigree Pet Foods zapłaty kwoty stu tysięcy funtów rocznie. W przeciwnym razie Wasze produkty zostaną skażone toksycznymi substancjami.
>
> Załączona puszka przysmaku Pedigree Chum została skażona trującymi chemikaliami. Wybrano je ze względu na wysoką toksyczność, bezbarwność i brak zapachu. Są praktycznie nie do wykrycia przed nakarmieniem psa.
>
> W przypadku nieotrzymania wyżej wymienionej kwoty od Pedigree Pet Foods of Mars Ltd na półkach sklepów w całej Wielkiej Brytanii pojawi się ogromna ilość podobnie skażonych puszek.
>
> Początkowo skażony będzie jedynie Pedigree Chum dla psów. W przypadku nieotrzymania zapłaty, po załamaniu się sprzedaży tego produktu, zasabotuję kolejny. Będzie się to powtarzać aż do spełnienia żądań lub bankructwa Waszej firmy. Stanie się ona wtedy przykładem dla innych producentów karmy dla zwierząt…

Chociaż wtedy tego nie wiedziałem, to większość dużych producentów i detalistów otrzymuje od czasu do czasu gniewne listy i styka się z prymitywnymi próbami wyłudzenia pieniędzy. Zwolnieni pracownicy, zirytowani klienci, odrzuceni dostawcy, zazdrośni konkurenci – motywy są przeróżne, ale rzadko są to poważne groźby.

Tym razem jednak załączoną puszkę rozcięto, naszpikowano trucizną i zamknięto, przykrywając rozcięcie etykietą. Zrobiono to tak zręcznie, że nikt nie mógłby niczego podejrzewać.

Szantażysta ostrzegał, że codziennie zostanie skażonych pięć puszek produktu w supermarketach na terenie całego kraju, a o sprawie zostaną poinformowane media za pośrednictwem anonimowych telefonów. Łącznie należało zapłacić 500 tysięcy funtów w ratach po 100 tysięcy w formie przelewów na rachunki różnych kas budowlanych, których nazwy miały być podane później.

List stwierdzał:

> Kiedy Wasza firma zgodzi się zapłacić, powinna umieścić ogłoszenie drobne na łamach „Daily Telegraph" o treści: „Sandro! Kochanie, wszystkiego najlepszego z okazji urodzin! John".

Pedigree miało posługiwać się hasłami „Sandra i John". Szantażysta we wszystkich rozmowach telefonicznych i listach miał używać hasła „Romeo i Julia". Jako termin ustalił datę 1 grudnia 1988 roku.

David Baker zadzwonił, kiedy kosiłem trawnik. Coś we mnie zadrżało. Bardzo lubiłem Bakera, ale sam dźwięk jego nazwiska przywoływał mi na myśl obrazy brutalnych przestępstw. Chociaż próbowałem pomóc ze wszystkich sił, to jednak nie mogłem stwierdzić, żeby sprawiało mi to kiedykolwiek przyjemność, z wyjątkiem samego końca, kiedy to usiłowałem o wszystkim zapomnieć.

Baker chyba wyczuł mój niepokój, gdyż szybko powiedział, że nikt nie został zabity ani zgwałcony. Mimo to w jego głosie słychać było takie napięcie, że spotkaliśmy się już następnego dnia rano w jego biurze.

– Paul, mamy trzy pytania – rzekł, podsuwając mi kopię listu szantażysty, znalazłszy ją w końcu w papierach leżących na biurku. – Po pierwsze, czy autor podchodzi do tego serio? Po drugie, co możesz powiedzieć o szantażyście, i po trzecie, co możemy teraz zrobić?

Po przeciwnej stronie stołu siedzieli: inspektor Malcolm Cairns, Paul Baker, Ian Leacy i podkomisarz Tim Garner. Zawsze fascynowało mnie obserwowanie interakcji pomiędzy oficerami policji. Chociaż policyjna hierarchia jest elastyczna, to zależność służbowa jest traktowana bardzo poważnie. Dzięki temu natychmiast wiadomo, że najważniejszą osobą jest facet, do którego zwracają się „szefie" albo „panie inspektorze".

Malcolm Cairns, zastępca naczelnika wydziału kryminalnego, był zwierzchnikiem Bakera; był jednak raczej administratorem i osobą ustalającą ogólną politykę niż doświadczonym oficerem śledczym. Nie posiadał doświadczenia i wiedzy Bakera, ale trzeba było zachować pozory, że to on prowadzi spotkanie. Sytuacja wymagała taktu.

Obecność Cairnsa wskazywała, że nie jest to zwykły przypadek. Wydało mi się to dziwne, gdyż nie popełniono żadnego morderstwa i żaden morderca nie znajdował się na wolności. Dopiero potem uświadomiłem sobie, że w przypadku morderstwa odnosi się wrażenie, że najgorsze już minęło – popełniono zbrodnię i należy doprowadzić do wykrycia sprawcy, natomiast w przypadku próby wymuszenia ofiary mogą paść w każdej chwili.

Baker podał mi przez stół list z pogróżkami. Zacząłem analizować język i konstrukcję zdań. Istnieją zwroty, które umożliwiają ocenę umiejętności pisania i czytania, a spojrzenie na układ listu pozwala na sprawdzenie, z jakiego środowiska pochodzi dana osoba. Przypomina mi to sytuację, gdy piszę dla sądów kilka raportów psychologicznych, a potem stwierdzam, że moje prywatne listy rozpoczynają się jak dokumenty prawne.

– Czy to jakiś nawiedzony, czy świr? – zapytał Cairns. – A może powinniśmy brać go poważnie?

Zbadawszy intelektualną spójność listu, nie stwierdziłem w autorze niczego „nienormalnego". Brak było roztargnienia, nie występowały motywy ukarania firmy ani obsesyjne tematy polityczne, brak było skojarzeń dźwiękowych, kiedy kolejność słów nie wynika z treści całego zdania, a jedynie poprzednie słowo stanowi bodziec do napisania następnego. W przypadku gdy piszą osoby z chorobami psychicznymi, to w zależności od rodzaju i nasilenia choroby często zaczynają od jakiegoś stwierdzenia, a w dalszym ciągu zdania tracą wątek i kolejne słowa lub człony zdań wynikają ze słów lub fragmentów zdań bezpośrednio je poprzedzających.

– To realistyczna kwota, wziąwszy pod uwagę wielkość firmy – stwierdziłem, myśląc o żądanym okupie 500 tysięcy funtów. – Nie jest śmiesznie wysoka ani tak mała, żeby nie opłaciły się wszystkie przygotowania i ryzyko. Co można powiedzieć o papierze?

– Wszędzie można go kupić – stwierdził Baker. – Przed wysłaniem list przekopiowano, więc nie sądzę, żeby udało się znaleźć odciski palców. Za parę dni poznamy markę maszyny do pisania.

Wszystko to wskazywało, że szantażysta posiadał pewną wiedzę na temat prowadzenia śledztwa. Przeprowadził też rozpoznanie, adresując list bezpośrednio do Johna Simmensa, zamiast po prostu do „Kierownictwa" czy „Dyrektora Naczelnego".

Skażona puszka nadal znajdowała się w policyjnym laboratorium, ale już teraz nie wydawało się prawdopodobne, żeby truciznę umieszczono podczas produkcji. Puszka została kupiona, a następnie zatruta przez kogoś, kto wiedział, w jaki sposób korzystać z lutownicy i jak usunąć etykietę nad parą albo w ciepłej wodzie. Wniosek był jeden: „To nie zabawa, jestem poważny. Zostaliście ostrzeżeni".

Wziąłem kopię listu wraz z notatkami i obiecałem wrócić ze swoimi przemyśleniami. Nie można było posunąć się dalej, ale każdy nowy ruch szantażysty mógł dostarczyć kolejnych informacji.

Ważne było oczywiście dochowanie tajemnicy. Nikomu nie powiedziałem o groźbie, nawet Marylin, chociaż poczułem się głupio, kiedy przyłapała mnie na usuwaniu puszek Pedigree Chum z półek kredensu.

– Co robisz?

– Nic takiego.

– Coś się stało?

– Będziemy po prostu przez jakiś czas używać innych konserw dla psa. Dobrze? Nic się nie stało.

Dwa dni później ponownie znalazłem się w komisariacie policji w Leicestershire, aby przedstawić psychologiczny portret szantażysty. Jego poziom intelektualny był prawdopodobnie przeciętny lub powyżej przeciętnego. Wykształcenie prawdopodobnie średnie, nie wyższe. Jasno wynikało to z układu listu i użytego w nim języka.

Cechami szantażysty były ponadto: rozwaga, zdolność planowania, wytrwałość i nieustępliwość. Musiał spędzić trochę czasu, eksperymentując z rozcinaniem i lutowaniem puszek, zanim uzyskał zadowalające rezultaty. Sugerowało to, że był człowiekiem bardzo dojrzałym, kimś, kto miał cierpliwość, aby opracować plan i przeprowadzić konieczne przygotowania, świadomym istnienia śladów pozostawianych przez przestępców.

Wszystko wskazywało na pojedynczego przestępcę – słowa i konstrukcje w liczbie pojedynczej użyte w liście świadczyły o tym, że rozkazy wydaje jedna osoba. Ponadto, im więcej ludzi znajduje się w takiej organizacji, tym większe jest ryzyko.

– Podstawowym motywem jest chciwość, to jasne. Być może gra sprawia mu przyjemność, ale nie przywiązuje wagi do ozdobników ani też nie komplikuje jej zbytnio.

Kiedy skończyłem, Baker zapytał mnie, czy przyłączę się do ekipy śledczej w celu doradzania w kwestiach strategii. To była nowość. Pięć lat temu, kiedy po raz pierwszy dostarczyłem Bakerowi analizę psychologiczną mordercy Caroline Osborne, próbował on po prostu zrozumieć, z kim ma do czynienia. Teraz doceniono, że analiza psychologiczna może zrobić coś więcej, niż tylko ujawnić poszukiwaną osobę – może również pomóc przewidzieć, jakie będą jej dalsze posunięcia.

Do pokoju wprowadzono członków sztabu kryzysowego firmy Pedigree. W środku usiadł John Simmens, jego boków strzegli dyrektor do spraw public relations, który metodycznie obszedł cały pokój, ściskając dłoń wszystkim obecnym, i prawnik firmy, którego wpływy były potencjalnie większe niż wszystkich pozostałych.

Już na samym początku uświadomiłem sobie, że Pedigree miało inny plan działania niż policja. Priorytetem Bakera i jego ludzi było chronienie ludności i złapanie szantażysty. Spółka również chciała chronić społeczeństwo, ale odpowiadała zwłaszcza przed członkami zarządu i udziałowcami. Na względzie miała zwłaszcza implikacje ekonomiczne.

Pedigree należało do Mars Group, wielkiej międzynarodowej korporacji z centralą w Stanach Zjednoczonych. Mimo to Pedigree posiadało dość swobody, aby podjąć decyzję samodzielnie, zamiast utknąć w przeciągających się dyskusjach z centralą. Dzięki temu łatwiejsze było dokonywanie ustaleń na temat strategii i ewentualne wprowadzanie zmian, gdyby zaszła taka potrzeba.

– Czy to poważne? – zapytał Simmens, przechodząc do najważniejszej kwestii.

– Tak, to jest poważne.

– OK. Co możemy teraz zrobić?

– Cóż, możemy zrobić kilka rzeczy. Najważniejsze, by nikogo nie skrzywdzono.

– Zgadzam się – powiedział Simmens – ale nie chcemy także, aby nasi klienci wpadli w panikę.

– Dlatego właśnie potrzebujemy strategii – podsumował Baker.

Simmens zapytał, czy jest prawdopodobne, że szantażysta po prostu wycofa się, jeżeli jego żądania zostaną zignorowane.

– Nie sądzę, żeby tak się stało – odpowiedziałem.

– Nas również takie wyjście nie zadowala – stwierdził Baker. – Na wolności jest osoba, która popełniła poważne przestępstwo. Jeżeli się wycofa, to kto wie, gdzie znów się pokaże?

Rozmowa wróciła do kwestii bezpieczeństwa i możliwych sposobów zapobiegania umieszczeniu skażonych konserw na półkach sklepów. Pedigree i policja już się skontaktowali z większymi stowarzyszeniami detalistów branży spożywczej w celu omówienia środków bezpieczeństwa w dużych supermarketach. Niestety, istnieje sprzeczność pomiędzy bezpieczeństwem a uczynieniem sklepów atrakcyjnymi miejscami robienia zakupów. Nie można jakiegoś produktu schować pod ladą i zmuszać ludzi, żeby prosili o towar sprzedawców - będą sobie zadawać pytanie, dlaczego tak się dzieje.

- Załóżmy, że wycofamy z półek każdą puszkę Pedigree Chum, a okaże się, że nic w nich nie ma. Co wtedy zrobimy? - spytał Simmens.

Specjalista od public relations potrząsnął głową.

- Każdego roku wydajemy miliony funtów, żeby stworzyć wizerunek marki. Działamy na wysoce konkurencyjnym segmencie rynku, gdzie lojalność i zaufanie klienta mają dla nas zasadnicze znaczenie. Coś takiego może w jednej chwili zniszczyć naszą przyszłość na wiele lat. Półki opróżnią się, klienci zaczną kupować konkurencyjny produkt. Konsekwencje tej decyzji będziemy odczuwać jeszcze długo.

- Nie ma sensu usuwać towaru z półek - powiedziałem. - Jeżeli to zrobicie, wybierze kolejny produkt. W ten sposób nie wygracie. Jedynie sprawicie, że spełni swoją groźbę.

Wyglądali na uspokojonych.

Prawnik firmy wymienił możliwe reperkusje:

- Jeżeli zrealizuje swoje pogróżki i jeden z naszych klientów straci psa, to będziemy musieli stawić czoło gwałtownym zarzutom, że zachowaliśmy milczenie.

- Dlatego też musimy ocenić ryzyko handlowe i porównać z rzeczywistym ryzykiem skażenia, a następnie stworzyć strategię, która je będzie równoważyła - odparłem. - Musimy go jakoś powstrzymać od realizacji groźby, a jednocześnie wyciągnąć z ukrycia, aby policja mogła go schwytać. Aby to zrobić, należy się z nim skontaktować i przeprowadzić negocjacje.

Czułem, że myśl o tym napawała ich niepokojem.

- W tej chwili on pociąga za wszystkie sznurki. Musicie go trzymać na dystans i stopniowo, bardzo powoli zwodzić. Zmusić go do uwierzenia, że współpracujecie, ale istnieją ograniczenia - nie są to rzeczy, które by od was zależały, pozostają poza waszą kontrolą. Spełnienie jego żądań w szczególny sposób, z jakimiś ograniczeniami, pozwoli zmniejszyć jego oczekiwania.

Simmens zapytał:

– Więc policja się z nim skontaktuje?

– Nie. Kontakt nawiąże Pedigree. Szantażysta nie wie, że policja włączyła się do sprawy.

Prawnik wyraził niepokój w związku z wypłaceniem pieniędzy i stworzeniem niebezpiecznego precedensu na przyszłość.

– To sprawa wasza i policji, czy zdecydujecie się coś zapłacić, czy nie. Jeśli powiecie bezwarunkowo: nie, będziecie musieli wtedy rozważyć ryzyko, że w jakiś sposób zrealizuje swoje groźby. To jest wasza decyzja.

Proponuję zapłacić ograniczoną kwotę – tyle, żeby nadal prowadził grę i nie realizował swoich gróźb. Ale nie możecie mu we wszystkim ulegać. Róbcie, co każe, ale niezupełnie. Informujcie go, że występują jakieś problemy, przykro wam, próbujecie pomóc, ale coś nie wychodzi… coś w tym stylu.

W tej chwili kontrola jest w jego rękach, ale możecie mu ją stopniowo odebrać, jeżeli będziecie prowadzić z nim grę.

– W jaki sposób mamy to robić? – zapytał Simmens.

– Nie musicie – powiedział Baker. – My się tym zajmiemy. Zamieścimy ogłoszenie w gazecie i zobaczymy, co się stanie. Chcę umieścić w Pedigree kilku swoich ludzi na wydzielonych liniach telefonicznych. Chcemy, żeby nasz szantażysta zadzwonił.

Trzydziestego pierwszego sierpnia w dziale ogłoszeń drobnych „Daily Telegraph" pojawił się następujący anons:

> Sandro! Szczęśliwych urodzin, Kochanie. Pragnę pomóc. Chcę porozmawiać. Zadzwoń 0674******. Kocham, John.

Nadszedł drugi list, tym razem z listą rachunków w bankach Halifax, Abbey National i kasach budowlanych. Wszystkie w ciągu dwóch miesięcy, począwszy od września 1986 roku, otworzono na nazwisko John i Sandra Norman. Książeczki oszczędnościowe, karty do bankomatów i numery identyfikacyjne PIN zostały wysłane na adres mieszkania w Hammersmith w zachodnim Londynie.

To stawiało całą kwestię w nowym świetle. W całym kraju znajdowały się dosłownie tysiące bankomatów, z których klienci mogli pobierać kwoty do 300 funtów dziennie z każdego rachunku.

Szantażysta mógł pobierać pieniądze w wielu miejscach, wypłacając niewielkie kwoty w każdym z tysiąca różnych punktów. Mógł poprosić kogoś innego o wypłacenie pieniędzy swoją kartą – może nawet kilkadziesiąt osób. Stwarzało to ogromne możliwości. Zazwyczaj najbardziej niebezpiecznym momentem dla każdego szantażysty jest chwila przekazania okupu – określone miejsce i czas, gdy rezygnuje z ukrycia, żeby odebrać pieniądze. Tym razem były tysiące takich miejsc – w jaki sposób policja mogła je wszystkie obserwować? Pomysł był błyskotliwy.

Kiedy David Baker opowiedział mi o szczegółach, wyczułem jego niepokój. Większość dotychczasowych planów opierał na założeniu, że złapią szantażystę w chwili, gdy będzie odbierał łup.

Miało to jednak pewien plus. Nie można z bankomatu pobrać ogromnych kwot. Wypłacenie 500 tysięcy funtów oznaczało dziesiątki tysięcy transakcji. Za każdym razem, gdy wprowadzał swój PIN, komputer pokazywałby nam dokładnie, gdzie i o której godzinie się znajduje. Dałoby to możliwość określenia jego miejsca pobytu i zbadania wzorca zachowań.

Nasz szantażysta pokazał, że jest świadomy, w jaki sposób policja zbiera informacje. Wiedział, że można sprawdzić, kto jest właścicielem rachunku, i poszukać opisu osoby, która go zakłada, więc zrobił to wszystko listownie. Nie musiał pojawić się w banku nawet na chwilę, ryzykując sfilmowanie przez kamery systemu ochrony. Wiedział również o mieszkaniu w blokach, gdzie nikt nigdy nie zwraca uwagi na to, czy ktoś akurat wychodzi, czy wraca. Mógł nawet poprosić kogoś o odebranie przesyłek ze skrzynki. Było to fascynujące, ale również niezmiernie frustrujące.

– Znaleźliśmy coś podobnego w archiwum – powiedział Baker.

– Gdzie?

– W Norfolk. Ktoś wziął na cel hodowcę indyków Bernarda Matthewsa. Szantażysta żądał 50 tysięcy funtów i użył prawie identycznej metody postępowania – rachunki w kasach budowlanych otwarte na fałszywe nazwiska, karty do bankomatu, zupełnie tak samo jak w naszym przypadku. Inwigilacja to był koszmar.

– I co się stało?

– Nie zachował dostatecznych środków bezpieczeństwa i ciągle wracał do tych samych bankomatów. W ten sposób go złapaliśmy.

– A gdzie jest teraz?

– W pudle. Dostał sześć lat.

Baker odgadł moje następne pytanie.

– O ile nam wiadomo, to działał na własną rękę. Sędzia śledczy odmówił opublikowania szczegółów, ponieważ stwierdził, że był tak sprytny... – dodał.

– Co oznacza, że ktoś samodzielnie wymyślił taki sam plan lub się o nim jakoś dowiedział.

– No właśnie!

Policyjni negocjatorzy cały czas stacjonowali w siedzibie Pedigree, przedłużając negocjacje i przepraszając za opóźnienia. Nie poczynili żadnych ustępstw, ale nie poczynił ich również szantażysta. Używali słów typu: „Rozumiemy twoją sytuację, ale ty musisz nas też zrozumieć. Oczywiście, że traktujemy cię poważnie, ale nie możemy po prostu wpłacić 100 tysięcy funtów na te rachunki. Ludzie zadają pytania – księgowi, rada nadzorcza, urząd skarbowy. Chyba rozumiesz. Musimy działać cicho. Musimy zachować ostrożność".

Po wymianie kolejnych wiadomości 28 października dokonano pierwszych pięciu kontrolowanych wpłat na rachunki Sally i Johna Normanów. W ciągu kolejnych siedmiu tygodni wpłacono 56 tysięcy funtów, ale policja zablokowała większość rachunków, tak że pieniądze można było jedynie wypłacać z rachunków inwestycyjnych towarzystwa budowlanego Halifax. Policja zdobyła lekką przewagę w negocjacjach.

Pedigree oczywiście zaprzeczyło, że cokolwiek wie o trudnościach z wypłatami, mówiąc szantażyście, że był to widocznie błąd ze strony towarzystwa budowlanego. Nie mogli zadzwonić i zapytać, co się stało – próba wymuszenia była przecież utrzymywana w tajemnicy.

W międzyczasie Wydział Śledczy Policji Leicestershire zorganizował jedną z największych tajnych operacji w Wielkiej Brytanii. W ramach akcji „Karaluch" setki detektywów z lokalnych wydziałów kryminalnych wzięły pod obserwację bankomaty oddziałów towarzystwa budowlanego Halifax. Jednak nie można było obstawić ich wszystkich, mimo tak dużej liczby zaangażowanych detektywów.

Jednocześnie główny komputer towarzystwa budowlanego został zaprogramowany tak, aby opóźniać wypłatę i natychmiast alarmować policję po wprowadzeniu zastrzeżonych numerów PIN.

Tydzień po dokonaniu pierwszej wpłaty pobrano 300 funtów w Reading na południe od Londynu. Kolejne wypłaty następowały prawie codziennie z maszyn znajdujących się na północy kraju w Glasgow, na południu w Exeter i na zachodzie w Aberystwyth w Walii. Większości wypłat dokonywano po dwudziestej trzeciej.

– Nie zamierza dwukrotnie korzystać z tego samego bankomatu – powiedział Baker, zawiedziony, ale nie zaskoczony. Malały szanse na szybkie aresztowanie, ale były pewne pozytywne oznaki. Nie odkryto kolejnych zatrutych konserw, a z każdą następną próbą pobrania pieniędzy z bankomatu szantażysta ryzykował, że zostanie aresztowany.

Geograficzny rozrzut wypłat zmuszał do zadania pytania, czy nie jest to robota gangu, a nie pojedynczego człowieka. Czy jedna osoba mogła obsłużyć tak duże terytorium?

W domu, w gabinecie powiesiłem mapę Wielkiej Brytanii, na której zaznaczałem miejsca kolejnych wypłat. Zaczęła się pojawiać ciekawa zależność. Szantażysta dokonywał codziennych wypłat w miejscowościach takich, jak: Dalston, Aberystwyth i Bristol. Zataczał krąg, który prowadził go z powrotem do Londynu, gdzie również przeprowadzono wiele transakcji. Przyjrzawszy się układowi autostrad, uznałem, że wypłat mogła dokonywać jedna osoba, która prawdopodobnie mieszkała niedaleko Londynu, chociaż nie było dość szczegółów, które by dokładnie wskazywały gdzie.

Co jeszcze wiedziałem? Nie było to przestępstwo dokonane przez młodego człowieka, nie przez dwudziestolatka. Nie. Szantażysta był dojrzałym mężczyzną, zdolnym do przemyśleń i cierpliwości – dwa lata poświęcił na przygotowanie planu. Dla młodego człowieka tuż po dwudziestce byłaby to cała wieczność.

Miał możność podróżowania w nocy, więc nie pracował w biurze od dziewiątej do siedemnastej. W przeciwnym wypadku musiałby brać urlop albo iść na zwolnienie, co natychmiast zwróciłoby uwagę. Bardziej prawdopodobne, że jest bezrobotny, na emeryturze lub pracuje na zmiany. Przypuszczalnie nie jest żonaty ani z nikim nie mieszka – musiałby odpowiadać na zbyt wiele pytań: dokąd wychodzi po nocach i skąd bierze pieniądze.

Ślady, które zostawiał, były inne niż w dotychczasowych sprawach. Nie istniało miejsce przestępstwa, które można by zbadać. To, co się działo, nie było wytworem nienormalnego umysłu czy też seksualnego zboczenia. Motywację stanowiły pieniądze.

Ponadto, każdy przestępca jest inny. Każdy włamywacz mieszkaniowy, napadający na banki, porywacz, malwersant, gwałciciel, terrorysta czy wandal stanowi jednostkę jedyną w swoim rodzaju. Dobry czy zły, podobnie jak wszyscy moi pacjenci lub osoby, z którymi rozmawiałem na prośbę policji, różni się od innych. Pod pewnymi względami prościej jest mieć do czynienia z ludźmi, których motywem jest chciwość lub zemsta, gdyż jest ich łatwiej zrozumieć. Są bliżej nas. Rozumiemy ich motywację w przeciwieństwie do sytuacji, gdy usiłujemy zrozumieć sadomasochistycznych psychopatów, którzy gwałcą i okaleczają innych ludzi.

Wszyscy znamy przypadki osób oszukujących przy wypełnianiu deklaracji podatkowych, podających zawyżoną wartość zagubionego bagażu, ale nie używamy wtedy tak niemiłych słów, jak oszustwo czy wyłudzenie. Wręcz przeciwnie, uważamy to za prawie czystą grę z rządem czy też towarzystwem ubezpieczeniowym. Pomyślcie, jak wiele osób spróbowałoby zagrać nieuczciwie, gdyby ktoś znalazł bezpieczny sposób fałszowania wyników loterii państwowej. Chciwość potrafimy zrozumieć.

Za każdym razem, gdy kończyły się pieniądze na rachunkach w towarzystwie Halifax, groźby stawały się bardziej agresywne i natarczywe. Mając dość wymówek, szantażysta zadzwonił 6 grudnia do supermarketu w Basildon w hrabstwie Essex. Męski głos poinformował personel, że na półkach znajduje się zatruta puszka Pedigree Chum.

Przed umieszczeniem na półce puszka została rozcięta, naszpikowana połamanymi żyletkami, a następnie ponownie zalutowana. Na szczęście została oznaczona napisem „zatrute".

Przed Bożym Narodzeniem zdarzyły się jeszcze dwa takie przypadki w supermarketach w Royston w hrabstwie Hertfordshire i w Heyford Hill niedaleko Oksfordu. Ponownie ostrzeżono o nich telefonicznie sklepy i policję.

Uznałem to za interesujące. Często w trakcie przedłużonych negocjacji szantażysta zniechęca się i po prostu znika albo czyni jakiś niezręczny ruch, który go demaskuje. Gdy stopniowo traci władzę, może poczuć się mniej wszechmocny, niż mu się to początkowo wydawało, i wycofuje się. Nasz szantażysta zachowywał się inaczej. Jakby zaprzeczając różnym scenariuszom, wzmógł nacisk, gdy policja sądziła, że już umie przewidzieć jego posunięcia.

– To część walki o władzę – powiedziałem na trudnym zebraniu komitetu kierującego.

– Ale wspomniał pan też, że powstrzyma go to przed zatruwaniem konserw – rzekł facet od public relations.

– I powstrzymywało aż do tej pory. Od samego początku miał przygotowany scenariusz stopniowania eskalacji. Wie, że Pedigree odpowie na groźbę strat finansowych. Sądzi, że może was zmęczyć i wtedy dacie mu wszystko, czego tylko zażąda.

John Simmens wyglądał na rozczarowanego. Wiedziałem, że wszyscy mają dosyć.

– W końcu zmieni postępowanie – powiedziałem – kiedy sfrustruje go brak dużych kwot i znudzi podróżowanie po całym kraju; znajdzie jakiś nowy cel. W tej chwili myśli sobie: „Plan działa i mogę go zastosować w stosunku do każdego".

Wkrótce przed świętami Bożego Narodzenia stawka wzrosła. Przestępca zażądał natychmiastowej wypłaty 500 tysięcy funtów, grożąc ujawnieniem mediom wszystkich przypadków skażenia żywności na półkach brytyjskich supermarketów. Po raz pierwszy Pedigree uświadomiło sobie, że jest w oku cyklonu. Czy zawiadomić opinię publiczną, czy zachować tajemnicę? Czy zapłacić całą kwotę, czy wpłacać ratami?

Próbowałem podnieść ich na duchu.

– Zawsze mógł to zrobić, to jest przygotowana demonstracja. Sądzę, że powinniście nadal utrzymywać kontakt. Nie zrobi tego, chyba że powiecie: „Spadaj, nic nie dostaniesz". Jeżeli to powiecie, zacznie działać na serio, bez żadnych ostrzegawczych telefonów.

Pedigree nie straciło nerwów.

W międzyczasie nadal dokonywano wypłat. Komputer towarzystwa budowlanego natychmiast wskazywał, gdzie transakcje miały miejsce. Pieniądze wypłacano w Londynie głównie po północnej stronie Tamizy od West Endu aż do podlondyńskich miast w hrabstwie Essex. Przyjrzawszy im się bliżej, uznałem, że szantażysta mieszka prawdopodobnie w środku tego obszaru, więc przeprowadziłem prostą analizę matematyczną rozmieszczenia wypłat. Rezultaty wskazywały na okolice Hornchurch, trochę na wschód od Londynu.

Operacja „Karaluch" okazała się droga. Nawet z ogromnym zespołem detektywów pracujących parami można było obstawić jednorazowo mniej niż połowę bankomatów. Wziąwszy pod uwagę rozrzut wypłat, obstawiano tylko oddziały towarzystwa budowlanego na południu Anglii, przez dwa dni w tygodniu – w poniedziałki i czwartki od zamknięcia do pierwszej w nocy.

Trwało to cały styczeń i luty i kosztowało około jednego miliona funtów tygodniowo, ale szantażysta zawsze o krok wyprzedzał policję. Zadziwiające było to, że nigdy nie dokonywał wypłat z maszyn, które znajdowały się pod obserwacją. Dlaczego?

Dlaczego największa, najdroższa tajna operacja, jaką kiedykolwiek zorganizowano w Wielkiej Brytanii, nie przybliżyła policji do wykrycia przestępcy? Coś było nie w porządku, a ja byłem chyba jedyną osobą, która to zauważyła.

Na początku marca żądany okup wzrósł do 1,25 miliona funtów, a liczba przypadków zatrucia konserw podskoczyła do czternastu – za każdym razem poprzedzano je ostrzegającymi telefonami. Przestępca pobrał 18 tysięcy funtów i pieniądze na koncie skończyły się, ale zamiast kolejnych pogróżek i zatrutych konserw po prostu zamilkł.

Sądzę, że David Baker i jego ludzie mieli mieszane uczucia. Odczuwali satysfakcję, że powstrzymali szantażystę, wypłacając jedynie bardzo skromny okup z punktu widzenia firmy. Firma również pozostała bezpieczna. Prawdę mówiąc, osiągnięto wszystkie cele – z wyjątkiem jednego: nie złapano sprawcy.

Szantażysta miał teraz dwie możliwości: porzucić swój proceder albo znaleźć nową ofiarę.

Dwunastego marca wydarzyło się coś, co mogło wpłynąć na jego decyzję. Wbrew prośbom policji gazeta o zasięgu ogólnokrajowym ujawniła sprawę szantażowania niewymienionej z nazwy firmy produkującej pokarm dla zwierząt i szczegóły tajnych działań policji.

Szantażysta miał teraz pewność, że w sprawę od samego początku była zaangażowana policja.

David Baker i Malcolm Cairns byli wściekli z powodu przecieku do gazety. Długofalowa tajna operacja była teraz bezużyteczna, a przestępca musiał znaleźć nową ofiarę.

Po dziesięciu dniach tak właśnie uczynił. Chyba jedynym produktem, który może bardziej poruszyć serca opinii publicznej niż karma dla zwierząt, jest żywność dla dzieci, i właśnie to wybrał jako następny cel.

Jeden z największych producentów żywności H.J. Heinz Co. Ltd otrzymał pisemne żądanie zapłacenia 300 tysięcy funtów. W przeciwnym wypadku firma miała zostać zrujnowana poprzez zaatakowanie całej linii produktów niezwykle toksycznymi substancjami, co groziło powszechnym bojkotem klientów. Zanim firma zbankrutuje, wiele dzieci stanie się ofiarami zatrucia. Ponownie żądano nawiązania kontaktu za pośrednictwem „Daily Telegraph".

Tego samego dnia do komendy policji w Leicester dotarła paczka ze słoikiem odżywki dla dzieci firmy Heinz, który zatruto sodą żrącą. Załączony list wyjaśniał: „Tym razem dopilnuję, żeby ktoś kupił ten produkt. Jeżeli nie wystarczy wam jedna ofiara, to będą następne".

Zadanie prowadzenia śledztwa w nowej sprawie przypadło Regionalnemu Zespołowi Kryminalnemu na Południowo-Wschodnią Anglię, mającemu siedzibę w Nowym Scotland Yardzie, który natychmiast skontaktował się z Kryminalnym Wydziałem Śledczym w Leicestershire.

– Znowu dał o sobie znać i znalazł nową ofiarę: Heinza – zawiadomił mnie telefonicznie David Baker. – Jedziemy na spotkanie w Scotland Yardzie. Chciałbym, żebyś też się tam zjawił.

Nazajutrz wczesnym rankiem pojechaliśmy pociągiem: Baker, Malcolm Cairns, Tim Garner i ja. Po śniadaniu w wagonie barowym rozmawialiśmy o sprawach policyjnych. Cairns martwił się, że stołeczna policja spróbuje przejąć śledztwo. Zazwyczaj kiedy dochodzenie obejmuje więcej niż jeden region, kierownictwo przejmuje pierwszy zespół.

– Ci z Głównej będą chcieli ukraść nam śledztwo – powiedział, bawiąc się kawałkiem tosta – ale nie możemy pozwolić, żeby tak się stało. To nasze dochodzenie, wiemy o nim więcej niż ktokolwiek inny. To my powinniśmy objąć kierownictwo.

– Najważniejsze, żebyśmy go złapali – przypomniał mu Baker.

– Tak, oczywiście, ale nie chcę siedzieć i patrzeć, jak zabierają nasze śledztwo. Tutaj się to wszystko zaczęło. My powinniśmy nim kierować.

Wyczułem, że idzie tu o zagrożony prestiż i o to, że policja stołeczna zawsze uważa się za pierwszą ligę, przy której pozostałe komendy zaliczają się co najwyżej do ligi podwórkowej.

Mimo tych wszystkich wojowniczych uwag już w kilka sekund po wejściu do sali konferencyjnej w Nowym Scotland Yardzie wiadomo było, kto tutaj dowodzi. U szczytu stołu oczekiwał nadinspektor Malcolm Campbell i nadkomisarz David Tucker. Wnioski były oczywiste: byliśmy gośćmi na ich terytorium. To oni prowadzili swoje śledztwo i przyjmowali nas u siebie jako gospodarze.

Usiadłem przy drugim końcu stołu, obok Cairnsa i Bakera. Po obu stronach miejsca zajęli przedstawiciele Pedigree i Heinza z własnymi prawnikami, energicznymi specjalistami od marketingu i public relations. Na końcu stołu siedział młody mężczyzna, ubrany w nienagannie skrojony garnitur, uprzejmy, inteligentny i milczący. Później dowiedziałem się, że był z firmy Controlled Risks, agencji ochroniarskiej zajmującej się zwalczaniem terroryzmu, negocjacjami z porywaczami i ochroną osobistą, którą Heinz zatrudnił w charakterze doradcy.

Okna sali konferencyjnej wychodziły na dachy znajdujących się w pobliżu budynków, a widok nieco ograniczały osłony przeciwwybuchowe zainstalowane na szybach. Zaledwie dwa tygodnie temu siły bezpieczeństwa udaremniły zamach terrorystyczny na panią premier. W pobliżu Scarborough, gdzie pani Thatcher miała przemawiać na posiedzeniu Centralnej Rady Partii Konserwatywnej, odkryto magazyn materiałów wybuchowych.

Nadinspektor Campbell dokonał prezentacji i poprosił Bakera, aby dokładnie przedstawił dotychczasowe działania. Nie było nic dziwnego w tym, że przedstawiciele Pedigree byli o wiele bardziej zrelaksowani, a Heinza – niezwykle ostrożni. Gdy pytania zaczynały dotyczyć kwestii finansowych, dotychczasowych gróźb i środków bezpieczeństwa, przedstawiciele firm stawali się skryci, szczególnie reprezentanci Heinza.

Zdałem sobie sprawę, że istnieje napięcie pomiędzy policjantami po przeciwległych końcach stołu i, co o wiele bardziej interesujące, pomiędzy dwiema firmami. Poczułem się jak w pokoju terapii grupowej. Coś nie grało, ale nikt nie chciał tego powiedzieć.

W końcu miałem tego dość.

– Przepraszam. Czy tylko ja to widzę, czy może wszyscy zauważyli, że mamy tutaj problem? Nie wiem jaki. Ale jeżeli go nie wyjaśnimy, to będziemy tylko marnować swój czas.

Przy stole zapadła cisza.

Odezwał się John Simmens:

– On ma rację. – Spojrzał na swojego partnera z Heinza. – Problem w tym, że nasza firma macierzysta konkuruje w wielu branżach z Heinzem. Nie mogę po prostu przynieść i położyć tajnych dokumentów mojej firmy na stole przed konkurencją.

W kącie Heinza zawrzało.

– Mamy podobne zastrzeżenia.

Wstrząśnięty Campbell wyglądał na gotowego, aby walnąć pięścią w kilka łbów, ale utrzymał nerwy na wodzy.

– Panowie, zajmujemy się tutaj bardzo poważnym przestępstwem. Ci ludzie przeszli już przez to. Im się powiodło. Znają tego faceta lepiej niż ktokolwiek inny. Teraz grozi, że otruje niemowlęta. Chociaż doceniam wagę waszej rywalizacji, to nie mogę pozwolić, aby coś przeszkodziło śledztwu, ponieważ zagraża to życiu dzieci. Jeśli nam się nie uda, to spadnie na nas odpowiedzialność za ewentualną śmierć dzieci, a jeżeli nie będziecie współpracować, to będzie to wasza wina.

Takie ostre słowa są zwykle obliczone na wywarcie natychmiastowego skutku, ale ci ludzie byli międzynarodowymi biznesmenami, którzy dotarli na sam szczyt. Byli asertywni, inteligentni, analityczni, zmotywowani, a ocena ryzyka handlowego była ich chlebem powszednim. Trzeba ich jednak było zapewnić, że pozostali nie zareagują przesadnie na widok papierowego tygrysa. Z ich punktu widzenia łatwo było policji mówić: „Usuńcie towar z półek. Zwołajcie konferencję prasową. Ujawnijcie informacje z wywiadu gospodarczego". Ale jeżeli okaże się to błędem, wtedy będą zagrożone setki miejsc pracy, a straty mogą sięgnąć milionów funtów.

Mnie przypadło w udziale przełamanie tego impasu. W ciągu następnych kilku godzin udało się osiągnąć kompromis. Na szczęście, dzięki obecności najwyższego kierownictwa obydwu firm, można było podjąć natychmiastowe decyzje. W końcu obydwie strony zawarły umowę dżentelmeńską o udostępnieniu wszelkiej wiedzy handlowej i zasobów obydwu firm, które pomogłyby w śledztwie. Żadna z udostępnionych wiadomości nie mogła być wykorzystana dla uzyskania przewagi handlowej.

W końcu spotkanie wróciło do podstawowej kwestii. Ludzie z Heinza mnie nie znali. Byłem psychologiem zatrudnionym w państwowej służbie zdrowia, który twierdził, że powinni traktować groźby poważnie. Dlaczego mieliby mi wierzyć? Mieli swoich własnych doradców z Controlled Risks i prawdopodobnie zetknęli się z wieloma próbami szantażu ze strony pomyleńców i nieudaczników.

Ale konsultanci do spraw bezpieczeństwa otrzymują tysiące funtów tygodniowo, by chronić interesy swoich klientów i tylko ich. Nie miałem swojego pana i mogłem spojrzeć na sprawy całościowo.

Dokonawszy przeglądu różnych opcji, zasugerowałem zastosowanie w tym przypadku podobnej taktyki jak do tej pory. Powinniśmy dać mu poczuć, że dostaje dostatecznie dużo, aby powstrzymać go przed spełnieniem gróźb, stopniowo odbierając mu kontrolę nad przebiegiem wypadków. Teraz wiedzieliśmy o nim o wiele więcej: jego prawdopodobny wiek, miejsce zamieszkania i trasy, po jakich się porusza.

Około szóstej po południu zebranie się skończyło, a przedstawiciele firm zniknęli w windach. Chociaż teraz współpracowali z sobą, to nie mogłem sobie wyobrazić, aby poszli razem na piwo do pubu. Prawdopodobnie na dole czekali już ich kierowcy.

Nadinspektor Campbell zaprosił nas do swojego biura. Otworzył szafkę, wyjął sześć kieliszków i bardzo sympatyczną butelkę szkockiej. Na zakończenie długiego dnia siedzieliśmy wyczerpani i sączyliśmy swoje drinki.

Miałem coś do powiedzenia, coś, czego nie mogłem ujawnić przy ludziach z Pedigree i Heinza z powodu następstw, jakie by to z sobą niosło.

– Wyrzuć to w końcu z siebie – powiedział Campbell, pochylając się do przodu i stawiając szklaneczkę na kolanie.

– Chodzi o naszego szantażystę. Sądzę, że jest, albo był, oficerem policji.

Zaległa znacząca cisza. Tucker pokręcił głową.

– To poważne oskarżenie – rzekł Campbell z powątpiewaniem.

– Wszystko w jego działaniach wskazuje na to, że doskonale wie, w jaki sposób policja prowadzi śledztwo: jak nadzoruje wypłaty z kont, sprawdza numery telefonów, miejsca zakupu produktów. Używa ogólnie dostępnego papieru, najpierw robi fotokopie, nie zostawia nawet włókienka. Co ważniejsze, za każdym razem, gdy organizowano tajne operacje, ukrywał się. Tak jakby wiedział, kiedy i które maszyny znajdą się pod obserwacją. W jaki sposób mógł się tego dowiedzieć?

Jedyna inna sprawa, w której używano bankomatów do pobrania okupu, została utajniona przez sędziego śledczego, aby udaremnić naśladownictwo. Możliwe, że nasz przestępca po prostu wpadł na ten sam pomysł, ale jako policjant miał też większe szanse poznać szczegóły.

Widziałem, że nie są całkowicie przekonani. W policji istnieje duża lojalność i policjanci nie mogą łatwo zaakceptować podejrzenia, że jeden z nich okazał się zdrajcą. Campbellowi trzeba oddać, że zachęcał mnie, abym kontynuował i powiedział więcej o swojej teorii.

– Przez jakiś czas pracował na terenie stolicy i to na stanowisku wyższym niż zwykły posterunkowy – stwierdziłem. – Wykazuje dobrą znajomość przestępstw i metod prowadzenia śledztwa. Jest to dla niego sposób zarabiania pieniędzy, ale jednocześnie dopasowywanie fragmentów sprawia mu przyjemność. To prawie forma artystycznej ekspresji.

Jest wytrwały, ale nie znalazł uznania w policji. Uważa, że harował jak wół, ale jego kariera zatrzymała się i obwinia o to swoich przełożonych. Jego pojawienie się na pierwszych stronach gazet dowodziło, jak dobry mógłby być.

Wie, że nie ma odwrotu – w sprawę zaangażowała się policja. Wie, że prowadzona jest poważna operacja; wie, że musi być ostrożny, bo jego policyjne doświadczenie podpowiada, że wystarczy jeden ślad, aby zostać zdemaskowanym. Ale nie jest przygotowany na aresztowanie. Zamierza przeprowadzić szereg cudownych akcji przeciwko największym korporacjom świata i stać się sławnym. Nikt nie będzie znał jego nazwiska, ale jego byli koledzy i przełożeni będą bez końca mówić o tym genialnym mistrzu zbrodni, który nie zostawił odcisków palców.

Wziąwszy pod uwagę jego podróże, sądzę, że jest na emeryturze, zawieszony w czynnościach albo na urlopie zdrowotnym. Wydaje się jednak tyle wiedzieć o tym, co się tutaj dzieje, że trzeba szukać kogoś, kto ma kontakty w policji.

– Cholera – usłyszałem głos. Twarz Campbella nie wyrażała nic.

Wiedziałem, że mam rację – wszystkie fakty przemawiały za tym, ale była to kompromitująca przepowiednia pochodząca z niewiarygodnego źródła.

W chwili gdy rozmawialiśmy, skażone odżywki już znajdowały się na półkach supermarketów. Żona farmera z okolic Chelmsfordu w hrabstwie Essex oparzyła sobie twarz i palce sodą żrącą przy otwieraniu odżywki dla dzieci, którą kupiła w supermarkecie Rayleigh 8 kwietnia.

Późniejsze badania wykazały, że odżywka została wzmocniona dawką trucizny wystarczającą na zabicie 27 dzieci, zawierała też dwie pinezki. Wiadomość wewnątrz napisana na taśmie izolacyjnej głosiła: „TRUCIZNA. KOLEJNE TRZY NIEOZNACZONE SŁOIKI W SKLEPIE".

Dwa dni później Helen Coppock z Cowley w hrabstwie Oxfordshire karmiła swoją dziewięciomiesięczną córeczkę jogurtem. Jak powiedziała policji: „Spojrzałam na słoik i zobaczyłam na dnie coś jakby opiłek metalu. Kiedy spojrzałam na Victorię, sprawiała wrażenie, jakby coś przeżuwała. Otworzyłam jej buźkę i zobaczyłam na języku coś, co wyglądało jak kawałek metalu, a co się później okazało kawałkiem żyletki".

Usta Victorii krwawiły i zabrano ją do szpitala. Podczas oczekiwania w izbie przyjęć pani Coppock zauważyła wewnątrz zakrętki taśmę izolacyjną z napisem „ZATRUTA TAKŻE FASOLKA I ZUPY HEINZA".

Heinz natychmiast usunął z półek wszystkie swoje produkty ze sklepów, w których je kupiono. Nawet jeśli do tej pory firma rozważała, czy brać groźby na serio, to teraz nie było żadnych wątpliwości.

Zorganizowano kolejne spotkanie wszystkich zainteresowanych stron, tym razem w komendzie policji w Leicestershire. Co mi najbardziej utkwiło w pamięci, to fakt, że Heinz nie zgadzał się na przyjęcie tej samej strategii, która zadziałała w przypadku Pedigree. Brakowało im cierpliwości i nie zachwycała ich perspektywa wielomiesięcznego bawienia się z porywaczem w kotka i myszkę. Były to wariacje na temat: „Nie negocjujemy z terrorystami".

Ciągle pytali mnie: „Na ile poważnie go traktować? Co zrobi, jeżeli nie spełnimy jego żądań?".

Do tej pory przypadki zatrucia produktów Pedigree i Heinza były poprzedzone ostrzegawczymi telefonami, które umożliwiały sklepom podjęcie kroków zaradczych, a opakowania były oznakowane.

– Czy zawsze tak będzie – usłyszałem pytanie – czy też prawdopodobna jest eskalacja działań?

Czułem atmosferę frustracji wokół stołu.

– Tak – odparłem. – Jego zachowanie jest bezpośrednią odpowiedzią na wasze zachowanie. Jeśli podejmiecie decyzję, że wybieracie konfrontację i nie płacicie – nie dacie mu wyjścia. Jego poczucie dumy i inwestycje nie pozwolą mu pozostać bezczynnym.

Zaleciłem taką samą strategię jak do tej pory, ale Heinz był nieugięty w odrzucaniu negocjacji.

– A więc musicie ogłosić to publicznie – powiedziałem. – Jeżeli wymierzycie mu taki policzek, a on spełni swoje groźby i umrze dziecko, dwoje dzieci… w jakiej będziecie sytuacji? Ten człowiek nie zamierza tracić czasu.

Policja zgodziła się ze mną – jej najważniejszą troską było bezpieczeństwo ludzi, chociaż nie podchodziła nonszalancko do katastrofalnych skutków, jakie miałoby to dla Heinza. Przedstawiciele firmy przyjęli bardzo sztywne stanowisko. Mieli na względzie rynek i potencjalne straty, które mogły sięgnąć milionów funtów.

– To duże przedsięwzięcie. Musimy mieć pewność!

– Ja jestem pewien.

Gazety pisały już o kilku przypadkach skażenia żywności, lecz traktowano je jako niepowiązane z sobą. Dopiero w środę 26 kwietnia nagłówki doniosły o próbie wymuszenia: „ODŻYWKI DLA DZIECI ZATRUTE PRZEZ SZANTAŻYSTĘ" – wołał tytuł w „Daily Mail", a „Evening Standard" donosił: „ZNALEZIONO KOLEJNE ZATRUTE SŁOIKI".

Scotland Yard ujawnił jedynie niezbędne minimum informacji „z powodów operacyjnych", ale rozgłos spowodował napływ doniesień o zatrutych produktach. Po południu John Patten, minister stanu w Ministerstwie Spraw Wewnętrznych, w przemówieniu w Izbie Gmin stwierdził, że „klienci byli wystawieni na ryzyko w związku z nową przerażającą groźbą terroryzmu konsumenckiego (…) Trudno sobie wyobrazić, w jakim zdeprawowanym umyśle mógł narodzić się taki złowrogi plan ataku na bezbronne niemowlęta".

Dyrektor naczelny firmy Heinz John Hinch ostrzegł matki, aby zachowały szczególną ostrożność, i zapowiedział, że firma wycofa produkty ze wszystkich sklepów, gdzie stwierdzono zatrucia, oraz zastąpi je świeżymi zapasami.

– Wymiana produktów nie rozwiązuje problemu. Facet może wrócić następnego dnia, za tydzień czy po miesiącu i znowu to zrobić.

Było to zupełnie niepodobne do mnie, ale śledziłem doniesienia w gazetach i wieczornych wiadomościach telewizyjnych. Tempo, w jakim następowały wydarzenia, wydawało się niemal surrealistyczne. W ciągu dwudziestu czterech godzin liczba zgłoszonych przypadków zatrucia odżywek wzrosła do czterdziestu, uderzając nie tylko w Heinza, ale również w Cow & Gate, konkurenta produkującego odżywki dla dzieci. Zanim rozpoczął się weekend, liczba zgłoszeń wzrosła do trzystu, a trzy osoby aresztowano za marnowanie pieniędzy i czasu policji.

Policja uznała, że szantażysta jest odpowiedzialny jedynie za dwa z tych przypadków. Obydwa zostały dobrze oznakowane, pozostałe były sprawką naśladowców-dowcipnisiów lub były fałszywymi alarmami. Smutne, że ludzie próbują wymusić pieniądze, zyskać złą sławę i wyciągnąć odszkodowania od towarzystw ubezpieczeniowych. Było to zmartwieniem obydwu firm i zespołów śledczych, ale zostało zaakceptowane jako nieunikniona cena zaalarmowania opinii publicznej.

Firmy Heinz i Cow & Gate zaoferowały nagrodę 100 tysięcy funtów. Ministerstwo Spraw Wewnętrznych zwołało nadzwyczajne spotkanie policji i przedstawicieli firm w celu omówienia dalszej strategii. Obecni byli również wysocy urzędnicy z Ministerstwa Rolnictwa i Gospodarki Rybnej oraz Ministerstwa Zdrowia i Opieki Społecznej.

Sieci handlowe po kolei decydowały się usunąć produkty Heinza z półek sklepowych, nie chcąc podejmować ryzyka. Firma pozostała nieugięta i planowała wymianę wszystkich słoiczków na opakowania uniemożliwiające zatrucie.

W międzyczasie policja została skrytykowana przez organizacje konsumenckie i grupy rodziców, które ganiły opieszałość w alarmowaniu opinii publicznej. Oburzenie wzmogło się, kiedy ujawniono, że śledztwo trwa już od siedmiu miesięcy.

Ze Stanów Zjednoczonych przyjechała grupa kierownictwa Heinza, aby opracować odpowiedź firmy. Ted Smyth, dyrektor do spraw korporacyjnych, po wyjściu z concorde'a na lotnisku Heathrow nazwał ludzi, którzy zatruwają odżywki dla dzieci, „złoczyńcami i przestępcami". Zaklinał się, że Heinz nie zapłaci. „Ogarnia mnie przerażenie i obrzydzenie – stwierdził. – Ci ludzie atakują najbardziej bezbronną część naszego społeczeństwa: dzieci".

W całej Europie, a nawet w Australii i Stanach Zjednoczonych pojawiła się fala naśladowców – trucicieli i dowcipnisiów. Trzy supermarkety w Illinois usunęły z półek produkty Heinza po tym, jak opiekunka do dzieci znalazła dwie pinezki. Według doniesień firma poniosła w ciągu zaledwie jednego tygodnia straty w wysokości 25 milionów funtów. Mimo wszelkich starań ze strony firmy pierwsze opakowania z zabezpieczeniami pojawiły się w sklepach dopiero 15 listopada. Później okazało się, że kierownictwo przedłożyło zarządowi centrali w Stanach Zjednoczonych plany likwidacji spółki w Wielkiej Brytanii, która zatrudniała pięć tysięcy osób. Miejsca pracy uratowano jedynie dzięki interwencji politycznej.

Heinz nadal uparcie twierdził, że nie podda się i nie wycofa towarów ze sklepów ani nie zapłaci okupu. Zdenerwowany taką postawą szantażysta, w celu wzmożenia paniki, dzwonił anonimowo do supermarketów, komisariatów policji i mediów, zapowiadając kolejne zatrucia. W jego listach pojawiło się więcej gróźb.

„Powinniście już zauważyć, że to nie blef. Śmierć niemowlęcia będzie czymś nowym, ale przynajmniej nie będziemy ignorowani". Kolejny list ostrzegał: „Niemowlęta nie powiedzą rodzicom, że produkt ma inny smak. A są o wiele wrażliwsze".

Jednocześnie jego żądania wzrosły. Zamiast jednorazowej wypłaty 300 tysięcy funtów żądał corocznych wypłat, które łącznie sięgnęłyby kwoty 1,2 miliona funtów.

Do końca czerwca znaleziono nafaszerowane trucizną słoiki i puszki na półkach supermarketów w Luton, Tunbridge Wells, Rayleigh, Basildon, Oksfordzie, Croydon i Royston. Chociaż za każdym razem anonimowy telefon informował policję i sklepy, mało brakowało, by pewna kobieta spożyła dietetyczną zupę Heinz Weightwatchers zawierającą pięciokrotność śmiertelnej dawki sody żrącej.

W końcu firma zdecydowała się zmienić taktykę. Zgodnie z poleceniem szantażysty otworzyła osiem rachunków w kasach budowlanych Woolwich i National Provincial na nazwiska Ian i Nina Fox. Karty do bankomatów wraz z PIN-ami wysłano na adresy kilku mieszkań w południowym Londynie.

W ramach operacji „Cios" mieszkania te znalazły się pod ciągłą obserwacją Wydziału Kryminalnego na Londyn Południowo-Wschodni. Z akcją związana była również najdłuższa blokada informacyjna, o jaką kiedykolwiek poproszono media. Szantażysta nie odebrał listów i operację zakończono, kiedy skontaktował się z Heinzem 5 września.

Udając kogoś innego, szantażysta napisał list zawierający celowe błędy ortograficzne takie jak „cianek potazu", pragnąc uchodzić za niepiśmiennego informatora, a nie szantażystę. „Informator" napisał, że zna personalia „szantarzysty", ale nie może ich ujawnić, bo facet jest „skorumpowanym gliną". Poda nazwisko, jeżeli firma zapłaci mu 50 tysięcy funtów.

List zawierał szczegółowe informacje o śledztwie i mówił o operacji „Cios" i oficerach prowadzących śledztwo.

Teraz nie było już wątpliwości, że szantażysta jest związany z policją. Być może zna któregoś z policjantów pracujących nad sprawą.

Czyniąc niemający precedensu krok, Scotland Yard zorganizował tajną operację w ramach tajnej operacji w celu likwidacji przecieków. Młodszy inspektor Simon Crawshaw, szef wydziału do walki ze szczególnie niebezpiecznymi przestępstwami, objął kierownictwo nad „supertajnym" śledztwem, organizując swoją kwaterę główną poza Scotland Yardem. Włączył do sprawy trzech zaufanych oficerów, którzy poszli rzekomo na zwolnienia lekarskie lub urlopy okolicznościowe, a kolejnych czterdziestu pochodziło z jednostki specjalnej.

W rezultacie istniały teraz dwa zespoły śledcze, ale można było przypuszczać, że szantażysta wie tylko o jednym.

W międzyczasie Heinz wpłacił 19 tysięcy funtów na rachunki w dwóch kasach budowlanych wskazanych przez „informatora" i na początku września rozpoczęły się codzienne wypłaty. Pięć tygodni później pieniądze nadal znikały, a policja ani o krok nie zbliżyła się do wykrycia przestępcy.

W połowie października, w piątek trzynastego, rozpoczęła się operacja „Agincourt" – ostatnia deska ratunku. Młodszy inspektor Crawshaw wybrał piętnaście bankomatów należących do towarzystwa budowlanego Woolwich i zarządził ciągłą obserwację poza godzinami pracy oddziałów. Zespoły detektywów z jednostki specjalnej poinstruowano, by pozostawały w ukryciu w bliskiej odległości od bankomatów. Po użyciu kart należących do szantażysty komputer miał zlokalizować transakcję, zaalarmować centralę, by policjanci mogli wkroczyć do akcji po otrzymaniu rozkazu przez radio.

Pomimo zastosowania tej techniki nadal dokonywano wypłat i do 20 października przestępca odebrał 14 tysięcy funtów. Wtedy to dokonał pięćdziesiątej szóstej wypłaty z bankomatu przy oddziale towarzystwa Woolwich w Enfield.

Tej nocy wystąpiły problemy – uszkodzony kabel energetyczny odciął wszystkie bankomaty w Londynie. Crawshaw i podinspektor Pat Fleming zdecydowali się utrzymać posterunki i wkrótce po północy dwóch policjantów z jednostki specjalnej, obserwujących bankomat w Enfield w północnym Londynie, ujrzało zwalistego mężczyznę z szarą brodą wysiadającego z zaparkowanego samochodu.

Zbliżył się do bankomatu, zobaczył, że nie działa, i zawrócił.

– Dlaczego ma kask na głowie? – pomyślał jeden z nich i wkroczyli do akcji.

Po wezwaniu do wylegitymowania mężczyzna powiedział: „Nie ma sprawy, chłopaki. Wiem, o co chodzi, ale jestem niewinny". A potem zemdlał.

Następnego dnia nagłówki gazet ogłosiły koniec sprawy. „TRUCICIEL ARESZTOWANY – były detektyw przesłuchiwany w związku z zatruciem żywności" – triumfalnie obwieszczał „Daily Mail". „BYŁY DETEKTYW WYDZIAŁU KRYMINALNEGO ARESZTOWANY W ZWIĄZKU Z ZATRUCIEM ŻYWNOŚCI" – donosił „Daily Telegraph". Dalej w artykule napisano:

> Były policjant został aresztowany w związku z próbą wymuszenia półtora miliona funtów pod groźbą zatrucia produktów firm Heinz i Pedigree.
>
> Sprawca jest byłym pracownikiem Stołecznego Wydziału Kryminalnego, który prowadził śledztwo w tej sprawie od sierpnia ubiegłego roku. Jest dobrze znany oficerom, którzy aresztowali go w Enfield, w północno-wschodnim Londynie, a przed przejściem na emeryturę ze względu

na zły stan zdrowia przez pewien czas był podwładnym podinspektora Patricka Fleminga, który prowadził śledztwo w sprawie wymuszenia.

Czterdziestotrzyletni Rodney Whitchelo został zabrany na przesłuchanie do komisariatu na Paddington Green. W jego portfelu znaleziono karty do bankomatu wydane szantażyście, a w domu korespondencję dotyczącą rachunków bankowych, wiertarkę, strzykawkę i sodę kaustyczną. Tak jak przewidywałem, mieszkał w Hornchurch w hrabstwie Essex.

Od samego początku Whitchelo odmawiał współpracy. W związku z jego znajomością technik prowadzenia przesłuchań i policyjnych procedur zespół śledczy musiał wyjaśnić najdrobniejsze szczegóły. Wkrótce poznali przeszłość i obecne życie „truciciela dzieci".

Urodził się w Hackney w 1947 roku. Zdał małą maturę i przygotowywał się do zdawania dużej matury z chemii, matematyki i fizyki w Hackney College, ale w połowie roku zrezygnował z nauki. W 1967 roku rozpoczął pracę w firmie elektronicznej Plessey, gdzie osiągnął stanowisko inżyniera elektronika pierwszego stopnia.

W wieku 29 lat, szukając nowego wyzwania, wstąpił do stołecznej policji, okazał się doskonałym rekrutem, ukończył szkołę policyjną w Hendon z czołową lokatą i szybko zdał egzamin na stopień sierżanta. Następnie jako detektyw pracujący w komisariacie na Gerald Road brał udział w śledztwie w sprawie Michaela Fagana, który zdołał włamać się do pałacu Buckingham i niezatrzymany dotrzeć do sypialni królowej.

Stanowiło to doskonały start do kariery i wkrótce został skierowany do Regionalnego Wydziału Kryminalnego w Barkingside we wschodnim Londynie. Wtedy, niestety, nastąpiła stagnacja. Whitchelo uważał, że jest lepszy od większości oficerów, ale sądził, że nie zostaje awansowany, gdyż nie jest masonem.

W lipcu 1986 roku ukończył kurs na temat zaawansowanych technik prowadzenia obserwacji. W ramach kursu analizowano próbę wymuszenia okupu od Bernarda Matthewsa, hodowcy drobiu, przez Williama Frary'ego – dwudziestotrzyletniego mikrobiologa i borykającego się z kłopotami przedsiębiorcy.

W ten sposób Whitchelo dowiedział się o poprzednim wymuszeniu. Wszystkie szczegóły podano mu jak na talerzu, łącznie z błędami, które Frary poczynił, nie obsługując wystarczająco dużej liczby bankomatów, żeby podjąć okup z rachunków założonych w towarzystwach budowlanych. Zainspirowany tym planem Whitchelo wiedział, że jest w stanie go udoskonalić. Postanowił otworzyć więcej rachunków, dokonywać wypłat na terenie całego kraju i obserwować przebieg śledztwa, korzystając z pomocy swoich kolegów pracujących w regionalnym wydziale śledczym.

Wrócił do domu w Hornchurch w hrabstwie Essex i zaczął otwierać rachunki w towarzystwach budowlanych pod przybranymi nazwiskami. Dwa lata później, kiedy pracował jeszcze w policji, w sierpniu 1988 roku wysłał pierwszy list do Johna Simmensa z Pedigree. W październiku przeszedł na emeryturę ze względu na zły stan zdrowia, dzięki czemu mógł swobodnie podróżować po całym kraju, podejmując pieniądze.

Jednocześnie nadal chodził do tych samych pubów co jego koledzy z policji i na przyjęcia bożonarodzeniowe. Od czasu do czasu wpadał do okręgowego wydziału śledczego i rzucał okiem na tablice informujące o przebiegu operacji „Karaluch". Pewnego razu siedział w samochodzie i gawędził z kolegami, którzy obserwowali oddział towarzystwa budowlanego.

Próba popełnienia doskonałego przestępstwa, które miało przynieść 3,75 miliona funtów, dała mu w rezultacie jedynie 32 tysiące. W wyniku śledztwa przypisano mu odpowiedzialność za siedemnaście przypadków zatrucia produktów.

Aż do połowy 1990 roku nie otrzymywałem żadnej wiadomości od zespołu śledczego. Wtedy to przyszedł do mnie do kliniki Arnold Lodge, wysoki rangą przedstawiciel policji. Wyjaśnił, że zbliża się proces i prokurator zapina wszystko na ostatni guzik.

– Wziąwszy pod uwagę, że pana ekspertyzy tak dokładnie odpowiadały charakterystyce przestępcy i że zdołał pan przewidzieć jego zachowanie, uważamy, że byłby pan cennym świadkiem oskarżenia – powiedział. – Chcielibyśmy, aby pan wyjaśnił, w jaki sposób przygotował pan profil przestępcy.

Oficer przyniósł z sobą znaczne ilości materiałów, z których większość znaleziono w domu Whitchelo. Poza czasopismami ekonomicznymi były tam listy, które napisał w odpowiedzi na ogłoszenia kobiet poszukujących partnerów w magazynach erotycznych. Podniecały go zabawy w dominację i ciągle szukał odpowiednich dla siebie kobiet. Chociaż mieszkał w domu z owdowiałą matką, intensywnie podróżował, odwiedzając swoje partnerki i niektóre z wypłat odpowiadały tym miejscom.

Inne przedmioty również potwierdzały moje pierwotne przypuszczenia, że szantażysta jest bardzo ambitny i pretensjonalny. Jednej ze swoich byłych dziewczyn powiedział, że w charakterze tajnego agenta będzie infiltrował IRA. Założył również korespondencyjny klub sadomasochistów, dając ogłoszenia w piśmie dla miłośników krępowania partnerów seksualnych. Jednak działalność klubu załamała się z powodu niedostatecznej liczby kobiet.

Podobnie znajomy dziennikarz George Webber, były redaktor działu wiadomości „Daily Mirror", powiedział, że Whitchelo zaproponował mu wspólne napisanie książki o przestępstwie doskonałym. Kilka ukończonych rozdziałów zawierało autentyczne adresy mieszkań i banków wykorzystanych przy próbie wymuszenia, chociaż sam Webber nie miał pojęcia, że są prawdziwe.

Żaden z faktów, o których przeczytałem, nie zaskoczył mnie. Po prostu nadały jedynie subtelnych barw portretowi Rodneya Whitchelo. Nigdy nie widziałem jego zdjęcia ani nie słyszałem dźwięku jego głosu, ale wiedziałem, co dzieje się w jego głowie.

Mimo to miałem opory przed zeznawaniem. Uważałem, że nie przysłużę się prokuratorowi.

– Kiedy tworzyłem profil psychologiczny – wyjaśniłem – mówiłem o sprawcy w kategoriach ogólnych: nie mogłem podać dokładnej daty urodzenia, koloru oczu ani stanu uzębienia. Mówiłem o rzeczach bardzo prawdopodobnych, ale nie absolutnie pewnych. Jeżeli zapytacie mnie na przykład o stopień prawdopodobieństwa, że jest policjantem, powiedziałbym, że 90 procent. Automatycznie prowadziłoby to do kolejnego pytania: „A więc, panie Britton, istnieje co najmniej 10 procent prawdopodobieństwa, że sprawcą nie jest Rodney Whitchelo?". Sami więc widzicie, że nie będę mógł wesprzeć oskarżenia. Jeżeli chcecie, abym zeznawał, to oczywiście to zrobię. Ale sąd może dzięki temu uzyskać zarówno dowody przeciwko, jak i na rzecz oskarżonego. Być może nic, co powiem, nie będzie użyteczne dla prokuratury.

Oficer powrócił do Londynu i po kilku dniach zadzwonił, że przełożeni podzielili moje zdanie. Ulżyło mi, gdyż nie chciałem upubliczniać swojego zaangażowania. Moja dotychczasowa praca była zawsze całkowicie poufna. Nawet przełożeni w Zespole Opieki Zdrowotnej w Leicestershire nic nie wiedzieli o moich pozazawodowych zainteresowaniach, chociaż teraz miało to ulec zmianie.

Po trzymiesięcznym procesie Rodneya Whitchelo uznano winnym sześciokrotnego szantażu, próby pozbawienia życia klientów Heinza i dwukrotnego zatrucia puszek mięsnego przysmaku Pedigree Chum. Został skazany na siedemnaście lat więzienia.

Jednak znaczenie jego prób wymuszenia było o wiele większe i dotyka teraz nas wszystkich, gdy dokonujemy zakupów w supermarkecie. Tysiące artykułów są umieszczane w opakowaniach zabezpieczonych przed zatruciem. Za każdym razem, gdy kupujemy odżywki dla niemowląt, dżemy, zupy i sosy, płacimy za nie kilka pensów więcej.

Doprowadziło to również do zmian przepisów bankowych dotyczących otwierania rachunków. Policja zaapelowała o zaostrzenie przepisów po tym, z jaką łatwością Whitchelo udało się otworzyć rachunki pod fałszywymi nazwiskami, załatwiając wszystkie formalności drogą pocztową.

Jednocześnie, uzyskawszy dogłębną wiedzę na temat komputerowego przeprowadzania transakcji, policjanci byli przerażeni wielkimi potencjalnymi możliwościami nadużyć i oszustw. W rezultacie odbyto szereg rozmów na najwyższym szczeblu z osobami odpowiedzialnymi za przepisy finansowe.

A w moim domu powrócił w końcu do szafki mięsny przysmak Pedigree Chum i Jess przestała skarżyć się na brak ulubionego pokarmu.

6

TEORIE PRÓBUJĄCE OPISAĆ I ZROZUMIEĆ UMYSŁ PRZESTĘPCY powstawały od najdawniejszych czasów. W chwili obecnej wydają się nam niedorzeczne. Francuski chirurg-kryminolog wykonywał odlewy czaszek swoich pacjentów w celu uzyskania cech sugerujących degenerację. Włoski lekarz Cesare Lambroso skonstruował szereg dziwacznych instrumentów, pragnąc obronić swoją teorię, że poszczególne grupy przestępców posiadają „różne twarze". Na przykład zabójcy mieli charakteryzować się wydatną szczęką, szeroko rozmieszczonymi kośćmi policzkowymi, skąpym zarostem i bladą cerą.

Nowoczesne badania dotyczące kryminalistów są oparte na bardziej naukowych zasadach. Psychologia kryminalistyczna jest nauką, której podstawy tworzyły dwie grupy ludzi. Złożyły się na nią doświadczenia psychologów więziennych, którzy pracowali z pojedynczymi więźniami i próbowali opracować najbardziej efektywny sposób organizacji zakładów karnych, oraz terapeutów ze szpitali więziennych i oddziałów zamkniętych, gdzie przetrzymywano, diagnozowano i leczono pacjentów, którzy popełnili przestępstwa w rezultacie zaburzeń psychicznych.

Moja praca zawsze polegała na przeprowadzaniu wywiadu, diagnozowaniu i leczeniu ludzi. Po niedługim czasie ważne stało się dla mnie również zrozumienie szerszych psychologicznych aspektów przestępstw. Co sprawia, że człowiek porywa, gwałci, zabija, torturuje i znęca się nad inną istotą ludzką? Jakie procesy rozwojowe ukształtowały go i skierowały na tę szczególną ścieżkę?

Gdy po raz pierwszy przedstawiałem Davidowi Bakerowi charakterystyki, które – jak się później okazało – pasowały do Paula Bostocka i Colina Pitchforka, moja analiza opierała się na założeniu, że obydwaj wykazują dysfunkcje seksualne i seksualne zaburzenia osobowości. Założenie pochodziło z literatury fachowej i bezpośrednio z mojej praktyki klinicznej. Chociaż psychopaci seksualni występują w ogólnej populacji względnie rzadko, to stanowią znaczny odsetek populacji więziennej oraz pacjentów oddziałów specjalnych szpitali psychiatrycznych i szpitali więziennych. Niektórzy upatrzyli sobie jako ofiary dzieci, inni śledzą i gwałcą kobiety, nieliczni mężczyzn. Niektórzy mają na sumieniu morderstwa. Szczęśliwie, wielu z nich rozpoznaje się na początkowych etapach „kariery", zanim zdołają wyrządzić swoim ofiarom większą krzywdę. Za każdym razem, gdy zostają schwytani, zdobywamy kolejne informacje o ich środowisku, psychopatologii, a w szczególności o ich motywach. W czasie drobiazgowych rozmów analizuje się całe ich życie: dzieciństwo, okres szkolny, zatrudnienie, miejsce zamieszkania, zainteresowania, życie seksualne. Wielokrotnie bada się okresy, w których pozostawali w związkach i w których popełniali przestępstwa. Oczywiście okłamują nie tylko terapeutę, ale również siebie samych. Niczego nie można przyjmować za dobrą monetę, fakty trzeba odróżnić od mocno przyswojonych wyobrażeń. Ich historie są wielokrotnie sprawdzane i potwierdzane w innych źródłach, takich jak członkowie rodziny, pracownicy socjalni, nauczyciele, koledzy, a także akta medyczne i sądowe. Jest to ciągła walka, w której nie można sobie pozwolić na przegraną.

W wyniku tego procesu powstaje szereg obrazów odzwierciedlających poszczególne etapy życia. Następnie struktury osobowości i motywacje porównuje się z cechami innych, którzy jeszcze nie zabijali, ale wykazują duże podobieństwo. Kolejnym etapem jest porównanie z przeciętnymi ludźmi, którzy rozwijali się normalnie. Dzięki temu można określić, jakie czynniki wpłynęły na to, że się różnią. Wielość czynników sprawia, że powstaje do przeanalizowania ogromna baza danych.

Gdy po raz pierwszy zasiadłem do opracowania profilu psychologicznego, właśnie to wszystko musiałem wziąć pod uwagę. Istnieją tysiące nienormalnych struktur osobowości. Każda z nich jest unikatowa, ale można stwierdzić, że niektóre cechy występują u wielu pacjentów. Przypomina to odwiedzanie kolejnych różniących się domów ze świadomością, że w każdym jest łazienka, kuchnia i pokój jadalny.

W przypadku przygotowywania profilu przestępcy najdrobniejsze informacje o zbrodni są analizowane, wziąwszy pod uwagę całą dostępną wiedzę teoretyczną. Ważne jest wszystko: miejsce, czas, broń, ofiara, okrucieństwo ataku i stopień zaplanowania zbrodni. Każdy z tych elementów mówi coś o osobie sprawcy. Wszystko tkwi w szczegółach. Jeśli coś przegapimy, to jesteśmy zgubieni i nie potrafimy zrozumieć rzeczy, które odkryjemy. Przypomina to wejście do egipskiego grobowca i oglądanie ścian pokrytych hieroglifami. Znając język, składnię i gramatykę, jesteśmy w stanie odczytać wiadomości i zrozumieć, kim byli ludzie, którzy zbudowali grobowiec. Lecz jeśli nie wiemy, w jaki sposób je czytać, to pozostaną one jedynie ładnymi rysunkami, które nie mają żadnego znaczenia lub, co gorsza, mogą prowadzić do błędnych wniosków.

Być może lepszą analogię stanowią puzzle. Na początku każdego śledztwa zadaję sobie cztery pytania: Co się wydarzyło? Jak i dlaczego to się wydarzyło? Kim jest ofiara? Dopiero po uzyskaniu odpowiedzi na nie zajmuję się najważniejszą kwestią: „Kto tego dokonał?".

Aby zdobyć komplet danych, muszę przeanalizować ogromną ilość informacji i zdecydować, które fragmenty są prawdopodobne, które nieco mniej wiarygodne, a które mogę zupełnie zignorować. Przypomina to układanie kilku puzzli naraz. Jedna rozsypanka ujawnia, co się stało, druga pokazuje, w jaki sposób to nastąpiło, trzecia daje informacje o ofierze, a czwarta wskazuje możliwe motywacje mordercy. Po ułożeniu obrazka każdy z nich staje się z kolei ważnym elementem następnej, o wiele większej układanki, która umożliwia stworzenie psychologicznej charakterystyki sprawcy.

Chociaż do roku 1990 brałem udział w licznych śledztwach, to w niewielkim stopniu interesowałem się historycznym rozwojem profilowania sprawców. Pracując w klinice i jako konsultant, nie miałem czasu ani chęci zajmować się rzeczami, które działy się obok. Zadania dla policji wykonywałem w wolnym czasie, zupełnie za darmo. Moim jedynym warunkiem było zachowanie anonimowości.

Uległo to zmianie w połowie lat osiemdziesiątych, kiedy to bez żadnych wstępnych ustaleń otrzymałem zaproszenie do Ministerstwa Spraw Wewnętrznych. Gospodarzem był John Stevens, absolwent prawa i przewodniczący podkomisji do spraw profilowania sprawców w Stowarzyszeniu Oficerów Śledczych. John znał działania operacyjne z pierwszej ręki, gdyż dotarł tak wysoko po wieloletniej pracy w stołecznej policji kryminalnej, gdzie prowadził śledztwa w sprawach poważnych przestępstw.

Stowarzyszenie Oficerów Śledczych jest jedną z najpotężniejszych organizacji policyjnych, skupiającą w sobie oficerów z ponad czterdziestu jednostek w Anglii, Szkocji, Walii i Irlandii Północnej.

Przyjąwszy zaproszenie, znalazłem się przy jednym stole z wieloma wyższymi oficerami, psychologami i specjalistami do spraw zdrowia psychicznego. Spotkanie zostało zwołane w celu przedyskutowania profilowania sprawców. Kwestią tą zajmowało się niezależnie od siebie wiele osób. Wstępne wyniki wydawały się obiecujące i teraz nadszedł czas, by ustalić, co ma nastąpić dalej.

Wszyscy obecni przedstawili siebie i swój dorobek. Niektórzy bardziej otwarcie niż inni. W rezultacie spotkania zdecydowano, że należy opracować strategię, która pomoże w zrozumieniu, czym jest profilowanie przestępców.

Przez kilka następnych lat nie miałem żadnych wiadomości, dopóki nie zadzwonił do mnie komisarz Ian Johnston z Jednostki Wsparcia Policji. Początkowo działał jako łącznik pomiędzy Ministerstwem Spraw Wewnętrznych a policją, pilnując, aby potrzeby policji były systematycznie realizowane. Po pewnym czasie jednostka zajęła się również badaniami i rozwojem oraz na bieżąco śledziła postęp w zakresie sprzętu, techniki i nauki. Jednym z obszarów zainteresowania stało się profilowanie sprawców.

Johnston chciał porozmawiać osobiście. W końcu spotkaliśmy się w starym pokoju wykładowców na Uniwersytecie w Leicester po jednym z moich stałych wykładów z psychologii przestępczej na trzecim roku psychologii. Wielce praktyczny i wesoły Johnston był typowym, zahartowanym w bojach, grającym w rugby Walijczykiem. Z fryzurą licealisty, potężną sylwetką i okularami w plastikowej oprawie wyglądał jak Clark Kent w przebraniu.

Przez jakiś czas ostrożnie krążył wokół przyczyny swojej wizyty, aż w końcu wyjawił, że Jednostka Wsparcia Policji pragnie ocenić użyteczność profilowania sprawcy, i chciał się dowiedzieć, w jaki sposób tego dokonać. Szczególnie zależało mu na ocenie pracy, którą wykonano w ciągu ostatnich lat, oraz ustaleniu, czy była pożyteczna z punktu widzenia policji.

Mówiliśmy o sprawie ogólnie. Potem dowiedziałem się, że kilka lat temu Ministerstwo Spraw Wewnętrznych wydało znaczną część środków przeznaczonych na badania na stworzenie ogólnokrajowej bazy zawierającej informacje dotyczące gwałtów i morderstw na tle seksualnym oraz osób, które je popełniały. Miało to doprowadzić do powstania służby, która dostarczałaby policji w całym kraju profile sprawców na podstawie stworzonej bazy danych.

Pieniądze przeznaczono na stworzenie Badawczej Jednostki Profilowania Sprawców na Wydziale Psychologii Uniwersytetu Surrey pod kierunkiem doktora Davida Cantera. Doktora Cantera poznałem w Ministerstwie Spraw Wewnętrznych. Dowiedziałem się wtedy o jego pracy z zakresu profilowania sprawców na potrzeby Wydziału Śledczego policji w Surrey, a zwłaszcza wkładzie w aresztowanie Johna Francisa Duffy'ego – „pociągowego gwałciciela", który zamordował trzy kobiety i zgwałcił co najmniej dwadzieścia innych, zanim złapano go w 1987 roku.

Od chwili utworzenia Jednostka Profilowania Sprawców brała udział w co najmniej pięćdziesięciu śledztwach dotyczących gwałtów oraz morderstw i pomogła w schwytaniu tuzina niebezpiecznych przestępców. Jednak według Johnstona sukces ten nie został właściwie zweryfikowany i Ministerstwo Spraw Wewnętrznych chciało się upewnić, że nie wydaje pieniędzy na próżno.

Najprostszą metodą oceny jakości profilu było porównanie charakterystyki schwytanego przestępcy z charakterystyką podaną w profilu. Czy opis był dokładny? Czy stworzony profil przyczynił się do schwytania i oskarżenia sprawcy? Czy wpłynął pozytywnie na przebieg śledztwa?

Johnston zgodził się z tym, jednak nie udało mu się zdobyć żadnego profilu stworzonego na Uniwersytecie Surrey. Zamiast tego chciał rozwiązać tę sprawę w inny sposób, wysyłając ankiety do policjantów i prosząc o opinię na temat kontaktów z psychologami.

– Jeżeli przyślę panu projekt kwestionariusza, to czy zgodziłby się pan go przejrzeć?

– Oczywiście – odpowiedziałem, zakładając, że zajmie mu to trochę czasu. Tymczasem, co mnie zaskoczyło, ankiety przyszły pocztą po dwóch dniach.

Po uzyskaniu opinii Johnston kontaktował się ze mną regularnie przez kolejny rok, omawiając cały szereg kwestii. Wyglądało na to, że jego ocena profilowania sprawców przestępstw utknęła w miejscu. Poprosił mnie o ocenę wniosków i niezależnych sprawozdań przygotowanych dla jego jednostki. Obejmowały one nawet badania nad stresem i współczynnikiem występowania chorób w jednostkach policji oraz wpływem katastrof, takich jak katastrofa samolotu nad Lockerbie i pożar na platformie wiertniczej Piper Alpha.

Mniej więcej w tym samym czasie kontrola organizacji przeprowadzona w Ministerstwie Spraw Wewnętrznych doprowadziła do utworzenia Policyjnego Zespołu Badawczego, który miał ostatecznie przejąć wiele z podstawowych obszarów śledztwa i badań, którymi poprzednio zajmowała się Jednostka Wsparcia Policji. Podczas tej reorganizacji otrzymałem telefon od jakiegoś urzędnika średniej rangi z oficjalnie wyrażoną prośbą o przeprowadzenie oceny profilowania sprawców.

W cudownej mieszaninie dyplomatycznej nowomowy, najeżonej zdaniami podrzędnie złożonymi i zastrzeżeniami, zakomunikował, że cały ten obszar musi być zbadany przez niezależną instytucję, gdyż rząd ma rozważyć wniosek o przeznaczenie znacznej kwoty na profilowanie sprawców. Jednak do tej pory nie jest w stanie ocenić, czy dotychczasowe inwestycje się opłaciły.

Odwiedził mnie w Leicester i dowiadywał się, w jaki sposób można by dokonać takiej oceny. Wiele czasu poświęciliśmy na rozmowy. Stwierdziłem, że potrzebna jest kontrola jakościowa. Po jakimś czasie powrócił z pytaniem: „Czy zgodziłby się pan przeprowadzić taką ocenę?".

Tego nie oczekiwałem.

– Jak pan sądzi? – zapytał.

– Wydaje mi się, że pomysł jest wart rozważenia.

– W takim razie zapraszamy do Londynu w celu przedyskutowania tej kwestii.

Sądzę, że wybrali mnie z wielu powodów. Jednym z ważniejszych było to, że nie brałem udziału w dotychczasowych opłacanych przez rząd projektach i nigdy nie otrzymałem wynagrodzenia za moją pracę przy profilowaniu sprawców. Nie była więc z tym związana moja finansowa przyszłość. Jednocześnie moja praca była skuteczna.

W Londynie spotkałem się z szefem Policyjnego Zespołu Badawczego, doktor Glorią Laycock, która przez wiele lat pracowała jako psycholog więzienny. Ocena musiała obejmować kilka elementów. Jednym z nich było badanie ankietowe wśród użytkowników, mające odpowiedzieć na pytanie: czego policja oczekiwała po profilowaniu? Oznaczało to przeprowadzenie rozmów z wysokiej rangi funkcjonariuszami odpowiedzialnymi za podejmowanie decyzji, takimi jak John Stevens, a także z wyższymi rangą policjantami, zajmującymi się pracą operacyjną.

Musiałem również zbadać jakość produktu i sprawdzić, co się zdarzyło do tej pory. Na ile dokładne i cenne okazały się dotychczas przygotowane profile w przypadku porównania ze schwytanymi przestępcami. Jednocześnie należało sprawdzić, w jaki sposób badania tego typu są prowadzone w innych krajach, przez FBI w Stanach Zjednoczonych czy siły policyjne w innych państwach europejskich.

– Jak pan sądzi, ile to potrwa? – zapytała mnie doktor Laycock.

– Dwa lata.

Cofnęła się zaskoczona.

– To nie może zabrać dwóch lat. Musimy tego dokonać o wiele szybciej. Maksymalnie możemy panu dać siedemdziesiąt pięć dni.

– To niemożliwe – odrzekłem. – Proszę tylko pomyśleć, z iloma ludźmi trzeba przeprowadzić rozmowy, ile opracowań przejrzeć – nie tylko tu, ale również za granicą.

Doktor Laycock rozumiała skalę zagadnienia, ale wyjaśniła, że analiza była już bardzo opóźniona i została jej dosłownie narzucona.

– Nie jesteśmy zadowoleni z tego, co widzimy, i potrzebujemy szybkich odpowiedzi.

– Wziąwszy pod uwagę dostępny czas, będzie to tylko powierzchowny zarys.

– Zdaję sobie z tego sprawę. Proszę przygotować chociaż tyle, abyśmy mogli podjąć jakieś decyzje.

Ministerstwo Spraw Wewnętrznych potrzebowało raportu opracowanego na podstawie siedemdziesięciu pięciu dni pracy, a ja oprócz tego miałem coraz więcej próśb od policji o pomoc w pracach operacyjnych. Oznaczało to, że będę musiał wykorzystać czas przewidziany na urlop, weekendy i święta. Trwało to rok. W tym czasie przeprowadziłem rozmowy z ogromną liczbą osób oraz większością instytucji, które były w jakiś sposób związane z profilowaniem sprawców.

Ankieta, którą Ian Johnston chciał początkowo wysłać do komendantów komisariatów i wydziałów kryminalnych, teraz okazała się nieocenioną pomocą przy znajdowaniu psychologów i psychiatrów, którzy pomagali policji przy poważniejszych śledztwach. Detektywom śledczym zadawałem pytanie, dlaczego poproszono o pomoc psychologa, czego szczegółowo dotyczyło dochodzenie i na ile dokładny okazał się profil.

Jednocześnie rozmawiałem z psychologami prowadzącymi prace badawcze w dziedzinach związanych z profilowaniem sprawców przestępstw i badałem CATCHEM – największą w Wielkiej Brytanii kompletną bazę danych dotyczącą morderstw, porwań i zaginięć dzieci. Została założona zaraz po morderstwach trzech uczennic: Hogg, Maxwell i Harper. Ofiary pochodziły z różnych hrabstw, lecz zostały zamordowane przez tego samego sprawcę. Baza została założona w Derbyshire w 1986 roku, lecz przechowywane w niej informacje dotyczyły przestępstw popełnionych na dzieciach od roku 1961. Uznałem, że po dodaniu dodatkowych elementów byłaby silnym składnikiem przyszłego systemu profilowania przestępców.

Ian Johnston i komisarz Jon Dawson organizowali rozmowy i spełniali funkcje pośredników przy spotkaniach z wysokimi stopniem policjantami oraz wybranymi detektywami w najdalszych zakątkach kraju. Zmuszało mnie to do pokonywania tysięcy mil. Oni byli moimi najważniejszymi przewodnikami przy określaniu, w jaki sposób przebiega śledztwo.

Obraz, który pojawił się w wyniku badań, był niespodzianką. Napotykałem skrajnie odmienne opinie. Niektórzy z doświadczonych oficerów śledczych byli po prostu wrogo nastawieni, twierdząc, że profilowanie nie jest niczym innym niż „psychologicznym oszustwem", z którego nigdy więcej nie skorzystają. Inni byli pod dużym wrażeniem i widzieli prawdziwe korzyści.

Liczba negatywnych opinii spowodowała, że zacząłem się martwić. Gdy rozpoczynałem pracę, sądziłem, że od czasu do czasu natrafię na jakiś profil, który okaże się mniej dokładny, lecz po raz pierwszy z przerażeniem odkryłem, jakie mogą być potencjalne szkody dla śledztwa w przypadku błędnie opracowanego profilu.

Oficerowie opowiadali o profilach, które były na tyle niedokładne, że gdyby polegali wyłącznie na nich, to śledztwo mogłoby zejść na błędną drogę. Gdyby chodziło o morderstwo czy gwałt, to w tym czasie ktoś inny mógłby umrzeć lub zostać zaatakowany.

W miarę gromadzenia danych obraz nie polepszał się. Zamiast powodować postęp podczas wykrywania przestępców, profilowanie mogło okazać się poronionym pomysłem.

Nowoczesne profilowanie sprawcy ma swój początek w Stanach Zjednoczonych. Nie można ocenić efektywności profilowania bez uwzględnienia tego, co osiągnęło FBI po drugiej stronie Atlantyku.

Opowiada się tam historię o tym, jak zaczęło się profilowanie. „Szalony zamachowiec" terroryzował Nowy Jork od ponad dziesięciu lat, wysyłając do gazet szydercze listy i wysadzając znane pomniki i obiekty użyteczności publicznej. W 1956 roku amerykański psychiatra, doktor

James A. Brussel, zbadał miejsca przestępstw, wiadomości od zamachowca i wszelkie dostępne dane, a następnie poinformował policję, że poszukują nieżonatego imigranta w średnim wieku pochodzącego z Europy Wschodniej, który jest katolikiem i mieszka z matką w Connecticut. Jest niezwykle schludny, nienawidzi swojego ojca i w chwili aresztowania będzie ubrany w dwurzędowy garnitur zapięty na wszystkie guziki.

W chwili aresztowania George Metsky rzeczywiście był ubrany w dwurzędowy, zapięty na wszystkie guziki garnitur. Jego profil pasował niemal idealnie, z wyjątkiem faktu, że nie mieszkał z matką, a z niezamężną siostrą.

Gdy poproszono Brussela, aby to wyjaśnił, odpowiedział, że zazwyczaj bada ludzi i próbuje przewidzieć, jak będą się zachowywać w przyszłości. Odwracając tok swojego rozumowania i patrząc na czyny, spróbował wyobrazić sobie, kim może być sprawca.

Po takim wspaniałym początku profilowanie popadło w niełaskę w latach sześćdziesiątych. Zainteresowanie nim wróciło w latach siedemdziesiątych, kiedy w Stanach Zjednoczonych wzrosła liczba brutalnych przestępstw, w tym również morderstw popełnianych przez nieznanych sprawców.

Na początku lat siedemdziesiątych FBI otworzyło nową Akademię w Quantico w stanie Wirginia, w której znajdowała się katedra nauk behawioralnych. Wykładowcy zajmowali się głównie nauczaniem, ale od czasu do czasu także profilowali sprawców.

Żaden z nich nie był psychologiem z wykształcenia, chociaż część zapoznała się z literaturą, i jak wielu oficerów śledczych w dużej mierze polegali na swoim doświadczeniu zawodowym i znajomości dotychczasowych przypadków. W ciągu dziesięciu lat to behawiorystyczne podejście doprowadziło do utworzenie przy FBI Krajowego Centrum do spraw Analizy Brutalnych Przestępstw (NCAVC) i Programu Powstrzymania Brutalnej Przestępczości (VICAP).

Ten ostatni jest systemem gromadzenia danych o morderstwach na szesnastostronicowych ankietach wypełnianych przez detektywów prowadzących śledztwa. Podstawowy cel programu to znalezienie związków pomiędzy niewykrytymi zabójstwami, które wydarzyły się w różnych stanach. Stał się on również ważnym narzędziem używanym przy profilowaniu sprawców.

W Stanach Zjednoczonych brakowało doświadczonych specjalistów, którzy mogliby podróżować po tak ogromnym kraju, aby badać miejsca zbrodni. W celu sporządzenia profilów wykorzystywano więc szczegółowe kwestionariusze, wypełniane przez miejscowych policjantów. Chociaż wiele pracy udało się zrzucić na komputery, to jednak przygotowywanie profilów w dużym stopniu odbywało się poprzez burzę mózgów doświadczonych agentów FBI, z uwzględnieniem wyników badań psychologicznych. Takie podejście dało rezultaty i procent spraw rozwiązanych był wyższy niż w innych krajach.

Oczywiście jednym z pierwszych ludzi, z którymi rozmawiałem, był doktor David Canter z Jednostki Badań nad Profilowaniem w Surrey. Chciałem od niego dostać materiały, dzięki którym mógłbym ocenić ilość trafień bazy danych i stworzonych profilów. Ministerstwo Spraw Wewnętrznych nie zdołało uzyskać tych danych, ale przyjęto założenie, że doktor Canter i ludzie zaangażowani w projekt będą zainteresowani współpracą i pomyślnym wynikiem analizy.

Wielokrotnie jeździłem do niego i tłumaczyłem, że pragnę zapewnić sobie jego współpracę i współudział. Jednak w czasie następnej wizyty wyjaśnił, że uważa za stosowne wyłączenie profilów stworzonych w Surrey, gdyż nie zgadza się z kryteriami oceny. Byłem zaskoczony. W jaki inny sposób można ocenić profil, jeśli nie przez dokładność i wartość praktyczną?

Stwierdził, że profilowanie operacyjne tak naprawdę go nie interesuje i nie wie, dlaczego policjanci ciągle przychodzą i proszą go o jakieś profile. Odpowiedziałem, że być może ma to coś wspólnego z nazwą projektu.

Analiza postępowała, aż w końcu oczekiwałem jedynie na materiały z Jednostki Badań nad Profilowaniem. Wydawało mi się nie do pomyślenia, że mógłbym zakończyć analizę bez włączenia materiałów z jednostki utrzymywanej z funduszy Ministerstwa Spraw Wewnętrznych i utworzonej specjalnie w celu przygotowywania profilów na potrzeby policji.

Doprowadziło to do gorącego spotkania w komendzie policji w Surrey, podczas którego doktor Canter zgodził się dostarczyć kopie sporządzonych profilów. Jednocześnie zaznaczył, że żaden z nich nie został przygotowany na podstawie bazy danych gwałtów i morderstw na tle seksualnym, które miały stanowić naukową podstawę profilowania. Zamiast tego doktor Canter i jego zespół zastosowali metodę burzy mózgów, polegającą na przedstawianiu swoich pomysłów, dopóki nie uzgodniono portretu sprawcy. Była to metoda, którą – jak zrozumiałem – doktor Canter wcześniej uznał za niestanowiącą postępu.

W końcu otrzymałem trzydzieści sześć z obiecanych pięćdziesięciu profilów przygotowanych w ramach projektu, lecz rezultaty mnie rozczarowały. Dzięki ankietom wypełnionym przez funkcjonariuszy różnego szczebla miałem pojęcie, czego oczekiwać. Dowody, że profile były dokładne i że przyczyniły się do aresztowania, były bardzo wątłe. Dwa przedstawiono jako przykłady udanego profilowania. W pierwszym z nich, w śledztwie w sprawie serii gwałtów, wyższy rangą oficer stwierdził, że gdyby kierowano się przedstawionym profilem, to śledztwo byłoby poważnie utrudnione i poszłoby złym tropem. Szczególnie zwrócił uwagę na fakt, że dwie oddzielne serie morderstw zostały w profilu potraktowane jak jedna. Gdy policja odkryła to w czasie śledztwa, wprowadzono jedynie poprawki do dotychczasowego profilu. Obszar zamieszkania pojedynczego gwałciciela, przewidywany przez profil, gdzie w związku z tym policja powinna koncentrować uwagę, w rzeczywistości znajdował się dokładnie w odwrotnym kierunku od miejsca zamieszkania przestępcy. Ponadto policja uważała, że pozostałe aspekty profilu stanowiły po prostu powielenie informacji dostarczonych przez ekipę śledczą.

W drugiej sprawie, w przypadku zabójstwa prostytutki, wyższy rangą oficer stwierdził, że profil zawierał błędy, jeżeli chodzi o większość kwestii. Na przykład wskazywał na pojedynczego mężczyznę (skazano trzech), sugerował, że przestępstwo było nagłe, niezorganizowane i zostało dokonane pod wpływem impulsu (w rzeczywistości zostało zaplanowane), że policja może się zainteresować sprawcą dzięki gwałtownym czynom i brakowi samokontroli (nic takiego nie nastąpiło), że sprawca cierpi prawdopodobnie na zaburzenia umysłowe (nie cierpieli), mieszka w odległości ponad mili od miejsca zbrodni (mieszkali o kilka kroków) i że będą go dręczyć wyrzuty sumienia i przyzna się do zbrodni, jeśli się na niego „ostro natrze" (brak dowodów na istnienie wyrzutów sumienia, a w czasie śledztwa podejrzani nie przyznawali się do zbrodni).

Oznaczało to faktycznie koniec rządowych funduszy dla projektu z Surrey, chociaż nie zmniejszyło liczby bronionych co roku prac magisterskich z zakresu psychologii kryminalistycznej.

W czerwcu 1992 roku przedstawiłem wyniki analizy niewielkiemu gronu wysokich rangą urzędników na spotkaniu w Ministerstwie Spraw Wewnętrznych, a następnie Podkomisji do spraw Przestępczości przy Stowarzyszeniu Oficerów Śledczych. Nic dziwnego, że wielu ludzi poczuło się rozczarowanych, gdyż sprawozdanie pokazywało tyle negatywnych zjawisk. Stwierdziłem jednak, że nie powinni poddawać się zniechęceniu, gdyż wystarczy spojrzeć wnikliwie, aby oddzielić ziarno od plew.

Trzeba było przyjrzeć się projektom realizowanym w innych miejscach, zwłaszcza CATCHEM i projektowi w Broadmoor, a jeżeli chodzi o metodykę, to pracom prowadzonym w Cambridge. Holendrzy rozpoczęli prace nad dostosowaniem systemu stworzonego przez FBI do europejskich warunków. Istniały także przykłady tworzenia udanych profilów przez psychologów pracujących w państwowej służbie zdrowia i na uniwersytetach. Biorąc pod uwagę te solidnie udokumentowane i pozytywne przypadki, widać, że przed profilowaniem sprawców rysuje się jasna przyszłość, jednak należy stworzyć o wiele lepsze metody oceny dokładności profilów.

Przedstawiłem całą serię zaleceń, w jaki sposób można to osiągnąć, podkreślając, że najważniejszą kwestią jest to, aby przyszły system profilowania sprawców był kierowany przez policję i działał w ramach policji. Nie należy dopuszczać osób, które są zainteresowane profilowaniem ze względu na możliwość uzyskania funduszy lub też zyskania reputacji. Każdy profil należy ocenić pod względem dokładności, a gdy okaże się nietrafny, trzeba przyjrzeć się źródłu, z którego pochodził.

Przygotowałem również wstępny plan, który obejmował prowadzony przez policję, skomputeryzowany system wsparcia. Miał on działać, wykorzystując zasady sztucznej inteligencji, a ostatecznie przejąć ogromną ilość czysto mechanicznej pracy, sprawdzając obecność określonych czynników w popełnionych przestępstwach i wyciągając z nich ogólne wnioski. Uznałem jednocześnie za wysoce nieprawdopodobne, żeby komputer kiedykolwiek mógł zastąpić doświadczonego specjalistę od profilowania, ale na pewno zaoszczędzi mnóstwo czasu i będzie udzielał wstępnych wskazówek na początkowych etapach śledztwa.

Jednocześnie, po szczegółowym zbadaniu procedur stosowanych przez detektywów w trakcie śledztwa, stało się jasne, że można nauczyć policjantów poszukiwania wskazówek psychologicznych na miejscu przestępstwa. Jedną z głównych kwestii, które pojawiały się w rozmowach z oficerami, był pozytywny impuls dla dochodzenia, jaki stwarzały profile, mimo pewnych problemów z ich dokładnością. Pozwalały z nowej perspektywy spoglądać na kolejne śledztwa.

Podsumowując swoje zalecenia, stwierdziłem, że powinniśmy w ciągu najbliższych trzech lat uczynić z Wielkiej Brytanii doskonały ośrodek profilowania sprawców o europejskiej renomie.

Wszystkie te rekomendacje przyjęto z prawdziwym entuzjazmem, przy minimalnej dyskusji.

7

KOMENDA POLICJI MILLGARTH W LEEDS WYGLĄDA JAK ogromny, nowoczesny budynek z cegły, który przypadkiem trafił w środek XIX wieku. Przez to kompletnie nie pasuje do leżących w starym Leeds warsztatów samochodowych, zakładów rzemieślniczych i wiktoriańskich szeregowców, zamieszkanych przez robotników.

Komenda posiada największy pokój operacyjny, jaki zdarzyło mi się widzieć. Jest to ogromne pomieszczenie, w którym zorganizowano biura poszukiwania pojazdów, wywiadu, archiwum oraz specjalistów z dziedzin, o istnieniu których wie niewielu ludzi.

Podinspektor Bob Taylor oprowadził mnie po budynku. Potężny facet przypominający niedźwiedzia w ludzkiej skórze, z krzaczastymi wąsami i ciemnymi włosami, wyglądał jak celtycki wojownik. Było to nasze pierwsze spotkanie, nie wiedziałem więc, w jaki sposób zdobył moje nazwisko i numer telefonu.

Patrząc mi prosto w oczy, powiedział szczerze:

– Prowadzę bardzo trudne i zawikłane śledztwo w sprawie morderstwa. Prawdę mówiąc, przypomina to cholerny koszmar. Nic nam nie pasuje, a w całej sprawie pojawiają się wciąż nowe pytania.

Przerwał na chwilę, aby uwolnić się od marynarki.

– Czy słyszałeś o morderstwie Julie Dart?

Pokręciłem głową.

– No cóż. Dla dobra śledztwa bardzo ostrożnie ujawnialiśmy wszelkie szczegóły. Pozwól, że przedstawię ci ogólny obraz. Julie zniknęła w Leeds 9 lipca 1991 roku. Jej ciało znaleźliśmy po dziesięciu dniach na polu koło Grantham w odległości około 80 mil stąd. Została zatłuczona na śmierć przy użyciu cegły lub młotka.

– Od jak dawna nie żyła? – zapytałem.

– Od ośmiu albo dziewięciu dni. – Bębnił palcami po stole przy nieotwartej paczce papierosów. – Pozwól jednak, że zacznę od samego początku.

Taylor wyjaśnił, że dwa dni przed zniknięciem Julie miała poważną kłótnię ze swoim chłopakiem. Następnego dnia rano obydwoje przyjęto do Szpitala Świętego Jakuba w Leeds. Julie miała obrażenia głowy i twarzy, a jej chłopak, Dominic Murray, złamaną kostkę. Wbrew zaleceniom lekarzy wypisali się ze szpitala po kilku godzinach.

Osiemnastoletnia Julie mieszkała z matką w mieszkaniu kwaterunkowym w dzielnicy Oakwood. Jednak większość czasu spędzała w domu Dominica na osiedlu mieszkaniowym w Gipton. Według sąsiadów ich związek był bardzo burzliwy. Karczemne awantury wybuchające jednego dnia zamieniały się nazajutrz w manifestacje czułej miłości.

Dziewiątego lipca Julie wyszła od Dominica o 19.45, mówiąc, że idzie do pracy w Centralnym Ośrodku Zdrowia w Leeds. Pracowała tam na nocnej zmianie kilka razy w tygodniu jako asystentka w laboratorium.

– Tylko że to nie była jej praca – powiedział Taylor. – Sprawdzaliśmy to kilkakrotnie. Nikt w ośrodku zdrowia jej nie znał.

– Więc gdzie chodziła?

– To dobre pytanie.

Taylor wręczył mi list zapakowany w przezroczystą kopertę.

– Dotarł na adres Dominica po trzech dniach. Na dziewięćdziesiąt procent jesteśmy pewni, że to jej pismo.

> Drogi Dominicu,
>
> Proszę Cię, pomóż mi. Zostałam porwana i bende [sic!] trzymana jako osobiste zabezpieczenie do przyszłego poniedziałku. Proszę, zawiadom natychmiast moją mamusię. Dominicu! Bardzo Cię kocham.

Mamo, natychmiast zadzwoń na policję i pomóż mi. Dają mi jeść, ale nic od nich nie przyjęłam. Jest mi trochę niedobrze, ale piję tylko dwie filiżanki herbaty dziennie. Mamusiu, Dominicu! Pomóżcie!

[Kolejny akapit, napisany inną ręką, zawierał numer telefonu mamy. List kończył się:]

Bardzo Was wszystkich kocham.

Julie

Pismo wydawało się raczej niedojrzałe. Niektóre wyrażenia nie pasowały do tego, co powiedziano o dziewczynie. Zwrotu „osobiste zabezpieczenie" nie użyłaby raczej młoda kobieta. Następne zdanie: „Dominicu! Bardzo Cię kocham", brzmiało jak wyrażenie, które mogłaby zastosować dziewczyna. Prowadziło to do wniosku, że przynajmniej część listu zawierała słowa podyktowane przez kogoś innego. Bardzo zwięzła konstrukcja powodowała, że w trzech akapitach udało się zmieścić ogromną ilość instrukcji i informacji. Brakowało jednak wyjaśnienia, dlaczego ten list został wysłany. Porywacz nie domagał się okupu od rodziny Julie. Zamiast tego jej matka miała zadzwonić na policję. Dlaczego zależało mu na poinformowaniu policji?

Taylor podał mi kolejny list, tym razem napisany na maszynie.

– Nadszedł tego samego dnia, 12 lipca. Na kopercie widniał adres Miejskiej Komendy Policji w Leeds. Obydwa listy nadano o dzień wcześniej w Huntingdon w hrabstwie Cambridgeshire. Na kopercie słowo „Polici" było napisane z błędem, a Taylor zwrócił uwagę na fakt, że Miejska Komenda Policji już od dawna nie istnieje.

Wszystkie błędy ortograficzne i gramatyczne w poniższym liście pochodzą od porywacza:

Ubiegłej nocy w dzielnicy Chapeltown została porwana młoda prostytutka, ktura bendzie uwolniona jedynie bez czynienia jej krzywdy w przypadku spełnienia poniższy żondań. Jeśli nie zostaną spełnione, to zniknie na zawsze, a jakiś główny sklep w mieście (niekoniecznie w Leeds) spowoduje eksplozję bomby o siedemnastej 17 lipca.

1. Wypłacić 140 000 funtów gotówką (sto czterdzieści tysiency).

2. umieścić 5000 funtów na dwóch rahunkach bankowych, wydać dwie karty do bankomatów, z limitem dziennym co najmniej 200 funtów. W przyszły wtorek 16 lipca na dworcu Birmingham New Street przy automatach telefonicznych firmy Mercury na peronie dziewiątym winna czekać policjantka. Musi mieć na sobie jasnoniebieską spódnicę z pieniędzmi w torbie na ramieniu.

Musi być tam o 18.00 i czekać do 19.00 na telefon, w kturym otrzyma informację, gdzie oczekiwać następnego telefonu (po telefonie wyjedzie z miasta na północ drogą szybkiego ruchu A38M na autostradę M6 – mówimy to, aby nie zgubiła się w mieście). Musi mieć paliwa na co najmniej 200 mil, może mieć długopis i notes, ale nie może mieć radia ani nadajnika.

Wszystkie rozmowy będą odtwarzane z taśmy, więc nie będzie możliwe nawiązanie rozmowy, przekazanie informacji i udzielenie odpowiedzi. Nie bendziemy wdawać się w rzadne negocjacje. Powiadomienie opinii publicznej i oznaki działań policji spowodują zerwanie kontaktu.

Pieniondze muszą być w takich samych ilościach używanych banknotów 50-, 20- i 10-funtowych, a na kartach do bankomatu muszą być zapisane PIN-y. Banknoty należy zawinąć w folię z polietylenu o grubości co najmniej 120 mikronów, do nich przyklejcie karty do bankomatu i zawińcie je jeszcze raz w brązowy papier, związszcie żyłką nylonową i zróbcie pętle do noszenia w ręce. Cała paczka powinna mieć nie więcej niż 350 mm × 350 mm × 90 mm.

Po odebraniu pieniędzy Leeds otrzyma około północy telefon z nazwą i adresem sklepu, gdze jest bomba. Pięć godzin powinno wystarczyć na rozbrojenie. Zakładnika uwolnimy po pobraniu wszystkich pieniędzy z rachunków bankowych.

Zakładnik bendzie dobrze karmiony i trzymany w domu specjalnie wynajętym w tym celu i bendzie strzeżony przez detektory podczerwieni podłączone do sieci elektrycznej. Po pobraniu wszystkich pieniendzy otrzymacie adres zakładnika. PRZED WEJŚCIEM DO BUDYNKU MUSICIE WYŁĄCZYĆ Z ZEWNĄTRZ ELEKTRYCZNOŚĆ, gdyż po wejściu do budynku najmniejszy ruch uruchomi detektory.

Nie wolno śledzić policjantki, ponieważ bendzie poruszać się po ustronnych drogach, kture można z łatwością obserwować, a wszelkie samoloty i helikoptery da sie usłyszeć z dużej odległości.

We wtorek policjantka powinna mieć poczki z pieniędzmi przy sobie cały czas. Bendzie z nimi chodziła do różnych budek telefonicznych i słuchała poleceń. W jednej z nich bendzie małe pudełko ze świecącymi na zielono diodami LED. Należy je umieścić na desce rozdzielczej samochodu, tak aby światło było widoczne przez przednią szybę. Bendzie ono posiadało również dużą czerwoną diodę LED sygnalizującą próbę otworzenia i dużą żółtą diodę LED (wykrywacz radionadajników). Jeżeli kturaś z nich zapali się, nie podejmiemy próby kontaktu. Paczkę z pieniędzmi, jak już powiedziałem, należy mieć przy sobie cały czas i w jednym ze wskazanych miejsc trzeba bendzie ją przypiąć do linki zwisającej z drzewa, ktura bendzie zaopatrzona w sprzączkę taką jakie są na smyczy, nie wolno bendzie przy tym pociągać za linkę. Policjantka musi wtedy w ciągu 60 sekund powrócić do samochodu, ktury bendzie znajdował się w odległości około 300 metrów i odjechać 800 metrów zanim wyrzuci pudełko z diodami.

Pieniądze odbierze osoba zupełnie niezwiązana z autorem, bendzie to ktoś porwany z alejki zakochanych we wtorek, a jego dziewczyna bendzie zakładniczką, dopóki nie odbierzemy od niego pieniędzy. Bendzie posiadał przy sobie radio, przez kture bendziemy mu udzielać wskazówek. Gdyby coś się nie udało, to tym dwum osobom nie stanie sie żadna krzywda.

Akcję tą planowaliśmy od dłuższego czasu, ale uzyskanie pistoletu i amunicji zajęło więcej czasu nisz przewidywaliśmy. Jeśli coś pójdzie źle albo policja nie spełni żondań, to nie ujrzycie już zakładnika, plus zdetonujemy bombe zapalającą w sklepie, akcja zostanie powtórzona, lecz tym razem porwany zostanie powiedzmy pracownik zakładu energetycznego, gazowniczego, wodociągów a okup zapłaci jego firma.

Nie należy nadawać sprawie rozgłosu aż do pobrania pieniędzy, wtedy to można podać komunikat do prasy, ale bez ujawniania, że wypłacono pieniądze.

Dodatkowe 5000 funtów nie muszą być dołączone do podstawowej kwoty okupu, gdyż pieniądze zostaną zakopane na długi czas i nie będzie można wyśledzić numerów banknotów, nie można też zidentyfikować numerów banknotów z bankomatów.

Na kilku stronach udało się zmieścić ogromną ilość informacji i skomplikowanych instrukcji. Autor dołożył wielkich starań, jednak co dziwne, na kopercie umieścił błędny adres, a list roił się od błędów ortograficznych i gramatycznych. Czy zrobił to celowo, czy błędy były przypadkowe?

– Wymiary paczki z banknotami...

– Są doskonałe – odparł Taylor.

– A trasa wyjazdu z Birmingham?

– Całkiem logiczna.

Doskonale opracowane szczegóły, pomyślałem, i taka prymitywna próba wymuszenia. Dlaczego wysyłać żądania do policjantów, zawiadamiając dokładnie tych ludzi, którzy są powołani do prowadzenia śledztwa? I dlaczego taka niezwykła kwota? Sto czterdzieści tysięcy funtów to prawie małe piwo, jeżeli weźmiemy pod uwagę poświęcony czas, wysiłek i przede wszystkim ryzyko związane z podjęciem okupu.

Rodzina i chłopak Julie utrzymywali, że nie była prostytutką, ale w ciągu dwudziestu czterech godzin policja powiązała ją z dzielnicą czerwonych latarni w Leeds i kilkanaście prostytutek potwierdziło, że widziały ją w noc zniknięcia.

Zapytałem Taylora, co się zdarzyło we wtorek. Między osiemnastą a dziewiętnastą na stacji przy Birmingham New Street przy automatach telefonicznych czekała policjantka. Telefon zadzwonił, ale gdy podniosła słuchawkę, nikt się nie zgłosił. Po trzech dniach znaleziono ciało Julie.

– Z tego wynika, że pierwsze dwa listy wysłano, gdy już nie żyła – pomyślałem na głos.

Taylor skinął głową.

Zacząłem oglądać fotografie przedstawiające miejsce, gdzie znaleziono Julie. Leżała u stóp drzewa, zawinięta w prześcieradło. Na pole można było wjechać polną drogą biegnącą w kierunku drogi A1, która znajdowała się w odległości kilkuset metrów. Jedyną rzeczą, która rzucała się w oczy, była biegnąca niedaleko drzewa nieużywana, zarośnięta trawą linia kolejowa.

Sekcja zwłok nie wykazała śladów napastowania seksualnego. Dwie rany z tyłu głowy były spowodowane uderzeniem tępym ciężkim narzędziem, prawdopodobnie młotkiem, który rozbił czaszkę Julie. Zadrapania na prawej kostce wskazywały na to, że była przywiązana liną lub łańcuchem. Julie nie żyła od co najmniej tygodnia. Stan ciała wskazywał na to, że była przez jakiś czas przetrzymywana w ciepłym miejscu w pojemniku bez dostępu powietrza.

Była atrakcyjną dziewczyną. Miała 175 centymetrów wzrostu, piwne oczy i kręcone, ciemne włosy do ramion. Zwykle upinała je z tyłu. Miała też wyszczerbioną górną jedynkę. Gdy widziano ją po raz ostatni, była ubrana w czarnopurpurowy żakiet i spódnicę, czarną koszulę, zamszowe buty, a przez ramię miała przerzuconą torebkę.

– Od jak dawna była prostytutką? – zapytałem.

– Od niedawna i prawdopodobnie tylko sobie dorabiała. Nie figurowała w kartotece ani nie toczyło się przeciw niej postępowanie.

Używała również różnych nazwisk: czasami występowała pod nazwiskiem panieńskim matki – Atkins – lub Hill – nazwiskiem ojca. W szkole uważano ją za obiecującego sportowca – zdobyła tuziny nagród i medali. Po ukończeniu szkoły w wieku szesnastu lat, kiedy rozpoczęła pracę w eleganckim sklepie, nadal biegała. Według przyjaciół lubiła spędzać wieczory w lokalach karaoke i chodzić na drinka. Dobrze znano ją w pubach i klubach w śródmieściu Leeds. Trzy dni po odnalezieniu ciała Julie kolejny list nadszedł do komendy policji w Millgarth:

> Słowa nie są w stanie wyrazić żalu z powodu konieczności zabicia Julie Dart, ale ostrzegałem was, co się stanie, jeśli coś pójdzie nie tak. Do tej chwili nie było w mediach ani słowa o znalezieniu jej ciała. Jeżeli nie znajdziecie ciała w ciągu kilku dni, to podam wam miejsce, trzeba ją bendzie dzisiaj usunąć, gdyż zaczyna się rozkładać.
>
> Do samego końca nie była zgwałcona czy w jakikolwiek inny sposób wykorzystana. Została związana, ogłuszona uderzeniem w głowę, a na-

stępnie uduszona. Nie wiedziała, co się wydarzy, nie czuła bólu ani z niczego nie zdawała sobie sprawy.

Nie umieściliśmy bomby zapalającej, tak jak pisaliśmy w poprzednim liście, gdyrz uszczelka wokół materiału zapalającego została uszkodzona w czasie transportu i zaczęła wydzielać niemiły zapach. Celem miał być sklep meblowy Owens w Coventry.

Błąd polegał na tym, że nie znałem głosu po drugiej stronie słuchawki... Dopóki nie otrzymam pieniędzy, zamierzam przeprowadzić akcję. Jeżeli pragniecie uniknąć poważnych strat spowodowanych pożarami oraz oszczędzić życie prostytutek i chcecie się ze mną skontaktować, dajcie ogłoszenie w następny wtorek o 20.30 w sobotnim wydaniu „The Sun" w dziale „OSOBISTE". Zadzwonimy do budki telefonicznej na dworcu Leicester Forest East na peronie, z którego odjeżdżają pociągi w kierunku północnym. Wysłannikiem ma być ta sama policjantka, której użyliście ostatnim razem (przypuszczam, że to ona była na dworcu Birmingham New Street). Kiedy podniesie słuchawkę, powinna odpowiedzieć: „Tu mówi Julie", ponownie otrzyma instrukcje, tym razem bardziej przejrzyste. Jeżeli nie wykona instrukcji, telefon zadzwoni jeszcze raz. Musi podnieść słuchawkę za drugim dzwonkiem, jeżeli wszystko zrozumiała, gdyż nastąpi tylko jeden dodatkowy telefon. Jeżeli w którejś z budek będzie jakaś osoba, to telefon zadzwoni w pierwszej dogodnej chwili. Tak jak poprzednio rozmowy będą nagrane, tym razem przez zakładnika porwanego w poniedziałek wieczorem w którejś z dzielnic czerwonych latarni.

Ogłoszenie winno brzmieć: „Zróbmy to dla Julie. Spróbujmy jeszcze raz". Jeśli ogłoszenie nie pojawi się w sobotę dwudziestego siódmego albo w sobotę trzeciego sierpnia, to ładunki zapalające zostaną umieszczone we wtorek szóstego sierpnia. Jeżeli nie otrzymamy żadnych wiadomości i jeżeli eksplozje bomb nie przyniosą żadnych rezultatów, będziemy porywać kolejne prostytutki.

Patolog Ministerstwa Spraw Wewnętrznych natychmiast dokonał ponownej sekcji i odnalazł ślady zadzierzgnięcia sznura na szyi. Przyczyną śmierci było uduszenie. Mógł o tym wiedzieć jedynie morderca.

Po otrzymaniu tego listu Regionalny Wydział Kryminalny Policji i Zespół do spraw Zabójstw zaczęły przygotowywać cały plan mający na celu złapanie przestępcy. W sobotę 27 lipca zgodnie z żądaniem ukazało się ogłoszenie w „The Sun". Jako odpowiedź pojawił się czwarty list nadany w Yorku i znaleziony we wtorkowy ranek w sortowni w Leeds. Tym razem był to list napisany ręcznie, drukowanymi literami. Zawierał ostateczne szczegóły dotyczące złożenia okupu tego samego wieczoru.

Policjantka powinna czekać na telefon o 20.30 przy stacji serwisowej Leicester Forest East przy autostradzie M1. Miała się zgłosić słowami „Tu mówi Julie" i podać markę oraz kolor samochodu. Wtedy powie jej, skąd w ciągu ostatnich dwóch dni została porwana kolejna prostytutka. Policjantka powinna jechać zgodnie z nagranymi instrukcjami do następnego miejsca, gdzie miała oczekiwać na kolejny telefon. Ponadto szantażysta napisał, że porwie dodatkowych zakładników z alejki zakochanych i będzie ich trzymał w czasie odbierania okupu. Chłopaka wyśle po odbiór pieniędzy, aby pokrzyżować plany policjantów, którzy będą prowadzić obserwacje.

Następnie list szczegółowo opisywał, dlaczego jego plan musi się powieść. Dowodził również, że jest pod każdym względem sprytniejszy od policjantów i że przewidział każdą możliwość. Przekonywał, że na nic się zdadzą blokady dróg, urządzenia podsłuchowe, helikoptery i satelity, nadajniki oraz proszek do oznaczania banknotów – uwzględnił wszystko.

Uszczypliwie skomentował nagłówki, które widział w gazetach.

> Julie nie została zabita pałką (Jim Oldfield, „Daily Mirror"). Została ogłuszona trzema albo czterema uderzeniami w tył głowy, a następnie uduszona. N i c n i e c z u ł a.

Tej nocy operacja rozpoczęła się o 20.31, kiedy na stacji obsługi zadzwonił telefon, i natychmiast się załamała, gdyż policjantka nie usłyszała nagranych instrukcji.

Gdy Bob Taylor skończył wprowadzać mnie w przebieg śledztwa, widziałem, że strasznie potrzebuje papierosa. Czułem jego zdenerwowanie.

Nie wiedział, czy ma do czynienia z mordercą, który próbuje czerpać korzyści ze śmierci swojej ofiary, szantażystą, który przypadkiem zabił zakładnika, czy z nieudanym oszustwem, w którym uczestniczyła Julie. Wszystko wydawało się jednakowo bezsensowne.

Podobał mi się jego bezpośredni sposób bycia. Umówiliśmy się na następne spotkanie za kilka dni.

Zająłem się szczegółową analizą okoliczności śmierci Julie i listów szantażysty. Ludzie często mówią o czytaniu między wierszami, ale ja nie mogłem skupić się wyłącznie na listach. Żeby zidentyfikować mordercę, musiałem sięgnąć do jego umysłu, spojrzeć na świat jego oczami, słuchać jego uszami, nawet jeżeli oznaczało to oglądanie śmierci przerażonej młodej kobiety.

Było oczywiste, że Julie była początkującą prostytutką. Ponieważ brakowało jej doświadczenia, była narażona na przemoc bardziej niż jej koleżanki, które miały dłuższy staż w zawodzie.

Dziewiątego lipca wyszła z domu Dominica. Pojechała do centrum Leeds, gdzie wraz z dwiema prostytutkami wynajmowała mieszkanie na Spencer Place. Wszystkie trzy zaczepiały klientów na ulicy, dopóki nie zostawiły Julie samej o 23.30.

Po zamknięciu pubów, kiedy ruch w interesie zamiera, na ulicy pozostaje niewiele prostytutek. Poza tym w tych godzinach robi się mniej bezpiecznie, gdyż dziewczyny nie kontrolują się nawzajem. Z jakiegoś powodu Julie pozostała na ulicy. Może miała dług do spłacenia, może chciała zaoszczędzić trochę pieniędzy, zanim wstąpi do wojska.

Tamtego wieczoru ktoś obserwował ją z oddali i pomyślał: „Może to ona?". Od jakiegoś czasu zarzucał tam sieci, czekał na właściwą ofiarę. Musieli być sami, aby nikt nie zobaczył, jak wsiada do jego samochodu.

Prostytutka doskonale nadawała się do jego celów. Można ją łatwo namówić na wejście do samochodu i jest bardziej anonimowa niż większość kobiet. Wiadomość o jej zniknięciu nie pojawi się na pierwszych stronach gazet, jak miałoby to miejsce w przypadku zaginięcia uczennicy, na którą czekają w domu rodzice. Tuziny, może nawet setki kobiet pracujących jako prostytutki znikają na kilka dni lub tygodni w dzielnicach czerwonych latarni, by rozpocząć pracę w innym miejscu. Kierują nimi względy handlowe, strach lub zwykły kaprys. Wiele z nich nigdy już nie pojawia się w pracy. Niektóre zostają znalezione jedynie po to, by trafić do archiwum z adnotacją „NIEWYJAŚNIONE MORDERSTWO PROSTYTUTKI".

Z punktu widzenia mordercy była dobrą ofiarą, gdyż ten nie chciał pojawić się na czołówkach gazet ani nie żądał okupu od rodziny. Nie był zainteresowany konkretnie nią, potrzebował zakładnika, którym można łatwo manipulować.

Podjechał do niej. Julie podeszła do drzwi, podała cenę. Miała w pobliżu pokój, ale on chciał to zrobić w samochodzie. „To będzie kosztować ekstra" – powiedziała mu i wślizgnęła się na siedzenie pasażera. Być może odbyło się to bardziej gwałtownie, gdyż był w stanie wciągnąć ją siłą do samochodu i obezwładnić. W ten sposób jednak ryzykowałby, że zwróci czyjąś uwagę, a tego nie chciał.

Najprawdopodobniej związał jej ręce i nogi, a następnie zawiózł do przygotowanego miejsca. Chciał ją zachować przy życiu, przynajmniej do chwili napisania listu do chłopaka. Drugi list ze szczegółami przekazania okupu został napisany już wcześniej i był gotowy do wysłania.

Ale dlaczego żądał pieniędzy od policji? Dlaczego dawał złożone instrukcje, aby nikt nie śledził samochodu, nie używał radia? Przecież ludzie, których szantażował, mieli obowiązek postąpić dokładnie odwrotnie.

Odpowiedź była jasna. Jego podstawowym celem nie były pieniądze. Wszystkie starannie opracowane szczegóły oraz sposoby maskowania wskazywały na człowieka, który stawia policji wyzwanie, zaprasza policjantów do gry. Jego listy z żądaniami brzmiały jak lista zakupów, podawały sposób opakowania pieniędzy, grubość plastiku, w który należy je zapakować i dokładne wymiary paczki z banknotami. Dlaczego podawał tyle szczegółów? Czy miało to jakieś znaczenie? Tylko w przypadku, gdyby chciał pokazać swoją władzę. Kazać przeciwnikowi warować, służyć i aportować.

Żądanie wpłacenia 5 tysięcy funtów na rachunek bankowy również było częścią gry. Wiedział, że można zlokalizować miejsce wypłaty i zapraszał policję do zabawy: „Złapcie mnie, jeśli potraficie".

Podobnie żądanie okupu w wysokości 145 tysięcy funtów dawało zbyt małe korzyści w stosunku do skali przedsięwzięcia. Gdyby chciał zdobyć jeden albo dwa miliony funtów, wtedy planowanie i wysiłek byłyby opłacalne. Jedynym innym wyjaśnieniem był dług w ściśle określonej wysokości, który musiał spłacić. Na przykład kredyt mieszkaniowy, pożyczka na działalność gospodarczą; a może uważał, że w wyniku jakiejś innej niesprawiedliwości poniósł stratę dokładnie tej wysokości.

Szantażysta wiedział, że jest sprytny. Teraz chciał, żeby policja okazała mu szacunek. Być może dotychczas tego nie robiła, albo traktowała go jak drobnego złodziejaszka lub życiowy wrak. Chciał udowodnić światu, że jest o wiele lepszy, niż mógł do tej pory pokazać. Teraz wszystkie porażki i rozczarowania popadną w zapomnienie, a ludzie będą o nim mówić. Być może nie posiada dyplomu z jakiegoś eleganckiego uniwersytetu, ale ma głowę na karku i jest za sprytny, żeby dać się złapać.

Treść listu nie zawierała nic, co wskazywałoby na utratę panowania nad sobą czy też wybuch gniewu, jedynie jasne oznaki cichego podekscytowania. Wiele godzin poświęcił na przygotowanie planu, a każda z nich sprawiła mu przyjemność.

Julie żyła prawdopodobnie jeszcze następnego ranka. Oznaczało to, że gdzieś ją trzymał – w garażu lub warsztacie, gdzie nie zwracałaby niczyjej uwagi. Musiał ją oczywiście zabić. Chciał, aby policja traktowała go poważnie, więc zabił, by uświadomili sobie, że po jednym morderstwie nie zawaha się przed przekraczaniem kolejnych granic.

Nie było to morderstwo na tle seksualnym. Potraktował śmierć Julie prawdopodobnie obojętnie, jak kwestię urządzenia mieszkania ze smakiem albo właściwe zastosowanie w liście wykrzyknika zamiast kropki. Jeżeli morderstwo sprawiało mu przyjemność, to było to coś w rodzaju przyjemności płynącej z zerwania czereśni z przydrożnego drzewa. Z pewnością jednak nie chciał być uważany za zimnokrwistego mordercę, więc w trzecim liście nie triumfował.

Zamiast tego napisał: „Słowa nie są w stanie wyrazić żalu z powodu konieczności zabicia Julie Dart...", i podkreślił, że było to dla niego bolesne. Wiązało się to z kształtowaniem własnego wizerunku. Chciał być postrzegany jako sprytny ryzykant, drań, którego podziwia opinia publiczna, a policjanci czują przed nim niechętny respekt.

Dostarczyłem profil psychologiczny do sztabu kryzysowego, składającego się z około tuzina oficerów. Najwyższy stopniem był Tom Cook. Zgromadziliśmy się przy okrągłym stole w sali konferencyjnej w komisariacie Millgarth.

Na początku każdy z oficerów odpowiedzialnych za poszczególne aspekty śledztwa przedstawił dotychczasowe postępy. Niektóre zespoły odtwarzały ostatnią drogę Julie, rozmawiając z rodziną i przyjaciółmi. Inne z kolei chodziły od drzwi do drzwi, pytając, czy ktoś widział ją w nocy z wtorku na środę. Detektywi sprawdzali również dziesiątki hoteli i pensjonatów w okolicach Huntingdon.

W międzyczasie analizowano wszystko, co dotyczyło listów: rodzaj papeterii, gdzie można było ją kupić, maszynę do pisania (była to stara Olivetti z uszkodzonym klawiszem „f"). Policja sprawdzała przez czyje ręce przechodził list w sortowni i na poczcie. Pobierano odciski palców od wszystkich pracowników w nadziei, że uda się w ten sposób zidentyfikować odciski palców szantażysty.

Jeden z wątków obejmował niezwykłe oznaczenie prześcieradła, w które owinięto ciało. Były to wyhaftowane litery „MA143", pochodzące z lat czterdziestych. Dzięki niemu udało się dotrzeć do sklepu na Mosley Avenue w Coventry, gdzie przed dwudziestu laty mieściła się pralnia.

Drugi list nadany w Leeds dał kolejną wskazówkę. Znaczek z główką misia był bardzo rzadko spotykany i ukazał się tylko w zestawie zawierającym dziesięć różnych znaczków. Być może uda się odnaleźć ludzi, którzy je kupili.

Bob Taylor przedstawił mnie członkom sztabu kryzysowego i poprosił o uważne wysłuchanie i zadawanie pytań po moim wystąpieniu.

– Człowiek, którego szukacie, ma prawie pięćdziesiąt lub pięćdziesiąt kilka lat – powiedziałem, rzucając okiem na notatki. – Sposób pisania i ton listów wskazują na osobę dojrzałą. W ten sposób nie piszą młodzi przestępcy.

Inteligencja, prawdopodobnie, powyżej średniej. Zdał maturę, ale nie ukończył studiów wyższych – wynika to z zastosowanych struktur składniowych i poziomu języka.

Jest prawdopodobne, że po ukończeniu szkoły średniej nadal się uczył, być może brał udział w jakichś zorganizowanych kursach. Zna się na elektryczności i narzędziach, może je wykorzystywać w swojej pracy. Jednak jego wiedza teoretyczna jest o wiele większa niż możliwość wykorzystania ich w praktyce.

Nie pracuje na stanowisku kierowniczym w dużej organizacji – w listach brakuje przemyślanej struktury, a język jest zbyt prosty. Napisał je ktoś, kto używa maszyny do pisania, ale ogranicza się do stukania dwoma palcami.

Prawdopodobnie był żonaty, ale nie jest w stanie wytrwać w małżeństwie przez dłuższy czas.

Potrafi doskonale planować, wystarczy spojrzeć, jak dobrze wszystko opracował. Zajęło mu to sporo czasu, nie działał więc pod wpływem impulsu i mógł dokonać wielu prób.

– Może posiadać przeszłość kryminalną, lecz będą to przestępstwa przeciwko mieniu i oszustwa – powiedziałem. – Jego plany są opracowane do ostatniego szczegółu. Fakt, że coś wie o sposobie prowadzenia śledztwa przez policję, sugeruje, że już wcześniej zetknął się z tą instytucją, ale nie widzę nic, co wskazywałoby na to, że dokonał już wcześniej zabójstwa.

Jednym z wątków, które przedstawiłem do rozważenia, było sprawdzenie, czy sprawca albo jego rodzina nie ma na pieńku z byłą komendą policji w Leeds.

– Osoba ta może przenosić odpowiedzialność za swoje problemy na policję – kontynuowałem. – Będziecie musieli sprawdzić akta z wielu lat, bo myśl o zemście może drzemać w ludziach przez długi czas, zanim zamieni się w czyn. On sam lub jego bliscy zetknęli się z policją i domagali sprawiedliwości. Oznacza to, że gdzieś znajduje się pisemna skarga i może to ograniczyć obszar poszukiwań.

Jednocześnie ostrzegłem przed przywiązywaniem zbyt dużej wagi do tego wątku śledztwa. Intrygowały mnie błędy ortograficzne i błędny adres w pierwszym liście – trzeba to było jeszcze zbadać.

– Prawdopodobnie szczegóły te nie umknęły mu przypadkowo w trakcie przygotowań. Prawie na pewno przygotował fałszywe tropy, postawił zasłony dymne i zastawił pułapki na prowadzących śledztwo. Właśnie tutaj przechytrzy sam siebie i w ten sposób uda się go dopaść.

Teraz przeszedłem do punktu o szczególnym znaczeniu.

– Od samego początku Julie miała umrzeć. Ten facet chce, aby policja traktowała go poważnie i dlatego musiał ją zabić. Jeżeli okaże się to konieczne, będzie zabijał dalej, dopóki nie poczuje, że zwrócił waszą uwagę.

Zrozumienie tego faktu jest bardzo ważne. Julie nie została zabita przypadkowo po porwaniu albo w trakcie ucieczki. A właśnie te dwie teorie rozważano. Jej śmierć była manifestacją. Porywacz przygotował grę i rzucał wyzwanie. Chciał, by uważano go za godnego szacunku przeciwnika, więc żądania i plany były zakrojone na szeroką skalę i miały wywoływać duże wrażenie.

– To przede wszystkim gracz. To dla niego najbardziej podniecająca, ekscytująca gra, w jakiej kiedykolwiek uczestniczył – powiedziałem. – Znajduje się teraz na łamach całej brytyjskiej prasy i trudno sobie nawet wyobrazić, jaką satysfakcję sprawia mu poczucie władzy. Stał się już uzależniony. Nawet jeśli jego żądania zostaną zaspokojone, to i tak po jakimś czasie będzie tego znów pragnął. I nie będzie mógł się opanować.

Tom Cook zapytał, czy mam wyrobione zdanie na temat miejsca zamieszkania sprawcy. Patrząc na chronologię wydarzeń i przyglądając się mapie, nakreśliłem ogromny trójkąt o wierzchołkach w Leeds, Birmingham i Huntingdon. Zna Leeds na tyle dobrze, by odnaleźć i uprowadzić Julie bez zwracania uwagi świadków. Wysłał dwa listy z Huntingdon, a do przeprowadzenia pierwszej rozmowy wybrał ściśle określony automat telefoniczny w samym środku stacji kolejowej w Birmingham. Wszystkie te miejsca miały dobre połączenia drogowe i kolejowe.

– Jest mocno związany z West Midlands i wydaje mi się, że mieszka gdzieś w tym trójkącie – odpowiedziałem. – Jeśli miałbym się zakładać, to wskazałbym na kąt po prawej stronie od miejsca znalezienia Julie.

Po mojej wypowiedzi nastąpiła przerwa. Zastanawiałem się, co teraz policjanci sądzą o moim wystąpieniu. Niektórzy prawdopodobnie podchodzili do profilu sceptycznie, inni nie wiedzieli, co myśleć, ale nie dawali tego po sobie poznać. Następny etap – omówienie strategii – był delikatniejszej natury, ponieważ należało uważać, by nie urazić dumy zawodowej ani nie sugerować, że śledztwo zmierza w złym kierunku.

Według mnie istniało pięć możliwości.

1. Badać dotychczasowe wątki śledztwa, ignorując groźby i odmawiając negocjacji. Nierozsądne. Julie umarła, bo trzeba było przyciągnąć uwagę policji, i jeśli morderca zostałby zignorowany, to w całym kraju zaczęto by znajdować martwe prostytutki.

2. Rozpocząć zakrojoną na szeroką skalę kampanię prasową, ujawniając szczegóły oraz mając nadzieję, że ktoś go zidentyfikuje. Bardzo niewielka szansa, że akcja się powiedzie, a o wiele większa, że przestępca ukryje się na kilka tygodni. Następnie prawdopodobnie znowu pojawi się, dokonując ponownego morderstwa, by raz jeszcze się przedstawić.

3. Spełnić jego żądania, zapłacić okup i mieć nadzieję, że zniknie. Nie jest to rozwiązanie dla policji.

4. Opublikować fałszywy profil, sugerujący, że sprawca cierpi na chorobę psychiczną, ma niską inteligencję i jest seksualnie niedojrzały. Zaproponowałem to, żeby zmusić go do nawiązania kontaktu z prowadzącymi śledztwo. Wariant ten był jednak zbyt niebezpieczny, gdyż mógł zachęcić mordercę do zabicia kolejnych ofiar wyłącznie po to, aby ukarać policję za obrazę.

Pozostawiało to nam piątą możliwość: podjąć jego grę. Jeżeli sztab kryzysowy zgodzi się, że jego główną motywacją nie są jedynie pieniądze, ale gra sama w sobie, to trzeba będzie cały czas mieć to na uwadze podczas prowadzenia śledztwa.

Wyciągnięcie go z ukrycia, na ile to tylko będzie możliwe, i zrozumienie, jakie decyzje może podjąć, umożliwiało prowadzenie gry w sposób, który dawałby mu satysfakcję i stopniowo osłabiałby jego agresję do tego stopnia, aby powstrzymać go przed kolejnymi morderstwami. Jednocześnie można by stopniowo gromadzić więcej informacji lub doprowadzić do sytuacji, kiedy stałby się zbyt pewny siebie i zrobił jakiś błąd, który policja mogłaby wykorzystać.

Tak jak w przypadku Rodneya Whitchelo, każdy nowy kontakt zwiększy nasze szanse na złapanie mordercy, a kolejny list dostarczy nowych informacji. Musieliśmy pozwolić mu myśleć, że zwycięży, i jednocześnie przygotowywać się do ujęcia go.

Piąta opcja została zaakceptowana. Zaczęto czynić przygotowania do kolejnej próby nawiązania kontaktu oraz spełnienia nieuniknionych żądań. Zespół śledczy musiał być gotowy do reagowania na każdą sytuację zaplanowaną przez szantażystę; nie można było sobie pozwolić na czekanie na rozwój wydarzeń i instynktowne działania. Część przygotowań polegała na wybraniu i przeszkoleniu odpowiedniego kuriera do dostarczenia okupu. Zakrojone na wielką skalę śledztwo w sprawie morderstwa i wymuszenia obejmie dziesiątki oficerów i specjalistów, jednak w chwili przekazywania okupu cała odpowiedzialność spocznie na barkach jednej kobiety. Należało przygotować ją na to obciążenie i pomóc radzić sobie z nieoczekiwanymi sytuacjami.

Takie zakrojone na szeroką skalę operacje odbywające się na obszarze kilku komend są koordynowane przez Regionalną Komendę Policji, w tym przypadku w Wakefield. W związku z operacją jeden z wyższych rangą oficerów odwiedził mnie w Baverstock House w Lincoln, gdzie przyjmowałem pacjentów przychodni raz lub dwa razy w tygodniu. Omawialiśmy cechy najlepszej kandydatki na posłańca i negocjatora. Musiała być to osoba bystra, szybko podejmująca decyzje, dająca sobie radę w zmieniających się okolicznościach. Musiała umieć grać swoją rolę i nie okazywać strachu, nawet gdyby czuła, że jest zupełnie opuszczona i zdana na łaskę wyrachowanego i oszukującego ją mordercy.

Szantażysta celowo będzie używał odpowiednich słów, tonu głosu, rytmu, by nad nią panować i zastraszyć ją, może nawet spróbuje bezpośredniego kontaktu fizycznego.

– Trzeba kilkakrotnie przeprowadzić próby – powiedziałem. – Nie jest ważne, jak pewna siebie się wydaje. Do tej pory jeszcze tego nie doświadczyła. Kiedy ten facet będzie z nią rozmawiał, wszystko w niej zamrze.

Po kilku dniach przedstawiono mi policjantkę zbliżającą się do trzydziestki. Ściskając moją dłoń, spojrzała mi prosto w oczy. Anna (nie jest to jej prawdziwe imię) miała spore doświadczenie jako policjantka, ale nie była jeszcze nigdy posłańcem przekazującym okup. Pozostawała kwestia jej wyglądu. Szantażysta zdecydował, że policja ma wysłać tę samą funkcjonariuszkę co poprzednio. Czy zorientuje się w podstępie? Zależało to od tego, na ile zdołał się zbliżyć do pierwszego kuriera. I co zrobi, jeśli zauważy zmianę. Jak mogliśmy temu zapobiec? Pomyślałem, że musimy wymyślić jakąś historię. Możemy mu powiedzieć, że tamta kobieta cierpi na załamanie nerwowe pod wpływem stresu i przebywa na zwolnieniu lekarskim. Odpowiadałoby to jego potrzebie podporządkowania i zastraszania.

Anna usiadła w moim pokoju w Baverstock House, słuchając, w jaki sposób szantażysta będzie próbował nią manipulować. W końcu kazałem jej wstać, podnieść słuchawkę telefonu i stanąłem za nią.

– Halo. Tu mówi Julie – powiedziała trochę skrępowana.

– Wyłącz radio. NATYCHMIAST! – ryknąłem z całym autorytetem i jadem szantażysty.

Zawahała się.

– Ja… nie mam nadajnika.

– Nie obrażaj mnie. – Splunąłem. – Mam detektor nadajników koło budki. Wiem, że masz włączony nadajnik. Wyłącz go!

Nastąpiła długa przerwa, podczas której Anna próbowała sobie przypomnieć, o czym mówiliśmy w trakcie odprawy.

– Słuchaj, próbujemy robić, co nam każesz. Naprawdę. Ale dlaczego musisz to robić…

– To ja zadaję pierdolone pytania. Wyłącz nadajnik!

– No dobra. Już wyłączam.

Gestem dała do zrozumienia, że nie wyłącza radia, przewidując, iż szantażysta tylko blefuje w kwestii detektora. Gdyby naprawdę miał takie urządzenie, to powiedziałaby, że w panice pomyliła guziki.

– Teraz wypróbujmy coś innego – stwierdziłem. – Nawet jeżeli będzie groził, wyzywał i obrażał, nie odpowiadaj, nie dąż do konfrontacji. Po prostu spróbuj stworzyć z nim więź. Niech myśli, że naprawdę chcesz postępować zgodnie z jego poleceniami. Pamiętaj jednak, że musi wiedzieć, iż jesteś jedynie posłańcem i nic nie wiesz o planach policji. Niech uważa, że chociaż byłabyś skłonna mu pomóc, to jesteś tylko trybikiem w wielkiej maszynie. Użyj własnej słabości, aby zadowolić jego potrzebę władzy.

Jeszcze raz stanąłem za Anną, a ona podniosła słuchawkę.

– Wykręć żarówkę w kabinie i odczekawszy nie więcej niż 20 sekund, przejdź obok pawilonu przy zaroślach, wsiądź do niebieskiego forda i natychmiast odjedź wprost przed siebie. Skręć w pierwszą alejkę po lewej stronie i jedź z szybkością dokładnie 45 mil na godzinę. Po przejechaniu ponad mili zobaczysz budkę telefoniczną. Zatrzymaj się, wejdź do niej i czekaj na mój telefon. Wszystko dokładnie wyliczyłem. Jeżeli nie pojawisz się w ciągu sześciu minut, to będę wiedział, że nie traktujesz tego poważnie. Musisz pozbyć się obserwatorów i wsparcia albo wszystko na nic. RUSZAJ SIĘ! – krzyknąłem.

Anna odpowiedziała:

– Tego nie mogę zrobić. Nie mogę podjąć decyzji.

Zaprotestowałem:

– Nie możesz powiedzieć „nie". Daj mu jakieś wytłumaczenie.

– Staram się, ale nie mogę wykręcić żarówki.

– Nie chcę żadnych wymówek.

– Wiem, że mówisz poważnie, ale bardzo boję się, że nie będę miała dość czasu, żeby tam dotrzeć.

– Jeżeli nie ruszysz się, to dziś o północy będziecie mieć jeszcze jedno ciało i to będzie twoja wina. Nie zależy to ode mnie. Jej życie lub śmierć zależą od tego, co teraz zrobisz.

Próba ciągnęła się, a po wielu ćwiczeniach i szlifowaniu odpowiedzi Anna z łatwością dawała sobie radę z rozmaitymi groźbami, żądaniami i sztuczkami. W końcu byłem pewien, że jeżeli operacja załamie się na tym etapie, to nie dlatego, że zawiódł posłaniec.

We wtorek 6 sierpnia wieczorem rozpoczęła się kolejna operacja przekazania okupu. Anna czekała w budce na Leicester Forest East.

Godzinę po upływie terminu wszystkie jednostki zeszły z posterunków. Szantażysta nie nawiązał kontaktu. Po dwóch dniach nadszedł kolejny list nadany z Nottingham. Bob Taylor przesłał mi go faksem.

Dot. Julie

We wtorek nie nawiązałem kontaktu ze względu na fakt, że w dzielnicy burdeli w Huddersfield nie było właściwej zakładniczki. Również w poniedziałkowe wieczory młodzi kochankowie nie kręcą się po alejkach. Oni są o wiele ważniejsi niż prostytutka, gdyż ją można zlikwidować w każdej chwili, gdyby policja nie chciała współpracować. Muszę znaleźć inną odpowiednią parę, jednak dzień zostanie zmieniony na środę. W takim wypadku oczekujcie na telefon w umówionej butce w środę 14 sierpnia o 20.15 (a nie o 20.30). Dodatkowe piętnaście minut bendzie potrzebne ze względu na zmianę miejsca.

Również tym razem policjantka winna mieć przy sobie ostry nóż. Tym razem nie bendzie jechała do butki, w której bendzie ukryty nóż. Bendzie to ostatnia rozmowa zorganizowana w tym miejscu. Jeśli coś pójdzie nie tak, to nie otrzymacie kolejnych informacji o miejscu zamontowania zapalnika ani miejscu ukrycia ciała prostytutki. Zwróćcie uwagę, że zwłoki Julie znaleźliście w ciągu dwudziestu czterech godzin. Rozważałem możliwość ukrycia ciała, dopóki sprawa nie przycichnie, ale zrobiło mi się jej żal. Umarła jedynie dlatego, że znalazła się w niewłaściwym miejscu o niewłaściwej porze. Tym razem prostytutka bendzie trzymana przez dwadzieścia cztery godziny, więc nie powinno być żadnych problemów, jeżeli wszystko pójdzie po mojej myśli.

Bende również potrzebował numeru telefonu, pod który mam przekazać wiadomość o miejscu zamontowania zapalnika. Numer telefonu winien być podany w drugiej butce telefonicznej, a nie w pierwszej w Leeds.

Jeszcze raz następowały przeprosiny za niepojawienie się na pierwszym spotkaniu. Miały prawdopodobnie sugerować, że „jeżeli będziecie ze mną grać czysto, to ja również będę postępował z wami fair". Chciał być podziwiany przez policję jako godny uznania przeciwnik. Do listu dodano również kilka fałszywych tropów. Ostry nóż? Alejka zakochanych? Zmiana dnia? Szantażysta uwielbiał mieszać w kotle i patrzeć, jak się w nim gotuje.

Zgodnie z instrukcjami operacja rozpoczęła się w środę 14 sierpnia, gdy o 20.16 zadzwonił telefon. Przestępca powiedział, że wziął kolejną zakładniczkę, Sarę Davies albo Davis, prostytutkę z Ipswich. Kazał Annie pojechać autostradą M1 na północ do skrzyżowania nr 40 i skręcić w drogę A638 do Wakefield. Po dwustu metrach po prawej stronie koło przystanku autobusowego zobaczy kolejną budkę telefoniczną. Ma na to 90 minut.

W pokoju operacyjnym policjanci zaczęli ustalać, czy zgłoszono zaginięcie jakiejś kobiety w pobliżu Ipswich. Za samochodem Anny jechała cała karawana nieoznakowanych samochodów policyjnych. Po dwustu metrach nie odnaleziono żadnej budki telefonicznej. W pobliżu znajdowały się dwie inne. Szybko podjęto decyzję o wprowadzeniu do operacji drugiej policjantki, aby obsadzić obydwa telefony.

Telefon odebrała druga policjantka. Gdy podniosła słuchawkę, stwierdziła, że widełki się zablokowały. Próbując je uwolnić, usłyszała jak porywacz mówi, że zadzwoni jeszcze raz za pół godziny. Nikt nie zadzwonił i o 23.30 całą operację przerwano.

Gdy Bob Taylor przekazywał mi, co się stało, nie mógł ukryć rozgoryczenia. Przeklinał British Telecom i szantażystę. Zepsute widełki. Prosta awaria, a mogła spowodować, że policja zostanie ukarana śmiercią kolejnej kobiety.

Policja z Ipswich nie miała żadnych wiadomości o wziętej zakładniczce, nikt też nie znał nazwiska podanego przez porywacza. Pomimo to do komendantów wydziałów śledczych w Anglii i Walii wysłano teleksy informujące o możliwym porwaniu kolejnej zakładniczki.

Nieco później tego samego ranka 15 sierpnia pracownik ekipy sprzątającej autostradę M1 spostrzegł na południe od zjazdu nr 37 pomalowaną na biało cegłę w pobliżu nieużywanego mostu kolejowego nad autostradą. Do cegły przywiązano brązową kopertę, a w pobliżu leżała srebrna puszka z dwiema czerwonymi lampami. Jedna z nich się świeciła.

Policja z South Yorkhshire nic nie wiedziała o akcji przekazania okupu i obawiając się, że puszka zawiera bombę, wezwała zespół saperów wojskowych, którzy użyli zdalnie sterowanego robota, aby zniszczyć podejrzane urządzenie. Koperta, która się zachowała, zawierała naklejoną wiadomość kierującą policję w pobliże następnego mostu nad autostradą, tym razem wykorzystywanego jako kładka dla pieszych. Znaleziono tam kolejną białą cegłę, jednak bez listu.

Pomimo brakujących elementów zaczął wyłaniać się sposób, w jaki morderca miał odebrać okup. Chciał skierować kuriera pod drugi most. Następnie zrzuciłby linę, żeby kurier przyczepił paczkę z pieniędzmi, korzystając z zaczepu od smyczy. Po wciągnięciu pieniędzy mógłby uciec, prawdopodobnie idąc wzdłuż nieużywanej linii kolejowej.

Uznałem linie kolejowe za interesujący trop. W pierwszym liście mieliśmy do czynienia ze stacją Birmingham New Street. Ciało Julie znaleziono w pobliżu kolejnych nieużywanych torów. Obecna próba przekazania okupu była związana z trasą Dove Valley Trail, którą również wycofano z eksploatacji. Jednocześnie wszystkie listy wrzucano do skrzynek znajdujących się w odległości kilkuset metrów od dworca w miastach, które są węzłami sieci kolejowych.

Zadałem sobie pytanie: „Jeśli rzucisz kamyk na mapę, to ile razy może spaść w pobliżu nieużywanej linii kolejowej lub mostu kolejowego?". Może od czasu do czasu, ale nie trzy razy na trzy razy. Widocznie linie kolejowe stanowiły ważną część życia i planów tego mężczyzny. Oczywiście nie musiał pracować na kolei, ale na pewno interesował się pociągami bardziej niż przeciętny człowiek.

Po sześciu dniach od nieudanej próby przekazania okupu do Leeds dotarł siódmy list nadany 19 sierpnia w Grantham. Naszpikowany błędami ortograficznymi i gramatycznymi zdradzał sporo informacji na temat sprytu autora i jego potrzeby manipulowania innymi ludźmi.

Z Ipswich nie porwano żadnej prostytutki. Zamiast tego szantażysta twierdził, że była to jedynie prowokacja. Chciał zobaczyć, w jaki sposób policja zareaguje oraz jak będzie próbowała go złapać. Zbierał jedynie informacje, które przydadzą mu się przy odbieraniu innego, znacznie większego okupu.

Napisał:

> Gra skończona. Reszty dowiem się z telewizji z *Crimewatch UK*. Nigdy nie oczekiwałem, że w paczce bendą pieniondze. Poczyniłem jedynie przygotowania, aby unieszkodliwić znajdujący się wewnątrz podsłuch. Chciałem wiedzieć, jakim sprzętem posługuje się policja...
>
> Zanim przystąpię do realizacji mojego planu, niniejsza sprawa od dawna już bendzie leżała w archiwum. Bo o to chodziło od samego początku. Jak wiecie, nikogo nie porwałem w Ipswich ani nie zakładałem żadnego detonatora. Nie chciałem, aby ktoś umarł tak jak Julie. Zawsze mówiłem, że i tak bendziecie współpracować.
>
> Dla waszej wiadomości Julie została porwana we wtorek 9 lipca o 23.30 z Roundhey Road. Była ubrana w dżinsy, a nie w spódnicę. Sądzę, że już podałem powód, dla którego musiała umrzeć. Ciało było w tak złym stanie, bo przez dwa dni trzymałem je w metalowej beczce na kółkach, która znajdowała się w szklarni. Ta sama beczka została użyta do przetransportowania ciała, chociaż to już wiecie po śladach kół.

Większa część listu została poświęcona temu, w jaki sposób przekazywał wiadomości i jak doskonały plan opracował. Jednak do wszystkiego, co napisał, trzeba było podchodzić z dystansem. Jednym ze sposobów maskowania było umieszczanie prawdziwych informacji pośród kłamstw, aby ukryć rzeczywiste zamiary. Chociaż nadal usiłował ukryć swoją brutalność, list potwierdzał, że śmierć Julie stanowiła raczej demonstrację niż następstwo wypadku.

Dwudziestego pierwszego sierpnia szantaż ujrzał w końcu światło dzienne, a wielki tytuł w „Yorkshire Evening Post" głosił: „PŁAĆCIE ALBO ZNOWU ZABIJĘ".

Sztab kryzysowy zdecydował się ogłosić rzecz publicznie, ponieważ test grafitowy wykrył wiadomość odbitą na odwrotnej stronie jednej z kopert użytych przez szantażystę. Prawdopodobnie koperta leżała pod kartką, na której ktoś napisał: „Mavis! We wtorek mnie nie bendzie. Phil".

Nie było sposobu stwierdzić, czy jest to przypadkowy ślad, czy też sfabrykowany. Bob Taylor zdecydował się jednak poinformować społeczeństwo, mając nadzieję, że ktoś rozpozna imiona i wezwie policję. Doprowadziło to do powstania trzydziestu nowych wątków, które trzeba było zbadać.

Jednocześnie szantażysta przyczaił się, chociaż wiedziałem, że jeszcze powróci. Za bardzo kochał grę, by ją po prostu porzucić. Przez cały wrzesień otrzymywałem regularne telefony od Taylora albo od jednego z jego sierżantów. Prawdę mówiąc, sam spotkałem dwie osoby, które widziały samochód.

Wyjaśnienie pewnych tropów spowodowało pojawienie się doniesienia o czerwonym suzuki, które widziano w alejce zakochanych w Barnsley. Detektywi badali również pochodzenie pomalowanych na biało cegieł użytych do oznaczenia trasy. Stwierdzili, że pochodzą one ze zbankrutowanej cegielni.

Cisza została przerwana 15 października, kiedy to na stację Euston w Londynie dotarł list adresowany do Kolei Brytyjskich. Na wewnętrznej kopercie znajdował się napis „Do wiadomości wyższego kierownictwa".

> Jeżeli nie otrzymamy 200 000 funtów gotówką spowodujemy katastrofę pociągu ekspresowego. Będzie to albo pociąg nr 225 na linii wschodniej albo pociąg wahadłowy na linii zachodniej. Mamy już materiały ukryte w pobliżu. Poniżej schemat w jaki sposób to zrobimy.
>
> Potraktujemy tę sprawę bardzo powarznie jeżeli zignorujecie ten list albo nie wypłacicie pieniędzy. Oczekujemy, że zawiadomicie policję, ale poinformowanie opinii publicznej spowoduje zerwanie kontaktu. Gdybyście zignorowali ten list, to przekonacie się jak powarznie traktujemy tę kwestię.
>
> Gdybyście tylko udawali, że spełniacie nasze rządania i nie dostarczyli pieniędzy to rozwścieczycie nas bardziej, niż gdybyście tylko zignorowali ten list…

Dalej podawał dokładne instrukcje, jak poszczególne nominały powinny być zapakowane i że powinny być umieszczone w niezamkniętej walizce. W poniedziałek w dziale ogłoszeń prywatnych w „London

Evening Standard" kolej miała zamieścić anons o treści: „Pociąg gotowy do odjazdu".

Dwa dni później, w środę 23 października, dwie pracownice kolei powinny przyjechać z pieniędzmi na stację Crewe. Jedna z kobiet miała przez cały czas pozostawać w samochodzie, a druga czekać o 19.00 na telefon na trzecim peronie.

Miała odpowiedzieć: „Mówi Amanda". Rozmówca przekaże jej nazwę następnej stacji kolejowej, dokąd powinna pojechać i oczekiwać na dalsze instrukcje.

> Osoba, która bendzie odbierać telefony, musi mieć na sobie spódnicę i szpilki. Nie chcemy olimpijskich sprinterów w adidasach. Kobiety powinny posiadać dobry atlas drogowy i dobre wyczucie kierunku...
>
> Uwaga. Aby zabezpieczyć się przed zasadzką policji, mamy asa atutowego, którym zagramy w chwili odbierania pieniędzy. Waszym kobietom nic się nie stanie, jeśli nie będą udawać bohaterek. W chwili podjęcia okupu kobieta za kierownicą będzie na muszce strzelca wyborowego, ale nikogo nie będzie widziała.

Początkowo listem zajęła się Policja Kolejowa, a następnie przekazała sprawę do Scotland Yardu. Na czele śledztwa stanął mój stary znajomy ze sprawy zatrucia odżywek dla dzieci Heinza, podinspektor Pat Fleming. Zdecydował, że groźba jest prawdziwa i że trzeba działać. Gdy podejmował decyzję, nie wiedział jeszcze, że policja w West Yorkshire prowadzi dochodzenie w sprawie morderstwa i szantażu.

W tym samym czasie Bob Taylor również otrzymał list. Tym razem zaadresowany był: „Komendant Policji West Yorkshire, Millgate, Leeds". Błąd ortograficzny w słowie „Millgarth" miał się później stać ważnym dowodem.

> Dot. Julie (bez włosów)
>
> Poniewarz nie siedzicie mi na ogonie nadszet czas odebrać 140 000 funtów. Za dwa morderstwa nie grozi mi duży wyrok a prostytutki można z łatwością porwać. Tym razem chodzi mi o pieniądze wienc nie

porwę nikogo aż do poniedziałku i udoskonaliłem metode porwania. Pieniądze tak samo, jak do tej pory.

W środę 21 października na końcu peronu trzeciego na stacji w Carlisle o 20.00 ma czekać policjantka na wiadomość (nagraną) około 21.15.

Wierzę, że dostarczycie pieniądze, gdyż nie zaryzykujecie życia policjantki ani prostytutki...

W ciągu kilku dni zespoły śledcze policji w Leeds i Scotland Yardzie stwierdziły istnienie związku pomiędzy sprawami, a ja dostałem oba listy do analizy. Nie miałem wątpliwości, że mimo prób ukrycia tego faktu zostały napisane przez jednego człowieka. Istniały liczne wskazówki: marna gramatyka, adresy napisane wielkimi literami, względnie niski okup, związek z koleją, instrukcje w formie listy zakupów, dokładny opis sposobu pakowania pieniędzy. Podobieństwa były o wiele większe niż różnice.

Drugi list podawał niedokładną datę odbioru okupu: „w środę, 21 października". Środa wypadała dwa dni później, i tego też dnia miało odbyć się przekazanie okupu Kolei Brytyjskich. Czy był to zamierzony błąd, czy, co bardziej prawdopodobne, próba rozproszenia sił policji, zmuszająca do prowadzenia dwóch operacji jednocześnie, w odległości 150 mil? Setki policjantów z komend regionalnych miało ścigać tego samego mężczyznę, ryzykując, że się nawzajem aresztują w zamieszaniu, które nastąpi.

Zasugerowałem trzecią możliwość. Nie zadzwoni do żadnego z wysłanników. Może po prostu będzie przyglądał się z ukrycia szarpaninie policji i śmiał w kułak, wiedząc, że każde rozczarowanie i zawód obniża entuzjazm i morale funkcjonariuszy.

List z żądaniem okupu wysłany do Kolei Brytyjskich zawierał rysunek, w jaki sposób można wykoleić jadący szybko pociąg ekspresowy, wykorzystując dwa dwuteowniki stalowe wkopane w tory. Ekspert potwierdził, że takie urządzenie faktycznie mogłoby wyrzucić pociąg z szyn i wysłać go w powietrze z szybkością 100 mil na godzinę. Liczne ofiary były prawie nieuniknione.

Pat Fleming odbył więc heroiczną rozmowę telefoniczną i zdecydował się nie spełniać żądań terrorysty. Postanowił grać na zwłokę i miał nadzieję nawiązać kontakt z szantażystą za pomocą ogłoszeń w gazecie. O podanej porze policjantka Susan Wooley odebrała telefon, ale zamiast przedstawić się: „Tu mówi Amanda", udała przypadkową osobę, która z ciekawości podniosła słuchawkę, gdy telefon zaczął dzwonić. Jednocześnie na stacji Carlisle Anna na próżno czekała na rozmowę. Cała operacja utknęła w martwym punkcie.

Dwudziestego ósmego października na Euston Station dotarł kolejny list.

> Gratuluję! Zasłurzyliście teraz na zemstę. Mniej więcej w ciągu tygodnia poniesiecie niewielką karę w formie zniszczonego pantografu. Przy odrobinie szczęścia wyłączymy odcinek trakcji. Odpowiedniego miejsca jeszcze nie znaleziono, ale trwają poszukiwania. Jest to mała demonstracja siły, kturą chcieliśmy przeprowadzić na samym początku, aby pokazać nasze zdecydowanie.

Pięć dni później na głównej linii zachodniej niedaleko wioski Millmeece dróżnik z Wolverhampton znalazł kilka bloków piaskowca, leżących bezpośrednio pod mostem kolejowym. Na jednym z bloków napisano: „Dla Dyrektora Naczelnego Kolei Brytyjskich". Bliższe badanie wykryło, że wywiercono w nich dziury i zwisały z mostu zawieszone na sznurze oraz drucie.

Zadaniem pułapki było zniszczenie pantografu – urządzenia, które dostarcza prąd z przewodów linii elektrycznej do lokomotywy. W najlepszym wypadku takie uszkodzenie spowodowałoby zatrzymanie pociągu po kilkuset metrach. W najgorszym – mogło spowodować przewrócenie pozostających pod napięciem przewodów i ryzyko porażenia pasażerów. W tym przypadku pułapka nie zadziałała, ponieważ podmuch nadjeżdżającego pociągu zrzucił zawieszone bloki na tory.

Jednak szantażysta znowu pokazał swoją wiedzę na temat pociągów i potencjał niszczenia. Nie był zwykłym obserwatorem przejeżdżających pociągów. Jego plany mogły spowodować załamanie pracy sieci kolejowej.

Od zamordowania Julie upłynęły prawie cztery miesiące. Policja uważała, że co najmniej dwa razy zbliżyła się do złapania mordercy. Zanim nie rozpocznie na nowo swojej gry, jedyne co można było robić, to badanie wszelkich wątków śledztwa i gromadzenie dowodów, które w przyszłości ułatwią skazanie zbrodniarza.

8

PO TYPOWYCH CICHYCH ŚWIĘTACH BOŻEGO NARODZENIA, podczas których z rzadka pojawiał się śnieg, a i mgła nie pokazywała się na okolicznych wzgórzach, wróciłem do pracy w Arnold Lodge. Dwudziestego czwartego stycznia przyjmowałem pacjentów w przychodni mieszczącej się w starym domku ogrodnika, który pierwotnie stanowił pierwszy przyczółek psychologii kryminalistycznej, gdy weszła Diane – moja sekretarka.

– Podinspektor Mike Jenkins z Wydziału Kryminalnego West Midlands prosi, abyś się z nim skontaktował jak najszybciej. To pilne.

W kalendarzu mam zapisane pod tą datą: „West Midlands – jakiś kryzys".

Jenkins powiedział, że porwano Stephanie Slater – młodą pracownicę biura handlu nieruchomościami i że wpłynął list z żądaniem okupu. Gdy mówił, natychmiast pojawił mi się przed oczyma obraz Julie Dart, związanej, martwej na mokrym polu.

Powrócił – pomyślałem.

Chociaż nie znałem Stephanie, to podczas całej drogi do Birmingham wyobrażałem sobie młodą kobietę, uwięzioną, prawdopodobnie wyczerpaną, być może nawet ranną i na pewno przerażoną. W przeciwieństwie do dotychczasowych spraw tym razem czułem, że pilnie musimy coś zrobić. Czyjeś życie było w tej chwili w niebezpieczeństwie i w zależności od tego, co zrobi policja, Stephanie przeżyje albo nie.

Była 17.30, kiedy przybyłem na spotkanie z Jenkinsem do Lloyd House w Birmingham. Był to gliniarz starej daty, który rozpoczynał swoją karierę jako posterunkowy. Towarzyszył mu starszy sierżant Phil Thomas. Przeprowadziłem z nim kiedyś rozmowę na polecenie Ministerstwa Spraw Wewnętrznych i wiedziałem, że jest wielkim, błyskotliwym mężczyzną, którego głos dorównywał posturze. Od czasu naszej ostatniej rozmowy przeszedł jakąś operację gardła i jego głos stracił sporo ze swojego autorytetu.

Nakreślili sytuację. Dwa dni temu o godzinie 22.30 dwudziestodwuletnia Stephanie wyszła z agencji nieruchomości Shipways w Great Barr, aby pokazać klientowi czteropokojowy dom w pobliżu Turnberry Road. Mężczyzna przedstawił się jako R. Southwall z Wakefield, kiedy tydzień wcześniej zadzwonił do agencji, pytając o domy na sprzedaż, a także gdy wstąpił, by wziąć kartoteki dwudziestu proponowanych nieruchomości.

Kilku sąsiadów widziało człowieka czekającego w pobliżu. Opisano go jako mężczyznę w wieku około czterdziestu lat, o wzroście około 175 centymetrów, z ciemnymi włosami do ramion. Pół godziny później jeden z sąsiadów widział jasnoczerwoną furgonetkę w alejce za domem. Napisy na szybach głosiły: „POGOTOWIE KANALIZACYJNE".

W południe Sylvia Baker, inna pracownica agencji Shipways, odebrała telefon do kierownika Kevina Wattsa. Męski głos stwierdził, że Stephanie została porwana, a list z żądaniem okupu nadejdzie pocztą następnego dnia. Zakończył ostrzeżeniem: „Piśnijcie tylko słówko policji, a Stephanie umrze".

Agencja szybko ustaliła, że pod podanym adresem nie mieszka żaden pan Southwall, a podany numer telefonu to numer automatu w budce telefonicznej na autostradzie A1 w Nottinghamshire. Samochód Stephanie znaleziono przed oglądanym domem. Wewnątrz na szczycie schodów odkryto na ścianie małą plamkę krwi.

– Pojedziemy do sztabu operacyjnego – powiedział Jenkins. – Pokażemy ci zdjęcia i szkice z miejsca porwania. Porozmawiasz też z chłopakami, którzy byli na miejscu.

Pojechaliśmy szybkim, ale nie rzucającym się w oczy samochodem z jasno oświetlonego centrum miasta poprzez plątaninę ulic, osiedla mieszkaniowe, dzielnice handlowe, dopóki nie stanęliśmy na małym zatłoczonym parkingu za jednopiętrowym budynkiem policji przy Nechells Green. Było widać, że za żaluzjami w każdym oknie świecą się światła. Wszystkie pomieszczenia w budynku miały teraz kartki z oznaczeniem, do czego w tej chwili służą. Znalazły w nich tymczasową siedzibę oficer dyżurny, sala odpraw, pokój operacyjny i poszczególne jednostki – wszyscy specjaliści pracujący na potrzeby śledztwa. Po przedstawieniu mnie oficerowi dyżurnemu i pozostałym detektywom Jenkins wręczył mi odbitkę ksero.

– Przechwyciliśmy list z żądaniem okupu i kasetę w sortowni poczty – powiedział.

Znowu występowały błędy ortograficzne i gramatyczne pochodzące od porywacza:

> Wasz pracownik został porwany i bendzie zwolniony po zapłaceniu okupu w wysokości 175 000 funtów. Przy odrobinie szczęścia nic się jej nie stanie. Aby to udowodnić, w ciongu najbliższych kilku dni otrzymacie kasete z nagraną wiadomością od waszego pracownika. Zostanie zwolniony w piątek 31 stycznia pod warunkiem, że:
>
> 1) w środe 29 stycznia wypłacicie okup w wysokości 175 000 funtów, data nie bendzie przesunięta.
>
> 2) nie zawiadomicie o niczym policji...
>
> Pieniądze mają być w dużej torbie podróżnej dokładnie według specyfikacji: 75 000 funtów w używanych banknotach 50-funtowych. 75 000 funtów w używanych banknotach 20-funtowych. 25 000 funtów w używanych banknotach 10-funtowych. Trzydzieści jeden paczek po 250 banknotów w każdej.
>
> Wiadomości ma przyjmować i pieniądze ma dostarczyć Kevin Watts (chyba że to on został porwany). Prosze jednak zwrócić uwagę, że wszystkie wiadomości bendą nagrane i nie da się nawiązać kontaktu.
>
> ZOSTALIŚCIE OSTRZERZENI. ŻYCIE WASZEGO PRACOWNIKA JEST W WASZYCH RĘKACH.

Do magnetofonu na biurku włożono zwykłą kasetę. Głos Stephanie wypełnił pokój. W głosie było słychać strach, ale nie przerażenie. Przeczytała wiadomość przygotowaną przez porywacza. W ciszy, która nastąpiła, prawie słyszałem pytania, jakie za chwilę padną. Jednak zanim byłem gotów na nie odpowiedzieć, potrzebowałem chwili spokoju w jakimś cichym zakątku, gdzie mógłbym zastanowić się nad nadawcą listu.

Wiedziałem, że z każdą godziną coraz trudniej będzie utrzymać akcję w tajemnicy przed prasą. Wzrastało ryzyko, że porwanie skończy się dla Stephanie tragicznie. Nie mogłem jednak pozwolić sobie na pośpiech. Doświadczenia innych prowadziły do wniosku, że wskazówki udzielane policji mogą być na tyle nieprecyzyjne, że spowodują zupełną zmianę kierunku śledztwa. Nawet niewielki błąd mógł doprowadzić do śmierci Stephanie.

Nie chcąc podejmować takiego ryzyka, usiadłem i zacząłem analizować list, będąc przekonanym, że autor odsłoni się nie tylko w jego treści, ale także w samej strukturze przestępstwa. Musiałem przyjąć metodę szczegółowego analizowania i nanoszenia wyników na mapę osobowości i motywacji. Zajęło mi to kilka godzin, gdyż kilkakrotnie sprawdzałem chronologię, ale w końcu byłem pewien. Z tym umysłem się już zetknąłem. Stwierdziłem, że autor jest mordercą Julie Dart i szantażystą próbującym wyłudzić okup od Kolei Brytyjskich.

Wynikało to z tego samego stopnia przygotowań, inteligencji i aroganckiego tonu. Podobne były błędy ortograficzne i gramatyczne, jak również dokładne instrukcje na temat pakowania pieniędzy. Widoczne było, że uprowadzenie zostało skrupulatnie przygotowane. Sugestia, że zamierzał porwać mężczyznę, była niezbyt udaną próbą kamuflażu. Nie pasowała do szczegółowo przygotowanego planu. Także obie kobiety zostały zmuszone do przekazania wiadomości od porywacza.

– Jesteś pewien, że to ten sam człowiek? – zapytał Jenkins.

– Prawie na pewno. Powiedziałbym, że na ponad 95 procent.

– Czy traktuje to poważnie?

– Bardzo poważnie.

– Czy zabije Stephanie?

– Jeśli uzna to za konieczne. Zabił Julie Dart, żeby policja traktowała go poważnie. Tym razem podjął większe ryzyko. Pokazał się w agencji nieruchomości, kiedy umawiał się na spotkanie.

– Czy już zabił Stephanie?

– Nie. Spróbuje ją utrzymać przy życiu, żeby udowodnić, że jeszcze żyje, aby mogła nagrać kolejną wiadomość.

Thomas zapytał:

– Czy to znaczy, że planuje ją w końcu zabić?

– To zależy od postępowania policji i zachowania Stephanie. Wie, że w sprawę włączy się policja i że Stephanie będzie mogła go zidentyfikować.

Wyjaśniłem, że bardzo dużo zależy od tego, w jaki sposób kobieta będzie odnosić się do porywacza. Pod wpływem szoku niektórzy stają się bardzo ulegli; jeżeli Stephanie zachowuje się pasywnie i z szacunkiem, to może mu się to spodobać i zmniejszy szanse, że ją w końcu zabije.

Były to tylko wstępne komentarze i musiałem się dowiedzieć o wiele więcej o Stephanie, aby móc lepiej przewidywać jej zachowanie i stwierdzić, czy została wybrana z jakiegoś szczególnego powodu.

Chociaż wszyscy chcieli złapać porywacza, to teraz istniały tylko dwa priorytety: utrzymać Stephanie przy życiu i doprowadzić do jej uwolnienia.

Kiedy dzwoniłem do Marilyn, nie mogłem jej nic powiedzieć z powodu ogłoszonej ciszy informacyjnej.

– A co z jedzeniem? – zapytała.

– Poradzimy sobie – odpowiedziałem, patrząc na talerz z nieapetycznymi kanapkami.

– Kiedy cię zobaczę?

– Zadzwonię do ciebie.

W ciągu kolejnych kilku dni doskonale poznałem pokój operacyjny, przebywając w nim do późna w nocy. Kontaktowałem się głównie z nadkomisarzem Tomem Farrem, który informował mnie o postępach w poszczególnych wątkach śledztwa.

W niedzielę po południu ojciec Stephanie odebrał telefon. W nagranej wiadomości jego córka powiedziała, że jest cała i zdrowa, i podała wynik sobotniego meczu. Potem dodała: „Chcę, żebyś wiedział, że cię kocham. Nie mogę powiedzieć za dużo i nie wiem, co się wydarzy, ale zawsze będę cię kochać. Opiekuj się moim kotem".

Pozostały tylko cztery dni do terminu zapłaty okupu i rozmowy obracały się wokół tego, co policja powinna zrobić. Właściciel agencji - spółka Royal Life Estates - z przyjemnością dostarczyła okup, ale nadal należało odpowiedzieć na pewne pytania. Gdy w grę wchodziło życie młodej kobiety, nie można było mówić o zgrywaniu bohatera ani o narażaniu jej na niebezpieczeństwo. Policja zdecydowała się pójść za Kevinem Wattsem na miejsce przekazania okupu, zidentyfikować szantażystę i śledzić go w drodze do jego kryjówki i miejsca ukrycia Stephanie.

Rozważano kwestię umieszczenia nadajników razem z pieniędzmi, ale policja nie wiedziała, czy porywacz blefuje w kwestii swych umiejętności technicznych i używania skanerów. Nie było to warte ryzyka. Proponowano również podstawienie na miejsce Kevina Wattsa przebranego oficera albo ukrycie w samochodzie detektywów. Propozycje te zostały jednak po kolei odrzucone.

Z tego, co wiedziałem o umiejętnościach porywacza, wynikało, że mógł stworzyć dodatkowy argument przetargowy na wypadek złapania przez policję. Mógł na przykład twierdzić, że Stephanie ma ograniczony zapas powietrza albo nie ma ciepłego ubrania. Jednak byłem przekonany, że jest na tyle zarozumiały i pewny siebie, iż nawet nie bierze pod uwagę możliwości schwytania.

Ustalono, że przekazania okupu dokona samodzielnie Kevin Watts. Będzie miał na sobie podsłuch, a z powietrza i z ziemi jego ruchy będzie obserwować pięćdziesięciu policjantów z jednostki antyterrorystycznej.

Thomas zapytał, czego może oczekiwać kurier. Istniało wiele scenariuszy, ale najbardziej prawdopodobny był ten, że porywacz przekaże mu skomplikowane instrukcje: dokąd iść, cofać się, zawracać, przechodzić od budki do budki, angażując zasoby policji na dużym terenie.

Może wystąpić jedna z dwóch sytuacji: albo szantażysta wkroczy do akcji natychmiast, mając nadzieję, że uda się mu zaskoczyć policję tam, gdzie się tego nie spodziewa, albo przegoni policję po całym hrabstwie. Ruch w okolicach Birmingham i w West Midlands był znaczny i trudno było przewidzieć, ile zajmie droga, więc uznałem, że szantażysta zdecyduje się na drugą opcję.

Analizując na mapie jego dotychczasowe poczynania, uznałem, że okup zostanie podjęty w północnym krańcu trójkąta w mniej zaludnionym obszarze. W chwili gdy uzna, że policja wpadła już w rytm jeżdżenia z jednej budki telefonicznej do drugiej, nagle pojawi się pomiędzy jedną instrukcją a drugą. Przeprowadzi akcję dywersyjną, zablokuje drogę, zmusi Kevina, żeby zjechał na pobocze.

Na samym końcu powiedziałem:

– Zwróćcie uwagę na mosty i wycofane z eksploatacji linie kolejowe.

W środę 29 stycznia o 15.35 w agencji Shipways Estate Kevin Watts odebrał telefon. Z pieniędzmi w bagażniku zapakowanymi w torbę podróżną pojechał autostradą M6, omijając Manchester i skręcając na drogę A57, po czym dotarł na stację w Glossop, położoną 15 mil na wschód od Manchesteru. O dziewiętnastej otrzymał telefoniczne polecenie, aby przejść do następnej budki, gdzie pod półką znajdowały się przyklejone instrukcje.

Zostałem w domu, ale myślami byłem z Kevinem. Miał on dwustronną łączność z policją, przekazywał otrzymane instrukcje do policjantów w samochodach i na motocyklach, którzy za nim dyskretnie podążali. W pewnej chwili pojawił się problem. Podniosła się mgła i z każdą minutą stawała się coraz gęstsza. Jadąc nieznanymi drogami, Kevin musiał posuwać się z prędkością żółwia. Znajdował poszczególne budki telefoniczne, wysłuchiwał instrukcji, by w końcu w okolicy Oxspring w South Yorkshire trafić na linię pennińską.

Z powodu mgły łączność radiowa zanikała, Kevin powtarzał polecenia porywacza, mając nadzieję, że policjanci go słyszą. Widoczność spadła do pięciu metrów, kiedy zgodnie z instrukcjami zatrzymał się przy oświetlonym trójkącie ostrzegawczym i zajrzał do czekającej torby podróżnej. Instrukcja wewnątrz nakazywała zawieźć ją do następnej budki telefonicznej, lecz był to jedynie wybieg.

Po stu metrach zauważył kolejny oświetlony trójkąt ostrzegawczy na środku drogi i ogromny napis na kartonie.

> STÓJ
>
> Maksymalnie 60 sekund.
>
> Na murze przy (4) znaku drewniana taca, nie dotykaj detektora wewnątrz, połóż torbę i pieniądze na tacy, jeśli detektor nie wyda dźwięku pozostaw pieniądze, usuń trójkąt przed samochodem i odjedź, pieniądze zostaną odebrane dopiero gdy odjedziesz.

Kevin położył pieniądze i odjechał, próbując desperacko nawiązać kontakt z policją. Śledzące go samochody nie miały możliwości zorientować się, że okup został przekazany. Kiedy policja zjawiła się na moście, znalazła jedynie trójkąt ostrzegawczy, narysowaną sprayem liczbę „4" i cienką warstwę piasku na skraju balustrady mostu, gdzie znajdowała się taca.

Ukrywający się na moście dziesięć metrów niżej porywacz po prostu pociągnął linkę przywiązaną do tacy i pieniądze same wpadły mu w ręce. Następnie odjechał ścieżką wzdłuż torów na motocyklu. Mozolna, czterogodzinna, rozgrywająca się na przestrzeni 110 mil operacja zakończyła się zupełną klęską. Wszystko zepsuła mgła.

A co stało się ze Stephanie Slater?

Cztery godziny później trzydziestodwuletni malarz przemysłowy, mieszkający z żoną i dwójką dzieci przy Bowstoke Road w Great Barr, usłyszał podjeżdżający samochód i silnik wyjący na wysokich obrotach. Wyjrzał przez okno sypialni i zauważył pomarańczowo-czerwonego austina mini metro z parą w środku. Kobieta wyszła z samochodu, zataczała się, wyglądała na pijaną i zdezorientowaną.

Kilka minut później Warren Slater otworzył drzwi wejściowe i Stephanie wpadła mu w ramiona.

Rano powiadomiono mnie telefonicznie o wypłaceniu okupu. Początkowa panika i szok z powodu niepowodzenia akcji ustąpiły uldze, gdyż Stephanie była cała i zdrowa. Policjanci odetchnęli, a ja podzielałem ich uczucia. Jednak kiedy usłyszałem, w jaki sposób szantażysta odebrał okup, przekląłem siebie i obiecałem sobie, że jeśli miałoby to zdarzyć się jeszcze raz, to będę się upierał, aby być obecnym w pokoju operacyjnym.

Nie można było przewidzieć mgły, ale wiedziałem, że mosty i nieużywane linie kolejowe odgrywają ważną rolę w planach przestępcy. Gdybym tam był, mógłbym zasugerować policji porównanie instrukcji z mapami pobliskich mostów i zamkniętych linii kolejowych. Można by przygotować tam zasadzki i być może zatrzymać szantażystę pomimo mgły.

Najważniejszą rzeczą było przesłuchanie Stephanie w celu poznania w najdrobniejszych szczegółach wszystkiego, co widziała. Psychologowie często stosują proces zwany wywiadem kognitywnym, w którym pacjent stopniowo cofa się w czasie i przenosi na miejsce zdarzenia, prosząc o opisanie wydarzeń w innej kolejności. Pacjent opisuje zapachy, dźwięki, widoki, wrażenia dotykowe.

Kilka miesięcy temu z powodzeniem zastosowałem tę procedurę w stosunku do Chloe – dwunastoletniej dziewczynki zgwałconej w drodze z domu do szkoły. Miejscowy wydział kryminalny poprosił o przygotowanie profilu psychologicznego napastnika, ale kiedy przeczytałem pierwotne zeznania Chloe, nie było w nich dość informacji, by wyciągnąć konkretne wnioski. Chciałem wiedzieć, co się tylko da o napastniku, jego samochodzie, podróży, o czym rozmawiali i co robili. Ale w jaki sposób mogłem dotrzeć do tych informacji? Dziewczynka była znerwicowana i musieliśmy prowadzić śledztwo w taki sposób, aby nie narażać jej zdrowia. Ten zboczeniec mógł zaatakować kolejne dziecko i tym razem je zamordować.

Matka i ojciec różnili się w kwestii dalszego postępowania. Widząc ból córki, jedno z rodziców chciało pozostawić ją w spokoju, a drugie widziało siłę jej charakteru i wolę złapania gwałciciela. W końcu wyrazili zgodę, a ja zdecydowałem się przeprowadzić rozmowę w domu, aby dać jej chociaż minimalne poczucie bezpieczeństwa. Wykorzystałem technikę wywiadu kognitywnego połączonego z głęboką relaksacją. Gdy Chloe leżała na kanapie z zamkniętymi oczami, z dłońmi na kolanach, wyjaśniłem, że cofniemy się w czasie. Powiedziałem, że zdaję sobie sprawę, iż będzie to jej sprawiało ból, ale że odbywa się to po raz ostatni.

– Jeśli poproszę cię o opowiedzenie czegoś, co cię przerazi lub zdenerwuje, podnieś palce lewej ręki właśnie w ten sposób – pokazałem jej. – Jeśli będę posuwał się zbyt szybko i zaczniesz się gubić, podnieś palce prawej dłoni, a natychmiast zwolnię.

Przez chwilę ćwiczyliśmy wizualizację i relaksację, aż na dobre uświadomiła sobie, że to ona kieruje przebiegiem rozmowy. Nie polegało to na powiedzeniu: „Teraz bądź dzielną dziewczynką i powiedz nam, co ten facet ci zrobił". Razem pracowaliśmy nad tym, przełamywaliśmy ból i inne przeszkody i dopasowywaliśmy do siebie wspomnienia, które Chloe próbowała wyprzeć z pamięci.

Wspólnie rozpoczęliśmy tę podróż. Pierwsza runda należała do niej, bez żadnych wtrąceń z mojej strony. Niedoświadczeni terapeuci często ulegają pokusie zakłócania opowieści pytaniami o szczegóły, zanim opowiadanie na dobre się rozwinie. Pozwalając jej powiedzieć o wszystkim, ustalaliśmy obszar, na jakim rozgrywało się opowiadanie, i docierały do nas nowe informacje, które można było przegapić w przypadku zadawania pytań. Tylko kiedy zamierała ze strachu, mówiłem jej: „Masz prawo się bać. Na twoim miejscu każdy byłby przerażony. Odpocznij przez chwilę, zanim posuniemy się dalej".

Później, w czasie bardziej szczegółowych rozmów, w pełni roztoczyła przede mną horror, przez który przeszła. Gwałciciel założył jej opaskę na oczy, ale i tak przez nią widziała.

– Powiedziałaś, że skrzywdził cię, gdy zatrzymał samochód i podszedł do bagażnika. Czy możesz spróbować opowiedzieć, w jaki sposób cię skrzywdził?

– Jedną ręką trzymał mnie za brzuch i drapał, i ściskał pupę, a… a… potem – przerwała, podniosła wszystkie palce lewej dłoni. Jej drobne ciało stężało i widziałem, że serce bije jej jak oszalałe.

– Chloe. Jesteś teraz bezpieczna w domu. Mamusia i tatuś są w kuchni. Nie pozwolą już nikomu cię skrzywdzić. Po prostu odpocznij przez chwilę z zamkniętymi oczami. Kiedy poczujesz się lepiej, podniesiesz palce i dalej sobie porozmawiamy. Nie będę już dzisiaj cię prosił, żebyś sobie przypomniała, co ten mężczyzna ci zrobił. Chcę, żebyś teraz wyjrzała spod opaski i opowiedziała mi o jego dłoniach. Czy były miękkie i gładkie, czy twarde i zgrubiałe, a może coś pomiędzy?

Uspokoiła się, upłynęła chwila. Nie wiedziałem, czy wszystko wypchnęła ze świadomości i odcięła się ode mnie. Po chwili powiedziała bardzo cicho: „Były delikatne, a z wierzchu rosły rude włoski".

– Przyjrzyj się uważnie, czy ma obrączkę na którymś z palców? – Mogłem używać jedynie łagodnego tonu głosu, aby ją uspokoić i trzymać się po drugiej stronie pokoju, by zredukować lęk przed bliskością obcego mężczyzny. Jednak nie wolno było mi zasugerować żadnej odpowiedzi. Jeśli nie uda mi się utrzymać na granicy pomiędzy kokonem, jaki wokół siebie stworzyła, i ponownym przesłuchaniem, to stracimy możliwość poczynienia postępu w śledztwie i bez przyczyny narazimy ją na dyskomfort. Znowu dłuższa chwila oczekiwania.

– Tak. Podobną do obrączki tatusia.

Wkrótce sytuacja zaczęła się wyjaśniać i poznaliśmy coraz więcej szczegółów. W końcu nawet słyszała dźwięk opon na żużlu. Przez szczelinę w bagażniku widziała rząd latarń i umiejscowiła je w stosunku do okresów postoju na światłach ulicznych. Opisała tylne światła w samochodzie, przez co udało się ograniczyć możliwe rodzaje samochodów. Wreszcie dowiedzieliśmy się, że napastnik był leworęczny, jakie miał oczy, podbródek, zasób słów i akcent.

Tyle samo szczegółów musieliśmy wydobyć od Stephanie Slater. Jeśli nie widziała twarzy, to czy widziała jego dłonie? Ile czasu zajęła podróż? Czy w czasie podróży wiał wiatr? Czy trasa była kręta? Równie ważne mogły się okazać takie prozaiczne szczegóły jak godziny podane w radiu czy błędy gramatyczne popełniane przez sprawcę.

W ciągu następnego tygodnia policyjne motocykle prawie codziennie dostarczały mi materiał z przesłuchań. Stephanie okazała się doskonałym świadkiem i pamiętała czarne włoski na dłoniach porywacza, sposób, w jaki wymawiał K i T na końcu słów. Chociaż cały czas miała zasłonięte oczy, to wiedziała, że w jej więzieniu znajdował się staromodny telefon z tarczą i radio nastawione na BBC. Gong u drzwi brzmiał jak stara kasa sklepowa.

Ponieważ widziała napastnika, gdy spotkali się w domu wystawionym na sprzedaż, potrafiła przekazać policyjnemu grafikowi dobry opis porywacza i jego ubioru. Na kieszeni płaszcza na piersi widziała jakiś motyw związany z koleją.

Zaatakował, gdy pokazywała mu łazienkę na górze. Obracając się, zauważyła, że w jednej ręce trzymał nóż, a w drugiej zaostrzony pilnik.

– Wpadłam w panikę i zaczęłam krzyczeć, i wszystko nastąpiło bardzo szybko. To było takie przerażające, że tylko wrzeszczałam i wrzeszczałam – powiedziała.

Wepchnął ją do wanny, związał ręce, na oczy założył plastikowe okulary, przez które nic nie widziała, a wokół szyi owinął sznur. Następnie zaprowadził ją jak psa na dół do swojego samochodu, w którym fotel pasażera był w pełni rozłożony.

Kiedy dotarli na miejsce przeznaczenia, prawdopodobnie już po zmierzchu, zabrał ją z samochodu do jakiegoś budynku i przywiązał do krzesła. Najpierw dał jej frytki, potem kazał przebrać się w dostarczone przez niego ubranie, a następnie założył jej kajdanki na ręce i nogi.

– Mam nadzieję, że nie masz klaustrofobii, bo teraz wchodzisz do pudła w pudle – powiedział i kazał jej wsunąć się do przypominającego trumnę pojemnika. Był bardzo ciasny i musiała skulić się, żeby się w nim zmieścić. Powiedział jej, że nad nią znajdują się głazy, które zmiażdżą ją, jeśli będzie się ruszać. Powiedział także, że do pudła podłączył elektrody i jeśli spróbuje ucieczki, to skończy jak skazańcy na krześle elektrycznym.

Przez kolejne siedem dni było to jej więzienie.

Czytając zapisy z przesłuchań, byłem pewien, że dwie rzeczy utrzymały Stephanie przy życiu. Mężczyzna nie chciał być przedstawiony przez prasę jako zimnokrwisty morderca, chociaż już się zetknął z takimi opisami w gazetach. Po drugie Stephanie była na tyle zszokowana tym, co się wydarzyło, że stała się pasywna i ustępliwa. Dzięki temu była bardziej atrakcyjna z punktu widzenia mężczyzny, który czerpie satysfakcję z poczucia dominacji. Gdyby nie te czynniki, to na polu znaleziono by jeszcze jedno ciało.

Po powrocie Stephanie Tom Cook zapytał mnie, czy istnieje niebezpieczeństwo, że porywacz znowu skontaktuje się z agencją Shipways. Powiedziałem, że jest spora szansa, że tak postąpi. Stephanie stała się dla niego ważna, a nie możemy zapominać o jego podstawowej motywacji. Nawet jeżeli przycichnie na pewien okres, to po jakimś czasie znowu pojawi się na scenie, ponieważ uwielbia tę grę.

Po zniesieniu blokady informacyjnej nagłówki oraz krytyczny ton artykułów były dla nas zaskoczeniem. Przecież Stephanie była cała i zdrowa, a o to chyba chodziło.

Na konferencji prasowej w Birmingham inspektor Tom Cook, który sprawował ogólny nadzór nad śledztwami, ujawnił związek porwania z morderstwem Julie Dart. Opisał wiele podobieństw pomiędzy przestępstwami i podkreślił, że głównym motywem postępowania sprawcy nie były pieniądze.

Gdy naciskano go dalej, powiedział:

– No cóż. Będziemy musieli zapytać Paula Brittona, co może powiedzieć w tej kwestii.

Po raz pierwszy publicznie padło moje nazwisko w związku z prowadzonym śledztwem. Reakcja była natychmiastowa i Cook uświadomił sobie, że popełnił błąd. Gdy pojawiły się następne pytania, było już jasne, że informacji nie da się wycofać.

Tego popołudnia zadzwonił do mnie z przeprosinami oficer prasowy z Leeds.

– Bardzo nam przykro – powiedział. – W czasie konferencji prasowej popełniliśmy błąd.

Dziennikarze szybko do mnie dotarli i wieczorem telefon nie przestawał dzwonić. Profilowanie psychologiczne stało się najważniejszym tematem roku, a moja pilnie strzeżona anonimowość przepadła.

Gdy proszono mnie o komentarz lub wywiad, za każdym razem uprzejmie odmawiałem.

– Może kiedy zostanie złapany i skazany – mówiłem, mając nadzieję, że to ich odstraszy. Jednocześnie gazety przedstawiały mnie jako psychologa zaangażowanego w intelektualną walkę z szaleńcem.

Śledztwo ruszyło z kopyta dzięki doskonałej pamięci Stephanie i policja zaczęła zaciskać sieć. Przygotowano bardzo dobry portret pamięciowy i w razie potrzeby można było wykorzystać nagrania głosu mordercy.

Podczas jazdy do Birmingham, chociaż nie widziała przestępcy, to jednak rozmawiała z porywaczem, który odliczał mile i mówił, że zbliżają się do celu. Na podstawie jej opisu i czasu, jaki im to zajęło, udało się zawęzić obszar, na którym mieszkał sprawca, do małego trójkąta pomiędzy drogami krajowymi w Lincolnshire. Zespół detektywów wprowadził się do małego hotelu tuż za granicą hrabstwa Nottinghamshire, gdzie czekał gotowy do szybkiej akcji.

Siódmego lutego do komisariatu w dzielnicy Millgarth w Leeds nadszedł list nadany w Sheffield. Kopie otrzymała również policja z West Midlands, pani Lynn Dart, „News of the World", „The Sun", lokalna telewizja z Yorkshire i telewizja BBC.

Trzy strony brzmiały jak próba usprawiedliwienia czy też obrony mordercy.

Stan faktyczny

Ja, będąc porywaczem Stephanie Slater, nie jestem zabójcą Julie Dart. Niemożliwe, aby istniały jakiekolwiek zbieżności pomiędzy obydwoma przypadkami.

Nie jestem równiesz osobą, która w tak idjotyczny sposób próbowała szantażować Koleje Brytyjskie, którym to pomysłem podzieliłem się z inną osobą. Teraz uważam, że mógł użyć mojej maszyny do pisania, aby napisać listy z groźbami. Nagłe przerwanie łączności między Kolejami Brytyjskimi a szantażystą wynikło z mojej interwencji, kiedy ku swojemu przerarzeniu dowiedziałem się, że wykorzystał moje pomysły, aby odebrać okup.

Na moją korzyść przemawiałoby, gdyby policja nadal wierzyła, że wszystkie przypadki są powiązane, ale zależy mi na tym, co myślą Stephanie i jej rodzice. Dałem Stephanie słowo odnośnie kilku rzeczy i z małymi wyjątkami wszystkiego dotrzymałem. Oto niektóre z nich: a) nigdy nikogo nie zabiłem, b) pod warunkiem, że nie będzie podglądać, uwolnię ją i nie skrzywdzę w żaden inny sposób, zarówno teraz, jak i w przyszłości...

Fakt, że wiedziałem jak, potrafiłem i z wielkim powodzeniem dokonałem przestępstwa, są moją jedyną satysfakcją. Jestem zawstydzony i odczuwam ogromny niesmak z powodu mojego potraktowania Stephanie i bólu, jaki sprawiłem jej rodzicom... Nawet me oczy są pełne łes, budzę się w nocy z płaczem. Przy odrobinie szczęścia wkrótce o tym zapomni. A ja? Nie sądzę, żeby mi się to kiedyś udało.

Państwo Slater i Stephanie! Bardzo Was przepraszam. Proszę o wybaczenie...

List kończył się śmiałym stwierdzeniem: „Niniejsza sprawa nigdy nie znajdzie finału w sądzie, gdyż mam przygotowane plany na wypadek żeby policja pozostawała dwa kroki z tyłu".

Portret pamięciowy przeraził go i nagle zaczął obawiać się o swoją wolność. Nie chciał być oskarżony o morderstwo, jednak nawet jego zapewnienie o niewinności zawierało dowód, że to on jest mordercą Julie. W liście do policji z West Yorkshire napisał „Millgate" zamiast „Millgarth". Popełnił identyczny błąd jak w swoim liście wysłanym do Leeds we wrześniu ubiegłego roku, który zaczynał się: „Dot. Julie (bez włosów)".

Popełnił również podobne błędy ortograficzne i gramatyczne.

Jako psycholog wiedziałem, że czuje się teraz jak zwierzyna łowna i odgrywa skruchę, przygotowując sobie obronę. Nie oczekiwał, że porwanie Stephanie wywoła tak duże poruszenie ani że policja powiąże je z morderstwem Julie Dart.

Napięcie rosło. Dwudziestego lutego zadzwonił do agencji Shipways i poprosił do telefonu Sylvię Baker. Ta, usłyszawszy jego głos, natychmiast nacisnęła guzik alarmujący komendę policji w Nechells Green. Szantażysta powiedział: „Ja jestem osobą, która porwała Stephanie. Stephanie i ty jesteście jedynymi osobami, które mogą mnie zidentyfikować, ale Stephanie tego nie zrobi, bo wie, co to by dla niej oznaczało. Rozumiesz?".

Tego samego wieczoru *Crimewatch* UK i wiadomości ITV nadały taśmę z nagraniem głosu porywacza. Usłyszało go 15 milionów ludzi. Widzów poinformowano także o domniemanym miejscu zamieszkania przestępcy i używanym przez niego samochodzie.

Przygotowano pięćdziesiąt linii telefonicznych i trzy pokoje operacyjne na przyjęcie nawałnicy telefonów, których się spodziewano. Jednym z widzów była pani Susan Oake z Keighley w West Yorkshire, która nagrała program i obejrzała go dopiero późno w nocy po powrocie do domu. Zadzwoniła do sztabu operacyjnego, przekonana, że rozpoznała głos porywacza. Był to Michael Sams, który prowadził zakład naprawy narzędzi mechanicznych przy Swan and Salmon Yard w Newark.

Wiadomość natychmiast trafiła do komisariatu w Bingham i rano rozpoczęło się rozpoznanie. Wywiadowcy potwierdzili, że Sams jest właścicielem pomarańczowego austina metro, kilkakrotnie stawał przed sądem pod zarzutem drobnych oszustw, godzinami obserwował pociągi i był wielkim entuzjastą kolei. Jedyną wadą Samsa jako podejrzanego był brak jednej nogi.

Wkrótce, rankiem 21 lutego, czterech policjantów weszło do warsztatu Samsa; po rzuceniu okiem na wnętrze byli pewni, że znaleźli właściwego mężczyznę.

Obraz Samsa, który wyłonił się w trakcie śledztwa, prawie doskonale pasował do profilu psychologicznego przygotowanego kilka miesięcy temu. Był to człowiek, któremu prawie nic się nie udawało. W młodości był obiecującym sportowcem. Z powodu raka amputowano mu nogę. Wszystkie trzy małżeństwa zakończyły się klęską, podobnie jak liczne próby osiągnięcia sukcesu w biznesie. Za każdym razem, gdy coś mu się powiodło, błędna decyzja niszczyła rezultaty ciężkiej pracy.

Był inteligentny i miał zdolności manualne. Po spędzeniu trzech lat w marynarce handlowej instalował windy i systemy centralnego ogrzewania. W kwietniu 1978 roku został skazany na dziewięć miesięcy za oszustwo i kradzież. Ukradł i przemalował samochód marki MG Midget oraz przygotował dla niego fałszywe tablice rejestracyjne. W więzieniu stwierdzono u niego raka i chirurdzy amputowali mu nogę nad kolanem.

Był oburzony tym, w jaki sposób potraktowało go życie, i wiedział, że byłby w stanie osiągnąć o wiele więcej. Kto był temu winny? Na pewno nie on. Ponieważ miał niewiele pieniędzy, a trzecie małżeństwo właśnie się rozpadało, zaczął planować, w jaki sposób pokazać swoje zdolności.

Po aresztowaniu Sams został przewieziony do komisariatu w Newark. Tom Cook zdecydował, że policja z West Midlands przesłucha go w sprawie porwania Stephanie, do którego Sams natychmiast się przyznał. Następnie planowano przesłuchanie w sprawie morderstwa Julie Dart.

Jednocześnie eksperci z zakładu kryminalistyki zaczęli rozbierać jego warsztat na czynniki pierwsze, a odkrycia, które poczynili, umożliwiły później powiązanie podejrzanego ze wszystkimi przestępstwami. Włókna ze spodni marynarskich, które miał na sobie w chwili aresztowania, pasowały do włókien znalezionych w liście z żądaniem okupu wysłanym do Kolei Brytyjskich. Włókna z warsztatu wskazywały również na jego kontakt z liną i prześcieradłem użytym do owinięcia ciała Julie, a rozcieńczona krew na starych firankach prawie na pewno była krwią Julie.

Od początku było jasne, że Sams nie zrezygnował z gry. Zasłona dymna, kłamstwa, fałszywe tropy zmuszały przesłuchujących do ciągłego manewrowania. Obnażał wszelkie słabości policyjnych dowodów i bawił się, wymyślając scenariusze mówiące o wspólniku, któremu rzekomo zapłacił 20 tysięcy funtów.

– Jak mogłem to zrobić? – pytał Sams, wskazując na swą protezę. Twierdził, że jego skuter nie zmieściłby się w samochodzie i że nie był w stanie wysłać żądań okupu w danej chwili. Oczywiście nie chciał podać nazwiska domniemanego wspólnika i była to jedynie kolejna sztuczka nastawiona na omamienie oraz zdenerwowanie policji.

Bawił się nawet w gryzmolenie liczb na kawałkach papieru i ukrywanie ich tak, by policja je znalazła. Przez to dziesiątki godzin zostały poświęcone na ustalenie, czy były to współrzędne jakichś map, wskazujących na miejsce ukrycia okupu. Sams jedynie się uśmiechał i nic nie mówił.

Zanim przewieziono go do komisariatu w Millgarth, Bob Taylor i jego zespół wiedzieli już, jakie trudności będą ich czekały w czasie przesłuchań w sprawie morderstwa Julie Dart. Taylor poprosił mnie o obejrzenie taśm wideo z przesłuchań, które odbyły się w Birmingham, i zasugerowanie strategii. Mieli trzy dni przed ponownym przesłuchaniem w sądzie.

Przyjechałem późnym wieczorem i zjadłem kolację z Bobem Taylorem i ekipą śledczą w policyjnej kantynie, popijając herbatą z filiżanki z herbem policji West Yorkshire. Dyskutowaliśmy nad tym, czy Sams przyzna się do zamordowania Julie.

– Nie przyzna się – powiedziałem. – Przynajmniej zanim nie zostanie skazany. Nadal się z nami bawi w kotka i myszkę oraz sądzi, że jest sprytniejszy od nas.

Nie było to niespodzianką. Po kolacji zebraliśmy się w małym, dusznym pokoju wypełnionym sprzętem technicznym, różnymi urządzeniami do nagrywania dźwięku i magnetowidami. Ktoś włożył taśmę z przesłuchania w Birmingham i Michael Sams pojawił się na monitorze. Znałem go już od jakiegoś czasu, ale po raz pierwszy widziałem jego twarz.

Na filmie z naniesioną datą i godziną siedział niedbale w pokoju przesłuchań, ubrany w białą koszulkę bez kołnierzyka i spodnie. Nie wyglądał na zbyt pewnego siebie, ale nie był też zastraszony. Nadal widać było oznaki początkowego szoku: sądził, że policja nie będzie w stanie go złapać, i pomylił się.

Blada twarz była względnie bez wyrazu, ale sposób, w jaki siedział, wskazywał na to, że będzie raczej próbował zachować swoje tajemnice dla siebie, zamiast je z siebie wyrzucać. Ciągle zaprzeczał temu, jakoby zamordował Julie Dart i szantażował Koleje Brytyjskie. Widziałem, że cały czas tworzy sobie pole manewru, aby w pewnej chwili zapanować nad grą.

Sams nie chciał, by uznawano go za wyrachowanego mordercę, chciał być błyskotliwym i odnoszącym sukcesy draniem, jak Cary Grant w filmie *Złodziej w hotelu.* Jedyny sposób na wytłumaczenie krwawej zbrodni to stwierdzenie, że dokonał jej ktoś inny.

I to stwarzało przesłuchującym problemy. W jaki sposób można udowodnić winę komuś, kto cały czas zrzuca odpowiedzialność na wspólnika?

– Zrozumcie, że jest to fikcja – powiedziałem. – Pozwólcie mu ją podtrzymywać, ponieważ czyniąc tak, będziecie mogli wydobyć informacje znane jedynie osobie, która zabiła Julie Dart. Kiedy będziecie już je mieli, możecie popracować nad zniszczeniem teorii wspólnika.

Nigdy dobrowolnie się nie przyzna, że kłamie, ale nieświadomie da wam do ręki szczegóły, które postawią go przed ławą przysięgłych. Zadaniem sądu będzie zdecydować, skąd posiada te wszystkie informacje.

Ostrzegłem również, że Sams spróbuje przejąć kontrolę nad śledztwem, przyznając się do porwania Stephanie Slater i mówiąc o wyrzutach sumienia; jednocześnie będzie stale zaprzeczał, jakoby miał coś wspólnego z morderstwem Julie. Trzeba będzie powstrzymywać go od zbaczania z tematu, ale nie agresją lub gniewem.

– Dla Samsa ważny jest status. Musi wierzyć, że ludzie po drugiej stronie stołu są wystarczająco inteligentni, aby go docenić i podjąć grę. Jeśli uzna, że jesteście go warci, będzie wychodził wam naprzeciw. Jeśli wyczuje brak pewności siebie lub stwierdzi, że po prostu mechanicznie wykonujecie swoją pracę, nie podejmie gry.

Z tych wszystkich względów najważniejszą rzeczą były przygotowania – jedyny czynnik, który mógł sprawić, że Sams się obwini. Przesłuchujący musieli posiadać dogłębną wiedzę na temat jego przestępstw i dotychczasowego śledztwa. Nie wystarczyło jedynie przejrzeć pobieżnie akta, lecz należało dokładnie przygotować pytania. Przemyśleć możliwe odpowiedzi na każde z nich i swoje własne pytania na każdą z możliwych odpowiedzi. Przygotowywano sieć pytań, w którą podejrzany miał w końcu zostać schwytany.

Jednocześnie specjaliści z Wydziału Kryminalistyki dopinali wszystko na ostatni guzik. Filmowali rekonstrukcje zdarzeń, w których udowadniali, że w austinie metro Samsa mieści się tak skuter, jak i pojemnik na kołach użyty do przetransportowania ciała Julie. Znaleziono również odpryski farby potwierdzające, że rzeczywiście w samochodzie przewożono skuter podejrzanego.

Sams nie pisał późniejszych listów na starej olivetti, lecz na elektronicznej maszynie do pisania. Skasował wszystkie listy, ale nie wiedział, że pozostały na niej kopie zapasowe. Spróbował także przygotować sobie alibi na dzień zaginięcia Julie. Twierdził, że tego dnia obserwował pociągi w okolicach górki rozrządowej koło Nottingham - zgromadził nawet zdjęcia mające to potwierdzić. Jednak po sprawdzeniu rozkładu jazdy okazało się, że sfotografowane pociągi nie mogły się tam znajdować.

Trzy dni po przewiezieniu do Leeds Michael Sams został oskarżony o porwanie i zamordowanie Julie Dart. Pozostała jeszcze tylko jedna tajemnica. Gdzie ukrył okup?

9

RANKIEM 28 LIPCA 1992 ROKU ZNALAZŁEM NA SWOIM BIURKU wiadomość: „Do Paula Brittona. Proszę zadzwonić do komisariatu w Wimbledonie do nadkomisarza Johna Bassetta". Pod spodem Diane, moja sekretarka, napisała: „Czy to znaczy, że odwołujemy wszystkie jutrzejsze spotkania?".

Wcisnąłem kartkę do kieszeni, skarżąc się na swoje zabiegane życie. Jak wygospodarować czas na wyjazd do Londynu? Moja praca na etacie spiętrzyła się do tego stopnia, że odrobienie zaległości zajęłoby mi całe miesiące pracy w weekendy. Prokuratura czekała na dwa raporty sądowe, adwokat czekał na raport na temat swojego klienta i na dodatek miałem pacjentkę w szczególnie ostrym stanie, wymagającą szybkiego leczenia.

Stare przysłowie mówi: „Jeżeli chcesz coś zrobić szybko, to daj to do zrobienia zajętemu człowiekowi". Jakoś musiałem spróbować wcisnąć kilka godzin do każdego dnia.

Kiedy poznałem Johna Bassetta, natychmiast uderzył mnie jego cichy głos i delikatna twarz. Włosy już jakiś czas temu przyoblekły się siwizną, pozostała czerń krzaczastych brwi. Zazwyczaj nosił ciemny garnitur i zwykłą białą koszulę z szerokim kwiecistym krawatem, który mógł być prezentem na Dzień Ojca.

Pokój operacyjny w komisariacie dzielnicy Wimbledon był odrobinę większy niż przeciętny pokój w zwykłym domu, wypełniony faksami, telefonami i komputerowymi terminalami. Na ścianach wisiały jedna obok drugiej białe tablice z nazwiskami oficerów i komputerowe kody wątków prowadzonego śledztwa. Niedaleko zawisła pokryta żółtymi chorągiewkami ogromna mapa zielonych terenów Wimbledon Common.

Zazwyczaj w przypadku morderstwa najważniejsze są pierwsze siedemdziesiąt dwie godziny śledztwa. Jednak gdy morderca jest chory psychicznie albo zaplanował zbrodnię niezwykle starannie, to poszukiwanie sprawcy jest o wiele bardziej skomplikowane.

Minęło już trzynaście dni, a w pokoju czuć było zadziwiającą celowość wszystkich działań. Zaplamione kubki po kawie walczyły o miejsce z wypełnionymi popielniczkami i papierkami po kanapkach. Nikt nie chciał iść do domu.

Bassett poprowadził mnie przez pokój, zatrzymując się tylko po to, żeby wziąć ze stołu herbatę. Za nim kroczył komisarz Mick Wickerson. Był jednym z pierwszych oficerów, którzy pojawili się na miejscu zbrodni, i jak powiedział, nigdy nie zapomni tego, co tam zobaczył. Są trupy, o których nie sposób zapomnieć.

John Bassett postawił kubek i oparł się o biurko. Wickerson znalazł krzesło w pobliżu.

– Ofiarą była dwudziestotrzyletnia kobieta, Rachel Nickell – powiedział Bassett, bawiąc się krawatem. – Była bardzo piękną dziewczyną, a zamordowano ją w bestialski sposób. Opinia publiczna zareagowała z niespotykanym dotąd oburzeniem. Jestem zaskoczony, że nic pan o tym nie czytał w gazetach.

– Rachel mieszkała z Andre Hanscombe'em, swoim chłopakiem, w trzypokojowym mieszkaniu na osiedlu Elmfield Mansions w Balham. Pracuje on jako kurier motocyklowy w City. W środę 15 lipca o 8.30 wyszedł do pracy.

– Rachel wyszła piętnaście minut później ze swoim synkiem i psem na spacer po Wimbledon Common.

Spojrzałem na Wickersona.

– Ile lat ma mały?

– Dopiero co skończył dwa.

Przysunął mapę w moim kierunku.

– Błonia Wimbledon Common mają powierzchnię około tysiąca hektarów terenów zielonych i lasów składających się na obszar parkowy. Wykorzystywane są głównie na pikniki, spacery, grę w golfa, jazdę konną i temu podobne rozrywki.

– Była atrakcyjną dziewczyną – zauważył Bassett, mówiąc prawie do siebie. – Dopiero ostatnio zaczęła spacerować po Wimbledon Common, ponieważ na Clapham Common i Tooting Bec, do których ma o wiele bliżej z domu, zaczepiali ją mężczyźni. – Ironia w jego głosie była oczywista. – Wychodziła mniej więcej cztery razy w tygodniu, żeby Alex mógł pobawić się na dworze, a pies wybiegać na trawie. Tego ranka była ubrana w niebieskie dżinsy, szarą bawełnianą bluzkę z krótkim rękawkiem i brązowe buty.

Długopisem wskazał wiatrak na wschodnim skraju Common.

– Tutaj przed dziesiątą zaparkowała swoje srebrne volvo estate. Jakiś czas potem ruszyła tą ścieżką. Mamy świadka, który twierdzi, że widział Rachel i Aleksa dokładnie o 10.20 na ścieżce prowadzącej od parkingu do Windmill Wood, gdzie stoi wiatrak. Właśnie tam nastąpił atak, mniej więcej 500 metrów od parkingu, w miejscu, gdzie ścieżka przebiega przez lekko zalesiony teren. Nie jest dokładnie chroniona przed ciekawskimi spojrzeniami, ale z pewnej odległości nie widać, co się na niej dzieje.

– Jej ciało znaleziono jakieś cztery metry od ścieżki.

Mick Wickerson przerwał.

– Wpadł w szał… chyba myślał… prawie kompletnie obciął jej głowę. Co za… – Nie dokończył.

Bassett rzucił okiem na fotografie.

– Jak widać, nie było próby ukrycia ciała. Znalazła ją osoba przechodząca ścieżką.

– A co się stało z dzieckiem?

– Chłopiec nie został skrzywdzony – odpowiedział Bassett – ale uważamy, że był świadkiem ataku. Wydobył z siebie tylko kilka słów, od kiedy znaleziono go o 10.35, gdy próbował obudzić mamusię.

– Będzie potrzebował pomocy – powiedziałem.

– Już ją otrzymał.

Podsunął w moją stronę album z fotografiami z miejsca zbrodni. Kolorowe zdjęcia ułożono w kolejności od ujęcia ogólnego do ujęć szczegółowych. Pierwsze odbitki przedstawiały lasek i ledwo widoczne ciało Rachel. Wyglądało jak biała plama i przypominało porzuconą białą torbę na zakupy.

W końcu obiektyw przybliżył się do poziomu ziemi, fotografując ciało Rachel z każdego możliwego kąta. Nie było w tym za grosz prywatności i godności. Prawie całkiem naga Rachel leżała bez życia. Nieważne, co zrobiono potem, by przywrócić jej godność, jednak w ciągu następnych dni i tygodni była najważniejszym dowodem w toczącym się śledztwie.

Znałem procedurę. Każdy centymetr kwadratowy fotografuje się, zdrapuje, wyciera, myje, rozcina. Próbki płynów fizjologicznych, brudu zza paznokci, włosów łonowych umieszcza się w szklanych i plastikowych naczyniach. Potem wędrują od patologa do laboratorium, prokuratury, sądu i ławy przysięgłych. Gwałtowna śmierć staje się własnością publiczną.

– Co to? – zapytałem, wskazując na zbliżenie twarzy Rachel. Na jej prawej skroni leżała jednokrotnie złożona kartka papieru.

– Miałem nadzieję, że nam to wyjaśnisz – powiedział Bassett. – To zawiadomienie z banku o nadaniu PIN-u karty do bankomatu. Pewnie miała ten list przy sobie, ale nie jesteśmy w stanie dociec, w jaki sposób znalazł się w tym miejscu. Nie wiemy, co to może znaczyć.

Nie miało to dla mnie żadnego znaczenia. Nawet jeśli kartka wypadła z dżinsów w czasie walki, to w jaki sposób znalazła się na jej twarzy? Atak był tak szybki i gwałtowny, że prawie niemożliwe było, by trafiła tam przypadkowo. Wyglądało to na celowy akt, ale czego?

– Oficer odpowiadający za zabezpieczenie wszystkich śladów nie znalazł nic, co można by wysłać do laboratorium – rzekł Bassett. – Żadnej krwi, spermy, śliny, włosów… kompletnie nic. Sprawca użył prawdopodobnie noża w pochwie z mosiężną rękojeścią. Nie odnaleźliśmy go.

– Więc nie pozostawił żadnych śladów, mogących coś o nim powiedzieć?

– Zachował się odcisk buta w błocie, który może być ważny – odpowiedział Wickerson. – Jest również kilka interesujących zeznań świadków. W porze morderstwa na tym terenie znajdowało się około stu ludzi. Przesłuchujemy ich i dwóch świadków przypomniało sobie, że widziało mężczyznę myjącego ręce w strumieniu w odległości stu pięćdziesięciu metrów od miejsca zbrodni.

– Co możecie na ten temat powiedzieć?

– Widziano go przy Curling Pond – powiedział, wskazując na mapę. – Miał około dwudziestu–trzydziestu lat. Był szatynem o krótkich włosach, około 178 centymetrów wzrostu.

Przerwałem mu.

– Nie przejmuję się szczegółami, to wasza działka. Chcę wiedzieć, jak się zachowywał. Czy uciekał, czy był przerażony, niespokojny?

– Powiedziałbym: poruszony – odparł Bassett. – W rękach miał torbę i mokre ubrania. Kolejny świadek widział mężczyznę biegnącego w kierunku domów kwaterunkowych na Norstead Place w Wandsworth. Rysopis jest inny. Mógł to być przypadkowy biegacz.

– A co z odciskami butów?

– Zdjęliśmy jeden odcisk ze ścieżki.

– Czy znaleźliście coś związanego z Rachel albo Aleksem?

– Nie.

– A w innych miejscach? Może w trawie? Czy były jeszcze inne odciski, których nie widać na zdjęciu, a które prowadzą od ścieżki do ciała?

Wickerson pokręcił głową.

– No dobrze. Mówisz, że Aleksowi nic się nie stało. Żadnych siniaków ani zadrapań.

– Był umazany błotem. Uważamy, że pchnięto go na ziemię.

Zacząłem przeglądać raport z sekcji.

– Ten skurwiel nas wykiwał – powiedział Bassett.

– Cholerne ścierwo – zawtórował mu kolega.

Rozumiałem ich problem. Mieli zbrodniarza, który pozostawił bardzo niewiele śladów, i morderstwo, które wstrząsnęło całym krajem. Relacje gazet były pełne szczegółów, nie zawsze prawdziwych. Kobiety bały się chodzić do Wimbledon Common i innych parków publicznych. Zapanowało takie przerażenie, że miejscowy związek kobiet zaofiarował 400 tysięcy funtów na pomoc w śledztwie. Pieniądze można było wydać z sensem, ale oczywiście policja musiała odrzucić tę ofertę.

Ekipa śledcza uzyskała jednak pomoc HOLMES-a (Home Office Large Major Enquiry System), komputerowego systemu klasyfikowania, gromadzenia i łączenia dziesiątków tysięcy informacji zebranych podczas tak wielkiego śledztwa. System istniał zaledwie od 1987 roku, kiedy to podczas dochodzenia w sprawie rozpruwacza z Yorkshire ujawniono, że ważne informacje mogą zniknąć w górze papierów. Peter Sutcliffe mógł pojawić się jako główny podejrzany o wiele wcześniej, gdyby udało się zauważyć, że jego osoba związana jest z wieloma poszlakami.

– Powiedzcie mi coś o Wimbledon Common – poprosiłem Bassetta.

– Co można powiedzieć? Mamy tam ekshibicjonistów i natrętów, ale nic takiego… aż do tej pory. Przyglądamy się zwykłym podejrzanym: gwałcicielom, ekshibicjonistom, podglądaczom. Badamy też dotychczasowe doniesienia o przypadkach przestępstw na tle seksualnym na terenie błoni oraz sprawcach, którzy grasowali w parku i zostali niedawno zwolnieni z więzienia.

– A przyległe tereny?

Wickerson uniósł brwi.

– Potrzebuję wszelkich najdrobniejszych informacji. Nie tylko z terenów Wimbledon Common, ale również z okolic. Poszukajcie wszelkich dziwnych albo niezwykłych doniesień.

– Postaramy się to zrobić dla ciebie – powiedział Bassett.

Przez następną godzinę słuchałem, jak przebiegały poszczególne dni śledztwa, i gromadziłem kopie zeznań, zdjęć, raportu patologa, map i amatorskiego filmu wideo przedstawiającego Rachel. Zostawiłem je sobie na później. John Bassett był wyraźnie zafascynowany zasadami profilowania. Powiedział mi, że jego zainteresowania sięgają czasu, gdy prowadził poszukiwania dziecka uprowadzonego ze Szpitala Świętego Tomasza w Londynie. Uważał, że porywacz związany jest ze szpitalem – że będzie to albo pielęgniarka, albo pacjent oddziału dziennego. Założenie okazało się słuszne i dziecko odnaleziono całe i zdrowe.

Była to jedna ze szczęśliwie zakończonych spraw. W ciągu trzydziestu lat służby John zetknął się z dziesiątkami morderstw, ale żadne z nich nie było tak brutalne jak zabójstwo Rachel Nickell. Teraz, gdy brakowało mu jedynie dwunastu miesięcy do emerytury, bardzo chciał zakończyć śledztwo w tej sprawie sukcesem. Nie mógł liczyć na awans ani na przychylność przełożonych, po prostu chciał zamknąć niebezpiecznego mordercę.

Odchrząknął.

– Zawsze jestem optymistą, Paul, ale tym razem mam siedemnaście i pół miliona podejrzanych – każdy mężczyzna powyżej siedemnastego roku życia. Musimy jakoś zawęzić pole poszukiwań.

– No dobrze – odrzekłem. – Po pierwsze, muszę dowiedzieć się wszystkiego, co tylko można o samej ofierze. Jaką była kobietą? Czy pracowała? Czy miała ustalony porządek dnia? Czy była cwana i bystra, czy naiwna? Czy w zetknięciu z nieznajomym zachowałaby dystans, czy nawiązałaby kontakt wzrokowy i uśmiechnęła się? Czy w przypadku ataku lub zagrożenia stawiłaby opór? Czy była agresywna i złośliwa w stosunku do ludzi? Jakie związki utrzymywała? Czy spotykała się z innymi mężczyznami? Czy jej dotychczasowe romanse kończyły się zerwaniem? Czy pracowała kiedykolwiek jako prostytutka? Czy była rozwiązła?

Były to rutynowe pytania.

– Była uroczą dziewczyną – powiedział Bassett trochę nieśmiało.

– Co to za różnica? – zapytał Wickerson. – Teraz nie żyje. Czy nie ma dość informacji w zeznaniach, które udało nam się do tej pory zdobyć?

– Nie. Muszę czuć, że znam Rachel tak, jakby siedziała w fotelu naprzeciwko. Kiedy będę pewien, że wiem, co za chwilę powie, o czym pomyśli, jak zachowa się w danej sytuacji, to będę w stanie posunąć się trochę dalej i pomyśleć o charakterystyce jej mordercy.

Weźmy na przykład młodą kobietę, która zachowuje się prowokująco. Oczywiście nieświadomie. Może wzbudzać seksualne zainteresowanie w związku ze swoim wyglądem oraz stylem. Sprawia jej to przyjemność. Kiedy przechodzi obok obcego mężczyzny, który okazuje nią zainteresowanie, chichocze i mówi: „Cześć". Ma to zupełnie odmienne implikacje niż w przypadku dziewczyny, która usiłuje nie zwracać na siebie uwagi i unika wszelkich kontaktów.

Poszczególne rodzaje kobiet narażone są na różne niebezpieczeństwa. Czy Rachel należała do grupy podwyższonego czy niskiego ryzyka? Gdybym to wiedział, mógłbym określić, czym kierował się morderca, wybierając ją.

– Nie znamy odpowiedzi na te wszystkie pytania – odparł Bassett.

– Więc gdybyście mogli posłać kogoś, żeby porozmawiał z jej rodziną i przyjaciółmi. Szczególnie chodzi mi o jej rodziców i chłopaka. Uważajcie na ich nastawienie. Na pewno nie będą pamiętać o rzeczach nieprzyjemnych. Chcę wiedzieć o niej wszystko i to z najdrobniejszymi szczegółami.

– Podaj pytania, a my uzyskamy odpowiedzi – rzekł Bassett.

Na zewnątrz upał rozpuszczał asfalt. Przechodnie poruszali się pośród spalin i skąpych cieni rzucanych przez sklepowe markizy. Wydział kryminalny przydzielił mi samochód służbowy i młodego policjanta, który opowiadał o okolicznościach morderstwa, gdy jechaliśmy ślimaczym tempem we wczesnopopołudniowych korkach.

Wjeżdżając na parking obok wiatraka uwiecznionego przez Baden-Powella, założyciela skautingu, ujrzałem pofalowane pola, zielone drzewa. Mick Wickerson objął prowadzenie, a ja podążyłem za nim z marynarką przewieszoną przez ramię, brnąc ścieżką, na której zaschło błoto. W dzień morderstwa była błotnista. Pokonując drobne wzniesienie, dotarłem na otwarty teren, na którym policja przeszukała każdą dziurę i każdą bryłę błota.

Gdy wkroczyłem w cień zamkniętej ze wszystkich stron drzewami polany, natychmiast zauważyłem niezgodność z doniesieniami prasy. Detektywi celowo przesunęli miejsce popełnienia morderstwa o trzydzieści metrów, aby powstrzymać żałobników i dziennikarzy od zatarcia śladów przestępstwa. Gdyby nie wieńce z kwiatów i kartki pozostawione przy pobliskim drzewie, wyglądałoby to jak doskonałe miejsce na piknik, ocienione i chłodne, a jednocześnie z plamami słońca rozsypanymi po całej polanie.

Czułem się tutaj jak w ogromnym namiocie postawionym w ogrodzie, chłodnym i o wiele bardziej zasłoniętym przed wzrokiem innych ludzi, niż tego oczekiwałem po obejrzeniu fotografii. Nigdy nie da się odtworzyć scenerii, która panowała w dniu morderstwa. W czasie poszukiwań usunięto poszycie, trawę i listowie. To z kolei sprawiło, że zdjęcia nabrały dużego znaczenia, gdyż stały się podstawowym źródłem wiedzy o wyglądzie miejsca zbrodni.

Trawiaste wzniesienie, z którego rozciągał się widok na miejsce zbrodni, było bliżej, niż mogłem sobie wyobrazić. Nie wiedziałem, czy to ważne, ale było oczywiste, że jest to doskonały punkt obserwacyjny, gdzie można zaczaić się i czekać, aż ktoś nadejdzie ścieżką.

Mick Wickerson skinął na mnie ręką i pokazał, gdzie znaleziono koszulkę Aleksa i odcisk buta. Kilkakrotnie przeszedłem wzdłuż strumienia, gdzie widziano mężczyznę myjącego ręce. Obserwując detektywów przechodzących przez polanę, zastanowiłem się, jak szybko można zniknąć pośród drzew.

Rozważałem różne możliwości, jakie stwarzało to miejsce, gdzie drzewa i poszycie zapewniały kryjówkę albo dogodny punkt obserwacyjny. Zależnie od motywacji – mogło to być lepsze lub gorsze miejsce dla pary zakochanych poszukujących prywatności, podglądacza, mordercy czy gwałciciela. Na razie jednak nie byłem w stanie ujrzeć tego miejsca oczami mordercy ani przerażonej młodej kobiety, która miała za chwilę umrzeć.

W drodze do domu słuchałem radiowej Czwórki, zdominowanej przez historie z życia rodziny królewskiej i proces o zniesławienie, w którym dziennikarka Jani Allan oskarżała telewizję o doniesienie na temat jej domniemanego romansu z południowoafrykańskim przywódcą neonazistów – Eugène'em Terre'Blanche'em.

Nikt nie mówił o Rachel. Jej morderstwo zeszło na dalsze strony gazet, ale nie zapomniano o nim. Rzadko kiedy przestępstwo wywołuje tyle rozgłosu. Na tydzień przed morderstwem w Hampshire zasztyletowano młodą kobietę – Katie Ratcliffe. Dwie kobiety, obydwie zasztyletowane, ale jedna znalazła się na pierwszych stronach gazet, a o drugiej prawie nie wspominano.

Mogłem to zrozumieć. Rachel zamordowano w biały dzień w publicznym miejscu, gdzie codziennie przechodzą setki kobiet i dzieci. Jedynym świadkiem było niewinne dziecko, które prawdopodobnie do końca życia nie wyleczy psychicznych ran. Potężny wpływ miało również nadanie przez telewizję prywatnych amatorskich filmów wideo przedstawiających uśmiechniętą, pełną życia i bawiącą się z synkiem młodą kobietę. Dzięki temu ożyła w ludzkiej świadomości. Stała się bardziej realna niż twarz na zdjęciu w gazecie.

Coś jeszcze wyróżniało te morderstwa. Natychmiast zastanowiłem się nad tym, gdy usłyszałem, gdzie została zabita. Dla dzieci i matek Wimbledon Common jest miejscem niezwykłym. Tutaj mieszkają Womblesi – ukochane stworki z telewizyjnych dobranocek i komiksów, sprawiając, że błonia Wimbledon Common są magicznym miejscem dla tysięcy ludzi, zarówno młodych, jak i starych. Morderca nie tylko zabił młodą matkę; on również na zawsze zniszczył siedzibę Womblesów, zbezcześcił krainę naszego dzieciństwa.

Pomyślałem też o małym Aleksie. Miał zaledwie dwa lata, ale nie skryje swojego bólu pod płaszczem amnezji. Będzie pamiętał krzyk matki i nagłą ciszę, ale czy uda mu się wyrazić to słowami, to już zupełnie inna sprawa. Wydobywanie szczegółów od dziecka niosło z sobą niebezpieczeństwo, że może to jeszcze bardziej zniszczyć jego kruchy umysł.

Ważne było również to, że nie zabito go ani nie skrzywdzono w inny sposób. Można było stąd wnioskować, że wybranym obiektem ataku była Rachel.

Nękało mnie jeszcze jedno pytanie: jakie było znaczenie złożonej kartki papieru na skroni Rachel? Kto i dlaczego ją tam położył? Czy miała ją przy sobie, czy przyniósł ją morderca? Czy znalazła się tam jako wskazówka, żart, czy może jako fragment jakiegoś rytuału? Do niczego nie pasowała.

Jednak największą niewiadomą było, czy mamy do czynienia z seryjnym mordercą, który znowu uderzy. Prawdopodobieństwo było duże. Nawet bez szczegółowej analizy nie wyglądało to na przypadkowe morderstwo, kłótnię, która zaszła zbyt daleko, albo spowodowany przez zaburzenia psychiczne jednorazowy wybryk, który się więcej nie powtórzy.

Przyjmując najbardziej pesymistyczny scenariusz, mieliśmy do czynienia z niebezpiecznym psychopatą działającym z pobudek seksualnych. Ale z jaką częstotliwością będzie działać? Raz na rok, miesiąc, dzień? Czas upływał i musieliśmy złapać go, zanim znajdzie kolejną ofiarę.

Zanim otrzymałem odpowiedzi na pytania dotyczące Rachel, mogłem tylko czekać. W międzyczasie musiałem przedstawić opinię w sprawie młodej kobiety, która utrzymywała, że została wielokrotnie wykorzystana seksualnie w internacie w Derby.

Pracownik internatu został aresztowany i oskarżony, jednak jego przełożony twierdził, że dwudziestodwuletnia Josephine nie może zeznawać w sądzie, ponieważ jest poważnie upośledzona i dlatego nie odbędzie się żaden proces. Personel internatu oraz rodzice dziewczyny byli oburzeni. Nie mogli przyjąć do wiadomości, że tylko z powodu upośledzenia dziewczyna nie ma prawa zeznawać w sprawie gwałtu. Argumentowali, że gdyby uznać racje oskarżonego, to przyznano by wszystkim prawo do gwałcenia upośledzonych umysłowo, gdyż wiedzieliby, że są poza zasięgiem prawa. Szukali pomocy nawet u posła ze swojego okręgu.

W końcu w imieniu prokuratury skontaktowała się ze mną policja i poprosiła o zbadanie Josephine, abym mógł przedstawić sądowi opinię na temat jej zdolności do składania zeznań. Musiałem odpowiedzieć na trzy pytania: Czy odróżnia dobro od zła? Czy rozumie pojęcie Boga, gdyż miała zeznawać pod przysięgą? Czy potrafi śledzić przebieg procesu i odpowiadać na pytania sądu?

Uważałem, że jeżeli na jedno z pytań odpowie przecząco, to proces nie odbędzie się niezależnie od dowodów. Jednak nie moją sprawą było uznanie jej za zdolną do występowania przed sądem. Miałem jedynie przedstawić sądowi swoją opinię i nie ulegać naciskowi przyjaciół i rodziny.

Była to trudna sprawa. Rodzice chcieli wspierać ją podczas badania, ale w ten sposób nie mogłem pracować. Podobnie publiczne oburzenie i nienawiść mogły wpłynąć na opinię Josephine o tym, co się wydarzyło lub co tylko mogło się wydarzyć.

Skorzystaliśmy z pokoju w internacie, aby znalazła się w znajomym otoczeniu. Była płaczliwa, siedziała niepewnie na brzegu krzesła, jej dłonie drżały jak złapane ptaki.

– Chcę do mamusi – powiedziała ze łzami w oczach.

– Mamusia jest niedaleko. Za chwilkę przyjdzie. Po prostu chcę z tobą porozmawiać. Nie zrobię ci krzywdy.

– Ja nic nie zrobiłam. Nic złego nie zrobiłam.

– Ależ ja nic takiego nie mówię, Josephine.

Była niespokojna i nastawiona na obronę. Jest to częste zachowanie w przypadku ludzi z trudnościami w nauce, gdy coś im się nie uda. Boją się poczucia winy i krytyki.

Musiałem wykorzystać całą swoją cierpliwość i stworzyć atmosferę, w której nie czuło się upływu czasu. Nie miał znaczenia fakt, że na moim biurku leżały stosy niezałatwionych papierów, a kanalizacja była zapchana. Liczyła się tylko ta młoda kobieta, która do tej pory nigdy nie była uważana za kogoś ważnego. Prawdę mówiąc, domniemany gwałt na upośledzonej dziewczynie nie znalazł się w wiadomościach telewizyjnych ani na pierwszych stronach gazet. Gdyby była miejscową królową piękności, sprawy miałyby się zupełnie inaczej.

Upośledzenie Josephine zmuszało do konstruowania pytań na właściwym poziomie intelektualnym. Powinna je zrozumieć i być w stanie odpowiedzieć. Jednocześnie musiały pozostać całkowicie neutralne w tonie i nie mogły sugerować żadnej odpowiedzi. Powinienem znaleźć odpowiedzi bez mącenia jej wspomnień. Jednak, co najważniejsze, musiałem zachować otwarty umysł. Bez tego mógłbym równie dobrze zostać w domu.

Gdy Josephine nieco się odprężyła, zacząłem próby ustalenia, czy rozumie pojęcie Boga. Pytania musiały być ostrożne. Nie mogłem zadać pytania: „Kim jest Bóg?", gdyż sugerowałoby to, że jest jakąś osobą.

– Opowiedz mi o Bogu – poprosiłem.

– Bóg mieszka w niebie – odpowiedziała Josephine.

(Więc znała takie miejsce i wiedziała, że Bóg jest istotą żywą).

– Gdzie jest niebo?

– Tam idziemy po śmierci.

– Czy każdy idzie do nieba?

– Moja babcia poszła do nieba. Ona nie była zła.

(Stąd wniosek, że nie można pójść do nieba, nie będąc dobrym człowiekiem).

– Skąd Bóg wie, czy ktoś powinien pójść do nieba?

– On zawsze każdego widzi. Wie, co ludzie robią.

(Uważała, że Bóg wie, co robią poszczególni ludzie).

– A teraz, Josephine, muszę powiedzieć panu sędziemu, czy odróżniasz dobro od zła.

Cisza.

– Powiedz, co znaczy, że coś jest dobre?

– Jestem grzeczna.

– Co robi człowiek, który jest niegrzeczny?

– Ja jestem grzeczna.

Pytania okazały się dla niej zbyt abstrakcyjne. Nie potrafiła podać definicji zła ani dobra. Ostrożnie zacząłem jeszcze raz, używając przykładów.

– Czy masz torebkę?

– Tak.

– Czy to będzie złe, jeżeli weźmiesz tę torebkę?

– Nie.

– Co by się stało, gdyby ktoś wziął twoją torebkę?

– To byłoby złe. Torebka jest moja. Niedobrze, jeżeli ktoś weźmie moją torebkę.

– Co by się stało, gdybyś ty wzięła czyjąś torebkę?

– To byłoby złe. Torebka nie jest moja. Nie jestem niegrzeczna. Nie wzięłam niczyjej torebki.

Było oczywiste, że Josephine ma proste, ale realne poglądy na dobro i zło, a także że jest przerażona i boi się braku akceptacji.

Przemawiając z miejsca dla świadków w Sądzie Jej Królewskiej Mości Elżbiety II w Birmingham, wyjaśniłem sądowi i ławnikom, że Josephine jest w stanie śledzić przebieg procesu tylko wówczas, gdy sąd zgodzi się poczynić dla niej pewne ustępstwa. Musi wziąć pod uwagę, że jest bardzo wrażliwa, i nie używać tonu głosu, który wzmagałby jej strach. Podobnie, gdyby proces prowadzono przy użyciu normalnego słownictwa, ze zwykłą szybkością, Josephine mogłaby stracić wątek. Należało mówić powoli, używając prostych słów.

Josephine można było przesłuchać w krzyżowym ogniu pytań pod warunkiem, że nikt nie będzie się nad nią znęcał ani jej atakował. Nie oznacza to, że nie można zakwestionować tego, co powiedziała, ale gdyby zastosować podejście, jakie się czasami używa w stosunku do niektórych świadków, mogłaby nie dać sobie rady i byłaby emocjonalnie zniszczona.

Stwierdziłem, że posiada poprawnie wykształcone pojęcie Boga, choć nie jest zbyt wyrafinowane. Rozumie także konieczność mówienia prawdy, jednak jej poczucie dobra i zła jest oparte na konkretnych przykładach, a nie abstrakcyjnych definicjach. Jeżeli sąd uzna, że konieczne są jakieś lepsze kryteria, to w takim razie nie jest zdolna do stawania przed sądem.

Sędzia przychylił się do wniosku prokuratury pomimo argumentów obrony. W rezultacie Josephine została uznana za zdolną do zeznawania przed sądem oraz dopuszczono przedstawienie dowodów rzeczowych, włącznie z analizą DNA spermy napastnika znalezioną w jej pokoju. Stwierdzono, że sperma należy do oskarżonego. Został uznany winnym i skazany na długoletnie więzienie.

Gdy John Bassett zadzwonił ponownie, znał odpowiedzi na większość pytań dotyczących Rachel. Pospiesznie robiłem notatki. Sporo czasu poświęciłem potem na przejrzenie zdjęć Rachel zrobionych w czasie wakacji nad morzem. Śmiała się, a jej włosy połyskiwały na wietrze.

Nie ulegało wątpliwości, że Rachel miała naturalną pewność siebie, opanowanie i urok. Była fotogeniczna. Czasami pracowała jako modelka, uwielbiała tenis, pływanie i spacery. Przed ukończeniem studiów zrezygnowała z uniwersytetu, ale z radością poświęciła całą swoją uwagę dziecku oraz związkowi z Andre Hanscombe'em.

Poznali się, gdy on pracował jako ratownik na basenie Richmond w południowym Londynie, w ciągu kilku miesięcy zakochali się i wprowadzili do wspólnego mieszkania. Po roku urodził się Alex. Andre był utalentowanym półprofesjonalnym tenisistą, ale znalazł pracę jako goniec na motocyklu, żeby zarabiać pieniądze na utrzymanie swojej nowej rodziny.

Wysoka i elegancka Rachel była atrakcyjna, ale nie prowokacyjna. Nie chełpiła się swoją urodą. Chociaż zdawała sobie sprawę, że jest pociągająca, jak sądzę, nie uświadamiała sobie do końca, z jaką siłą działa na innych. Z początku nie zwróciłem na to uwagi. Widziałem ją, gdy już nie żyła i jej osobowość zniknęła. Później, gdy obejrzałem zdjęcia z wakacji i domowe filmy wideo, zacząłem rozumieć, dlaczego inni tak łatwo ulegali jej urokowi.

Po lekkiej kolacji zapaliłem lampę na biurku w swoim gabinecie i rozłożyłem na biurku i podłodze zeznania, zdjęcia, raport z sekcji zwłok, mapy. Mój gabinet jest niewielki. Na jednej ścianie, sięgając sufitu, piętrzą się półki z książkami. Książki sprawiają wrażenie, że znajdują się w kompletnym bezładzie, jednak zawsze udaje mi się znaleźć to, czego akurat potrzebuję, pod warunkiem że nikt nie próbuje zaprowadzić w nich porządku. Po przeciwnej stronie stoją szafki na akta z poszczególnych przypadków, wszystkie napakowane notatkami do prac badawczych. Szafki uginają się pod rocznikami „British Journal of Clinical Psychology".

Zamykając oczy, spróbowałem przenieść się na tę piękną leśną polanę na Wimbledon Common. W umyśle tworzył się obraz. Wiedziałem już, w jaki sposób funkcjonuje morderca – wiedziałem, jakiemu impulsowi ulega. W trakcie lat praktyki diagnozowałem i leczyłem ludzi, którzy ulegali takiemu samemu impulsowi. Zdawałem sobie sprawę, że morderstwo jest najważniejszym elementem jego fantazji, bo przez wiele lat, zanim stało się rzeczywistością, dokonywał go w wyobraźni.

Bardzo niewielu ludzi rodzi się przestępcami seksualnymi. Ogromna większość z nas ma wielkie pragnienie bycia akceptowanym przez innych. W miarę dorastania coraz lepiej udaje nam się nawiązywać i utrzymywać związki, stajemy się bardziej pewni siebie, uznajemy, że ludzie cenią nas i pragną usłyszeć nasze opinie, gdyż to samo czujemy w stosunku do nich.

Jednocześnie narastają i rozwijają się nasze potrzeby seksualne. Na szczęście obydwa te procesy ewoluują równocześnie, więc wyrażanie pragnień seksualnych jest powiązane z pozytywnymi wartościami społecznymi. Fantazje i mentalne obrazy, które pojawiają się w wyniku pragnień seksualnych i podniecenia, zawierają seks, w którym uwodzenie, zaloty i stosunek sprawiają przyjemność obydwu stronom.

Istnieje jednak niewielki odsetek ludzi posiadających silne pragnienia seksualne. Nie potrafili oni rozwinąć pewności siebie i poczucia własnej wartości. Być może ich wczesne próby nawiązania związków seksualnych, albo po prostu flirtu, doprowadziły do rozczarowania i sprawiły, że poczuli się zranieni, odrzuceni i wyśmiani. Nie musi być nawet prawdą, że zostali odrzuceni. Wystarczy, iż wierzą, że jest to prawda. W takim przypadku powoduje to samonapędzający się ruch w stronę niezaspokojenia seksualnego, któremu zwykle towarzyszy samotność.

U jeszcze mniejszego odsetka pojawia się gniew, rozgoryczenie i chęć obwinienia innych za to, co się wydarzyło. Uważają się za skrzywdzonych przez ludzi i chcą ich za to ukarać.

Ponieważ w swoim życiu mają bardzo niewielki wpływ na zachowanie innych, zaczynają rozwijać własny świat fantazji – miejsce, gdzie mają władzę, w którym od nich zależy, co się dzieje.

W połączeniu z silnym popędem seksualnym w fantazjach pojawiają się elementy przemocy i przymusu w wymyślonych związkach. Fantazje ujawniają kłopotliwą prawdę – nie cenią innych, ponieważ nie mają szacunku do samych siebie. Gniew, oburzenie i rozgoryczenie pochłaniają ich kompletnie. W ten sposób powstają fantazje prowadzące ostatecznie do seksualnej agresji.

Osoba taka ma niesamowicie silne fantazje wzrokowe kreujące rzeczywistość wirtualną, do której daleko twórcom dzisiejszych programów komputerowych. W alternatywnym, stworzonym świecie ludzie zachowują się w sposób określony przez twórcę. W miarę jak świat się rozwija, wymaga coraz więcej energii i wysiłku, poświęconego stwarzaniu szczegółów, mających uczynić go na tyle realnym, by można było w niego uwierzyć.

Jest to narastający proces. Tam, gdzie początkowo występowały umiarkowane lub niewielkie elementy przemocy w stosunku do obiektu seksualnego, w miarę upływu czasu stają się one coraz większe, aby utrzymać ten sam poziom przyjemności. Zazwyczaj oznacza to więcej przemocy seksualnej i więcej szczegółów. Efekt końcowy to wiele błyskotliwych i realistycznych scenariuszy.

Fantazje sadystyczne i sadomasochistyczne obejmują różne obszary sprowadzające się do kilku wariantów. Na przykład jest to obrzucanie obelgami, wiązanie albo chłostanie. Czasami związane jest to z użyciem broni, na przykład pistoletów, pałek i noży. Z różnymi zdarzeniami wiążą się różne typy ofiar i sytuacje, w jakich poszczególne sceny się rozgrywają. Ma to na celu uzyskanie maksymalnej przyjemności przez twórcę wymyślonego świata.

W końcu same fantazje nie wystarczają i może nastąpić próba ich realizacji w zwykłym świecie. Na przykład jakiś mężczyzna w swoich marzeniach gwałci niebieskooką lub zielonooką szatynkę albo blondynkę w określonym wieku. Wyobraża sobie, jak śledzi ją w drodze do domu. Ona nie zdaje sobie sprawy z jego obecności. On czeka przed domem, wpatrując się w okno sypialni. Na zasłonie widać sylwetkę rozbierającej się kobiety. Zazwyczaj w ściśle określony sposób wchodzi do domu oraz po schodach na piętro. W zależności od fantazji: zgwałci ją, ona mu ulegnie albo po początkowym oporze zacznie odczuwać przyjemność i odbędą namiętny stosunek.

Gdy przyjemność wynikająca z fantazjowania staje się coraz mniejsza, przenosi ją do realnego świata, chodzi po ulicach i przymierza fantazje do rzeczywistości. Czuje podniecenie, poziom adrenaliny rośnie. Wkrótce jednak przestaje mu to wystarczać i zaczyna śledzić kobiety, które występowały do tej pory jedynie w jego fantazjach. Czasami nie wyglądają tak, jak je sobie wyobrażał – są albo wyższe, albo niższe, chudsze, grubsze, ale każda stanowi okazję, podąża więc za nimi w pewnej odległości. Jeśli idą z kimś, na przykład z chłopakiem lub dzieckiem, po prostu wyrzuci taką osobę ze swoich myśli.

O wiele bardziej prawdopodobne jest to, że znajdzie przypadkową ofiarę. Kobietę, która jest samotna i ma tylko niektóre cechy bohaterek jego fantazji. Może to trwać całymi miesiącami. On kręci się na przystankach autobusowych, podwórkach, przechadza się po nasypach, wpatrując w okna sypialń.

W końcu rośnie stopień złożoności i ryzyka. Przygotowuje narzędzia do włamania, coś do związania ofiary albo maskę na twarz. Może nawet włamywać się do domów po to tylko, żeby zaraz uciec.

Jedyna rzecz, której nie może przewidzieć, to sposób, w jaki zareaguje jego ofiara. Potrafi sterować jej zachowaniem w swoich fantazjach, ale nie w prawdziwym życiu. Czasami ofiara jest całkowicie pasywna, co w zależności od jego usposobienia ratuje jej życie bądź doprowadza do śmierci, gdyż nic go nie powstrzymuje. Czasami ofiara broni się fizycznie albo słownie; może to skłonić go do zabicia, chyba że zamierzał zabić ją od samego początku. Wszystko zależy od tego, co dzieje się w jego fantazjach i co wydarzy się w rzeczywistości.

Ale co można powiedzieć o sprawie Rachel Nickell?

Morderca nie znał jej, tego byłem pewien prawie na sto procent. Nic nie stało się Aleksowi – gdyby był to ktoś dobrze znany Rachel, to istniała spora szansa, że znało go również dziecko. Elementy fantazji seksualnych dotyczące ataku i miejsca, gdzie nastąpił, również sugerowały, że jest to obca osoba. Gdyby zdecydował się zabić kobietę, którą znał, to wiedziałby, gdzie mieszka i pracuje, gdzie można ją znaleźć o danej porze, tak żeby mieć więcej czasu.

Polana w lesie stanowiła dość ryzykowne miejsce. Chociaż ukryta, to jednak istniało duże prawdopodobieństwo, że w każdej chwili może nadejść przypadkowy przechodzień. Morderca gotów był podjąć to ryzyko.

Równie dobrze mógł doskonale wiedzieć, w jaki sposób zareaguje Rachel – co powie i zrobi, lecz nie miało to znaczenia. Ważna była rola, jaką wyznaczył jej w swoich fantazjach.

Wiedział, że jedynymi ludźmi, jakich można spotkać w środę 15 lipca o dziesiątej rano na Common, są osoby uprawiające jogging, wyprowadzające psy i jeżdżące konno. Pomiędzy nimi mogły znaleźć się młode kobiety, niektóre z dziećmi. Z jego punktu widzenia kilka z nich mogło zachowywać się prowokacyjnie i podniecająco. Pragnął ich, lecz nie posiadał umiejętności umożliwiających nawiązanie zwykłej rozmowy, by umówić się z nimi.

Nie miało to znaczenia. W ciągu wielu lat jego fantazje żywiły się zgorzknieniem i frustracją. Śledził kobiety, a zebrane obrazy stanowiły pożywkę dla jego nasyconych przemocą imaginacji.

Lecz dzisiejszy dzień był wyjątkowy, ponieważ przemożna żądza i okazja odegrania fantazji napotkały na osobę Rachel Nickell.

Dla niej Wimbledon Common to miejsce odpoczynku i relaksu, miejsce pełne słońca i soczystej trawy, gdzie może bezpiecznie wyprowadzić psa i zabrać dziecko na spacer. Dla mordercy jest to teatr. Miejsce, gdzie można znaleźć ofiary, gdzie ma swoją kryjówkę, stanowisko obserwacyjne i drogi ucieczki. Prawdopodobnie widział już Rachel, śledził ją, a może po prostu przechadzał się po błoniach, zmierzając do któregoś ze swoich ulubionych zakątków.

Wtedy ją ujrzał – młodą, atrakcyjną, pewną siebie blondynkę w podniecającym ubraniu. Uosabia wszystko, czego on potrzebuje. Nie tylko przykuwa uwagę, ale także ma w sobie luz i pewność siebie. Paradoksalnie to, co sprawia, że wszyscy inni ją lubią, czyni z niej ofiarę w jego umyśle. Przypomina mu o przeszłości, zwracając uwagę na ból związany z odrzuceniem. Wychodząc spośród drzew i idąc w jej kierunku, ma poczucie wszechmocy, ona zapłaci za wszystkie kobiety.

Rachel uśmiecha się do niego przyjaźnie, ale jego to nie interesuje. Posunął się już zbyt daleko, by szukać przyjaźni albo chociaż rozpocząć znajomość. Rachel w pewnym momencie zdaje sobie sprawę, na co może być narażona, ale jest już za późno. Prawdopodobnie rozgląda się wokół, szukając pomocy, ale nie ma nikogo. Zdaje sobie sprawę, że jej i jej synowi zagraża ten człowiek, ale nie wie dlaczego. Przerażenie sięga zenitu.

Upuszcza koszulkę Aleksa – to miejsce pierwszego kontaktu. On rozkazuje jej, co ma robić. Nożem szturcha ją w klatkę piersiową, ona krwawi i idzie, gdzie kieruje ją ostrze. Jest w szoku, to coś zupełnie niespotykanego. Nigdy się z czymś takim nie zetknęła i przekraczało to granice pojmowania.

Prawdopodobnie jak wiele kobiet nieraz przechwalała się, co zrobi, jeśli zbliży się do niej ktoś nieznajomy. Może nawet mówiła: „Walnę go pięścią i kopnę" albo „Krzyknę na niego, żeby spadał". W chwili ataku odkryła jednak, że nie ma w niej siły i woli walki. Nie był to paraliż, który ją ogarnął pod wpływem strachu. Była to wszechogarniająca niemoc.

Brak oporu nie zadowala mordercy. Musi ją poniżyć, spychając ze ścieżki i oddzielając od dziecka. Podrzyna gardło, aby nie mogła krzyczeć. Powala ją na kolana, aby była kobietą z jego marzeń – całkowicie poniżoną, zdominowaną i zdegradowaną. Potem dźga ją wielokrotnie, a ona przestaje się opierać.

On pragnie czegoś więcej niż tylko szybkiej śmierci. Ściąga jej dżinsy oraz majtki i tuż przed lub w chwili śmierci wciska jej podłużny przedmiot do odbytu. Nie jest to stosunek seksualny w zwykłym tego słowa rozumieniu, jest to akt dominacji. Seks jest dla niego nierozłącznie związany z wyzyskiem, poniżeniem i bezczeszczeniem kobiety w marzeniach. Teraz Rachel odgrywa tę rolę.

Wszystko to zajęło zaledwie kilka minut – prawdopodobnie nie więcej niż pięć czy sześć. Rachel czterdzieści siedem razy dźgnięto nożem, a gardło zostało rozcięte do tego stopnia, że głowa prawie odpadła. Ciało porzucono w taki sposób, że doskonale było widać je ze ścieżki. Odsłonięte pośladki świadczą o największym poniżeniu, jakie tylko mogło spotkać kobietę.

Radosne podniecenie nie ma granic. Nigdy nie uświadamiał sobie, że coś takiego może osiągnąć poza fantazjami. To jest prawdziwe. Nie musi wkładać energii w stwarzanie wymyślonego świata, widzi na rękach krew, czuje nóż. Cokolwiek się wydarzy, nic nie odbierze mu wspomnień i poczucia spełnienia.

W miarę opadania emocji powstaje niepokój i poczucie winy. Zdaje sobie sprawę, że zmienił się w sposób, którego nie mógł przewidzieć. Do tej pory wszystko działo się w jego wyobraźni, lecz teraz przekroczył próg, który oddzielał go od zwykłych ludzi. Bez względu na to, co się od tej chwili zdarzy, na zawsze pozostanie mordercą seksualnym.

Nie czuje wyrzutów sumienia. Ma tylko świadomość zamieszania, jakie wywołał. Teraz stanie się poszukiwany, obrzucany obelgami. Będzie musiał wykorzystać wszystkie siły i wykorzystać cały swój spryt, aby umknąć pościgowi.

Oparłem się w fotelu i potarłem powieki. Byłem skupiony do tego stopnia, że trudno powracałem do rzeczywistości. Zapomniałem zasłonić okna, więc teraz wpatrywałem się w ciemność w ogrodzie. Okna mojego gabinetu wychodzą na ulicę albo przynajmniej wychodziłyby na ulicę, gdybym nie zapomniał przystrzyc żywopłotu. Ostatni raz robiłem to chyba ubiegłego lata.

Nie mam żadnych predyspozycji do prac ogrodowych. Ian i Emma nazywają mnie „szalonym ogrodnikiem", twierdząc, że byłbym zadowolony, gdybym wykopał wszystkie rośliny, wyrównał teren i widział tylko czarną ziemię. Mylą się, ale pozwalam im się przekomarzać.

Całe wieki temu zdecydowaliśmy się z Marilyn pójść na zajęcia z ogrodnictwa w miejscowym college'u. Na lekcjach, raz w tygodniu, omawiano, w jaki sposób należy uprawiać różne kwiaty i krzewy. Na pierwszych zajęciach starsza pani zaczęła mówić o łubinie.

– Przepraszam – powiedziałem, podnosząc z ociąganiem rękę.

– Tak, o co chodzi? – uśmiechnęła się.

– Co to jest dokładnie łubin?

Upłynęło trochę czasu, zanim przyjęła do wiadomości, że mówię to poważnie. Po zajęciach wzięła na stronę Marilyn i zapytała:

– Pani Britton. Czy jest pani pewna, że mąż wyniesie korzyści z zajęć?

Nie pamiętam kolejnych lekcji, ale nie była to kompletna strata czasu. Jeżeli jest jakiś kwiat, który potrafię rozpoznać, to jest to właśnie łubin.

Wychodząc z gabinetu, zawędrowałem do kuchni i włączyłem czajnik elektryczny. Gdy sypałem kawę do filiżanki, w drzwiach pojawiła się Marilyn w szlafroku. Spojrzała na zegarek, wzięła szklankę wody i wyszła bez słowa. Powinienem już być w łóżku.

– No dobra – powiedziałem, siadając ponownie przy biurku. – Paul, wiesz już, w jaki sposób funkcjonuje i jaką drogę przebył, ale co możesz powiedzieć o nim samym?

Otwierając zeszyt z notatkami, pociągnąłem łyk kawy i zacząłem gryzmolić: „Sprawca jest prawdopodobnie w wieku od dwudziestu do trzydziestu pięciu lat".

Sprawcami większości przestępstw na tle seksualnym są młodzi mężczyźni. Mają już spore doświadczenie w drobnych przestępstwach, ale niewielkie w zabijaniu. Nasz sprawca miał czas stworzyć w szczegółach swój wyimaginowany świat, ale brakowało mu doświadczenia jako morderca.

„Posiada niewielkie umiejętności nawiązywania związku heteroseksualnego" – napisałem, podkreślając niemożność prowadzenia zwykłych rozmów z kobietami.

„Jeżeli był w jakichś związkach, to były nieudane lub niesatysfakcjonujące. Oprócz dewiacji seksualnych cierpi prawdopodobnie na jakieś formy zaburzeń, na przykład trudności z utrzymaniem wzwodu lub kontrolą wytrysku".

Wiedziałem, że mogło to tkwić u podłoża niewielkich umiejętności utrzymania związków heteroseksualnych i nieudanych relacji. Prawdopodobnie wczesna próba współżycia nie powiodła się, gdyż nie mógł uzyskać wzwodu albo miał przedwczesny wytrysk i spotkał się z kpinami. W takim przypadku nie było powodu przypuszczać, że w miarę upływu czasu zaburzenia cofnęły się.

„Znaczącą rolę w jego fantazjach seksualnych odgrywa pornografia zawierająca pewne elementy sadystyczne. W swoim wyimaginowanym świecie marzy o podobnych przeżyciach".

Tego typu uwagi nie pojawiają się znikąd. Przez sto dwadzieścia lat prowadzono eksperymenty oraz badania empiryczne i w chwili obecnej istnieją dziesiątki tysięcy opracowań analizujących każdy aspekt ludzkiego funkcjonowania i motywacji. Wyodrębniły się różne specjalności, wśród nich moje – psychologia sądowa i kliniczna.

Ogromna baza danych zebranych na całym świecie jest niezbędna w mojej pracy, jednak najważniejszą rzeczą jest umiejętność znajdowania potrzebnych źródeł i wyszukiwania informacji, które mają znaczenie. Prawdopodobnie zabójca Rachel nie mordował do tej pory, ale nie był pierwszą osobą, która napada na obcą kobietę w parku, ani oczywiście ostatnią. Za każdym razem, gdy policja łapie takiego mordercę, dowiadujemy się więcej o jego środowisku, motywacji i patologii. Można wyróżnić szereg elementów wspólnych. Na przykład stwierdzono, że mordercy o wyższym stopniu inteligencji są zazwyczaj lepiej zorganizowani i bardziej metodyczni. Szczegółowo planują przestępstwa i w dużym stopniu panują nad swoją ofiarą. W przypadku Rachel atak był brutalny, szaleńczy i wydawał się chaotyczny, jeśli nie znało się przebiegu wydarzeń.

Napisałem: „Morderca nie posiada inteligencji i wykształcenia wyższego niż przeciętne. Jeżeli pracuje, to jako pracownik fizyczny lub robotnik niewykwalifikowany. Jest samotny i prowadzi względnie samotniczy styl życia, mieszka z rodzicami lub samodzielnie w mieszkaniu bądź kawalerce".

„Ma samotnicze zainteresowania i hobby. Mogą dotyczyć niezwykłych zagadnień, na przykład dogłębne zainteresowanie sztukami walki lub fotografią".

„Prawdopodobnie mieszka w niewielkiej odległości od Wimbledon Common i doskonale zna ten teren. Najprawdopodobniej nie korzysta z samochodu".

Wszystkie te wnioski wynikały z tego, co wiemy o mężczyznach, którzy zazwyczaj zabijają w ten sposób kobiety.

Patrząc na łańcuch przyczynowo-skutkowy, miałem wątpliwości, czy morderca Rachel zabijał już wcześniej. Istnieje ogólna tendencja, że mordercy z każdym zabójstwem pogłębiają swoje doświadczenie i doskonalą technikę oraz zachowanie, pozostawiając coraz bardziej charakterystyczne ślady.

Nawet jeżeli Rachel była jego pierwszą śmiertelną ofiarą, to istniała szansa, że popełniał już podobne przestępstwa. Nie musiał być skazany, ale mógł być notowany za drobniejsze przewinienia, takie jak ekshibicjonizm lub kradzież damskiej bielizny. Stwierdziłem to z prawdopodobieństwem 50 procent. Nie chciałem, żeby John polegał na tej informacji, ale nie chciałem też, żeby ją zlekceważył.

Można uznać, że między pokazywaniem penisa a mordowaniem niczego niespodziewającej się kobiety istnieje ogromna fizyczna i psychologiczna przepaść, lecz morderca odbył długą drogę w swych marzeniach, zanim zrobił to w rzeczywistości. Ciągle powtarzał swoje fantazje – nie każdy szczegół, ponieważ nie znał dokładnie ofiary ani miejsca. Rachel została wybrana przypadkowo i zabita tego dnia z powodu silnego impulsu. Nie było żadnego ostrzeżenia, żadnego znaku, nie wybrał z góry miejsca zbrodni.

Następnie był poruszony i podniecony, ale po kilku dniach to minęło. Na szczęście mieszanka seksualnego podniecenia, szoku i strachu przed znalezieniem przez policję powstrzymywała go przed ponownym atakiem.

Na dole strony napisałem ostatnią uwagę: „Kolejny atak jest nieunikniony. Według mojej opinii mężczyzna ten w wyniku silnych zachowań dewiacyjnych i agresywnych fantazji w bliższej lub dalszej przyszłości zabije następną osobę".

Gdy następnego ranka jechałem do pracy, padał deszcz, wypełniając koleiny kałużami i przyklejając krople do liści. Przejeżdżając przez wioskę Kibworth, spojrzałem na miejscowy kościół, słynący z podwójnych drzwi wejściowych, jednych od wschodu, a drugich od zachodu.

Dawno temu istniały dwie wsie - Kibworth Beauchamp i Kibworth Harcourt, których mieszkańcy chodzili do tego samego kościoła. Opowiedziano mi historię o tym, jak dwie najzamożniejsze rodziny z obydwu wiosek kłóciły się o to, kto ma wejść do kościoła pierwszy. Problem rozwiązano, przebudowując kościół tak, aby obydwie rodziny mogły wchodzić jednocześnie. Niestety nie wszystkie problemy da się rozwiązać w taki prosty sposób.

W Leicester chodniki pełne były urzędników skurczonych pod parasolami, spieszących do biur z pochylonymi głowami i próbujących uniknąć błota tryskającego spod kół przejeżdżających samochodów.

Co jeszcze mogę o nim powiedzieć? - zadałem sobie pytanie, nie mogąc przestać myśleć o mordercy Rachel. Bassett wspomniał o siedemnastu i pół milionie podejrzanych. Profil psychologiczny może pomóc zredukować tę liczbę do tysięcy samotnych mężczyzn, nieposiadających talentów towarzyskich, nieatrakcyjnych, odizolowanych i nieszczęśliwych. Nie czyniło to jednak z nich morderców.

Zabójca był człowiekiem z krwi i kości - jadł, pił i spał jak każdy człowiek, miał dom i obchodził swoje urodziny. Podobnie jak Rachel posiadał życie wewnętrzne i zbiór doświadczeń, które uczyniły go osobą, jaką w końcu się stał.

Tego dnia miałem rozmowę z dwunastolatkiem, który wzniecał pożary w Midlands. Siedząc naprzeciw niego, rzuciłem okiem na teczkę z jego danymi i odczytałem imię, nazwisko, wiek, adres, stan cywilny oraz rodzaj przestępstwa. Wszystkie te informacje dawały jedynie wyobrażenie tego, co może być w teczce i kim naprawdę jest ten młodociany przestępca. Uświadamiałem sobie, że jest kimś więcej niż jedynie kilkoma zdaniami na kartce papieru, podobnie jak morderca Rachel jest kimś więcej niż jedynie siedemnastoma punktami w profilu psychologicznym.

Lecz kim jest naprawdę? Co sprawia, że jest unikalną jednostką?

Na odpowiedź natrafiłem w stołówce szpitala Towers podczas lunchu. W przeciwieństwie do tego, o czym się mówi w kryminałach, nie wpatrywałem się w chmury ani w pokryte kroplami deszczu szyby. Cechy fizyczne sprawcy nie mają dla mnie znaczenia. Morderca Rachel mógł siedzieć przede mną, poprosić o podanie soli i pieprzu, a ja nawet nie pomyślałbym, że to on. Zawsze zaglądam w ludzkie umysły, a nie oczy.

Jednocześnie, gdyby pojawił się w moim gabinecie i poznałbym szczegóły jego życia seksualnego, natychmiast wiedziałbym, że to on mógł zamordować Rachel, nawet gdyby nic o tym nie wspomniał.

Od normalnych ludzi odróżniały go zboczone fantazje seksualne, które stanowiły motor jego działania. Powróciwszy do domu, jeszcze raz zasiadłem przy biurku. Przygotowałem jednostronicową analizę fantazji seksualnych mordercy. Miałem nadzieję, że pomoże to policji w zrozumieniu sprawcy. Do tej pory jeszcze nigdy tego nie robiłem dla śledztwa, lecz teraz wydawało mi się to logicznym i rozsądnym posunięciem.

> Po zbadaniu materiałów źródłowych uważam, że sprawca posiada zaburzenia osobowości o podłożu seksualnym. Występują niezmiernie rzadko w ogólnej populacji u bardzo niewielkiego odsetka mężczyzn cierpiących na zboczenia seksualne. Dlatego też sądzę, że fantazje seksualne oskarżonego zawierają przynajmniej niektóre z poniższych elementów:
>
> 1) dorosła kobieta,
>
> 2) kobieta traktowana jest jako obiekt służący zaspokajaniu popędu sprawcy,

3) nie występują ślady wskazujące na tworzenie bliskich więzi,

4) występuje w nich sadyzm z użyciem noża lub noży, kierowanie ofiarą poprzez przymus fizyczny i werbalny,

5) całkowite podporządkowanie kobiety,

6) wtargnięcie do pochwy i odbytu,

7) kobieta okazuje strach,

8) występują elementy podniecenia seksualnego uwieńczone zabiciem kobiety.

Pragnę podkreślić, że fantazje seksualne sprawcy mogą obejmować niektóre, ale nie wszystkie z powyższych punktów. Nie można też stwierdzić, że fantazje masturbacyjne ograniczają się jedynie do przedstawionych punktów.

Policja otrzymała ponad dwa i pół tysiąca telefonów w ciągu miesiąca, jaki upłynął od śmierci Rachel. Zgłosili się prawie wszyscy, którzy 15 lipca byli w pobliżu Wimbledon Common. W rezultacie policja tonęła w papierkowej robocie, nie zbliżając się ani o milimetr do wykrycia sprawcy.

Jeżeli chodzi o moje zaangażowanie w śledztwo, to skończyło się po przefaksowaniu profilu mordercy i analizy jego marzeń seksualnych. Przeczytałem w gazetach, że zatrzymano ponad tuzin podejrzanych, ale po przesłuchaniu zostali zwolnieni do domu.

Brak sukcesu szczególnie denerwował Johna Bassetta, który miał przejść w listopadzie na emeryturę. Mniej więcej raz w tygodniu wracał na Wimbledon Common, zostawiał swój samochód w miejscu, gdzie Rachel postawiła swoje volvo, i zatrzymywał się w milczeniu na polanie. Dla byłego oficera lotnej brygady było to jedno z najsmutniejszych śledztw w całej karierze. Traktował je bardzo osobiście. W wypowiedzi dla jednej z gazet stwierdził: „To tylko i wyłącznie moja wina, że nikogo jeszcze nie aresztowano i oskarżono. Muszę podchodzić do sprawy realistycznie. Wiem, że z każdym dniem maleją szanse złapania tego człowieka. Świadczy to jedynie o mnie".

Przypomniało mi to słynną sprawę morderstwa z Meon Hill niedaleko Stratfordu z 1950 roku. Było to jedno z dwóch zabójstw, których oficer prowadzący śledztwo nie rozwiązał w swojej karierze. Każdego roku powracał na miejsce zbrodni, mając nadzieję, że widok tego miejsca da mu inspirację do rozwikłania zagadki morderstwa.

Dla Bassetta przełom nastąpił w czwartek 17 września, kiedy program *Crimewatch UK* nadał rekonstrukcję zbrodni i pokazał dwa portrety pamięciowe mężczyzn, których chciała przesłuchać policja. Jeden z nich ukazywał człowieka, który mył ręce w strumieniu. Rysopis mówił o szatynie w wieku dwudziestu do trzydziestu lat, wzrostu około 178 centymetrów, z krótkimi włosami. Wyróżniał się ubiorem, gdyż na białej koszuli nosił pasek i miał z sobą torbę.

Druga rekonstrukcja pokazywała mężczyznę biegnącego w kierunku osiedla domów komunalnych na Norstead Place w Wandsworth. Według rysopisu był szczupły, miał 182 centymetry wzrostu, siwe lub blond włosy do ramion związane z tyłu w kucyk. Ubrany był w szare lub granatowe bokserki.

W przeszłości kilkakrotnie pytano mnie, czy można publicznie ujawnić moją pracę. Zawsze odpowiadałem: „Nie". Tym razem pozwoliłem użyć przygotowanego przeze mnie profilu, gdyż istniało duże ryzyko powtórnego ataku mordercy. Dzień wcześniej rozmawiałem z Nickiem Rossem z telewizji i wyjaśniłem, w jaki sposób można wykorzystać materiał. W końcu w programie przedstawiono ogólny zarys profilu.

W ciągu czterech godzin bezpośrednio po programie zadzwoniło trzystu widzów, przy czym dwadzieścia telefonów uznano za bardzo ważne. W czterech z nich powtarzało się nazwisko Colin Stagg. Był to bezrobotny kawaler, mieszkający samotnie w mieszkaniu w bloku komunalnym niecałą milę od Wimbledon Common.

Przesłuchiwano go już raz. Policja zatrzymała go w dzień morderstwa, gdy o 12.30 szedł z psem na spacer w kierunku Wimbledon Common. Kiedy usłyszał, że park został zamknięty, wspomniał, że był na terenie Common pomiędzy 8.15 a 8.50 rano. Stwierdził, że chodził z psem wokół stawu Curling Pond, a następnie wrócił do domu. Oficer zanotował jego nazwisko i adres.

Colin miał dwadzieścia dziewięć lat. Od dawna mieszkał na osiedlu Alton Estate i sąsiedzi dobrze go znali. Od czasu, gdy w 1986 roku jego ojciec zmarł na raka, żył samotnie. Jedna z mieszkanek osiedla – Lillian Avid – przypomniała sobie, że widziała Stagga na ulicy kilka godzin po morderstwie. Stwierdziła, że wyglądał na dziwnie podnieconego. Był ubrany w białą koszulkę i białe szorty, miał świeżo umyte włosy. Colin powiedział jej, że był na Wimbledon Common zaledwie dziesięć minut przed zamordowaniem Rachel. Wspomniał, że często zatrzymywał się w takim punkcie, z którego widać miejsce zbrodni. Pani Avid zadała sobie pytanie, w jaki sposób mógł wiedzieć, gdzie dokonano morderstwa, skoro teren został odcięty kordonem policji.

W ciągu kilku godzin po nadaniu rekonstrukcji zdarzeń policjanci aresztowali Stagga w jego mieszkaniu na osiedlu Alton Estate przy ulicy Ibsley Gardens w Roehampton. Media szybko zauważyły, że na drzwiach wejściowych narysowana była para lodowato błękitnych oczu i znak ostrzegający: „Chrześcijanom wstęp wzbroniony. Tu mieszka poganin". Wewnątrz znaleziono różne czasopisma pornograficzne i książki na temat okultyzmu.

Zegar zaczął odmierzać czas. Policjanci mieli trzy dni na przesłuchanie podejrzanego, a po tym okresie należało mu przedstawić zarzuty lub go zwolnić.

Siedząc przy swoim biurku w Leicester, nie myślałem już o śledztwie w sprawie Rachel Nickell, gdyż uznałem, że moja rola jest skończona. Jednocześnie nadal nierozstrzygnięta pozostawała kwestia, gdzie Michael Sams ukrył okup otrzymany za uwolnienie Stephanie Slater. Nie odzyskano 155 tysięcy funtów w różnych nominałach.

Początkowo zainteresowanie policji skupiało się na pustej jamie na polu koło domu Samsa w Sutton-on-Trent. Jednocześnie na czerwonej metalowej puszce w warsztacie znaleziono ślady ziemi sugerujące, że przez jakiś czas pieniądze były zakopane.

Sams był takim graczem, że moją pierwszą reakcją były słowa: „Kopcie głębiej w tej samej dziurze". Jedną z jego sztuczek było poleganie na tym, że ludzie czynili jakieś założenia i chciał chyba, by policja założyła, iż przeniósł pieniądze gdzie indziej, podczas gdy po prostu zakopał je trochę głębiej.

Podniecała go tajemnica otaczająca okup. Wykorzystywał ten fakt do podtrzymania stwierdzenia, jakoby miał wspólnika, który teraz beztrosko wydaje pieniądze. Dowody świadczące o czymś przeciwnym były niezwykle silne, ale policja chciała zapiąć wszystko na ostatni guzik.

Po miesiącach bezskutecznych poszukiwań zorganizowano spotkanie w Tally Ho – ośrodku szkolenia policji znajdującym się w Birmingham. Zaproszono mnie na spotkanie zespołów śledczych z West Midlands i West Yorkshire, które zgromadziły się w sali wykładowej w celu omówienia rozwoju wydarzeń. Pułkownik jednostek antyterrorystycznych mówił o tym, na ile wykorzystano fachową pomoc przy szukaniu ukrytych pieniędzy. Mieliśmy nadzieję, że uda mu się znaleźć okup, podobnie jak odnalazł składy broni IRA. Teoria była całkiem fascynująca i oparta na poglądzie, że IRA nie będzie korzystać ze stałych i oczywistych kryjówek, takich jak przydrożna zatoczka albo kąt pola. Zamiast tego wykorzysta miejsca, które same z siebie nie rzucają się w oczy, dopóki nie wie się, czego szukać. Na przykład zamiast używać rogu pola, kryjówka znajduje się przy piątym słupie ogrodzenia naprzeciwko trzeciej latarni przy żywopłocie po drugiej stronie drogi.

Podstawowym pytaniem było: gdzie zacząć szukać? Przeanalizowaliśmy całe życie Michaela Samsa, zastanawiając się nad jego zwyczajami, postępowaniem, liczbami i literami, które mogły być użyte do oznaczenia kryjówki.

Istniało wiele możliwości i, jak przypuszczałem, Sams pozostawił liczne fałszywe tropy, ale w końcu dyskusja skupiła się na Stoke Summit – obszarze na południe od Grantham, zaledwie 1,7 mili od miejsca, gdzie znaleziono ciało Julie Dart. Także inne fakty wskazywały na ten teren. Miejscowy farmer zgłosił, że widział pomarańczowy samochód podobny do austina metro Samsa w dniu, w którym podrzucono ciało Julie. Przez to miejsce przechodziła linia kolejowa, nad którą przebiegał wiadukt, zapewniający doskonały punkt do obserwowania pociągów.

Sams prawdopodobnie przeniósł pieniądze, ulegając panice. Musiały więc być w miejscu, w którym czuł się bezpiecznie i swobodnie, gdzie był już wcześniej. We wrześniu nazwa Stoke Summit padła w trakcie przesłuchania. Sams wielokrotnie opowiadał o tym, że odwiedzał to miejsce bardzo często. Przyznał się, że ostatni raz był tam w lutym w deszczową środę.

Pieniądze musiały więc być schowane pomiędzy 30 stycznia, kiedy to uwolnił Stephanie Slater, a 21 lutego, kiedy go aresztowano. Instytut Meteorologii potwierdził, że na terenie Grantham padało 19 lutego. Tego właśnie dnia Sams zadzwonił do agencji Shipways i groził Sylvii Baker, każąc jej milczeć. Był to akt desperacji, zdawał sobie bowiem sprawę, że za dwadzieścia cztery godziny jego głos usłyszą miliony ludzi.

Pułkownik jednostki antyterrorystycznej wskazał prawdopodobne miejsca ukrycia w naturalnie występujących kryjówkach. Pierwsze poszukiwania nie ujawniły niczego, ale po zastosowaniu radaru ziemnego udało się wykryć pewne nieregularności. Ostatecznie policja odnalazła 120 tysięcy funtów ukryte w dwóch miejscach na nasypie.

Strategia wskazywania wspólnika jako sprawcy legła teraz w gruzach. Nie miałem wątpliwości, że Sams wymyśli kolejną historię pasującą do nowych faktów. Od aresztowania minęło już sześć miesięcy, a musiało upłynąć jeszcze kolejnych dziesięć, zanim rozpoczął się jego proces przed Sądem Jej Królewskiej Mości w Nottingham.

10

BYŁEM TROCHĘ ZASKOCZONY, KIEDY POD KONIEC WRZEŚNIA znowu otrzymałem telefon od Johna Bassetta. Wyjaśnił, że jeden z jego oficerów ma do mnie prośbę, i przedstawił podkomisarza Keitha Peddera.

Pedder ostrożnie dobierał słowa:

– Od czternastu godzin przesłuchujemy człowieka, który – jak sądzimy – może wyjaśnić morderstwo Rachel Nickell. Nie chcę teraz ujawniać szczegółów, gdyż mogłoby to wpłynąć na pana stosunek do sprawy. Chcę jedynie wiedzieć, czy w przesłuchaniu ujawniło się coś, co mogłoby dobitnie świadczyć o tym, że mężczyzna ten nie jest odpowiedzialny za morderstwo Rachel Nickell w świetle przygotowanego przez pana profilu.

– Kiedy dostanę taśmy?

– Właśnie wiozą je do pana.

Tej nocy zacząłem przesłuchiwać nagrania. Marylin donosiła mi kawę, zamykając uszy za każdym razem, gdy wchodziła do pokoju, i odpędzając koty, które kręciły się wokół jej stóp. Nie przeszkadzały mi. Przypomniały mi się czasy studiów, gdy przez całe noce wkuwałem do egzaminów.

Taśmy zawierały zapis przesłuchania Colina Stagga na komisariacie w Wimbledonie. Pytano go o to, co robił w dniu morderstwa, o tryb życia, przeszłość i zwyczaje. Prawie natychmiast stało się jasne, że doskonale zna teren Wimbledon Common, używa nazw własnych różnych pagórków, alejek, lasków i stawów. Chodził tam dwa albo trzy razy dziennie na spacer i czasami odwiedzał grób ojca na przyległym cmentarzu Putney.

Zeznał, że pamięta dzień, w którym zamordowano Rachel, ponieważ miał wtedy okropny ból głowy i kurcz karku. Wstał o 6.30, dostarczył gazety do miejscowego kiosku, a następnie wziął Brandy'ego – swojego psa – na spacer o 8.30. Pokazał trasę spaceru na mapie i wyjaśnił, że była krótsza niż zwykle z powodu bólu głowy.

– Chciałem wrócić do domu i jeszcze trochę pospać – powiedział. – Czułem się trochę ospały.

Twierdził, że wrócił do domu, zjadł trochę pieczywa chrupkiego i zasnął, oglądając jakiś konkurs w telewizji. Obudził go dopiero dźwięk policyjnych helikopterów. Sprzedawca w sklepie opowiedział mu o morderstwie na Wimbledon Common, a potem przeczytał o tym, co się wydarzyło, w gazetach.

Na pytanie, czy kiedykolwiek widział Rachel na terenie Common, Stagg przypomniał sobie, że widział kilka razy podobną dziewczynę, ale było to mniej więcej dwa lata temu. Pchała wózek z dzieckiem i opalała się przy stawie.

– Była ładną dziewczyną. Widziałem pewnego razu, jak zdjęła górę kostiumu i tak się opalała. Przyglądałem się jej przez jakiś czas – powiedział. – Następnego dnia wróciłem w to samo miejsce, mając nadzieję, że znowu ją zobaczę.

Gdy zapytano go, czy policja mogłaby zbadać buty, które miał na sobie w dniu morderstwa, stwierdził:

– Wyrzuciłem je dwa dni temu… do zsypu w bloku.

Przyznawał, że nadal jest prawiczkiem, twierdził jednak, że miał kilka dziewczyn, ale próby stosunku spełzły na niczym, ponieważ mu po prostu „nie stawał".

W ciągu drugiego dnia przesłuchań Stagg utrzymywał, że nic nie wie o morderstwie Rachel. Twierdził, iż policjant, którego spotkał przy przejściu pod autostradą A3, powiedział mu, że ofiarą jest młoda kobieta. Zaprzeczył, jakoby był mężczyzną widzianym koło Curling Pond z torbą i pasem na koszulce. Poza tym nigdy nie umyłby rąk w strumieniu, który jest zanieczyszczony i do tego śmierdzi.

W ciągu następnych dni, w miarę jak przesłuchiwałem kolejne taśmy, wielokrotnie rozmawiałem z Keithem Pedderem. Stwierdziłem, że jest otwarty na profilowanie, chociaż podchodził do niego ze sceptycyzmem. Zmieniło się to po tym, jak uczestniczył w aresztowaniu Colina Stagga, gdyż podobieństwa między profilem a sylwetką i mieszkaniem podejrzanego były ogromne. Teraz chciał się dowiedzieć trochę więcej.

– Na jakiej podstawie mógłbyś powiedzieć: „Jest niewinny. Szukamy innego podejrzanego"? – zapytał.

– Cóż, gdyby był od dwóch lat w szczęśliwym związku małżeńskim i miał dziecko, to powiedziałbym, że nie pasuje do profilu sprawcy. Gdyby miał za sobą długotrwały związek wymagający zaangażowania intelektualnego albo gdyby pokazał, że jego związki z kobietami są szczęśliwe i udane, mogłoby go to wyeliminować.

Po udzieleniu wszystkich wyjaśnień i uważnym wysłuchaniu reszty taśm powiedziałem Keithowi, że nie znalazłem żadnych elementów, które by definitywnie wyłączały Colina ze śledztwa. Nie oznaczało to, że jest winny, a jedynie że nie wolno go zlekceważyć.

Taśmy zawierały również zaskakujące wyznanie. Stagg przyznał się do obnażenia w miejscu publicznym na Wimbledon Common następnego dnia po morderstwie. Kobieta wyprowadzająca psa widziała go zupełnie nagiego, mającego na sobie jedynie okulary przeciwsłoneczne. Opalał się na trawie, a obok leżało złożone w nieładzie ubranie. Według słów kobiety rozchylił nogi i uśmiechnął się, gdy przechodziła.

Przedstawiono mu zarzut obnażenia w miejscu publicznym i ukarano mandatem w wysokości 200 funtów.

W ciągu trzech dni przesłuchań Stagg stale i uparcie zaprzeczał. Pomimo braku dowodów rzeczowych pozostał dla policji głównym potencjalnym sprawcą.

Podejrzenia nasiliły się po miesiącu, kiedy to policja otrzymała list napisany przez Stagga do kobiety, która zamieściła ogłoszenie w rubryce samotnych serc w magazynie „Loot". Początkowo Julie Pines korespondowała ze Staggiem, ale zerwała, gdy listy stały się zbyt obsceniczne.

Po dwóch latach rozpoznała jego nazwisko w gazetach. Skontaktowała się z pokojem operacyjnym i dostarczyła policji jeden z listów Stagga, który zatrzymała. W liście opisywał, jak opala się nago w parku i zaczyna masturbować. Zaskakuje go atrakcyjna kobieta, ale zamiast być przerażona, zaprasza go do uprawiania seksu na łonie natury.

Nie miałem żadnych informacji o tej sprawie aż do września 1992 roku, kiedy to w moim gabinecie w Arnold Lodge pojawili się John Bassett, Mick Wickerson i Keith Pedder. Byłem tym zaintrygowany. Dlaczego trzech zaangażowanych w poważne śledztwo oficerów jedzie przez dwie godziny z Londynu, żeby mnie odwiedzić?

Usiedliśmy w salce seminaryjnej. Zauważyłem, że natychmiast wyciągnęli notesy i długopisy.

– Paul, chciałbym zadać hipotetyczne pytanie. Proszę, żebyś wypowiedział się w kilku kwestiach. Przeprowadziwszy analizę seksualności mordercy, czy można przygotować tajną operację, która mogłaby wyeliminować podejrzanego ze śledztwa albo dzięki której podejrzany dostarczyłby dowodów winy?

Byłem zaskoczony. Nigdy jeszcze nie zetknąłem się z takim pytaniem. Cała trójka zamilkła.

– Jeżeli dobrze rozumiem, chcecie przeprowadzić operację, w której morderca wejdzie w związek z jakąś osobą, poczuje się przez to bezpieczny i ujawni udział w zbrodni.

Skinęli głowami.

Myślałem przez dłuższą chwilę.

– Tak, to możliwe – odpowiedziałem.

– Dobrze – przytaknął Bassett. – Przejdźmy więc do…

Wyciągnął notatnik.

– Istnieje wiele sposobów, aby to osiągnąć, ale oznacza to, że ktoś będzie musiał się zbliżyć do podejrzanego.

– Jakiś tajniak? – zapytał Pedder.

– Raczej tajniaczka. Po pierwsze, kobieta ta będzie musiała nawiązać kontakt i zaprzyjaźnić się z podejrzanym. Związek ten będzie miał za zadanie stworzyć sytuację, w której dojdzie do ujawniania kwestii dotyczących życia seksualnego. Po drodze nastąpi wiele punktów krytycznych, w których podejrzany będzie mógł podjąć różne decyzje. Jedynie jego postępowanie zgodne z naszymi przewidywaniami będzie podstawą do kontynuowania operacji. Gdyby w którymś z kluczowych punktów podjął inną decyzję, operacja musiałaby się zakończyć, gdyż z mojego punktu widzenia podejrzany wyeliminowałby się.

Nie padły żadne nazwiska. Nie miało to dla mnie znaczenia. Moja analiza przemożnych sadystycznych fantazji seksualnych powstała, zanim jakiekolwiek nazwisko zostało wzięte pod uwagę. Od tamtego czasu nie zaszło nic, co mogłoby mnie skłonić do zmiany poglądów.

– No to w jaki sposób się to wszystko odbędzie?

Nakreśliłem na tablicy dwie hipotetyczne tajne operacje, mające za zadanie wykorzystanie dewiacyjnej osobowości mordercy Rachel.

– Przyjmijmy, że nawiązaliśmy kontakt. Na przykład poprzez przypadkowe spotkanie albo listownie. We właściwych okolicznościach i przy właściwie dobranej agentce – jeżeli ta będzie prezentowała określoną przeszłość i osobowość – sprawca zacznie ujawniać swoje fantazje, odkrywające potrzebę aktywności seksualnej związanej z przemocą.

W fantazjach będzie używał noża do stymulowania, penetrowania i podporządkowania sobie kobiety. Kobieta będzie zdegradowana, zdominowana i odczłowieczona. Jednocześnie morderca stanie się agresywny i seksualnie podniecony.

Gdy zacznie ujawniać więcej, w fantazjach pojawi się miejsce przypominające las, w którym zginęła Rachel. Gdy związek stanie się bliski, wspomni o ważnych aspektach samego zabójstwa, czerpiąc z tego ogromną przyjemność, i nie będzie mu chodziło o stymulację intelektualną. Będzie to dla niego najpotężniejszy środek pobudzający stosowany przy masturbacji.

– I można to osiągnąć za pomocą listów? – zapytał Pedder, nawiązując do operacji, w której miała wystąpić policjantka.

– W początkowych stadiach – tak. Ale morderca szybko będzie usiłował rozwinąć związek od korespondencji do intymnej znajomości. Spróbuje przedstawić się agentce jako ktoś interesujący i będzie prawdopodobnie wymyślał najróżniejsze historie mające mu zapewnić fizyczną bliskość we wczesnych etapach znajomości.

– Czyli będzie zmyślał? – zapytał Bassett.

– Nie przyzna się natychmiast do morderstwa. Musimy pamiętać, że ma silne poczucie ostrożności i rozwinięty instynkt samozachowawczy. Jednak w miarę narastania podniecenia zapomni o ostrożności i ujawni okoliczności śmierci Rachel, które może znać tylko morderca.

Wyjaśniłem, że na zachowanie przestępcy i rozwój związku wpływ będą miały czynniki zewnętrzne, takie jak doniesienia mediów o sprawie.

– Morderca jest ostrożny. Dopóki uważa, że śledztwo utknęło w martwym punkcie, a opinia publiczna coraz mniej się tą sprawą interesuje, nie będzie się martwił o swoje własne bezpieczeństwo, pomyśli, że udało mu się wykręcić sianem. Jeżeli z jakichś względów będzie uważał, że policja nadal przywiązuje dużą wagę do tej sprawy, to będzie bardziej podejrzliwy w przypadku nowych znajomości.

Bassett i Wickerson wymienili spojrzenie.

– Do tej pory nigdy nie przeprowadzaliśmy takiej akcji – rzekł Wickerson.

Na to odpowiedział Pedder:

– Tak. Ale Paul mówi, że to możliwe.

– Jeżeli to zatwierdzą – zapytał Bassett – to czy zgodzisz się przygotować scenariusz i być naszym konsultantem?

– Najpierw mam kilka pytań. Sam powiedziałeś, że nigdy tego nie robiono. Czy to będzie legalne? Nie jestem prawnikiem. Nie znam się na prawnych aspektach takiego postępowania. Czy prokurator nie powie: „To bardzo interesujące, ale niedopuszczalne. Dowody zostały uzyskane bezprawnie"?

– To już nie nasza sprawa – odpowiedział mi Pedder. – Najpierw przyjrzą się temu prawnicy. Jeżeli Urząd Prokuratora Koronnego uzna to za nielegalne i stwierdzi, że nie da się przeprowadzić procesu, to oczywiście nie ma to sensu.

Bassett zgodził się z nim.

– To musi być operacja, której nic nie da się zarzucić. Co do tego nie mamy wątpliwości ani my, ani Scotland Yard.

Skinąłem głową.

– W takim razie operacja będzie prowadzona zgodnie z zasadami, które wam wyjaśniłem. Mogę przygotować operację, w której podejrzany będzie musiał się z własnej woli wspiąć po kilku drabinach, tym samym eliminując się albo wskazując na siebie. Nie zgodzę się na operację, w której postawimy go na zjeżdżalni i damy kuksańca, tak żeby nie miał wyboru, gdzie trafi.

Potwierdzili moje słowa. Nikt nie chciał mieć na sumieniu oskarżenia niewinnego człowieka i mordercy nadal chodzącego na wolności.

W ciągu następnych kilku dni przygotowałem listę wymagań, jakie musi spełniać agent. Zadzwoniłem do Keitha Peddera, przedstawiając mu do wyboru kobietę albo mężczyznę. Można było użyć jednego albo drugiego bądź wykorzystać agenta i agentkę.

Agent winien być białym mężczyzną w wieku od dwudziestu pięciu do trzydziestu lat o sylwetce sportowca, inteligentnym, ale grającym trochę ociężałego. Powinien swobodnie opisywać fantazje seksualne i czyny podobne do tych przypisywanych mordercy Rachel Nickell, ale nie identyczne.

Legenda przygotowana dla oficera powinna zawierać opisy sytuacji, w których był doskonały na przesłuchaniu, poradził sobie z policją albo w ogóle nie był przesłuchiwany, gdyż policji nie udało się go złapać. Musi być niezależny. W pierwszych stadiach znajomości powinien być ostrożny, potem musi okazać zdumienie i szacunek, w miarę jak podejrzany będzie ujawniał informacje o swoich wyczynach. Będą stanowili ekskluzywny klub, do którego przepustką są wyczyny podobne do tych, jakich sami dokonali.

W miarę wzrastania zaufania oficer będzie stopniowo ujawniał zdarzenia dotyczące poważnych brutalnych przestępstw seksualnych. Wytworzy to atmosferę, w której podejrzany poczuje się bezpiecznie i zacznie się chełpić swoją przeszłością. Oficer jednak nie będzie mógł wymieniać nawet nazwiska Rachel Nickell ani formalnie wpływać na dokonywane przez podejrzanego wybory.

Drugim informatorem będzie blondynka w wieku od dwudziestu do czterdziestu lat z włosami do ramion lub dłuższymi. Musi być atrakcyjna w tradycyjnym, gazetowym znaczeniu. Powinna wydawać się doświadczona seksualnie, ale nie rozwiązła. Do tego pociągają ją „interesujący", czyli doświadczeni mężczyźni, którzy żyją według ustalonych przez siebie reguł.

Musi odpowiadać na znaki dawane przez podejrzanego i twierdzić, że podniecają ją sadystyczne zabawy, w których czasami jest stroną pasywną, ale najczęściej aktywną. Powinna wskazywać na przyjemność, jaką czerpała ze związków z mężczyznami, którzy nie bali się fantazjować, dlatego ich znajomość szybko przechodziła od romansu aż do brutalnego seksu.

Użytecznym elementem byłoby zainteresowanie okultyzmem. Powinna być pod wrażeniem mężczyzny, który realizuje swoje żądze poprzez czyny, nawet jeżeli jest to na przekór ogólnie akceptowanym normom społecznym.

Nie byłem świadomy, że osobą, dla której przygotowywano operację, był Colin Stagg, chociaż wiedziałem, że jest jednym z podejrzanych. Nie miało to dla mnie znaczenia. Przygotowywałem operację na podstawie analizy dewiacyjnych zachowań seksualnych, przeprowadzonej po śmierci Rachel całe miesiące wcześniej, zanim Colinem Staggiem zainteresowała się policja.

Po dwóch tygodniach w moim gabinecie w Arnold Lodge zjawili się Pedder i Wickerson w towarzystwie policjanta i policjantki, którzy mieli wziąć udział w operacji w charakterze agentów. Gdy zobaczyłem ich przy furcie, nie mogłem oprzeć się wrażeniu, że już ich gdzieś widziałem. Znaleźli nawet niebieskooką kobietę, która przypominała Rachel.

Lizzie James i Robert Harris (nazwiska zmienione) byli zaznajomieni z ogólnym celem operacji i zdawali sobie sprawę, że narażają się na niesamowite ryzyko. Jeżeli podejrzany, z którym mieli się zaprzyjaźnić, był mordercą, to groziło im wielkie niebezpieczeństwo, zwłaszcza w przypadku Lizzie.

Obydwoje pochodzili z jednostki SO10 – brygady do spraw tajnych operacji należącej do Scotland Yardu, stanowiącej jedną z najbardziej utajnionych sił policyjnych. Jest to jednostka, która zajmuje się bardzo poufnymi operacjami wymierzonymi w przestępców, a także najbardziej niebezpiecznymi zadaniami, takimi jak infiltrowanie gangów, ochranianie członków ławy przysięgłych i udawanie płatnych morderców. Byli doświadczonymi oficerami. Podchodzili do sprawy na luzie i z pewnością siebie, jednak żadne z nich nie brało wcześniej udziału w operacji tego typu. Należało sprawdzić, czy mają pożądane cechy charakteru.

List, w którym Colin Stagg odpowiadał na ogłoszenie Julie Pines zamieszczone w kąciku samotnych serc, stanowił oczywisty sposób podstawienia agentki. Gdyby rozwinęła się przyjaźń, a podejrzany nie uniewinnił się swoim postępowaniem, to związek mógłby przejść od rozmowy telefonicznej do osobistego spotkania. Szczegółowo opisałem, jakiego typu fantazji seksualnych i zachowań dewiacyjnych mogą się spodziewać w przypadku, gdy będą mieli do czynienia z mordercą Rachel Nickell.

– Nie wierzę, że istnieją tacy ludzie – oświadczyła Lizzie, kręcąc głową.

– Dokładnie to samo chcę powiedzieć. Morderca Rachel w pierwszej chwili nie będzie wydawał się potworem. Nie da się zajrzeć do umysłu tego człowieka. Może przedstawić się jako osamotniony młody mężczyzna, szukający towarzystwa. Musicie uświadomić sobie, że w ten sposób będzie wami manipulował okrutny morderca. Nigdy nie zetknęliście się z tym, co dzieje się w jego umyśle.

Po kilku spotkaniach, które odbywały się w Arnold Lodge, zespół dochodzeniowy zdecydował, że wykorzystamy jednego agenta. Wybrano Lizzie James. Skoncentrowaliśmy się więc na przygotowaniu jej do niebezpiecznej misji. Nikt nie był w stanie przewidzieć, o czym będzie mówił morderca, więc dużo zależało od jej umiejętności szybkiego podejmowania decyzji. Prawdopodobnie będzie przebywała sam na sam z kimś, kto może być mordercą. Czy ma dość odwagi, inteligencji i bystrości umysłu, by sobie poradzić? Czy pasywnie odda inicjatywę, ale pozostanie otwarta na pomysły i fantazje seksualne?

Usiadłem bardzo blisko niej w sali seminaryjnej, naruszając jej przestrzeń osobistą, i szepnąłem: „Masz cudownie niebieskie oczy".

Obserwowałem, jak zmienia się język jej ciała. Czy się wzdrygnie albo odsunie? Lizzie nie miała pojęcia, co zamierzałem, ale szybko złapała, o co chodzi. Uśmiechnęła się i delikatnie zaśmiała. To był pierwszy z wielu egzaminów, które powinna zdać pomyślnie.

Musiała nauczyć się swojej legendy. Nie w ogólnym zarysie, ale dokładnie poznać najdrobniejsze szczegóły, które każdy zapamiętuje w ciągu całego życia. Trzeba było zaplanować dzieciństwo, okres szkolny, rodzinę i przyjaźnie tak, aby bez wahania mogła odpowiadać na wszelkie pytania.

Co równie ważne, w swoim opowiadaniu Lizzie musiała wyjaśnić, w jaki sposób została wciągnięta w czary w wieku dwunastu lat i jak zainteresowała się okultyzmem, kiedy miała osiemnaście lat, w jaki sposób stopniowo i systematycznie została wprowadzona w perwersyjne rytuały seksualnej natury. Doprowadziło to do biernego uczestnictwa i wspólnictwa w morderstwie na tle seksualnym popełnionym na młodej kobiecie. Dziesięć lat temu wycofała się z życia grupy, wstrząśnięta tym, co się stało. Uważa jednak, że w pełni może związać się z mężczyzną, który przeżył coś podobnego, który będzie w stanie zrozumieć seksualne wrażenia, jakie to u niej wywołało.

Pomimo różnych prób nawiązania związku od tamtego czasu nigdy jej się to nie udawało. Wiedziała, że nie doświadczy wrażeń równie silnych jak w grupie. Nieudane próby wywoływały emocjonalny ból, tak że z wielkimi oporami rozważała możliwość rozpoczęcia współżycia.

Tajna operacja miała na celu pozwolić podejrzanemu oczyścić się z podejrzeń albo wykazać, że jego dewiacje są tej samej natury co zaburzenia mordercy Rachel. Gdyby podejrzany naprawdę był mordercą Rachel, to – być może – okazałby wyrzuty sumienia. Aby operacja się udała, podejrzany na każdym etapie musiał wykonać pierwszy ruch. Nie można mu wkładać w usta naszych słów ani naszych pomysłów do jego umysłu. Na początku Lizzie musiała wykazać się ostrożnością przy ujawnianiu szczegółów ze swojej przeszłości, obawiając się, że szczerość mogłaby jej zaszkodzić. Kiedy zacznie mówić o przygodzie z grupą okultystów, będzie musiała ujawniać szczegóły powoli, z oporami.

– Uważasz się za inną od reszty ludzi w najbardziej dogłębny sposób – powiedziałem Lizzie – ale trudno ci wyjaśnić dlaczego. I szukasz potwierdzenia, czy ten mężczyzna czuje tak samo.

Podstawową kwestią było to, aby w początkowych fazach śledztwa nie interesowała się ani nie ujawniała wiedzy o śmierci Rachel. Gdy podejrzany zacznie coś o tym mówić, mogła okazać przelotne zaciekawienie, a następnie zmienić temat. Gdyby nastąpiło to jeszcze raz, to znowu należało zmienić temat rozmowy. Dopiero po trzeciej albo czwartej wzmiance mogła wdać się w rozmowę o Rachel i powiedzieć: „No dobrze, powiedz już o tym".

Równie ważne było to, aby Lizzie nigdy nie wprowadzała do rozmowy tematów dotyczących przemocy i agresji, które, jak przewidywałem, występowały w fantazjach mordercy. Chodziło tutaj o fizyczną i słowną przemoc, noże i poniżanie kobiet. Nie mogła podsuwać mu nowego materiału ani nowych wątków dyskusji, wolno jej było jedynie powtarzać tematy już poruszone przez podejrzanego.

Dzięki temu mieliśmy pewność, że nie wrobimy niewinnego człowieka w składanie fałszywych oświadczeń jedynie w celu uzyskania przychylności Lizzie. Moim zadaniem było przygotowanie jasno określonych procedur umożliwiających mordercy podejmowanie własnych decyzji, dzięki którym mógłby się oczyścić z zarzutów albo dalej pogrążyć.

– Będzie się zachowywał nienormalnie – ostrzegłem. – Jeżeli jest mordercą Rachel, spróbuje zapewnić sobie związek seksualny bez narażania się na ryzyko. Spróbuje się dowiedzieć, ile się tylko da o Lizzie James, o jej marzeniach, aby stworzyć scenariusz, który, jak będzie sądził, zadowoli ją.

– Czyli będzie fantazjował?

– To zupełnie możliwe – odrzekłem – ale w końcu jego zboczony instynkt seksualny osiągnie poziom, na którym zapomni o ostrożności i instynkcie samozachowawczym i być może zacznie ujawniać szczegóły dotyczące morderstwa Rachel. Jeśli coś takiego się zdarzy, to powinnaś słuchać, ale jednocześnie sugerować, że potrzebujesz dowodu, iż nie wymyśla jakiejś historyjki, by wywrzeć na tobie wrażenie i pójść z tobą do łóżka.

Przerobiwszy z Lizzie jej legendę, musiałem się upewnić, że czuje się swobodnie w swojej nowej skórze. Kiedy zetknie się oko w oko z podejrzanym, nie będzie mogła się zastanawiać.

– W jaki sposób cię wykorzystywali, Lizzie? Co się wydarzyło, kiedy miałaś siedemnaście lat?

– Oni… no wiesz…

– Nie wiem. Opowiedz mi, co ci robili. Chcę to usłyszeć. Do czego cię zmuszali?

Początkowe spięcie ustąpiło stopniowo pewności siebie i weszła w rolę. W rzeczywistej sytuacji, kiedy podejrzany ujawniłby coś i poprosił ją, aby się czymś odwzajemniła, musiała być w stanie swobodnie rozmawiać o tym, jak uprawiała określony rodzaj seksu, nawet jeżeli mężczyzna naprzeciwko niej jest mordercą. Musieliśmy się do tego dobrze przygotować.

Symulowaliśmy rozmowy telefoniczne, w których odgrywałem rolę mordercy. Mówiłem, w jaki sposób Lizzie ma formułować listy, aby nie podsuwać podejrzanemu tematów i pomysłów, które mogą pochodzić od mordercy.

– Ile czasu to zajmie? – zapytał Pedder, świadom kosztów i presji czasu.

W odpowiedzi narysowałem wykres z przebiegiem możliwych reakcji.

– Zajmie to nam od dwudziestu czterech do dwudziestu sześciu tygodni. Upłynie od dwóch do szesnastu tygodni, zanim Lizzie nawiąże znajomość z podejrzanym, prowadzącą do powstania jakiejś więzi. Jeśli to nie nastąpi, to możemy po prostu przerwać operację. Kiedy zaczną mówić o swoich fantazjach, wszystka powinno się skończyć w ciągu dwóch miesięcy.

– A jeżeli w ciągu tego czasu nie zdradzi się ze swoją wiedzą o morderstwie?

– Wtedy zakończymy akcję i uznamy go za wyłączonego z dalszego śledztwa. Albo nie ma nic do ujawnienia, albo nigdy tego nie ujawni.

Po zakończeniu przygotowań pozostało nam tylko czekać na zezwolenie przełożonych.

11

KILKANAŚCIE MIL OD WIMBLEDON COMMON w komisariacie Eltham w południowo-wschodnim Londynie trwało poszukiwanie seryjnego gwałciciela. Zaatakował już co najmniej cztery razy, a za każdym razem atak był coraz bardziej brutalny. Wszystkie gwałty powiązano dzięki badaniom DNA. Do odnalezienia przestępcy powołano specjalny zespół śledczy.

Operacja pod kryptonimem „Ecclestone" trwała już od dwóch tygodni, gdy na początku września zgłosił się do mnie podkomisarz John Pearse. Po kilku przekładanych spotkaniach i upiornej jeździe autostradą M25 w końcu złożyłem mu wizytę w ciepłe wrześniowe popołudnie.

– Stanowi dla nas nie lada problem – powiedział Pearse, oprowadzając mnie po pokoju operacyjnym. – Jest bardzo brutalny, jedna z ofiar skończyła jako zakrwawiony ochłap.

Przechadzając się szybko i przedstawiając mi poszczególnych członków zespołu śledczego, wydawał się odprężony i pewny siebie.

– Mamy dwa gwałty i dwie próby gwałtów powiązane testem DNA. Są również inne doniesienia przypisywane temu samemu sprawcy. Mamy doskonałych świadków, dobry portret pamięciowy i silne dowody rzeczowe. Nie mamy jedynie podejrzanego.

– W czym mogę pomóc?

– Potrzebujemy dodatkowych informacji o sprawcy. Czy może coś przegapiliśmy? W jak sposób dobiera ofiary? Wszystko, co tylko przyjdzie ci do głowy.

Zaczął mnie zapoznawać z przebiegiem gwałtów, zaczynając od pierwszego, do którego doszło 10 sierpnia 1989 roku. Jenny, trzydziestoletnia samotna matka, jak co dzień wypuściła kota na dwór, przygotowywała śniadanie dla dzieci i porządkowała sypialnie.

Mieszkała w domu z ogrodem wychodzącym na Winns Common w Plumstead. O 8.30 była na piętrze we frontowej sypialni i suszyła włosy. Kiedy uniosła głowę, zobaczyła mężczyznę stojącego w drzwiach. Na twarzy miał chustę zakrywającą usta, brodę i nos, a w ręku trzymał nóż sprężynowy.

Kazał jej położyć się na łóżku, zaciągnął jej podkoszulek na głowę i związał ją paskiem albo drutem, tak że nic nie widziała. Bała się o swoje pozostawione na dole dzieci. Przekonała go, żeby zamknął drzwi, i kazała mu się pospieszyć. Następnie zgwałcił ją, mając niepełną erekcję. Widziała go, gdy wychodził przez rozpadające się ogrodzenie na tyłach ogrodu.

– W jaki sposób dostał się do domu? – zapytałem.

– Zapomniała zamknąć tylne drzwi po tym, jak wypuściła kota na zewnątrz. Przeszedł obok pokoju, gdzie bawiły się dzieci, przeciął przewód telefoniczny, poszedł na górę i znalazł Jenny.

– Czy coś ukradziono?

– Nic.

Ponieważ twarz była częściowo zasłonięta, Jenny nie mogła pomóc przy tworzeniu portretu pamięciowego, ale opisała go jako mężczyznę o wzroście 175 centymetrów, w wieku około dziewiętnastu lat, średniej budowy ciała, szarych włosach, ubranego w tanie, znoszone dżinsy i brązową kurtkę.

– Nie zaatakował na dworze – powiedział Pearse. – Nie udałoby się go połączyć z następnymi gwałtami, gdyby nie analiza DNA.

Kolejny zgłoszony atak nastąpił po prawie trzech latach, w odległości czterech mil. Dziesiątego marca 1992 roku o 20.40 Susan, siedemnastolatka zamieszkała w Lewisham na południowy zachód od Plumstead, wybrała się do przyjaciółki mieszkającej na pobliskim osiedlu. Wsiadła do autobusu w pobliżu swojego domu, wysiadła na Lee High Road koło skrzyżowania z Abernathy Road i dalej poszła na piechotę. Gdy zbliżyła się do osiedla Cordwell Estate, zwróciła uwagę na młodego człowieka na chodniku po drugiej stronie ulicy.

Wchodząc na osiedle, znalazła się na otwartym podwórzu, a on pobiegł w kierunku garaży. Gdy Susan weszła w drugą ulicę, została zaatakowana od tyłu. Złapał jej prawą rękę i trzymając nóż, powiedział: „Jeśli chcesz żyć, nie rób hałasu".

Zaciągnął Susan za garaże, ściągnął z niej sweter i biustonosz, miętosił piersi i próbował całować jej twarz i usta. Gdy opierała się, przypominał jej o nożu przyciśniętym do brzucha i powtarzał: „Zamknij się, jeżeli chcesz żyć". Następnie z jakiegoś powodu, którego nie mogła zrozumieć, zaczął ją bić po twarzy. Zerwał z niej dżinsy oraz figi, obalił na ziemię, unieruchomił nadgarstki nad głową i przyciskał swoje biodra do niej, nadaremnie próbując w nią wejść.

W końcu wstał, podciągnął spodnie i sześć–osiem razy kopnął Susan w głowę, a następnie spokojnie sobie poszedł.

– To była cholernie bezsensowna przemoc – splunął Pearse. – Nie musiał tego robić.

Plamy nasienia znalezione na ubraniu Susan po dokonaniu analizy DNA powiązano z pierwszym atakiem.

Po ośmiu dniach gwałciciel zaatakował ponownie na polnej drodze w Eltham dwie mile na wschód od Lewisham. Siedemnastoletnia Leanne po rodzinnej kłótni wyszła z domu o 19.30 na spacer. Nogi ją poniosły na Eltahm Palace Road, a dalej na drogę prowadzącą przez pola i las w kierunku Eltham Palace. Około 20.15 zatrzymała się na wzniesieniu, aby spojrzeć na światła Canary Wharf i Crystal Palace Tower.

Gdy poszła dalej, zauważyła w pobliżu mężczyznę, który wydawał się oddalać. Jednak gdy ruszyła do domu, nagle pojawił się tuż przed nią z nożem w prawej dłoni. Zdjął czarną kominiarkę, pokazując swoją twarz.

– Na kolana, mam nóż i go użyję – powiedział.

Zmusił Leanne, aby położyła się na plecach. Wepchnął nóż w jej lewą pierś, robiąc małą ranę, która zaczęła krwawić i poplamiła stanik. Teraz, gdy trawa osłoniła ich przed oczami innych ludzi, zdjął jej sweter, stanik i zaczął pieścić piersi, a w końcu zerwał z niej dół i kazał rozchylić kolana. Próbował w nią wejść, ale członek był zbyt miękki. Potem zaczął ocierać się w górę i w dół, symulując uprawianie seksu, i mówił: „I co, dobrze? Czujesz mnie tam w środku? Jesteś dziewicą?".

Kiedy Leanne przypadkowo poruszyła nogami, wpadł we wściekłość i zagroził, że ją pobije. Pod koniec udało mu się uzyskać erekcję i znowu spróbował w nią wejść. Po wszystkim przystawił jej nóż do pochwy i powiedział: „Mogłaś zadowolić się tym". Przesuwał ostrze od piersi do policzka.

– Grzeczna dziewczynka – rzekł, gdy w końcu wstał.

– Mam poczekać, aż pójdziesz? – zapytała.

– Rób, co chcesz. Bądź grzeczną dziewczynką i nie sprawiaj kłopotów.

Dwaj chłopcy zobaczyli Leanne uciekającą z miejsca, gdzie ją zgwałcono, i pomogli jej dotrzeć do pobliskich sklepów, skąd wezwała policję. Plamy nasienia z ubrania dostarczyły materiału do badania DNA, a sama Leanne zdołała przygotować portret pamięciowy. Według Pearse'a podobieństwo wynosiło 75 procent, a nie można nie doceniać wagi takiej liczby. Portrety pamięciowe mogą stwarzać pewne niebezpieczeństwo. Jeśli osoba na portrecie nie przypomina prawdziwego przestępcy, to może oznaczać, że nie zgłosi się istotny świadek.

Trzeci atak nastąpił niedaleko pieszej trasy zwanej King John's Walk, która przecinała otwarte pole w miejscu spaceru Leanne. Należała do sieci tras spacerowych, które łączyły parki i błonia (Common) w południowo-wschodnim Londynie i tworzyły Green Chain Walk. Zaczynał się on w dwóch londyńskich okręgach: Bromley oraz Crystal Palace i wijąc się, dochodził do Tamizy.

Tyły domu, w którym dokonano pierwszego gwałtu, wychodziły na Winns Common, należący do Green Chain Walk. Szlak ten występował również przy czwartym gwałcie.

W słoneczną niedzielę 24 maja 1992 roku, tuż przed czternastą, dwudziestodwulenia Cathy wyszła na spacer ze swoją dwuletnią córeczką leżącą w wózku. Szła aleją King John's Walk, gdy zauważyła mężczyznę ukrywającego się za zrujnowanymi szatniami. Po chwili znalazła się na znacznie węższej części ścieżki pomiędzy barierkami i krzakami.

Usłyszała za sobą kroki i ktoś złapał ją za głowę, tak że poczuła ból karku. Puściła wózek i upadła pod gradem ciosów, które spadły na jej głowę i tułów.

Napastnik zdjął jej szorty i figi, wyjął też tampon i zdołał podciągnąć ubranie pod pachy. Rozchylił jej nogi i zdjął swoje szorty, pod którymi widniały staromodne kalesonki z rozporkiem. Onanizował się pomiędzy jej nogami w pobliżu pochwy, ale kiedy w nią wszedł, musiał pomagać sobie ręką, bo jego członek nadal był wiotki.

Nagle wyskoczył z niej, podciągnął szorty i pobiegł w tym samym kierunku, z którego nadszedł. Cathy, która wyglądała teraz jak krwawy befsztyk, zebrała ubranie i jakoś zdołała dojechać z wózkiem do domu teściowej, gdzie zemdlała.

Później powiedziała policji: „Prosiłam go, żeby mnie nie zabijał. Nie przestawał mnie bić. Zaciągnął sznur wokół szyi i ciągle walił mnie w głowę".

Pearse pociągnął łyk kawy i warknął:

– Bezczelny kutas. Był środek dnia na ruchliwej alejce. W każdej chwili mógł ktoś nadejść.

– Lubi ryzyko, przynajmniej w tej chwili – powiedziałem, przyglądając się zdjęciu lotniczemu miejsca przestępstwa.

Cathy również pomogła stworzyć portret pamięciowy, który poprzednie ofiary uznały za dobry, jednak podany przez nią rysopis mówił o mężczyźnie mierzącym około 185 centymetrów.

Pearse zbadał również akta kilkunastu innych gwałtów, które – jak sądził – były powiązane. Wszystkie miały miejsce w okolicach szlaku Green Chain. Szczególnie zwrócił uwagę na zdarzenie z 30 sierpnia, które rozegrało się w Elmstead Woods, jedynie o milę na południe od Eltham. Czterdziestosiedmioletnia nauczycielka po śniadaniu wyprowadziła psy na spacer. Kiedy zeszła z drogi, jej corgi zaczęły szczekać.

Przed nią stał młody człowiek, który zagradzał jej przejście. Przez spodnie masował swój stojący członek. Złapał smycz i oplatając wokół szyi kobiety, przyciągnął ją do siebie. Później rzucił ją na ziemię w pobliżu zwalonego drzewa i wtedy chyba któryś z psów musiał go ugryźć w kostkę, gdyż zerwał się i pobiegł w kierunku polany.

Podany opis pasował do innych, a po pokazaniu portretu pamięciowego kobieta stwierdziła: „To na pewno ten facet". Powiedziała również, że wygląda na „dwójkowicza", co było trochę staromodnym określeniem ucznia, któremu nauka przychodzi z trudem.

Pearse opisał również dwa kolejne zdarzenia, które miały miejsce od czasu rozpoczęcia operacji. Pierwszego września o 19.00 policjantka zajmująca się sprawami administracyjnymi, a pracująca w pokoju operacyjnym na komisariacie w Eltham, wyszła z komisariatu i poszła w kierunku samochodu. Zauważyła mężczyznę z plastikową torbą na zakupy, w której było coś długiego. Mężczyzna przebiegł obok niej, gdy zapalała silnik; zauważyła, że doskonale odpowiadał rysopisowi podejrzanego.

Po tym zdarzeniu obudziły się obawy, że przestępca zaczął korzystać z zainteresowania opinii publicznej, z jakim spotkały się gwałty, i zacznie pojawiać się przy komisariacie. Teoria została potwierdzona tydzień później, kiedy do czternastolatki jeżdżącej z przyjaciółmi po parku na wrotkach podszedł mężczyzna odpowiadający rysopisowi, otworzył czarną skórzaną teczkę i pokazał plakat z apelem o pomoc we wskazaniu gwałciciela. „Widzisz? To ja" – powiedział i poszedł dalej.

Pearse przeszedł się po pokoju operacyjnym, przedstawiając mnie poszczególnym członkom zespołu śledczego, nie przestając przy tym ani na chwilę mówić.

– Teraz przedstawię cię nadkomisarzowi – powiedział, prowadząc mnie przez drzwi wahadłowe.

Nadinspektor Steve Landeryou wyglądał jak przeciwieństwo policjanta. Ubrany był w nienagannie skrojony trzyczęściowy garnitur, zapiętą kamizelkę, z której zwisał złoty łańcuszek, a z kieszonki na piersi wystawała starannie złożona chusteczka.

Landeryou przez chwilę rozmawiał o śledztwie, następnie przeprosił nas i wyszedł. Wyczułem, że uznaje moją obecność za dodatkowe zabezpieczenie, aby nikt nie zarzucił, iż nie zrobiono wszystkiego, co tylko można. Z drugiej strony sam czuł się swobodnie, kiedy stosowano zwykłe metody policyjne, do których nie można zaliczyć pomocy psychologów. Jednak Pearse interesował się psychologią i nawet zgłębiał ją na studiach podyplomowych.

Przez jakiś czas czytałem najważniejsze zeznania i raporty medyczne, a potem przez większość popołudnia oglądaliśmy miejsca, gdzie dokonano gwałtów. Wczesnopopołudniowe słońce sprawiało, że czuliśmy się w samochodzie jak w piekarniku. Miło było więc zatrzymać się i przejść po okolicy.

Szczególnie zainteresowałem się pierwszym zgłoszonym gwałtem. Zaciekawił mnie, gdyż bardzo różnił się od pozostałych – do tego stopnia, że zespół śledczy uznał go prawie za niepasujący do sprawcy. W trakcie odprawy Pearse pominął szczegóły i natychmiast zaczął mówić o atakach, które miały miejsce na dworze, a które, według niego, ustaliły zasady postępowania gwałciciela.

Jednak z mojego punktu widzenia atak na Jenny dawał więcej potencjalnych wskazówek niż pozostałe. Pozostałe ofiary zostały wybrane i zaatakowane na zewnątrz, prawdopodobnie zadecydował tutaj przypadek albo okazja, ale co skłoniło go do napaści na Jenny? Skąd wiedział, że jest w domu? Czy ją śledził albo obserwował?

Co równie ważne – doszło między nimi do rozmowy, a jej treść mogła powiedzieć sporo o jego wykształceniu, motywacji i o tym, na ile znał swoją ofiarę.

– Czy można ją ponownie przesłuchać? – zapytałem.

– Tak sądzę – odpowiedział Pearse.

– A także sąsiadów. Chciałbym wiedzieć, czy ktoś składał doniesienia o podglądaczach albo nieznanych mężczyznach, kręcących się po okolicy w ciągu tygodni, które poprzedziły atak.

– Mówimy o czymś, co miało miejsce trzy lata temu – odparł Pearse z powątpiewaniem.

– Tak. To właśnie jedna z rzeczy, które mnie zaskakują.

– Co masz na myśli?

– Zastanawiam się, czy nie wyprowadził się z okolicy po pierwszym ataku. Trzy lata spokoju pomiędzy dwoma atakami to coś niespodziewanego. Ludzie jego pokroju mają spadki potrzeb seksualnych trwające kilka miesięcy, ale nie lat. Być może zamieszanie, jakie powstało po pierwszym gwałcie, przestraszyło go i wycofał się na jakiś czas.

– Opinia publiczna nic nie wiedziała – powiedział Pearse.

– Więc gdzie był? Może w szpitalu lub w więzieniu, a może jego rodzina się przeprowadziła albo związek się załamał. W jakiś sposób musimy wyjaśnić tę przerwę – odrzekłem.

W miejscach popełnienia kolejnych gwałtów Pearse wyjaśnił mi szczegółowo, gdzie ofiary po raz pierwszy zobaczyły sprawcę i gdzie nastąpił atak. Podczas następnych napadów nie zasłaniał swojej twarzy i nie bał się zbytnio, że zostanie rozpoznany, zwłaszcza kiedy atakował Cathy na ruchliwym szlaku, gdzie można spotkać mnóstwo dzieci, rowerzystów, biegaczy i ludzi z psami. Nie odstraszyła go też obecność małego dziecka. Wzrósł stopień brutalności, gdyż wielokrotnie kopał dziewczynę i bił ją pięścią w głowę.

Pearse pokazał mi fotografie Jenny, Susan, Leanne i Cathy. Wszystkie były młode i atrakcyjne, co sugerowało policji, że gwałciciel poszukiwał właśnie takich ofiar. Podsunąłem myśl, że zamiast skupiać się na fizycznych podobieństwach, powinni zastanowić się, jak ofiary zaprezentowały się sprawcy. Czy może wydawały się słabe albo nerwowe, gdyż nie odwzajemniały jego spojrzenia, odwracały wzrok w inną stronę itp.

Również nie dawał mi spokoju atak w Elmstead Woods, gdy napadł w lesie na nauczycielkę z psami. Okoliczności wymagały wyjaśnienia. Poza tym, że była starsza od pozostałych ofiar, kobieta opisała mężczyznę, który pocierał penisa przez spodnie. Z pozostałych relacji wiemy, że napastnik miał trudności z utrzymaniem erekcji. Wspomniała również człowieka, który według niej był mało rozgarnięty, jednak nie wydaje mi się, aby miała rację. Sposób atakowania ofiar wskazywał na to, że gwałciciel z Green Chain Walk posiada dość rozumu i umiejętności. Być może nie używał wyrafinowanych sztuczek ani nie próbował wciągnąć ofiar w miejsca, które by mu bardziej odpowiadały, ale okazał się na tyle inteligentny, że udało mu się zrobić to, na co miał ochotę.

Artykuły w lokalnej prasie doprowadziły do ujawnienia wielu wątków w sprawie morderstwa na szlaku Green Chain. Detektywi śledzili ruchy znanych przestępców na tle seksualnym i podejrzanie zachowujących się mężczyzn. Dwa zdarzenia miały szczególne znaczenie. W poniedziałek 12 września pewna kobieta zgłosiła, że jest śledzona na Winns

Common niedaleko miejsca pierwszego gwałtu. O dwudziestej drugiej wiozła swoją córkę w wózku, kiedy zauważyła na ławce mężczyznę. Zaniepokojona poprosiła młodą parę migdalącą się w samochodzie, aby ją obserwowali. Gdy przechodziła obok ławki, mężczyzna wstał i próbował pójść za nią, lecz natychmiast skręcił, gdy padły na niego światła samochodu.

Innym razem mężczyzna próbował wedrzeć się do domu młodej kobiety, jednak na szczęście na drzwiach był założony łańcuch, który zdołał go powstrzymać. Nie zgadzało się to z opinią, że gwałciciel działa jedynie na zewnątrz i sugerowało, że może wrócić do ataków w budynkach.

Większość gwałcicieli atakuje albo w budynkach, albo na otwartej przestrzeni. Ma to sporo wspólnego z rodzajem fantazji seksualnych oraz z tym, w jaki sposób powstały. Gwałciciele działający w budynkach często rozpoczynali swoją przestępczą karierę jako włamywacze albo podglądacze, podczas gdy gwałciciele napadający swe ofiary na dworze są notowani za publiczne obnażanie się lub masturbację. Jeśli sprawca powracał do wnętrza, oznaczało to, że pierwszy gwałt ma jeszcze większe znaczenie w poszukiwaniu wskazówek dla śledztwa.

W międzyczasie przygotowałem profil sprawcy, po czym przedstawiłem go na zebraniu wywiadowców i policjantów mundurowych. Gdy Pearse przedstawiał mnie, czułem raczej zaciekawienie niż akceptację. Niektórzy z oficerów byli względnie młodzi i nigdy jeszcze nie pracowali z psychologiem.

Zacząłem:

– Istnieje niewielkie prawdopodobieństwo, że ma ponad dwadzieścia osiem lat i duże prawdopodobieństwo, że jest w wieku od dwudziestu do dwudziestu pięciu lat.

Sprawca potrzebował trochę doświadczenia życiowego, aby zdobyć pewność siebie w swoich poczynaniach, lecz nie miał dość doświadczenia, by uzyskać większy stopień kontroli nad swymi ofiarami. Nieudane próby gwałtu potwierdzały brak doświadczeń seksualnych i niedojrzałość. Wiedziałem też, że w miarę upływu czasu zmieniają się nie tylko miejsca, ale i ludzkie zachowania. Ludzie przestają chodzić na piechotę, kupują samochody. Ten mężczyzna wie, co się dzieje w jego otoczeniu, nadal doskonale zna miejscowe parki, alejki i trasy autobusów.

– Jego inteligencję oceniam na niską do przeciętnej – powiedziałem. – Nie radził sobie dobrze z nauką i być może uczestniczył w dodatkowych zajęciach z jakiegoś przedmiotu.

Wynikało to ze sposobu przeprowadzania ataków oraz tego, jak zwodził policję. Nie widziałem niczego, co mogłoby sugerować zaburzenia psychiczne.

– Jeżeli pracuje, to wykonuje pracę niewymagającą inteligencji, być może pracę fizyczną. Nie ma powodów, by uważać, że jest samotnikiem ani że unika kolegów.

Znowu było to związane z jego inteligencją. Z tego, co powiedzieli świadkowie, wynikało, że nie miał cierpliwości, która stanowiłaby absolutne minimum w przypadku, gdyby miał poradzić sobie na stanowisku kierowniczym albo w pracy związanej z podróżami. Bardziej prawdopodobna była praca fizyczna.

Wspomniałem o stosunku do kolegów z pracy, ponieważ często spotykam się z opiniami: „To musi być jeden z tych samotników". Stereotypy i z góry przyjęte poglądy mogą być niebezpieczne. Chciałem, aby nie uśpiły czujności policji. Mieli poszukiwać mężczyzny, który zbytnio nie pasował do społeczeństwa, ale nie oznaczało to jednocześnie, że będzie się w jakiś szczególny sposób z niego wyróżniał. Nic nie wskazywało na chorobę psychiczną, a nawet jeżeli takowa istniała, to nie musiała się jeszcze ujawnić.

Z tego też względu, jeżeli natknęliby się na człowieka, który czuł się swobodnie w towarzystwie innych ludzi w pracy czy na imprezach towarzyskich, nie oznaczało to, że można go natychmiast skreślić z listy podejrzanych. Podobnie można oczekiwać, że ma kontakty z kobietami w pracy, chociaż nie są one bardzo zażyłe.

– Być może sprawia mu przyjemność towarzystwo młodych dziewczyn, gdyż nie stwarzają takiego zagrożenia. W przypadku luźnej znajomości można je z łatwością oczarować – powiedziałem i wyjaśniłem, że młodzi mężczyźni tuż przed dwudziestką i po niej, którzy na pozór nie mają problemów z kobietami, czasami nie nawiązują kontaktów z płcią przeciwną. Muszą czuć się ważni i uwielbiani, a młode dziewczęta dają im to uwielbienie, gdyż często starsi od nich mężczyźni potrafią wywrzeć duże wrażenie. Właśnie dlatego nastolatki czasami sypiają z mężczyznami w wieku dwudziestu-trzydziestu lat.

– Istnieją jasne dowody, że cierpi na zaburzenia seksualne, na przykład trudność utrzymania wzwodu i przedwczesny wytrysk – kontynuowałem. – Sądzę też, że nie potrafi nawiązać poprawnych związków heteroseksualnych w wyniku słabych umiejętności komunikacyjnych i być może nadużywania alkoholu.

– Beztrosko podejmuje ryzyko i nie zależy mu zbytnio na uniknięciu rozpoznania oraz aresztowania – powiedziałem, wiedząc, że z biegiem czasu ulegnie to zmianie. Młodzi przestępcy są zwykle beztroscy i nieświadomi konsekwencji, jakie niesie z sobą aresztowanie, lecz w miarę dorastania stają się coraz mądrzejsi i coraz bardziej ostrożni. Chociaż atak na Cathy w środku dnia był związany z ogromnym ryzykiem, czułem, że sprawca zacznie w końcu bardziej uważać.

– Chociaż sprawia mu przyjemność strach jego ofiar, to nie jest jednak sadystą w pełnym rozumieniu tego słowa – stwierdziłem. Wiedziałem o tym z literatury i z pracy klinicznej. Ten mężczyzna rozkoszował się zmuszaniem kobiet do spełniania swoich żądań, lecz przecież mógł wywołać o wiele większy ból i uzyskać większą władzę, gdyby tylko zapragnął. Jego brutalności nie można było jeszcze uznać za sadyzm.

Jednocześnie jego gniew i oburzenie były na tyle znaczne, że zbliżył się do pracownicy policji w pobliżu komisariatu Eltham, co potwierdzało, że może szydzić z policji i rzucać wyzwanie, aby go złapała.

– Prawdopodobnie jest znany policji w związku z przestępstwami przeciwko mieniu, związanymi z wtargnięciem do budynków – powiedziałem. Wynikało to z pierwszego gwałtu, który, jak uznałem, ekipa śledcza potraktowała jako coś nienormalnego, do czego nie należy przywiązywać takiej samej wagi jak w przypadku pozostałych gwałtów. Ja nie widziałem tego w ten sposób. Obcy mężczyzna wszedł do domu, odciął telefon i zgwałcił kobietę, podczas gdy jej dzieci bawiły się na parterze. Jego postępowanie sugerowało kogoś, kto już nieraz włamywał się do cudzych domów.

Wiedza na temat okolicy nie była powierzchowna ani krótkotrwała. Ściśle wskazywała na powiązanie z terenem poprzez naukę lub pracę. Chociaż obecnie był związany z terenem, to jednak między pierwszym a drugim gwałtem prawdopodobnie się przeprowadził.

Podobnie jak w przypadku Rachel Nickell, sprawca wielokrotnie atakował kobiety w swych fantazjach seksualnych, zanim w końcu dokonał prawdziwego gwałtu. Takie wnioskowanie wynikało z mojej pracy klinicznej z przestępcami oraz sposobu, w jaki uzyskiwali zadowolenie seksualne. Oglądali rozebrane lub uprawiające seks kobiety przez okna. Następnie przeradzało się to w śledzenie, kradzież bielizny i wchodzenie do domów.

– Równie dobrze mężczyzna ten może być notowany z powodu drobnych występków, takich jak nieprzyzwoite obnażenie, a przede wszystkim podglądanie – dedukowałem. – Powinniście zwrócić uwagę na pary na leśnych polanach, a zwłaszcza doniesienia o podglądaniu, które zgłaszały kobiety w dzień lub w nocy w ciągu czterech miesięcy poprzedzających pierwszy gwałt. Podejrzane są również kradzieże bielizny suszącej się na dworze.

Na razie nie widziałem żadnej reakcji ze strony policjantów obecnych w pokoju. Zwykle referowałem swoje ustalenia w obecności oficera prowadzącego śledztwo i kilku starszych stopniem detektywów. Teraz, gdy miałem o wiele większą publiczność, trudno było ocenić, jak przyjęli moje informacje. Nabrało to szczególnego znaczenia, gdy mówiłem, w jaki sposób można schwytać sprawcę.

– Według mnie zwrócicie na niego uwagę w jeden z trzech sposobów – powiedziałem, patrząc na ich reakcję. – Po pierwsze, informacji mogą dostarczyć policjanci lub miejscowi mieszkańcy. Stanie się tak, ponieważ będzie naprzykrzał się ludziom lub będą czuli się w jego obecności niepewnie, a jego działania będą związane z agresją lub będą miały seksualne podteksty. Po drugie, może być złapany na gorącym uczynku. Po trzecie, na drodze eliminacji w wyniku analizy akt. Z jakiegoś powodu jest już w waszych aktach. Jeśli przyjrzycie się dokumentom albo, co jeszcze lepsze, porozmawiacie z policjantami działającymi w terenie, to uda się go zidentyfikować. Już go znacie.

Skończyłem, przypominając, że szukają bardzo niebezpiecznego przestępcy, który nadal będzie atakował kobiety. Stopień brutalności będzie narastał. W zależności od zachowania kolejnych ofiar któraś w końcu może umrzeć.

– Mam nadzieję, że mogłem w czymś pomóc. Chcę podkreślić, że mamy do czynienia z bardzo prawdopodobnymi cechami sprawcy, ale nie mogę przedstawić jego fotografii.

Gdy zapytałem, czy mają jakieś pytania, ujrzałem tylko kamienne twarze. Nie wszystkie moje stwierdzenia spotkały się z dobrym przyjęciem i nikt nie był zainteresowany dalszym omawianiem profilu. Wróciłem do domu, przepisałem notatki, które służyły mi podczas prezentacji, i wysłałem do Johna Pearse'a. Gdy nie otrzymywałem od niego odpowiedzi, nie zaskoczyło mnie to. Po tym, jak pracowałem przy ponad dwunastu śledztwach, z których wiele jeszcze się nie zakończyło, byłem przyzwyczajony do tego, że nikt mnie nie informuje o rozwoju wydarzeń. Nie było powodu, by mnie wzywać, chyba że policja pragnęła uzyskać moją pomoc przy ustalaniu strategii przesłuchań. W przypadku operacji „Ecclestone" uznałem, że wykonałem swoje zadanie i że niedługo policja schwyta gwałciciela.

12

Z PEWNEJ ODLEGŁOŚCI KOMISARIAT MARSH LANE W LIVERPOOLU wyglądał jak forteca pośród gąszczu fabryk, bloków i wielu szeregów szarych domów mieszkalnych. Przysadziste budynki z betonu i szkła, tak popularne w latach sześćdziesiątych, pławiły się teraz w świetle reflektorów łukowych, pod ostrzałem kamer telewizyjnych, w otoczeniu lasu anten satelitarnych. Rynsztoki wypełniały kartony po pizzy i plastikowe kubki po kawie – widomy ślad trwającego czwarty dzień oblężenia.

Przejechanie samochodem 150 mil zajęło mi trzy godziny jazdy autostradą M6 w szary, ponury, pozbawiony ciepła poranek. Parkując na chodniku w pobliżu komisariatu, obrzuciłem spojrzeniem tłum dziennikarzy i kamerzystów, rozważając możliwe opcje. Zadecydowałem bezpośrednie podejście i poszedłem z opuszczoną głową, mając nadzieję, że nikt mnie nie rozpozna.

Przy biurku oficera dyżurnego sierżant w średnim wieku zmierzył mnie spojrzeniem od stóp do głów, a znajdujący się w pobliżu dziennikarze zaczęli się niespokojnie kręcić.

– W jakiej dokładnie sprawie? – zapytał.

– Oczekuje mnie nadkomisarz Albert Kirby. Proszę mu powiedzieć, że przyjechał pan Britton.

– Tak. Ale w jakiej sprawie?

– Istnieją pewne kwestie, które mamy omówić – odpowiedziałem.

– Niech pan tylko spojrzy na ten tłum – machnął ręką w kierunku reporterów. – Każdy z nich chciałby omówić pewne kwestie z nadkomisarzem.

Wiedziałem, że sierżant po prostu wykonuje swoją pracę, odsiewa niepożądanych gości i wydobywa z nich informacje, ale nie miałem ochoty ogłaszać publicznie celu mojej wizyty.

– Proszę posłuchać. On naprawdę mnie oczekuje. Proszę go zawołać.

Nie do końca przekonany oficer zniknął, aby zadzwonić z zaplecza. Natychmiast pojawiła się przy mnie kobieta z podkrążonymi oczami, z pustym kubkiem po kawie.

– Czy ma pan coś z tym wspólnego? – zapytała. Na jej ramieniu zwisał ogromny magnetofon.

– Słucham?

– Czy ma pan coś wspólnego z małym Jamiem?

– Ach, nie! Przyjechałem tu w sprawie zaopatrzenia stołówki.

Aż do telefonu od Alberta Kirby'ego niewiele wiedziałem o śmierci chłopczyka zamordowanego w Liverpoolu cztery dni temu. Rzadko czytam gazety i czasami całe dni upływają mi bez radia i telewizji. Nie jest to moja świadoma decyzja. Po prostu nie mam czasu.

Nadkomisarz dobierał słowa z rozwagą.

– Zamordowano dziecko, Jamiego Bulgera. Uprowadziło go dwóch chłopców, prawdopodobnie nastolatków. Być może są zupełnie niewinni, ale żaden z nich się nie zgłosił. Nie chcę też wyciągać pochopnych wniosków.

– Jak mogę pomóc?

– Potrzebuję rady. Musimy znaleźć sprawcę, kimkolwiek jest. Powinniśmy zrobić to szybko. – Zamilkł na chwilę. – To bardzo bulwersująca sprawa. Jamie został skrzywdzony w sposób, który trudno zaakceptować albo zrozumieć. Jego śmierć wywołała oburzenie i gniew miejscowej społeczności i już w tej chwili mamy problemy z utrzymaniem spokoju.

Zrozumiałem, co chciał powiedzieć.

– Mogę przyjechać jutro.

– Świetnie – powiedział z ulgą.

Spotkaliśmy się rok temu na prowadzonej przeze mnie w Leicester konferencji na temat psychologicznej analizy zbrodni zorganizowanej przez Ministerstwo Spraw Wewnętrznych. Różni oficerowie przedstawiali wybrane sprawy. Kirby wywarł na mnie wielkie wrażenie. Był wysoki i wysportowany, aż trudno było sobie wyobrazić, że może być kimś innym niż policjantem. Miał młodą twarz pooraną zmarszczkami wokół oczu i spokojny wolny krok, jak sędzia krykieta sprawdzający pole przed meczem.

Sierżant powrócił, tym razem cały w uśmiechach.

– Przepraszam za opóźnienie, proszę pana. Już ktoś po pana schodzi.

Korytarze były zatłoczone i gdy szliśmy, Kirby wtajemniczał mnie w dotychczasowy przebieg śledztwa, patrząc na raporty, które mu wręczano. Pod maską samokontroli na twarzy odbijało się napięcie ostatnich kilku dni. Musiał kierować zespołem i jeśli on sam załamałby się pod presją wydarzeń, praca innych stałaby się bezcelowa.

– Mieliśmy trudną noc – wymamrotał.

– Co się stało?

– Wzięliśmy na przesłuchanie nastolatka, a żądny krwi tłum chciał spalić jego cholerny dom. Musiałem wycofać dwunastu funkcjonariuszy ze śledztwa, żeby zapewnić jego rodzinie ochronę. Prawdopodobnie spowodowało to opóźnienie o jakieś dwadzieścia cztery godziny.

Rozumiałem, co się stało. Los Jamiego Bulgera wstrząsnął całym krajem, ale mieszkańcy Liverpoolu, słynący z porywczego charakteru, obrócili niepokój w gniew i żądzę odwetu – najgorszą z form poczucia wspólnoty. Początkowo wrogość nie była skierowana przeciwko konkretnym osobom, ale z doświadczenia wiedziałem, że ostatecznie skupi się na policji. Ludzie będą zwracać się z żądaniami: „Dlaczego nie złapaliście jeszcze tych morderców? To tak nas chronicie?".

Liverpool był kiedyś najważniejszym portem handlowym na świecie. Jednak swe wielkie chwile ośrodka przemysłowego i handlowego ma już za sobą. Jedyny ślad po nich to całe kwartały pustych magazynów, opuszczonych fabryk i linii kolejowych. Dzielnica Walton, gdzie znaleziono Jamiego, została wchłonięta pod koniec XIX wieku przez rozrastające się miasto. Nadal typowym widokiem są tu niskie i płaskie domy szeregowe oraz wąskie, wyłożone kiedyś kocimi łbami ulice. Bezrobocie jest bardzo wysokie, a praca często dorywcza, jednak wielki patriotyzm lokalny objawia się na stadionach, w pubach i barach.

Wprowadziwszy mnie do przegrzanego biura, niedaleko pokoju operacyjnego, Kirby wskazał mi największe krzesło i przedstawił dwóch współpracowników. Pokój należał prawdopodobnie do jednego z nich. Był udekorowany fotografiami i dyplomami uznania, obrazującymi karierę od szkoły oficerskiej aż do wyższych stopni kariery zawodowej.

– Od czego w takim razie zaczynamy? – zapytał nadkomisarz.

– Od początku. Co się wydarzyło?

Zawsze wywiera na mnie wielkie wrażenie fakt, że policjant, który prowadzi śledztwo już od jakiegoś czasu, doskonale pamięta wszystkie szczegóły, godziny, zdarzenia i ich kolejność bez zaglądania do notatek. Policjanci rzadko kiedy sięgają do zapisków i planów. Wszystko mówią wprost z głowy.

Zacząłem notować. W piątek 12 lutego 1993 roku z centrum handlowego The Strand zniknął Jamie Bulger. Chłopiec miał dwa i pół roku. Ubrany był w ciemnobrązową koszulkę, granatowy skafander z kapturem i ciemnobrązowym misiem, niebieski wełniany szalik, srebrzyste spodnie od dresu i białe adidasy.

Kirby podał mi zdjęcie. Jasnowłosy Jamie miał twarz, która wywoływałaby opiekuńcze uczucia prawie u każdego, kto wychował się w naszym kręgu kulturowym. Duże czoło i wielkie, szeroko rozmieszczone oczy chwytały za serce. O godzinie 15.38 oddalił się od mamy, pani Denise Bulger, gdy ta była obsługiwana w sklepie mięsnym. Umieszczona pod sufitem kamera systemu bezpieczeństwa nagrała, jak trzy minuty później, piętro wyżej, szedł z dwójką starszych dzieci. Po kolejnych trzech minutach był na promenadzie przyległej do sklepu z prasą, tym razem trzymał jednego ze starszych chłopców za rękę. O 15.43 widziano ich, jak wychodzili z centrum handlowego wyjściem prowadzącym na Stanley Road.

Kirby wsunął do magnetowidu kasetę. Ekran rozbłysnął i pojawił się ziarnisty obraz z przesuwającym się czasem zapisu. Umieszczona bardzo wysoko kamera spowodowała, że obraz był niezbyt ostry, jednak dawało się rozróżnić klientów chodzących pomiędzy stoiskami. Matki pchały wózki, emeryci rozmawiali przed apteką, a samotny ogrodnik zajmował się zielenią.

W prawym dolnym rogu ekranu malec stał przy starszym chłopcu. Kilka metrów dalej inny chłopiec kiwał dłonią, aby szli za nim. Oglądanie filmu było męczarnią, gdyż obraz nie był na tyle ostry, aby rozpoznać twarze i wiek chłopców towarzyszących Jamiemu. Trudno było też odgadnąć, jakie łączyły ich stosunki. Można było zgadywać, że dwaj znudzeni chłopcy zabierają na spacer młodszego braciszka.

Kirby przewinął film.

– Na około godzinę przed przedstawionymi tu zdarzeniami dwóch niezidentyfikowanych chłopców próbowało odciągnąć innego chłopczyka od matki. Mamy zeznanie i rysopisy. Również wielu świadków twierdzi, że tego popołudnia widziało Jamiego w towarzystwie dwóch chłopców. Uważamy, że udało nam się zrekonstruować drogę, którą przeszli.

Jamiego znaleziono w niedzielę po południu na torach kolejowych prowadzących od Edge Hill do Bootle koło nabrzeża Cherry Lane w Walton. Pociąg rozciął jego ciało, ale wtedy nie żył już od jakiegoś czasu.

– Jakie odniósł rany?

Kirby podsunął mi kopertę.

– Nie spodobają ci się.

Były to stykówki po dwanaście ujęć na arkuszu formatu A4. Przyjrzałem im się, używając szkła powiększającego. Pierwsze przedstawiały zaniedbaną dwutorową linię kolejową.

Podkłady były ukryte pomiędzy odłamkami kamieni, które stanowiły pozostałość peronu albo kładki. Po drugiej stronie wznosiło się strome nabrzeże. Wokół rosło dość krzaków i krzewów, by można czuć się w miarę swobodnie.

Zauważyłem krew na rozbitych cegłach. Było też zdjęcie pojedynczego białego adidasa. Dalsze fotografie przedstawiały różne przedmioty w kolejności, w jakiej je odnajdywano, włącznie z pudełkiem farby modelarskiej znalezionej po drugiej stronie mostu kolejowego. Następnie zobaczyłem połowę ciała pomiędzy szynami. Głowa i górna część tułowia leżały twarzą do ziemi odziane w niebieski skafander. Zbliżenie ujawniło rozbite cegły wokół jego głowy i niebieską farbę w lewym oku. Kilka metrów dalej znajdował się kolejny fragment. Wyglądał jak model w pracowni rzeźbiarza. Dopiero po jakimś czasie zdałem sobie sprawę, że była to dolna połowa korpusu Jamiego.

Ubranie, które zostało zdjęte, leżało rozrzucone wokół górnej części ciała. Jego białe skarpetki w niebieskie paski i szare spodnie od dresu były trochę zaplamione krwią. Więcej krwi było na majtkach, które znaleziono ukryte pod cegłą. Szalik znaleziono w pewnej odległości od ciała, a w pobliżu leżało kilka baterii R6. Na torach i żwirze dookoła znajdowały się plamy krwi.

Kirby stał przy oknie, spoglądając na jaśniejące niebo. Nie chciał jeszcze raz patrzeć na te zdjęcia. Jak większość policjantów z ekipy śledczej był ojcem. Większą część życia spędził w Merseyside i łączył się w bólu z mieszkańcami.

Według raportu z sekcji śmierć Jamiego była bolesna i powolna. Na głowie znaleziono dwadzieścia dwie rany, a oprócz tego jeszcze dwadzieścia ran na ciele. Czaszka została wielokrotnie zmiażdżona serią uderzeń ciężkim, tępym narzędziem. Podczas ataku farba modelarska i baterie zetknęły się z ciałem malca.

– Jest wiele informacji, które chciałbym uzyskać, Paul – powiedział Kirby. – Czy jest możliwe, aby tak poważne rany zadały dzieci? A może bardziej prawdopodobne jest, że Jamie został zabrany przez chłopców, a potem pozostawili go z dorosłą osobą, albo może został znaleziony przez dorosłego?

Zamilkł na chwilę przed kolejnym pytaniem.

– Po drugie, byłbym wdzięczny, gdybyś mógł coś powiedzieć o sprawcy albo sprawcach.

Przeglądając fotografie, poczułem przemożne współczucie dla osób, które znalazły się tam jako pierwsze i natknęły na zwłoki Jamiego. Ten widok będzie ich prześladował do końca życia.

– Chciałbym zobaczyć miejsce, gdzie to się stało – powiedziałem. – I jeśli nie będziesz miał nic przeciwko temu, chcę odtworzyć trasę jego ostatniego spaceru.

Centrum handlowe mieściło się w nijakim budynku otoczonym z jednej strony torami kolejowymi, z drugiej blokami mieszkalnymi. Otworzono je w 1968 roku i nazwano The New Strand; wzorowane było na wielkich amerykańskich galeriach handlowych. Chociaż budynek przebudowano pod koniec lat osiemdziesiątych, próbując ożywić wnętrza rzeźbami i paprotkami, to nigdy jednak nie stał się miłym miejscem, szczególnie po tym, co wydarzyło się pięć dni temu. Od tej chwili zawsze będzie uznawany za miejsce, skąd porwano Jamiego Bulgera, który właśnie tu po raz ostatni widział swą matkę.

Kopczyk kwiatów i zabawek przytulanek przed wejściem przykuwał wzrok przechodniów. W pobliżu ogromny plakat głosił: „Policja prosi o pomoc. Czy widzieliście tych chłopców?". Poniżej znajdowały się cztery ogromne kolorowe zdjęcia. Na jednym z nich widniał Jamie w koszulce z wojowniczymi żółwiami ninja. Kolejne zdjęcia pochodzące z zapisu wideo pokazywały Jamiego w towarzystwie dwóch nastolatków, na kolejnych dwóch znajdowały się powiększenia ich twarzy, które pomimo tego zabiegu nadal nie nadawały się do identyfikacji.

Przed sklepem mięsnym spróbowałem powiązać ziarniste zdjęcia z kamer wideo z realnym światem ławek, paproci w donicach i automatów dla dzieci. To było kolejne zapracowane piątkowe popołudnie. Tłumy ludzi robiły zakupy na weekend. Spośród stu czternastu sklepów największymi były Woolworths, T.J. Hughes i Marks & Spencer. Znajdowało się tam również kilka sklepów z tanimi artykułami – oznaka ciężkich czasów.

Poważnym problemem dla kupców były kradzieże sklepowe i w związku z tym podczas remontu w 1989 roku zaostrzono środki bezpieczeństwa. W przejściach i na ciągach pieszych rozmieszczono szesnaście kamer telewizyjnych. Każda z nich robiła jedno zdjęcie co dwie sekundy. Ponadto zatrudniono umundurowanych strażników z firmy ochroniarskiej.

W sklepie mięsnym AR Timms na wystawie znajdowały się jasno oświetlone towary dnia. Właśnie tutaj po raz ostatni widziano Jamiego, kiedy zajadał cukierki Smarties, podczas gdy jego matka szukała w torbie portmonetki. Porwanie go z takiego miejsca było związane z ogromnym ryzykiem. W każdej chwili pani Denise mogła się odwrócić i uświadomić sobie, co się dzieje.

Przechodząc przez główną salę obok sklepu dla przyszłych matek i dalej w kierunku Marksa & Spencera, dotarłem do miejsca, w którym kamera zrobiła zdjęcia Jamiego w towarzystwie dwóch chłopców. Najprawdopodobniej wyszli przez dom towarowy Marks & Spencer, a następnie przeszli przez Stanley Road w kierunku kanału Leeds–Liverpool. Nurkowie przeszukali kanał już pięć dni wcześniej, po tym jak świadek widział Jamiego, gdy ten stał nad kanałem i płakał.

Wracając na Stanley Road, poszedłem przez Park Street, obok siedziby Świadków Jehowy, w końcu wyszedłem na ruchliwą Merton Road. Po pół mili, na rondzie mój policyjny anioł stróż skręcił w lewo w Oxford Road i przeszedł obok biur firmy budowlanej AMEC Construction. To właśnie tutaj strażnik, pod wpływem doniesień mediów o zniknięciu Jamiego, przejrzał taśmy z kamery skierowanej na parking. Gdy oglądał taśmę z piątkowego popołudnia, zobaczył na ziarnistym filmie dwóch nastolatków trzymających za ręce chłopczyka, huśtającego się pomiędzy nimi. Czas na filmie wskazywał, że była 16.03.

Znowu obraz był zbyt słabej jakości, by zidentyfikować kogokolwiek, ale ceglany mur w tle pozwolił określić ich wzrost. Po raz pierwszy udało się ustalić, że są to chłopcy przed okresem pokwitania.

Idąc dalej, dotarliśmy do dziwnego miejsca, podwyższony teren przypominał spłaszczoną piramidę rozmiaru kilku boisk.

– Tutaj znajdował się kiedyś zbiornik paliwa – wyjaśnił detektyw.

– Czy jest jakiś świadek… – Nie dokończyłem.

– Tak, emerytka. Wyprowadzała psa. Dwaj chłopcy ciągnęli go po zboczu. Miał guzy i siniaki na głowie i płakał. Zapytała ich, czy coś się stało, a oni odpowiedzieli, że Jamie przewrócił się i zgubił. Powiedziała, że może się nim zaopiekować, ale oni odparli, że zabiorą go na policję.

Wspinając się po wielkich kamiennych stopniach na zbiornik, zbadałem trawiasty teren pokryty rozbitym szkłem i psimi odchodami. Kolejna kobieta widziała chłopców siedzących na stopniach. Pomiędzy nimi siedział Jamie. Po jakimś czasie widziała ich, gdy stali na odległym nasypie i spoglądali na długi szeregowiec.

Schodząc ze zbiornika, poszliśmy Breeze Hill Road w kierunku wiaduktu, a następnie dalej County Road, wzdłuż której ciągnęły się jednopiętrowe szeregowce. Niektóre z nich były zadbane, w innych straszyły niechlujne okna i podarte firanki. W kwiaciarni jedna z kobiet widziała Jamiego o 16.30. Również zapytała o malucha, który wyglądał na zmęczonego i przerażonego. Jeden z chłopców odpowiedział, że znaleźli go przy centrum handlowym i zabierają do komisariatu na Walton Lane.

Zobaczywszy, że szczęśliwie przeszli przez ulicę, kobieta straciła ich z oczu, gdy szli dalej wzdłuż County Road. Po jakiejś chwili zawrócili i skręcili w Church Road West, a następnie w City Road, gdzie przeszli przez most kolejowy. Po kilku metrach ścieżka docierała do ulicy, wzdłuż której ciągnęły się rzędy szeregowców. Spojrzałem na zegarek. Droga zajęła nam czterdzieści minut. Chłopcom ciągnącym z sobą zmęczonego i przerażonego malucha zajęła prawie dwie godziny.

Ścieżka była podobna do wielu innych istniejących na miejskich nieużytkach. Nigdzie się nie zaczynała i nie prowadziła do jakiegoś określonego miejsca. Nie była brudna ani czysta, ale używano jej często. Od torów klejowych osłaniały ją parkany, płoty i różnego rodzaju ogrodzenia.

– To właśnie tutaj znaleźliśmy brakujący kaptur skafandra – powiedział detektyw. – W gałęziach tego drzewa. – Wskazał drzewo za płotem.

– W jaki sposób tam się znalazł? – zdziwiłem się na głos.

– Prawdopodobnie rzucono go stąd – wskazał drogę.

Rozważyłem prawdopodobieństwo. Dlaczego mieliby rozbierać Jamiego na ulicy i ponosić dodatkowe ryzyko? Nie miało to sensu. Dzieci i dorośli mają różne mentalne mapy tego samego obszaru. Dorośli myślą o ulicach, a dzieci o skrótach przez pola i pod parkanami.

– Nie stąd – szepnąłem.

– Słucham?

– Pamiętasz dziurę w ogrodzeniu? Mijaliśmy ją przed chwilą.

– Jest za mała – zaprotestował detektyw.

– Nie dla chłopców. W ten sposób Jamie znalazł się na torach. Kaptur rzucono spod drzewa.

Gdy doszliśmy do końca drogi, spojrzałem w górę i ujrzałem komisariat policji na Walton Hill. Jeżeli naprawdę chcieli zaprowadzić malca na policję, to byli bardzo blisko.

Żółto-czarna plastikowa taśma wyznaczała miejsce zbrodni. Obok pod murkiem piętrzył się kopiec kwiatów. W pobliżu stało około tuzina osób. Nie kierowała nimi ciekawość, po prostu wiedzieli, że muszą tu być. Specjaliści nadal pracowali na miejscu, gdy ruszyłem przez rozsypany tłuczeń wzdłuż torów kolejowych. Z jednej strony nasypu ciągnął się rząd domów, z drugiej miejscowy cmentarz, na którym lubiły się bawić tutejsze dzieci. Czasami chodziły tam na skróty przez tory. Od czasu do czasu ktoś uszkadzał nagrobek, a zarośnięte trawą przejścia pomiędzy grobami pełne były puszek po napojach.

Gdy spojrzałem w górę, ujrzałem komisariat. Ironiczne w tej sprawie było to, że na miejsce zbrodni wychodziły okna policyjnego bufetu. Jednak przed ciekawskimi spojrzeniami chroniły krzaki, które później wycięto, bo utrudniały poszukiwania.

Powoli zacząłem dopasowywać to, co widziałem, do zdjęć z miejsca zbrodni. Trasa kolejowa, która swoją świetność miała już za sobą, nosiła ślady wieloletniej eksploatacji. Szarość i smutek tego miejsca przypominały mi starą kronikę ukazującą obóz w Auschwitz. Chociaż okropieństw Holocaustu nie można porównać z niczym wyobrażalnym, to dla Jamiego miejsce to było równie okropne.

Po obu stronach toru kruszejący kamienny mur wskazywał, gdzie był peron, a może fundamenty mostu. Później dowiedziałem się, że znajdowała się tu kiedyś stacja Walton Lane Bridge. W czasie drugiej wojny światowej transportowano tędy amerykańskich żołnierzy, którzy przybywali na wojnę drogą morską.

Detektywi pokazali mi miejsce, w którym znaleziono małą puszkę farby i różne fragmenty odzieży. Zastanawiałem się, gdzie rozebrano Jamiego i jak daleko zaszedł po ostrym kruszywie. W miejscu, w którym nastąpił ostateczny atak, na cegłach i kamieniach było więcej krwi.

Dolną część korpusu znaleziono pomiędzy torem a nasypem w miejscu najbardziej zbliżonym do komisariatu. Górną połowę ciała o pięć metrów dalej w kierunku Edge Hill pomiędzy tymi samymi torami. Pociąg musiał uderzyć go z olbrzymią siłą. Na szczęście już nie żył. Teraz zrozumiałem, że fotografie zniekształciły odległość, przez jaką pociąg ciągnął ciało. Dopiero gdy policzyłem podkłady – było ich siedem – uświadomiłem sobie, jaki to był dystans.

Robiło się już ciemno, gdy powróciliśmy na stację. Przejeżdżając obok przechodniów okutanych w ciepłe ubrania, myślałem o ludziach, którzy widzieli Jamiego w jego ostatniej drodze. Chociaż nie ponosili odpowiedzialności za to, co się wydarzyło, wiedziałem, że do końca życia będą się zadręczać: „Gdybym tylko...". Niektórzy będą cierpieli na bezsenność i nie uda im się spojrzeć na dziecko bez myśli o przerażonym, zapłakanym chłopczyku prowadzonym na śmierć.

W komisariacie rozłożyłem na biurku zdjęcia, raport Instytutu Kryminalistyki i plan miejsca zbrodni. W normalnych okolicznościach wziąłbym materiały do domu i spędził kilka nocy, analizując szczegóły, jednak tym razem działałem pod ogromną presją. Nacisk na policję był ogromny. Śledztwem interesowano się w całym kraju, a nawet za granicą. Oburzenie było powszechne. Pomimo tysięcy telefonów, czasami było ich dwieście w ciągu godziny, chodzenia po domach, plakatów, konferencji prasowych i wielokrotnego nadawania filmów przez telewizję, nie udało się ustalić tożsamości zabójcy, czy też zabójców, Jamiego.

Pijąc kolejny łyk kawy, zadałem sobie cztery pytania: Co się naprawdę wydarzyło? Jak się to stało? Kim jest ofiara? Jaka jest motywacja mordercy lub morderców?

Jedynie po uzyskaniu odpowiedzi na te pytania mogłem spróbować odpowiedzieć na pytanie najważniejsze: Kim jest morderca?

Oparłem się wygodnie, zamknąłem oczy i wyobraziłem sobie centrum handlowe The Strand pełne klientów w piątkowe popołudnie. Dwaj chłopcy, którzy powinni być w szkole, a nie są. Nie połączył ich przypadek, nie są też kolegami, którzy tylko siedzą i dzielą się kanapkami na placu zabaw. Między nimi istnieje więź, poczucie, że razem mogą odkrywać różne rzeczy i dzielić się tajemnicami. Ma to cechy prawdziwej przyjaźni, gdzie każdy z nich oczekuje czegoś od przyjaciela i walczy o szacunek drugiej strony. Wszystko to można wywnioskować ze swobody, z jaką zabierają Jamiego na jego ostatni spacer.

W tej samej chwili w innym miejscu centrum handlowego Denise Bulger zajmuje się codziennymi sprawami – robi zakupy dla męża i synka. Jest dzień jak co dzień. Jamie jest typowym szczęśliwym maluchem, dla którego świat jest wielkim placem zabaw, każdy nowy widok, dźwięk i zapach jest kolejnym, ciekawym doświadczeniem. Jak u większości małych dzieci jego ciekawość i żądza poznania nie mają granic.

Pod wieloma względami duże centrum handlowe, w którym zgromadzono wiele sklepów pod jednym dachem, przypomina mu ogromny dom. Na zewnątrz jest zimno, a w środku przytulnie i ciekawie. Wystawy sklepowe, jasne światła i rośliny stanowią miły widok dla oczu i mają zapewnić klientom dobry nastrój.

Dzieci w wieku Jamiego bardzo się boją odejść od taty albo mamy, chyba że czują się bezpiecznie. Nawet gdy ogarnięte chęcią poznania poszerzają zakres swych zainteresowań i oddalają się o krok, to ciągle oglądają się za siebie, by nie stracić kontaktu z rodzicem. Jeśli natkną się na coś złowrogiego, uciekają pod opiekuńcze skrzydła mamy albo taty, jeśli wszystko jest w porządku – nabierają pewności siebie.

Coś przyciąga jego uwagę i drepce, żeby się temu bliżej przyjrzeć. Wie, gdzie jest mamusia, i czuje się bezpiecznie. Na dworze styka się z kalejdoskopem różnych widoków oraz dźwięków i prawie nieskończonymi możliwościami zabawy.

Istnieją więc dwa strumienie zdarzeń: dwóch chłopców, prawdopodobnie przed okresem pokwitania, i mały Jamie z mamą. Dzień rozpoczęli zupełnie niezależnie, lecz teraz nieubłaganie zmierzają do spotkania, które połączy ich na zawsze.

Co wiem o tych chłopcach? Jest prawdopodobne, że spotkali się wczesnym rankiem i spędzili czas, zastanawiając się, co robić. W pewnej chwili zmienia się to w plan, misję. Chociaż nie wiedzą dokładnie, co będą robić, to mają już pewien pomysł.

Może zaczęło się to w ten sposób:

– A może byśmy znaleźli jakiegoś szczeniaka…

– Po co?

– Można by go złapać… zabrać.

– No.

Potem dodają sobie nawzajem pewności.

– A jeśli ktoś coś powie?

– Coś ty! Nikt nie zauważy.

– No, a jeśli zauważy?

– Pomyśli, że się po prostu wałęsamy.

Rozmowa przekształca się we wspólny, jasny zamiar. Wiem, że nie dzieje się to samo z siebie. Chłopcy mogą mieć problemy rodzinne, rozbity dom, rodzeństwo popełniające przestępstwa, brutalnych bądź też wykorzystujących seksualnie rodziców albo po prostu matkę lub ojca, którzy nie mają dość ciepła, by poświęcić się wychowaniu swych pociech. W moim gabinecie ciągle stykam się z tymi czynnikami w przypadku dzieci z zaburzeniami emocjonalnymi.

Dwaj chłopcy spotkali się. Być może dlatego, że są spokrewnieni. Przypuszczam, że nad obydwoma znęcano się w domu lub szkole i obydwaj znęcali się nad słabszymi. Wagarowanie jest również oznaką problemów w domu i niemożności sprostania intelektualnym i dyscyplinarnym wymaganiom stawianym przez szkołę.

Włócząc się po sklepie, podjęli decyzję.

– Teraz.

– Tamten.

– Nie. Jest z mamą.

– Spróbujemy na górze.

– OK.

Nie potrafią przeprowadzić dokładnej analizy miejsca, ale czują, że okoliczności są niewłaściwe i wyczekują stosownej chwili. Wtedy widzą chłopca.

– Cześć, mały! Chcesz się pobawić? Popatrz, co mamy!

Malec robi kilka kroków w ich kierunku.

Na szczęście w tym momencie matka obraca się i widzi, co się dzieje. Patrzy, ale nie zdaje sobie sprawy z tego, co widzi. Gdyby to trzydziestoletni mężczyzna zaczepiał jej dziecko, wiedziałaby, o co chodzi, ale tutaj widzi dwóch chłopców, którzy łobuzersko uśmiechają się do niej.

– Tylko się z nim bawiliśmy – mówią.

Prawie ich złapano, ale nie wpadają w panikę. Nikt nie wie i nie spodziewa się, że planują morderstwo. Tylko się wygłupiają. Spoglądają na siebie i uśmiechają się, ponieważ wiedzą, że matka nie ma najmniejszego pojęcia o ich zamiarach.

Na tym etapie wielu mógłby powstrzymać strach, ale dla nich nie jest to przypadkowy uczynek. Nauczyli się dawać sobie radę ze światem dorosłych poprzez walkę, a nie podporządkowanie. Jednocześnie żaden z nich nie chce stracić autorytetu w oczach drugiego.

Przed sklepem mięsnym spotykają doskonałą ofiarę – Jamiego Bulgera. Jest sam i ma tyle lat, że chodzi bez problemów i można mu kazać robić wszystko, co tylko zechcą.

Gdyby był kilka lat starszy, ryzyko byłoby o wiele większe. Jednak w wieku dwóch i pół lat nie potrafi mówić na tyle swobodnie ani nie ma dość umiejętności społecznych, aby prosić o pomoc przechodnia. Później, kiedy mijani ludzie zatrzymywali ich i pytali, co się stało, rozmawiali nie z nim, a z porywaczami. Mówili o nim, nigdy do niego. Podobnie, gdyby Jamie miał trochę lepiej rozwinięte słownictwo, mógłby rozmawiać z chłopcami i być może poczuliby jakieś ludzkie uczucia w stosunku do innego człowieka – nie traktowaliby go jak kogoś anonimowego i pozbawionego osobowości. Dzięki temu zabicie go sprawiłoby im większą trudność.

Chłopcy traktują Jamiego jak obcego i wiedzą też, że łamią jedno z najpotężniejszych tabu w naszym społeczeństwie. Być może nie są w stanie tego wyrazić, gdyż są jeszcze zbyt młodzi, ale mają świadomość, jaką wagę przywiązujemy do dzieci.

Samo podejście jest dla nich najtrudniejszym momentem. Serca walą jak oszalałe, czują przypływ adrenaliny. Co za radość. Dzieje się to bardzo szybko i bez przemocy. Nikt nie zwraca uwagi, gdyż w sklepie istnieją dwa światy. W świecie dorosłych, jeśli mężczyzna dotknie dziecko albo przemocą chwyci kobietę, to ludzie zareagują. Jednak do porwania Jamiego doszło w zupełnie innym świecie. Dziesiątki potencjalnych świadków nie zwróciło na nic uwagi, ponieważ chłopcy nie porywają małych dzieci.

Nie wiemy, co mówią Jamiemu, może bardzo niewiele. Może po prostu wyciągają rękę, a on po nią sięga, gdyż przywykł do miłości i czułości. Od tej chwili jego los jest przesądzony, gdyż wszystko wskazuje na to, że chłopcy od początku zdecydowali, co z nim zrobią.

Gdy prowadzą go przez centrum handlowe, żaden z nich nie okazuje niepokoju czy paniki. Fala podniecenia wynikająca z całkowitej kontroli nad maluchem, możliwości zrobienia z nim wszystkiego, co tylko zechcą, przeważa nad współczuciem i świadomością, że postępują niedobrze. Obawa zamienia się w radość. Wiedzą, że nawet gdyby ich zatrzymano, mogą powiedzieć, iż Jamie po prostu za nimi poszedł.

Po wyjściu z centrum handlowego prowadzą go wzdłuż Stanley Road i dalej do ścieżki przy kanale. Chcą zabrać go do miejsca, gdzie będą mieli nad nim pełną kontrolę i nikt nie będzie im przeszkadzał, ale nie mają przygotowanego planu. Cały czas rozmawiają z sobą.

W pewnej chwili, być może przy kanale, Jamie upada albo zostaje pobity i zaczyna krwawić. Nagle świat przestaje być dla niego przyjaznym miejscem. Chłopcy, którzy go prowadzili, okazują się groźni. Gdzie jest mama? Nie może jej znaleźć. Zaczyna kwilić i płakać. Teraz trudniej nad nim panować i chłopcy używają mieszaniny rzeczowych argumentów, pochlebstw i gróźb.

– Zamknij się albo… – mówi któryś.

– Tak. Zamknij się albo inaczej porozmawiamy!

Jeden z nich popycha go i wtedy drugi naśladuje zachowanie pierwszego. Pobity i przerażony Jamie dalej idzie za chłopcami, gdyż są jedynymi ludźmi, których zna w tym obcym miejscu. Gdyby pobili go zbyt mocno albo zbyt przerazili, to mógłby zatrzymać się i zacząć głośno zawodzić, wiedząc, że zazwyczaj sprowadza to mamę. Albo gdyby chłopcy oddalili się na chwilę, to natknąłby się na jakiegoś przechodnia. Ale nie pozwolili na to. Cały czas trzymają się blisko Jamiego, gdyż jest ich nagrodą, której nie chcą stracić.

To właśnie jeden z problemów. Wielu świadków widziało zmęczonego i płaczącego Jamiego, ale szedł z nimi z własnej woli i nie próbował uciekać. Cóż to może znaczyć? Wygląda to jak typowa sytuacja, w której starszym braciom kazano opiekować się młodszym braciszkiem, jednak oni uważają, że jest dla nich zawadą i idą przodem, a najmłodszy ciągnie się za nimi.

Za każdym razem, gdy rozmawiają z kimś dorosłym, z łatwością zaspokajają jego ciekawość, opowiadając prawdopodobną historię. Pytają na przykład o drogę do najbliższego komisariatu albo mówią do Jamiego, tak jakby go doskonale znali. Nie spieszą się i są spokojni, wykorzystują dobrą znajomość terenu. Może czekają na zapadnięcie ciemności albo po prostu szukają właściwego miejsca. W końcu idą do dobrze znanego zakątka – linii kolejowej odległej od ludzi i ograniczeń narzucanych przez świat dorosłych. Jamie jest teraz zdany na ich łaskę.

Po przejściu skarpy nie trzeba już być ostrożnym, nie trzeba używać pochlebstw. Zdejmują jego kaptur i rzucają na drzewo. Podjudzając się nawzajem, zaczynają robić rzeczy, o których do tej pory tylko rozmawiali. W przeciwieństwie do pojedynczego maniaka w ataku na Jamiego widać siłę połączonej fantazji dwóch sprawców.

Zaczynają się nad nim znęcać, zdejmują poszczególne części ubrania, kaleczą. Gdy Jamie zaczyna płakać, śmieją się, rozkoszują poczuciem władzy. Patrzą na cierpienie i widzą, jaką mają przewagę. Podnoszą rękę i dziecko kuli się, cios – i dziecko płacze. Można nawet zmusić je, aby okazywało przyjaźń, bo ma nadzieję, że powstrzyma w ten sposób kolejne ciosy.

W końcu dochodzą do miejsca, które najlepiej nadaje się na scenę, na której rozegra się ostateczny dramat. Docierają do małego amfiteatru otoczonego zaroślami. To jest ich miejsce. Adrenalina i podniecenie pulsują w żyłach, gdy zaczynają systematycznie bić i kaleczyć Jamiego. W którejś chwili trafia go cegła albo kamień. Jest ich coraz więcej i cierpienia malca stają się wciąż większe. Atak robi się jeszcze bardziej brutalny, gdy chłopcy nawiązują bezpośredni fizyczny kontakt ze swoją ofiarą. Nie widać w nich szału ani utraty kontroli nad sobą. Dowody wskazują na działania rozważne i celowe. Na przykład jeden z chłopców przytrzymuje głowę Jamiego, a drugi wlewa mu do oczu farbę, jaką maluje się modele do sklejania.

W końcu cierpienia i katusze skończyły się. Nie umarł szybką śmiercią. Podniecenie opada z chłopców, jednak nie czują paniki ani wyrzutów sumienia. Gdyby tak było, to natychmiast uciekliby. Zamiast tego przenoszą ciało chłopczyka i kładą je na torach, próbując ukryć pod cegłami i żwirem.

O osiemnastej zadzwoniłem do Marilyn i powiedziałem, że wrócę bardzo późno.

– Czy mam przygotować ci kolację?

– Nie. Coś przekąszę po drodze.

– Dobrze się czujesz?

– Tak. Wszystko w porządku. Tylko jestem trochę zmęczony.

Po trzydziestu latach małżeństwa znała mnie już na wylot. Nauczyła się obserwować małe zmiany pojawiające się w moim zachowaniu. Niektóre przejściowe, niektóre długotrwałe. Nauczyła się też przenikać przez stawiane przeze mnie zapory i zamyślone milczenie chyba dlatego, że posiadała ogromną zdolność wczuwania się w położenie ludzi przeżywających kryzys. Pomimo okropieństw, z jakimi się stykałem, nie mogłem powiedzieć „nie", kiedy zwracano się do mnie z prośbą o pomoc.

– Kiedy wrócisz do domu? – zapytała.

– Kiedy tylko będę mógł.

Godzinę później zaprosiłem Kirby'ego wraz ze współpracownikami do biura. Miałem przygotowany piętnastopunktowy profil psychologiczny.

– Jest to tragiczne, ale niezbyt skomplikowane morderstwo – powiedziałem, rozkładając kartki notesu. – Jeżeli chodzi o wasze pierwsze pytanie, to dalej szukajcie dzieci. W raporcie patologa nie ma nic, co wskazywałoby na udział dorosłego sprawcy. Na ciele nie ma nasienia, obrażenia odbytu nie pasują do penetracji dokonanej przy użyciu dłoni czy penisa. Ciosy nie były na tyle mocne, by wskazywały na użycie przez dorosłego sprawcę metalowego pręta i cegieł. W pobliżu nie odnotowano napadów dokonanych przez dorosłych sprawców. Nie widać także śladów środków ostrożności, których można by się spodziewać po dorosłym. Komisariat był zbyt blisko.

Wszystkie rany są niewielkie. Ciąg, który doprowadził Jamiego z centrum handlowego do miejsca śmierci, składał się z wielu drobnych wydarzeń. W miejscu zbrodni często bawią się dzieci, a baterie i farba są akcesoriami dziecięcych zabaw.

Ponadto próba pozbycia się ciała – pozostawienie go na torze – była naiwnym pomysłem. Dorosły na pewno skorzystałby z innej metody ukrycia zwłok.

Kirby westchnął i skinął głową.

Przechodząc do kolejnej kwestii, powiedziałem, że nie wierzę w teorię, iż Jamie umarł podczas zabawy, która wymknęła się spod kontroli. Wszystko wskazywało na wyrachowanie i zamiar.

– Od początku zamierzali go zabić? – zapytał Kirby ze smutkiem.

– To, co się przytrafiło Jamiemu, nie było przypadkiem. Chociaż nie wiedzieli, jak to zrobią, od samego początku planowali porwanie i zabicie dziecka. Wiemy to, gdyż Jamie nie był pierwszym dzieckiem, które próbowali uprowadzić tego dnia. Zanim dotarli na miejsce zabójstwa, musieli przebyć długą i skomplikowaną drogę. W jej trakcie napotykali różne przeszkody, które metodycznie i starannie omijali. Mieli liczne okazje po prostu porzucić chłopca, ale od samego początku pragnęli go dopaść, nawet jeżeli miałoby to oznaczać kłamanie. Od samego początku do końca postępowali zgodnie z planem.

Kirby robił notatki w służbowym zeszycie.

– Co możesz nam o nich powiedzieć?

– Jeden z nich albo obaj mieszkają bardzo blisko miejsca zbrodni. Być może widać je z ich okien, ale na pewno mogą tam dotrzeć na piechotę. Ludzie postępują zgodnie z mentalną mapą opartą na znajomości pobliskiego obszaru. Ci chłopcy wiedzieli, dokąd idą. Znali ulice, ścieżki i skróty – byli na swoim terenie.

Prawdopodobnie mają również problemy w domu rodzinnym. Nie muszą to być koniecznie rozbite rodziny, ale jakiś rodzaj zaburzeń związany z niestabilnym środowiskiem. Jest to cecha występująca u dzieci, które wykazują brutalność i cechy aspołeczne.

– Czy ujawniały się już wcześniej? – zapytał Kirby.

– Niekoniecznie. Nie ma powodów, by oczekiwać wyroków sądowych albo notowania przez policję. Być może zachowują się niepokojąco już od jakiegoś czasu, ale nie jest pewne, czy zwrócili na siebie uwagę policji.

To samo dotyczy wszelkich oznak chorób psychicznych lub innych zachowań patologicznych. Łatwo jest zakładać, że chłopcy zachowują się nienormalnie lub są psychicznie chorzy i są dobrze znani w swoim środowisku. Należy jednak zwrócić uwagę, z jaką łatwością poradzili sobie ze wszystkimi dorosłymi, których napotkali po drodze. Mieli dość inteligencji i śmiałości, by rozproszyć ich obawy za pomocą prawdopodobnych historii.

Wszystko wskazuje na to, że ich inteligencja jest co najmniej w normie i że są zdolnymi kłamcami.

Żaden z chłopców nie był w piątek w szkole, co nie oznacza koniecznie, że od dawna chodzą na wagary. Jest to jednak prawdopodobne, wziąwszy pod uwagę sytuację rodzinną. Wagarowanie jest częste w sytuacjach, gdy dziecko nie radzi sobie w szkole.

Prawdopodobnie obaj chłopcy mają złe relacje z rodzicami i są blisko z sobą związani. Kultura ulicy jest bardzo silna i stanowi dla dzieci dużą atrakcję. Ci chłopcy rozwinęli system, w którym polegają na sobie i dzielą się swoimi fantazjami, próbując je realizować. System wartości rówieśników jest dla nich o wiele ważniejszy niż system wartości wyznawany przez ich rodziny.

– Jak w kulturze gangu – zauważył jeden z oficerów.

– Można tak powiedzieć, jednak wcale nie muszą tworzyć gangu. Na tym terenie istnieje dużo grup złożonych z młodych ludzi, które czasami z sobą konkurują, a czasami wspierają się. Mogą mieć różne style i zasady postępowania, jednak istnieje zespół wartości wspólnych dla nich, które wyłączają albo nawet odrzucają „normalne" życie rodzinne.

– Czy komuś powiedzą o zabójstwie? – zapytał z nadzieją Kirby.

– Na pewno nie członkom rodziny. Rodzice nie będą mogli uwierzyć, że ich synowie byli w stanie popełnić tak straszne przestępstwo. Początkowo chłopcy będą bardzo zainteresowani relacjami gazetowymi i faktem, jak to przyjęła miejscowa społeczność. Zechcą ustalić, czy ich występek traktowany jest jak heroiczny wyczyn, czy budzące grozę przestępstwo.

Będzie to miało dla nich widoczne następstwa – obawa, oznaki podniecenia i niepokoju, może nawet zaburzenia snu. Poczucie władzy i podniecenie, które pchnęły ich do zabicia Jamiego, szybko zniknie. I wtedy zaczną zadawać sobie pytania: „Co, u diabła, zrobiłem?". Śmierć Jamiego nie była cicha ani czysta. Będą ich dręczyć koszmary – obrazy tego, co się wydarzyło. Nie będzie to przypominało telewizji – krew zostawia prawdziwe ślady, a krzyków dziecka nie można ściszyć jednym ruchem.

Ponadto, kiedy będą rozdzieleni, nie będą mieli oparcia w tej drugiej osobie. Teraz dostrzegą, że nie potrafią wyciszyć wspomnień i sami zaczną cierpieć z tego powodu. Ogarnie ich przerażenie i obawa przed wykryciem. Każdy będzie bał się tego, że ten drugi może się wygadać. Chociaż są partnerami, to teraz znaleźli się w sytuacji, której nigdy do tej pory nie rozważali i w której nie mogą w pełni sobie ufać.

– Jak sądzę, jeden z nich będzie prowodyrem? – zapytał Kirby.

– Być może – odpowiedziałem. – Jednak nie miało to znaczenia podczas zabójstwa. W ciągu dnia każdy z nich miał mnóstwo okazji, aby pójść do domu. Nie skorzystał z nich ani jeden, ani drugi.

– I zdawali sobie sprawę, że postępują niewłaściwie?

– Tak. Kłamali i oszukiwali, by się chronić. Położyli Jamiego na torach, żeby wyglądało to na wypadek, w którym pociąg zabił chłopca. Dokładnie zdawali sobie sprawę ze swoich czynów.

Na zewnątrz tłumek dziennikarzy przerzedził się. Grupki gniotły się w samochodach, kryjąc się przed zimnem i od czasu do czasu przecierając okna, które pokrywały się parą zasłaniającą widok drzwi. Wyślizgnąłem się na zewnątrz. Unikając kontaktu wzrokowego, dotarłem do samochodu i ucieszyłem się, widząc, że jest w jednym kawałku.

Podróż do domu wydawała się bardzo długa. Ciągle było mi zimno, pomimo że działało ogrzewanie w samochodzie. Nadeszło poczucie pustki, nieodmiennie towarzyszące takim sytuacjom. Zawsze pojawia się, gdy próbuję odtworzyć przerażenie ofiary i radość sprawcy, który popełnia morderstwo.

Zatrzymałem się na stacji obsługi przy autostradzie M6, zaraz za Stoke-on-Trent, i kupiłem kawę. Garstka innych kierowców, którzy również przerwali swoją podróż, wyglądała na zadowolonych i odprężonych. Ze spokojem zajmowali się swoimi sprawami. Zazdrościłem im. Myślami byłem z Denise Bulger i z horrorem, który będzie przeżywać do końca życia, a który zaczął się w chwili, gdy Jamie oddalił się od niej.

Gdy wjechałem na podjazd przed domem, było już późno, a ulice wioski opustoszały. Na parterze paliło się światło – to Marilyn czekała na mnie. Zasnęła na krześle, martwiąc się oblodzonymi drogami. Nie mówiłem o wielu szczegółach dzisiejszego dnia, a ona była na tyle miła, że o nic nie pytała. To ona była bardziej na bieżąco, jeżeli chodzi o szczegóły morderstwa „Małego Jamiego", jak nazwały go gazety. Podobnie jak wiele innych matek była wstrząśnięta tym, co się wydarzyło. Pamiętała czasy, kiedy nasze własne dzieci były jeszcze maluchami i wystarczyła tylko chwila nieuwagi, by zniknęły nam z oczu. Przez tę krótką chwilę wszystkie matki doświadczają niepokoju, który powoduje przyspieszone bicie serca.

– Czy coś się stało? – zapytała, na wpół śpiąc.

– Nic takiego.

– Znowu mówili w wieczornych wiadomościach. Biedna matka... Wyobraź sobie, jak musi się czuć.

Znowu usiadłem w fotelu.

– Idziesz spać? – zapytała.

– Za chwilkę. Ciągle mi szumi w uszach po jeździe.

Nadal spałem, gdy dwie grupy detektywów zebrały się o świcie w komisariacie Marsh Lane na odprawie prowadzonej przez Kirby'ego. Otrzymali nazwiska i adresy dwóch chłopców: Roberta Thompsona i Jona Venablesa. Obydwaj mieli prawie po dwanaście lat. Thompson mieszkał o niecałe dwieście metrów od skarpy przy Cherry Lane.

Zgodnie z moją radą policja jeszcze raz skoncentrowała śledztwo w pobliżu miejsca zbrodni i znalazła kobietę, której wydawało się, że rozpoznaje Thompsona na jednym z filmów. Po dyskretnym sprawdzeniu w szkole okazało się, że żaden z chłopców nie uczestniczył w piątek w zajęciach.

Zamieszanie, jakie wywołało aresztowanie dwunastolatka w Kirkdale, sprawiło, że operacja miała być przeprowadzona w najgłębszej tajemnicy. Oprócz tego, że należało uniknąć linczu, Kirby chciał, aby nadal zgłaszali się świadkowie. Często po złapaniu podejrzanego potencjalni świadkowie uznają, że ich informacje nie są już potrzebne, i w ten sposób policja może stracić ważne wątki śledztwa.

Wiedziałem też, że wieczorem o 21.00 na BBC 1 *Crimewatch UK* ma przedstawić rekonstrukcję morderstwa Jamesa Bulgera. Eksperci z Ministerstwa Obrony dokonali komputerowej obróbki filmu i teraz na nowo miał być pokazany milionowej widowni.

O 7.30 detektywi zapukali do drzwi dwóch domów, jednego w Walton, drugiego w Norris Green. David Tanner, jeden z policjantów uczestniczących w aresztowaniu, powiedział później: „Kiedy zszedł na dół w piżamie, pomyślałem, że to jakaś pomyłka. Po prostu był taki mały".

Chłopców zabrano do dwóch różnych komisariatów policji, a ich domy przeszukano w poszukiwaniu śladów.

Tego wieczoru, podobnie jak miliony innych, oglądałem *Crimewatch UK* nieświadom tego, że kogoś już aresztowano. Rolę Jamiego odgrywał dwulatek bliźniaczo do niego podobny. Także ubranie miał identyczne. Kirby, który specjalnie przyjechał do Londynu do studia, kilkakrotnie odwoływał się do profilu psychologicznego.

W tym czasie w Marsh Lane dwadzieścia pięć osób przyjmowało telefony od widzów. Zostali dosłownie zalani zgłoszeniami. Podano czterdzieści trzy nazwiska i pojawił się nowy ważny świadek.

Dopiero następnego dnia rano dowiedziałem się o aresztowaniu. Byłem w komendzie policji hrabstwa Warwickshire, imponująco wyglądającym budynku na skraju wioski Leek Wootton, gdzie uruchamiałem długoterminowy projekt badawczy, mający określić cechy, które sprawiają, że niektórzy policjanci lepiej prowadzą śledztwo niż ich koledzy. Istniała nadzieja, że będzie można się tego nauczyć.

Miałem poczucie, że wróciłem do źródeł, gdyż tutaj jako kadet trzydzieści lat temu odbywałem część policyjnego szkolenia. Przypomniałem sobie biegi na przełaj po zielonych terenach, które już dawno zamieniły się w pola golfowe. Głos Alberta Kirby'ego przez telefon nie był już tak zatroskany.

– Zatrzymaliśmy dwóch chłopców. Ich ubrania są zaplamione niebieską farbą i prawdopodobnie krwią, ale na razie są to poszlaki.

– Czy już się do czegoś przyznali? – zapytałem.

– Nie. Właśnie o tym chciałem z tobą porozmawiać. Ledwo co skończyli dziesięć lat. Są tak mali, że trudno uwierzyć, że to oni. Wiesz, jaka jest sytuacja. Musimy upewnić się, że w pełni zdają sobie sprawę z tego, co mówią – i co najważniejsze, czy ponoszą odpowiedzialność za śmierć Jamiego, czy zdawali sobie sprawę z tego, co czynią. Żaden z moich oficerów nigdy nie przesłuchiwał tak małych dzieci. To dla nas coś zupełnie nowego i nie możemy sobie pozwolić na popełnianie błędów.

– Nie spodziewałeś się tego – stwierdziłem i Kirby przyznał mi rację. Chciał porady, czego należy oczekiwać.

– OK. Ale potrzebuję wszystkich informacji o ich przeszłości i pochodzeniu.

– Większość jest zawarta w twoim profilu. Obydwaj są w tym samym wieku, urodzili się w 1982 roku w odstępie dwunastu dni. Robert Thompson mieszka niecałe dwieście metrów od miejsca zabójstwa i jest jednym z siedmiorga dzieci. Ojciec wyprowadził się wiele lat temu i Robert włóczył się po ulicach bez specjalnego nadzoru ze strony matki. Wywiad środowiskowy nic nie wykrył, ale ma starszego brata, który popełnił drobne wykroczenia.

Jon Venables również ma problemy rodzinne i od trzech lat jest pod nadzorem pracownika opieki społecznej. Jego rodzice są w separacji, ma problemy w szkole i skarży się, że znęcają się nad nim silniejsi uczniowie.

Chłopcy są przyjaciółmi i mieszkają w pobliżu. Obydwaj nie poszli w piątek do szkoły i często wagarują. Powtarzają klasę ze względu na słabe postępy w nauce.

– Czy ktoś z nimi rozmawiał?

– Tylko luźna rozmowa, aby nawiązać kontakt.

– I jacy są?

– Przerażeni.

– W porządku. Oddzwonię do ciebie.

Czas uciekał. Thompson i Venables mogli pozostać w areszcie przez maksimum trzydzieści sześć godzin od chwili aresztowania. Ich rodziny przeniesiono do tajnych lokali.

Kiedy byłem młodym chłopakiem, dorastającym w Leamington Spa, mieszkaliśmy w pobliżu opuszczonej kopalni gliny, w której można było znaleźć różnego rodzaju kąty i zakamarki. Czasami bawiłem się tam po szkole oraz w weekendy. Pewnego razu natrafiłem na coś, co przypominało szkielet żaby. Gdy przyjrzałem mu się bliżej, zauważyłem, że jest przypięty do ziemi drewnianymi szpilkami.

Początkowo tego nie rozumiałem, ale później zaobserwowałem, jak starsi chłopcy, w wieku od dziewięciu do trzynastu lat, przyszpilali żaby do ziemi i obserwowali ich śmierć. Czasami ranili żabę w nogę, aby nie mogła szybko skakać, i na przemian rzucali w nią scyzorykiem. Sprawiało im to ogromną przyjemność. Dawało poczucie siły i władzy, których nie mogli uzyskać, znęcając się nad ludźmi.

Wiedzieli, że jest to coś złego, tak jak zła jest kradzież w sklepie, ale dostarczała im niesamowitych wrażeń, więc kradli mimo strachu. Te same dzieci wracały później grzecznie do domu, jadły podwieczorek, kładły się do snu, może nie jak małe aniołki, ale jak przeciętnie, niczym niewyróżniające się dzieciaki. Łapanie i zabijanie żab odbywało się w towarzystwie kolegów.

Właśnie to przytrafiło się Jamiemu Bulgerowi. Takie banalne, pospolite wytłumaczenie może szokować, gdyż oznacza, że ci dwaj mordercy niczym się od nas nie różnią. Jest to ścieżka, którą może podążyć większość z nas. Nie dowodzi to jednak, że jakaś siła nakazała im to robić. Mieli wolną wolę i sami zdecydowali o swoich czynach. Siedząc w gabinecie na piętrze komendy policji w Warwickshire, zacząłem przygotowywać strategię przesłuchania dla obu podejrzanych. Jeśli przesłuchujący mieli odkryć, co się wydarzyło, musieli najpierw zrozumieć, dlaczego to nastąpiło. Co takiego w chłopcach kazało im porwać nieznane dziecko, a do tego jeszcze je zabić?

Wielu ludzi nie może uwierzyć, że dziecko jest w stanie popełnić poważne przestępstwo i woli myśleć, że śmierć Jamiego była w jakiś sposób przypadkowa albo niezamierzona, gdyż alternatywa jest trudna do przyjęcia. Dzieciństwu przypisujemy pewien rodzaj niewinności oraz czystości serca i pragniemy zachować ten wizerunek.

Jednak z pracy klinicznej z dziećmi wiem, że są one w stanie dokonywać okropnych rzeczy. Kiedy tak się dzieje, łatwiej byłoby stwierdzić, że tacy się urodzili. Urodzeni psychopaci bez wątpienia się trafiają. Jednak rzadko zdarza się, aby przyszedł na świat człowiek, który wygląda jak istota ludzka, mówi jak istota ludzka, ale jest odmienny, ma jakiś defekt, niezdolność odczuwania empatii, brak ludzkich uczuć, poczucia winy, wyrzutów sumienia i prawdziwego strachu.

Z tego, co wiedziałem o porywaczach Jamiego, nie mieliśmy do czynienia z takim przypadkiem; decyzja o popełnieniu morderstwa nie powstała poza nimi, pojawiła się w rezultacie wychowania i interakcji z otoczeniem. Dzieci, podobnie jak dorośli, mają wiele różnych osobowości, zdolności i skłonności. Sporo z nich nie będzie się bez powodu albo z sadyzmu znęcać, ale są tacy, którzy czerpią przyjemność z dręczenia kolegów ze szkoły lub torturowania zwierząt. Są też osoby, które się temu pasywnie przyglądają.

Nawet jeśli wyjdziemy z założenia, że wszystkie dzieci są zdolne do okrucieństwa, to pozostaje do rozstrzygnięcia kwestia nie tyle co powoduje, że takie są, ale co sprawia, że takie przestają być. Ponownie docieramy od moralności i systemu wartości, który dziedziczą po rodzicach i nabywają w wyniku funkcjonowania w społeczeństwie. Poczucie moralności jest czymś, co rozwija się bardzo wolno.

Wydaje się, że istnieje ogromna przepaść pomiędzy znęcaniem się nad kolegami, torturowaniem zwierząt a porwaniem i zabiciem istoty ludzkiej. Nie jest ona jednak większa niż między popychaniem grupy wietnamskich cywilów przez amerykańskich żołnierzy a zmasakrowaniem całej wioski. W ten sposób ujawnia się siła grupy.

Mordercom Jamiego pomysł mógł przyjść do głowy w rozmaity sposób. Może rozmawiali o zrobieniu czegoś ryzykownego, niekoniecznie nielegalnego, mogli na przykład wspiąć się na wieżyczkę ratownika albo zwisnąć na rękach z balkonu, a może zaczęli mówić o kimś wplątanym w bójkę w szkole.

– Gdyby ktoś mi to zrobił, tobym go zabił.

– Właśnie, że nie.

– A właśnie, że tak.

– Do tego potrzeba jaj.

– I kto to mówi?

– Zesrałbyś się ze strachu.

– Pierdu, pierdu. Pomyśl o sobie.

– Ja bym się wcale nie bał. Niczego się nie boję.

Tyle banalnych odzywek może doprowadzić do tragedii. Wbrew utartym poglądom nie muszą to być brutalne filmy w telewizji i na wideo.

Jeżeli wzięlibyśmy inną parę, a jedno z dzieci byłoby z trochę bardziej troskliwego środowiska, trochę bystrzejsze i odnoszące większe sukcesy w szkole, bardziej cenione przez innych, to rozmowa potoczyłaby się w zupełnie inny sposób.

– Gdyby ktoś mi to zrobił, tobym go zabił.

– Mam nadzieję, że nie.

– Nie uszłoby mu to na sucho.

– Tak, ale tobie też nie uszłoby to na sucho.

Jest to inny proces myślowy i inny rezultat końcowy.

Chociaż mówiłem już o tym z Albertem w Liverpoolu, to teraz należało to jeszcze powtórzyć oficerom prowadzącym przesłuchanie.

Po dwóch godzinach zadzwoniłem do niego. Przełączono mnie na telefon głośno mówiący.

– Chciałbym zwrócić uwagę na kilka kwestii. Niektóre z nich są zrozumiałe same przez siebie – powiedziałem. – Po pierwsze, musimy sobie uświadomić, że chociaż ci chłopcy mogli popełnić morderstwo, to będą reagować jak normalne przerażone dzieci. Teraz są dziećmi, nie kontrolują przebiegu wydarzeń.

– W to jestem w stanie uwierzyć – odparł Kirby.

– Początkowo będą zaprzeczać jakiemukolwiek zaangażowaniu w tę sprawę. Jak przedstawiłem to w profilu, są doskonałymi kłamcami, ale w końcu każdy stwierdzi, że to ten drugi podżegał do zabójstwa, a on był jedynie bierny albo nawet przeciwny napadowi.

Musicie również wziąć pod uwagę fakt, że wydarzenia ostatnich dni wywołały w nich emocjonalny uraz. Będą próbowali to usunąć w podświadomość, ale przesłuchanie zmusi ich do powrotu na miejsce zbrodni i analizowania wszystkich okropnych szczegółów. Kiedy będą to przeżywać na nowo, uraz się odnowi.

– W jaki sposób możemy tego uniknąć?

– Po pierwsze, sesje powinny być krótkie, z dużą liczbą przerw na przekąski, aby poczuli się swobodnie. Należy postępować bardzo delikatnie. Jeden krok raz na jakiś czas. Należy pozwolić im wyjaśnić, co się stało. Nie można traktować ich jak dorosłych i wielokrotnie omawiać tę samą kwestię, zwłaszcza że będzie to dla nich bolesne przeżycie. Chłopcy powinni ujawniać swoje wspomnienia we własnym tempie, a waszym zadaniem jest pomóc im w tym bez sugerowania czegokolwiek. Jeśli coś powiedzą, należy pozwolić im przejść do jakiegoś innego tematu, który jest ważny, ale nie tak niewygodny albo przykry dla nich.

Unikajcie okazywania wrogości i dezaprobaty, nawet niemiłego tonu głosu albo wyrazu twarzy. Powinniście traktować ich jak ofiary, a nie sprawców. Muszą sobie poradzić z tym, co zrobili, bo jest to dla nich bardzo bolesne doświadczenie. Ich psychika nie wytrzyma gwałtownych, padających jeden za drugim pytań, mogłoby to wywołać głęboki kryzys psychologiczny.

Równie ważne jest dobro członków zespołu przesłuchującego – musicie wziąć pod uwagę, że oni również ryzykują odniesieniem urazów psychicznych. Muszą pamiętać o zbrodni, a jednocześnie o przesłuchiwanych dzieciach – winnych lub nie – których załamanie psychiczne mogą spowodować. Ta świadomość będzie im towarzyszyć do końca życia.

Kilkakrotnie powtarzaliśmy strategię, dopóki Kirby nie stwierdził, że wszystkie punkty są jasne.

Nie brałem udziału w przesłuchaniach ani nie poproszono mnie o przeanalizowanie nagrań. W listopadzie 1993 roku treść przesłuchań została opublikowana, gdy odbywał się proces dwóch chłopców w Sądzie Koronnym w Preston.

W czasie przesłuchań „Bobby" Thompson siedział niedbale w fotelu, od czasu do czasu oblizywał kostki dłoni i jeździł palcem wokół ust. Wydawał się znudzony ciągłymi przerwami. Pokój przesłuchań na komendzie przy Walton Lane jest bardzo mały. Na ścianie umieszczono magnetofon, obok pojedynczego okna ze zbrojonego szkła.

Sierżant Phil Roberts i posterunkowy Bob Jacobs siedzieli blisko Bobby'ego, usiłując stworzyć więź emocjonalną. Jeśli któryś z uczestników chciał z jakiegokolwiek powodu zrobić przerwę, to przesłuchanie przerywano i wyłączano zapis. Czasami Bobby chciał coś do picia albo pochrupania. Czasami jego płacząca i oszalała z bólu matka potrzebowała przerwy.

On sam mówił cienkim, cichym głosem, przyznając się, że był w centrum handlowym w piątek, ale zaprzeczał, jakoby porwał Jamiego Bulgera. Opisywał, jak on sam i Jon chodzili po centrum cały dzień, aż w końcu poszli do biblioteki, zanim ostatecznie wrócili do domu.

– Czy widziałeś Jamiego? – zapytał Roberts.

– Tak. Rano. Jechaliśmy na piętro ruchomymi schodami. Był ze swoją mamą, ubrany w niebieski płaszcz.

Po czterdziestu minutach przesłuchanie skończono po szczegółowym ustaleniu, co obaj chłopcy robili przez cały dzień.

W czasie drugiego przesłuchania Roberts stwierdził:

– Mamy powody przypuszczać, że wyszedłeś z małym Jamesem i Jonem.

– Kto tak twierdzi? – zapytał Bobby.

– My – odpowiedział Roberts. – Teraz tak twierdzimy.

– Nie. Nigdy z nim nie wyszedłem.

– W takim razie opowiedz mi, co się stało.

– W gazetach widać, że Jon trzymał go za rękę – odpowiedział Bobby.

Było to pierwsze przyznanie, że byli tam z Jamiem, ale Bobby twierdził, że po prostu z nim spacerowali po centrum, a potem puścili go wolno.

Zaczął płakać bez łez.

– Nigdy go nie dotykałem.

W komendzie przy Lower Lane sierżant Mark Dale i młodszy inspektor George Scott przesłuchiwali Jona Venablesa. Według jego słów to był pomysł Bobby'ego, żeby iść na wagary. Opisał, co robili przez cały dzień, jak bawili się na huśtawkach, kręcili po windach i miejscowym boisku. Nic nie powiedział o tym, że był w centrum handlowym.

Dopiero podczas trzeciego przesłuchania usłyszał, że Bobby przedstawił inną wersję wydarzeń. Zaczął płakać.

– Nigdy nie złapaliśmy tego dzieciaka, mamusiu... Nigdy go nie trzymałem za rękę, nawet go nie dotknąłem...

Płakał cicho, patrząc na matkę i ojca, którzy siedzieli z boku. Sue i Neil Venables zachęcali Jona do szczerości.

W tym samym czasie przesłuchujący zakwestionowali wersję Bobby'ego, twierdząc, że widziano ich z Jamiem przy zbiorniku Breeze Hill.

– Nigdy nie zabierałem Jamesa na to wzgórze. Nigdy nie poszedłem na to wzgórze. Nigdy tego nie chciałem – powiedział, stwierdzając, że świadek musi kłamać.

– Czy chcesz to dzisiaj wyjaśnić? – zapytała Ann Thompson.

– No – odpowiedział Bobby.

– Więc powiedz prawdę.

– Mówię.

W końcu Bobby przyznał się, że był na zbiorniku, że Jamie płakał za mamą i miał otartą skórę na głowie. Stwierdził, że tam go zostawili.

– Dlaczego mnie tu trzymacie? To Jon porwał chłopczyka.

Dziewiętnastego stycznia obydwaj chłopcy zostali przesłuchani trzy razy. Najkrótsza sesja trwała tylko jedenaście minut. Szczególnie utalentowanym kłamcą okazał się Bobby, który potrafił kierować przebiegiem przesłuchania i odwracać uwagę przesłuchujących od kwestii, o których nie chciał mówić. Gdy przyparto go do muru, pytając, czy to on ukradł puszkę niebieskiej farby i baterie z centrum handlowego, przyznał w końcu: „Być może Jon je zabrał... To nie ja... On musiał wsadzić je do kieszeni... Ja nigdy... Nigdy bym czegoś takiego nie zrobił".

Zgodnie z moimi przewidywaniami oskarżali siebie nawzajem. W czasie drugiego przesłuchania tego dnia Jon po raz pierwszy przyznał się do tego, że zabrał Jamiego z centrum handlowego.

– Nigdy go nie zabiłem, mamusiu. Wzięliśmy go i zostawiliśmy przy kanale, to wszystko. Nigdy go nie zabiłem.

Dla obserwatora było oczywiste, że Jon zataja jakieś informacje. Próbował powiedzieć prawdę, ale nie chciał zranić matki i ojca. Wyjaśniliśmy to Susan Venables, która następnie spędziła godzinę z synem, zapewniając go, że będzie go kochać bez względu na to, co się stało. Gdy kołysała syna w ramionach, ten wyszlochał głośno: „To ja go zabiłem".

Przez następne dwie godziny Jon powoli wyjaśniał, co się wydarzyło. W piątek rano był podekscytowany, bo był to ostatni dzień zajęć przed feriami zimowymi i nauczycielka powiedziała, że będzie mógł zabrać do domu klasowe białe myszki na ten tydzień. Spotkał Bobby'ego przed szkołą i zdecydowali, że pójdą na wagary. Nie pierwszy zresztą raz. Zazwyczaj chowali plecaki w przejściu podziemnym i ruszali na miasto, kradnąc w sklepach słodycze, zabawki, puszki farby do modeli, napoje, świece, prawdę mówiąc – wszystko. Czasami po prostu kręcili się po sklepach, grali w gry komputerowe albo ślizgali się na błyszczących posadzkach centrum handlowego.

Na Jamiego natknęli się przed sklepem mięsnym. Według Jona to Bobby powiedział: „Załatwmy tego dzieciaka".

– Szliśmy przez całe delikatesy, a on szedł za nami. Bobby powiedział: „Chodź, stary", a dzieciak szedł za nami po schodach. Bobby powiedział „Załatwimy to na dworze, wejdzie na drogę i przejedzie go samochód". A ja powiedziałem: „To bardzo zła rzecz".

Jon przyznał się, że jest chłopcem, który trzyma Jamiego za rękę na filmie, gdy opuszczają centrum handlowe. Razem przenieśli malucha przez Stanley Road, Jon trzymał go za nogi, a Bobby pod ramiona. Według Jona, kiedy dotarli nad kanał, Bobby podniósł Jamiego i rzucił nim o ziemię, tak że mały miał guza na głowie.

Opisując ostateczny atak, stwierdził:

– Zabraliśmy go na tor kolejowy i zaczęliśmy rzucać w niego cegłami... Bobby rzucił mu cegłę w twarz. Bobby powiedział: „Bierz cegły i rzucaj". Rzucałem je na ziemię. Podnosiłem małe kamyki, bo nie chciałem rzucać w niego cegieł. A on upadł. Ale ciągle wstawał i nie mógł utrzymać się na nogach. Bobby dalej brał cegły i rzucał. Ja go powstrzymywałem. Brałem cegły i rzucałem obok, żeby nie trafić. Trafiłem go ze dwa razy w ramię, ale chciałem trafić obok.

Bobby uderzył go raz prętem, a potem narzuciliśmy na niego trochę cegieł. Wtedy uciekliśmy tą samą drogą, którą tam przyszliśmy – i pojechaliśmy do sklepu z telewizorami…

To właśnie tam Susan Venables znalazła chłopców o 19.30. Ręce i ubrania mieli pokryte błotem i niebieską farbą. Sue była wściekła i krzyczała na Bobby'ego, żeby trzymał się z dala od jej syna. Wrócił do domu i powiedział, że pani Venables go uderzyła. Jako dowód pokazał krwawiącą ranę, której nabawił się na torach kolejowych. Ann Thompson zaprowadziła go na komendę policji, żeby złożyć doniesienie o napadzie. Susan również zabrała Jona na policję i poprosiła posterunkowego, żeby przestrzegł go o następstwach wagarowania. Ironia losu polegała na tym, że już godzinę po zabójstwie obydwaj chłopcy znaleźli się w komendzie policji przy Walton Lane.

Dopiero trzeciego dnia Bobby przyznał się w końcu, że dotknął Jamiego. Przez krótką chwilę jego luzacki sposób bycia zniknął, kiedy stwierdził: „Dotknąłem dzieciaka. Próbowałem zdjąć go z torów. Podniosłem go w pasie. A potem położyłem z powrotem, bo mogłem cały pobrudzić się krwią". Było to sprytne wyjaśnienie obecności plam krwi na ubraniu.

– Jon siedział na murku i rzucał kamienie w twarz dzieciaka. To Jon trafił go w brzuch. Upadł na ziemię, na tory. Jon podniósł wtedy metalowy pręt i uderzył go w głowę… ja go nawet nie tknąłem, tylko wtedy, kiedy przenosiłem go pod ogrodzeniem i sprawdzałem, czy oddycha. Więc nie mam się czym przejmować. Gdybym chciał zabić jakiegoś dzieciaka, to zabiłbym mojego brata, no nie?

Brak było oznak skruchy czy wyrzutów sumienia. Jedynie Jon powiedział: „Powiedzcie jego mamusi, że bardzo tego żałuję".

W sobotę 20 lutego policja wydała krótkie oświadczenie:

> Dzięki pomocy społeczeństwa dzisiaj o 18.40 dwóch chłopców oskarżono o uprowadzenie i zamordowanie Jamesa Bulgera. Przedstawiono im też zarzut próby uprowadzenia innego dwulatka. Zgodnie

z paragrafem 59 Ustawy o postępowaniu w sprawach kryminalnych z 1991 roku zostali zatrzymani przez policję do poniedziałku, kiedy to ich sprawę rozpatrzy sąd dla nieletnich.

Cały kraj ogarnął głęboki smutek. Czuło go wiele osób. Była to prawdziwa żałoba narodowa, którą trudno wyjaśnić, ale wiedziałem, że jest związana z zamordowaniem Jamiego. Z jego śmiercią umarła część dzieciństwa nas wszystkich.

Ludzie czasami pytają mnie, w jaki sposób radzę sobie z przygnębieniem i nie przynoszę zmartwień z pracy do domu. Prawda jest trochę inna. Nie zabieram pracy do domu, lecz za każdym razem zostawiam cząstkę siebie na miejscu zbrodni.

13

LIZZIE JAMES NAPISAŁA PIERWSZY LIST DO COLINA STAGGA 19 stycznia 1993 roku, przedstawiając się jako stara przyjaciółka Julie Pines, którą określiła jako nieco „staroświecką". Stwierdziła, że przypadkowo natrafiła na list, który Stagg napisał do Julie.

List ten bardzo mnie zainteresował i nie daje mi spokoju. Ciągle myślę o Tobie i chciałabym Cię bliżej poznać i nawiązać korespondencję.

Powiem Ci trochę o sobie. Jestem rozwiedziona (tak jak Julie) i prawdę mówiąc, mam dość powierzchownych związków, gdyż wiele razy zostałam już zraniona. Mam 173 centymetry wzrostu, trzydzieści lat i w przeszłości uważano mnie za atrakcyjną. Moje zainteresowania mogą wydawać się nudne, ale nie lubię publicznych spędów i wolę swoje własne towarzystwo, dużo czytam i często zastanawiam się, czy nie napisać swojej własnej książki.

Mój gust muzyczny też jest dziwaczny – moją ulubioną płytą jest *Walk on the Wild Side* Lou Reeda. Jestem nieco ostrożna, ale bez przesady. Byłoby lepiej, gdybyś nie mówił Julie, że napisałam do Ciebie, bo nie przyjaźnimy się już tak bardzo jak kiedyś. Wynajmuję teraz skrytkę pocztową w Londynie, bo akurat się przeprowadzam i nie chciałabym, żeby jakiś list zginął. Jestem w centrum Londynu mniej więcej dwa razy w tygodniu. Mam nadzieję, że nie obraziłam Cię tym listem i że szybko otrzymam odpowiedź.

Uściski.
Lizzie

PS Nazywam się Lizzie James.

Stagg odpowiedział natychmiast, wykazując ogromną ostrożność. Napisał, że nie pamięta, żeby korespondował z jakąś Julie. Dalej wspomniał, że chciałby z nią korespondować, bo czuje, że są podobni. On również nie lubi towarzyskich spędów i prowadzi ciche, wygodne życie. Jego rozrywki to regularne spacery po miejscowych parkach, oglądanie telewizji i słuchanie muzyki. Lubi również opalać się nago w parku, jednak niektórzy ludzie małego umysłu uważają to za zboczenie.

Pisząc o sobie, stwierdził, że czasami jest „boleśnie osamotniony". Napisał też, że nie lubi ograniczonych ludzi. Według jego słów życie jest zbyt krótkie, aby pozwolić innym decydować, jak żyjemy.

Prosząc Lizzie o przysłanie fotografii, dodał, że ma nadzieję, iż szybko odpowie na jego list, aby mogli poznać się dokładnie.

Keith Pedder pokazał mi list. Poradziłem, że list od Lizzie powinien być ciepły, tak jak typowy list osoby piszącej do klubu samotnych serc. Przygotowałem wytyczne odnośnie tego, co ma zawierać i do jakich wątków ma nawiązywać. Ostateczne sformułowanie treści pozostawiłem policji.

Kiedy na początku lutego dotarł kolejny list od Stagga, pamiętał już o korespondencji z Julie – przyznał to całkiem otwarcie. Chciał wysłać Lizzie podobne listy, w których odsłoniłby swoje fantazje, z nimi jako głównymi bohaterami. Jednocześnie zachęcał ją, żeby zrobiła to samo i przedstawiła swoje fantazje i żądze.

Do listu załączył napisane przez siebie opowiadanie o uprawianiu seksu w ogrodzie na tyłach domu. Opisywał, jak leży nagi w ogrodzie, a Lizzie rozbiera się przed nim i chce uprawiać miłość na wszelkie możliwe sposoby. On prowadzi ją za rękę na trawnik i leżą na wilgotnej trawie, podczas gdy on powoli onanizuje się, jednocześnie gładząc jej włosy. Myśl, że mogą ich obserwować sąsiedzi, podnieca go jeszcze bardziej.

List ten przeczytałem dopiero 15 lutego, kiedy w Arnold Lodge odwiedził mnie Pedder. Wyglądał na zadowolonego z obrotu sprawy.

– Wszystko dzieje się tak szybko – powiedział. – To dopiero drugi list, a on już pisze o swoich fantazjach seksualnych.

– Nie są to jakieś nadzwyczajne fantazje – przypomniałem mu. – Nie można z nich wywnioskować nic szczególnego.

– Ale nie eliminują go z kręgu podejrzanych – odparł Pedder.

– Faktycznie.

Stagg widocznie pamiętał, o czym pisał do Julie Pines, więc jego pierwszy list do Lizzie miał sprawdzić, czy kobieta nie kłamie. Bez żadnych zachęt z naszej strony szybko przeszedł do prób zbadania, jakie są fantazje Lizzie. Pozostałe interesujące punkty to zamiłowanie do uprawiania seksu na łonie natury, podniecenie na myśl, że ktoś może go podglądać i nieco dominujący stosunek do kobiety.

Po wymianie kartek walentynkowych nadeszły kolejne listy z opisem fantazji. Ujawnił trochę informacji o sobie, przyznając, że jest bardzo podniecony i masturbuje się przy pismach dla panów, gdyż mieszka samotnie. Wyraził nadzieję, że Lizzie nie jest urażona i wkrótce się spotkają oraz nawiążą ekscytujący związek.

Fantazje były niezwykle podobne do historyjek opisywanych w czasopismach pornograficznych. Potwierdzało to otwarcie seksualny charakter korespondencji oraz wskazywało, czego pragnął od Lizzie.

Poradziłem, aby jej odpowiedź nie zwiększała napięcia seksualnego ani żeby nie wprowadzała tematów, które mogłyby być związane z mordercą. Nie wolno jej było kształtować Stagga. Musiała pozostawić sprawy swemu własnemu biegowi.

Lizzie odpisała, chwaląc jego błyskotliwy talent literacki oraz twierdząc, że będzie musiał trochę poczekać na podobny list od niej, gdyż jest jej trochę trudniej zacząć. Opisała swoje życie na peryferiach Slough i plany przeprowadzki, która ma nastąpić za kilka tygodni.

Jednocześnie nad operacją zawisło niespodziewane niebezpieczeństwo. Planowano nadanie programu dokumentalnego na temat profilowania sprawców. Miał w nim wystąpić David Canter, a producenci programu chcieli zwrócić szczególną uwagę na śledztwo w sprawie zamordowania Rachel Nickell. Canter poinformował już dziennikarzy, że może pomóc w śledztwie, jednak nikt nie poprosił go o radę. Program stanowił potencjalną katastrofę dla tajnej operacji, ponieważ jej skuteczność zależała od tego, czy Stagg uwierzy, że śledztwo straciło rozmach i zmierza donikąd.

Pedder na wszelkie sposoby próbował doprowadzić do zdjęcia programu z anteny, a gdy mu się to nie udało, nakłonił mnie do wystąpienia zamiast Cantera, który nie był bezpośrednio zaangażowany w śledztwo. Pomysł polegał na tym, że może uda się skierować rozmowę na profilowanie przestępców w ogóle, zamiast mówić o konkretnej sprawie.

Z niechęcią zgodziłem się. Rezultatem była ogromna kupa bzdur, jakie tylko udało mi się wymyślić. Współczuję wszystkim, którzy ten program oglądali.

Dwudziestego piątego lutego Pedder poinformował mnie o kolejnym liście. Ponownie składał się z dwóch części. Pierwsza miała za zadanie wytworzyć więź, a druga zawierała fantazję, tym razem z tytułem „Specjalny smakołyk dla mojej ślicznej Lizzie". Opisywał gorący słoneczny dzień i wspólny spacer w parku. Znaleźli niewielką polankę z kilkoma drzewami, które zapewniały nieco prywatności. Wybrali miejsce pod zwalonym drzewem. Gdy on przygotowywał jedzenie i zaniósł wino do strumienia, żeby się ochłodziło, Lizzie rozebrała się do bikini. Usiedli przy sobie na kocu. Zaczęli się pieścić i rozbierać, dopóki Lizzie nie leżała kompletnie naga na plecach. Zaprowadził ją pod drzewo, oparł tak, by móc wejść w nią od tyłu. Ona wydała stłumiony jęk, a on zapytał: „Jak ci?". Odpowiedziała: „Cudownie".

Stagg zakończył, obiecując, że ciąg dalszy nastąpi w kolejnym liście. Dla Peddera była to rewelacja. Krążył po swoim pokoju z fotokopią listu w dłoni, od czasu do czasu czytając niektóre fragmenty na głos.

– Spójrz tutaj. Jest w lesie. Tak jak to było naprawdę – zwalone drzewo, mówi o penetracji od tyłu. Odtwarza okoliczności.

Spróbowałem ochłodzić jego entuzjazm.

– Tak. Ale nic więcej w liście nie pokazał. Nic, co by go bezpośrednio łączyło z morderstwem, a z psychologicznego punktu widzenia jego fantazja niczym się nie różni od historyjek, które można znaleźć w pismach dla mężczyzn.

Łatwo można było ulec opisowi geograficznemu i dominacji mężczyzny, ale aby wyniki miały jakieś znaczenie, nie należało szukać ogólnych cech przestępcy, lecz tych, które w profilu dotyczyły wyłącznie mordercy.

– Nie powinniście odpowiadać natychmiast – powiedziałem.

– Dlaczego?

– Dajcie mu czas na przemyślenie i wycofanie się z tego związku. To od niego powinien zależeć przebieg tej operacji.

– Co się stanie, jeśli nie będzie kontynuował?

– Będziemy musieli go wykluczyć.

Nie można powiedzieć, że chciałem, aby Colin Stagg okazał się winny, albo że minimalizowaliśmy te informacje z listów, które wskazywały na jego winę. Bezstronnie oceniałem jego listy i wskazywałem na oznaki kobiecej uległości. Był to czynnik, który nie wskazywał na mordercę.

Kiedy Lizzie odpisała, nie odrzuciła Stagga i wspomniała, że od fantazji woli rzeczywistość. Jednocześnie musiała położyć nacisk na otwartość na męską dominację bez sugerowania brutalności czy innych cech, które wynikały z profilu mordercy Rachel Nickell.

> Twój cudowny list pochłonął mnie bez reszty. Mam tylko nadzieję, że są to twoje prawdziwe poglądy i że naprawdę tak myślisz. Chcę, żebyś pokazał, jaki jesteś w rzeczywistości, a nie ograniczał się do historii, które można znaleźć w magazynach erotycznych. Moje fantazje nie znają granic. Wyobraźnia gna na złamanie karku. Czasami mnie to martwi, ale byłoby fajnie, gdybyś czasami miał takie niesamowite marzenia jak ja.

W ciągu kolejnych dwóch tygodni trwała ożywiona wymiana korespondencji. Stagg pisał o swojej samotności i nieudanych związkach z kobietami. Nie mógł uwierzyć w swoje szczęście, że piękna kobieta, mająca takie same poglądy na seks, zainteresowała się nim. Zazwyczaj kobiety, które spotykał na swojej drodze, spoglądały na niego jak na wycieraczkę, na której właśnie wyczyściły buty.

Chociaż w jego fantazjach występowały zwroty takie jak „krzycząc w ekstazie" i „brutalnie szamoczę się w Twoim wnętrzu", wiedziałem, że z takich określeń nie można wysnuć ciekawych wniosków. W listach do Lizzie nadal widoczna była męska dominacja. Poradziłem, żeby Lizzie w kolejnym liście odpowiedziała w podobnym tonie na opisy poniżenia i dominacji. Nie wolno było sugerować przykładów. Stagg musiał mieć kompletną swobodę reagowania bez jakichkolwiek narzuconych z zewnątrz pomysłów.

Jeżeli to nastąpi, to przewidywałem trzy możliwe reakcje:

1) wycofa się ze związku, gdyż perspektywa stosunków seksualnych opartych na takich fantazjach nie będzie go interesować, albo

2) okaże zadowolenie z takiego obrotu rzeczy, jednak jego zainteresowanie będzie odpowiadało związkom wielu innych ludzi, którzy urozmaicają swe życie seksualne symbolicznymi oznakami dominacji i podporządkowania, a często nawet wiążą partnera, albo

3) spróbuje rozwinąć związek z Lizzie, w którym coraz większą rolę odgrywać będą fantazje opisujące przemoc i wynaturzony seks, prowadzące do coraz bardziej brutalnych gwałtów.

Zdawałem sobie sprawę, że w przypadku gdyby morderca Rachel Nickell wybrał tę ostatnią możliwość, seksualne podniecenie i przyjemność byłyby tak ogromne, że po pewnym czasie zapomniałby o ostrożności. Możliwe było także, że zwierzy się zaufanej osobie, zwłaszcza jeżeli będzie czuł, że zapewni mu to dodatkową satysfakcję seksualną. To leżało u podstaw tajnej operacji. Gdyby Stagg wybrał pierwszą albo drugą opcję, to wyeliminowałby się z kręgu podejrzanych. Jedynie gdyby wybrał trzecią opcję i jednocześnie wykazał, że jego seksualność jest identyczna z seksualnością mordercy, operacja mogłaby trwać dalej. Jednak nie dowodziło to, że jest winny morderstwa.

Lizzie napisała:

> Prosiłeś mnie o wyjaśnienie, co czuję, gdy piszesz do mnie takie osobiste listy. Cóż, po pierwsze bardzo mnie podniecają, ale nie mogę oprzeć

się wrażeniu, że wykazujesz ogromne opanowanie, jesteś powściągliwy, kiedy masz ochotę wybuchnąć. Chcę tego wybuchu. Chcę czuć twoją moc i dominację, tak bym była tylko w Twojej mocy, bezbronna i poniżona. Te myśli powodują, że przenikają mnie rozkoszne dreszcze…

Precyzyjne formułowanie zdań nie należało do moich zadań. Moje porady dotyczyły tonu i przesłanek teoretycznych oraz sposobu interpretacji nadchodzących listów. Sam nie użyłbym słowa „poniżona", gdyż nie pojawiło się w żadnym z listów Stagga. Mimo wszystko czułem, że policja nie wykroczyła poza wytyczne ustalone dla całej operacji.

Kolejny list Stagga wskazywał, że nie ma zamiaru wycofać się ze związku. Jego fantazje wykroczyły poza „dominację" i „poniżenie". Wprowadził element bólu.

Przyznał, że powstrzymywał się. Opisał, jak chciałby znęcać się nad ciałem Lizzie i wyzywać ją, dopóki nie poczułaby się „poniżona i brudna". Jednocześnie prosił ją, aby nie uważała go za brutala. Okaże jej miłość, nie tylko żądzę.

Potrzebujesz cholernie dobrego pieprzenia i prawdziwego faceta takiego jak ja… Jestem jedynym facetem na świecie, który może Ci to dać. Zrobię wszystko, abyś płakała w agonii, gdy będę się nad Tobą znęcał. Zniszczę Twoje poczucie własnej wartości, nigdy już nie spojrzysz ludziom w oczy…

Widoczne były ostrożność, obserwacja i badanie, jakby zrobił krok do przodu i teraz cofał się, aby sprawdzić, czy wszystko jest w porządku. Jednocześnie podniósł temperaturę związku i po raz pierwszy widoczne były elementy sadyzmu.

Szybko się wycofał, kiedy w kolejnym liście ujawnił swoją samotność i zazdrość na widok obejmujących się par. Chyba obawiał się, że Lizzie odsunie się od niego po ostatnim pełnym przemocy liście.

Odpowiadając, Lizzie nie odrzucała Stagga ani nie okazywała urazy, ale nie zachęcała go też do kontynuowania sadystycznych tematów. Zamiast tego sama opowiedziała, że jej przeszłość również kryje ciemne strony, udając jednocześnie, że jest niezwykle ostrożna. Sugerowała mroczne sekrety ze swojej przeszłości, o których nie chciała jednak mówić.

W kolejnym liście Stagg błagał Lizzie, aby powierzyła mu swój sekret, i utrzymywał, że nic nie jest w stanie nim wstrząsnąć, nawet morderstwo. W liście nie było oznak brutalności i sadyzmu, a on sam pragnął kontynuować związek za wszelką cenę, bez względu na zasady rządzące społeczeństwem.

Następna fantazja Stagga rozgrywała się w parku w letni dzień. Lizzie była obrzucana wyzwiskami, gdy opierała się dwóm mężczyznom, którzy w nią wchodzili. Stagg przysłał jej również prezent – dziurkę od paska, która według jego słów miała ją podniecać i chronić przed „zepsutymi, nikczemnymi, ograniczonymi ludźmi".

Powoli Lizzie zaczęła ujawniać swoją historię bez wprowadzania nowych tematów. Czternastego kwietnia napisała:

> Tylko raz spotkałam mężczyznę, który sprawiał, że czułam się prawdziwą kobietą. Wynikało to z doświadczeń, które były naszym udziałem, to one sprawiły, że stałam się kobietą. Sądzę, że znajdę spełnienie tylko wtedy, gdy spotkam mężczyznę, którego doświadczenia będą podobne do moich. To, co przydarzyło się, kiedy byłam z tym mężczyzną, nie spodobałoby się normalnym ludziom. Było to związane z krzywdzeniem ludzi. Chociaż wiem, że było to złe i mam poczucie winy, to nie mogę zapomnieć, jak cudownie się przy tym czułam. Chciałabym znowu to poczuć, ale nie chcę krzywdzić innych ludzi…

Stagg chciał, aby związek rozwijał się szybko i 28 kwietnia po raz pierwszy rozmawiali z sobą telefonicznie. Zgodnie z oczekiwaniami nowa forma kontaktu wzmogła ostrożność.

W czasie rozmowy Stagg nawiązał do sąsiadów, którzy rozsiewają o nim plotki.

– O? Dlaczego? – zapytała Lizzie.

– Ech. Nie chcę o tym mówić przez telefon, ale opiszę ci w następnym liście.

– Dobrze.

– Głównie z powodu tego, co zdarzyło się w ubiegłym roku.

– No dobra.

– Uhm.

– Dlaczego ludzie nie mogą się zająć swoimi sprawami. Wiem, jak to jest, jeżeli rozumiesz, co mam na myśli.

– Aha.

– Na północy jest jeszcze gorzej. Wiesz, jacy ludzie są na północy, uwielbiają plotkować.

– Naprawdę?

– Tak, mogą cię zjeść żywcem.

Stagg obiecał napisać i wyjaśnić, co się stało, ale zgodnie z instrukcjami Lizzie nie wykazała zainteresowania i koncentrowała się na własnym życiu i przeszłości.

– Jesteś pewien, że chcesz napisać? – zapytała.

– Tak. Tak będzie najlepiej – odpowiedział Stagg. – Po prostu w pobliżu wydarzyło się coś okropnego.

– Tak?

– Prawdopodobnie czytałaś o tym w gazetach.

– Nie interesują mnie gazety, nie mam nawet telewizora.

– Chodzi o to... że... byłem o to podejrzany.

– Aha.

– Ale chcę ci powiedzieć, tak jak mówiłem wszystkim, że nie mam z tym nic wspólnego.

– Uhm.

Na pytanie, co sądzi o listach, odpowiedziała: „Nie obrażają mnie, nie mam nic przeciwko nim" – unikając tym samym powiedzenia, że jej się podobają.

Podczas drugiej rozmowy, która miała miejsce następnego dnia, Lizzie zaproponowała spotkanie i ewentualny wspólny piknik w Hyde Parku. W czasie tej samej rozmowy Stagg zaczął opowiadać treść fantazji, którą wysłał do niej tego dnia rano. Lizzie jest w niej pobita, ma głowę przyciągniętą paskiem do stóp, on wchodzi w nią od tyłu i sprawia jej ból.

Powiedziałem Pedderowi, że opisana forma sadyzmu jest mocniejsza niż symboliczne formy podporządkowania i dominacji spotykane u niektórych par w celu urozmaicenia współżycia i że tym razem jest to jasny wyznacznik zboczonej seksualności mordercy Rachel.

W tym samym liście Stagg napisał, że kiedy miał siedemnaście lat, obejrzał film pornograficzny. Kilka dni później poszedł na miejscowe błonia poopalać się nago. Leżał w wysokiej trawie, poczuł podniecenie i zaczął się onanizować. Z krzaków wyszedł wtedy mężczyzna i zapytał, czy może się przyłączyć.

Stagg przyznał się do homoseksualnego epizodu, jednak zaprzeczał, jakoby był gejem. Podniecają go wszelkie formy seksu, jednak w tej chwili jest jedynie zainteresowany kobietami. Chciał ją „pieprzyć w dupę", dopóki nie będzie leżała bezbronna, ogarnięta bólem. Zaprosił ją do wspólnego spędzenia lata w Roehampton, gdzie mogliby chodzić na długie spacery i „co pięć minut oddawać się cielesnym żądzom".

Tajna operacja trwała już trzy i pół miesiąca, kiedy Pedder zaprosił mnie na spotkanie mające się odbyć 7 maja w komendzie w Norbury.

– To bardzo ważne – powiedział bez wchodzenia w szczegóły.

Zrozumiałem, co ma na myśli, gdy dotarłem na miejsce i wszedłem do sali konferencyjnej pełnej starszych stopniem oficerów Scotland Yardu włącznie z dowódcą jednostki specjalnej SO10. Oceniano wyniki operacji i obecni tam ludzie mieli dość władzy, by ją natychmiast zatrzymać.

Pedder i Wickerson przeprowadzili prezentację, korzystając ze slajdów, listów i zapisów rozmów uzyskanych podczas operacji. Moja rola nie była wielka, jeżeli chodzi o zabieranie głosu, po prostu od czasu do czasu odpowiadałem na pytania.

Nie istniała kwestia, czy operacja jest legalna czy nie, to zostało ustalone na samym początku. Zamiast tego omawiano praktyczne sprawy, takie jak wykonalność, ryzyko związane z przedwczesnym zakończeniem operacji i pieniądze.

„Ile?" i „Jak długo?" były pytaniami, które rozlegały się najdonośniej. W końcu Pedder powiedział mi, że dostaliśmy zielone światło.

Zgodnie z obietnicą list Stagga wyjaśniał, w jaki sposób został aresztowany pod zarzutem zamordowania Rachel i podkreślał, że jest niewinny. Twierdził, że przesłuchano kilkudziesięciu kawalerów. Jego sąsiedzi i ludzie mieszkający w okolicy nagadali policji bzdur, a ta im uwierzyła.

– Nie jestem mordercą, gdyż wierzę, że każdy przejaw życia od najmniejszego robaczka do rośliny, zwierzęcia i człowieka jest jedyny w swoim rodzaju i święty.

Stagg napisał, że oskarżono go o nieprzyzwoite obnażenie. Twierdził, że był to przejaw prześladowań ze strony sąsiadów, którzy zobaczyli jego nazwisko w gazetach. Przezywali go na ulicy, a dzieci rzucały jajkami w okno jego kuchni. Teraz krąży plotka, że o północy biega nago po ogrodzie z tyłu domu, onanizując się.

W czasie kolejnej rozmowy telefonicznej 13 maja stało się jasne, że operacja przejdzie do następnej fazy – etapu kontaktów osobistych. Do tej pory Lizzie wyjawiła bardzo niewiele na temat swojej przeszłości, a jedynie obiecywała, że opowie mu o swojej mrocznej tajemnicy. Zaczęła kłaść podwaliny pod swoją historię o tym, jak będąc nastolatką, została wciągnięta do grupy zajmującej się okultyzmem i była świadkiem morderstwa na tle seksualnym popełnionym na młodej kobiecie i dziecku. Otwierając przed nim serce, miała nadzieję na wzajemność.

Lizzie powiedziała:

– Pamiętasz, kiedyś napisałeś w którymś z listów o tym facecie w parku, kiedy miałeś siedemnaście lat.

– Aha – odpowiedział Stagg.

– Wiem, jak musisz się czuć, przyznając się do czegoś takiego, ale…

– Aha.

– …nie musisz się tym przejmować. Wiem, że nie jesteś gejem ani nikim takim, ale sądzę, że jesteś…

– Wiem.

– Jesteś po prostu samotny.

– Uhm. Zgadza się.

– Więc na twoim miejscu nie martwiłabym się.

– Ależ ja się nie martwię. To zdarzyło się tak dawno temu.

– Tak. Ale nie przejmowałabym się tym. Tak samo jeżeli chodzi o tę kobietę, o której mówiłeś, to prawdę mówiąc, nie przeszkadzałoby mi, gdybyś ją zamordował. Pod pewnym względem byłoby mi łatwiej powiedzieć to, co chciałabym ci powiedzieć. Opowiem ci o tym w czwartek, ale teraz już wiem – byliśmy sobie przeznaczeni.

– Też mi się tak zdaje.

– Nie chcę o tym teraz mówić, ale opowiem ci wszystko w czwartek.

– Dobrze. Ale wiesz, że jestem niewinny. Niczego nie zrobiłem.

– Tak. Nie chcę o tym mówić, ale mam ci coś do powiedzenia…

Umówili się na piknik w Hyde Parku 20 maja o godzinie czternastej. Tego dnia Stagg kończył trzydzieści lat i Lizzie obiecała mu urodzinowe przyjęcie. Dzień przed ustaloną datą usiadłem z Lizzie w przybudówce Arnold Lodge, przygotowując ją do spotkania. Od początku zdawaliśmy sobie sprawę, że operacja dojdzie do tego stadium, jeżeli podejrzany wcześniej się nie wykluczy.

Lizzie usiadła i posłała mi entuzjastyczny uśmiech. W dżinsach i koszuli wyglądała na całkowicie zrelaksowaną. Jej tryskająca radością osobowość maskowała doświadczenia i ciężkie przejścia. Trudno było mi sobie wyobrazić, że niemałą część życia spędziła, wykorzystując swój kobiecy wdzięk w celu przenikania do niebezpiecznych organizacji kryminalnych. Ryzykowała życie i zawsze udawało się jej przeżyć, polegając na swym dowcipie, wyglądzie i inteligencji.

Za każdym razem, gdy kończyła się tajna operacja, uczyła się wykorzystywać te cechy w nieco inny sposób i wysyłano ją do odegrania nowej roli. Było to jak doprowadzone do perfekcji aktorstwo.

Tym razem Lizzie miała być wstrząśniętą i zniszczoną przez zmartwienia młodą kobietą, strzegącą swego mrocznego sekretu i szukającą bratniej duszy – mężczyzny, z którym mogłaby się podzielić swoimi przeżyciami. Musiała wiedzieć, co taka kobieta czuje, jak się zachowuje i co mówi. Jej rola różniła się trochę od ról panienek lekkich obyczajów i dziewczyn gangsterów. Nigdy nie wcielała się w taką postać i nie mogła korzystać z dotychczasowych doświadczeń. Musiała nasiąknąć pomysłami i szczegółami jak gąbka.

– Będzie chciał się zbliżyć i dotknąć cię – powiedziałem. – Jednak musisz zachować dystans i utrzymać go w pewnej odległości od siebie, nie odrzucając go ani nie pokazując pogardy. Jeśli zauważy albo wywnioskuje, że nie jesteś tym, za kogo chcesz uchodzić, albo uzna, że go odrzucasz, pomyśli, że jesteś kolejną kobietą, która mówi mu „nie". Nie wyjdzie to na dobre tobie ani operacji.

– W jaki sposób mogę utrzymać dystans?

– Graj na swoim cierpieniu. Mów o tym, co przytrafiło ci się jako nastolatce, o rytualnych mordach i uczuciach, które zrodziły smutek, niepokój i ból. Właśnie to może go powstrzymać. Zwykłą wymówkę z pewnością rozpozna. Wiele już ich słyszał od kobiet. To, co powiesz, musi być całkowicie prawdziwe.

Hyde Park wybrano celowo. Lizzie miała na sobie magnetofon i nadajnik, każdy jej krok był śledzony przez grupę tajniaków wtopionych w tłumy ludzi wychodzących z pracy na przerwę śniadaniową. Nikt nie zapominał, że idzie na spotkanie z podejrzanym o morderstwo, który może stać się niebezpieczny w przypadku zdemaskowania.

Uznałem, że Lizzie powinna nałożyć ubranie pokazujące, że jest świadoma własnej atrakcyjności, ale nie prowokujące. Pedder miał inny pomysł. Uznał, że powinna założyć kamizelkę odporną na uderzenie noża.

– Nie chcę żadnej kamizelki – powiedziała Lizzie. – Będzie widać, że ubranie leży dziwnie i nie będę mogła się swobodnie poruszać.

– Wolałbym jednak, żebyś ją założyła.

– Ale jeśli Stagg coś zauważy, to cała operacja będzie na nic.

Lizzie postawiła na swoim i wybrała kwiecistą sukienkę – ładną, ale nie prowokującą.

Tuż przed czternastą we wtorek, po włączeniu magnetofonu przyklejonego do ciała, Lizzie stała trochę skrępowana między kałużami przy latarni obok Dell Cafe, czekając na Colina.

Colin Stagg był w Hyde Parku już od jakiegoś czasu i obserwował ją z oddali. Kolejne zacieśnienie związku spowodowało, że stał się znowu ostrożny. Natychmiast poznał Lizzie ze zdjęcia. Poza tym zgodnie z umową miała przy sobie torbę na zakupy ze sklepu M&S.

Podszedł do niej od południowej strony jeziora przez lejący deszcz.

– Lizzie.

– To ty musisz być Colin.

– Aha.

– Zupełnie jak w filmie *Spotkanie*.

– Faktycznie.

– Musisz być przemoczony. Wejdź pod parasol. Boże, jaki ty jesteś mokry. Miło cię widzieć.

– Ciebie też. Prawdę mówiąc, przyszedłem trochę za wcześnie.

– Naprawdę?

– Tak. Czekałem z tyłu kawiarni.

– Ja też przyszłam trochę przed czasem. Ale nie za wcześnie. Co za szkoda, że tak leje. Mogliśmy mieć cudowny piknik.

– Aha. Typowy początek.

– Wszystkiego najlepszego z okazji urodzin.

– Dzięki.

Deszcz zmusił ich do wejścia do Dell Cafe, samoobsługowej kafejki, gdzie usiedli i ogólnie rozmawiali o sobie. Lizzie opowiedziała mu o rytualnym morderstwie, w którym uczestniczyła, wyjaśniając, jak głęboko wstrząsnęło nią to doświadczenie. Miało na nią tak ogromny wpływ, iż czuła, że nigdy nie będzie mogła naprawdę zbliżyć się do mężczyzny, chyba że będzie miał podobne doświadczenia i będzie w stanie zrozumieć jej uczucia.

Zgodnie z przewidywaniami Colin powiedział, że nie ma takich doświadczeń, ale desperacko pragnie być częścią jej życia, ponieważ są tak podobni. Jeszcze raz powtórzył, że nie ma nic wspólnego z morderstwem Rachel Nickell.

Spotkanie trwało około godziny i gdy się rozstawali, Stagg wyjął z kieszeni kurtki brązową kopertę i wręczył ją Lizzie. Gdy taksówka ruszyła, spojrzała na zegarek i wyłączyła magnetofon. Była 15.05.

Tego popołudnia zadzwonił do mnie Pedder, nie kryjąc podniecenia.

– Powiedział o nożu – rzekł z zapałem. – Powiedział o tym cholernym nożu.

– Na spotkaniu?

– Nie. W liście. Napisał list do Lizzie i przekazał go na spotkaniu.

– O czym w nim pisze?

– Poczekaj przy faksie. Już go wysyłam.

List był nasycony znakami ostrzegawczymi wskazującymi na zagrożenie. Opisywał w nim, jak zabiera Lizzie do odludnego zakątka na błoniach, gdzie rozbierają się i leżą nago na ręczniku w cieple słońca.

W pewniej chwili widzą, że ktoś ich obserwuje zza drzewa i Stagg zachęca Lizzie do odegrania przedstawienia dla podglądacza. „Obciągnij mi" – mówi na tyle głośno, żeby podglądacz mógł usłyszeć, a Lizzie opada na kolana i robi, co jej każe. Wtedy on przysuwa ją do pnia drzewa i wchodzi w nią od tyłu, trzymając jej pośladki. Skrycie zachęca nieznajomego, żeby podszedł bliżej. Wysuwa członek i daje jej do oblizania. Następnie chwyta ją za włosy i wciska penisa w usta.

W pewnej chwili nieznajomy proponuje, żeby zrobić coś niebezpiecznego i Lizzie się zgadza. Mężczyzna podchodzi do swojego ubrania i wraca z liną i nożem. Obydwaj mężczyźni chwytają ręce Lizzie i wiążą ją z rozciągniętymi nogami i plecami do ziemi.

> Mężczyzna siedzi po twojej lewej stronie. Jego kutas nadal ocieka spermą, która kapie na Twój brzuch. Delikatnie bierze nóż i pociąga ostrzem od piersi aż do cipki. Nie rani cię, jedynie droczy się z Tobą, umieszcza nóż pod swoim kutasem i wyciera kilka kropli nasienia o ostrze. Potem wsadza Ci go w usta i każe wylizać do czysta. Robisz to. Teraz jesteś taka napalona, że soki leją się z cipki. Potem mężczyzna zacina się w ramię i upuszcza trochę krwi, tylko kilka kropli, które spadają na Twoje sutki. On masuje je, a ty rzucasz głową do przodu i na boki i przeżywasz niesamowity orgazm.

Dalej opisywał, jak we dwóch wchodzą w nią, nożem pieszczą sutki i dotykają policzka. Na koniec listu dodał, że ma nadzieję, że list sprawił jej przyjemność i zapewnił, iż nigdy nie spotka jej żadna krzywda z jego strony.

Co zaskakujące, twierdził, że napisał tę historyjkę zgodnie z tym, co według niego Lizzie się podoba, ale ona nigdy nie wspominała o nożach, bólu, obrzucaniu wyzwiskami, kapiącej krwi, zwalonych drzewach, strumieniach czy też lasach. Nie mogło też wpłynąć na treść nic, co wydarzyło się w Hyde Parku, gdyż Stagg przyniósł list z sobą, co świadczyło, że był on napisany jeszcze przed spotkaniem.

– Tak jak powiedziałeś. To zadziwiające – powiedział Pedder.

– Dlaczego zadziwiające? – pociągnąłem go za język.

– Nie obraź się, Paul. Nie chodzi o to, że ci nie wierzyłem. Po prostu tak dużo wiesz o Staggu.

– Wcale nie. Znam się tylko na zboczeniach seksualnych.

– No dobrze. Więc jaka jest teraz sytuacja Stagga po tym liście?

– Pasuje do mojego wyobrażenia o fantazjach masturbacyjnych zabójcy. Występują również różne elementy, które są związane z morderstwem Rachel Nickell…

– A jakie są ostateczne wnioski?

– Przyglądamy się osobnikowi należącemu do bardzo niewielkiego odsetka mężczyzn w ogólnej populacji.

– Jak niewielkiego?

– Hm. Szansa, że na Wimbledon Common mieszkają dwaj osobnicy należący do tej grupy, są niesamowicie małe.

Colin Stagg jasno zaprezentował się jako bardzo samotny młody człowiek, który czyni desperackie wysiłki, aby stracić dziewictwo. Wiedziałem, że w pewnym stopniu powie wszystko, aby tylko znaleźć się w łóżku z kobietą, lecz to nie wyjaśniało, dlaczego zechciał ujawniać takie brutalne fantazje. Istniało mnóstwo sytuacji i związków, które mógł wymyślić i opisać, jednak on wybrał tę wąską ścieżkę.

Spory odsetek populacji uprawia seks z elementami symbolicznego przymusu, sadyzmu i wiązaniem partnera. Gdyby Colin Stagg ukazał tylko tyle, to wyeliminowałby się ze śledztwa. Zamiast tego posunął się dalej i pokazał, że podniecają go fantazje, w których występuje przemoc, gwałt i zadawanie cierpienia. Cechy te przypisano mordercy, zanim jeszcze Stagg stał się podejrzanym.

Oczywiście, nie mogłem powiedzieć, że Colin Stagg zamordował Rachel Nickell. Posiadanie rzadkiego zboczenia seksualnego nie mogło stanowić dowodu. Jedynym dowodem, który mógł zadowolić sąd, było ujawnienie przez podejrzanego okoliczności morderstwa, które mógł znać tylko sprawca. Jeżeli Stagg był niewinny, to nie miał się czego obawiać, bo nie wiedział nic, co mogłoby stanowić dla niego obciążający dowód.

Gdy czerwiec obwieścił początek lata, tajna operacja nadal trwała. Jednocześnie uczestniczyłem w kilku innych śledztwach.

W Sądzie Jej Królewskiej Mości w Nottingham rozpoczął się proces Michaela Samsa. Oskarżony przyznał się do uprowadzenia Stephanie Slater i szantażowania agencji nieruchomości Shipways. Zaprzeczył jednak, jakoby zabił Julie Dart i próbował szantażować Koleje Brytyjskie oraz policję West Yorkshire.

Prokurator Richard Wakerley stwierdził, że nie ma wątpliwości, iż Michael Sams popełnił wszystkie zarzucane mu czyny i podał ponad dwadzieścia przekonujących związków pomiędzy porywaczem Stephanie Slater i mordercą Julie Dart.

– Gra skończona, panie Sams – powiedział, spoglądając w kierunku ławy oskarżonych.

Nie śledziłem przebiegu procesu w gazetach i byłem zaskoczony, kiedy któregoś dnia odezwał się Bob Taylor.

– Sams wystąpi w charakterze świadka jutro albo pojutrze – zakomunikował. – To będzie decydujące.

Obserwatorzy uważali, że proces idzie po myśli oskarżenia, jednak wiele zależało od tego, jak wypadnie Sams podczas przesłuchania.

– Znasz go, Paul. Byłbym wdzięczny, gdybyś mógł go obserwować i przedstawić prokuratorowi swoją opinię na temat jego zeznań w charakterze świadka.

Następnego dnia wcześnie rano spotkałem się z Richardem Wakerleyem i Taylorem. Pierwszego lipca prokurator zapytał mnie, czy według mojej opinii Sams może się przyznać do zamordowania Julie Dart. Pokręciłem głową.

– Jedynie gdy uzna, że wzmocni to jego wizerunek sprytnego króla przestępców, albo jeśli stwierdzi, że i tak będzie w końcu skazany. Prawdopodobieństwo jest bardzo niewielkie.

– Czy nadal prowadzi swoją grę?

– Tak. Zainwestował w nią wszystko. Jeżeli nawet się przyzna, to dopiero po wyroku skazującym.

Chociaż Wakerley był otwarty na rady, to jednak miałem wrażenie, że uważa, iż odniesie sukces tam, gdzie innym się nie udało i przygwoździ Samsa w krzyżowym ogniu pytań.

Taylor musiał znaleźć dla mnie krzesło w zatłoczonej sali, tak bym mógł dobrze widzieć oskarżonego. Galeria dla publiczności była wypełniona tłumem widzów i skierowana w złym kierunku. Loża prasowa była również pełna, a ja nie miałem chęci siedzieć razem z dziennikarzami, ryzykując, że zostanę rozpoznany.

W końcu znalazło się dostawione krzesło obok loży prasowej i chyba nikt nie zwrócił na mnie uwagi, kiedy usiadłem i zacząłem robić notatki. Michael Sams wszedł za barierkę dla świadków o 11.45. Miał na sobie błękitny garnitur i okulary w złotej oprawie.

Nagryzmoliłem: „Spokojny. Przygotował wystąpienie. Odprężony. Opiera się o barierkę. Dobrze sobie radzi z pytaniami obrony. Wymyślił legendę, do której będzie się odwoływał, tak jakby to były prawdziwe wspomnienia. Aby to zrobić, musi trzymać się własnej wersji wydarzeń. Niektóre wypowiedzi nie trzymają się kupy. Musiał je przygotować po aresztowaniu. Wymyśla więc niektóre kwestie na bieżąco".

Sams przyznał się, że planował porwanie od początku lutego 1991 roku, kiedy to skonstruował pojemnik z czterech arkuszy blachy falistej o wymiarach 120 na 240 centymetrów. Został on później wykorzystany do uwięzienia Stephanie Slater, ale nie – jak zeznał – Julie Dart.

Początkowo planował porwać agenta handlu nieruchomościami w Crewe, mając nadzieję, że uzyska wystarczająco duży okup, by kupić dom dla żony. Jak stwierdził, poczynił przygotowania do obejrzenia odpowiedniego budynku. Zmienił swój wygląd, doklejając dwie brodawki na nosie. Jednak zrezygnował z przeprowadzenia planu, ponieważ robotnik budowlany na sąsiedniej działce wdał się z nim w rozmowę. Zdecydował więc, że kontynuacja zamierzeń byłaby niebezpieczna.

Dwa tygodnie później oglądał telewizję z kolegą w warsztacie, kiedy z południowych wiadomości dowiedział się, że w Lincolnshire znaleziono ciało. Kolega powiedział wtedy: „To był wypadek. Uciekała i uderzyłem ją". Poprosił go o napisanie dwóch listów na policję, aby wyprowadzić ją w pole. Powiedział, że chce, żeby ktoś to napisał innym charakterem pisma. Sams zgodził się. Jego małżeństwo rozpadało się, więc było mu wszystko jedno.

Robiłem notatki niezwykle szybko i facet z drugiej strony barierki uznał, że ma do czynienia z kolegą dziennikarzem. W czasie przerwy w procesie powiedział: „Gdzieś się spotkaliśmy? Jestem taki i owaki z radia BBC Birmingham".

– Byłem w sali operacyjnej na komendzie przy Nechells Green. Chyba wtedy się widzieliśmy.

– Pracujesz w Midlands? – zapytał.

– Mniej więcej.

Nie chciałem, aby mnie rozpoznał albo zadawał jakieś pytania. To spotkanie utkwiło mi w pamięci, ponieważ po zakończeniu procesu ten sam reporter zadzwonił do mnie z radia z prośbą o komentarz. Kiedy usłyszał mój głos, jego reakcją był okrzyk „O Boże!" i głębokie westchnienie.

W czasie przesłuchania stało się jasne, że Sams nadal pragnie zaprezentować się ławie przysięgłych z dobrej strony. Napisałem: „Przedstawia się jako miły porywacz, podczas gdy jest brutalnym mordercą Julie Dart i niedoszłym mordercą Stephanie Slater".

Zaproponowałem prokuratorowi, aby wykorzystał stworzony przez Samsa jego własny wizerunek i wizerunek kolegi. W jaki sposób wyjaśni, że ci mili ludzie popełnili takie straszne czyny? W jaki sposób wytłumaczy brutalne zachowanie kolegi?

– Ważne jest – oświadczyłem – aby używać miłego tonu głosu i zjadliwych pytań. Sams poradzi sobie z wrogimi pytaniami, gdyż wtedy zacznie się bronić.

Richard Wakerley błyskotliwie przeprowadził Samsa przez wszystkie etapy przygotowań, pozwalając podsądnemu napawać się pięknem stworzonej strategii i własnym sprytem. Sams przypisywał sobie tylko dobre pomysły i wypierał się przyziemnego spiskowania oraz popełnionych błędów.

Wakerley tymczasem plótł swą sieć:

– Czy możemy przyjąć, że jest to ten sam mężczyzna, który zabił Julie Dart i szantażował Koleje Brytyjskie?

– Tak – odpowiedział Sams.

To było ważne.

– Więc jak można wytłumaczyć to, że ścinki taśmy samoprzylepnej na liście do Kolei Brytyjskich pasują do znalezionych na Pana niebieskich spodniach?

Sams zaczął się gubić. Za każdym razem, gdy przedstawiano mu dowody w postaci plam krwi, włókien z dywanu, włókien z liny – jego niepokój wzrastał. Było jasne, że dowody tego typu mocno przemawiały do niego, lecz nie wiedział, w jaki sposób im się przeciwstawić. Gdy musiał odpowiadać na pytania bez przygotowania i możliwości namysłu, stawał się bezradny.

Wakerley zmienił nieco taktykę i zaczął używać w stosunku do oskarżonego słów takich jak „bezduszny, brutalny morderca i nieudacznik". Wykorzystując pełen asortyment efektów krasomówczych, osłabiał malejącą pewność siebie oskarżonego.

Sams zaszlochał, gdy przypomniano mu chwilę porwania Stephanie Slater. Płakał jednak nad utraconą dobrą opinią, a nie nad przerażoną ofiarą.

– Nigdy nie miałem zamiaru jej krzywdzić – powiedział. – Pod warunkiem, że nie zdejmie opaski.

– A co oskarżony by zrobił, gdyby ją jednak zdjęła? – zapytał Wakerley.

Sam zaszlochał i stwierdził, że nigdy nie skrzywdził kobiety. Wakerley pokazał wtedy nabitą gwoździami deskę, którą chciał wykorzystać do okulawienia Stephanie, gdyby próbowała uciekać. Sams zaczął się niespokojnie kręcić. Wakerley wielokrotnie używał zwrotu „morderca Julie Dart" i widział, jak za każdym razem podsądny wzdrygał się na miejscu dla świadków.

Według mnie pierwsze potwierdzenie pojawiło się, kiedy Sams powiedział: „Nie mógłbym żyć, mając Julie Dart na sumieniu". Nieświadomie wyznał, dlaczego tak uparcie nie chciał przyznać się do brutalnego morderstwa z zimną krwią.

Zapytano go również, czy dalej przyjaźni się z mężczyzną, który według jego słów zabił Julie.

– Jeszcze nie podjąłem decyzji – odpowiedział.

Następnie zasugerował, że jej śmierć była przypadkowa.

Wakerley spojrzał z niedowierzaniem.

– Przypadek? Dziewczynę uderzono w głowę, a następnie uduszono. Jak można nazwać to przypadkiem?

– Taka była moja interpretacja – odparł Sams.

Następnie Wakerley wielokrotnie prosił o podanie nazwiska przyjaciela.

Za każdym razem Sams odmawiał, twierdząc, że zrobi to w końcu, gdy zdoła oczyścić swoje dobre imię.

Ósmego lipca ława przysięgłych udała się na naradę i po dwóch godzinach wróciła z werdyktem. Sędzia Igor Judge skazał Samsa na czterokrotne dożywocie i powiedział: „Jest pan nikczemnym człowiekiem. Ława przysięgłych uznała pana za winnego morderstwa Julie Dart. Było to morderstwo popełnione z zimną krwią. Udusił pan nieprzytomną kobietę, gdyż za dużo widziała".

Nawiązując do uprowadzenia Stephanie, dodał: „Nie mam najmniejszych wątpliwości, że była w śmiertelnym niebezpieczeństwie przez pierwsze dwa, trzy dni w niewoli. Gdyby to było dla pana konieczne, zabiłby ją pan tak jak Julie Dart, z zimną krwią. Przetrwanie zawdzięcza tylko swej moralnej odwadze i cechom charakteru…".

Cztery dni później Michael Sams wysłał wiadomość z więzienia Full Sutton w Yorkshire, że prosi o przysłanie policjanta z komendy policji w West Yorkshire. Pojechał do niego Bob Taylor; do końca nie był pewien, czy nie jest to kolejna zagrywka mordercy.

Sams, siedząc po przeciwnej stronie stołu, przyznał, że nigdy nie istniał żaden „przyjaciel". Zamordował Julie Dart w swoim warsztacie 10 lipca 1991 roku o godzinie osiemnastej.

– Od samego początku chciałem ją zabić – powiedział. – A Stephanie od samego początku chciałem wypuścić do domu.

14

LIZZIE JAMES UJAWNIŁA SWOJE INTYMNE SEKRETY COLINOWI STAGGOWI, przyznając się do udziału w rytualnym zamordowaniu kobiety i małego dziecka. Teraz czekała na reakcję.

Jeżeli podejrzenia policji były trafne, to nie oczekiwałem, żeby sprawca na tym etapie przyznał się otwarcie do zamordowania Rachel. Powiedziałem, że prawdopodobnie wymyśli historię o morderstwie, jeśli uzna, że w ten sposób skłoni Lizzie do pójścia z nim do łóżka. Równie dobrze mógł wykorzystać to jako próbę. Nie stwarzałoby to dla niego wielkiego niebezpieczeństwa, a gdyby poszła na policję, to wiedziałby, że nie może jej ufać.

W kilka dni po spotkaniu Stagg ujawnił w rozmowie telefonicznej, że jako nastolatek zamordował wraz z kuzynem dziewczynkę, a jej ciało ukrył w lesie New Forest w Hampshire na południowym wybrzeżu.

Pedder zadzwonił do mnie i zażartował, że muszę trzymać sztamę ze Staggiem i razem robimy sobie jaja z policji.

Umówiliśmy się na spotkanie w Arnold Lodge, aby omówić postępy i przygotować Lizzie do kolejnej „randki" ze Staggiem w Hyde Parku, zaplanowanej na 4 czerwca.

– Musisz zminimalizować zainteresowanie morderstwem Rachel Nickell – powiedziałem jej – i podkreślić, że teraz czujesz się zdana na jego łaskę, po tym jak ujawniłaś przed nim zdarzenia z przeszłości. Powierzyłaś mu cenną tajemnicę.

– A ta historia o zamordowanej kobiecie w New Forest?

Spojrzałem na Peddera, który pokręcił głową.

– Sprawdziliśmy. To wymysł.

– W porządku, Lizzie. Powinnaś traktować to ze sceptycyzmem. Nie oskarżaj go o kłamstwo. Nawet gdyby to była prawda, to zdarzenie, które opisuje, nie dorównuje temu, co przytrafiło się tobie. Nie oznacza to również, że jest automatycznie człowiekiem, któremu chciałabyś się oddać albo który mógłby cię zadowolić.

Jednocześnie powinnaś zapytać o to morderstwo. Spytaj, co czuł, kiedy to się stało. Musi widzieć, że porównujesz jego doświadczenie ze swoim. Musi się oswoić z opowiadaniem o szczegółach.

– Dlaczego? – zapytał Pedder ze zdziwioną miną.

– Ponieważ w ten sposób przyzwyczai się do zadawania pytań. Jeżeli w końcu przyzna się do zabicia Rachel, to nie będzie zaskoczony, gdy Lizzie zada mu wiele szczegółowych pytań, szukając dowodu.

Zgodnie z planem Lizzie wyciągnęła z niego szczegóły dotyczące wcześniejszego „morderstwa" i podkreśliła, że oczekuje całkowitej szczerości. Nie chciała, aby Colin wymyślał coś tylko po to, by ją zadowolić. Wielokrotnie powtarzała to w listach i rozmowach telefonicznych w ciągu następnych trzech tygodni.

Od samego początku znajomości Colin prosił Lizzie, aby opisywała mu w listach swoje fantazje. Na razie unikała tego, pozwalając mu opisywać swoje, ale teraz jego prośby stały się bardziej natarczywe. Według Stagga nic nie wnosiła do związku i zaczynał wątpić w jej szczerość.

Na spotkaniu 23 czerwca poradziłem Pedderowi, że dobrze byłoby, gdyby opisała mu swoje fantazje, jednak musiałyby one zawierać wyłącznie elementy przedstawione przez Stagga w ciągu trwania znajomości. Co ważne – nie powinna zwiększać stopnia brutalności elementów przemocy, które już zostały przedstawione. Jej fantazje powinny odzwierciedlać język i opisy użyte przez Stagga i tam, gdzie się uda – stanowić odbicie fantazji przez niego przesłanych.

Przekazałem wytyczne, ale ubranie ich w słowa zleciłem Pedderowi i jego zespołowi.

Lizzie opisała w końcu spacer ze Staggiem przez las w letni dzień. Ich podniecenie rosło i w końcu się pocałowali.

> Twoje ręce teraz zdejmują ze mnie górę. Moje piersi pragną, byś je wyzwolił. Twój pośpiech powoduje, że ubranie pociąga moje sutki. Podnieca mnie to jeszcze bardziej i czuję tę ciepłą wilgoć pomiędzy nogami. Wpijam się w Twoją koszulkę, ciągnę ją do góry. Pozwalasz mi objąć twarde, muskularne plecy. Napełnia mnie zwierzęca żądza. Błagam, byś mnie wypełnił.
>
> Mówisz: „Zamknij się i czekaj", masz inne rzeczy na głowie.

Dalej list opisuje, jak ich miłosne spotkanie zakłóca młoda blondynka, którą podnieca ich widok. Przyjmuje zaproszenie Stagga do wspólnej zabawy. Wtedy on wyciąga nóż z tylnej kieszeni dżinsów.

> Co za szok. Trzymasz nóż. Widzę Twoje ręce na dwóch potężnych ostrzach. To sprawia, że dyszę. Chyba zauważyłeś, bo wyglądasz na zdziwionego…
>
> Podchodzisz do nas bliżej i mówisz do dziewczyny: „Obciągnij mi!". Patrzy na mnie, potem na ciebie i nie potrzebuje już zachęty. Klęczy na kolanach i robi Ci dobrze. Trzymasz nóż koło jej czerwonych, stwardniałych sutków, zataczasz ostrzem kółeczka wokół jednego z nich. Pojawia się półksiężyc czerwieni. Z wolna ciemnieje i krew zaczyna kapać małym strumyczkiem. Ona ledwo to zauważa, rzuca się na Twojego kutasa…

Zgodnie z zaleceniami fantazja stanowiła prawie lustrzane odbicie dotychczasowych wizerunków. Stagg wprowadził las, nóż, trzecią osobę i kapiącą krew. Również język pochodził od niego.

Utwierdzony w dobrej wierze Lizzie i podniecony, szybko umówił się na kolejne spotkanie w Hyde Parku 29 czerwca. Siedząc w Dell Cafe, Lizzie przeczytała kolejny list i poczuła niepokój na myśl, że ktoś może podejrzeć jego treść.

Zapraszał ją do wspólnego spędzenia weekendu, sugerując, że pójdą na Wimbledon Common. Lizzie udała, że w końcu skojarzyła.

– Więc o tym mówiłeś, kiedy powiedziałeś, że cię aresztowano za to, co się wydarzyło na Wimbledon Common? O to chodziło?

– Tak. To się zdarzyło w ubiegłym roku.

– Nie wiedziałam, że to o tym pisałeś w swoich listach. Nic o tym nie słyszałam.

– Przecież to było we wszystkich gazetach.

– No tak. Teraz sobie przypominam. Faktycznie coś mi świta. Ale…

– Tak?

– Więc mieszkasz niedaleko stąd?

– Aha.

– O! Znałeś ją?

– Nigdy jej nie widziałem. Mówią, że stale tu chodziła, ale nigdy jej nie widziałem.

– To wszystko jest bardzo interesujące.

– Widziałem kogoś podobnego do niej. Dawno temu. Opalała się przy stawie.

– Aha.

– Wygląda trochę jak wielkie jezioro. To było kilka lat temu.

– Tak.

– Powiedziałem o tym policji. To mogła być ona. Ale nie jestem pewien. No wiesz, była wysoka, trochę za szczupła, blondynka z małym dzieckiem.

– To ciekawe. Wiesz, kto to zrobił? Przychodzi ci coś do głowy?

– Nie, nic nie wiem.

– E tam. Na pewno coś wiesz. Jeżeli byłeś tam cały czas…

– Podobnie jak mnóstwo osób.

– Chciałabym go poznać. Ciekawe, co ma do powiedzenia. Siedzi teraz w domu i śmieje się ze wszystkich w kułak.

– Hm.

– O co cię pytali?

– Kto? Policja?

– No.

– Ach. O mnóstwo rzeczy. Kiedy zaczynali, byli bardzo uprzejmi. Chcieli poznać styl życia i temu podobne sprawy. Potem zrobili się mniej przyjemni; pytali: „Dlaczego ją zamordowałeś?" i zadawali różne podobne pytania. Odpowiadałem: „Nie zamordowałem jej" i „Nigdy jej nawet nie widziałem". Opisałem im kobietę, o której ci mówiłem. To mogła być ona, ale nie jestem pewien.

– Szkoda, że nie ty to zrobiłeś. Ten facet jest genialny, zrobił to i uszło mu to na sucho. Szkoda, że to nie ty. Zrobił policję w jajo.

– Chodzi o to, że byłem tam, gdy się to zdarzyło.

– Naprawdę?

– Tak. Chodzi o to, że w ubiegłym roku dochodziłem do siebie po chorobie, trochę przybrałem na wadze i wtedy…

– Aha. Widziałeś, co tam się wydarzyło? Skoro tam byłeś.

– Nie. Chodzi o to, że tam są te wysokie pagórki, no wiesz…

– Aha.

– No i to się zdarzyło po drugiej stronie pagórka. Ja byłem po jednej, a to się zdarzyło po drugiej. To było… bardzo… no wiesz…

– W tym samym czasie?

– Aha.

– Mój Boże.

– Chodzi o to, że miałem wtedy ten potworny ból głowy i nie mogłem pójść z psem za daleko. Gdyby nie to, poszedłbym dalej.

– Aha.

– Chciałem po prostu wrócić do domu i zdrzemnąć się.

– Cholera. Więc mogłeś to zobaczyć?

– No. Może zobaczyłbym, jak to robi i ucieka…

Po jakimś czasie Lizzie spytała:

– Więc mogłeś go zobaczyć, albo to, co robił?

– Aha. Zgadza się.

– Słuchaj. To on ją zgwałcił i wszystko jej zrobił?

– No. Wszystko jej zrobił. Tak.

– Cholerny gnojek.

– Prawie jej obciął głowę.

– Naprawdę?

– Tak. Mówią, że ugodził ją czterdzieści dziewięć razy.

– O mój Boże.

– Kiedy mnie przesłuchiwali, to prawdę mówiąc, pokazali mi zdjęcia.

– Widziałeś ją?

– Tak. No wiesz, jak to było, była naga i wiesz, wszędzie była krew, wszędzie na trawie, no i wiesz…

– Boże. Musiałeś być bardzo ostrożny, żeby się nie zdradzić.

– No, bo oni sądzili, że jeśli pokażą mi zdjęcie, to się załamię i powiem: „No dobrze, ja to zrobiłem".

– Nie wiedzieli, z jakim umysłem mają do czynienia. Cały czas myślę o takich rzeczach.

– No wiesz, prawdę mówiąc, kiedy mnie aresztowali, przeszukali całe mieszkanie, a mam cztery pokoje.

– Ach tak?

– A jeden z pokoi pomalowałem na czarno, a na to dałem białe motywy magiczne. No i kiedy tylko to zobaczyli, natychmiast wiedzieli, że to ja. Byli przekonani, że znaleźli mordercę.

– Jak wyglądała, kiedy zobaczyłeś jej zdjęcie?

– No kiedy zobaczyłem to zdjęcie, leżała na trawie no tak… jak dziecko, zwinięta w kłębek.

– O tak, tak.

– Taka była. Ale zdjęcie zrobiono od tyłu. Głowa była, prawdę mówiąc, całkiem okrągła, a na trawie była wszędzie krew. Leżała kompletnie naga i z tego miejsca widziałem jej cipę. Była szeroko rozchylona, więc musiał, prawdę mówiąc, ją rozepchnąć. Wtedy ją widocznie zabijał i nie znam się na mięśniach, ale została taka z otwartą cipką. Prawdę mówiąc, kiedy mi pokazali to zdjęcie, to mi stanął…

– Naprawdę? Mam nadzieję, że nic nie zauważyli.

– Nie. Bo siedziałem przy takim jakby stole, no i wiesz. Nagrywali to wszystko, jak to zwykle policja, i wszystko, co powiedziałem zapisywali i widzieli w tym inne znaczenie, no wiesz…

W końcu Pedder i jego zespół otrzymali pierwszy dowód, który mógł wskazywać, że Stagg wie o rzeczach, które mógł wiedzieć tylko morderca.

Rzeczywiście w czasie przesłuchania pokazano mu pojedyncze zdjęcie Rachel. Było ono jednak wybrane z rozmysłem, tak aby ujawnić jak najmniej szczegółów morderstwa.

Zdjęcie zrobiono z pewnej perspektywy i pokazywało nagą Rachel skuloną na trawie. Nie było widać szyi, rąk, twarzy ani genitaliów. Stagg opisał obrażenia i pozostałe szczegóły, o których według policji nie mógł nic wiedzieć, oglądając jedynie fotografię.

Opisał, w jaki sposób prawie całkowicie odcięto Rachel głowę, chociaż nie widział nawet jej szyi. Stwierdził, że leżała zwinięta jak dziecko i widział, że wargi sromowe były „bardzo szeroko rozchylone, więc musiał je rozepchnąć".

Ten opis dokładnie pasował do stanu odbytu Rachel, jednak z obejrzenia samego zdjęcia KP27 nie mógł wiedzieć o takich szczegółach, chyba że je wymyślił. Mówił o pochwie, a nie odbycie, jednak mężczyźni o niewielkim doświadczeniu seksualnym często mylą je i utożsamiają. Była to interesująca uwaga, gdyż niewiele osób zdaje sobie sprawę, że po śmierci mięśnie się nie kurczą i dlatego też odbyt Rachel był nadal rozchylony.

Podniecenie seksualne na widok fotografii całkowicie pasowało do poważnych i bardzo rzadkich zaburzeń seksualnych, których objawy już zauważyliśmy.

Reakcja Peddera była mieszanką radości i ulgi. Z jego punktu widzenia operacja miała doprowadzić do wykluczenia podejrzanego, co miało oszczędzić pieniądze podatników, albo do udowodnienia winy. I chociaż nie dawał tego po sobie poznać, to wyczuwałem, że włożył sporo wysiłku w przekonanie swoich przełożonych, aby wyrazili zgodę na operację. Według jego słów decyzja zapadła na najwyższym szczeblu w Scotland Yardzie, co prawdopodobnie oznaczało inspektora generalnego.

Teraz nie było już wątpliwości, czy kontynuować operację. Po tym przełomie Pedder miał nadzieję, że Stagg ujawni dodatkowe informacje lub doprowadzi policję do miejsca ukrycia narzędzia zbrodni.

Jednak w ciągu tygodnia, po artykule w gazecie, nastąpiło załamanie. Na pierwszej stronie „The Star" pojawił się ogromny tytuł: „NIE ZABIŁEM RACHEL NICKELL". Wewnątrz, w dużym wywiadzie na dwie strony, Colin Stagg twierdził, że jest niewinny, a policja usiłuje go wrobić w morderstwo.

Wickerson, Pedder i Lizzie wyjeżdżali właśnie z Londynu, by się ze mną spotkać. Zatrzymali się na stacji benzynowej na autostradzie, żeby zatankować. Pedder rzucił okiem na stojak z gazetami i zobaczył nagłówek.

To była katastrofa. Od samego początku ostrzegałem policję, że nagłośnienie wpłynie ujemnie na szczerość podejrzanego, jeżeli to on jest mordercą. Rozgłos nie tylko zwiększy jego ostrożność, lecz spowoduje zainteresowanie ze strony innych kobiet, co zredukuje efektywność tajnej operacji.

Pedder wyglądał, jakby miał za chwilę kogoś udusić.

– No i co, kurwa, możemy teraz zrobić?

– Zminimalizować straty.

– Jestem otwarty na wszelkie sugestie.

Zwróciłem się do Lizzie.

– Powinnaś natychmiast do niego zadzwonić. Powiedz, że niepokoisz się tą historią z prasą. Jest nieostrożny. Ty otworzyłaś przed nim swoje serce i wyjawiłaś najciemniejsze tajemnice, a teraz on sam sprowadza na siebie niebezpieczeństwo, rozmawiając z reporterami. Potwierdź, że wszystko między wami ma się jak najlepiej.

W następnej rozmowie Lizzie okazała swoje zatroskanie, a Stagg próbował odzyskać jej przychylność. Napisał również list, w którym przepraszał ją za zmartwienie, jakie jej sprawił, i załączył kolejną fantazję, „żeby Cię podnieść na duchu".

Opowiadanie rozgrywa się w letni wieczór na błoniach. On siedzi na trawie pod drzewem i odpoczywa. Zauważa idącą ku niemu wysoką, seksowną blondynkę (Lizzie) i zaczynają się kochać oparci o drzewo. Przyłącza się do nich inny mężczyzna i wkłada siłą swój członek do ust Lizzie. Wtedy Stagg mówi, że chce poeksperymentować i wyjmuje z ubrania nóż.

> Wchodzę między Twoje nogi i gwałtownie Cię pieprzę. Jesteś teraz z dwóch stron nadziana na napęczniałe kutasy. Gdy Ciebie pieprzę,

przeciągam nożem wokół szyi. Krople krwi spadają na nagie nogi mężczyzny. Teraz krzyczysz z rozkoszy. Jego kutas wyskakuje z Twoich ust, a on skrapia nasieniem Twoje włosy i twarz.

Wkrótce potem zadzwonił do niej i powiedział, że chciałby jak najszybciej zrealizować fantazję z listu. Znowu natknęliśmy się na kolejne dowody świadczące o poważnych zaburzeniach na tle seksualnym, stanowiące o wiele silniejszy wyznacznik agresji seksualnej niż materiał, z którym mieliśmy do tej pory do czynienia.

Dwudziestego lipca odbyło się jedno z moich ostatnich spotkań z Pedderem i Lizzie. Lizzie i Stagg mieli zobaczyć się jutro i musieliśmy omówić strategię. Podczas ponownego zbliżenia do Stagga po artykule Lizzie musiała zastosować mieszaninę seksapilu i rezerwy.

Było to ich czwarte spotkanie i wiedziałem, że teraz trudniej będzie go utrzymać na dystans, zwłaszcza że jego napięcie seksualne będzie na o wiele wyższym poziomie.

Następnego dnia o 11.35 Lizzie włączyła magnetofon i usiadła ze Staggiem w Dell Cafe. W końcu skierowała rozmowę na Rachel Nickell i Stagg opisał swoje trzy dni spędzone w areszcie, gdzie policja próbowała go złamać. Stwierdził, że dowodów przeciwko niemu dostarczyły kobiety, które spacerowały wtedy po błoniach.

Gdy opowiadał swoją historię, wsunął ręce pod stół i próbował dotykać jej ud. Odsunęła się i zachęciła do mówienia, ale wkrótce znowu poczuła na sobie jego ręce i znowu się odsunęła.

Lizzie przyznała, że morderstwo ją fascynuje.

– Szkoda, że tego nie zrobiłem. Wiesz… prawdę mówiąc, czuję się winny, że o tym nie pomyślałem. Podnieca mnie sama myśl o tym. Prawdę mówiąc, od samego początku podniecała.

– A co cię najbardziej podniecało? Tak naprawdę? Patrzenie na martwe ciało czy wyobrażanie sobie tego?

– To, co jej zrobił. Kochał się z nią, wciskał jej kutasa i jednocześnie jej to robił.

– A co jej robił?

– To, co jej na pewno zrobił. Aha. Ale sądzę, że jej to na pewno zrobił. Chyba po prostu zwariował, kiedy ją pieprzył, no wiesz, walnął ją nożem czterdzieści dziewięć razy czy coś koło tego…

Po wyjściu z kawiarni zaczęli spacerować po Hyde Parku. Lizzie zapytała go:

– Powiedzieli ci, gdzie ją najpierw dźgnął?

– Nie. Wiem jedynie, że dźgnął ją czterdzieści dziewięć razy i prawie odciął jej głowę.

– Naprawdę?

– Aha.

– Dlaczego? Czy chciał to zrobić?

– Prawdopodobnie próbował odciąć jej głowę.

– Mówisz, że cała była otwarta.

– Aha.

– Ale co miała otwarte? Srom?

– Aha.

– Aha?

– No właśnie. Tak było. Na fotografii leżała o tak… – Pochylił się, a potem położył na ziemi na lewym boku z rozchylonymi kolanami, głową odrzuconą do tyłu, ramionami złożonymi jak do modlitwy. – Właśnie tak to było.

– Leżała? Leżała na boku?

– Aha. I jej głowa była pochylona trochę o tak. – Odchylił głowę w prawo do tyłu. – Wiesz, jak w koszykówce. Ale zdjęcie zrobili z tej strony – pokazał dłonią do tyłu za plecy.

Znowu wykazał doskonałą znajomość ciała Rachel. Nie można tego było wyjaśnić na podstawie jedynego obejrzanego zdjęcia. Pokazał też, w jakiej pozycji znajdowały się jej dłonie – jak do modlitwy. Jednak na zdjęciu wcale nie widać dłoni.

Stagg również powtórzył swoją historię o tym, że był na błoniach w chwili morderstwa, jednak zaprzeczył jakoby to on był mordercą.

Maksymalny czas operacji, który ustaliłem na początku, właśnie dobiegał końca; nie wątpiłem, że sama operacja również się zakończy. Na konferencji, w której uczestniczyli przedstawiciele prokuratury, policji i ja sam, zdecydowaliśmy, że istnieje niewielkie prawdopodobieństwo, aby Stagg przyznał się Lizzie do morderstwa. Jednocześnie, po artykule w „The Star", otrzymał mnóstwo listów od kobiet pragnących go poznać.

Zamiast szukać mocniejszych dowodów, podjęto decyzję o zakończeniu akcji i wycofaniu Lizzie. Policja miała teraz coraz większą pewność, że Stagg zostanie oskarżony o morderstwo i Lizzie musiała zerwać związek w taki sposób, aby nie wściekł się i nie zaatakował kolejnej ofiary.

Ostatni list wysłano 10 sierpnia 1993 roku. Następnego dnia byłem w pokoju operacyjnym, kiedy Pedder powiedział mi, że podjęto decyzję o aresztowaniu i oskarżeniu Colina Stagga. Wysocy rangą urzędnicy Biura Prokuratora Koronnego przejrzeli cały materiał i orzekli, że jest dość dowodów, aby rozpocząć proces.

Omówiłem z Pedderem strategię przesłuchań. Obydwaj oczekiwaliśmy, że Stagg natychmiast zażąda adwokata i odmówi składania wyjaśnień. Jednak ważne było, aby nagrać, na jakie pytania odmówi odpowiedzi. Pedder poprosił mnie o przesłuchanie początkowych zeznań.

Kiedy Stagga aresztowano 17 sierpnia, na komendzie policji w Wimbledonie zapanowało ogromne poruszenie. Wielu policjantów, którzy poświęcili śledztwu ponad dwanaście miesięcy, poczuło, że ich wysiłek się opłacił. Przyjechał nawet zastępca inspektora generalnego, aby złożyć gratulacje. Przeszedł przez korytarz, oszałamiając wszystkich swoimi galonami, i zwrócił się do Peddera:

– Nie będziemy musieli się teraz wstydzić?

– Może mi pan zaufać – odpowiedział Keith, nie dopuszczając nawet myśli o klęsce.

Bruce Butler – prawnik do zadań specjalnych z Biura Prokuratora Koronnego – poprosił mnie o oficjalne oświadczenie mające wykazać prawość tajnej operacji i wyjaśnić, w jaki sposób miała odrzucić lub potwierdzić winę podejrzanego. Zwrócił uwagę na delikatną naturę niniejszej sprawy i to, że stanie się precedensem na przyszłość. Oznaczało to, że trzeba zadbać o najdrobniejsze szczegóły i starannie wykonać papierkową robotę.

Nie będąc prawnikiem, nie byłem świadom trudności, jakie mogą się pojawić, a zwłaszcza tego, iż obrona może wystąpić z wnioskiem o niedopuszczenie dowodów, które zostały uzyskane podstępnie, i zeznań, które nie zostały złożone świadomie. Od samego początku zapewniano mnie, że nie będzie to stanowiło żadnego problemu.

– Wchodzą tutaj w grę rozmowy na bardzo wysokim szczeblu – wyjaśnił Butler. – Na samym szczycie.

– A kto się tym zajmuje na samym szczycie? – zapytałem.

– Ta sprawa znajduje się na samym szczycie spraw pod specjalnym nadzorem prokuratora generalnego. Co tydzień analizowane są postępy.

Przypomniałem sobie, że zapytałem Peddera, co się stanie, jeśli nasze dowody sąd uzna za niedopuszczalne.

– Nie ma na to szansy – odpowiedział. – Mamy informacje z najlepszego źródła. Zaufaj mi.

Nie wracałem potem do tej kwestii, bo nie była to moja sprawa ani nie ponosiłem z tego tytułu odpowiedzialności. To oni podejmowali decyzje o rozpoczęciu operacji i o przedstawieniu zarzutów Colinowi Staggowi. Był to problem policji.

W ciągu następnych tygodni i miesięcy uczestniczyłem w kilku spotkaniach z prawnikami z Biura Prokuratora Koronnego i przedstawicielami prokuratury. Po zatrzymaniu Colin Stagg miał pozostać w areszcie aż do wstępnego przesłuchania przed sędzią wyznaczonego na nowy rok.

Wszelkie myśli i marzenia, że mógłbym prowadzić ciche, normalne życie, gwałtownie legły w gruzach. Nawet kiedy wziąłem kilka tygodni urlopu w październiku, by uczestniczyć w rzekomym ślubie syna, pojawiły się trzy nowe sprawy. Pochłonęło mnie śledztwo w sprawie morderstwa Nikki Allen, siedmiolatki, która została pobita i zadźgana w Sunderland. Poproszono mnie też o pomoc w sprawie serii gwałtów w Islington w północnym Londynie i serii nieprzyzwoitych telefonów w Kumbrii.

15

NIEKTÓRE PRZESTĘPSTWA SPOTYKAJĄ SIĘ Z OGROMNYM zainteresowaniem opinii publicznej, inne wydają się ginąć w powodzi wiadomości. Zazwyczaj jest to oczywiste, że zaciekawienie rośnie, gdy ofiarą jest młoda i atrakcyjna kobieta, a przestępstwo szczególnie zuchwałe i budzące przerażenie. Nie wyjaśnia to jednak, dlaczego – pod koniec 1993 roku – śmierć Samanthy Bissett i jej czteroletniej córeczki Jazmine spotkała się z tak niewielkim zainteresowaniem opinii publicznej.

Właśnie o to zapytał mnie nadkomisarz Mickey Banks z policji stołecznej podczas naszego pierwszego spotkania w południowo-wschodnim Londynie w tydzień po morderstwie. Zainteresowanie opinii publicznej może stać się siłą napędową śledztwa, gdy brakuje podejrzanych, a przestępstwo nie pasuje do wzorców postępowania. Nie chcąc, by zabrzmiało to bezdusznie, Banks zawołał: „Czego jeszcze tym kutasom [dziennikarzom] trzeba? Prześliczna matka i córka zamordowane w najbardziej bestialski sposób i nikt o tym nie chce pisać. Wszędzie powinny być nagłówki na pierwszych stronach gazet".

Rozumiałem jego zakłopotanie. Rzadko kiedy używam słowa „potworne", gdyż pada tak często, że strywializowało się i straciło wszelką moc. Śmierć Samanthy i Jazmine była naprawdę potworna i mordercę należało szybko złapać za wszelką cenę.

Banks i Keith Pedder się znali. Pedder wspomniał mu o moim udziale w śledztwie w sprawie zamordowania Rachel Nickell. W rezultacie 9 listopada, w urodziny Emmy, zadzwonił u mnie telefon i umówiliśmy się na spotkanie następnego dnia. Pomimo jego wskazówek udało mi się zgubić po drodze do komendy policji w Thamesmead.

Nigdy nie widziałem komendy, która wyglądałaby jak układanka z kontenerów albo piekielne liceum. Budynki wyglądały na rozrzucone bez ładu i otoczone wysokim ogrodzeniem z łańcuchów. Teraz wiedziałem już, dlaczego Banks poradził mi, żeby wprowadzić samochód na teren komendy ze względu na groźbę kradzieży.

– Cześć, Paul! Spóźniłeś się – powiedział bez nagany. – Miałeś kłopoty ze znalezieniem nas? Jak minęła podróż? Dobrze, że udało ci się tu dostać. Gdzie twój samochód? Herbaty? Cukier? Mleko?

Nadal paplał, gdy weszliśmy do jego biura, na drzwiach którego widniała przyklejona taśmą kartka z ręcznym napisem: „Starszy Oficer Śledczy".

Banks przekroczył już pięćdziesiątkę. Miał wyrazistą twarz, pomarszczone czoło i nie zależało mu na ceremoniach. Natychmiast zrzucił marynarkę, podwinął rękawy koszuli i zapalił papierosa. Od razu uznałem go za detektywa, który spędził swoje życie w terenie, a nie za biurkiem i nie miał czasu na biurokratyczne zabawy. Był facetem, który zdobywa poważanie swoich ludzi, bratając się z nimi, pijąc z nimi i pracując ciężej niż którykolwiek z nich.

W pokoju było więcej dymu niż powietrza, więc by nie stracić psychologa, otworzył okno i zarządził, że w danej chwili może palić tylko jedna osoba.

– Czego potrzebujesz? – zapytał.

– Wszystkiego, co tylko możesz mi powiedzieć.

– Mamy matkę i czteroletnią dziewczynkę zamordowane w krwawym szale – powiedział rzeczowo. – Nie jest to coś, co zdarza się oglądać nagminnie i nigdy więcej nie chciałbym zobaczyć czegoś takiego.

Samantha Bissett i jej córeczka Jazmine mieszkały w szeregowcu przy Plumstead. Ciała znalazł jej chłopak w czwartek rano 4 listopada. Nie jesteśmy pewni, jaka była kolejność wydarzeń, bo nadal jest on jednym z podejrzanych.

Banks wyciągnął album ze zdjęciami z miejsca zbrodni i przerzucił kilka pierwszych stron.

– Muszę ci powiedzieć, że od czasu robienia zdjęć fotograf nie wrócił jeszcze ze zwolnienia. Samantha miała kilka ran kłutych, a jej ciało zmasakrowano. Tak wyglądała, gdy ją znaleziono.

Obraz był wręcz surrealistyczny. Nagie ciało kobiety leżało na podłodze. Cały tułów był rozcięty, a klatka piersiowa otwarta tak, że widać było organy wewnętrzne. Przez głowę przebiegało mi mnóstwo myśli. Poczułem mieszaninę przerażenia, smutku i niedowierzania. Oglądałem dziesiątki zdjęć z miejsca zbrodni, każde z nich wryło mi się w mózg i nie mogę ich zapomnieć, jednak tym razem było jeszcze inaczej. Przypominało to wystawę, jakby ktoś specjalnie ją zabił i sprawił, by wyglądała jak dzieło sztuki.

Kuba Rozpruwacz byłby dumny z tego dzieła – pomyślałem. Widziałem zdjęcia jego ofiar. Szczególnie dokładnie przyjrzałem się Mary Jane Kelly, która była ostatnią przypisywaną mu ofiarą. Zostawił ją w takiej samej pozycji, w jakiej znaleziono Samanthę Bissett. Główna różnica była taka, że mężczyzna, który w ubiegłym stuleciu napadał na prostytutki z Whitechapel, rozpruwał je niedbale i pospiesznie tuż przed ucieczką. Morderca Samanthy poświęcił trochę czasu, aby z dużym smakiem przygotować kompozycję plastyczną.

To poczucie teatralności spotęgował kompletny brak krwi wokół ciała. Wywołało to moje kolejne pytania.

– A krew?... Gdzie jest krew?

– Większość obrażeń nastąpiła po śmierci – odpowiedział Banks, podsuwając mi kolejne zdjęcie. Ogromna kałuża krwi na dywanie w przedpokoju. – Uważamy, że zabił ją przy drzwiach, następnie zaciągnął do saloniku. Brak śladów włamania, a w drzwiach są dobre zamki. Mieszkanie nie zostało splądrowane – o ile wiemy, nic nie zginęło.

Chociaż próbował opisać, co się wydarzyło, to w pewnej chwili zabrakło mu słów i po prostu pokazywał kolejne zdjęcia. Wskazał na zakrwawiony odcisk buta znaleziony w kuchni – jedynym miejscu noszącym ślady buszowania przestępcy. Następnie wrócił do zdjęcia przedstawiającego ogólny widok sypialni. Długo musiałem się przyglądać, zanim zauważyłem główkę dziecka, wystającą spod kołderki na rozsuwanym łóżku w lewym rogu pokoju. Leżąc na brzuchu, z twarzą obróconą do ściany, dziewczynka wyglądała, jakby spała i śniła o rzeczach, o których zwykle śnią dzieci.

Niestety – Jazmine została rozebrana, zgwałcona, ponownie ubrana, położona do łóżeczka i uduszona poduszką. Kto mógł coś takiego zrobić? Z którego zakątka piekieł wyszedł ten potwór?

Właśnie te pytania zaprzątały Mickeya Banksa. Chciał też wiedzieć, co w przyszłości jeszcze morderca zrobi. Oprowadził mnie po pokoju operacyjnym i przedstawił poszczególnym członkom zespołu, informując zarazem o podjętych działaniach. W całej okolicy policjanci chodzili od domu do domu, prowadząc przesłuchania sąsiadów. Inni z kolei sprawdzali przyjaciół i byłych chłopaków, odtwarzali, co ofiara robiła w dniach poprzedzających morderstwo.

Ostatni raz widziano ją w środę 3 listopada, gdy odbierała Jazmine z przedszkola. Wpadła do przedszkola na piechotę dokładnie o 15.30. Odjechały do odległego o półtorej mili domu przy Heathfield Terrace taksówką.

Richard Ellam był stałym chłopakiem Samanthy od początku 1991 roku. Zeznał, że nocował u Samanthy podczas weekendów i od czasu do czasu spędzał noc w ciągu tygodnia, jednak na stałe mieszkał z ojcem w pobliskim Sidcup w hrabstwie Kent. Ostatni raz widział ją w środę o 12.45, gdy odwiedził ją na chwilę. Oboje byli przejęci wyjazdem na wakacje. Jedenastego listopada mieli pojechać z Jazmine do Gambii. Rozmawiali o przygotowaniach do podróży. Po godzinie wyszedł i pojechał do pracy w fabryce pigmentów.

W czwartek wstał o wpół do dziewiątej, poszedł do banku oraz apteki i pojechał do Samanthy autobusem linii 51. Gdy nikt nie odpowiadał, otworzył drzwi swoimi kluczami i wszedł, wołając „Cześć!". Na dywanie w przedpokoju zauważył ciemną plamę i pomyślał, że coś tu rozlano. Wchodząc do saloniku, spostrzegł na podłodze przed gazowym kominkiem częściowo przykryte ciało Samanthy. Wchodząc do pokoju, w pierwszej chwili pomyślał, że śpi, ale uświadomił sobie, że leży zbyt spokojnie.

– Nie wykluczyliśmy go – powiedział Banks, wyciągając kolejnego papierosa.

– Czy jest ojcem dziecka?

– Nie. Ten zaszczyt przypadł jakiemuś wyznawcy New Age z Hampshire. Utrzymywał z nimi kontakt. Teraz sprawdzamy jego alibi.

Przesłuchiwanie sąsiadów w całej okolicy ujawniło, że w tygodniach poprzedzających zbrodnię w okolicy widziano kilka nieznanych samochodów i kilku nieznajomych mężczyzn. Sąsiedzi zeznali, że w środę pomiędzy 22.30 a 23.00 słyszeli krzyki kobiety i mężczyzny. Dwóch świadków twierdziło, że z mieszkania na dole dochodziły odgłosy kłótni.

Ellam zeznał, że w tygodniu poprzedzającym morderstwo Samantha powiedziała mu o mężczyźnie, który podglądał ją przez okno, gdy szła spać. Uciekł, gdy tylko go zauważyła.

Susan Dewar, której okna wychodziły na mieszkanie Samanthy, przypomniała sobie, że w nocy 4 listopada obudził ją krótki krzyk. Wyjrzała przez okno i zobaczyła, że w mieszkaniu Samanthy pali się światło. Dwa tygodnie przed tym zdarzeniem prasowała właśnie ubrania, gdy zauważyła mężczyznę przyglądającego się jej przez szybkę w tylnych drzwiach. W rysopisie podała, że był przerażający, a oczy przenikały ją na wskroś.

Na tym etapie trudno było stwierdzić, które szczegóły są dla mnie istotne, a które mniej. Na razie po prostu gromadziłem wszystkie informacje, by później oddzielić ziarno od plew. Pojechałem też z Banksem do mieszkania Samanthy. Zatrzymaliśmy samochód w cichej okolicy na osiedlu niskich kilkupiętrowych bloków komunalnych. Od ulicy strome schody wiodły w dół do drzwi z numerem 1a. Dalej grunt opadał, by przejść w ogrody otaczające kilka domów i znowu wznosił się, tworząc trawiasty płaskowyż, na którym zbudowano kilka wieżowców górujących nad pozostałymi budynkami przy Heathfield Terrace.

Przed drzwiami wejściowymi policja założyła opancerzone drzwi. Trzeba było je mocno pchnąć ramieniem. Gdy tylko zabłysło światło w przedpokoju, natychmiast ujrzałem plamę na dywanie pomiędzy drzwiami do kuchni z prawej strony a drzwiami do sypialni z lewej. Na pobliskiej szafce widniały spływające ku podłodze strużki krwi.

Były jednak bardzo blade i przezroczyste, jakby krew skapnęła z mokrych rąk.

Mieszkanie było niewielkie, trochę zagracone i brakowało w nim miejsca, a wiele rzeczy stało za drzwiami oraz w kątach. Mimo to miało się poczucie ładu i celowości. Na kaloryferach nadal wisiały ubrania i nie było widać przewróconych w czasie walki sprzętów. Nie dostrzegłem też śladów kradzieży i plądrowania.

Przechodząc do poszczególnych pokoi, notowałem w pamięci rozkład mieszkania, czy okna były otwarte, i porównywałem ze zdjęciami. Czy coś było nie na swoim miejscu? Czy przestawiono jakieś rzeczy na parapecie? Chodziło mi nawet o takie nieznaczące drobiazgi jak koreczek od umywalki zwisający na łańcuszku.

Wchodząc do sypialni, zobaczyłem rozłożone łóżko, a na podłodze pod kątem prostym do niego ogromny materac z odrzuconą kołdrą, jakby ktoś przed chwilą z niego wstał. To właśnie tutaj spała Samantha. Wszędzie były zabawki Jazmine: stały na parapecie, wypełniały półki i szafy, wylewały się ze wszystkich kątów.

Ślady wskazywały, że ciało Samanthy ciągnięto za kostki. W pokoju morderca ułożył ją z poduszką pod biodrami obok kominka. Materac stojący w kącie służył prawdopodobnie jako zapasowe łóżko. Morderca opuścił bambusowe rolety na oknach i drzwiach balkonu. Według relacji sąsiadów Samantha nigdy się tym nie przejmowała.

W kuchni wyjęte z szafek ubrania i obrusy leżały rozrzucone na podłodze. To właśnie tu, gdzie morderca doprowadzał się do porządku, znaleziono odcisk buta. Drzwi kuchenki mikrofalowej były otwarte, a na ławie stały filiżanki. Na stojaku brakowało noża, a jeden był nie na swoim miejscu.

– W jaki sposób mógł dostać się do środka? – zapytałem.

Banks widział już mieszkanie i teraz czekał na dworze, gdzie mógł w spokoju palić papierosy.

– Tak samo jak my – odpowiedział. – Sądzę, że najprawdopodobniej wszedł przez frontowe drzwi. Zmusił ją podstępem, żeby mu otworzyła, albo był to ktoś znajomy. Brak śladów włamania, więc obie wersje są bardzo prawdopodobne.

Zaatakował ją w przedpokoju. Wyszedłem na zewnątrz i spojrzałem na balkon, oceniając wysokość. Obróciłem się i zerknąłem na trawiastą skarpę wychodzącą na tył Heathfield Terrace.

Banks zapalił papierosa.

– Dlaczego wątpisz, że go wpuściła?

– Być może go wpuściła, ale sądzę, że człowiek jego pokroju przygotował sobie drogę wejścia.

Wróciwszy do komendy, zacząłem zbierać kopie zeznań, zdjęć i raportu patologa. Szybko okazało się, że Banks ma jeszcze jeden powód, by podejrzewać, że Samantha znała swego mordercę i być może czekała na niego. Mieszkająca piętro wyżej sąsiadka doniosła na nią do Wydziału Opieki Społecznej, że przyjmuje wizyty mężczyzn o dziwnych porach.

– Mogła się tym zajmować zawodowo – powiedział, przerzucając stosy papierów na biurku. – Nic wielkiego, dopiero zaczynała i raczej ocierała się o prostytucję.

– Dlaczego tak sądzisz?

– Między papierami znaleźliśmy kilka listów i ogłoszeń. Pierwsze wskazywały, że jest samotna i szuka przyjaciół.

Podał mi odbitkę ogłoszenia z „Greenwich and Eltham Mercury". Jedno z nich było zakreślone: „Samotna matka, 27 lat, szuka przyjaciół. Była hipiska, trochę skryta, uczciwa, odpowiedzialna".

– To ogłoszenie pochodzi z początku 1993 roku – powiedział Banks. – W ciągu roku treść uległa zmianie. Chyba brakowało jej pieniędzy. Niektóre ogłoszenia zostały odrzucone.

Pokazał mi kolejne ogłoszenie drobne z „London Weekly Advertiser", które ukazało się między 8 a 14 września: „Wysoka, seksowna dwudziestosiedmioletnia blondynka czeka na Ciebie, hojny sponsorze. Spełnię każde życzenie. Odpowiem na każdy list".

Inne ogłoszenie w czasopiśmie dla szukających partnera: „Młoda, seksowna, długonoga blondynka szuka dżentelmena z odrobiną zbędnej gotówki na opłacenie szkoły córeczki. W zamian regularne, dyskretne, niezobowiązujące i radosne spotkania wyłącznie u Ciebie. Szczera".

Napisała też do magazynów dla fotografów: „Cudownie seksowna i zmysłowa modelka blond, 26 lat, szuka obecnie dobrze płatnej pracy u profesjonalisty lub amatora. Tylko poważne oferty".

Ogłoszenia ukazywały się w wielu magazynach i bezpłatnych gazetkach z ogłoszeniami. Według jej przyjaciół w rezultacie ciągle otrzymywała telefony z niepokojącymi propozycjami. Banks zorganizował zespół wywiadowców sprawdzających numery telefonów, z którymi prowadziła rozmowy, w nadziei znalezienia mężczyzn, którzy odpowiadali na ogłoszenia. Istniały również dowody na to, że od czasu do czasu sama odpowiadała na ogłoszenia mężczyzn.

Niektóre rzeczy, które uderzyły mnie w mieszkaniu, teraz widziałem w innym świetle. Zanim jednak miałem przygotować profil sprawcy, musiałem dowiedzieć się więcej o niej i jej życiu. Banks odpowiedział na większość moich pytań i obiecał, że przyśle zeznania pani Margaret Morrison – matki Samanthy, która w tej chwili była w stanie szoku i nadal znajdowała się pod wpływem środków uspokajających.

Samantha była córką artysty. Urodziła się w Szkocji w Dundee, jednak większość życia spędziła w Londynie i w pobliskim Hempstead w hrabstwie Hertfordshire. Jej ojciec zmarł na raka płuc, gdy miała czternaście lat. Wtedy przeprowadziła się z matką do Szkocji. Miała dobre wykształcenie, była inteligentna, a po ojcu odziedziczyła talent. Marzyła o studiach w Akademii Sztuk Pięknych. Jednak, w porównaniu z Londynem, życie w Szkocji ograniczało ją, a fakt, że mówiła literacką angielszczyzną nie ułatwiał jej zdobywania przyjaciół.

Po ukończeniu szkoły, nieszczęśliwa i pozbawiona złudzeń, zbuntowała się przeciwko mieszczańskiemu środowisku. Zainteresowała się New Age i wędrowała od jednej hipisowskiej komuny do drugiej, uczestnicząc w marszach pokojowych. Była niespokojnym duchem, prawie jak dziecko kwiat z lat sześćdziesiątych. Eksperymentowała z różnymi narkotykami, chodziła w powłóczystych szatach i zapuściła długie włosy.

Kiedy zaszła w ciążę, napisała do matki, że ojcem jest inteligentny facet, syn prawnika i nauczycielki, zupełnie jakby chciała powiedzieć, że o takim ojcu marzyła dla swojego dziecka. Jednak nie było im pisane mieszkać razem.

Jazmine urodziła się w Londynie. Matka Samanthy natychmiast przyjechała pomóc jej znaleźć jakiś kąt. Samantha zamieszkała w mieszkaniu w Plumstead, a dziecko zmieniło jej życie. Całkowicie poświęciła się Jazmine, nie szczędząc wydatków i czasu. Zabierała ją na spacery, bawiła się na trawniku przed domem. Na każdym kroku widać było mnóstwo zabawek. Na wszystkich drzwiach i ścianach wisiały obrazki i rysunki dziewczynki.

Wraz z macierzyństwem luzackie życie Samanthy uległo zmianie, chociaż nadal nosiła zwiewne sukienki, opalała się topless w ogródku na tyłach domu i chodziła po mieszkaniu na wpół rozebrana, przy odsłoniętych oknach i otwartych drzwiach balkonowych.

W każdą niedzielę rozmawiała ze swoją matką, a co roku latem jechała do Szkocji na wakacje. Pani Morrison, która w międzyczasie powtórnie wyszła za mąż, wysłała jej tysiąc funtów na wakacje w Gambii, ponieważ czuła, że Samantha potrzebuje rozrywki.

Dlaczego jednak kobieta tak bardzo oddana swojemu dziecku, mająca stałego chłopaka, a w przeszłości pozostająca w wolnych związkach, miałaby teraz spotykać się z mężczyznami dla pieniędzy? Jakie były tego powody? Odpowiedź znalazłem w pokoju Jazmine. Mimo że komunalne mieszkanie było niesamowicie skromne, a ściany od dawna domagały się malowania, to jednak sypialnia wyglądała jak grota Świętego Mikołaja, pełna gier i zabawek. Według słów chłopaka dla Jazmine Samantha była gotowa ponieść wszelkie ofiary, nawet nie jeść, byle tylko kupić jej nowe zabawki.

Wielką wagę przykładała do wykształcenia swojej córki. Rozważała przeniesienie się do miejsca, gdzie były lepsze szkoły. Ponieważ utrzymywała się z zasiłku dla samotnych matek oraz pieniędzy przysyłanych przez matkę, czasami wpadała w depresję z powodu sytuacji finansowej. Początkowo chciała pracować jako modelka i przygotowała portfolio. Odpowiadała również na wszelkie ogłoszenia poszukujące nowych talentów. Kiedy te próby spełzły na niczym, sama zaczęła zamieszczać drobne anonse.

No tak – pomyślałem. Oto kolejna naiwna młoda kobieta, która prawdopodobnie nie do końca rozumiała, w jak drapieżne środowisko wkracza. Należała do tych osób, które można łatwo uwieść albo przekonać do uczestniczenia w bardziej śmiałych zdjęciach i które nawet nie uświadamiają sobie niebezpieczeństwa.

Czułem też, że nie zajęła się poważnie prostytucją. Gdyby tak było, w mieszkaniu byłoby widać ślady zarobków. Samantha była na tyle atrakcyjna, że mogła bez trudu znaleźć mężczyzn, którzy by się zaopiekowali nią i Jazmine. Gnieździła się jednak w mieszkaniu, w którym nie miała własnej sypialni. Otoczona była przez zwykłych przyjaciół i nie chodziła w drogich ubraniach. Nawet pieniądze na wakacje w Gambii przysłała jej matka.

Wszystko to wskazywało, że nie można było jej określić mianem prostytutki. Nie było w niej dość cwaniactwa i bezwzględności, by wykorzystać swój wygląd do zarabiania pieniędzy. Sądzę, że była idealistką o wysokich oczekiwaniach. Marzyła, że zakocha się w człowieku sukcesu, który zapewni Jazmine najlepsze możliwe wychowanie.

Wszystkie miejsca zbrodni, które oglądałem, ciągle prześladują mnie w koszmarach. Pozostają jak piętno na umyśle i nigdy nie wiem, kiedy mnie dopadną. W ciągu następnego tygodnia obrazy z miejsca zbrodni prześladowały mnie bez względu na to, jak mocno próbowałem wymazać je z pamięci.

W nocy, kiedy siedziałem w gabinecie, nie przeszkadzało mi to zbytnio. Jednak podczas konsylium w Arnold Lodge albo w trakcie rozmowy z więźniem było to uciążliwe. Zbrodnia może czasami mieć wpływ na całe życie. Również moje. Mogę na przykład siedzieć na urodzinach, pośród zgiełku i śmiechu, gdy nagle pojawia się obraz zbrodni i dobry nastrój pryska.

Duży wpływ na mnie miało ostatnich piętnaście lat. Moje otoczenie zwróciło na to uwagę. Sam nie wiem, czy wiąże się to z pracą, czy wynika z nieuniknionego procesu starzenia się. Jeśli ktoś by na mnie spojrzał, to zobaczyłby w miarę spokojnego człowieka. Całe życie byłem skryty. Podejrzewam jednak, że dziesięć lat temu byłem bardziej otwarty oraz łatwiej zawierałem znajomości. Większość ludzi powiedziałaby, że częściej się wtedy śmiałem i byłem bardziej przystępny.

Emma i Ian śmieją się z mojej spokojnej natury. Już dziesięć lat mieszkamy w tej samej wiosce i znam tylko imiona sąsiadów z jednej strony naszej posiadłości. Niecałe sto metrów od domu znajduje się pub. Byłem tam może dwanaście razy, w większości przypadków wyciągnięty przez Iana. Emma żartuje, że kiedyś zgubię się w drodze do skrzynki pocztowej.

Nie uważam się za nietowarzyskiego samotnika. Niestety mój zawód polega na tym, że spędzam większość czasu w towarzystwie ludzi zdeprawowanych, niebezpiecznych albo o okaleczonych umysłach, więc gdy wracam do domu i siadam w znajomym fotelu, po prostu chcę się przez chwilę odprężyć i spróbować zapomnieć o wszystkim w gronie rodziny.

Nie mam wątpliwości, że ogromną siłę daje mi moja wiara. Wiem, że wielu ludzi pomyśli: „Jak, do cholery, może wierzyć w Boga, kiedy widział tyle przerażających rzeczy?". Zawsze próbuję znaleźć odpowiedź, ale wiary nie da się wyjaśnić i zrozumieć.

Był czas, kiedy miałem wątpliwości. Gdybym miał szansę jeszcze raz dokonać wyboru, to nie jestem pewien, czy zdecydowałbym się zostać psychologiem sądowym. Na pewno nie, gdybym sobie uświadamiał głębię bólu i udręki. Może to brzmieć jak użalanie się nad sobą, ale nie chciałbym, żeby to w ten sposób odbierano. Takie myśli po prostu przychodzą mi do głowy o pierwszej w nocy, gdy siedzę przy biurku, przyglądając się zdjęciom martwej czteroletniej dziewczynki.

Jednocześnie przez ból przenika gniew, który mówi: „Rób, co chcesz, ale znajdź tego zboczeńca, żeby nikogo więcej już nie skrzywdził". Gdzieś pomiędzy tymi dwoma uczuciami znajduję równowagę.

Pytania pojawiały się, gdy oglądałem plamy opadowe na ciele Jazmine, wskazujące najniższe miejsce, w którym po śmierci znajdowała się krew. Znaleziono ją leżącą na twarzy, jednak ślady dowodziły, że po śmierci przez jakiś czas znajdowała się w innej pozycji. Dlaczego ją przesunął?

Zastanowiła mnie również inna rzecz. Zauważyłem, że majtki zostały zaplamione krwią pozostałą po gwałcie. Były również na nich ślady moczu, wskazujące, że ofiara straciła kontrolę nad pęcherzem w pozycji przeciwnej do tej, w jakiej została znaleziona. Prawdopodobnie nastąpiło to podczas ataku. Plamy wskazywały na to, że siedziała, kiedy to się stało. Być może doszło do jakiejś interakcji z mordercą, który nie zaatakował jej po prostu, gdy leżała w łóżku, by zaraz potem udusić ją poduszką.

Oglądając poszczególne zdjęcia robione na odcinku od przedpokoju do saloniku, zobaczyłem Samanthę z ramionami rozrzuconymi nad głową. Pod pośladkami miała ogromną poduchę. Ubrana była w poplamiony krwią płaszcz kąpielowy z trzema dziurami na prawym barku, ciemnoniebieskie skarpetki i stanik. Tułów i ciało przykryte były płaszczem kąpielowym, różnymi fragmentami odzieży, obrusami oraz serwetkami przyniesionymi z kuchni.

Po zdjęciu każdej warstwy robiono następne zdjęcie. Tkanki zostały głęboko rozcięte aż do jamy brzusznej. Rana sięgała od podstawy szyi aż do kości łonowej. Ślady dźgania nożem wskazywały, że napastnik miał trochę trudności z rozcięciem klatki piersiowej, zanim udało mu się uchwycić i rozerwać tę część ciała.

Mickey Banks i inni detektywi, mówiąc o mordercy, używali słów „szaleniec", „brak kontroli" – nie mogłem się jednak z nimi zgodzić. Nie było tutaj ciosów na oślep ani przypadkowych cięć nożem, jak w morderstwie Rachel Nickell. Porównując, można by powiedzieć, że była to dokładna sekcja. Ciosy odgrywały najmniejsze znaczenie. Ofiara została prawie pocięta na filety.

Widać było, że w którejś chwili spróbował odciąć jej kończyny, jednak nóż już się stępił, a zabójca nie miał wiedzy anatomicznej na temat oddzielania stawów.

Ponieważ Samantha umarła i wykrwawiła się w przedpokoju, w salonie było niewiele krwi. Pojedyncza plama na kanapie była jeszcze bardziej zastanawiająca i zagadkowa. Czy usiadł, aby napawać się swym dziełem? A może oparł Samanthę o kanapę, gdy przygotowywał pokój. Przyszła mi do głowy również inna możliwość. Zanotowałem w pamięci, by poprosić Mickeya Banksa o poskładanie ciała Samanthy.

Patolog Ministerstwa Spraw Wewnętrznych znalazł niewiele obrażeń wskazujących na walkę, z wyjątkiem kilku otarć naskórka na palcach. Stwierdził również, że Samantha zmarła w wyniku kilkakrotnych ran kłutych: cztery ciosy trafiły w serce, podczas gdy pozostałe obrażenia nastąpiły po śmierci. Prawdopodobnie użyto dwóch noży, obydwu bardzo ostrych, z cienkimi ostrzami o długości około osiemnastu centymetrów.

Nie mogłem odtworzyć kolejności zdarzeń, więc zacząłem pisać pytania do Mickeya Banksa. Czy można potwierdzić, że zabawki na parapecie nie były przestawione? Czy głowa Jazmine spoczywała po prawej stronie łóżka? Czy kołdra na materacu Samanthy została odrzucona? Czy ścieliła pościel każdego ranka? Czy poza kuchnią są jeszcze jakieś ślady zakrwawionych butów sprawcy? Kiedy przyrządzono kawę w filiżankach w kuchni? Książka telefoniczna jest otwarta. Czy coś jest zaznaczone albo podkreślone? Na ścianie w kuchni są bazgroły wykonane niebieską farbą. Czy Jazmine mogła sięgnąć tak wysoko? Na poręczy balkonu widnieją zacieki niebieskiej farby. Czy są nowe? Skąd pochodzą? Czy ślady pod balkonem mogą być odciskami butów?

Zanotowałem też pytania, na które Banks nie mógł znać odpowiedzi, ale musiałem się nad nimi zastanowić. Na przykład, dlaczego Jazmine nie miała przy sobie przytulanki? Dlaczego na materacu pod głową nie ma odcisku stopy? Na ścianie brakuje jednego z obrazków dziewczynki. Kto go zdjął? Kieszeń magnetofonu jest otwarta, a stojak na kasety jest oparty o kratę przy kominku. Czy morderca słuchał muzyki?

Wszystkie te szczegóły mogą nic nie znaczyć, jednak niczego nie można zakładać z góry, kiedy mamy do czynienia z ludźmi popełniającymi nienormalne zbrodnie. Na przykład to, że ściana jest pomazana niebieską farbą i że w domu jest dziecko nie oznacza automatycznie, że te dwie rzeczy są z sobą powiązane.

Na początku grudnia jeszcze raz pojechałem do Mickeya Banksa. Do tej pory wielokrotnie rozmawialiśmy telefonicznie, a on przysyłał mi nowe materiały. W szczególności chciałem zadać mu pytania dotyczące sekcji zwłok. Siedząc w jego biurze, pośród kłębów dymu, wyjaśniałem psychopatologię poszczególnych rodzajów morderców. W tym przypadku zauważyłem celowe, spokojne, prawie euforyczne okaleczanie młodej kobiety i prawie przypadkowe zabicie i zgwałcenie małej dziewczynki.

– Potrzebuję jednak więcej szczegółów. Chcę wiedzieć, gdzie ją zaczął rozcinać i w jakiej kolejności. Na przykład, czy coś zabrał?

– Co masz na myśli? – zapytał Banks.

– Na zdjęciach nie widać, czy zniknął jakiś fragment ciała. Jeżeli tak się stało, to szukamy kolekcjonera trofeów.

Banks wyglądał na przerażonego.

– Jeśli czegoś brakuje, to patolog na pewno by nam powiedział.

– Nie wiem, czy ją pozszywali, czy po prostu założyli, że niczego nie brakuje?

Widziałem, że Banks nie jest zachwycony perspektywą zgłaszania się z prośbą do patologa o pozszywanie ciała, potrzebował dodatkowych dowodów.

– Pamiętasz tę plamę krwi na kanapie? – zapytałem. – Nie zastanawiało cię, skąd się wzięła?

Banks skinął głową.

– Przyszły mi do głowy trzy możliwości. Być może w pewnym momencie oparł ciało o kanapę albo usiadł na chwilę, aby podziwiać swoje dzieło. Wydaje mi się jednak, że położył coś na niej, jakąś część ciała Samanthy.

Widziałem jego niesmak. Nie chciał w to wierzyć, ale powiedział:

– Dobrze. Każę im sprawdzić.

Kolejną sekcję przeprowadzono 14 grudnia, prawie sześć tygodni po pierwszej. Patolog napisał: „Zrekonstruowałem ciało denatki i zauważyłem, że z prawej strony brakuje części powłoki brzusznej o wymiarach około 12 na 10 centymetrów".

Banks był zirytowany i nie mógł zrozumieć, w jaki sposób przegapiono to podczas pierwszej sekcji.

Nie zdziwiło mnie to, ponieważ samo pojęcie okaleczania ciała i zbierania trofeów jest tak niezwykłe i poza doświadczeniem policjantów dochodzeniowych oraz patologów, że po prostu nie przychodzi im to do głowy. Zazwyczaj najważniejszą rzeczą jest ustalenie przyczyny śmierci i, jak w tym przypadku, ilu noży użyto oraz jakie były ich wymiary.

Zbieranie trofeów potwierdziło moje najgorsze obawy odnośnie do mordercy. Wszystkie elementy pasowały do łamigłówki. Mogłem teraz powiedzieć Banksowi, z jakim przestępcą ma do czynienia oraz jaki był prawdopodobny przebieg zdarzeń.

– Czy to historia na dwie filiżanki herbaty, czy na jedną? – zapytał Banks, zamawiając herbatę. Ten inteligentny i łagodny człowiek miał bardzo pragmatyczny stosunek do pracy. Chciał ujrzeć cały obraz i dowiedzieć się więcej na temat mordercy. Pod pewnymi względami mu współczułem. W przeciwieństwie do śledztw, w których do tej pory uczestniczyłem, a które spotykały się z dużym zainteresowaniem opinii publicznej i przełożonych, jak w przypadku zamordowania Rachel Nickell, Banks działał w ciemno, zaś jego przełożeni ze stołecznej policji nie przywiązywali do śledztwa specjalnej wagi.

Sprawa Rachel Nickell przebiegała zupełnie inaczej, od samego początku wysoki rangą funkcjonariusz nadzorował śledztwo, a media i wpływowe społeczności lokalne z uwagą śledziły postępy. Niektórzy sugerowali, że może to mieć coś wspólnego z tym, że na błoniach Wimbledon Common przebywała w chwili morderstwa żona inspektora generalnego.

Banks słuchał, gdy wyjaśniałem mu naturę zboczeń seksualnych i różnorodne ich objawy. Prawdopodobnie znowu korzenie tkwiły w wieku niemowlęcym i dzieciństwie sprawcy.

– Sądzę, że w jego wczesnym życiu pojawiły się jakieś zaburzenia, zwłaszcza jeżeli chodzi o życie rodzinne – powiedziałem. – Przez jakiś czas sprawiał problemy i był ofiarą problemów innych ludzi.

Z dzieciństwa wyniósł inny zbiór wartości niż zwykli ludzie i prawdopodobnie to zwróciło na niego uwagę opieki społecznej albo policji. Wszelkie próby leczenia zmian psychicznych, które być może podjęto w tym czasie, nie powiodły się.

W okresie dzieciństwa był ofiarą i sprawcą przemocy – kontynuowałem. – Dzięki temu nauczył się używać agresji w celu rozwiązywania problemów. Stała się ona jednocześnie namiastką rozmowy. Łatwiej jest skopać kogoś i zmusić do zrobienia czegoś, niż opanować umiejętności społeczne, dzięki którym skłonimy rozmówcę do uznania naszych racji.

Rozmawiałem z pacjentami cierpiącymi na nagłe wybuchy gniewu. Mówili zazwyczaj o rosnącym napięciu w głowie, tak jakby ktoś ściskał ją stalową obręczą. Napięcie wzrasta coraz bardziej, dopóki nie wybuchnie w formie ataku. Potem natychmiast znika, a sprawca odczuwa krótkotrwałą ulgę, jakby ktoś poluzował obręcz.

Morderca Samanthy i Jazmine wyrósł prawdopodobnie w poczuciu niskiej wartości, a jego wrogość wynika z założenia, że skoro ludzie nie są do niego dobrze nastawieni, to lepiej jest samemu działać, zanim inni go skrzywdzą. To samo dotyczy jego stosunku do seksu i kobiet.

Podobnie jak w przypadku Rachel Nickell, gniew i poczucie goryczy spowodowały ucieczkę w świat fantazji, w którym był w stanie karać, rozkazywać i dominować nad kobietami, każąc im spełniać swoje życzenia. Eskalacja tego procesu doprowadziła do przeniesienia fantazji w świat realny. Nasilanie zaburzeń nie zawsze przebiega prosto i liniowo od nieprzyzwoitego obnażenia poprzez drobne występki na tle seksualnym aż do gwałtu, a następnie morderstwa. Sprawcy wykorzystują okazje, a jednocześnie potrafią doskonale planować. Jednego dnia mogą zgwałcić, a następnego obnażają się w parku.

Zrozumienie tego oznacza, że pojmujemy delikatną równowagę pomiędzy okolicznościami, popędem seksualnym a innymi czynnikami wpływającymi na sprawcę, ponieważ jego codzienne życie jest równie złożone jak życie każdego z nas. Od czasu do czasu lubi pójść do kina, zjeść obiad w restauracji, czasami łapie katar, ma swoje ulubione fryzury i ubrania. Złożoność tego wszystkiego określa, kim jest i co robi.

– Tak. Ale nie każdy znajduje przyjemność w przerabianiu kobiet na filety – powiedział Banks z niedowierzaniem.

Wyjaśniłem, że mężczyźni reagują na szerokie spektrum bodźców seksualnych. Wystarczy tylko przyjrzeć się produkcji pornograficznej, mającej zaspokoić wszelkie gusta. Ludzie zakładają, że to, co widzą na górnych półkach stojaków z prasą, można nazwać pornografią – że pornografia to zdjęcia nagich kobiet i erotyczne opowiadania o napalonych gospodyniach domowych.

Niestety istnieją publikacje przeznaczone dla niewielkiego kręgu odbiorców o specjalnych upodobaniach. Jest to pornografia opisująca sadyzm, przemoc, gwałty, a także najobrzydliwsze filmy ukazujące pornografię dziecięcą. Przedstawiają one dziecko jako chętnego kochanka, którego można uwieść oraz te najgorsze – ukazujące męczarnie gwałconego dziecka. Dla ludzi czerpiących z tego przyjemność najważniejszym elementem jest cierpienie.

Inni z kolei marzą o posiadaniu niewolnic, które można torturować i poniżać przed okaleczeniem lub śmiercią. Niektórzy czerpią przyjemność z układania scenariuszy, inni ze śmierci ofiary, a morderca Samanthy z okaleczania.

– Pod wieloma względami jest to najwyższa forma przestępstwa na tle seksualnym – powiedziałem. – Może na takie nie wygląda, ale jeżeli weźmiemy pod uwagę obrażenia Samanthy, to najokrutniejsze okaleczenia znajdują się w okolicach pochwy i sromu. Również trofeum pochodzi z dolnych części ciała. Okaleczenie było częścią wyrafinowanej seksualnej fantazji, która dojrzewała na przestrzeni lat. Morderca chciał uzyskać pełną władzę nad kobietą, a nie mógł uzyskać kontroli na bardziej intymnym poziomie, nawet gdy ją torturował albo zmieniał w seksualną niewolnicę.

Sprawca nie jest sadystą, gdyż wtedy utrzymałby ją dłużej przy życiu, by czerpać przyjemność z zadawanego bólu, jej cierpienia oraz poczucia władzy. Zamiast tego zabił ją szybko. Dopiero wtedy zajął się głównym źródłem przyjemności – interakcją z jej ciałem.

Na samym początku zadano mi pytanie, czy ten sam człowiek może być odpowiedzialny za zamordowanie Rachel Nickell na Wimbledon Common. Obie ofiary były atrakcyjnymi blondynkami i zginęły okrutną śmiercią. W obydwu wypadkach użyto noża i zamieszane było dziecko.

Według mnie obecność dziecka w rozpatrywanych morderstwach jest czynnikiem, który najbardziej je różni. W pierwszym przypadku morderca wcale nie zainteresował się Aleksem, podczas gdy Jazmine była dla niego obiektem seksualnego zaspokojenia. Jednocześnie morderca z Plumstead zastosował o wiele bardziej wyrafinowany scenariusz, w którym dużo większą przyjemność uzyskał z obrażeń zadawanych po śmierci niż z samego zabicia. Istniała tu przyjemność odkrywania, podczas gdy morderca Rachel działał w pośpiechu – w ciągu sześciu minut rozładował swój gniew i gorycz. Był to zupełnie odmienny scenariusz.

– Powiedziałeś, że jego fantazja dojrzała – powiedział Banks. – Ile ma lat?

– Ponad dwadzieścia pięć. Nie jest to jego pierwsze przestępstwo w ogóle ani pierwsze przestępstwo na tle seksualnym. Jego seksualność ukształtowała się w tym szczególnym kierunku. Istnieją jednak ślady wcześniejszych, nie tak gwałtownych zachowań.

– Na przykład jakich?

– Podglądanie, nieprzyzwoite obnażenie, usiłowanie gwałtu, gwałt. Być może korzystał z usług prostytutek i zranił lub próbował zranić którąś nożem. Raczej ich nie gwałcił. Być może korzystał z ogłoszeń w prasie dla samotnych, żeby znaleźć partnerkę.

– Sądziłem, że uznałeś balkon za miejsce wtargnięcia do mieszkania.

– Nadal tak sądzę, tylko nie wiem, w jaki sposób dowiedział się o denatce. Być może znalazł jej ogłoszenie w którejś z gazet i wtedy zaczął ją śledzić. Nie możemy tego wykluczyć. Jeżeli korzysta z ogłoszeń towarzyskich, to mamy nawet większą pewność, że miał w przeszłości kontakty z prostytutkami.

Przechodząc do następnego punktu, stwierdziłem:

– Nie ma powodu, by przypuszczać, że jego inteligencja odbiega od normy. Posiada motywację i umiejętności. Sposób, w jaki uzyskał adres, a następnie spędził w mieszkaniu ponad godzinę, pozostawiając niewiele śladów pozwalających na identyfikację, wskazuje na mężczyznę będącego panem siebie i sytuacji. Wszystkie działania świadczą o tym, że mamy do czynienia z człowiekiem, który planuje i myśli.

Opinia na temat inteligencji mordercy dotyczyła jego funkcji poznawczych, a nie stanu umysłu i ewentualnych zaburzeń osobowości. Ludzie często popełniają błąd, zakładając, że ktoś musi być chory umysłowo, skoro zrobił coś takiego. W rzeczywistości obecność czy też brak choroby psychicznej nie eliminują ani nie stawiają w kręgu podejrzanych, z wyjątkiem sytuacji, kiedy choroba ogranicza możliwość funkcjonowania danej osoby do tego stopnia, że nie może po prostu zrealizować swych zamierzeń. Jednocześnie ludzie zakładają, że jeżeli przestępstwo popełnił ktoś chory umysłowo, to jest ono skutkiem, następstwem choroby. Wcale jednak nie musi tak być. Jest całkiem możliwe, że osoba taka popełni przestępstwo bez związku z chorobą umysłową. Trzeba też pamiętać, że choroba umysłowa nie jest stanem ciągłym, a chory może cierpieć tylko na chwilowe objawy. Dlatego też czasami trudno jest ustalić stan umysłu sprawcy w momencie, gdy pociągał za spust lub dźgał swą ofiarę nożem.

– Dokładnie ocenia ryzyko i ważne jest dla niego osobiste bezpieczeństwo – powiedziałem Banksowi, mając na myśli brak śladów w mieszkaniu. – Nie zawsze tak było. W tej chwili jest na tyle dojrzały, że zachowuje ostrożność, jednak w przeszłości mógł być bardziej beztroski.

Jasne jest również, że jego zainteresowania nie ograniczają się jedynie do kobiet. Są bardzo szerokie.

Właśnie to usiłowali zrozumieć prowadzący śledztwo. Jeżeli decyduje się zamordować i okaleczyć Samanthę, to dlaczego jeszcze gwałci Jazmine. Jednym z powodów było to, że stanowiła przeszkodę. Jeżeli chodziłoby mu tylko o to – mógł ją po prostu udusić poduszką. Zamiast tego zgwałcił, co wskazywało na szerszy zakres zainteresowań seksualnych. Oznaczało to, że policja będzie musiała przyjrzeć się przestępcom atakującym nie tylko kobiety, ale i dzieci.

Przedstawiając pozostałe ustalenia, stwierdziłem:

– Zawsze będzie szukał nowych obiektów i szybko reagował na widok potencjalnej ofiary lub pojawiającej się okazji. Oznacza to nieprzyzwoite obnażenie albo szybki gwałt między zupą a drugim daniem. Jednak od czasu do czasu będzie miał o wiele silniejsze żądze związane z fantazjami, które doprowadziły do śmierci Samanthy. Poszuka nowych ofiar. Zacznie wtedy działać pod wpływem gniewu lub żądzy i niespełnienia. Będzie pożądał określonej kobiety, ponieważ zwrócił na nią uwagę. Jednocześnie wie, że nigdy nie powie do niej: „Podobasz mi się. Chodźmy do łóżka". Zdaje sobie sprawę, że nie dostanie jej i to powoduje, że jest zły. Będzie miał coraz silniejsze uczucie, że ta kobieta i wszystkie kobiety w ogóle wyśmiewają się z niego.

Banks zapytał:

– Czy może mieć dziewczynę albo żonę?

– Wątpię. Nie sądzę, żeby miał na tyle rozwiniętą empatię, by utrzymać małżeństwo albo udany związek. Dojrzało jego zboczenie, ale nie osobowość. Oczywiste jest, że cierpi na jakiś rodzaj zaburzeń, chociaż nie wiem dokładnie jakich. Wszystko to uniemożliwia mu utrzymanie związku.

Nie ma jednak powodów, by przypuszczać, że umiejętności społeczne ma na tyle ograniczone, żeby natychmiast wyróżniać się ze społeczności. Jest pewny siebie i daje sobie radę, ale nie wiem, czy poradziłby sobie w konfrontacji z kobietą, która ma swoje potrzeby seksualne i zachowywałaby się jak partner, a nie niewolnica.

– A praca?

– Ze względu na inteligencję i umiejętności społeczne nie widzę powodu, dla którego nie mógłby pracować. Nie jest to jakaś niezwykła praca, najprawdopodobniej praca fizyczna niewymagająca kwalifikacji.

Powiedziałem również, że ważną rolę w życiu tego mężczyzny może odgrywać pornografia, zwłaszcza zawierająca opisy znęcania się i okaleczania kobiet. Gdyby udało wam się dotrzeć do dystrybutorów tego typu wydawnictw, to należałoby zwrócić uwagę na listę klientów.

– Ten mężczyzna nie szuka rozgłosu ani złej sławy. Nie obchodzi go, czy pojawi się w wieczornych wiadomościach. W tej chwili zadowolenie sprawia mu obcowanie z martwym ciałem, a nie wielki rozgłos. Czerpie przyjemność z tworzenia kompozycji plastycznej z ciał ofiar na miejscu zbrodni. Robi to jednak, by wywrzeć wrażenie na osobach, które znajdą ciało, a nie na szerokiej publiczności.

Ponieważ zdaje sobie sprawę, że nie kocha świata, a świat go nie docenia, do kolejnego zabójstwa może skłonić nazwanie go potworem.

Był to ważny punkt, o którym należało pamiętać przy przygotowywaniu oświadczenia dla prasy. Mordercą kierowało poczucie gniewu i braku spełnienia, gdyby więc ujrzał swój opis przedstawiający go w niekorzystnym świetle, byłby to kolejny bodziec obniżający jego samoocenę, przez co znowu wzrósłby jego gniew.

Jednocześnie wiedziałem, że stworzył silną psychologiczną ochronę przed zaakceptowaniem negatywnego wizerunku własnej osoby i winą za to, co się stało, obarcza otoczenie. Nie jest to człowiek, który wraca do domu i bije się w piersi, wołając: „O Boże! Co zrobiłem? Jak mogę przestać?”. Nie chce wyjaśnień ani negocjacji, ani usprawiedliwień. Robi z ofiarą to, na co ma ochotę, ponieważ „jest moja i to ja ustalam warunki”. Nie ma w nim wyrzutów sumienia.

– W przeszłości napadał na kobiety i być może znęcał się nad zwierzętami. To ostatnie wnioskowanie potwierdza rosnąca ilość opisanych przypadków, w których istnieje związek pomiędzy mordercami okaleczającymi swoje ofiary a znęcaniem się i okaleczaniem zwierząt w dzieciństwie i młodości. Wynika to z potrzeby dominacji i przewodzenia.

Wyjaśniwszy wszystkie kwestie związane z profilem psychologicznym, zacząłem kreślić najbardziej prawdopodobny przebieg zdarzeń. Ten mężczyzna to obserwator. Jeśli zainteresuje się ofiarą, która stanie się dla niego ważna i którą będzie chciał dopaść, to zacznie ją śledzić. Nie oznacza to, że nie zareaguje, gdy natknie się na sprzyjającą sytuację albo spotka łatwą ofiarę, na przykład prostytutkę lub kobietę, która wpuści go do domu. Za każdym razem jednak instynkt samozachowawczy każe mu być ostrożnym.

Mężczyzna ten zna dużo miejsc, z których może obserwować kobiety rozbierające się do snu lub uprawiające seks. Jedno z tych miejsc to trawiasta skarpa ciągnąca się wzdłuż rzędu domów i mieszkań przy Heathfield Terrace. Tak się pechowo złożyło, że na skarpie rzadko pojawiają się przechodnie, a już na pewno nie w nocy, ktoś siedzący tam na trawie nie zwraca zaś niczyjej uwagi. Dzięki temu jest to doskonałe miejsce do obserwowania młodej atrakcyjnej matki i jej córeczki. Do ich mieszkania można się z łatwością dostać, a Samantha nawet nie kłopocze się zaciąganiem zasłon czy żaluzji. Morderca zagląda bezpośrednio do mieszkania, stopniowo wprowadzając do swoich fantazji zdarzenia z życia matki i córki. Może widział, jak Samantha kocha się w salonie ze swoim chłopakiem. Autentyczne sytuacje mogą pojawiać się w jego fantazjach, zwiększając ich realność i przyjemność.

Prawdopodobnie obserwował Samanthę, gdy przygotowywała się do snu 3 listopada. Kiedy zgasiła światło, podszedł do balkonu, podciągnął się na poręczy i zostawił ślady butów na mchu i ziemi, a ślady błota na ścianie. Wiedział, gdzie jest balkon, i znał rozkład mieszkania. Gdyby tak nie było, zostawiłby o wiele więcej śladów, poruszając się na oślep w nieznanym miejscu.

Nie udało się z całą pewnością ustalić, jaka była następnie kolejność zdarzeń, a każdy przedstawiony scenariusz miał swoje wady. Z jednej strony można by pomyśleć: co za różnica, kto umarł pierwszy. Ma to jednak znaczenie, gdyż to, co zrobił, jak to zrobił i kiedy to zrobił, odpowiada na pytanie, dlaczego to zrobił, i wszystko powraca do kwestii motywacji.

Nie wydaje mi się, aby ktokolwiek mógł napaść na Jazmine, kiedy Samantha żyła. Wszystko, co o niej słyszałem, wskazywało, że walczyłaby i raczej umarła, niż pozwoliłaby, aby coś stało się jej córeczce. Najprawdopodobniej usłyszała jakiś hałas, odrzuciła kołdrę, nałożyła płaszcz kąpielowy i poszła zobaczyć, co się dzieje. Zaatakował ją w holu, osiem razy ugodził nożem w kark i pozostawił na tak długo, że większość krwi wypłynęła.

Fakt, że w sypialni nie znaleziono śladów krwi, sugeruje, iż morderca przed wejściem umył ręce, prawdopodobnie wycierając je ścierkami z kuchni. Jedyna krew znaleziona w kuchni należy do Samanthy. Prawdopodobnie atak nie obudził Jazmine, gdyż nie miałby czasu, aby umyć ręce. Sądzę, że spała, gdy wszedł do pokoju. Po zgwałceniu i uduszeniu dziecka poduszką wrócił do przedpokoju i zaciągnął ciało Samanthy do salonu przed kominek, a następnie położył na plecach z poduszką pod biodrami. Wysunięte okolice genitalne wskazywały na jego zamiary.

W tej chwili podniecenie wzrosło i osiągnęło stały poziom. Kaleczył ciało Samanthy, co było dla niego o wiele lepsze niż zwykły seks. Do tej pory kobiety odrzucały go, a on nie rozumiał dlaczego. Teraz poznawał je w najbardziej intymny sposób, jednocześnie karząc i mszcząc się.

Wyobraźcie sobie osobę, której największą pasją jest zbieranie obrazów. Jej potrzeby kształtują się na dwóch poziomach. Pierwszy to znajdowanie i zbieranie obrazów, a drugi to napawanie się nimi w chwili samotności. Możliwość spoglądania na nie i powiedzenia „to moje" to niesamowita przyjemność. Ten facet stwarzał własne dzieło sztuki w miejscu, gdzie znalazł ogromne spełnienie i wielką przyjemność.

Po wszystkim przeszukał szuflady i kredensy w kuchni. Wyciągnął ścierki, obrusy i serwetki oraz niewyprasowane ubrania, żeby przykryć ciało i przygotować kompozycję. Opakował je tak, by stanowiło coś na kształt prezentu. Dzięki temu osoba, która natknie się na ciało, nie będzie się niczego spodziewać i do końca życia będzie ją prześladować widok owego dzieła.

Pozostała część kompozycji znajdowała się w sypialni. Plamy opadowe świadczyły o tym, że ciało Jazmine zostało przeniesione w jakiś czas po śmierci. Oznacza to, że powrócił do sypialni po zamordowaniu Samanthy, aby przygotować drugą kompozycję. Wyglądało na to, że chciał, by ktoś otworzył drzwi i pomyślał: „Jaka urocza scena – dziewczynka śpi pod kołdrą", i dopiero wtedy odkrył okropną prawdę.

Gdy wszystko się skończyło, w jego pamięci nadal pozostawał obraz wydarzeń. Będzie się onanizował i przypominał sobie zapamiętane sceny, tak samo jak każdy z nas przypomina sobie jakieś szczególne doświadczenia seksualne.

Powiedziałem do Banksa:

– Kiedy wspomnienia zbledną, pomyśli: „Mogłem to zrobić lepiej". Popatrzy na trofeum i powie: „Następnym razem zrobię to i to...". Musisz pamiętać, że najbardziej niezwykłe jest najprzyjemniejszym i podniecającym doświadczeniem w życiu. Kiedy pożądanie wzrośnie, zechce znowu to zrobić.

16

ŚWIĘTA NIE CHCIAŁY NADEJŚĆ. OD KILKU TYGODNI PRAGNĄŁEM zapomnieć o pracy i pogrążyć się w objęciach rodziny, a swoje zmartwienia ograniczyć jedynie do kwestii, czy w domu są zapasowe żaróweczki do światełek na choinkę. Marilyn zauważyła, że jestem zmęczony. To był zwariowany rok. Zaczęły pojawiać się u mnie wątpliwości, czy po to tak długo i ciężko studiowałem, by spędzić resztę życia w otoczeniu nieprawości i przerażenia. Ciągle zadawałem sobie te same pytania.

Do tej pory nigdy mi to nie przychodziło do głowy. Widziałem, co robią mordercy oraz gwałciciele, miałem do czynienia z ofiarami brutalnych przestępstw i nie mogłem zignorować próśb o pomoc. Uznałem również, że jeżeli moja praca kliniczna powstrzymała kilku ludzi od popełnienia przestępstw i uchroniła kilka potencjalnych ofiar, to warto ją wykonywać. Jednak żadna z tych rzeczy nie mogła powstrzymać szarej rzeczywistości, osłabiającej najszczytniejsze ideały.

Ponieważ psychologia sądowa zakłada budowanie więzi ze sprawcą, aby pomóc mu się zmienić, należy bezwarunkowo go zaakceptować jako potencjalnie wartościowego człowieka. Nie można patrzeć na niego jak na uosobienie zła, któremu mimo wszystko zdecydowaliśmy się pomóc. Zamiast tego trzeba nawiązać ze sprawcą ludzki kontakt, by umożliwić mu zmianę.

Jednym ze sposobów budowania więzi jest ignorowanie okropieństw, które wyrządził swoim ofiarom, i skupienie się na klinicznych potrzebach pacjenta siedzącego przed nami. Niestety profilowanie sprawiło, że najpierw widziałem na własne oczy ofiary przestępstw – okropnie okaleczone kobiety i dzieci. Nie jest łatwo zapomnieć o krwawych wspomnieniach i patrzeć w oczy osobie, która popełniła podobne przestępstwo lub którą podniecа sama myśl o nim.

Nie chodzi tutaj o to, że któryś z aspektów mojej pracy jest gorszy niż pozostałe. Oglądanie zdjęć bądź samych miejsc zbrodni ma fatalny wpływ na osobowość. Równie poruszające jest słuchanie sprawcy, który przypomina sobie najstraszniejsze czyny i fantazje oraz uświadomienie sobie, jaką niesamowitą sprawiają mu przyjemność.

Niektórzy z pacjentów przypominają sobie i wymyślają przeżycia, które są tak sadystyczne i okrutne, że naprawdę mamy szczęście, iż rzadko kiedy spotykamy je w rzeczywistości. Niepokojący jest także fakt, że nie wszyscy z nich oddzieleni są od społeczeństwa. Jeśli nie popełnili przestępstwa, to mogą spokojnie chodzić po ulicach, a jedyną rzeczą, która ich powstrzymuje, jest fachowa pomoc psychologiczna. Nie można zmusić ich, żeby przychodzili na kolejne wizyty, można tylko zachęcać i wykorzystywać całe swoje doświadczenie, by powstrzymać ich przed agresywnymi zachowaniami.

Inne przypadki mogą być związane z podejmowaniem decyzji, które określają przyszłość ludzi. Na przykład oceniam ryzyko w imieniu Departamentu Usług Socjalnych albo przygotowuję raport psychologiczny dla adwokata czy prokuratora. W zależności od mojej oceny sąd może postanowić, że dana osoba stanowi niebezpieczeństwo dla siebie lub społeczeństwa i powinna być osadzona. Myślę tutaj o uwodzicielu, który groził, że zabije dwie kobiety. Musiałem zdecydować, czy jego groźby były poważne i czy powinno się go traktować jak przestępcę, czy jak osobę z zaburzeniami psychicznymi. Jeżeli to drugie, to w jakim stopniu zagrażał ofiarom.

Takie decyzje mają ogromne następstwa. Jeśli się pomylę, to będę miał na sumieniu czyjeś życie – ktoś trafi do szpitala lub więzienia oraz straci wszystko, co mu drogie: dom, pracę, żonę i rodzinę.

Czasami muszę ocenić, czy ojciec nie zrobi krzywdy córce. Jeśli jej zagraża, a matka nie potrafi jej zapewnić bezpieczeństwa, to dziewczynka trafi do domu dziecka, rodziny zastępczej albo do adopcji. Ojciec nie tylko nigdy już jej nie zobaczy, ale do końca życia będzie napiętnowany jako zboczeniec. Z drugiej strony, jeżeli córka zostanie w domu, a terapia nie przyniesie skutków, to będzie wykorzystywana seksualnie, a jej życie stanie się koszmarem. Nigdy nie mogę pozwolić sobie na pomyłkę.

Wszystko to przygniata mnie ogromnym brzemieniem. Mary zauważyła zachodzące we mnie subtelne zmiany. Od trzech lat nie byliśmy na wakacjach, a każde święto i weekend poświęcałem pracy. Jednocześnie pojawiła się kwestia mojego wzroku.

W 1986 roku, kiedy stuknęła mi czterdziestka, okresowe badania ujawniły, że cierpię na jaskrę, a fachowo mówiąc – na nadciśnienie wewnątrzgałkowe. Jest to choroba, w której wzrasta ciśnienie wewnątrz gałki ocznej. Każde oko wypełnione jest przezroczystym płynem, którego nie może być za mało ani za dużo. Jeśli jest go dużo, powstaje przez to nadciśnienie, to z kolei może upośledzać przepływ krwi w drobnych naczynkach odżywiających komórki oka, co w rezultacie prowadzi do obumarcia nerwu wzrokowego, a w ostateczności do ślepoty.

Gdy po raz pierwszy usłyszałem diagnozę, okulista dodał, że na pewno zostaniemy przyjaciółmi. Miał rację. W ciągu kolejnych lat wypróbowywał na mnie całe spektrum medykamentów, które miały obniżać ciśnienie wewnątrzgałkowe, ale żaden z nich nie działał dłużej niż przez kilka miesięcy.

Od samego początku lekarz podkreślał również, że duże znaczenie ma zmiana stylu życia. Długi czas pracy, nieregularny sen, napięcie i troski finansowe mogą pogorszyć mój stan. Właśnie tego obawiała się Marilyn, gdy widziała, że jestem zmęczony i wyczerpany. Chciała wiedzieć, jak długo będę jeszcze próbował chwytać tyle srok za ogon.

W pewnej chwili byłem zaangażowany jednocześnie w dwadzieścia siedem dochodzeń. Po prostu nie mogłem poświęcić się im wszystkim i zajmowałem się najpilniejszymi. W rezultacie na niektóre z nich nigdy nie znalazłem czasu, a w chwili gdy zgłaszałem się do prowadzącego śledztwo, moje porady nie były już konieczne lub nie miały znaczenia.

Nie było sensu, aby oficer prowadzący śledztwo czekał, aż będę miał wolną chwilę. Musiał być jakiś lepszy sposób.

Chociaż Ministerstwo Spraw Wewnętrznych zaakceptowało wszystkie moje zalecenia dotyczące rozwoju profilowania, to tryby urzędniczej machiny kręcą się w Whitehall bardzo powoli. Jednocześnie napływała coraz większa ilość próśb o przeprowadzenie wykładów i nauczanie profilowania. Niektóre z nich warte były poświęcenia czasu, zwłaszcza że pasowały do moich zaleceń.

Na pewno to jakiś krok do przodu – pomyślałem.

– Czy zamierzasz spędzić resztę życia, jeżdżąc na miejsca zbrodni? – zapytała Marilyn w wigilijny wieczór. Wiele razy zadawała już to pytanie. Chciała wiedzieć, kiedy będziemy żyli na tyle spokojnie, aby spędzać weekendy tak jak inni ludzie i jeździć na wakacje.

Były to bardzo rozsądne oczekiwania. Nasze dzieci założyły własne rodziny. Przypomniała mi, o czym mówiliśmy dawno, dawno temu – o tym, co będziemy robić, kiedy zostaniemy sami.

– Teraz wszystko się zmieni – powiedziałem.

– Kiedy?

– Może w przyszłym roku. Zobaczymy, co będzie po procesie w sprawie morderstwa Rachel Nickell.

Rozmawialiśmy o tym, co będę mógł zrobić i chociaż nie byłem tego pewien, to wiedziałem, że być może wiąże się to z opuszczeniem państwowej służby zdrowia. Oczywistą rzeczą było oferowanie usług doradczych i szkoleniowych w zarządzaniu ryzykiem, prowadzeniu negocjacji z porywaczami i analizy przestępstw. Chciałem również wykorzystać swoje kryminalistyczne i organizacyjne doświadczenie przy zapobieganiu przestępczości na zlecenie klientów indywidualnych, firm i agend zajmujących się zwalczaniem przestępstw. Zamiast dopasowywać fragmenty układanki po popełnieniu przestępstwa, można przecież zapobiec wielu z nich. Byłem pewien, że z tych mglistych planów wyłoni się bardziej normalne życie.

W drugi dzień świąt Bożego Narodzenia poleciałem z Marilyn, w charakterze mojej sekretarki, i Keithem Pedderem do Waszyngtonu. Podróż miała dwa cele. Z jednej strony szukaliśmy przykładów, w jaki sposób profilowanie jest wykorzystywane w Stanach Zjednoczonych w trakcie procesów kryminalnych. Z drugiej chcieliśmy, aby naszą tajną operację ocenili koledzy z FBI.

Przesłuchanie Colina Stagga miało odbyć się w lutym, a prokuratura zdecydowała się wykorzystać nie tylko dowody dostarczone przez Lizzie, ale również moje przewidywania dotyczące cech sprawcy i występowania u niego niezwykle rzadkich zboczeń seksualnych. Do tej pory nigdy jeszcze w Wielkiej Brytanii nie stosowano profilowania sprawcy ani psychologicznej analizy przestępstwa. W Stanach Zjednoczonych osoby przygotowujące profile psychologiczne zeznawały przed sądami. Biuro Prokuratora Koronnego chciało wiedzieć, z jakimi przeszkodami stykały się podczas wystąpień i czy któraś ze spraw była podobna do naszej.

Poza znalezieniem odpowiedzi na te pytania Bruce Butler poprosił nas również, abyśmy przyjrzeli się różnicom pomiędzy technikami profilowania stosowanymi w Wielkiej Brytanii i Stanach Zjednoczonych. Mieliśmy także sprawdzić, czy nie zostajemy w tyle za Amerykanami i przygotować się do ewentualnego porównania metod w obydwu krajach.

Po przyjeździe do Waszyngtonu powitał nas Judd Ray – agent FBI, który opiekował się młodym Sammym Davisem Juniorem. Poznałem Judda, kiedy był na sześciomiesięcznym stażu w Wielkiej Brytanii, w Szkole Policyjnej w Bramshill. Ten fascynujący człowiek przez jedenaście lat pracował w wydziale zabójstw nowojorskiej policji i raz nawet ktoś wynajął zawodowego mordercę, aby go sprzątnąć. Trafiły go trzy kule i chociaż on sam przeżył, to jego małżeństwo nie przetrwało. Żona nie chciała żyć z myślą, że znowu może go to spotkać. W czasie wojny w Wietnamie należał do grupy działającej na dalekim zapleczu wroga i tylko on z całego plutonu doczekał końca wojny. Wszystkie te doświadczenia dały mu spokój ducha, który był wręcz namacalny.

Ośrodek szkolenia FBI w Quantico w stanie Wirginia zdobył mityczny status od czasu, gdy film *Milczenie owiec* rzucił światło na profilowanie sprawców. Jednostka Nauk Behawioralnych znajduje się w „bunkrze" – schronie przeciwatomowym zbudowanym dla personelu Białego Domu. Nie ma w nim okien ani dziennego światła, ludziom cały czas towarzyszy ciche buczenie klimatyzatorów.

W ciągu świąt większość personelu była na wakacjach, jednak niektórzy z pionierów profilowania zgodzili się poświęcić nam trochę czasu. Pośród nich znajdował się Roy Hazelwood, dla którego były to ostatnie dni pracy przed przejściem na emeryturę. Początkowo miał porozmawiać z nami tylko kilka minut, ale został przez większą część dnia.

Siedzący obok niego Judd Ray przedstawił starszego agenta Grega Coopera i Jannę Monroe, porażającej urody blondynkę, która była jedyną kobietą przygotowującą profile w Quantico. Przez cały okres istnienia jednostki wstępowało do niej sporo kobiet, ale Janna była jedyną, która pozostała. Sądzę, że specyfika pracy okazała się zbyt niepokojąca. Chociaż nigdy nie oglądałem *Milczenia owiec*, to nie mogłem jednak powstrzymać się od spoglądania na nią z perspektywy reżysera.

Czułem, że nasze spotkanie jest bardzo ważne. Po raz pierwszy grupa niezależnych ekspertów krytycznie badała moje analizy morderstw i podstawy teoretyczne tajnej operacji.

Gdy Pedder zaczął opisywać przestępstwo, Roy Hazelwood przerwał mu:

– Ach, to musi być niezorganizowany morderca.

Jest to jedna z kategorii, które FBI używa do klasyfikowania sprawców – „niezorganizowany" dotyczy miejsc zbrodni, gdzie widać działanie pod wpływem impulsu, przemoc, niewiele oznak wcześniejszego planowania i prób uniknięcia wykrycia.

Usłyszawszy komentarz Roya, zacząłem szczegółowo opisywać, w jaki sposób Rachel została zaatakowana, jak sprawca kontrolował jej zachowanie, w jakiej pozycji ułożył ciało oraz jak szybko i sprawnie uciekł z miejsca zbrodni, pozostawiając niewiele śladów.

– To nie są klasyczne ślady pozostawiane przez „niezorganizowanych" sprawców, jak ich nazywacie.

– Faktycznie masz rację – odpowiedział Roy, zmieniając zdanie.

Wszyscy uczestnicy byli zafascynowani tajną operacją. Do tej pory nie zetknęli się z niczym podobnym i spędziliśmy większą część dnia, omawiając szczegóły śledztwa. Niepostrzeżenie nastąpiła zmiana i zamiast sprawdzać, czy w Stanach Zjednoczonych zaistniał podobny precedens, spotkanie stało się forum wymiany doświadczeń. Mogłem skorzystać z ogromnej wiedzy praktycznej oficerów FBI, podczas gdy oni interesowali się podstawami teoretycznymi mojej pracy.

Amerykanie stworzyli dwa nurty profilowania. Pierwszy z nich wykorzystuje komputery i w dużym stopniu oparty jest na przetwarzaniu informacji. W komputerowej bazie danych zgromadzone są skatalogowane i dokładnie pogrupowane informacje dotyczące setek dotychczasowych przestępstw. Porównywanie nowych z istniejącą bazą danych może wskazać na związki z popełnionymi do tej pory przestępstwami i umożliwia identyfikowanie tych popełnianych przez seryjnych sprawców.

Drugi nurt zajmuje się tworzeniem indywidualnych profili i jest bardziej związany z psychologią sprawcy i przestępstwa. Agenci FBI badają wszystkie informacje związane z przestępstwem i tworzą profile, korzystając z własnego doświadczenia oraz z doświadczeń oficerów śledczych, jak również z wiedzy zdobytej podczas szkoleń i kursów prowadzonych przez psychologów i specjalistów, posiadających wiedzę praktyczną i teoretyczną w tym względzie.

W Wielkiej Brytanii niektóre ze szkół profilowania sprawców wykorzystują metodę opartą na analizie danych, którą FBI opracowało do znajdowania związków pomiędzy przestępstwami. Ogólnie rzecz ujmując, polega ona na analizie liczb. Wiedząc na przykład, że 80 procent gwałtów popełniają mężczyźni w wieku od dwudziestu do dwudziestu pięciu lat, z których połowa jest notowana z tytułu popełnionych do tej pory drobniejszych wykroczeń oraz dysponując danymi na temat dotychczasowych sprawców, wyciąga się wnioski o prawdopodobnym wieku, wykształceniu, zawodzie i miejscu zamieszkania przestępcy.

Jednak jeżeli opiera się profil jedynie na tym, to co z 20 procentami seryjnych morderców, którzy nie pasują do kryteriów?

Będąc psychologiem, każdą sprawę traktuję indywidualnie. Nie ma teoretycznego uzasadnienia, dlaczego przestępstwo miałoby pasować do nakreślonych przez kogoś ram, a tym bardziej dotyczy to samego przestępcy. Jeżeli żadne inne fakty nie potwierdzają takich stwierdzeń, to wydaje mi się, że bardzo niebezpieczne jest opieranie profilu jedynie na danych dotychczas wykrytych sprawców, które nie mają żadnego związku z rozpatrywanym przypadkiem.

Podejście Amerykanów do tworzenia indywidualnych profili dobrze pasuje do ogromnego kraju, w którym występują różne rodzaje brutalnych przestępstw. Trudno go jednak zaadaptować do warunków europejskich. Próbowali tego Holendrzy, którzy zastosowali bez specjalnych zmian system stworzony przez FBI i odkryli, że 90 procent gwałtów pasuje do tej samej kategorii. W rezultacie rozróżnianie sprawców, o które tutaj przecież chodzi, stało się bardzo trudne.

Tylko to jedno spotkanie w Quantico sprawiło, że podróż do Stanów okazała się sukcesem. Było oczywiste, że możemy nawzajem się od siebie dużo nauczyć. Dyskusję skończyliśmy ustaleniem, w jaki sposób moglibyśmy pracować razem w przyszłości, być może na zasadzie wymiany.

Przez kilka kolejnych dni mieszkaliśmy w pokojach gościnnych Szkoły, znajdujących się na półpiętrze nad parterem w głównym budynku i wychodzących na atrium z ogromną ścianą z lekko przydymionego szkła. O tej porze roku czuło się pustkę oraz ogrom całego kompleksu, co zwiększało tylko naszą tęsknotę za rodzinami. Pewnego wieczoru wyszliśmy z Marilyn z naszego pokoju i usłyszeliśmy dźwięk fortepianu z atrium pod nami. Przeszliśmy kawałek i wyjrzeliśmy przez barierkę. W jednym z kątów w przytłumionym świetle przy fortepianie siedział Pedder i grał w pustym pokoju. Przez jakiś czas słuchaliśmy cudownych dźwięków świątecznej melodii i samotności człowieka tęskniącego za żoną i dwójką synów. Chwila była zbyt intymna, by ją zakłócać, więc wróciliśmy do pokoju i poczekaliśmy, dopóki nie pojawiły się weselsze rytmy, a atrium wypełnił temat z *Żądła*.

W ciągu tych miesięcy zaprzyjaźniliśmy się z Keithem. Ten wielki mężczyzna, który wyglądał i odzywał się jak detektyw, miał złośliwe poczucie humoru, które sprawiało, że czasami brzmiał, jakby miał dość świata. Po długiej i pełnej sukcesów karierze poświęcił się bez reszty śledztwu w sprawie morderstwa Rachel Nickell.

Po powrocie do Wielkiej Brytanii czułem zadowolenie, że profesjonaliści z FBI niezależnie ode mnie doszli do takich samych wniosków, a Pedder uzyskał mnóstwo informacji na temat sposobu prezentacji wyników profilowania w czasie procesu. Musieliśmy jednak pamiętać, że profile nigdy nie były używane jako jedyny dowód, a tylko jako jeden z wielu dowodów.

Na wstępnym przesłuchaniu przedstawicielami prokuratury byli Bill Boyce i Nigel Sweeney, dwaj błyskotliwi prawnicy, którzy szybko zrozumieli psychologiczne zasady, na których opierała się tajna operacja.

Boyce był szczególnie zainteresowany, w jaki sposób można wyjaśnić ułożenie ciała Rachel. Stagg stwierdził, że leżała skulona, z rękami złożonymi jak do modlitwy. Na zdjęciach było jednak widać, że dłonie Rachel są złożone nie jak do modlitwy, a stykają się jedynie w przegubach.

– Istnieje logiczne wyjaśnienie – orzekłem. – Kiedy spacerowicz znalazł Aleksa, ten potrząsał Rachel i prosił, żeby się obudziła. Jeżeli morderca zostawił ją z dłońmi złożonymi, to jest naturalne, że się rozsunęły. Dlatego były skrzyżowane w przegubach.

Prokuratura wiedziała już, że obrona skoncentruje się na atakowaniu dowodów przedstawionych przez Lizzie James i próbie ich zdyskredytowania. Boyce zapytał mnie o dowody wskazujące na to, że Colin Stagg posiada wiedzę, którą powinien mieć morderca.

– Panie Britton, gdyby wyłączyć te dowody, to czy dowody przedstawione przez pana byłyby wystarczająco mocne, aby skazać Stagga? Proszę się zastanowić, zanim pan odpowie, ponieważ może pan wrobić człowieka na całe życie. Wszystko zależy od pana odpowiedzi.

– Oczywiście, że nie są wystarczające – odpowiedziałem. – Nie mogę powiedzieć, że Colin Stagg zabił Rachel Nickell. Mogę jedynie stwierdzić, że prawdopodobieństwo, iż tego ranka na błoniach Wimbledon Common przebywały dwie osoby wykazujące takie same, niezwykle rzadkie, sadystyczne dewiacje, jest bardzo niewielkie.

– Cieszę się, że tak pan twierdzi – odrzekł Boyce utwierdzony w swoim przekonaniu.

Siedemnastego lutego 1994 roku rozpoczęło się staromodne, wstępne przesłuchanie, które prowadził wielce poważany i bardzo doświadczony sędzia Terry English. Miał podjąć decyzję, czy Korona rozpocznie proces przeciwko domniemanemu mordercy Colinowi Staggowi.

Gdyby tak się stało, musiał zdecydować o rozpoczęciu procesu przed ławą przysięgłych.

Stagg przebywał w areszcie w Wandsworth i jego wygląd uległ radykalnej zmianie. Stracił na wadze, a zamiast krótkiego jeża miał teraz długie włosy. Zniknęły też jego mięśnie, nad którymi pracował w domowej siłowni.

Pomimo blokady informacyjnej na ujawnianie szczegółów śledztwa dziennikarze zgromadzili się rano w sądzie, aby ujrzeć mordercę w chwili przybycia do budynku. Sprawa stała się zbyt ważna, by o niej zapomnieć. Gdy Bill Boyce rozpoczął wstępne przemówienie, ławy dla dziennikarzy były przepełnione, a w nowo wybudowanym budynku sądu w Wimbledonie odbywał się najważniejszy proces w jego dotychczasowej historii.

Pierwszymi świadkami oskarżenia byli ludzie, którzy w chwili morderstwa przebywali na terenie Wimbledon Common, a znaleźli się wśród nich również znajomi i sąsiedzi pana Stagga. Prokuratura utrzymywała, że alibi Stagga, jakoby w domu spał na kanapie, można bez trudu obalić. Pani Susan Gale, sąsiadka oskarżonego, pamięta, że widziała go około 8.50, gdy wróciła do domu z błoni ze spaceru z dwójką swoich psów. Zauważyła go w pobliżu przejścia pod drogą A3, niedaleko miejsca, gdzie Colin Stagg rozmawiał później z policjantem, i przypomniała sobie, że miał przy pasie przytwierdzoną saszetkę.

Żona prawnika, Jane Harriman, spacerowała tego ranka z czwórką dzieci i psem. Poszła tą samą trasą co Rachel, jedynie odrobinę wcześniej. W pobliżu lasu zauważyła mężczyznę, który szedł w jej kierunku. Opisała go jako młodego człowieka zbliżającego się do trzydziestki, o wzroście około 177 centymetrów, krótko ostrzyżonego ciemnego szatyna w białej koszulce z krótkim rękawem i czarnych spodniach, trzymającego kurczowo czarną torbę. Szedł w jej kierunku, a kiedy się mijali, szybko schylił głowę, ukrywając twarz. Pani Harriman poszła dalej z dziećmi, dopóki nie dotarli do stawu Curling Pond, gdzie chwilę odsapnęli. Z drugiej strony stawu zauważyła kobietę wchodzącą z psem pomiędzy drzewa, a po kilku minutach tą samą ścieżką poszedł mężczyzna, którego minęła na ścieżce. Wyglądało to prawie tak, jakby śledził tę kobietę.

Coś w jego zachowaniu zaniepokoiło panią Harriman. Po kilku minutach mężczyzna znowu się pojawił, wracając tą samą trasą. Teraz miał na koszulce wąski pas.

Wracając z dziećmi na parking przy wiatraku, pani Harriman prawdopodobnie przeszła w odległości dwudziestu metrów od miejsca, gdzie Rachel Nickell leżała martwa w trawie. Dostarczyła policji bardzo dokładny rysopis mężczyzny spotkanego przy stawie i pomogła przy stworzeniu portretu pamięciowego, który pokazano następnie w programie *Crimewatch* UK.

Po pierwszym aresztowaniu Stagga bez wahania wybrała go spośród dziesięciu mężczyzn jako tego, którego widziała rano na błoniach Wimbledon Common. Nie miała żadnych wątpliwości.

Kolejny świadek – pani Amanda Phelan – również dokładnie opisała mężczyznę, którego widziała, gdy mył ręce w strumieniu tuż po wpół do jedenastej. Stwierdziła, że zachowywał się podejrzanie i że miał na sobie kremowy albo biały sweter i granatowe dżinsy. Pani Phelan nie rozpoznała go. Nie rozpoznała go również Pauline Fleming, która powiedziała sądowi, że widziała mężczyznę z ciemną torbą w prawej dłoni, przechodzącego koło stawu około 9.30.

Miejscowi kupcy, włącznie z rzeźnikiem i sprzedawcą prasy, stwierdzili, że widzieli tego dnia Colina Stagga bardzo podnieconego, który opowiadał o znalezieniu ciała na błoniach. Znali Colina od wielu lat. Opisali go jako odludka, który lepiej czuł się w towarzystwie zwierząt niż ludzi.

Cheryl Lewis – koleżanka i sąsiadka z Ibsley Gardens – przypomniała sobie rozmowę ze Staggiem, która miała miejsce po pierwszym aresztowaniu. Powiedział, że pokazano mu zdjęcia Rachel, na których wyglądała, jakby głowę odcięto od ciała, a następnie znowu tam umieszczono. Stwierdził też, że leżała w pozycji płodowej, a on sam widywał Rachel już wcześniej, gdy opalała się przy stawie.

Teraz przyszła moja kolej. Gdy prowadzę zajęcia z psychologami na temat występowania przed sądem, próbuję nauczyć ich, że kiedy są przesłuchiwani w krzyżowym ogniu pytań, zawsze powinni zdawać sobie sprawę, czego oczekuje od nich osoba zadająca pytania. Każdy dobry obrońca od czasu do czasu zadaje pytania niemające pozornie związku ze sprawą. Za każdym razem ma jednak swój cel i ważne jest, by go widzieć i nie dać się przygnieść potokowi wymowy ani nie dać się wmanewrować w przyznanie racji pytającemu, gdy widzimy, że nie wyjaśniliśmy w pełni naszej kwestii.

Obrońca Jim Sturman to doskonały prawnik, który jasno określił swój cel. Zdecydował się zdyskredytować mnie i, jak miał nadzieję, w rezultacie również całą tajną operację. Gdyby nie udało mu się zakwestionować moich kwalifikacji zawodowych, to – jeżeli zaszłaby taka potrzeba – zaatakowałby profilowanie albo całą gałąź psychologii oraz psychologów. Nic też dziwnego, że były to dwa bardzo interesujące dni spędzone za barierką dla świadków.

Najważniejszą częścią moich dowodów była integralność i poprawne zaprojektowanie tajnej operacji, zarówno jeżeli chodzi o założenia, jak i realizację. Musiałem również udowodnić, że seksualność Colina Stagga doskonale pasuje do modelu seksualności, który stworzyłem dla mordercy Rachel Nickell. Było to na tyle rzadkie zboczenie, że nie ma szansy, aby dwóch ludzi posiadających te same cechy spotkało się w tej samej chwili w tym samym miejscu, o ile nie będzie to oczywiście szpital albo więzienie. Co ważniejsze – jego zachowanie w czasie tajnej operacji zgadzało się dokładnie z naszymi przewidywaniami dotyczącymi mordercy.

Nic dziwnego, że pan Sturman potraktował moje stwierdzenia jako „spekulacje niczym niepotwierdzone", niczym innym jak tylko instynktem.

Zapytał mnie, czy Colin Stagg jest psychicznie chory.

– Nie wiem. Nigdy go nie badałem – odpowiedziałem.

Pan Sturman stwierdził wtedy, że jeśli nie badałem pana Stagga, to w jaki sposób mogłem wyciągać jakiekolwiek wnioski? Zadał też pytanie, czy podejrzany cierpi na jakieś zaburzenie w rozumieniu Ustawy o zdrowiu psychicznym z 1974 roku.

– Nie wiem.

Próbował również zmusić mnie do postawienia diagnozy, którą mógłbym przedstawić jedynie po zbadaniu pacjenta. Miał nadzieję, że może zacznę się chwalić i dodam coś, czego nie będę mógł udowodnić.

– Ile morderstw młodych kobiet w towarzystwie małego dziecka analizował pan w swojej karierze, panie Britton?

– Żadnego – odpowiedziałem.

Było to głupie pytanie. Równie dobrze mógłbym go zapytać, ile razy bronił osoby oskarżonej o to, że czterdzieści dziewięć razy dźgnęła kobietę nożem. Moje wnioski są oparte na znajomości ludzkiego postępowania i doświadczeniu wynikającym z pracy z różnego rodzaju dysfunkcjami.

Przesłuchanie było ostre i agresywne, ale od czasu do czasu pan Sturman starał się zbyt mocno.

– Panie Britton, czy jest to morderstwo typu *overkill*? (Miał widocznie nadzieję, że nigdy nie słyszałem tego terminu albo że się z nim zgodzę).

– Kiedy mówi pan „typu *overkill*", to czy chce pan użyć terminu w znaczeniu stosowanym przez FBI?

– Tak.

– Według nich występuje ono wtedy, gdy zadano określoną liczbę ciosów. Chyba dwadzieścia. W takiej sytuacji twierdzą, że napastnik musiał znać ofiarę.

– Zgadza się – odparł Sturman. – Jeśli dwadzieścia lub więcej ciosów, to ofiara musiała znać napastnika. (Rachel zadano czterdzieści dziewięć ciosów i uważano, że Stagg był dla niej obcy).

– Stwierdzenie, że jeżeli ktoś otrzymał dwadzieścia ciosów, to znał napastnika, a jeżeli otrzymał dziewiętnaście, to go nie znał, nie wydaje się zbyt użyteczne w Wielkiej Brytanii.

Sturman zrezygnował z kontynuowania tego wątku.

Po prośbie o przedstawienie szczegółów tajnej operacji wyjaśniłem, w jaki sposób została zaprojektowana, by stanowiła ciąg zadań przypominających raczej drabiny, na które trzeba się wspinać niż wilcze doły, w które wpada niewinna ofiara.

Kolejne pytanie brzmiało, czy nie sądzę, że Stagg mógł powiedzieć Lizzie James cokolwiek, mając nadzieję na stracenie dziewictwa.

Odpowiedziałem, że nie widzę niczego w korespondencji i zapisie rozmów, co mogłoby wskazywać na to, że jego fantazje nie były autentyczne.

– Ilu ludzi mogłoby zareagować w ten sam sposób w stosunku do Lizzie James?

– Powiedziałbym, że jeżeli chodzi o fantazje, ich szczegóły, intensywność, agresję i dokładny opis położenia ciała Rachel Nickell, to stanowiliby oni jedną miliardową procenta.

Nadal trwała wymiana ciosów. Sturman chciał wiedzieć, w jaki sposób mogłem wydawać opinie. Wyjaśniłem wtedy, na czym polega moja praca kliniczna oraz zaprezentowałem swoje doświadczenie w leczeniu zaburzeń seksualnych. Zgodziłem się, że w korespondencji Stagga nie ma fantazji, które opisywałyby seks analny ani zabijanie kogokolwiek. Mimo to widoczny był szał seksualny, dlatego stwierdziłem, że opisane czynności mogły doprowadzić do śmierci uczestnika. Stagg doniósł również, że odczuwa podniecenie na samą myśl o ataku takim, jaki wystąpił w przypadku Rachel Nickell.

Kiedy w końcu zszedłem z miejsca dla świadków, czułem się wyczerpany. Wstępne przesłuchania trwały nadal. Zeznawali teraz doktor Richard Shepherd, patolog Ministerstwa Spraw Wewnętrznych, Lizzie James, która odpowiadała na pytania siedząc za drewnianym parawanem, i w końcu Keith Pedder.

Oczekiwane przeze mnie fajerwerki sztuki krasomówczej nie nastąpiły, kiedy zeznawała Lizzie James. Być może Sturman zdecydował się zatrzymać swoje sztuczki na wypadek, gdyby miał jednak zacząć się proces przed ławą przysięgłych. Zapytał jedynie Peddera, jakie inne wątki śledztwa były badane, sugerując, że Stagg został namierzony na samym początku, przez co policja przestała szukać innych podejrzanych. Pedder wyjaśnił, w jaki sposób badano wszystkie potencjalne wątki, włącznie z przesłuchaniem włoskiego grabarza, który pracował na pobliskim cmentarzu w Putney w chwili, gdy popełniono morderstwo.

W mowie końcowej Sturman przypuścił zaciekły atak na całą operację, dając do zrozumienia, że uczyniła z Colina Stagga ofiarę, żerując na jego seksualnej niedojrzałości i chęci utraty dziewictwa. Oskarżony był zakłopotany, sfrustrowany i napisałby wszystko, byle tylko zaciągnąć Lizzie do łóżka.

Według adwokata listy Lizzie były pułapkami, mającymi zmusić Stagga do wymyślania coraz dzikszych fantazji. Opisała się w listach jako kobieta, która chce być dominowana i poniżana, a on po prostu podjął jej grę i dał to, czego chciała. Utrzymywał, że moje dowody są całkowicie spekulacyjne i niepoparte niczym oprócz intuicji. Nie mam żadnych kwalifikacji jako lekarz i jedynie „odgadłem" zachowania seksualne Stagga.

– Nie wiemy po prostu, jaki szaleniec znalazł się tego dnia na błoniach. Pan Britton próbuje udowodnić winę, przedstawiając swoją opinię. Oskarżenie nie może się powołać na żadną sprawę, w której psycholog decydował o winie. Oskarżenie ma teraz zamiar stworzyć historię prawa.

Nie decydowałem o „winie" Colina Stagga. Po prostu stwierdziłem, że model zachowań seksualnych domniemanego mordercy jest identyczny z zachowaniami seksualnymi pana Stagga. Bill Boyce podkreślił również, że jestem poważanym psychologiem klinicznym i sądowym z długoletnim doświadczeniem. Stwierdził ponadto, że ława przysięgłych powinna mieć szansę zapoznać się ze wszystkimi dowodami i dopiero wtedy zdecydować, czy Colin Stagg jest mordercą, czy jedynie ofiarą własnych fantazji.

Po jedenastu dniach przedstawiania dowodów i gwałtownych sporów sędzia Terry English uznał, że chociaż argumenty obrony mają swoją siłę, to jednak wpływają jedynie na ocenę wagi dowodów przedstawianych przez oskarżenie, a nie na ich dopuszczalność. Przekazał sprawę do rozstrzygnięcia ławie przysięgłych. Pan Sturman natychmiast zgłosił wniosek o ustanowienie kaucji, argumentując, że prokuraturze cudem udało się uratować swój wniosek. Sędzia odrzucił to stwierdzenie i odmówił zwolnienia za kaucją.

17

RANO PADAŁ DESZCZ. CIĘŻKIE KROPLE BĘBNIŁY po nieprzemakalnych kurtkach i kapturach ludzi kopiących w ogrodzie. Z początku sąsiedzi nie zwracali na to większej uwagi, myśląc, że pewnie pękła rura lub zatkał się odpływ kanalizacji. Po prostu ekipa z wodociągów naprawiała awarię przy Cromwell Street 25 w Gloucester.

Przez dwa dni funkcjonariusze policji w gumowych butach i ciemnych kombinezonach powoli, warstwa po warstwie, usuwali rozmokły grunt z ogrodu znajdującego się na tyłach domu.

Odgrodzeni ścianą z jodeł i murem z czerwonej cegły od sąsiadującego kościoła Adwentystów Dnia Siódmego, wykrawali czarną glinę najpierw za pomocą maszyny, a później ręcznie, pracując długo w nocy, podczas gdy światła łukowe rzucały niepokojące cienie na kopce usypane z ziemi.

Pierwsza znaleziona kość mierzyła zaledwie trzy cale i okazało się, że należała niegdyś do małego zwierzęcia.

Trzy akapity w gazecie „Daily Mail" z soboty 26 lutego 1994 roku ujawniły w końcu przyczynę poszukiwań.

PRZEKOPYWANIE OGRODU

W POSZUKIWANIU ZAGINIONEJ CÓRKI

Ubiegłej nocy policja aresztowała parę małżonków i zaczęła przekopywanie ogrodu na tyłach domu w poszukiwaniu ich zaginionej córki.

Heather West zaginęła siedem lat temu w wieku 16 lat, lecz rodzice, Frederick West, lat 52, oraz Rosemary, lat 40, nigdy nie zawiadomili o tym policji. Twierdzą, że córka opuściła dom z własnej woli.

Państwo West zostali przewiezieni na komisariat policji w Gloucester w celu przesłuchania. Poszukiwania w ogrodzie ich domu mieszczącego się przy Cromwell Street w Gloucester mają być dziś kontynuowane.

Gloucester ma w sobie coś osobliwego. Wygląda, jakby kawałek angielskiej strefy przemysłowej oderwał się niczym góra lodowa od Anglii Środkowej i osiadł pośrodku pięknych wzgórz rozciągających się w Anglii Południowo-Zachodniej. Zamieszkane przez robotników, z dużą liczbą ludności ustawicznie zmieniającej miejsce pobytu, posiada pewne cechy charakterystyczne dla prowincjonalnego miasteczka, ale również takie, które przywodzą na myśl przemysłowe miasto usiłujące odzyskać dawno utraconą chwałę.

Cromwell Street znajduje się w sercu tej części miasta, gdzie wynajmuje się tanie pokoje i gdzie wzdłuż wąskich ulic stoją szeregowe, edwardiańskie domy, a z okien i otwartych drzwi matki spoglądają na dzieci bawiące się na chodniku.

Dom numer 25 stoi na końcu szeregu, jego przednia część pokryta jest wmurowanymi kamykami, a okna świeżo pomalowane są na zielono. W oknach wiszą wyblakłe firanki w stokrotki, a nad drzwiami wejściowymi wisi końska podkowa. Na sąsiadującym z domem kościele zbudowanym z nowiutkiej cegły widnieje napis: „Czy jest nadzieja dla naszego świata?".

Gdy po trzecim dniu kopania nic nie znaleziono, policjanci uparcie kontynuowali poszukiwania, pracując przede wszystkim na czworakach i wdrapując się w ziemię. Byli już zmęczeni i bolały ich plecy, kiedy rydel jednego z nich uderzył w coś twardego – wbitą w ziemię ludzką czaszkę.

Człowiek, któremu powierzono prowadzenie śledztwa, nadkomisarz John Bennett, szybko okazał się moim starym przyjacielem. Poznaliśmy się przy recepcji komisariatu policji w Gloucester, kiedy to zbeształ mnie za opóźnienie przy dostarczeniu raportu dla koronera. Chodziło wtedy o zwłoki znalezione z nożem w klatce piersiowej w miejscowości Newton niedaleko Stroud. Początkowo policja zakwalifikowała sprawę jako morderstwo i ustanowiła nagrodę w wysokości 10 tysięcy funtów. Przyjrzawszy się dokładnie pewnym aspektom życia i osobowości denata, poinformowałem Bennetta, że moim zdaniem nie trzeba było szukać mordercy – zadany cios nożem był samobójczy.

– Dobrze, że przyniosłeś ten raport – usłyszałem od niego podczas późniejszej wizyty – bo Terry zgodnie z moim poleceniem zakułby cię w kajdanki i zamknął w celi do czasu dostarczenia sprawozdania.

Uśmiechnął się szeroko i przedstawił mi komisarza Terry'ego Moore'a, swego zastępcę.

Stara winda szczęknęła i dygocząc, ruszyła w górę. Moore zauważył moją minę.

– Nie przejmuj się. Czasem udaje się nią dojechać na miejsce, a czasem nie.

Biuro oficera prowadzącego śledztwo przylegało do pokoju operacyjnego, z którego dochodziły znajome odgłosy dzwonienia telefonów i stukania w klawiaturę. Jednakże panująca tam atmosfera była zdecydowanie inna niż kiedykolwiek. W przypadku normalnego dochodzenia w sprawie morderstwa cała energia skupia się na tym, aby kogoś schwytać. To tak jakby na ścianie wisiały puste ramy i wszystkie działania miały na celu uzupełnienie tych ram fotografią. W tym przypadku fotografia już była – Frederick West siedział piętro niżej w pokoju przesłuchań, popijając herbatę i jedząc herbatniki w czekoladzie.

– Miło mi cię znowu widzieć, Paul – powitał mnie Bennett, rozsiadając się na krześle. – Szkoda tylko, że w takich okolicznościach. Pewnie masz już jak najgorsze zdanie o hrabstwie Gloucestershire – za każdym razem, kiedy tu przyjeżdżasz, wychodzi na jaw kolejna ohydna zbrodnia. Nie miej nam tego za złe.

Z przymkniętymi oczami zaczął odprawę.

– W ogrodzie z tyłu domu pod numerem dwudziestym piątym przy Cromwell Street, znajdującym się niedaleko stąd, znaleźliśmy szczątki trzech osób. Nieruchomość należy do Fredericka Westa, lat pięćdziesiąt dwa, oraz jego żony Rosemary, lat czterdzieści. Naszym zdaniem są to zwłoki młodych kobiet. Jedna z nich była najstarszą córką państwa West, Heather Ann West, ostatnio widzianą w maju 1987 roku.

Mamy do czynienia z niezwykłą sytuacją – mówił dalej Bennett – mamy kogoś, kto wydaje się wesołym, miłym, prostolinijnym, pracującym człowiekiem. Większość ludzi wypowiada się o nim dobrze. Wraz z żoną zamieszkuje pod tym samym adresem od ponad dwudziestu dwóch lat. Wygląda na to, że są dobrymi i przyjaźnie nastawionymi sąsiadami. Jednocześnie mamy trzy ciała, z których żadne nie zostało zidentyfikowane przez patologa z Ministerstwa Spraw Wewnętrznych. Wiele z tego, co ci teraz mówię, nie jest do końca potwierdzone, ale mogę ci powiedzieć, że ciała nie zostały znalezione w normalnym stanie.

– Co masz na myśli? – zapytałem.

– Zostały poćwiartowane.

W mojej głowie zadźwięczał dzwonek alarmowy.

Wskazując na kilka grubych teczek akt leżących na biurku, Bennett zaczął streszczać historię rodziny, od czasu do czasu korzystając z podpowiedzi Moore'a.

Frederick Walter Stephen West urodził się 29 września 1941 roku jako najstarszy syn robotnika rolnego i woźnicy z Much Marcle koło Ledbury na granicy hrabstw Herefordshire i Gloucestershire. Rodzina liczyła siedmioro dzieci, czterech synów i trzy córki.

Fredrick wychował się w Much Marcle i po skończeniu szkoły imał się różnych zajęć jako robotnik najemny i kierowca ciężarówki. Siódmego listopada 1962 roku ożenił się z Catherine „Reną" Costello, osiemnastoletnią kelnerką pracującą w kawiarni w Ledbury. Urodziły się im dwie córki, Charmaine w roku 1963 i Anne Marie rok później.

Rodzina jakiś czas mieszkała w Glasgow, mieście rodzinnym Reny, gdzie West znalazł pracę jako sprzedawca lodów, a później przeniosła się z powrotem do Bishop's Cleeve w Cheltenham, 12 mil od Gloucester, gdzie zamieszkali na polu kempingowym.

Z akt wynikało, że ich małżeństwo było dość burzliwe. W połowie lat sześćdziesiątych dzieci kilka razy oddawano do domu dziecka i odbierano parę tygodni później. W styczniu 1969 roku Fred powiedział znajomym, że Rena porzuciła go i uciekła z jakimś inżynierem do Szkocji.

Tego samego roku West nawiązał znajomość z Rosemary Pauline Letts, piętnastoletnią dziewczyną mieszkającą w Bishop's Cleeve. Jej rodzice byli zaniepokojeni różnicą wieku wynoszącą piętnaście lat i skontaktowali się z pracownikami opieki społecznej, którzy zgodzili się zaopiekować Rosemary. Lecz kiedy tylko ukończyła szesnaście lat, władze nie miały już prawa do interwencji.

Rosemary zamieszkała w przyczepie kempingowej z Westem i jego dwiema córkami i wkrótce zaszła w ciążę. Siedemnastego października 1970 roku w klinice położniczej w Gloucester City urodziła córkę, której dano na imię Heather. Piętnaście miesięcy później rodzice dziecka pobrali się i przeprowadzili do szeregowego domku przy Midland Street 25 w Gloucester, a wkrótce potem przenieśli się na Cromwell Street 25. Mae June urodziła się w czerwcu 1972 roku, a Stephen rok później. Po nich na świat przyszło jeszcze pięcioro dzieci, w tym trójka mulatów.

Tymczasem Fred chwytał się różnych zajęć jako budowniczy i handlowiec. Był karany i jedenaście razy stawał przed sądem, głównie za drobne kradzieże, paserstwo oraz wykroczenia drogowe. W 1970 roku, gdy sąd stracił już do niego cierpliwość, został skazany na trzy miesiące więzienia.

Jak dotąd nic nie wskazywało na istnienie niebezpiecznej patologii. Tym niemniej zdziwiło mnie, że policja posiada tak głęboką wiedzę na temat człowieka, który był karany za drobne wykroczenia.

– Są jeszcze pewne kłopotliwe aspekty w tym dochodzeniu – rzekł Bennett, odchrząkując.

– To znaczy?

– Po pierwsze, w chwili zniknięcia Heather miała tylko szesnaście lat. Kilku ludzi dopytywało się o nią, ale Fred wyjaśniał, że uciekła z przyjacielem. W gruncie rzeczy to był koniec sprawy.

Wiedziałem, że jeszcze coś się za tym kryje.

Bennett tłumaczył, że policja od jakiegoś czasu interesowała się tą rodziną. Po serii zarzutów o dokonywanie czynów nierządnych ich dzieci w wieku szkolnym zostały umieszczone w domu dziecka na ponad rok.

Pana Westa oskarżono o odbywanie stosunków seksualnych z co najmniej jedną ze swoich córek, w asyście zachęcającej go do tego żony.

– Rosemary nadzorowała odbywanie stosunku – dodał Moore – mówiąc, że dziewczyna jest gotowa.

Bennett kontynuował:

– Najwyraźniej to wszystko było częścią wspierania różnorakich teorii genetycznych Freda.

– Teorii genetycznych?

– Mnie nie pytaj, ja nie umiem ci tego wyjaśnić – odpowiedział Bennett i opowiadał dalej, jak to dwanaście miesięcy wcześniej małżonkowie mieli stanąć przed sądem w związku ze wspomnianymi zarzutami, ale w ostatniej chwili, kiedy już zebrał się sąd, główny świadek wycofał się ze składania zeznań. – Sprawa nie była dograna i prokuratura musiała się wycofać.

W ciągu następnych miesięcy policja utrzymywała kontakt z dziećmi, które zostały przeniesione do domu dziecka. W końcu dowiedziała się o Heather zakopanej pod patio w ogrodzie. Próbowali dojść, gdzie mogłaby się ona znajdować, ale bez skutku.

Kiedy spisywałem wydarzenia w porządku chronologicznym, zauważyłem kilka różnic czasowych pomiędzy otrzymaniem informacji a podjęciem działań. Czyżby to martwiło Bennetta? Z drugiej strony zastanawiałem się, dlaczego policja nie mogła przekopać czyjegoś ogrodu na podstawie zeznań dziecka. Musiało istnieć coś jeszcze, skoro Bennett, najbardziej rozluźniony z ludzi, był tak ostrożny.

Przerzucił przez stół teczkę zawierającą plik zeznań i rejestrów policyjnych. Pierwsze pięć stron stanowiło zeznanie złożone przez Caroline Owens, kobietę, która w wieku siedemnastu lat przez krótki czas pracowała u Westów jako opiekunka do dzieci. Za zgodą rodziców przeniosła się na Cromwell Street 25, by zajmować się Anne Marie, Heather i noworodkiem, Mae June.

Caroline zaczęła czuć się w ich domu niezręcznie, zwłaszcza gdy nowi chlebodawcy zaczęli okazywać jej niezdrowe zainteresowanie, czyniąc niedwuznaczne uwagi i rozmawiając o jej genitaliach. Fred twierdził, że znane są mu operacje mogące zwiększyć rozkosz seksualną odczuwaną przez kobiety. W końcu Caroline poszła na drinka z poprzednią opiekunką do dzieci państwa West, która zapytała ją wprost, czy pani West próbowała już ją uwieść. Zszokowana Caroline zdecydowała się odejść.

Kilka miesięcy później, 6 grudnia 1972 roku o godzinie 23.00, chłopak Caroline zostawił ją naprzeciwko pubu na przedmieściach Tewkesbury, skąd próbowała autostopem dostać się do domu w Cinderford, dwanaście mil od Gloucester. Udało się jej zatrzymać szary samochód marki Ford Popular, w którym dostrzegła państwa Westów. Zaproponowali, że ją odwiozą. Pomimo towarzyszącego jej uczucia niepokoju Caroline przyjęła propozycję, ponieważ było już późno i zimno.

Rosemary podniosła przednie siedzenie w samochodzie, wpuściła Caroline na tył, siadła obok niej, a pan West ruszył wzdłuż drogi do Cinderford. Zgodnie z zeznaniem Caroline Fred zapytał, czy miała stosunek płciowy ze swym chłopakiem i co z sobą robili. Następnie Rosemary zaczęła dotykać jej piersi przez ubranie i próbowała włożyć rękę między jej uda. Caroline zaczęła krzyczeć, lecz Rosemary śmiała się i drwiła z niej, a Fred pytał: „Jaka ona jest w dotyku?".

Ponieważ Caroline nie poddawała się, zatrzymał samochód, sięgnął do tyłu i uderzał ją pięścią, aż straciła przytomność. Kiedy się ocknęła, ręce miała związane na plecach, a na głowie szeroki plaster zakrywający jej usta, nos i uszy, tworzący coś w rodzaju maski.

Caroline odwieziono na Cromwell Street i wniesiono do sypialni na pierwszym piętrze. Fred zrobił filiżankę herbaty i zaczął przecinać plaster na jej twarzy za pomocą noża z obustronnym ostrzem. Ostrze rozcięło skórę pod lewym uchem, wyrwało spore kępki włosów przy ściąganiu plastra z głowy.

Zdjęto z niej ubranie i powiedziano, żeby się nie szarpała, bo inaczej stanie jej się krzywda. Zakneblowaną, z zawiązanymi oczami, zmuszono do położenia się na niskim łóżku czy materacu, siłą rozłożono jej nogi. Małżonkowie zaczęli badać jej pochwę i omawiać wielkość jej warg sromowych, dyskutując, czy przeszkadzają jej w osiąganiu rozkoszy seksualnej. Fred powiedział, że wie, jak je poprawić chirurgicznie.

Rosemary wzięła Caroline za pięty i uniosła jej nogi, rozciągając je na boki. Fred zaczął smagać jej srom skórzanym paskiem z ciężką klamrą, o szerokości dwóch cali. Następnie usunięto jej opaskę z oczu i Rosemary, już rozebrana, zaczęła całować nastolatkę i uprawiać z nią seks oralny. Tymczasem Fred rozebrał się i zaczął spółkować z żoną od tyłu. Kiedy Rosemary poszła do łazienki, Fred powiedział Caroline, że zamierza przetrzymywać ją w piwnicy, by jego koledzy też mogli ją wykorzystać. Kiedy już skończą, zostanie zabita i zakopana pod płytami chodnika w Gloucester, gdzie leżą setki dziewcząt, których policja nigdy nie odnajdzie.

Pozostawiono ją związaną i zakneblowaną przez całą noc, podczas gdy małżonkowie udali się na spoczynek. Caroline przypomniała sobie, jak wczesnym rankiem ktoś zapukał do drzwi i jak próbowała wołać o pomoc. Rosemary przycisnęła do jej twarzy poduszkę, dusząc ją tak długo, aż przestała stawiać opór. Kiedy gość wyszedł, Rosemary poszła na piętro zajrzeć do dzieci, a Fred położył się na Caroline i gwałcił ją przez kilkanaście minut, nie dochodząc do wytrysku.

Zgodnie z zeznaniem Caroline po tym zajściu błagał ją, by nie wspominała o tym jego żonie, inaczej byłaby na niego wściekła. Powiedział, że całe to uprowadzenie miało na celu dostarczenie przyjemności Rosemary, ponieważ w czasie ciąży jej lesbijskie ciągoty stawały się silniejsze, a ona chciała właśnie Caroline.

Rosemary przyszła do Caroline i zmusiła ją do kąpieli, następnie przyprowadziła ją z powrotem do sypialni. Wymusili na niej przysięgę, że jeśli puszczą ją wolno, powróci i zamieszka z nimi. Albo znajdą ją i zabiją. Zgodziła się na wszystko, więc kazali jej pomóc ubrać mniejsze dzieci, po czym towarzyszyła Rose w wyprawie do pobliskiej pralni. Tam, w otoczeniu ludzi, Caroline wymknęła się.

Z ciężkimi obrażeniami, zamiast wprost na policję, poszła do domu przyjaciółki. Z początku nie była w stanie zdobyć się na to, by powiedzieć o wszystkim matce i ojczymowi, lecz w końcu wezwano policję, zrobiono zdjęcia śladów po linie na nadgarstkach, sińców na nogach, ran ciętych i siniaków na twarzy.

Skończywszy czytać zeznanie, przejrzałem teczkę w poszukiwaniu dokumentu na temat wyniku tej sprawy. Bennett i Moore siedzieli cicho, tak jakby czekali na moją reakcję. Dźwięk dzwonka alarmowego w mojej głowie przybrał moc niemal ogłuszającą.

Państwo West zostali aresztowani i przesłuchani, lecz zaprzeczyli wszystkiemu. Ostatecznie zgodzili się przyznać do zarzutu popełnienia czynu nierządnego i uszkodzenia ciała pod warunkiem, że Caroline wycofa oskarżenie o gwałt. W ten sposób uniknęłaby konieczności zeznawania na temat gehenny, którą przeszła, na jawnym posiedzeniu sądu.

Choć trudno w to uwierzyć, sprawa przybrała postać stosunkowo mało istotnej i odbyła się przed Sądem Rejonowym w Gloucester 12 stycznia 1973 roku. Fred i Rosemary przyznali się do pomniejszych przedstawionych im zarzutów i każde z nich zostało ukarane grzywną w wysokości 25 funtów za poszczególny zarzut oskarżenia. Rosemary wyjawiła, że jest w ciąży, a o napaści powiedziała: „Nie wiem, dlaczego to zrobiłam, to się po prostu stało".

Bennett widział wyraz niedowierzania na mojej twarzy.

– Nie potrafię ci tego wyjaśnić – odparł. – Wątpię, czy ktokolwiek to potrafi.

Piętro niżej pan West ciągle jeszcze był przesłuchiwany. Był mężczyzną niskiego wzrostu, z ciemnymi, kręconymi włosami i baczkami. Miał na sobie szare spodnie, niebieski rozpinany sweter, koszulę rozpiętą pod szyją, pod nią podkoszulek – to samo ubranie, w którym w piątek rano zastała go policja, a następnie samochodem bez oznakowań zabrała z Cromwell Street. Okazał się niewdzięcznym obiektem przesłuchań, więc Bennett poprosił mnie, bym pomógł ekipom przesłuchującym i omówił z nimi możliwe strategie mające na celu dotarcie do prawdy.

Po aresztowaniu upierał się, że przeszukiwanie ogrodu nic nie da. Kiedy uświadomiono mu, że policjanci przekopują właśnie teren pod patio – i stało się oczywistym, że kłamstwo może wyjść na jaw – w końcu przyznał się: „Nie, ona (Heather) nie leży pod patio, tylko w ogrodzie". Krótko po tym zabrano go z powrotem do domu i w ogrodzie wskazał miejsce pochówku innych dwóch zwłok.

Ich śmierć, powiedział, była wynikiem wypadków i niefortunnych okoliczności. Pokłócił się z Heather, która zachowywała się nierozsądnie, więc ojcowskim sposobem usiłował wyprowadzić ją z błędu i nagle okazało się, że zmarła mu na rękach. Ponieważ Rosemary mogłoby to zdenerwować, zaniósł Heather do łazienki na górze i poćwiartował. Potem przeniósł w kawałkach do piwnicy, a następnie zakopał w ogrodzie.

Pozostałe śmierci były równie pechowe. Shirley Robinson, osiemnastoletnia lokatorka ich domu, zaszła w ciążę z Fredem i zaczęła robić problemy. Kiedy usiłował wyprowadzić ją z błędu, znowu znalazł się z nieżywą kobietą na rękach. Ta trzecia dziewczyna była najprawdopodobniej przyjaciółką Shirley, która przyszła jej szukać, więc naprawdę nie miał innego wyjścia, jak tylko ją zabić.

Moore westchnął:

– No tak, pechowy z niego sukinsyn, ten nasz Fred. Kobiety ni z tego, ni z owego umierały mu na rękach na prawo, na lewo i pośrodku, więc sobie wymyślił, że będzie je ćwiartował i zakopywał w ogrodzie, zamiast komukolwiek o tym powiedzieć.

Przeglądając zapisy z przesłuchań, stwierdziłem, że Moore doskonale streścił zeznanie Westa. West ustawicznie usiłował zminimalizować swoją odpowiedzialność. Nie zaskoczyło mnie to. Bardzo często mordercy uniewinniają się, zamiast całkowicie przyznać się do winy.

Jeśli chodzi o samą policję, dla nich sprawa ta wydawała się dość prosta. Trzy młode kobiety zostały zamordowane przez pana Westa, który utrzymywał, że działał w pojedynkę. Jego żona została zwolniona za kaucją, ponieważ nie sądzono, że jest wspólniczką zbrodni lub osłaniała męża. Nie była to kwestia większej liczby ofiar – dochodzenie skoncentrowało się na Fredzie i trzech dziewczynach w ogrodzie.

Później spotkałem się z posterunkową Hazel Savage oraz sierżantem Philem Onionsem, którzy prowadzili przesłuchania. Bennett i Moore przedstawili nas sobie i ustawili kilka krzeseł wokół stołu w przestronnej, opustoszałej kantynie policyjnej. Tylko dwie z tuzina lamp jarzeniowych były włączone i wykrawały ponure kręgi światła z ciemności.

Hazel Savage była dobrze po czterdziestce. Miała krótkie ciemne włosy i okulary z ciężkimi, plastikowymi oprawkami. Było w niej coś intensywnego. Wyczułem, że jest to kobieta, która prawdopodobnie całe życie poświęciła policji, a jego większą część spędziła w stopniu posterunkowego.

W drodze do kantyny Bennett uświadomił mi, że Hazel wniosła największy wkład w akcję przeszukiwania ogrodu. Zaangażowana była w przygotowanie sprawy przeciw państwu West pod zarzutem znęcania się nad dziećmi. Potem pozostała w kontakcie z rodziną. To ona zaczęła zadawać pytania o to, co stało się z Heather, oraz zaczęła szukać dziewczyny, sprawdzać bazy danych, rozmawiać z jej przyjaciółmi i nawiązywać bliższy kontakt z jej rodzeństwem. Gdy jedno z nich napomknęło, że Heather leży zakopana w ogrodzie, Hazel przyspieszyła śledztwo, aż w końcu przekonała przełożonych i zdobyła nakaz przeszukania.

Gdy tak siedzieliśmy i omawialiśmy szczegóły, uderzyła mnie jej gruntowna znajomość rodziny Westów. Wykraczała daleko poza zakres wiedzy oczekiwany od funkcjonariusza policji. Powiedziałbym, że obejmowała obszary znane może pracownikom opieki społecznej po kilku tygodniach lub miesiącach kontaktów. Teraz było jasne, dlaczego akta sprawy były tak bogate w informacje na temat rodziny.

Podczas naszej rozmowy Hazel przerywała przy każdej okazji, by coś dodać, i to nie tylko jeśli chodzi o fakty, lecz także w innych kwestiach – jakie towarzyszyły temu opinie, co każde z dzieci uważało na ten temat i w jakim stopniu bały się swoich rodziców. Tego rodzaju reakcji nie spotyka się zazwyczaj u policjantów, co jeszcze bardziej uwidoczniło fakt, jak bardzo jest w tę sprawę zaangażowana. Mimo to wyczułem w niej pewną wrażliwość. Nie potrafiłbym tego sprecyzować. Jej ogromne, osobiste zaangażowanie w śledztwo, choć niekoniecznie chorobliwe, mogło stworzyć problemy.

– Co jeszcze możecie powiedzieć na temat państwa Westów? – zapytałem, oczekując drobnych niuansów i subtelnych odcieni, dzięki którym można odkryć coś więcej.

– Pan West to dziwny gość – powiedział Moore.

– To znaczy?

– Rajcuje go, gdy Rose puszcza się z innymi facetami.

Do rozmowy włączyła się Hazel:

– Na drugim piętrze domu mają sypialnię, która została urządzona jak apartament dla nowożeńców – z łożem z baldachimem ze specjalnymi rzeźbieniami. To tam Rose zapraszała swoich przyjaciół. Kogokolwiek Fred sprowadził do domu.

– Sprowadził?

Bennett wyjaśnił:

– To coś w rodzaju *quasi*-prostytucji.

– Fred miał zwyczaj zaczepiać mężczyzn w miejscowych pubach i sprowadzać ich do domu – dodała Hazel. – Na pierwszym piętrze jest pokój, który wygląda jak recepcja burdelu. Cały obity jest czerwonym aksamitem, w kącie stoi ręcznie rzeźbiony bar. Fred wprowadza gościa, nalewa mu drinka, rozpoczynają pogawędkę, po czym przychodzi Rose i zabiera go na górę do łoża z baldachimem.

Moore dorzucił:

– Fred przysłuchiwał się temu wszystkiemu, siedząc w pokoju obok. Znaleźliśmy sprzęt nagrywający i wideo, poza tym parę filmów pornograficznych domowej roboty.

– To nie wszystko – dodała Hazel, spoglądając na Bennetta. – Rose nakłaniała mężczyzn do używania prezerwatyw. Zbierali spermę, którą później wstrzykiwali swoim córkom, próbując je zapłodnić.

– Znowu teorie genetyczne – skomentował Bennett, unosząc brwi.

Potem zaczęli opowiadać, jak w latach siedemdziesiątych dom przy Cromwell Street 25 został przekształcony w pensjonat. Dwa górne piętra przerobiono na tanie pokoje do wynajęcia, a West zamieszczał ogłoszenia w prasie lokalnej i w biurze opieki społecznej. Dziesiątki nastolatków i młodych ludzi musiało przewinąć się przez ten adres. W tym samym czasie również Rose zaczęła się reklamować w magazynach erotycznych jako „Mandy Mouse".

To zrozumiałe, że mając do czynienia z zejściami śmiertelnymi z jednej strony, a historią napadów na tle seksualnym z drugiej, policja traktowała je jako oddzielne wydarzenia i aspekty zachowania państwa Westów. Dla mnie jednak były one z sobą splecione. Ujrzałem nieprzerwaną nić doszczętnego zepsucia i zboczeń seksualnych. Bez względu na to, jak straszny malował się obraz sytuacji, wiedziałem, że rzeczywistość zdecydowanie go przerasta.

Trzy kobiety, które skrywał ogród, zostały zabite, bo tak komuś było wygodniej – weszły w drogę lub stwarzały problemy – lecz mimo wszystko, który człowiek jest w stanie poćwiartować ciało, poprzecinać mięśnie i ścięgna, wyginać stawy tak długo, aż się złamią...

Mamy tu do czynienia z człowiekiem, który wydaje się rozluźniony, a nawet zblazowany, potwierdzając, że to naprawdę się stało. Człowiek, który ponad wszelką wątpliwość ma na swym koncie długą historię przemocy seksualnej wobec żony, łącznie z zarzutami z roku 1972 o uprowadzenie, gwałt, sadyzm, ograniczanie wolności osobistej, torturowanie seksualne, fizyczne i psychiczne znęcanie się oraz groźbę zabójstwa. Dwadzieścia lat później mamy dowody na poważną dewiację seksualną, w wyniku której jego dzieci były systematycznie wykorzystywane seksualnie. W międzyczasie trzy kobiety zostały zamordowane i poćwiartowane.

W żołądku poczułem zimną pustkę. Zdarza mi się to za każdym razem, gdy spotykam się z tego rodzaju historią. Wiem, że oznacza to złe wieści dla jakichś rodzin i więcej pracy dla policji.

– Z czym mamy do czynienia? – padło pytanie ze strony Bennetta. Wszystkie twarze dookoła stołu zwróciły się w moją stronę.

– Wygląda to na drapieżną i sadystyczną psychopatię seksualną – odrzekłem. – Widziałem już kiedyś taki przypadek i leczyłem go klinicznie, ale ten nasz ma jedną szczególnie straszną cechę – mąż i żona, których energia wzmacniana jest przez współmałżonka, każde z nich usprawiedliwia czyny drugiego. Obydwoje są zaangażowani i są w tym samym stopniu partnerami. Oni nie zabili po to, żeby zabić, ich ofiary były dla nich jak zabawki, które można było torturować i wykorzystywać.

Następnie wyjaśniłem im, że ma tu miejsce proces ciągły, który objawił się najpierw napadem na Caroline Owens w roku 1972, a dwadzieścia lat później, w bardziej wyrafinowany sposób, wykorzystywaniem seksualnym ich własnych dzieci. Nie jest możliwe, aby w ciągu dwudziestu lat pomiędzy tymi datami nic nie miało miejsca, to się nie zdarza. Pan West nie obudził się pewnego ranka i nie stwierdził, że jest seksualnym psychopatą. To się zaczyna we wczesnym okresie życia, a kończy, kiedy się wypali, czyli gdzieś pod koniec czwartej lub piątej dekady życia – jeśli w ogóle się wypala, albo trwa do momentu schwytania przez policję.

– Więc co dokładnie masz na myśli? – zapytał Bennett.

– Macie do czynienia z zabójcami seryjnymi. Znaleźliście dopiero trzy z ich ofiar.

Kiedy to do nich dotarło, pierwszy odezwał się Bennett.

– Pozwól, że postawię sprawę jasno. W całym kraju szuka się zaginionych dziewcząt; jest wiele rodzin, które od lat nie widziały swych dzieci. Jeśli ta wiadomość stanie się publiczna, każda z tych rodzin zacznie się zastanawiać…

Z bólem zdawałem sobie sprawę z konsekwencji. W niektórych rodzinach otworzą się rany, które po prostu nigdy się nie zagoją. Gdy okaże się, że ich córka padła ofiarą mordercy, będzie to koniec niepewności, ale też zarazem przejście z jednej męczarni w drugą. Zaczną rozmyślać, co mogło się zdarzyć, i wiedziałem, że rzeczywistość przerasta ich najstraszniejsze podejrzenia.

– W takim razie gdzie one są? – zapytał Moore. – Gdzie są te wszystkie ofiary?

– Wszędzie, gdzie tylko mieszkał. Wszędzie, gdzie pracował – odrzekłem. – Czasem mordercy psychopaci pozbywają się zwłok w wygodny dla siebie sposób – zostawiają je w rowach, wrzucają do rzek, inni je zakopują. Państwo West troszczyli się o nie – trzymali je więc przy sobie.

– Więc dlatego korzystali z ogrodu z tyłu domu?

– Inaczej. Musieli skorzystać z ogrodu, bo w domu było już pełno. Powinniście go rozebrać, centymetr po centymetrze, podłogi, ściany, dach. Znajdziecie więcej zwłok, jestem tego pewien.

Padło więcej pytań, próbowałem odpowiednio im to wytłumaczyć, lecz zdawałem sobie sprawę, że moje wyjaśnienia nie będą wyczerpujące, dopóki nie dowiem się czegoś więcej o Westach i ich sposobie współdziałania. Omawiałem ich rozwój seksualny, który w rezultacie dał kombinację potężnego popędu płciowego z agresją i potrzebą dominacji.

– Oni czerpią rozkosz z zadawania bólu i wzbudzania przerażenia w ofiarach, to ma dla nich większe znaczenie niż stosunek czy związek seksualny, którego może po prostu nie być. Tego oni nie potrzebują – wyjaśniałem.

– Torturowali je? – dociekał Bennett.

– To prawie pewne.

Bennett wziął głęboki oddech i powoli wypuścił powietrze. Przymknąwszy oczy, oparł się o tył krzesła.

– Skąd ta pewność?

– Masz do czynienia z ludźmi, dla których granice i cechy tego, co dla nas jest zwyczajnym seksem, od dawna nie istnieją. Pojęcie „dość" dla nich nie istnieje. Nawet ćwiartowanie zwłok daje tym ludziom przyjemność.

– Prasa użyje sobie na tym jak cholera – zauważył Moore.

– Nic z tego. Zastosujemy blokadę informacyjną – odparł Bennett.

Trzeba było natychmiast opracować strategię przesłuchania, która zachęciłaby Fredericka Westa do swobodnego mówienia i w rezultacie do wyjawienia, jak do tego wszystkiego doszło. Zapytałem zespół przesłuchujących, jak zachowywał się dotychczas – czy się z nimi kłócił, nie chciał mówić, czy tylko przyznawał się do winy, gdy wiedział, że prawda wyjdzie na jaw? Czy przechwalał się swymi wyczynami i uważał się za kogoś wyjątkowego?

– Właściwie jest całkiem przyjazny – powiedziała Hazel. – Chce być lubiany. Gdy myśli, że idzie mu dobrze, wygląda, jakby się cieszył.

Phil Onions dodał:

– Jest dość nieczuły na fizyczne aspekty tej sprawy – makabryczne szczegóły nie wywierają na nim wrażenia. Nie chce o tym mówić.

– Nie przyznaje się – przerwała Hazel – mimo że niby nie chce kłamać – w każdym razie nie wprost. Tak jak wtedy, gdy zapytaliśmy go, czy Heather jest zakopana pod patio, a on w kółko zaprzeczał. Potem, kiedy zrozumiał, że policja nie zarzuci poszukiwań, dopóki nie znajdzie ciała, powiedział tak od niechcenia: „No dobrze, w takim razie, ona nie jest pod patio, tylko w ogrodzie". Nie chciał, aby przyłapano go na kłamstwie.

Spodziewałem się tego rodzaju zachowania.

– Musicie zrozumieć, że pan West nie jest typem człowieka, który chce zrzucić kamień z serca – powiedziałem. – Miał już do czynienia z policją i udało mu się trzymać ją z daleka przez długie lata. Będzie sprawiał wrażenie miłego, niemalże dobrodusznego człowieka, trochę zagubionego i zdezorientowanego. Zdaje się, że łatwo mu przychodzi mówienie, lubi, gdy się go słucha. On chce czuć się akceptowanym i nigdy nie powie: „Jestem zdeprawowanym, sadystycznym mordercą na tle seksualnym i nic mnie tak nie bawi, jak dorwać kobietę i torturować ją".

Pan West nie jest inteligentnym człowiekiem, ale też nie jest głupi. Zabija od lat, ma za sobą sprawę sądową. Wie dobrze, co zrobił, ale też zdaje sobie sprawę, że ci, którzy go przesłuchują, nie wiedzą nic i nie dowiedzą się niczego.

Poradziłem osobom przesłuchującym, aby pozwoliły mu mówić. Kiedy już zacznie, nawet jeśli będzie się kontrolował i uciekał od pewnych tematów, mówiąc, odkryje kolejne szczegóły, dzięki którym będzie można skonstruować następne przesłuchania.

Poradziłem im też skoncentrować się na pytaniach otwartych, które umożliwią panu Westowi rozwodzenie się nad czymkolwiek. Oni sami nie powinni pokazywać po sobie wstrętu lub zaskoczenia ani oceniać jego czynów czy zachowań.

– Możecie okazywać niedowierzanie, lecz nie w pogardliwy sposób. Musi to pojąć i podświadomie wiedzieć, że was interesuje i że chcecie go zrozumieć.

Wiedziałem, że będzie to długi proces. Warstwa po warstwie trzeba będzie odsłaniać przeszłość, aż, miejmy nadzieję, ukaże się nie tylko to, co stało się przy Cromwell Street 25, lecz także to, co musiało wydarzyć się wcześniej.

Było już po 22.00, kiedy uzbrojony we własne notatki i inne dostępne materiały opuściłem komisariat policji w Gloucester. Wiedziałem, że sporo jeszcze muszę się dowiedzieć na temat państwa Westów, ale jedna rzecz uderzyła mnie boleśnie. Wielka Brytania natknęła się na nową parę seryjnych morderców i najważniejszym pytaniem nie było: dlaczego i gdzie, tylko – ile?

18

W POŁUDNIOWO-WSCHODNIM LONDYNIE MICKEY BANKS zabiegał, aby ludzie usłyszeli telewizyjny apel dotyczący morderstwa w Plumstead. Mogłoby to stanowić przełom w śledztwie. Z uwagi na dużą liczbę przyjaciół i znajomych Samanthy Bissett miał do czynienia z bardzo trudnym zadaniem. Wielu z nich prowadziło niekonwencjonalne życie i trudno było ich odnaleźć.

Chociaż Banks i jego ludzie byli pewni, że obecnie szukają nieznanego seryjnego mordercy seksualnego, to patrząc na portret psychologiczny, nie mogli po prostu zignorować tradycyjnych wątków śledztwa, takich jak szukanie byłych sympatii, przyjaciół rodziny czy też niespełnionych kochanków.

Należało zbadać wszystkie zwykłe wątki i konwencjonalne motywy, by w przyszłości nie dopuścić do zarzutów obrony, że policja namierzyła tylko jeden typ podejrzanych i zarzuciła inne kierunki śledztwa.

Większość znajomych Samantha poznała poprzez miejscowy żłobek i wspólnotę kościelną. Utrzymywała też kontakt z ludźmi, którzy nie odegrali w jej życiu wielkiej roli, a mieszkali w kawalerkach, przyczepach samochodowych i porzuconych domach. Trudno było odnaleźć mężczyzn, których Samantha poznawała poprzez magazyny dla samotnych, jako że wiele z tych usług polegało na wykonaniu telefonu i zostawieniu swoich danych na automatycznej sekretarce. Numery telefoniczne ustawicznie się zmieniały, a nikt nie przechowywał archiwalnych nagrań. Pomimo to detektywi zdołali uzyskać zeznania od ponad stu osób, które korzystały z owych usług, i wyeliminować tysiące innych.

Samantha nawiązywała kontakty, które mogłyby sugerować prostytuowanie się. Znaczyłoby to, że sprawcą może być którykolwiek z mężczyzn. Z powodu jej przeszłości i obecnego trybu życia wielu mężczyzn mogłoby uznać ją za kobietę lekkich obyczajów.

Banks rozmawiał z twórcami programu *Crimewatch* UK o przeprowadzeniu rekonstrukcji morderstwa, lecz początkowa reakcja ze strony BBC była obojętna. Widocznie realizatorzy uznali, że brak jest wystarczającej liczby szczegółów, aby stworzyć wierną rekonstrukcję.

Jestem pewien, że kiedy program powstał, jego twórcy byliby wdzięczni policji za podsunięcie jakiejkolwiek sprawy. Ale teraz realizatorzy mogli przebierać w ofertach i sami wybierali przestępstwa, które chcieli zaprezentować. Jednak w przypadku Samanthy program telewizyjny mógł odegrać dużą rolę i poinformować społeczeństwo południowo-wschodniego Londynu o całej sprawie. To właśnie w tej części miasta najprawdopodobniej mieszka zabójca. Telewizja mogła też rozbudzić zainteresowanie mediów. Mickey Banks wywierał nacisk na producentów, mówiąc, że stworzony przeze mnie portret psychologiczny mógłby zainteresować opinię publiczną. Ostatecznie zgodzili się przedstawić rekonstrukcję pod warunkiem, że zdecyduję się wystąpić w programie.

– Nie czułbym się dobrze w tej roli – powiedziałem.

Banks odparł:

– Jeżeli nie wyrazisz zgody, to nie przeprowadzą rekonstrukcji.

– Pewnie sądzą, że zwrócę się z bezpośrednim apelem do mordercy i że będę mógł bezpośrednio wpłynąć na jego zachowanie, a przecież nawet nie wiemy, czy morderca obejrzy program. Prawdę mówiąc, szanse tego programu na wykrycie sprawcy są nikłe.

– Jak nikłe? – zapytał Banks.

– No cóż, dziesięć, może piętnaście procent.

– Jak by nie było, jest to piętnaście procent więcej niż teraz. Jeżeli chodzi o mnie, to zrobię wszystko, żeby złapać tego skurwiela. Oczywiście nie mogę cię do niczego zmusić, ale bardzo proszę, żebyś się zgodził.

Jak mogłem odmówić.

W przeszłości pomagałem tworzyć scenariusze dla *Crimewatch* UK, nawet scenariusz dla grupy prowadzącej śledztwo w sprawie Julie Dart. Celowo jednak nie pokazywałem się telewidzom. Nie mam nic przeciwko programowi. Wiem, że wykonuje dobrą robotę. Nie przedstawia przestępstwa w korzystnym świetle ani nie służy jako poradnik dla przestępców. Ja po prostu nie czuję się dobrze w roli osoby publicznej.

Producenci chcieli, abym to ja przedstawił profil psychologiczny. Przekonywałem ich, że to Mickey Banks jako oficer prowadzący śledztwo powinien ujawnić informacje w programie. O pewnych szczegółach jednak nie chciano wspominać, zwłaszcza o niczym, co sugerowało, że Samantha mogła pracować i obracać się w kręgach związanych z prostytucją. Ujawnienie tych faktów odwróciłoby współczucie i litość ludzi od jej osoby i tym samym odstręczyłoby ich od podania jakichkolwiek informacji. Jednocześnie musieliśmy być bardzo ostrożni i przedstawić jedynie najbardziej zasadnicze elementy, które pomogłyby nam schwytać zabójcę.

Zdawałem sobie sprawę, że przedstawienie zabójcy jako pewnego rodzaju potwora sprowokuje go do dalszych czynów. Ważne było uniknięcie wściekłości, odrazy lub jakichkolwiek uwag osądzających podejrzanego. W przeciwnym razie mogło to nie tylko dać mu do zrozumienia, że świat go nie docenia, ale również zniechęcić widzów do dzwonienia i udzielania istotnych informacji. Ludzie z kręgu zabójcy, którzy pracowali z nim albo wspólnie mieszkali, nie mieli uważać go za potwora. Widząc go w taki sposób, ci, którzy go znali, przekonaliby siebie samych, że policja musi szukać kogoś innego.

W czwartek 8 lutego 1994 roku nadano program pokazujący ostatnie chwile Samanthy i Jazmine. Wystąpiły w nim aktorki bliźniaczo do nich podobne. Pokazano także kasetę wideo przedstawiającą matkę i córkę nad morzem. Miejscowy taksówkarz, który podwiózł je z przedszkola do domu w tym samym tygodniu, kiedy dokonano morderstwa, zeznał, iż Samantha była zaniepokojona, kiedy zobaczyła żółtą ciężarówkę zaparkowaną przy domach na Heathfield Terrace. Inni świadkowie pamiętali również ciężarówkę i opisali dwóch mężczyzn z psem.

Policja sądzi, że byli oni powiązani z Samanthą, chociaż nigdy o nich nie wspominała.

Nadal należało zbadać wątek dwóch ludzi, których widziano w noc zabójstwa. Jednego z nich zauważono, gdy przechodził przez ulicę i kierował się w stronę mieszkania Samanthy około 22.15. Drugiego, którego obecność wyszła na jaw dopiero ostatnio, widziano około 19.30 wałęsającego się w okolicy. Zauważono go tam również poprzedniej, środowej nocy.

Mickey Banks opisał dwóch mężczyzn oraz zapytał:

– Czy znałeś Samanthę? Czy odpowiedziałeś na jedno z jej ogłoszeń? Czy wiesz, kim są mężczyźni w ciężarówce? Czy rozpoznajesz portret pamięciowy mężczyzny widzianego ostatniego lata? Czy w noc morderstwa spotkałeś któregoś z nich?

Po raz pierwszy stwierdzono publicznie, że Jazmine była molestowana seksualnie.

– Apeluję do ludzi, którzy uważają, że mogą znać osobę odpowiedzialną za ten czyn, aby pomogli nam w śledztwie. Kiedy zdacie sobie sprawę z tego, co się stało z tą małą, bezbronną dziewczynką, mającą zaledwie cztery lata, jestem pewien, że skontaktujecie się z nami.

Następnie Nick Ross, prezenter, przedstawił szczegóły portretu psychologicznego i zapytał mnie, jak dobrze znam mężczyznę odpowiedzialnego za morderstwo.

Odpowiedziałem mu, że wiem dosyć dobrze, co działo się w głowie mordercy w czasie przestępstwa. Zwróciłem się natomiast z prośbą do sprawcy, żeby powiedział mi, co sprawiło, że poszedł drogą, która w końcu doprowadziła do zamordowania Samanthy. Chciałem też wiedzieć, dlaczego koniecznie pragnął skrzywdzić dziecko.

Crimewatch UK składa się z dwóch części. Pierwsza z nich jest rekonstrukcją zdarzeń i emitowana jest wczesnym wieczorem. Kilka godzin później nadawana jest część druga, która przekazuje najnowsze informacje uzyskane od widzów. Podczas przerwy, na kawałku papieru zaadresowanym bezpośrednio do zabójcy, napisałem kilka zdań. Kamery pracowały. Mickey Banks po raz drugi zaapelował o pomoc w tej sprawie i skierował kamerę na mnie.

– Nie znam jego nazwiska ani adresu, ale z pewnością rozumiem niektóre aspekty jego psychiki. Wiem o jego satysfakcji i podnieceniu, jakie czerpał z porządkowania miejsca zbrodni. Czasami może uświadamiać sobie, że nie wolno tak dalej postępować. W takim przypadku chciałbym, żeby do mnie zadzwonił.

Zgodnie z oczekiwaniami morderca nie zadzwonił, ale zgłosiło się mnóstwo mężczyzn, którzy odpowiedzieli na ogłoszenia Samanthy. Każde zgłoszenie należało sprawdzić, a alibi zweryfikować. Spełniły się nasze nadzieje i sprawą zaczęła interesować się prasa. Dzięki temu Banks mógł szerzej zaprezentować profil sprawcy.

Dwudziestego trzeciego lutego powiedział na łamach „London Evening Standard":

– Szukamy kogoś, kto może być sąsiadem każdego z nas. Prawdopodobnie jest pewny siebie i ma pracę. Z tego, co wiemy, nie szuka rozgłosu i sławy, jednak jest zainteresowany wrażeniem, jakie jego czyny wywarły na ludziach. Nie odczuwa wyrzutów sumienia, a w przeszłości zapewne zachowywał się agresywnie w stosunku do kobiet. Jeśli pozostaje w związku, to jest on prawdopodobnie nieudany. Ma problemy z kobietami o dominującej osobowości.

Chociaż był doświadczonym oficerem śledczym i prowadził dochodzenia w wielu morderstwach, to nie był w stanie powstrzymać obrzydzenia:

– Największą odrazę budzi we mnie gwałt popełniony na czteroletniej dziewczynce. Ze względu na rodzaj odniesionych obrażeń nie wiemy, czy Samantha również została zgwałcona, ale nadal prowadzimy badania.

Po emisji *Crimewatch* UK przez trzy miesiące nie otrzymywałem żadnych wiadomości na temat śledztwa. Zająłem się pracą w państwowej służbie zdrowia. Brałem udział w poszukiwaniach ciał przy Cromwell Street i przygotowaniach do procesu Colina Stagga.

– Chyba mamy go – powiedział Mickey Banks. Natychmiast wyobraziłem sobie, jak wyrzuca triumfalnie pięści do góry.

– Jesteś pewien?

– Zostawił odciski palców w całym mieszkaniu. Myśleliśmy, że to odciski ofiary. Ale przyszły wyniki z archiwum. To Robert Clive Napper. Ma dwadzieścia cztery lata i pracuje w miejscowym zakładzie produkcji tworzyw sztucznych. Wychował się w okolicy. Ma jakiś formularz.

– Jaki formularz?

– O tym właśnie chciałbym z tobą porozmawiać. Powiązaliśmy go też z serią gwałtów. Mam też kilka rzeczy, które powinieneś obejrzeć, zanim go zgarniemy.

Następnego wieczoru znowu znalazłem się w zadymionym, przypominającym salon komisariacie. Od mojej ostatniej wizyty przybyło papierów i teraz worki z aktami i protokołami leżały przy każdym biurku w pokoju operacyjnym. Widać w ciągu dnia ksero odmówiło posłuszeństwa.

Gdy tylko przekroczył próg pokoju, Banks zapalił papierosa i natychmiast przystąpił do rzeczy.

– Doskonale go scharakteryzowałeś. Pasuje do profilu, nawet jego przeszłość. Uważamy też, że jest odpowiedzialny za serię gwałtów. Chyba pamiętasz kryptonim „Ecclestone"?

Nie odpowiedziałem. Musiałem przetrawić to, co mówił.

– Morderstwa na ścieżkach Green Chain? Jesteś zupełnie pewien? – zapytałem.

– Będziemy pewni na sto procent, kiedy przyjdą wyniki badań DNA.

Teraz o wiele bardziej pragnąłem dowiedzieć się wszystkiego, co tylko można, o podejrzanym. Jeżeli to Robert Napper gwałcił na terenie Green Chain, to musiałem zrozumieć, dlaczego tak długo chodził na wolności. Przez ponad dwanaście miesięcy gwałcił, nie zachowując elementarnych środków bezpieczeństwa, zanim w końcu zamordował Samanthę i Jazmine. Zamieszanie z identyfikacją sprawcy było spowodowane faktem, że gdy po raz pierwszy pobrano odciski palców od Samanthy, to okazały się nieostre i, co niezmiernie rzadko spotykane, odciski palców ofiary i mordercy były bardzo do siebie podobne.

Z tego też względu początkowo uznano, że odciski na framudze drzwi, poręczy balkonu i nodze łóżka Jazmine należą do Samanthy. Dopiero po powtórnym pobraniu odcisków palców ofiary ślady znalezione na miejscu zbrodni wysłano do archiwum, skąd przyszła wiadomość, że należą do Roberta Nappera.

– Nic nie wskazuje, aby był przyjacielem albo znajomym ofiary – powiedział Banks. – A ślady na balkonie świadczą o tym, że ktoś wspinał się do mieszkania.

Gdy tak rozmawialiśmy, zacząłem przypominać sobie, że faktycznie profil stworzony w ramach operacji „Ecclestone" był podobny do profilu mordercy z Plumstead. Różne szczegóły zaczęły do siebie pasować. Samantha mieszkała prawie na południowym skraju błoni Winns Common. Na północ za parkiem leśnym znajdował się dom, w którym dokonano pierwszego morderstwa. Zarówno Samantha, jak i Jenny opalały się w ogrodzie za domem, a Samantha chodziła na wpół naga, nie zasłaniając przy tym okien. Obie nie zamykały drzwi i mieszkały w miejscach, gdzie przygodny obserwator nie zwracał niczyjej uwagi.

Policja zebrała mnóstwo informacji o podejrzanym. Banks zgromadził na biurku wszystkie znane fakty i dane z wywiadu środowiskowego oraz obserwacji Nappera. W związku z tym chciał ze mną porozmawiać. Mógł teraz udowodnić, że Napper był w mieszkaniu przy Heathfield Terrace, ale nie oznaczało to automatycznie, że zabił Jazmine i Samanthę. Mógł stwierdzić, że był znajomym, który wpadł z wizytą kilka dni przed morderstwem.

Napper mieszkał w wynajętej kawalerce w wiktoriańskim domu przy Plumstead High Street i pracował w firmie Glyndon Plastics w Thamesmead. W tej okolicy dorastał i chodził do szkoły średniej, którą skończył po zdaniu egzaminów z siedmiu przedmiotów ogólnych i egzaminu zawodowego z gastronomii.

Od tej chwili rzadko kiedy pozostawał bez pracy, choć była to zazwyczaj praca fizyczna. W okresie, gdy gwałcił kobiety, pracował jako magazynier w składnicy druków i formularzy Ministerstwa Obrony. Nie spóźniał się i wykonywał swoje obowiązki względnie sumiennie, jednak zdaniem kolegów z pracy trzymał się na uboczu.

Policja po raz pierwszy zwróciła na niego uwagę w sierpniu 1986 roku ze względu na posiadanie broni w miejscu publicznym. Sprawę warunkowo umorzono, a on sam musiał jedynie zapłacić 10 funtów za koszty postępowania.

Kolejna data wydała mi się znajoma. Dwudziesty dziewiąty października 1992 roku – tego dnia przepisałem profil sprawcy sporządzony w ramach operacji „Ecclestone". Napper został zatrzymany po tym, jak zamówił w drukarni pięćdziesiąt egzemplarzy papieru firmowego z nadrukiem komendy policji w Greenwich. Właściciel zawiadomił policję i Nappera aresztowano, gdy zjawił się po odbiór.

Rewizja w miejscu zamieszkania ujawniła pistolet kaliber 5,6 mm, dwieście czterdzieści cztery naboje, dwa noże, kuszę i sześć bełtów.

Napper przyznał się do posiadania broni palnej i amunicji bez zezwolenia i wyrokiem sądu został oddany pod nadzór kuratora na osiem tygodni. Akta sądowe zawierały kilkanaście wzmianek dotyczących zaburzeń psychicznych oskarżonego, a raport psychiatry stwierdzał, że Napper „bez cienia wątpliwości stanowi duże zagrożenie dla siebie i społeczeństwa". Wszystko to miało miejsce dwanaście miesięcy przed zamordowaniem Samanthy i Jazmine Bissett.

– Nadal jesteśmy w posiadaniu dowodów z tamtego procesu – powiedział Banks. – Są tu bardzo interesujące materiały – kalendarze, listy, plany.

Przyjrzałem mu się, próbując czytać w myślach. Czy w ten sposób powiązano Nappera z gwałtami?

– Paul, chciałbym, żebyś je przestudiował i powiedział, czy coś ci mówią o podejrzanym. Możesz zabrać kopie do domu, ale teraz potrzebuję jakichś wskazówek.

Pośród fotokopii dokumentów znajdowały się kalendarzyki, ręcznie rysowane plany, notatki na starych kopertach i marginesach gazet i, najważniejsze z nich, plan miasta oraz przewodnik *Londyn od A do Z*. Chociaż większość notatek była niejasna, to oczywiste było, że w jego umyśle kłębią się ciemne myśli.

Na ręcznie rysowanych planach widniały dziwne uwagi, na przykład „nogi owinąć folią", sugerujące wiązanie ofiar. Zapisał również nazwy konkretnych ulic, podając współrzędne na planie miasta z przewodnika. W kieszonkowych kalendarzykach wymieniał różne kobiety, jednak nic nie wskazywało na to, że któraś z nich jest jego stałą dziewczyną lub przyjaciółką. Przy jednym imieniu dopisał adres i komentarz: „pojebana, parszywa suka".

Dały się również zauważyć oznaki paranoi. Pomiędzy zwykłymi notatkami dotyczącymi wizyt u dentysty i zaliczek na podatek dochodowy Napper powracał do kłótni z otoczeniem i obaw, że ktoś dosypuje mu czegoś do jedzenia. Uważał, że wszyscy obgadują go za plecami i nic mu się nigdy nie udaje.

O wiele bardziej interesującym i niepokojącym dokumentem był plan Londynu. Na niektórych stronach widać było grube czarne kropki w pewnych miejscach i ukośne kreski w innych. Koncentrowały się w okolicach Plumstead, Woolwich, Bexley Heath, Eltham i Ecclestone w południowo-wschodnim Londynie.

– Właśnie to łączy go z gwałtami? – spojrzałem na Banksa, szukając potwierdzenia.

– Niektóre tak, ale nie wszystkie – znaków jest o wiele więcej niż gwałtów.

Dodał też, że w przewodniku znajdowała się karta członkowska klubu sportowego z Eltham. Należała do młodej, atrakcyjnej blondynki, mieszkającej przy Grange Hill Road w Eltham. Napper wszedł w posiadanie karty, umieścił ją na właściwej stronie przewodnika i zakreślił Grange Hill Road.

– Rozmawialiśmy z nią i nigdy nie słyszała o Napperze.

– W takim razie miała sporo szczęścia.

Pośród papierów znajdowały się też ręcznie rysowane, bardzo szczegółowe plany. Ukazywały parki, ulice i najdrobniejsze szczegóły, takie jak kratki ściekowe, rynsztoki, piaskownice, okopy i schrony z czasów drugiej wojny światowej. Niektóre alejki i ścieżki zaznaczono na tle otaczających je terenów zielonych.

– Zaznaczył tutaj nie tylko miejsca gwałtów – powiedziałem. – Niektóre z tych punktów są prawdopodobnie miejscami, skąd może z ukrycia obserwować kobiety. W innych, być może, trzyma pamiątki i narzędzia.

– Powiedz coś więcej na temat tych „schowków".

– Trzeba się zastanowić, gdzie można coś schować i pod tym kątem przyjrzeć się dokładnie szkicom oraz opisom głębokości studzienek i dołów. Doskonale zna ten obszar, więc z łatwością mógł tu ukryć noże, pamiątki i trofea.

– Jak często może tam zaglądać? – ożywił się Banks.

– Nie wiem. Ale nie należy tego lekceważyć.

– Czy warto prowadzić obserwację? Czy zaprowadzi nas do takiej kryjówki?

– Jest to całkiem prawdopodobne.

Była to trudna strategia. Nie wolno było spuścić go z oka, gdyż jeśli właśnie on był mordercą Samanthy i Jazmine, to stanowił potencjalnie śmiertelne zagrożenie. Jednocześnie Banks chciał doprowadzić do procesu i potrzebował czegoś więcej niż tylko odcisków palców. Narzędzie zbrodni albo pamiątka taka jak brakujący fragment ciała Samanthy stanowiłby dowód nie do odparcia.

Gdy wracałem do domu, by w spokoju przestudiować dokumenty, obserwacja Nappera już się rozpoczęła.

Brytyjska policja należy do służb niespuszczających z oka osób, na które kiedyś zwróciły uwagę.

Od czasu aresztowania w październiku 1992 roku nazwisko Nappera pojawiało się dwukrotnie w aktach komisariatu w Plumstead. W lipcu 1993 roku, cztery miesiące przed morderstwem w Plumstead, widziano go na tyłach domu przy Rutherglen Road. O 21.30 pewne małżeństwo zgłosiło na policję, że na ich parkanie siedzi mężczyzna obserwujący mieszkającą w sąsiednim budynku atrakcyjną dwudziestoczteroletnią blondynkę, która ma zwyczaj chodzić po mieszkaniu na wpół rozebrana, nie zasłaniając przy tym okien.

Gdy żona dzwoniła na policję, mąż poszedł za mężczyzną i wskazał go przybyłym policjantom. Napper bez oporów podał nazwisko i adres. Na pytanie, co robi, odpowiedział, że po prostu „spaceruje".

Według świadka Napper rzucił coś na ziemię, gdy zeskakiwał z ogrodzenia, jednak poszukiwania nic nie wykazały.

Jeden z policjantów napisał w raporcie: „Zachowanie dziwne, nienormalne. Należy go uznać za potencjalnego gwałciciela, ekshibicjonistę".

Równie ważne było miejsce, gdzie się to zdarzyło. Nieruchomości przy Rutherglen Road wychodziły na pole prowadzące w kierunku Bostall Woods, które stanowiło część trasy Green Chain.

Wszystko to natychmiast wskazywało na niego jako bardzo prawdopodobnego sprawcę serii gwałtów. Oprócz tego, że był znany miejscowej policji, to pasował do podanego przeze mnie profilu. Szczególnie zgadzało się wtargnięcie na cudzy obszar i doskonała znajomość terenu. W profilu stwierdziłem, że sprawca zwróci na siebie uwagę policji w jeden z trzech sposobów:

1) dzięki informacjom przekazanym przez pracowników lokalnej administracji bądź policjantów,

2) zostanie złapany na gorącym uczynku,

3) albo dotrze się do niego drogą eliminacji po zbadaniu archiwów policji.

Po prostu tkwił gdzieś w systemie, należało go tylko poszukać.

Moją początkową reakcją był ogromny gniew i smutek. Nie wiedziałem, na jakie trudności natrafili oficerowie prowadzący śledztwo w sprawie gwałtów i co wpłynęło na podejmowane decyzje. Wiedziałem jedynie, że dwanaście miesięcy później zamordowano matkę z córeczką i możliwe było, że mordercą jest gwałciciel z Green Chain.

Obserwacja podejrzanego trwała dziesięć dni, w czasie których Napper regularnie wychodził z domu o 7.30, szedł do wytwórni tworzyw sztucznych, gdzie pracował na dwunastogodzinnych zmianach, po czym wracał do domu. W czasie weekendu pojechał na West End, gdzie wchodził do kilkunastu sklepów z magazynami erotycznymi i oglądał noże na wystawach sklepów sprzedających wyposażenie do survivalu.

W drodze powrotnej zrezygnował z pociągu do Plumstead. Zamiast tego pojechał do Sidcup i zaczął chodzić po uliczkach, nie zważając na deszcz. W końcu wsiadł do autobusu jadącego do Plumstead. Podróż nie miała żadnego widocznego celu, jednak prawdopodobnie obejmowała niektóre z ulubionych miejsc, z których mógł obserwować kobiety w domach.

Ponieważ nic nie wskazywało, że Napper ujawni swoje „schowki", Banks zdecydował się dokonać aresztowania w piątek 27 maja przed weekendem połączonym ze świętem bankowym. Poprosił o pomoc w przygotowaniu strategii przesłuchań i zapytał, czy mógłbym przyjechać do Londynu na pierwsze z nich.

W piątek rano policjanci zgromadzili się przed budynkiem przy Plumstead High Road 135 – ogromnym wiktoriańskim domem, podzielonym na kawalerki. O 9.40 wkroczyli do mieszkania i aresztowali Nappera pod zarzutem zamordowania Samanthy i Jazmine Bissett w mieszkaniu przy Heathfield Terrace oraz dokonania serii gwałtów. Gdy prowadzono go do samochodu, powiedział: „Wiem o tych morderstwach z gazet. Nie znam Samanthy Bissett. Nigdy tam nie byłem". Zapisał to w swoim notesie jeden z policjantów dokonujących aresztowania.

Po przeszukaniu mieszkania zaproszono mnie do środka. Miałem sprawdzić, czy nie znajdę tu dodatkowych wskazówek, mogących pomóc przy ustalaniu strategii przesłuchań. Kawalerka była mała, czysta i panował w niej porządek. W pokoju znajdowały się szafa, dwa krzesła i stół, lecz brakowało łóżka. Zaskoczyło to właściciela, który wynajął kawalerkę z łóżkiem na metalowej ramie. Na rzeczy Nappera składały się ubrania, walizki, obuwie, telewizor, wieża stereo i zamknięte na kłódkę czerwone, metalowe pudło na narzędzia.

Po otwarciu znaleziono przyklejoną taśmą do wewnętrznej strony wieczka kartkę z napisem: „SAMOTNY? ZNUDZONY? LUBISZ PODNIECAJĄCE PRZYGODY? CHCESZ BYĆ ZAUWAŻONY? PRAGNIESZ POZNAĆ NOWYCH DZIWNYCH LUDZI? POZOSTAW POJEMNIK OTWARTY".

Po zdjęciu kartki ukazał się odcisk buta do koszykówki marki Adidas Phantom. W Wielkiej Brytanii sprzedano ich bardzo niewiele, a odcisk pasował do odcisku buta, który znaleziono w kuchni Samanthy.

W górnej przegródce skrzynki znaleziono kolejny przewodnik *Londyn od A do Z*. Po obejrzeniu okazało się, że zawiera oznaczenia i dziwaczne zapiski, włącznie z atramentową kropką obok budynku pod numerem 1a przy Heathfield Terrace. W dolnej przegródce znajdowały się kserokopie stron z podręcznika sztuki walki, odręczne rysunki i notatki. Książka opisywała, w jaki sposób obezwładnić i kontrolować napastnika. Na szczególną uwagę zasługiwał rysunek szyi wraz z opisem, w jaki sposób działają poszczególne mięśnie. Kolejna ilustracja pokazywała wewnętrzną budowę klatki piersiowej. Widok pod wieloma względami przypominał ciało Samanthy z odsłoniętymi wewnętrznymi organami jamy brzusznej i klatki piersiowej po rozcięciu i rozwarciu.

Pośród innych notatek Nappera znalazły się imponujące wykresy złożone ze słów bez widocznego związku, połączonych strzałkami albo rozrzuconych po całej stronie. Miał również listę haseł ze słownika wraz z definicjami. Większość z nich dotyczyła śmierci, dominacji, zabijania i rozpadających się związków.

Kobiety opisywał z pogardą, sugerując, że dają chwilkę radości, ale pragną jedynie wykorzystać mężczyznę. Na jednej kartce znalazły się nawet słowa „tak jak Mengele". Było to oczywiste nawiązanie do hitlerowskiego lekarza, który prowadził eksperymenty chirurgiczne i psychologiczne na żywych i martwych ofiarach.

Ponieważ mieliśmy korespondencję i mapy pochodzące z października 1992 roku, kiedy to odbywał się ostatni proces Nappera, interesujące było porównanie ich z obecnymi materiałami. Wszystkie dowody mówiły, że mam rację, uważając, iż Napper przechowuje najcenniejsze skarby w jakiejś kryjówce. Nic nie wskazywało jednak na sprawcę, który może stracić panowanie nad sobą. Wręcz przeciwnie, zauważyłem człowieka, który nauczył się samokontroli, planowania i rozwagi.

Napper wydawał się spokojny i niewzruszony, gdy zabierano go do komisariatu przy Bexley Heath. Tam miały się odbyć pierwsze przesłuchania. Mickey Banks był w swoim żywiole, odpalał następnego papierosa od poprzedniego, zdawał sobie jednak sprawę, że wykonał dopiero połowę roboty. Ostrzegłem go, że nie może oczekiwać, by kierując się strachem, Napper przyznał się do czegokolwiek.

– Wiem, że łatwo jest uważać faceta za szalonego. Ale musisz pamiętać, że dzisiaj jest w pełni władz umysłowych – dodałem. – Ma dość inteligencji, by rozpoznać, do czego zmierza przesłuchanie, i próbować unikać oskarżenia. Na początku będzie, być może, współpracował – odpowiadając na ogólne, niewinne pytania, jednak gdy przedstawisz mocne dowody, odmówi wszelkich odpowiedzi.

Ponieważ badanie psychiatryczne z 1992 roku określiło go jako osobę niebezpieczną dla otoczenia, przypomniałem, że w czasie przesłuchań należy zachować właściwe środki bezpieczeństwa.

Słowa wypowiedziane w czasie aresztowania, że nie znał Samanthy i nigdy nie był w jej mieszkaniu, stały się teraz niezmiernie ważne. Jeżeli potwierdzi je w trakcie przesłuchań, to kłamstwo łatwo da się obalić z powodu obecności odcisków palców na miejscu zbrodni. Należy jednak to zrobić w taki sposób, by nie ujawniać, jak ważne dla całego śledztwa jest to stwierdzenie, a jednocześnie nie oszukać go w sposób, który mógłby być następnie uznany za nieuczciwy.

Przesłuchujący muszą odnosić się do niego ciepło, a jednocześnie władczo, ponieważ Napper będzie szukał u rozmówców oznak dezaprobaty, na którą zareaguje, zamykając się w sobie. Należy najpierw skłonić go do opowiedzenia o codziennym życiu, włącznie z pracą, czasem wolnym i życiem towarzyskim. Może to doprowadzić do ujawnienia jego dotychczasowych związków z kobietami.

– W końcu powinniście zacząć skupiać się na jego życiu seksualnym i poprosić o wyjaśnienie, jakie zdarzenia z przeszłości wywołują w nim agresywne zachowanie. Komu należy przypisać winę? Trzeba dać mu szansę zachowania twarzy, stwarzając możliwość obwinienia kogoś innego, na przykład rodziców, osoby, która go uwiodła, albo zrzucenia winy na trudne dzieciństwo.

Następnie należy zapytać go, dlaczego zwrócił uwagę właśnie na Samanthę. Co takiego zrobiła czy też powiedziała, że nie miał wyjścia i musiał ją zabić i pokroić? Na tym etapie nie ma sensu mówić o Jazmine. Powrócicie do tego później.

Zasugerowałem, by rozpocząć od broni i zapytać Nappera, dlaczego zaczął zbierać swoje noże i co mu się w nich podoba. Jeżeli zacznie mówić o istotach nadprzyrodzonych, demonach albo innych psychotycznych zjawiskach, przesłuchującym nie wolno protestować ani demonstrować niewiary, a jedynie kontynuować rozmowę, zbierając nowe informacje. Na końcu powinni powiedzieć mu o miejscach, gdzie zostawił odciski palców i poprosić o opowiedzenie, co się tam wydarzyło.

Pierwsze przesłuchanie rozpoczęło się o 16.01. Oglądałem je na żywo na monitorze umieszczonym w sąsiednim pomieszczeniu. Napper był łysiejącym szatynem, mającym 188 centymetrów wzrostu. Swobodnie siedział na krześle i w trakcie wstępnych pytań, gdy uprzejmie podawał nazwisko i adres, wydawał się inteligentnym, pewnym siebie człowiekiem.

Zgodził się podpisać oświadczenie złożone w trakcie aresztowania, a zanotowane przez sierżanta Alana Jackmana. W ten sposób potwierdził oczywistą nieprawdę. Następnie poprosił o rozmowę w cztery oczy z adwokatem i natychmiast zaczął odmawiać odpowiedzi na wszelkie pytania.

Następnego dnia zaczęły się przesłuchania w sprawie gwałtów na szlaku Green Chain. Ze spokojną pewnością siebie znowu wszystkiemu zaprzeczał przez kilka godzin. Plany i uwagi w przewodniku to „jedynie bazgroły" i notatki z treningów oraz punkty oznaczające przebiegnięte dystanse. Gdy pytania zaczęły koncentrować się na przestępstwach, natychmiast zamykał się w sobie i ograniczał do odpowiedzi przeczących.

W niedzielę 29 maja przedstawiono mu zarzut zamordowania Samanthy i Jazmine Bissett i wydano nakaz aresztowania.

Nadal trwały przesłuchania w sprawie gwałtów. Czwartego lipca w komendzie w Southwark odbyła się identyfikacja. Ofiary gwałtów, Leanne i Cathy, bez wahania wskazały Nappera; Susan uważała, że wygląda podobnie, a jedynie Jenny nie wskazała żadnego z mężczyzn. Napastnik miał założoną maskę. Co ciekawe, nauczycielka, którą zaatakowano podczas wyprowadzania psów w Elmstead Wood, a która uznała napastnika za opóźnionego umysłowo, nie zidentyfikowała Nappera. Umocniło to moje przekonanie, że sprawcą był ktoś inny.

Po rozpoznaniu przez ofiary i pozytywnych wynikach badań DNA policja oskarżyła Nappera o gwałty. Jednocześnie nadal ustalano, jak wyglądało jego codzienne życie. Dzięki zeznaniom członków rodziny, kolegów z pracy, właścicieli uprzednio wynajmowanych mieszkań i przypadkowych znajomych stworzono sylwetkę sprawcy. Większość osób opisywała go jako cichego dziwaka. Czynsz zawsze płacił na czas, nocami wychodził na długie spacery, a po powrocie starannie czyścił zabłocone buty.

Najstarszy z czwórki rodzeństwa, w dzieciństwie doświadczył przemocy w rodzinie, rozwodu rodziców i tułania się po różnych domach. Wychowywała go matka. Mieszkali na osiedlu Abbey Wood Estate niedaleko Plumstead. Chłopak szybko zaczął wagarować i popełniać drobne kradzieże sklepowe.

Ponieważ jego zaburzenia przybierały coraz ostrzejsze formy, rozpoczął trwające sześć lat leczenie w Maudsley Hospital w Camberwell. Stan znacznie się pogorszył w wieku dwunastu lat, kiedy to kuzyn przedstawił mu starszego mężczyznę, który zabierał chłopców na biwaki. Robert został wykorzystany seksualnie, a mężczyzna trafił później za kratki.

Zanim wszedł w okres dojrzewania, był już introwertykiem i rozmawiał z ludźmi jedynie wtedy, gdy nie miał innego wyjścia. Obsesyjnie schludny, większość czasu spędzał sam w pokoju, wychodząc jedynie, by znęcać się nad młodszym bratem i podglądać ubierającą się siostrę.

Po skończeniu szkoły i kursu gastronomicznego podejmował przeróżne prace. W wieku dwudziestu jeden lat opuścił dom rodzinny, by przenieść się do kawalerki w Plumstead. Matka przypomniała sobie, że na początku września 1989 roku Napper zniknął z domu na wiele dni i próbował popełnić samobójstwo, łykając środki nasenne. Wyjaśnił później, że poszukują go jacyś mężczyźni, ponieważ zgwałcił kobietę na Plumstead Common.

Stwierdziła też, że sprawdzała na policji, jednak nic nie wiedzieli o gwałcie popełnionym tej nocy. Warto zauważyć, że pierwszy gwałt w pomieszczeniu popełniono cztery tygodnie przed datą próby samobójczej, a dom Jenny wychodzi na Winns Common. Teren ten zwany jest też przez okolicznych mieszkańców Plumstead Common.

Dalsze dochodzenie i kolejne identyfikacje wyjaśniły, co działo się w ciągu trzech lat pomiędzy pierwszym gwałtem a zaatakowaniem Jenny i Susan. Kilkanaście kobiet wskazało Nappera jako mężczyznę, który zachowywał się w ich obecności nieobyczajnie, atakował, obnażał penisa albo podglądał przez okna, śledził w drodze do domu lub wychylał się zza krzaków, gdy przechodziły. Wszystkie te zdarzenia miały miejsce od początku 1988 roku i ciągnęły się przez następne lata.

Przed procesem policja podsunęła myśl, że mógłbym wystąpić przed sądem, przedstawić swoją rolę i opowiedzieć o podobieństwie profili przygotowanych na potrzeby dwóch śledztw. Ostatecznie nie musiałem składać zeznań przed sądem. Dowiedziałem się też, jak potoczyło się dalsze śledztwo w sprawie gwałtów.

Okazało się, że Nappera przesłuchano w charakterze podejrzanego. Na podstawie informacji uzyskanych od sąsiadów 28 sierpnia 1992 roku został zatrzymany w drodze do pracy. Ponieważ miał 188 centymetrów wzrostu, był o wiele wyższy niż wynikało z rysopisów podających 175 centymetrów. Ponadto nie był notowany w związku z przestępstwami na tle seksualnym i na ochotnika zgodził się na badanie DNA. Według policji nie było to zgodne z zachowaniem winnego. W związku z tym został wykluczony z dalszego śledztwa.

Informacja o wzroście okazała się tu niezwykle istotna. Dwa tygodnie po przygotowaniu profilu na potrzeby operacji „Ecclestone" *Crimewatch UK* przedstawił rekonstrukcję jednego z gwałtów. Zaowocowało to ponad tysiącem telefonów, przyćmiewając wszystkie dotychczasowe apele o pomoc. Pojawiła się ogromna ilość wątków do zbadania i nowych podejrzanych, których alibi należało sprawdzić. W zespole opracowano kody eliminujące, które miały pomóc oficerom skoncentrować wysiłki na najbardziej obiecujących wątkach. Kod ten składał się z oczywistych czynników, takich jak niewłaściwy wzór DNA albo przebywanie w więzieniu w momencie ataków. Oprócz tego dużą wagę przykładał do zeznań świadków i ofiar. Wiek sprawcy ustalono na 19–35 lat, a wzrost na 170–183 centymetry. Podjęto taką decyzję mimo tego, że ostatnia ofiara stwierdziła, iż napastnik miał sporo ponad 182 centymetry.

Na podstawie tego kodu Robert Napper zostałby natychmiast wyeliminowany jako podejrzany, gdyby jego imię pojawiło się w śledztwie. Dlatego też nie dostałby zaproszenia do stawienia się w dogodnej chwili w komisariacie w Eltham w celu zrobienia zdjęcia, pobrania próbki krwi i odcisków palców.

Gdy przyjrzałem się kodom stosowanym do eliminacji, stało się oczywiste, że nie użyto w nich parametrów przedstawionych w profilu. Była to niefortunna decyzja, gdyż główna wartość profilu polegała na ograniczeniu liczby potencjalnych sprawców, dzięki czemu można by skoncentrować się na najbardziej prawdopodobnych kandydatach.

Ostatecznie w ramach operacji „Ecclestone" do marca 1993 roku przesłuchano i wyeliminowano prawie dziewięciuset podejrzanych. Wtedy też podjęto decyzję o zakończeniu operacji z powodu braku kolejnych ataków. Dochodzenia nie udało się zakończyć pomimo podjęcia ponad 390 czynności śledczych.

Jak mogło do tego dojść? – pomyślałem. Wiem, że łatwo jest osądzać po wszystkim i doceniam presję, pod jaką działają prowadzący śledztwo w sprawie brutalnego morderstwa, jednak wydaje mi się, że przegapili wiele wskazówek i znaków ostrzegawczych, które błędnie odczytano lub zignorowano. Samantha i Jazmine Bissett nie powinny były umrzeć.

Do końca życia będę uważał, że mogłem zrobić więcej w tej sprawie. Przedstawiając profil, powinienem był bardziej naciskać i zdecydowanie bronić swego punktu widzenia. Zdawałem sobie sprawę, że niektóre z moich wniosków spotkały się z chłodnym przyjęciem. Powinienem był powiedzieć: „Posłuchajcie. To właśnie w ten sposób znajdziecie sprawcę. Przejrzyjcie archiwa. Porozmawiajcie z policjantami w terenie". Powinienem był zmobilizować ich do działania zgodnie z moimi wskazówkami, powiedzieć: „Będę obrzydzał wam życie, dopóki tego nie zrobicie".

W czasie procesu Robert Clive Napper twierdził, że jest niewinny. Kilkanaście dni trwały prawne rozważania, czy może stanąć przed sądem ze względu na zaburzenia psychiczne. Pięciu psychiatrów w końcu doszło do wniosku, że cierpi on na schizofrenię lub podobną chorobę psychiczną, jednak za wszelką cenę usiłuje ukryć chorobę przed samym sobą.

Dziewiątego października 1995 roku tuż przed decyzją ławy przysięgłych, czy może stanąć przed sądem, podsądny zdecydował nie przyznawać się do zamordowania Samanthy i Jazmine, ale do nieumyślnego spowodowania śmierci z powodu ograniczonej poczytalności. Przyznał się również do jednego gwałtu i dwóch prób gwałtu w 1992 roku.

Komentując jego przyznanie się do winy, sędzia Hooper stwierdził, że Napper jest sprawcą przestępstw „o olbrzymiej skali" i stanowi „ogromne i natychmiastowe zagrożenie dla społeczeństwa". Postanowił, że będzie zatrzymany na „czas nieograniczony".

Smutne w tej sprawie jest to, że matka Samanthy, pani Maggie Morrison, zmarła trzy dni przed ogłoszeniem wyroku. Według słów jej męża, Jacka Morrisona, emerytowanego budowniczego, „nigdy nie doszła do siebie po ogromnym ciosie, jaki stanowiła dla niej utrata córki i wnuczki".

Pan Morrison podziękował policji, jednak stwierdził, że zawiódł tu system. „Całe śledztwo poprowadzono doskonale, ale przede wszystkim mężczyzna pokroju Nappera w ogóle nie powinien chodzić swobodnie po ulicach naszych miast".

19

W CIĄGU OŚMIU DNI OD ROZPOCZĘCIA POSZUKIWAŃ przy Cromwell Street 25 odkryto siedem ciał. Od tego momentu miejsce to nazywano „domem grozy". Każdego wieczoru po kolacji zamykałem drzwi gabinetu i analizowałem zapisy przesłuchań Fredericka i Rosemary Westów, szukając szczegółów, które umknęły mojej uwadze. Co jeszcze mogę powiedzieć Johnowi Bennettowi?

Siódmego marca zadzwonił do mnie z czymś nowym. Pomimo śledztwa zakrojonego na szeroką skalę policja nie zdołała trafić ani na ślad pierwszej żony Westa, pani Reny Costello, ani też ich najstarszej córki Charmaine. Nikt nie orientował się, czy od 1969 roku Rena dała jakiś znak życia. Policja wiedziała, że w tym czasie mieszkała z Westem w przyczepie w pobliżu Kempley, około 15 mil od Gloucester.

Charmaine i jej siostra Anne Marie mieszkały z ojcem. W 1971 roku wprowadzili się do mieszkania przy Midland Road 25. To właśnie w tym miejscu widziano po raz ostatni ośmioletnią Charmaine.

– Co ma do powiedzenia pan West? – zapytałem.

– Mówi, że Rena wróciła po Charmaine i zabrała ją.

– Myślę, że one nie żyją – powiedziałem ze smutkiem.

– Też tak sądzę – odpowiedział Bennett.

Oboje wiedzieliśmy, że istniał tylko jeden sposób potwierdzenia naszych przypuszczeń. Policja musiałaby rozpocząć poszukiwania w miejscach, gdzie pracował i mieszkał West. Kosztów tej operacji nie można było z góry oszacować. Gdzie się zakończy? Ile domów i firm zostanie przeszukanych? Co z ludźmi, którzy obecnie tam mieszkają?

W ciągu następnych dwóch dni w domu przy Cromwell Street znaleziono kolejne dwa ciała. Pierwsze z nich było ukryte pod podłogą w łazience, drugie zaś w piwnicy. Do tego momentu odnaleziono dziewięć ofiar, a policja ustaliła tożsamość tylko pięciu z nich. Poszukiwania zakrojone były na szeroką skalę, gdyż sprawdzano nawet osoby zaginione w Holandii czy też w Niemczech.

Tydzień później ponownie zadzwonił Bennett. Prosił mnie, abym przyjechał do Gloucester, gdyż dostarczono raporty patologa. Chciał mi przekazać również informacje o ostatnich przesłuchaniach pana Westa.

– Prawdopodobnie przyjadę w czwartek.

– Dobrze – powiedział, robiąc przerwę, jak gdyby chciał coś jeszcze dodać.

– Czy jest coś, o czym powinienem wiedzieć?

– No cóż, brakuje kilku kości w szkielecie.

– Brakuje ich czy też nie zostały znalezione?

– Brakuje, sprawdziliśmy – odrzekł. – Głównie kości kolana, ale również kości karku, a także łopatki i części mostka.

Powiedziałem, że jest kilka wyjaśnień. Kości mogły zostać zabrane jako trofea lub też usunięte podczas procesu zniewolenia i tortur.

– Istnieje jeszcze jedna możliwość, ale nie chcę teraz o niej mówić. Zostawmy ją do czwartku.

Bennett miał rękawy podwinięte za łokcie i sprawiał wrażenie człowieka, który całą noc pracował. Ściany jego biura wyklejone były wydrukami i diagramami. Setki akt zaginionych osób zostały podwójnie sprawdzone i porównane z posiadanymi informacjami o Fredericku i Rosemary Westach. Dane te przedstawiono w formie diagramów, na których zamieszczono informacje o ciałach i miejscach, gdzie je znaleziono.

Bennett był detektywem w starym stylu. Urodził się w Stroud i chodził do szkoły podstawowej w okolicy. Teraz musiał sobie radzić z nowoczesną techniką szybciej niż wielu innych policjantów. Podczas tego śledztwa, w pokoju operacyjnym, miał swojego specjalistę od programowania i wyjaśnił mi w typowy, optymistyczny sposób, jak zdołał uzyskać to, na czym mu zależało.

– Powiedziałem mu, że miałem sen – rozpoczął, podnosząc powiekę, aby upewnić się, że skupiłem na nim całą uwagę. – Śniło mi się, że potrafię powiązać wszystkie daty i miejsca, gdzie ostatnio widziano zaginione osoby, i dopasować je do różnych informacji, które mamy o panu Weście. To mogłoby być pomocne. Czy możesz to zrobić?

Informatyk nerwowo przerzucał papiery, które leżały naprzeciw niego i powiedział:

– Tak naprawdę, to nie ma programu, który mógłby tego dokonać. Właściwie nigdy tego nie robiono.

Bennett uśmiechnął się i wydał instrukcje:

– No cóż, zobacz, co możesz zrobić, a potem porozmawiamy.

Po kilku dniach specjalista powrócił.

– Dokonałem tego – powiedział dumnie.

– To dobrze – odparł Bennett. – Dokładnie tego potrzebowałem.

Po chwili milczenia dodał:

– Miałem sen. Śniło mi się, że całą pracę wykonał za mnie komputer, lecz chciałbym uzyskać dodatkowe informacje.

Potem poprosił o podsumowanie danych o ofiarach, które zostały już zidentyfikowane lub były dopiero w procesie identyfikacji. Informacje te miały być skonfrontowane z analizą komputerową danych ofiar znalezionych przy Cromwell Street 25.

Bennett wiedział, że zestawienie i przedstawienie tak wielu danych pomoże mu spojrzeć na śledztwo całościowo, nie tracąc jednocześnie z oczu szczegółów. Pomogłoby to również przewidzieć ewentualne problemy i wyzwania, które najprawdopodobniej pojawiłyby się ze strony obrony podczas przyszłej rozprawy sądowej.

– Nie możemy tego zrobić – powiedział nieśmiało specjalista. – Istnieją systemy, które częściowo spełniają nasze potrzeby, ale należą do różnych firm i zostały opracowane w różny sposób.

– Znajdziesz sposób na połączenie tych systemów – odrzekł Bennett.

– Ale nie wolno nam tego robić. Przecież istnieją prawa autorskie.

– Ojej, po prostu zajmiesz się tym, porozmawiasz z tymi firmami...

Specjalista wydawał się traktować rzecz z niedowierzaniem.

– Posłuchaj – powiedział Bennett, teraz twardym głosem. – To jest ważne dla śledztwa w sprawie morderstwa. Jeżeli batoniki Mars stałyby się ważne, to pojawiłyby się w automacie na korytarzu. Po prostu masz to zrobić.

No i informatyk zrobił to.

Żaden z nich jednak nie zdawał sobie w tym czasie sprawy, że rezultatem ich współpracy było stworzenie nowej aplikacji, która okazała się cennym narzędziem w kolejnych, zakrojonych na szeroką skalę śledztwach.

Przeglądając akta, Bennett przedstawił mi szczegóły dotyczące tych ofiar, które zostały zidentyfikowane. Cztery kobiety, włączając Lucy Partington – dwudziestojednoletnią studentkę uniwersytetu, zniknęły z przystanków autobusowych, a piąta musiała najwidoczniej podróżować autostopem.

Piętnastolatka Carol Cooper ostatni raz była widziana przez kontrolera biletów 10 listopada 1973 roku, gdy o 21.30 wychodziła z autobusu w pobliżu domu swojej babci w Worcester, po tym, jak była w kinie ze swoim chłopakiem. Juanita Mott z Newent, lat siedemnaście, zaginęła 11 kwietnia 1975 roku, po tym, jak powiedziała swojej rodzinie, że zamierza pojechać autobusem do Gloucester. Shirley Hubbard, lat piętnaście, ostatnio widziano w listopadzie 1974 roku na przystanku autobusowym po tym, jak wyszła z domu towarowego Debenhams w Worcester z zamiarem powrotu do domu. Therese Siegenthaler, lat dwadzieścia jeden, studentka socjologii z Trub w Szwajcarii, pracowała jako opiekunka do dzieci w Londynie w 1974 roku, kiedy to napisała do swojego brata, że zamierza spędzić święta wielkanocne w Irlandii. Planowała pojechać autostopem do portu Holyhead w Walii, a stamtąd dalej promem.

Bennett zajrzał w końcu do raportu patologa i wręczył mi jeden z egzemplarzy. Tak jak się obawiałem, raporty ujawniły, że sześć spośród miejsc, w których grzebano ciała, zawierały dowody, iż ofiary były związane i miały zakneblowane usta. Oprawca używał do tego brązowej taśmy klejącej, która oplatała głowę ofiary, tworząc w ten sposób rodzaj prymitywnej maski. Do jednej z nich włożono plastikową rurkę.

Patrząc na fotografię, poczułem przeszywający smutek. Było jasne, że rurki użyto nie tylko po to, aby utrzymywać ofiarę przy życiu, ale również aby zwiększyć możliwości zadawania cierpienia. Nie będąc w stanie płakać ani widzieć, ofiara była całkowicie zdana na łaskę napastnika.

Bennett odwrócił kartkę i nawiązał do brakujących kości.

– Jest jeszcze coś dziwnego – powiedział. – Na niektórych kościach długich widoczne są ślady. Patolog mówi, że nie powstały w trakcie ćwiartowania ciał.

– Jednak dla mnie ma to sens – odparłem, patrząc na fotografie. – Kiedy tniesz mięso, często na kościach zostają ślady.

Bennett opuścił głowę.

– To właśnie dlatego nie chciałem rozmawiać o tym przez telefon. Podejrzewałem, że kanibalizm mógł być częścią rytuału. To wyjaśniałoby, dlaczego brakowało kości.

– Nie – powiedział. Wyglądał na przerażonego.

Każda nowa informacja potwierdzała moją analizę tego, co się zdarzyło, ale jeżeli naprawdę miałem poznać umysły Freda i Rosemary, ogromnie ważne było odwiedzenie miejsca, które znaczyło dla nich najwięcej – domu grozy.

Terry Moore zaproponował, abyśmy ze stacji udali się na piechotę. Szliśmy spacerkiem jeden obok drugiego przez spokojne ulice i dziedzińce. Ponad nami zaczynały kwitnąć drzewa. Kiedy zbliżaliśmy się do domu, zauważyłem duży wóz telewizyjny z anteną satelitarną skierowaną w niebo. Dwóch mężczyzn stało w pobliżu. Jeden z nich odwrócił się, a jego oczy zatrzymały się na mojej twarzy, jakbym był jego znajomym. Poczułem się nieswojo, więc szedłem dalej, aby uniknąć rozpoznania.

Skręciliśmy w lewo i zeszliśmy z głównej drogi w bardzo wąską ścieżkę, która biegła za domami. W ogrodzie, który wychodził na tył domu numer 25, zauważyłem rusztowanie i drewniane platformy, które – jak wyjaśnił Moore – zostały zainstalowane przez przedsiębiorczego sąsiada, aby kamerzyści i fotoreporterzy mogli robić zdjęcia prac wykopaliskowych.

Z ogrodu usunięto ponad 300 ton ziemi i obecnie miejsce to przypominało obrazek z pól bitewnych drugiej wojny światowej. Teraz wykopy, na których porozkładano deski, były zasypywane, a błotnisty teren dobrze osłonięty przez jodły po jednej stronie i czerwonoceglasty płot kościoła Adwentystów Dnia Siódmego po drugiej.

– To właśnie w tym miejscu znaleziono Heather – powiedział Moore, wskazując na miejsce pod swoimi stopami. – Kolejne ciało zostało znalezione tutaj, a następna ofiara tam.

Wnętrze jednopiętrowego budynku, które pan West wybudował we wczesnych latach siedemdziesiątych, przypominało ruderę. Policja usunęła dywany, listwy, meble, instalacje. Kiedy dom staje się miejscem zbrodni, przestaje być domem. Wiele szczegółów, które powodują, że jest przytulny, ginie. Nawet rzeczy, które pozostają – przyrządy do golenia, album ze zdjęciami, szafa z ubraniami – pozostawiają uczucie melancholii.

Przechodząc przez sypialnię w tylnej części domu, weszliśmy do kuchni – dużego pomieszczenia z betonową podłogą.

– Co o tym myślisz? – zapytał Moore.

– Myślę, że Fred to kiepski budowniczy. To nic innego jak zwykła nora. Jak można było żyć w takich warunkach?

Moore uśmiechnął się.

Blaty oraz zlew pozostały i łatwo mogłem sobie wyobrazić, gdzie rodzina zasiadała do obiadu, gdy w garnkach na piecu gotowały się potrawy, a jedzenie smakowicie pachniało na talerzach – tak jak w każdym zwyczajnym domu. Wiedziałem również, że było to miejsce, gdzie ćwiartowano ciała.

Z dala od kuchni na tyłach domu znajdowała się mała łazienka. To właśnie tutaj, pod wanną, znaleziono ciało Lyndy Gough. Zaginęła w kwietniu 1973 roku, dwa tygodnie przed dwudziestymi urodzinami. W tym czasie pracowała jako szwaczka w spółdzielni przy Barton Street w Gloucester.

Omijając gruz i kawałki tynku, przeszedłem do części mieszkalnej, z której usunięto wszystkie meble. W płytkach podłogowych i w dolnej części ściany widniała zgrabnie wykuta dziura, zabezpieczona otwartą w tej chwili klapą. Niepewnie schodząc w dół po śliskich schodach i pochylając głowę, dostałem się do pomieszczenia na kształt piwnicy, znajdującego się częściowo pod powierzchnią ziemi.

Wysokie na niewiele ponad dwa metry, o wymiarach sześć i pół na cztery metry, wyglądało jak tania imitacja sali strachu w muzeum Madame Tussaud, z której wyniesiono woskowe modele. Srebrzystoszary proszek do zdejmowania odcisków palców pokrywał wszystko, włącznie z tapetą w wesołe motywy poobdzieraną przez dzieci.

Widocznie pierwotnie piwnicę wykorzystywano jako skład rupieci, później zaadaptowano ją na dziecięcą sypialnię. W pomieszczeniu nie było okien. Oświetlały je w tej chwili silne lampy przyczepione do filarów i zwisające z haków. Na podłodze, która wydawała się składać z samych dziur w mokrym klepisku, rzucono deski. Błoto było tak czarne, że wydawało się pochłaniać światło. Każda z pięciu dziur zawierała szczątki młodej kobiety.

Pod tapetą były niewinne dziecięce rysunki, postacie z kreskówek, ślady grania w kółko i krzyżyk. Były też o wiele bardziej złowrogie malowidła, których znaczenia jeszcze nie wyjaśniono. W różnych miejscach znajdowały się rysunki czaszek. Niektóre z nich były narysowane, a niektóre odbite za pomocą szablonu. Gdy przyjrzałem im się z bliska, zauważyłem, że tworzyły prawie idealnie proste linie przebiegające przez miejsca spoczynku poszczególnych kobiet. Być może państwo West nie chcieli zapomnieć, gdzie znajdują się ich „skarby", i oznaczyli je w ten sposób.

Dostrzegłem też hak wbity w sufit bez widocznego powodu. Bez trudu mógł utrzymać ciężar zawieszonej lub związanej osoby. Piwnica była doskonałym miejscem do przetrzymywania ofiar. Żaden dźwięk nie przedostawał się na zewnątrz i można było uzyskać absolutną władzę nad więźniem.

Wychodząc z piwnicy, skręciłem w kierunku starszej części budynku. Wąskie schody prowadziły na pierwsze piętro. W połowie drogi obróciłem się i zobaczyłem coś, co uznałem za niesamowicie ważne. Na odwrotnej stronie drzwi znajdował się ogromny, kolorowy plakat, przedstawiający kobietę ubraną w przejrzysty peniuar, prowokująco upozowaną i opierającą się ramieniem o framugę drzwi. Podobnie jak Rosemary West, miała długie, ciemne włosy i pełną figurę.

Jej mina i poza przyzywały wszystkich do jej królestwa, mówiąc: „Tutaj oczekują was wielkie przyjemności". Była to linia graniczna. Za każdym razem, gdy Westowie przechodzili przez te drzwi, wiedzieli, czego oczekiwać po drugiej stronie. Było to dla nich całkowite spełnienie i drugie życie.

– To sala przyjęć Rosemary – powiedział Moore, gdy dotarliśmy na pierwsze piętro.

Fotografie nie oddawały prawdziwego wyglądu pomieszczenia. Jak w staromodnym burdelu, fotele i kanapa obite były aksamitem, a całą ścianę pokrywał ogromny fresk przedstawiający morze i palmy. Naprzeciw niej stał rzeźbiony drewniany bar, pełen alkoholi, kubełków do lodu i shakerów. Nad barem wisiał napis: „CZARNA MAGIA".

– Nieźle wygląda, no nie? – skomentował Moore.

Przechadzając się po pokoju, przyglądałem się oszklonym kredensom ze szklanymi półkami i drewnianymi szufladami.

– Mogę tego dotknąć? – zapytałem.

– Tak. Ekipa już skończyła pracę.

W kredensach wystawiono różne drobiazgi, zwykłe tanie bibeloty, które można przywieźć z wakacji albo kupić na odpuście. Kilkanaście szklanych pojemników zawierało różne drobne osobliwości: zapalniczki, spinki do włosów i kilka zegarków na rękę.

– Czy wiadomo, skąd pochodzą?

– Dlaczego? – odparł Moore. – Czy to ważne?

– Teraz już nie. Nie w tym przypadku.

Wiedziałem, że państwo West rozkoszowali się tym, co robili swoim ofiarom. Zbierali pamiątki, drobiazgi, które później przypominały im wspaniałe chwile. Otwierając szufladę, natrafiłem na rodzinne papiery, typowy zbiór starych rachunków, ulotek, świadectw szkolnych i zdjęć. Każda rodzina gromadzi je i mogą nieraz pomóc wyjaśnić szczegóły życia.

Zwykły album przedstawia rodzinę i jej historię. Na zdjęciach widać, kto jest ważny, wzajemne stosunki, dorastanie, przyjaciół, starzejących się znajomych. Widać, w co są ubrani, jak urządzone są pokoje i ile jest świeczek na tortach. Kto stoi przy kim? Kto jest na uboczu? Jak skomponowano zdjęcie? Na kim się skupił fotograf? Jak się zachowuje fotografowany? Jakie istnieją między nimi związki? Wszystko to może dużo powiedzieć.

W albumie Westów ciekawe było to, czego nie widziałem. Brakowało wielu zwyczajowych fotografii. Istniały długie luki i nic nie wskazywało, że rodzina żyje w miłości i harmonii. Powodem tego był trochę inny styl życia państwa Westów. Swoje życie uwieczniali nie w albumach rodzinnych, a w chałupniczo kręconych filmach pornograficznych. Na tym samym piętrze, dokładnie naprzeciw, znajdowała się malutka, odrapana łazienka. Według słów pana Westa to właśnie tu rozczłonkował ciało Heather. Natychmiast jednak stało się jasne, że pomieszczenie było zbyt małe, by zrobić w nim wszystko, co opisywał.

Kolejne schody doprowadziły mnie na podest oddzielony zasłoną zawieszoną na pręcie. Wchodząc do większej z dwóch sypialni, z zaskoczeniem zauważyłem ogromne łoże, z kolumnami i poprzeczkami pięknie rzeźbionymi w erotyczne motywy.

– To właśnie tu Rose przyjmowała mężczyzn – powiedział Moore.

Nie odpowiedziałem, zamiast tego podszedłem do brudnego okna, które wychodziło na ulicę.

Po drugiej stronie podestu, w mniejszej sypialni, stało zwykłe małżeńskie łóżko, a cały pokój po przeprowadzonym przeszukaniu był w lekkim nieładzie. We wnęce u szczytu łóżka znajdowało się kilkanaście drutów prowadzących donikąd. Podłączone były uprzednio do urządzeń podsłuchowych i kamery wideo, zainstalowanych w sąsiednim pokoju.

To, do czego tu dochodziło, było czymś bardziej wyrafinowanym niż zwykła prostytucja. Gości zapraszano do domu, podawano drinki, bawiono uprzejmą rozmową i prowadzono na pięterko, by uprawiali seks. Dla pani West nie było to zajęcie zarobkowe, ale główny cel życiowy.

Istnieje termin „maksymalny poziom aktywacji" na określenie okresu, kiedy wszystko się udaje, a dana osoba działa na maksymalnych obrotach, w pełni wykorzystując swój potencjał. Wszystko idzie jak po maśle. Zmysły wyostrzają się, życie staje się bogatsze, a problemy rozwiązywane są efektywnie i z entuzjazmem. Właśnie ten stan osiąga sportowiec, kiedy – w czasie ważnych zawodów – uda mu się uzyskać szczyt formy.

Fred i Rosemary Westowie osiągali ten stan, gdy oddawali się seksualnym i sadystycznym rozrywkom. Wszystkie pozostałe rzeczy bledły w porównaniu z ogromną przyjemnością, którą uzyskiwali w domu, gdzie mogli urzeczywistniać swoje najdziksze fantazje.

Wyjście na zewnątrz przypominało wynurzanie się z niesamowicie ciemnego ścieku.

Szedłem z Terrym Moore'em w milczeniu, dopóki nie zatrzymałem się i obejrzałem za siebie. Ulica nie różniła się niczym od innych. Gdybyśmy spojrzeli na nią z pewnej wysokości, to wyglądałaby jak wszystkie pobliskie okolice. Jedyną rzeczą wyróżniającą ją spośród tysięcy innych było to, co policja znalazła pod numerem 25.

Ludzie idący na popołudniowe zakupy gawędzili w cieniu pod markizami i rzucali okiem na wystawy sklepowe. Dzieci bawiły się w berka, śmiejąc się i rzucając do ucieczki za każdym razem, gdy udało im się kogoś dotknąć. Poczułem się oddalony od tego szczęśliwego, beztroskiego życia. Kiedy każdego dnia w pracy obcuje się ze śmiercią, to nie można tego uniknąć. Za każdym razem, gdy się z tym stykam, znika moja zdolność przeżywania radości. Barwy są nadal jasne, słońce świeci, ludzie uśmiechają się, ja jednak wkraczam w królestwo, w którym nie można się tym wszystkim cieszyć.

Zupełnie jakby w mojej głowie przewijała się taśma z nagraniem, przed moimi oczyma pojawiały się najdrobniejsze szczegóły wyglądu państwa Westów. Jak to możliwe, żeby tacy na pozór przyjaźni i łagodni ludzie byli groźnymi seksualnymi psychopatami o skłonnościach sadystycznych? Co takiego w ich życiu dało potrzebę i siłę do porywania, torturowania, gwałcenia i zabijania młodych kobiet?

Pod wieloma względami Rosemary i Frederick Westowie nie różnią się od nas. Ukształtowały ich te same procesy rozwojowe, które stworzyły moją osobowość i osobowość każdego innego człowieka. Odmienna była jedynie zawartość tych procesów. Wiem, bo leczyłem ludzi kierowanych identyczną motywacją i patologią. Nie mieli może na sumieniu tylu ofiar, jednak również byli seksualnymi psychopatami.

Frederick zaczął bardzo wcześnie, kiedy większość przyswaja zasady moralne, łączące nas z resztą społeczeństwa i pozwalające odróżnić dobro od zła. W jego przypadku to nie nastąpiło. Nie wiem dlaczego. Nie musi to wcale oznaczać, że rodzice go zaniedbywali. Wiele dzieci wyrasta w trudnych warunkach i nie zostaje sadystycznymi mordercami. Dostosowują się do innych, gdyż podlegają szerszym wpływom, takim jak szkoła i przyjaźnie z rówieśnikami, które tworzą jeden z elementów procesu socjalizacji i sprawiają, że ludzie boją się czynić rzeczy, o których wiedzą, że są złe.

Kiedy pan West dorastał i odkrywał swoją seksualność, skupił się jedynie na swoich własnych potrzebach i życzeniach. Nie nauczył się dostrzegać tego, że ludzie są unikalnymi jednostkami, które posiadają takie same prawa, potrzeby i żądze jak on. Potrafił używać właściwych słów, jednak nie przyswoił sobie pojęć, które oznaczały.

Przypomina to trochę osobę, która rodzi się jako daltonista. Potrafi poruszać się po świecie, doskonale widzi zarysy przedmiotów i wie, do czego służą światła uliczne, potrafi nawet rozmawiać o tym, że trawa jest zielona, a róże czerwone, ale nie wie, na czym polega sama idea zieleni i czerwieni.

Uczucia, o ile oczywiście istniały w jego przypadku, były „jego uczuciami". W rzeczywistości Frederick nigdy tak naprawdę nie zrozumiał idei, że inni ludzie mają uczucia i że są one równie ważne. Nie obejmowało to wszystkich aspektów jego życia, gdyż w przeciwnym razie nie podjąłby pracy ani nie płaciłby za zakupy przy kasie. Po prostu wychodziłby ze sklepu z rzeczami wziętymi z półki. Niektórzy psychopaci postępują w ten sposób.

Jego zaburzenie objawiało się w kontaktach z kobietami. Nie było w nim uczciwości, szacunku i jakichkolwiek zasad, których oczekujemy, gdy poznajemy, uwodzimy drugiego człowieka i utrzymujemy z nim związek. Dla niego kobiety były jedynie obiektami seksualnymi, które mógł wykorzystywać na wszelkie sposoby, jakie mu tylko przyszły do głowy.

W okresie pokwitania i pod koniec szkoły miał ogromny apetyt seksualny. Często potrzebował partnerek i oczekiwał, że kobiety będą gotowe oddać mu się na każde skinienie. Jednak jego żądze były o wiele większe niż jego przeciętne zdolności społeczne. Nie posiadał umiejętności, które umożliwiłyby uwiedzenie doświadczonych kobiet, które go pociągały. Nie potrafił również skłonić ich, by dobrowolnie robiły to, na co miał ochotę. Niektóre zgadzały się na uprawianie seksu, jednak wycofywały się, gdy chciał poeksperymentować i posunąć się nieco dalej.

W szczególności chodziło tu o rosnącą potrzebę dominacji i wprowadzania elementów przymusu. Nie wynikały one z rozżalenia i oburzenia na kobiety, które często są motywem agresorów seksualnych; były jedynie środkiem rozwoju osobowości i czystej przyjemności. Szczegółowe badania wykazały, że takie podejście może być związane z pierwszymi doświadczeniami seksualnymi.

Większość kobiet i mężczyzn fantazjuje o uprawianiu seksu i onanizuje się. Elementy występujące w fantazjach często kształtują się pod wpływem wczesnych doświadczeń seksualnych – w rodzinie, z przyjaciółmi, kolegami i koleżankami albo z materiałami pornograficznymi.

O wiele więcej osób, niż się nam zdaje, styka się z seksem na łonie rodziny. Mogą to być rodzice, rodzeństwo, wujek lub kuzyn. Co tragiczne, często dochodzi tu do uwiedzenia albo wręcz zmuszenia do uprawiania seksu. W swojej karierze często miałem do czynienia z pacjentami, których pierwsze doświadczenia seksualne sięgają dzieciństwa. Wtedy to dorosły członek rodziny lub bliski znajomy zaczynał dotykać dziecko, zmuszając w końcu do stosunku analnego. Inni z kolei opisywali, jak ich siostry i kuzynki były regularnie wykorzystywane seksualnie przez członków rodziny oraz w jaki sposób oni sami zaczęli to robić. Może to trwać latami, a w rezultacie zniekształca postrzeganie związków seksualnych i seksu.

Te same reguły obowiązują w szkole i grupach rówieśniczych, chociaż ograniczenia są o wiele mocniejsze. Kiedy młodzi ludzie eksperymentują z seksem, wiedzą, że większe jest ryzyko wynikające z przekroczenia granic, gdyż partner może się poskarżyć, jeśli eksperymenty sprawią mu przykrość.

Zbyt często dzieci stykają się z pornografią, a zwłaszcza ze zdjęciami i literaturą zawierającą elementy przymusu. Mogą odczuwać podniecenie na widok wiązanych lub maltretowanych kobiet. Zaczynają kojarzyć przyjemność z przemocą i dominacją.

Wszystkie te czynniki wystąpiły w dzieciństwie Freda Westa, ale nie on jeden ich doświadczył. Dotyczą wielu ludzi, jednak u ogromnej większości szersze doświadczenia społeczne związane z dalszą rodziną, przyjaciółmi, szkołą oraz znajomość świata w wystarczającym stopniu kompensują deficyt rozwojowy i socjalizują rosnące dziecko. W ten sposób pojawia się strach przed konsekwencjami popełnienia złych czynów.

U bardzo małego odsetka dzieci proces ten nie następuje i kształtuje się człowiek, którego nie krępuje społeczeństwo ani jego zasady. Nie czuje ciepła prawdziwej empatii ani niesmaku na myśl o zadaniu bólu. Jednocześnie posiada duże potrzeby seksualne, a w związku z malejącą liczbą kontaktów pojawia się rosnące pragnienie dominacji i sprawowania kontroli nad partnerami. W miarę upływu czasu coraz bardziej bezceremonialnie domaga się od kobiet zaspokajania swoich potrzeb. Nie uznaje tego za przymus ani gwałt, gdyż interesują go jedynie własne uczucia, a nie uczucia innych ludzi. Nie jest ważne, co kobieta myśli i czuje. „Chcę tego teraz i ona to zrobi". Wkrótce jednak przestaje mu to wystarczać i pragnie jeszcze wyraźniejszej dominacji.

W większości związków mężczyźni i kobiety stawiają sobie wymagania, takie jak wierność i brak lekceważenia. Pan West nie jest w stanie im sprostać i denerwuje się, gdy ktoś tego od niego oczekuje.

W którymś momencie zabija kobietę, być może dlatego, że za dużo od niego wymaga i irytuje go. Może jest w ciąży i zadaje pytanie:

– No i co teraz zrobimy?

– Jacy „my"?

– No... wpędziłeś mnie w kłopoty.

– Słuchaj, kochaliśmy się. Było mi dobrze i nie spotkała cię żadna krzywda. Więc w czym problem?

Jednak problem istnieje, więc zabija ją, bo nie ma żadnego powodu, dla którego nie miałby tego zrobić. Niczym się to nie różni od uśpienia niepotrzebnego psa. Wie jednak, że jeśli historia się wyda, to trafi do więzienia. Zakopuje więc ciało i wymyśla historię, która wyjaśnia jej zniknięcie.

Właśnie w ten sposób pan West wytłumaczył policji swoje morderstwa. Wziąwszy pod uwagę wszystko, co o nim wiedziałem, morderstwo z wygody wydaje się bardzo prawdopodobnym pierwotnym motywem. Uwzględniając jednak to, co zrobił późniejszym ofiarom przy Cromwell Street, jasne jest, że przełom nastąpił podczas jednego z zabójstw z wygody – podniecił się.

Kiedy ją chwycił, chyba zacisnąwszy ręce na szyi, ujrzał, jak jej twarz zmienia się, a w oczach pojawia się przeraźliwy strach. Gdy miażdżył tchawicę, uświadomił sobie, że ma erekcję, a jego podniecenie narasta, gdy kobieta walczy i w końcu umiera. Nie podniecał go sam akt zabijania, ale zachowanie ofiary. To przerażone spojrzenie oraz świadomość, że nie jest w stanie nic zrobić, całkowicie zdana na jego łaskę.

Chociaż nie musiał koniecznie snuć pełnych szczegółów fantazji o tym, co zaszło, to wiedział, że czuł się wtedy wspaniale, tak cudownie, że zapragnął znowu zamordować. Nawet pozbycie się ciała jest przyjemne, gdyż może z nim robić to, na co ma ochotę. Może kochać się z bezwładnym ciałem, niekoniecznie dlatego, że jest to niezwykłe albo bardzo przyjemne, ale po to, by zademonstrować swoją władzę. To samo dotyczy rozczłonkowywania i ukrywania zwłok. Jest to zupełnie nowe doświadczenie i później, kiedy się onanizuje, ten obraz ciągle przychodzi mu na myśl.

Jednocześnie nadal prowadzi normalne życie – pracuje, pije z kumplami, oferuje pomoc przy budowie patio albo malowaniu domu. Nie czuje wyrzutów sumienia – to słowo nic dla niego nie znaczy. Nikt nie podejrzewa go ani o nic nie oskarża, gdyż zawsze utrzymywał luźne kontakty z przyjaciółmi i znajomymi, którzy pojawiali się i znikali z jego życia. Mieszka w przyczepie kempingowej, więc ma miejsce, gdzie może działać, nie zwracając niczyjej uwagi. Dlatego też nikt nie podnosi alarmu, gdy w 1969 roku znika jego pierwsza żona, Rena Costello. Nie ma powodu do niepokoju. Przecież Fred to taki miły facet.

W końcu znajduje młodą dziewczynę – Rosemary Letts, która ma już pewne doświadczenie z seksem. Osobowość piętnastolatki nie jest jeszcze w pełni ukształtowana, jednak w ciągu dwóch lat również ona staje się wyrafinowaną seksualną sadystką.

Istnieją dwa możliwe wyjaśnienia. Po pierwsze, być może była seksualnie nieukształtowaną, czystą tablicą, na której West nakreślił osobowość, jaką chciał ujrzeć. Drugie wytłumaczenie jest takie, że miała już wcześniej sadystyczne skłonności, objawiające się w dotychczasowym życiu, na przykład jako okrucieństwo w stosunku do zwierząt lub osób z otoczenia.

Wiele czynników, które wpłynęły na osobowość Fredericka, obecnych było również w jej dzieciństwie. Wyrosła bez uznawania zasad moralnych, które czynią sadyzm dla większości z nas odstręczającym i nieludzkim. Najprawdopodobniej nie doświadczyła uczucia ciepła i radości wynikających z odwzajemnianej i czułej bliskości seksualnej. Sprawiło to, że stała się podatna na wpływy przyszłego męża.

Przyczyny nie tłumaczą jednak, dlaczego tak się stało. W początkowych stadiach prawdopodobnie jest całkiem pasywna. Podnieca to mężczyznę pragnącego sprawować nad nią władzę. Jest otwarta na wszelkie żądania i nie budzą one jej niesmaku. Początkowo odgrywają sceny dominacji i upokorzenia. Nie na serio. Przebierają się jedynie w prowokujące stroje jak wiele normalnych par, bawiących się w seksualne gierki.

Potem, tak samo jak młody człowiek opowiada swojej dziewczynie o hobby, takim jak na przykład taniec towarzyski, Fred mówi Rose o swoich rozrywkach. Pokazuje jej drogę do sadyzmu i odkrywa, że obojgu sprawiają przyjemność te same „utwory" i „kroki". Jednak w tym przypadku „muzykę" stanowią jęki i błagania umierających młodych dziewcząt.

Kluczem do zrozumienia tego, co nastąpiło, jest seksualne podniecenie Rose. Odkrywa, że Fred budzi w niej jej własny sadystyczny potencjał. Ta forma aktywności seksualnej stanowi zadośćuczynienie za całe dotychczasowe puste życie.

Pod wpływem jego nauk Rosemary szybko się uczy i staje się dobrą „tancerką". Być może nawet lepszą od Freda. Słyszy o wiele subtelniejsze rytmy w „muzyce", zaczyna mieć własne pomysły i opracowuje nowe „kroki". To, co na początku było prymitywne, staje się teraz wyrafinowane. Oboje coraz więcej czasu zaczynają poświęcać swym zboczonym „tańcom", dopóki nie staną się one treścią ich życia.

Gdy w 1972 roku porywają Caroline Owens, to właśnie Rosemary zdaje się układać choreografię tortur i maltretowania, po czym sama angażuje się w wykonanie. To ona pierwsza zaczyna całować Caroline na tylnym siedzeniu samochodu, bez wskazówek czy zachęty ze strony męża.

Frederick ma teraz bratnią duszę – kogoś, z kim dzieli się potrzebami, nadziejami i fantazjami. Jest to najważniejszy związek w jego życiu.

Seksualność Rosemary rozwija się, rozkwita i dojrzewa. Chociaż nadal może wspinać się z mężem na szczyty uniesień, nie wystarcza jej to. Pragnie nowych smaków i zapachów. Zmienia partnerów, być może mężczyzn i kobiety. Nawet będąc w ramionach kochanka, wie, że jej mąż uczestniczy w akcie, gdyż seks wzbogaca ich oboje. On zdobywa, przedstawia i zatwierdza kochanków, podsłuchuje i podgląda jej wyczyny.

Zaczynają zmieniać swój dom w plac zabaw. Nie jest to dla nich loch ani sala tortur. Przypomina im park rozrywki, oddzielony od reszty świata, w którym mogą bezpiecznie przeprowadzać eksperymenty. Teraz żadne z nich nie jest pasywne. Obydwoje pragną kontrolować, dominować i zadawać ból. Teraz staje się to dla nich sensem istnienia.

Opracowują i doskonalą metodykę uprowadzania i trzymania ludzi w niewoli. Potem któregoś dnia porywają młodą dziewczynę. Nigdy się nie dowiemy, w jaki sposób trafiła do samochodu pana Westa, jednak śledztwo dostarczyło nam kilku wskazówek.

Frederick West wie, gdzie szukać potencjalnych ofiar i ma pewien obraz poszukiwanej dziewczyny. Musi być młoda, z długimi włosami albo z pełnymi piersiami lub ubrana w określony sposób. Być może nie jest w stanie łatwo tego wyjaśnić, ale gdy ją widzi, krew zaczyna w nim wrzeć. Pani West ma również swój udział w doborze nowej ofiary.

Jeśli sprawia wrażenie biernej, to wiedzą, że będzie tak przerażona, iż grając na jej strachu, bez przeszkód zadźwięczą nuty, których jeszcze nigdy nie słyszeli. Jeśli jest dumna i oporna, to cieszą się już na myśl, że stanie się pokornym, błagającym o zlitowanie, a później dosłownym workiem mięsa i kości.

W jaki sposób wciągają do samochodu? Kiedy jest z nim Rosemary, jest to łatwe. Dziewczyna widzi kobietę w samochodzie i natychmiast się odpręża – przecież zboczeńcy seksualni nie jeżdżą ze swoimi żonami.

– Przepraszam, moja żona źle się poczuła, czy mogłaby pani nam pomóc?

– Moja żona jest w ciąży i zgubiliśmy się.

– Niebezpiecznie jest chodzić samej nocą. Może panią podwieźć?

Odzywki można mnożyć. A wszystko po to, by znalazła się na wyciągnięcie ręki. West jest silny i brutalny – szybko wciąga ją do samochodu, knebluje i krępuje ręce taśmą samoklejącą.

A może długo gra na jej zaufaniu. Dłuższa miła rozmowa z dziewczyną sprawia mu dodatkową przyjemność, gdyż lepiej poznaje przyszłą ofiarę. Potem w błyskawicznym ataku knebluje ją i wiąże ręce. Jadą na Cromwell Street, pastwiąc się nad nią po drodze, gdyż pokusa jest zbyt duża, by się jej oprzeć.

Oczekiwanie jest rozkoszne. Zdołali złapać kolejną osobę, co samo z siebie sprawia im ogromną seksualną przyjemność. Dreszcz rozkoszy jest tak intensywny, że pierwsze ofiary tortur umierają zbyt szybko. Spieszą się z zabiciem, a potem całymi dniami rozkoszują wspomnieniami.

Za każdym razem wydłużają ten proces. Uświadamiają sobie, że nie trzeba ich zabijać od razu, że można to opóźnić, drocząc się i przedłużając przyjemność. Za każdym razem opracowują bardziej wyrafinowaną metodę.

Wiemy z relacji Caroline Owens, że mówili o interwencji chirurgicznej i przeprowadzeniu operacji na narządach płciowych. Chociaż przerażająca jest sama myśl o tym, sądzę, że rzeczywiście zaczęli przeprowadzać operacje na ofiarach, mówiąc na głos, co teraz robią.

Sześć z ich ofiar znaleziono ze śladami knebla lub całkowitego obandażowania głowy. Jedna z „masek" miała wprowadzoną od przodu plastikową rurkę zgiętą tak, by weszła w nozdrza. Nie tylko utrzymywała ona ofiarę przy życiu, ale również dawała możliwość wprowadzania różnych przedmiotów. Ciała znaleziono w dołach nagie, rozczłonkowane, ze śladami więzów. Wziąwszy pod uwagę inne dowody, były one prawdopodobnie wieszane, bite, maltretowane i wykorzystywane seksualnie przez męża i żonę.

Prawdopodobnie w którymś momencie gryźli, aż do krwi, skórę ofiar. Ciało odcinano od kości przed lub po śmierci. Posiłek może być bardzo specjalnym wydarzeniem. Ludzie elegancko się ubierają, piją lampkę wina, siedzą przy uroczyście zastawionym stole i jedzą ładnie podany obiad. Może to być okazja do wspólnego wyjścia do miasta. Oczywiście nie można mieć pewności, ale niezwykłe ślady nacięć na kościach długich zdają się o tym świadczyć.

Potwierdzenie można znaleźć w klasyfikacji psychopatów. Niektórzy zatrzymują się, gdy osiągną określony poziom seksualnej przyjemności związanej z konkretnym zespołem bodźców. W przypadku państwa Westów brak na to dowodów, a jedynie widoczne są oznaki ciągłej eskalacji potrzeb. Jeśli sprawcy bezustannie pragną osiągać nowe szczyty przyjemności, wprowadzają do swojego repertuaru nowe elementy. Ludzi, którzy przeszli od lekceważenia i poniżania do sadyzmu, kontrolowania i morderstwa, niewielki krok dzieli już od kanibalizmu.

Państwo Westowie chowali swoje „skarby" niedaleko – w piwnicy i w ogrodzie. Podobnie jak w przypadku osoby, która z uwagą wybiera i rozwiesza obrazy w salonie, z wielką troską rozmieścili poszczególne ciała. Masturbacyjne powroty były dla nich ważne. Miło jest zejść do piwnicy i położyć się w łóżeczku dziecka, wiedząc, co znajduje się dwa i pół metra pod podłogą.

To, co najtrudniej jest ludziom zrozumieć, to fakt, że para ta żyła pośród innych ludzi. Uważano ich za dobrych sąsiadów, którzy mają być może swoje dziwactwa, ale ogólnie rzecz biorąc, niczym szczególnym się nie wyróżniają. Jednocześnie żyli w świecie, który bardzo niewiele osób jest w stanie uznać za realny. To, co spotkało te młode kobiety, wykracza poza zdolność tworzenia fikcji przez większość autorów horrorów, że nie wspomnę już o umiejętności przelania tego na papier.

Właśnie to uniemożliwia ludziom zrozumienie. Nie mogą pojąć ogromnej przyjemności, radości i rozkoszy, jaką Frederick i Rosemary czerpali z przerażenia oraz agonii swoich ofiar. Dla sadystycznego psychopaty nigdy nie ma dość przyjemności. Żądza dokonywania nowych odkryć i rozwoju nie zna granic.

Dokładnie było to widać w przypadku ich dzieci. Mieli własne istoty ludzkie, nad którymi uzyskali absolutną władzę, skarb, z którego mogli korzystać bez ograniczeń. Jednak o ile w przypadku porwań zachowywali ostrożność, to w stosunku do własnych dzieci byli niefrasobliwi. W końcu zainteresowały się nimi osoby trzecie, takie jak nauczyciele i pracownicy socjalni.

Po powrocie na komisariat ponad godzinę spędziłem, wyjaśniając Bennettowi i Moore'owi, do jakich wniosków doszedłem. Następnie w cichym kącie klubu policyjnego zaprezentowałem zespołowi prowadzącemu przesłuchanie swoje ustalenia. Proponowano mi piwo, ale z uwagi na czekającą mnie jazdę do domu wybrałem napój cytrynowy.

West zdradził znajomość szczegółów przestępstwa – powiedział, że ciała były związane, ale nie przyznał się do wieszania i torturowania ofiar. Jednocześnie desperacko bronił się przed wplątaniem żony.

– Jak to możliwe? – spytał Bennett. – Jeżeli jest psychopatą, to dlaczego nie powie „to nie ja, to ona"? Ona właśnie tak postępuje. Jeżeli o czymś mówi, to zawsze jest to wina Freda. Dlaczego on ją tak chroni?

– Trzeba zrozumieć naturę ich związku. Więź pomiędzy nimi jest niezwykle silna. Spójrzmy na to w ten sposób: większość mężczyzn czyta pisma pornograficzne, a potem marzy o spotkaniu kobiety bez oporów, która nie tylko będzie ich prowokować, ale również robić rzeczy, których nigdy nie robiliby z ukochaną żoną.

Pan West musiał o tym marzyć, a jego marzenia już się spełniły. Miał partnerkę, która potrafiła nagradzać, rozwijać i intensyfikować jego fantazje w sposób niemożliwy do pojęcia przez kogoś normalnego, i to nie raz, nie dwa, ale przez całe życie. Rosemary nie była jedynie bierna, podzielała jego sposób myślenia, uczucia, a uprawianie seksu wznosiła na nowe wyżyny. Przez to stała mu się bardzo droga, dlatego nie ma zamiaru jej skrzywdzić ani zrobić czegoś, co mogłoby jej zaszkodzić. Nigdy jej nie wsypie.

– A Rose? – zapytał Moore. – Czy jest szansa, że zacznie zeznawać?

– Wątpię. Z tego, co o niej wiem, jest bardziej inteligentna niż on i ma bogatszą osobowość. To, co o niej powiedzieliście, sugeruje, że jeśli utrzyma nerwy na wodzy, to wszystko się ułoży. Nie ma potrzeby akceptacji i otrzymywania nagrody za swoje zachowanie, która widoczna jest u pana Westa. Nie znaczy to, że jest bardziej zepsuta. Po prostu może dłużej się obywać bez akceptacji innych ludzi.

– Czy wie, że Fred jej nie wyda? – zapytała Hazel.

– Z pewnością. Wydaje mi się, że zna Freda o wiele lepiej niż on ją. Wspięli się na szczyty zepsucia i wie, czym się dla niego stała.

– Więc zaprzeczy wszystkiemu? – dopytywał się Moore.

– Jedyna szansa, że do czegoś się przyzna, będzie wtedy, gdy Fred West potwierdzi jej współudział. Jeśli zacznie ujawniać szczegóły o jej udziale, to może zacząć mówić. Nie przyzna się do wszystkiego. Będzie obwiniała go i utrzymywała, że stała się bezwolnym, pasywnym i zastraszonym uczestnikiem. Wątpię, czy kiedykolwiek przyzna się do swoich czynów, a na pewno nie przed skazaniem.

Właśnie dlatego nie martwiłem się o jej bezpieczeństwo, gdy Bennett zapytał mnie, czy nie podejmą próby samobójczej. Stwierdziłem, że Rosemary będzie trzymała się do samego końca, pewna, że obroni się przed oskarżeniami. Przypadek Westa jest zupełnie inny. Nic mu nie grozi, dopóki jest w areszcie, pozostaje w centrum uwagi i wierzy, że Rosemary nadal jest mu oddana. Po zakończeniu przesłuchania, gdy w oczekiwaniu na proces przeniosą go do więzienia, poczuje się osamotniony. Stan ten może pogłębić się, gdy stwierdzi, że żona się go wyparła, mówiąc o nim jak o nieludzkim potworze.

Znając osobowość Westa oraz irracjonalne zachowanie podczas przesłuchań, świadczące o głębokim uczuciu, wiedziałem, że Rosemary odgrywa w jego życiu ogromną rolę. Wyjaśniłem, że gdy dowie się, iż jego żona odrzuciła go, oraz uświadomi sobie fakt, że nigdy się już nie zobaczą, to ryzyko ataku samobójczego znacznie wzrośnie.

Chociaż Rosemary West nadal utrzymywała, że jest niewinna, nie miałem wątpliwości, iż była w pełni zaangażowana w morderstwa. Z logicznego punktu widzenia byłoby zupełnie nieprawdopodobne, gdyby o niczym nie wiedziała. W jej domu, prawdopodobnie w kuchni, pocięto na kawałki dziewięć ciał, następnie przez jakiś czas je przechowywano i w końcu zakopano w ogrodzie. Wszystkie groby w piwnicy miały prawie dwa i pół metra głębokości, a wykopano je w twardej, czarnej glinie. Gdzie była, gdy odbywało się to wszystko? Musiała coś o tym wiedzieć. Mówienie czegoś przeciwnego zakrawa na niedorzeczność.

Istnieją dowody, że miała taką samą psychopatyczną osobowość jak jej mąż. Jej żądza była nienasycona. Spała z dziesiątkami mężczyzn, a fakt, że mąż ją podglądał, sprawiał jej przyjemność. Sama podjęła decyzję, kiedy jej córki dorosły do współżycia, i przyglądała się defloracji. Podczas porwania Caroline Owens to właśnie pani West kierowała całą akcją. To ona była choreografem tortur i maltretowania.

Rosemary West aresztowano 20 kwietnia i oskarżono o podwójny gwałt na trzynastoletniej dziewczynce oraz próbę zgwałcenia ośmioletniego chłopca. Ostatecznie przedstawiono jej zarzut dziewięciokrotnego morderstwa włącznie z zabiciem Charmaine West, której ciało znaleziono 4 maja w nieużywanym silosie na węgiel przy Midland Road 25.

Trzy tygodnie wcześniej znaleziono szczątki matki Charmaine, Reny Costello, na polu kukurydzy, niedaleko miejsca, gdzie w 1969 roku rodzina mieszkała w przyczepie kempingowej. Przy poszukiwaniach użyto radaru do sondowania ziemi.

W czasie mojej ostatniej wizyty w Gloucester, 18 maja, dowiedziałem się, jak przebiegały przesłuchania Rosemary. Zgodnie z przewidywaniami, obstawała przy swoim. Przyznawała się do posiadania wielu kochanków, jednak zaprzeczała, jakoby miała jakikolwiek związek z tym, co zaszło w jej domu. Twierdziła, że jest kochającą matką i że zawsze taka była.

Gdy usłyszała, że Anne Marie, jej przyrodnia córka, była gwałcona przez ojca i wykorzystywana seksualnie przez macochę od ósmego roku życia, wyparła się wszystkiego. Przyciśnięta do muru, stwierdziła: „Robiłam tylko to, co kazał mi Fred. On to wszystko zorganizował. Może on zmusił do tego Anne Marie. Ja nie mam z tym nic wspólnego".

Potem zaczęła powtarzać: „Nie mam nic więcej do powiedzenia" i całymi godzinami nie zmieniła swojej odpowiedzi. Mimo to przesłuchujący nadal zadawali pytania, nie próbując złamać ani osłabić jej woli, ale po prostu mówili, czego chcieliby się dowiedzieć i drobiazgowo przygotowywali oskarżenie.

W międzyczasie Frederick zaczął przyznawać się do kolejnych czynów. Opisał, w jaki sposób zaciągał do furgonetki i dostarczał do domu dziewczyny. Twierdził jednak, że do stosunków dochodziło na ich życzenie. Czasami dziewczyny chciały doświadczyć czegoś mocnego i niestety umierały. Rosemary o niczym nie miała pojęcia.

Na początku czerwca, w rowie na Fingerpost Field w Kempley, niedaleko miejsca, gdzie znaleziono pierwszą żonę Westa, odkryto ciało dwunastej ofiary – dwudziestodwuletniej Anny McFall, która w 1967 roku przyjechała z Coatbridge w hrabstwie Lanarkshire i przez krótki czas pracowała u Westów w Gloucester jako niania. Sekcja wykazała, że w chwili śmierci była w ósmym miesiącu ciąży.

W końcu po czterech miesiącach zakończono kopanie.

20

GDY UCICHŁ HAŁAS KOSIARKI, USŁYSZAŁEM GŁOS MARILYN przywołujący mnie do telefonu. Z jej spojrzenia zgadywałem, że skradziono nam kolejne niedzielne popołudnie.

W ciągu dwudziestu minut wziąłem prysznic, przebrałem się i ruszyłem do Nottingham. Z Queen's Medical Centre dwa dni temu, w piątek 1 lipca, porwano noworodka. Dochodzenie stało się głównym tematem wszystkich brytyjskich gazet.

Oficer prowadzący śledztwo, nadkomisarz Harry Shepherd, nie potrafił ukryć napięcia w głosie. Nie było czasu do stracenia i wiedział, że niewłaściwa decyzja może doprowadzić do śmierci dziecka.

Pięćdziesiąt mil na północ od Nottingham poczułem się trochę nieswojo, ponieważ wiedziałem tak niewiele o porwaniu. Rano nie czytałem niedzielnych gazet, w których cała sprawa poruszana była na tytułowych stronach. Rodzice są na pewno zrozpaczeni – pomyślałem, wracając pamięcią do czasu, kiedy urodzili się Emma i Ian. Obydwa porody odbywały się w domu. Działo się to jeszcze zanim służba zdrowia ponownie zaczęła zachęcać kobiety do rodzenia w szpitalach, które są lepiej wyposażone na wypadek komplikacji.

Prawie straciliśmy Emmę. Po urodzeniu wyglądała jak marmurowa lalka bez oznak życia. Położna, której poprzednio nie chciało się przyjść w tak mglistą noc, odłożyła ją na bok, zakładając, że nie ma już nadziei.

Marilyn, chora po porodzie, który przebiegał z komplikacjami, wyczuła, że coś jest nie w porządku. Ogarnęło mnie przerażenie, że stracę zarówno żonę, jak i córkę.

Położna szykowała się do zabrania dziecka, kiedy przybył lekarz i kazał jej się wstrzymać. Sprawdził, czy Marilyn nic nie grozi, i zaczął pracować nad Emmą, która urodziła się z pępowiną zaciśniętą wokół szyi. Przez długi czas wtłaczał powietrze w jej maleńkie płuca i masował klatkę piersiową, dopóki nie zaczęła oddychać, a kolor skóry zmieniać się.

Tak dużo inwestujemy we własne dzieci. Czujemy się połączeni niewidzialną nicią i odczuwamy ogromną pustkę, gdy coś im idzie źle. Marilyn nie spała przez czterdzieści osiem godzin z obawy, że Emma umrze. Powiesiłem przy łóżeczku reflektorek od roweru, a ona położyła się obok małej.

W ciągu tych lat musiałem diagnozować i leczyć wiele matek, a czasami ojców, którzy stracili dziecko podczas porodu lub wkrótce po nim. Tragedia mogła mieć miejsce przed dziesiątkami lat, lecz jej skutki są przez nich odczuwane do tej pory. Niektórzy nadal je opłakują, inni nigdy nie byli w stanie tego zrobić.

Pokój operacyjny w komisariacie policji w West Bridgeford zorganizowano na najwyższym piętrze. Podobnie jak w innych komisariatach, czuć w nim było tymczasowość w pośpiechu zgromadzonych sprzętów. Kable od komputerów krzyżowały się na podłodze, a do tego zestawiono biurka. Przede wszystkim jednak widziałem papiery, ogromne stosy papierów, i było jasne, że napływają szybciej, niż można się nimi zająć.

W pokoju Harry'ego Shepherda panował z kolei względny porządek. Gospodarz był łagodnym, masywnym mężczyzną, co sprawiało, że wyglądał na niższego, niż był w rzeczywistości. Starannie przycięta broda poprzetykana była nitkami siwizny. Podobnie jak ja, mówił cicho, dlatego mieliśmy problemy ze wzajemnym zrozumieniem się. Pochylaliśmy się więc, by lepiej się słyszeć. Pomagało to nam zbliżyć się do siebie.

– W ubiegły piątek o dziesiątej rano w Queen's Medical Centre pani Karen Humphries, miejscowa położna, urodziła dziewczynkę. Przy porodzie obecny był jej mąż, Roger. Był z nimi cały czas, gdy przenoszono je do małego pokoju na oddziale B27.

Shepherd szczegółowo przedstawił przebieg wypadków, wyjaśniając, że Roger wyszedł ze szpitala o 11.30 po Charliego – ich trzyipółletniego syna, który koniecznie chciał zobaczyć nową siostrzyczkę. Wrócili po trzech godzinach i natychmiast poszli do pokoju Karen. Dziewczynka, którą chcieli nazwać Abbie, ubrana w szpitalną koszulkę i zawinięta w różowy becik, leżała w łóżeczku przy łóżku mamy.

Wkrótce po piętnastej Karen wstała z łóżka i poszła korytarzem, by zadzwonić do swojej matki. Po chwili do pokoju weszła kobieta w ubraniu przypominającym fartuch pielęgniarki. Powiedziała, że chce zabrać noworodka na rutynowe badanie słuchu i zapytała, kiedy wróci Karen. Po czym wyszła, mówiąc, że powróci za piętnaście minut.

Gdy Karen ponownie pojawiła się w pokoju, poszła prosto do łazienki, zanim Roger zdążył powiedzieć jej o badaniu. Gdy tylko zamknęły się za nią drzwi łazienki, pojawiła się ta sama pielęgniarka

– Czy mogę ją teraz wziąć na badanie? – zapytała. – To potrwa tylko kilka minut.

Zabrała Abbie z łóżeczka i spokojnie wyszła.

Gdy Karen wyszła z łazienki, natychmiast ogarnęły ją podejrzenia. Jako położna wiedziała, że noworodkom nie robi się badania słuchu. Poszła korytarzem do dyżurki pielęgniarek i wtedy stało się jasne, że nikt z personelu nie zabrał Abbie na żadne badania.

Shepherd rozwinął plan szpitala i pokazał oddział położniczy, korytarze i klatki schodowe prowadzące do głównego wejścia znajdującego się w odległości 250 metrów. Byłem już kiedyś w Queen's Medical Centre na konsultacjach i znałem ogólny rozkład pomieszczeń.

– Porywaczka musiała wejść na oddział przez te podwójne drzwi, następnie przeszła obok dyżurki pielęgniarek, zanim dotarła do pokoi matek – powiedział, po czym pokazał na planie ubikację. – Tu znaleźliśmy porzucony niebieski fartuch.

– Nie zmarnowała czasu. W ciągu pięciu minut zaczęto przeszukiwanie wszystkich pokoi, a ochrona zatrzymała autobusy stojące przed szpitalem i rozmawiała z przechodniami.

Jim i Julie Morris, małżeństwo w średnim wieku, w przejściu podziemnym prowadzącym od głównego wejścia na Derby Road, około

15.00 widzieli kobietę. Szła bardzo szybko, trzymając w dziwny sposób, bardzo nisko na brzuchu, dziecko.

Pan Morris powiedział policji:

– Gdy była w odległości półtora metra, ujrzałem malutką różową nóżkę wystającą z kocyka i identyfikator na rączce. Kobieta była zdenerwowana, ale nie wydawało mi się to podejrzane, dopóki nie rzuciła się do czerwonego samochodu, chyba forda fiesty. Była to jednak zmyłka, gdyż zaraz bardzo szybko poszła dalej.

Państwo Morrisowie byli zmartwieni i wrócili do szpitala, żeby poinformować o tym zdarzeniu. Personel prowadził już wtedy poszukiwania, ale nie zdawał sobie sprawy, że porywaczka zmieniła ubranie. Miała ciemnoszare legginsy, na górze coś zielonego i ciemne plastikowe okulary przeciwsłoneczne.

Roger Humphries opisał ją jako osobę w wieku około trzydziestu lat, o wzroście 158–164 centymetry, z długimi ciemnymi włosami – prawdopodobnie była to peruka. Miała dość bladą cerę i mówiła z miejscowym akcentem. Pamięta, że widział ją wcześniej, około 14.30, gdy przyszedł do szpitala z Charliem. Kiedy szli głównym korytarzem, przed oddziałem B27 zobaczył „pielęgniarkę", która zmierzała w tym samym kierunku. Chociaż widział ją tylko przez kilka sekund, to zapamiętał ją z powodu niezwykłego koloru włosów. Zauważył też, że ma pełne albo nawet grube łydki i nosi rajstopy. Chociaż nie zapamiętał ich koloru, to na pewno nie były czarne.

Shepherd położył przede mną dwie ziarniste fotografie. W szpitalu zainstalowano dwadzieścia dziewięć kamer telewizji przemysłowej i policja długo studiowała nagrania, zanim wybrała te dwa zdjęcia. Pierwsza klatka pochodziła z godziny piętnastej i ukazywała plecy pulchnej, ciemnowłosej kobiety ubranej w fartuch pielęgniarki, idącej korytarzem w kierunku głównego wejścia do szpitala. Na kolejnym zdjęciu, zrobionym 20 minut później, ta sama kobieta ubrana w cywilne ubranie niosła coś przed sobą.

– Prawdopodobnie ćwiczyła ucieczkę na sucho – powiedział Shepherd, wskazując pierwsze zdjęcie – badała trasę.

Być może – pomyślałem, jednak miałem pewne wątpliwości. Ta kobieta znała szpital. Całkiem możliwe, że była tutaj już wiele razy, sprawdzając wszystkie możliwości.

– Bardziej prawdopodobne jest to, że chciała zyskać pewność siebie – odpowiedziałem. – Być może chwila była niewłaściwa, więc szła, bo zdawała sobie sprawę, że stojąca osoba może przyciągnąć czyjąś uwagę.

Niepokoiły mnie inne rzeczy. Dlaczego weszła do pokoju dwa razy? – zastanawiałem się. Przecież łatwiej było zabrać dziecko za pierwszym razem, kiedy powiedziała Rogerowi o badaniu słuchu. Nie miała świadomości, że Karen jest położną, gdyż wtedy nie czekałaby. Karen wiedziała, że noworodkom nie robi się takich badań.

Nie była to również dawna pracownica szpitala, gdyż ktoś mógłby ją rozpoznać, a niebieski fartuch, który miała na sobie, przypominał fartuch pielęgniarski, ale nim nie był.

Shepherd przestał mówić. Napięcie w jego głosie było nawet większe, niż dało się to wyczuć przez telefon. Wraz ze swoją ekipą pracował w dużym stresie. Jeżeli zrobią coś nie tak, to stracą dziecko, ale jednocześnie muszą posuwać się do przodu w bardzo szybkim tempie. Wszystko wewnątrz mówi: „Spokojnie. Nie rób błędów", jednak nie można zwolnić, bo zaginęło dziecko, wszyscy patrzą na ręce, a czas biegnie nieubłaganie. Działanie w takich warunkach to ogromny wysiłek psychiczny. Cóż dopiero mówić o nadzorowaniu wszystkich operacji, tak by nikt nie popełnił tragicznego w skutkach błędu.

W ciszy, która zapadła po odprawie, zacząłem wstępnie nakreślać profil osobowości porywaczki. Rozważałem wszystkie możliwe motywy, nawet najbardziej niedorzeczne. Porównywałem informacje z postępowaniem moich pacjentek, z którymi zetknąłem się w praktyce klinicznej, a także z literaturą na temat uprowadzeń dzieci.

Głównym źródłem informacji w przypadku porwania Abbie był Roger Humphries. Co zrozumiałe, był głęboko wstrząśnięty tym, co się wydarzyło, i znalazło to swoje odbicie w protokole zeznań. Musiałem znać kolejność zdarzeń i odpowiedzi na wiele pytań dotyczących porywaczki, zanim będę w stanie zrozumieć psychikę tej kobiety.

Jak dokładnie brzmiały jej słowa, gdy odezwała się do Rogera? Gdzie stanęła i w jaki sposób się poruszała? Czy stanęła w drzwiach, czy weszła do pokoju? Czy nawiązała kontakt wzrokowy? Może się uśmiechała? Czy wyciągnęła prawą czy lewą rękę, żeby podnieść Abbie z łóżeczka? Dlaczego Roger sądzi, że była w peruce? Czy może peruka była źle dopasowana?

Odpowiedzi na te i inne pytania mogłyby powiedzieć więcej o ostrożności, pewności siebie i motywacji porywaczki. Bez nich byłoby to szukanie kogoś we mgle, która kłębi się na wietrze i jedynie od czasu do czasu widać zarys postaci.

Jedyną osobą, która mogłaby odpowiedzieć na pytania, był Roger Humphries. Zaproponowałem Shepherdowi przeprowadzenie wywiadu kognitywnego, w czasie którego Roger przeniósłby się myślami do momentu porwania, co umożliwiłoby wydobycie większej ilości szczegółów. Policjant zgodził się i ustaliliśmy, że wywiad odbędzie się rankiem we wtorek 5 lipca.

Bez wystarczającej ilości informacji, które umożliwiłyby znalezienie i sklasyfikowanie według prawdopodobieństwa motywów porwania, nie byłem w stanie sporządzić profilu psychologicznego.

Jednocześnie zaczęliśmy zastanawiać się, w jaki sposób optymalnie wykorzystać ogromne zainteresowanie mediów. Shepherd zdawał sobie sprawę, że stanowią potężne narzędzie, które może nam pomóc lub przeszkadzać w śledztwie. Poprzez gazety, radio i telewizję można nawiązać kontakt z porywaczką oraz ludźmi z jej otoczenia. Trzeba jednak opracować odpowiednią strategię, by chronić Abbie.

Oznaczało to, że powinniśmy skłonić media do współpracy, co nie zawsze jest łatwym zadaniem. Od czasu uprowadzenia reporterzy dobijali się o dostęp do nagrań z kamer zainstalowanych w szpitalu. Wywołało to napięcia pomiędzy dziennikarzami a policją. Shepherd poprosił mnie o opinię w tej sprawie.

Przez resztę wieczoru i sporą część następnego dnia pracowaliśmy nad przygotowaniem strategii informacyjnej. W poniedziałek, w tajnym lokalu policji w West Bridgford spotkałem się znowu z Shepherdem i przedstawiłem swoją propozycję.

Powiedziałem, że kobieta przetrzymująca Abbie nie powinna jej skrzywdzić, dopóki nie wpadnie w panikę.

– Ponadto im dłużej przebywa z dzieckiem, tym mocniejsza więź powstanie między nimi. Właśnie dlatego następne czterdzieści osiem godzin jest tak ważne. Musicie zwrócić się bezpośrednio do niej i pokazać bezmiar cierpienia Rogera i Karen – a zwłaszcza Karen. Musi was uznać za żywych ludzi, a nie komiksowe postaci.

– Dlaczego czterdzieści osiem godzin? – zapytał Shepherd.

– Jeżeli nie dotrzecie do niej w tym czasie, to wydarzą się dwie rzeczy. Albo usłyszy apel i nie zechce odpowiedzieć, albo odetnie się i nie będzie słuchać. Jednocześnie ulegnie wzmocnieniu jej związek z dzieckiem i zacznie traktować Abbie jak swoją własną córeczkę. Dzięki temu zmaleje prawdopodobieństwo, że uzna Rogera i Karen za żywe, czujące istoty i dobrowolnie zwróci Abbie.

– Co się stanie po czterdziestu ośmiu godzinach?

– Powinniście przestać koncentrować się na apelowaniu do uczuć porywaczki, a zamiast tego przemówić do ludzi, pośród których się obraca – przyjaciół, rodziny i sąsiadów. Należy twierdzić, że może to być ktoś z ich środowiska, kto stracił na tyle rozeznanie, że nie potrafi odróżnić zła od dobra. Powinniście przekonać ich, że najlepszym sposobem udzielenia pomocy tej kobiecie jest skontaktowanie się z wami. Oczywiście ci sami ludzie będą słyszeli wcześniej apele do „pielęgniarki" i dzięki temu mogą czuć, że nie wrabiają jej, a naprawdę pomagają.

Głównym założeniem strategii informacyjnej było dobitne przekazanie informacji, że policja nie uważa tej kobiety za zbrodniarza, którego trzeba schwytać i ukarać. W jej życiu musiało nastąpić coś okropnego, skoro posunęła się do tak ekstremalnego kroku i zabrała Rogerowi i Karen ich dziecko. Policja rozumie ją i współczuje.

Nie będzie wielkich żądań. „Poddaj się!" – to byłoby zbyt wielkim szokiem dla porywaczki. Zamiast tego będą jedynie łagodne ponaglenia, by powiedziała rodzicom, czy Abbie jest cała i zdrowa. Jeśli wykona ten krok, to po nawiązaniu kontaktu może uda się ją skłonić do wyjścia z ukrycia.

Zasady postępowania nie wzięły się z powietrza. Wynikały ze zrozumienia związków pomiędzy ludzkimi zachowaniami i emocjami. Zostały one potwierdzone latami doświadczeń przy negocjacjach z pacjentami i przestępcami. Jest to dziedzina wiedzy, którą zająłem się na poważnie w Arnold Lodge, gdyż mimo środków ostrożności pacjentom czasami uda się zdobyć zakładników.

Gdyby porywacz stał na parapecie okna i groził, że skoczy z wieżowca, to taktyka byłaby podobna, choć pod pewnymi względami byłoby o wiele łatwiej. Osobę stojącą w oknie można zidentyfikować, poznać jej środowisko, przeszłość i określić, co stało się motorem działania. Informacje te zdobywa się w trakcie osobistej rozmowy. Zamiast tego próbowałem negocjować przez policję i media z nieznaną kobietą, do której moje słowa dotrą albo nie.

Istniał jednak inny problem. Chociaż środki masowego przekazu są niezastąpione, to reporterzy próbują podgrzewać emocje, każdego dnia pokazując nowe aspekty sprawy i namawiając różnych krewnych Karen i Rogera, żeby zaapelowali do porywaczki. Sprawiało to, że apele traciły na prostocie i stawały się mniej osobiste, podczas gdy najważniejsze było przedstawienie jednej osoby, kojarzącej się z apelem – kogoś, kto będzie w stanie wytworzyć więź i rozmawiać z porywaczką, jakby rozmowa odbywała się w cztery oczy.

– To nie może być zawzięta, węsząca sensację, pozbawiona emocji i nieczuła twarz – powiedziałem Shepherdowi. – To ją odstraszy.

– Dlaczego ty nie miałbyś tego zrobić? – zaproponował.

– Nie. W ogóle bym nie pasował. Myślałem o tobie.

Shepherd brał już udział w codziennych konferencjach prasowych i wygłaszał wcześniejsze apele. Stanowił doskonałe połączenie delikatności, miłego głosu i przyjaznej twarzy. Potrafił spojrzeć w obiektyw kamery, zapominając, że oglądają go miliony osób, i przemówić do porywaczki. Okazywał współczucie i zrozumienie, minimalizując aspekty przestępstwa i kary. Prosił o poinformowanie Karen, jak czuje się Abbie.

– Jeśli nawiąże kontakt, to będziemy potrzebować przeszkolonego negocjatora policyjnego – osobę zaznajomioną ze stanem umysłu porywaczki.

Wiedziałem, że ktoś taki może udzielić jej pomocy, a jednocześnie przedłużyć czas rozmowy, tak by udało się zidentyfikować numer, z którego dzwoni.

Prawda jest niestety taka, że zawsze zdarza się kilka telefonów od żartownisiów. Trzeba je zweryfikować, prosząc o podanie szczegółów, które znane są tylko prawdziwemu porywaczowi.

W końcu dotarliśmy do kwestii zdjęć z kamer w szpitalu. Ziarniste, czarno-białe fotografie pokazują fragment sylwetki kobiety od tyłu, do tego w peruce. Media domagały się dostępu do taśm, zaleciłem jednak, by ich nie udostępniać.

Nikt by jej nie zidentyfikował, lecz ona sama zrobiłaby to natychmiast. Mogłaby uwierzyć, że ludzie ją rozpoznają, wpadłaby w panikę i porzuciła Abbie w jakimś miejscu, gdzie nikt by jej nie znalazł.

Po skończonym spotkaniu ruszyłem do domu. Byłem pewien, że przy właściwym podejściu i pociągnięciu za odpowiednie sznurki jesteśmy w stanie kształtować reakcje emocjonalne porywaczki. Jednocześnie nadal potrzebowałem więcej informacji o „pielęgniarce", a to oznaczało przeprowadzenie rozmowy z Rogerem Humphriesem.

Następnego ranka wszedłem z pełnego słonecznego blasku dnia do zacienionego, podmiejskiego domku. Wysokie sufity sprawiały, że pokoje wydawały się chłodne, i odczułem ulgę po upale panującym na ulicy.

Roger i Karen, uciekając przed zainteresowaniem prasy, zamieszkali z przyjaciółmi w tajnym lokalu policji. W sobotę po południu wystąpili na łzawej konferencji prasowej w szpitalu, gdzie Karen powiedziała: „W domu czeka na mnie synek, który chce wiedzieć, gdzie jest jego siostrzyczka. Jeśli ktoś posiada jakiekolwiek informacje, to proszę o pomoc".

Roger uścisnął mi dłoń i natychmiast poznałem osobę w szoku po traumatycznych przeżyciach. Poruszał się powoli jak w letargu, od czasu do czasu ożywiał się. Chociaż potrafił skupić uwagę, łatwo tracił wątek, a jego twarz nie wyglądała normalnie.

Ten miły w obejściu człowiek był mężem Karen od dziewięciu lat. Mieszkali w niewielkim domu w dzielnicy Sherwood. Pracował jako szef brygady w miejscowej firmie remontowej i opowiedział mi, jak wczoraj malował werandę. „Pierwszy raz od sześciu lat miałem pędzel w ręku" – był to jego sposób na rozładowanie napięcia.

Wyjaśniłem mu, na czym polega wywiad kognitywny i w jaki sposób pomaga ludziom dokładnie przypomnieć sobie więcej zdarzeń z przeszłości i w porównaniu z przesłuchaniem policyjnym uzyskać o 40–50 procent więcej informacji. Chociaż było to bolesne, poprosiłem go, by wrócił myślami do tego piątkowego popołudnia. Usiadł w wygodnym fotelu, oparł się i zamknął oczy.

Zaczął od narodzin Abbie, opisał swoje szczęście na wieść, że jest ojcem dziewczynki. Przed przeniesieniem maleństwa do pokoju zrobił jeszcze kilka zdjęć. Około czternastej pojechał po Charliego. Do Queen's Medical Centre weszli tylnym wyjściem, idąc po schodach na piętro B.

Znał układ szpitala, ponieważ jego firma malowała i remontowała niektóre pomieszczenia. Podekscytowany Charlie trzymał go za rękę.

– Opowiedz mi, co widzisz na korytarzu – poprosiłem.

– Przy ścianie jest wyściełana poręcz, jest jasno, panuje miła atmosfera.

– Kto jest w korytarzu?

– Ludzie, którzy wchodzą i wychodzą.

– Czy widzisz tę kobietę?

– Tak.

– Gdzie jest?

– Dwanaście, piętnaście metrów przede mną. Idzie w tym samym kierunku. Nie widzę jej twarzy.

– W jaki sposób się porusza?

– Wygląda, jakby miała skrzyżowane ręce… śmiesznie stąpa, jest pochylona, prawie zgarbiona i tylko patrzy do przodu.

– Czy mija kogoś?

– Nie, chyba nie… chwilkę. Tak. Dwie kobiety siedzą pod ścianą. Musiała przejść tuż przed nimi.

– Kim są?

– Matka ma około pięćdziesięciu lat, ta druga to jej córka. Teraz pamiętam, że miałem pocztówkę i chciałem pożyczyć długopis. Kiedy kobieta skręciła w lewo, w kierunku dyżurki pielęgniarek, zapytałem matkę i córkę, czy mogę pożyczyć długopis.

(To było ważne. Być może znajdziemy dwóch dodatkowych świadków, którzy będą w stanie opisać porywaczkę).

– OK. Kobieta przechodzi przed tobą. Co ma na sobie?

– Niebieski fartuch.

– Dokładnie – jaki niebieski?

– Chyba ciemnoniebieski. Błękit paryski?

– Jak długi?

– Chyba trochę nad kolana. Widzę jej łydki. Są nieproporcjonalne.

– Jaki jest krój fartucha?

– Rękawy są krótkie. Ma pasek zapięty z przodu.

– Jakiego koloru?

– Nie jestem pewien. Nie pamiętam. Zapamiętałbym, gdyby był biały.

– A buty?

– Czarne.

– Czy ma pończochy?

– Tak. Ale nie czarne. Chyba cieliste. Tak mi się wydaje.

Ta powolna i ciężka praca przyniosła w końcu rezultaty. Roger widział kobietę tylko przez chwilę, gdy szła korytarzem, jednak przypomniał sobie, jak była ubrana, jaką miała fryzurę i cerę oraz sposób, w jaki szła, stawiając krótkie, szybkie kroki, jakby miała pilną sprawę do załatwienia.

Przeprowadził mnie przez podwójne drzwi, obok dyżurki pielęgniarek i dalej do pokoju, gdzie czekały Karen i Abbie. W drzwiach pokoju znajdowała się szyba. Na prośbę o opisanie, co widzi, słyszy i jakie zapachy czuje, opowiedział o kobietach karmiących noworodki, wchodzących i wychodzących ludziach i personelu zajętym swoją pracą.

Karen zaczęła przekomarzać się z Charliem i przedstawiła mu siostrzyczkę, która spała w łóżeczku przy jej łóżku. Po chwili wyszła z pokoju na korytarz, żeby zadzwonić do matki.

Po dziesięciu, może piętnastu sekundach weszła pielęgniarka, jednocześnie pukając i otwierając drzwi. Droga do telefonu zajęła mniej niż dziesięć sekund, więc Karen powinna była przejść koło niej. Charlie leżał na łóżku z siostrą przy boku. Roger patrzył na ręce, składając model

Porsche 911, który był prezentem dla Charliego od siostrzyczki. Na wpół obrócił się, aby ją zobaczyć.

Zapytała:

– Czy mogę zabrać dziecko na badanie słuchu, czy mam poczekać, aż wróci matka? (Więc musiała widzieć, że Karen wyszła).

– Teraz dzwoni – odpowiedział Roger.

– Wpadnę za kwadrans.

Dzięki zmuszeniu Rogera do przebrnięcia przez wszystko jeszcze raz, przypomniał sobie, że kobieta wahała się w progu. Zaglądała do pokoju z prawą ręką na klamce. Opisał jej włosy... Nie wydawały się naturalne, nie pamiętał czoła, być może miała okulary. Pewna siebie i spokojna, uśmiechnęła się do niego z sympatią w oczach.

– Chciałbym, żebyś spojrzał na jej dłonie – poprosiłem. – Czy widzisz jakąś biżuterię? Zegarek? Plakietkę z nazwiskiem i grupą krwi? Może sprzączkę od paska?

Pokręcił głową.

– No dobrze. A teraz twarz. Co widzisz? Czy jest niższa, wyższa, a może jest twojego wzrostu? Jaką część twarzy widzisz? Czy zasłaniają ją częściowo drzwi? Powiedz coś o włosach.

Powoli zaczął się wyłaniać wizerunek, rzucający nowe światło na niektóre informacje z dotychczasowych zeznań i stawiający pod znakiem zapytania inne. Nie była to łatwa rozmowa i Roger miał łzy w oczach, gdy opisywał chwilę zabrania Abbie.

Karen wróciła do pokoju i poszła prosto do ubikacji. „Pielęgniarka" weszła, gdy drzwi były jeszcze otwarte, tak jakby wchodziły razem. Była pewna, że Karen jest w pokoju. Roger milcząco założył, że rozmawiała z żoną, ponieważ weszły w tym samym momencie. Bawił się wtedy z Charliem złożonym modelem samochodu.

– Czy mogę teraz wziąć ją na badanie słuchu? – zapytała. – To potrwa tylko chwilę. Będę na końcu korytarza.

Tym razem mówiła głosem pewnym i brzmiało to raczej jak polecenie, a nie pytanie. Przed wejściem musiała głęboko zaczerpnąć powietrze, wziąć się w garść i powiedzieć sobie: „Teraz to zrobię".

Mówiąc to, podeszła, wzięła Abbie i spokojnie wyszła z pokoju. Po dziesięciu sekundach Karen wyszła z łazienki, ale pielęgniarki nie było już na oddziale. Dopiero po kilkunastu minutach udało się ustalić, że nie należy do personelu. Wtedy jednak była już na zewnątrz.

Wywiad trwał prawie trzy godziny, a w miarę upływu czasu, gdy zaczął oddzielać emocje od wspomnień, odpowiedzi Rogera brzmiały coraz pewniej. Rozmowa przyniosła trzy korzyści. Uzupełniliśmy rysopis porywaczki, dokładnie ustaliliśmy chronologię wydarzeń i wiedziałem już o wiele więcej o jej charakterze – niepewność, gdy po raz pierwszy weszła do pokoju, i zebranie odwagi za drugim razem.

Do pokoju weszła kompletnie załamana Karen i usiadła, opierając się o Rogera. Była osobą pewną siebie, pełną radości i entuzjazmu, dla której życie stało się cudownym przeżyciem od chwili urodzenia dziecka. Wszystko to zniknęło, gdy je porwano. Dopadł ją ból. Zdolność planowania, podejmowania decyzji i dbania o siebie wyparowały. Widziałem, że pragnie dwóch rzeczy – odzyskać dziecko, zwinąć się w kłębek i zniknąć, zapaść się pod ziemię.

Roger zachowywał się inaczej. Ciągle myślał: „gdyby tylko". Gdyby tylko poprosił o identyfikator, gdyby tylko powiedział „nie" itd. Teraz uważał, że powinien coś zrobić, nawet jeśli oznaczało to jeżdżenie po całym mieście w poszukiwaniu Abbie. Mogło to nie mieć żadnego sensu, ale przynajmniej coś by robił.

Powiedziałem im, że nie są odcięci od świata zewnętrznego i nadal mają do odegrania znaczną rolę w śledztwie. Szanse, że Abbie coś się stało, są względnie małe. Zazwyczaj w takich wypadkach dziecko znajduje się całe i zdrowe.

Widząc ból Karen, powiedziałem, że gdy tylko ten koszmar dobiegnie końca, a oni chcieliby lub musieli porozmawiać z kimś o tym, co się zdarzyło, to wystarczy jeden telefon.

Gdy rozmawiałem z Rogerem, w komendzie policji w West Bridgford odbyła się ważna konferencja prasowa. Harry Shepherd przedstawił oczekującym dziennikarzom strategię informacyjną. W nienagrywanej rozmowie stwierdził, że następne 48 godzin będzie miało kluczowe znaczenie i że media odegrają istotną rolę w odnalezieniu Abbie Humphries.

Dziennikarze często podchodzą z dystansem do tego typu przemówień. Niektórzy zakładają, że odmawia im się dostępu do informacji i świadków ze względu na jakiś spisek. W tym przypadku chcieli dostępu do zdjęć z kamer bezpieczeństwa i wywiadu z „ciekawą osobą" każdego dnia. Mieli dla Harry'ego szacunek i zaufali mu, gdy obiecał większy dostęp do danych i pewne ustępstwa po upływie czterdziestu ośmiu godzin. Jednym z ustępstw było przeprowadzenie wywiadów ze mną. Niestety nikt nie zapytał mnie o zdanie. Prawdę mówiąc, wolałbym uniknąć rozgłosu.

Zgromadzeni dziennikarze zaaprobowali warunki i gdy włączono kamery, Harry Shepherd wygłosił szczegółowo zaplanowany apel. Ponieważ nie mieliśmy dużo czasu na przygotowania, dopilnowałem, żeby używał słownictwa, którym operował na co dzień, by zabrzmiało to maksymalnie autentycznie.

– Rodzina bardzo tęskni za Abbie. Wiem, że my wszyscy współczujemy im i jesteśmy z nimi w tych trudnych chwilach. I chyba każdy zgodzi się ze mną, że ktokolwiek zabrał Abbie, również zasługuje na nasze współczucie. Na pewno trudno zdobyć się na taki czyn. Chciałbym zaapelować bezpośrednio do osoby, która opiekuje się teraz Abbie. Ma pani swoje powody i problemy, które pchnęły panią do zabrania dziewczynki. Zdaję sobie sprawę, że ją pani kocha, ale ona jest córeczką Karen.

Karen cierpi takie męki, że zrozumie ją każdy, kto nie wie, czy jego dziecko jest bezpieczne i kto może go dotknąć. Dlatego bardzo proszę zadzwonić i powiedzieć Karen, czy Abbie nic nie jest. Pani, bardziej niż ktokolwiek inny, potrafi zrozumieć, jak ważny jest taki telefon.

Naprawdę panią rozumiemy i jesteśmy gotowi zaoferować swoje wsparcie, zrozumienie i pomoc odpowiadającą pani potrzebom. Naszym jedynym celem jest sprawić, by wszystkie osoby zamieszane w to zdarzenie odzyskały spokój ducha.

Jedną z najważniejszych osób, o które mi teraz chodzi, jest właśnie ta, która była zmuszona zabrać Abbie od jej matki.

Po powrocie do West Bridgford usiadłem na piętrze i przygotowałem profil porywaczki. Rozmowa z Rogerem Humphriesem poświadczyła trafność strategii informacyjnej przygotowanej rano. Również dodatkowe szczegóły dotyczące rysopisu potwierdziły decyzję o niepublikowaniu zdjęć z kamer ani portretu pamięciowego. Nie stanowiłyby żadnej pomocy dla potencjalnych świadków i informatorów.

Po przejrzeniu wszystkich informacji nakreśliłem szesnastopunktowy profil psychologiczny.

„Kobieta w wieku od dwudziestu do trzydziestu kilku lat. Swobodnie czuje się w szpitalu i zna rozkład pomieszczeń w Queen's Medical Centre" – wynikało to ze sposobu, w jaki zachowywała się przez dłuższy czas, bez zwracania uwagi. Nie wyglądała na zagubioną, zdenerwowaną ani przestraszoną.

„Inteligentna, wykształcenie co najmniej średnie". Inteligencja potrzebna była do przygotowania planu, zdobycia fartucha i peruki oraz poradzenia sobie z niespodziewanymi wydarzeniami. Gdy otwierała drzwi, nie wiedziała, co Roger odpowie. Musiała spojrzeć i uśmiechnąć się, zrozumieć jego wypowiedź i zachowanie. Wszystko to wymaga bystrego umysłu.

„Prawdopodobnie jest zamężna albo pozostaje w stałym związku. Nie jest jednak stabilny, ponieważ dążenie do jego ratowania doprowadziło ją do porwania dziecka".

„Jest pewna siebie i łatwo przychodzi jej kłamstwo" – nie jest to takie oczywiste, ponieważ zazwyczaj kłamca staje się nerwowy, czerwieni się, jąka, poci, kręci, a ona nie wykazywała takich objawów.

„Potrafi dobrze zaplanować swoje poczynania, ale nie do końca". Widać, że plan przygotowała w ogólnym zarysie, jeśli jednak chodziło o szczegóły – są niedociągnięcia. Kiedy wyszła ze szpitala, nie bardzo wiedziała, co robić. Wahała się, biegła i nie patrzyła na przechodniów, zwracając tym na siebie uwagę. Dlaczego? Ponieważ tak daleko nie planowała. Prawdziwi naukowcy są w stanie zaplanować wszystkie czynności do samego końca, bez znużenia rozpatrując wszelkie możliwe warianty. Większość ludzi natomiast szybko denerwuje się i traci cierpliwość. Planuje jedynie tyle, ile jest niezbędne, a następnie improwizuje.

Ta kobieta nie przemyślała, w jaki sposób zabrać dziecko do domu. Nie miała żadnego ubranka ani koca dla Abbie. Szpital stał się dla niej labiryntem, z którego udało się w końcu wyrwać. Nagle przechodnie zaczęli ją obserwować i zauważyli jej niepokój. Dzięki temu można stwierdzić, że łatwo ulega panice i presji.

„Podejmuje ryzyko" – z każdym krokiem narażała się na nowe niebezpieczeństwo. Mimo to przebrała się, przeszła korytarzem, dotarła do samego centrum szpitala. W każdej chwili ktoś z personelu mógł zapytać: „Przepraszam, co pani tutaj robi?".

Kiedy weszła do pokoju, Roger mógł wyczuć, że coś nie gra, gdy zabierała Abbie. Mogła również wejść prawdziwa pielęgniarka, demaskując oszustwo i odcinając drogę ucieczki. Być może nie rozważyła tych wszystkich czynników, ale na pewno zdawała sobie sprawę z podejmowanego ryzyka.

Działała na własną rękę i przygotowała dla dziecka dom. Zabezpieczyła się, zachodząc w fałszywą ciążę, aby uzasadnić pojawienie się Abbie. Musiało to być przekonujące, bo nie zamierzała wyjść na idiotkę.

Prowadziłem terapię kilku kobiet, które były w stanie porwać dziecko. Niektóre miały problemy z utrzymaniem związku, inne cierpiały na manię prześladowczą. Znam również niezbyt bogatą literaturę dotyczącą uprowadzeń niemowląt. Od 1971 roku w wielkiej Brytanii uprowadzono 171 dzieci. Z jednym wyjątkiem, wszystkie odnalazły się całe i zdrowe. Było to pocieszające, chociaż oparte na suchych danych liczbowych.

Wieczorem Harry Shepherd odebrał mój profil. Obydwaj byliśmy zmęczeni, a nadal czekała nas praca.

– Istnieją trzy motywy podstawowe i pięć innych, mniej prawdopodobnych – powiedziałem. – Z tych trzech najpierw należy rozważyć możliwość, że jest to kobieta z zaburzeniami osobowości. Stworzyła system iluzji, potwierdzający, że Abbie jest jej dzieckiem, które udało się odzyskać i nikt nie ma do niego prawa. Po drugie, możemy mieć do czynienia z młodą kobietą, która próbuje uratować szwankujący związek i sądzi, że dziecko w tym pomoże. Prawdopodobnie chce, aby jakiś mężczyzna uwierzył, że jest ojcem. Może to być również kobieta, która nie może mieć dzieci. Po trzecie, być może mamy do czynienia z osobą psychologicznie izolowaną, która nie potrafi zbudować związku z osobą dorosłą, ale czuje się bezpieczna w relacjach z dziećmi. Chce być kochana i potrzebuje dziecka, które będzie ją kochać bezwarunkowo.

Ponownie podkreśliłem, że są to najbardziej prawdopodobne motywacje, lecz mogą też istnieć inne. Kobieta może być opętana miłością do Rogera i uważać, że to dziecko powinno być jej, a nie Karen. Może też mieć coś przeciwko Karen. W takim przypadku policja powinna zainteresować się kobietami, z którymi do tej pory zetknęła się jako położna. Porywaczka mogła też uderzyć w Queen's Medical Centre, a nie w rodziców. Wyrzucony pracownik albo pacjentka, która uważa, że z winy lekarzy straciła dziecko, chce teraz ukarać szpital. Być może dziecko zostało porwane na zamówienie, w ramach jakiejś transakcji lub dla celów rytualnych albo religijnych.

Wziąwszy pod uwagę wszystko, co powiedział mi Shepherd, wykluczyłem ostatnie pięć opcji. Karen i Roger początkowo mieli znaleźć się na innym oddziale i w ostatniej chwili przeniesiono ich do pokoju jednoosobowego. Porywaczka nie mogła o tym wiedzieć, co znaczyło, że nie miała zamiaru ukarać konkretnie państwa Humphries, a po prostu chciała dziecka… jakiegokolwiek dziecka.

Nie mogłem też uwierzyć w zemstę na szpitalu. Są przecież łatwiejsze sposoby, które nie muszą być związane z karaniem niewinnych ludzi. Na szczęście prawdopodobieństwo porwania w celu sprzedaży lub dla celów rytualnych było bardzo niewielkie, jednak nie wolno było całkowicie zapomnieć o tych opcjach.

Na pierwszy plan wysunęło się założenie, że Abbie porwano w celu scementowania małżeństwa lub innego związku. Jeśli to założenie jest słuszne, należało na nim oprzeć całą strategię odnalezienia Abbie.

Jedno z pierwszych pytań, które zadał Shepherd, brzmiało:

– Czy skrzywdzi dziecko?

– Raczej nie – odpowiedziałem. – Ale ryzyko znacznie wzrośnie, jeśli wpadnie w panikę albo zacznie obawiać się ukarania w przypadku złapania. Jeżeli uzna, że znalazła się w pułapce, to może uciec i porzucić Abbie, która przeżyje najwyżej kilkanaście godzin bez opieki.

– Właśnie dlatego – powiedział Shepherd – nie chcę publikować żadnych informacji, które mogłyby doprowadzić do skrzywdzenia dziecka.

Przez następne dwa dni Harry Shepherd miał być troskliwym wujkiem w policyjnym mundurze. Przynajmniej taki był plan. Jednak w kilka godzin po konferencji prasowej strategia została zagrożona z najmniej spodziewanej strony.

Prywatna telewizja Central TV nadawała comiesięczny program *Crimestalker*, którego gospodarzem był nadinspektor komendy policji w Manchesterze, John Stalker. Program, podobnie jak *Crimewatch UK*, stanowił mieszaninę rekonstrukcji zdarzeń i doniesień o kradzieżach oraz miejsce prezentacji zdjęć i portretów pamięciowych. Audycje odwoływały się do widowni z prośbą o pomoc w rozwiązaniu przestępstw i kilka razy występowałem w obu.

Z doświadczenia wiedziałem, że John Stalker jest inteligentnym człowiekiem, o wielkim doświadczeniu zawodowym i nieposzlakowanej uczciwości, jednak sam program uważałem za bardziej sensacyjny niż *Crimewatch UK*.

Regularnym gościem audycji był inspektor generalny całego hrabstwa Nottinghamshire, Dan Crompton, który gawędziarskim tonem przedstawiał doniesienia o postępach w niektórych dochodzeniach oraz mówił o najnowszych zdobyczach technik śledczych.

We wtorek wieczorem, na parterze West Bridgford, znalazł mnie Harry Shepherd i poprosił o rozmowę.

– Nie uwierzysz, co się stało. Nie wiem, jak ci to powiedzieć.

O Boże – pomyślałem – znaleźli ciało Abbie.

– Inspektor generalny zamierza wygłosić swój własny apel do porywaczki jutro wieczorem w telewizji. Chce też pokazać film z kamer ze szpitala.

– Czy zmieniła się strategia? – zapytałem z niedowierzaniem.

– Nie. To nie ma nic wspólnego ze mną. Nie mam na to żadnego wpływu.

Widziałem, że Shepherd jest rozgoryczony – nie należał do ludzi, którzy potrafią ukryć frustrację. Podejrzewałem, że niektórzy uważają go trochę za ofiarę, ale on po prostu należał do osób wierzących w uczciwość, pomimo lat doświadczeń, które świadczyły o czymś przeciwnym.

Przez kilka chwil staliśmy w kompletnej ciszy, a ja myślałem: „O co tu, u diabła, chodzi?". Nie odgrywałem kierowniczej roli w śledztwie i nie podejmowałem decyzji operacyjnych ani strategicznych, jednak martwiłem się o Abbie, jej rodziców i porywaczkę. O czym myśleli inni?

– Porozmawiasz z nimi? – zapytał Shepherd.

– Z kim?

– Z dowództwem. Spróbuj im uświadomić, co robią.

– OK. Ale jestem osobą z zewnątrz. Czy zechcą mnie wysłuchać?

Było mi go żal. Kierował trudnym śledztwem związanym z ogromnymi naciskami z zewnątrz. Wybrał określoną strategię, zapewnił sobie współpracę mediów i wiedział, jakie są cele śledztwa. Teraz wszystko to stanęło pod znakiem zapytania i można było jedynie próbować zmniejszyć szkody.

W West Bridgford zwołano spotkanie, na które przybyli oficerowie z najwyższych szczebli dowództwa. Uznałem, że będzie poświęcone zaprezentowaniu strategii, a w szczególności zwróceniu uwagi na wystąpienie telewizyjne w programie *Crimestalker.*

W kącie pokoju operacyjnego zebrało się nas siedmiu. Z powodu panującego upału wszyscy uczestnicy siedzieli bez marynarek. Podinspektor z komendy hrabstwa zajmował miejsce za biurkiem i ubrany był w koszulę z długimi rękawami. Wyjaśnił, co zamierzają zrobić. Inspektor generalny miał wystąpić z apelem do porywaczki i zaprezentować zdjęcia.

– Wiedzą panowie, jaka jest moja opinia – powiedział Shepherd, który siedział koło mnie.

– Nie lekceważymy jej. Jednak jest to sprawa, której poświęcają uwagę media na całym świecie. Musimy przecież odpowiednio zareagować.

– Z całym szacunkiem, panie podinspektorze – odpowiedział Shepherd – reagujemy. Przygotowaliśmy bardzo dokładną, szczegółowo zaplanowaną strategię i chcemy postępować zgodnie z nią.

Wyjaśniłem swoją dezaprobatę w możliwie dobitny sposób, wskazując, że naszym celem jest stworzenie jak najmocniejszej więzi między porywaczką a nadkomisarzem Shepherdem. Pragniemy też zminimalizować sensacyjne relacje dotyczące przestępstwa, podczas gdy wystąpienie w programie telewizyjnym dałoby odwrotny efekt. Spowoduje to również marnowanie środków policji, odstręczy widzów mających cenne informacje i będzie piekłem dla rodziców.

Podinspektor wysłuchał mnie, jednak dał jasno do zrozumienia, że jego postawa jest nieugięta. Inspektor generalny miał zarezerwowany czas w programie i byłoby nie do pomyślenia, gdyby pojawił się w audycji i nic nie powiedział o największym w całym hrabstwie i kraju śledztwie.

– No dobrze. Może więc inspektor generalny przedstawiłby temat i zapowiedział Harry'ego, który wygłosiłby apel.

– Nie.

– Dlaczego?

– Nie można kazać starszemu oficerowi, żeby przekazał zadanie o wyższej randze młodszemu oficerowi.

O Boże – pomyślałem – przecież musi istnieć jakiś sposób.

Jednak podinspektor nie chciał się zgodzić. Uważał, że inspektor generalny wystąpi w telewizji, wygłosi apel, zaprezentuje zdjęcia, a reakcja opinii publicznej rozwiąże całą sprawę.

I wszyscy będą żyli długo i szczęśliwie – pomyślałem.

To nie moja sprawa, jakie działania podejmie policja, a jakich nie. Nie mogę powiedzieć: „Jesteście nienormalni. Chyba wam się poprzestawiało pod sufitem". Jednak nigdy nie zetknąłem się z niczym podobnym. Zazwyczaj miałem do czynienia z oficerem prowadzącym śledztwo, który kierował jego przebiegiem i podejmował wszystkie decyzje. Było to jego dochodzenie. Jeśli coś poszło źle, to jego głowa była zagrożona. Tym razem wewnętrzna polityka zagrażała jego niezależności. Zapominają o tym, że życie dziecka jest w niebezpieczeństwie. Denerwowało mnie to, bo nie mogłem nic zrobić, aby ich powstrzymać.

Po nieudanej próbie przekonania dowództwa, by zrezygnowała z wystąpienia inspektora generalnego, poprosiłem o przemyślenie decyzji opublikowania portretu pamięciowego i zdjęć z kamer bezpieczeństwa. Stwierdziłem, że poważnie zagrozi to interesom policji. Mass mediom przedstawiono strategię postępowania i po raz pierwszy od niepamiętnych czasów dziennikarze podeszli do próśb policji ze zrozumieniem, pod warunkiem, że w przypadku ujawnienia jakichś materiałów otrzymają je wszystkie redakcje jednocześnie.

– Jeśli Central TV otrzyma wyłączność na pierwszą emisję zdjęć, to następnego dnia nastąpi zmasowany atak pozostałych redakcji. Wszyscy będą solidarnie twierdzić, że ich podpuściliście i okłamaliście. Zmieszają was z błotem i wziąwszy pod uwagę okoliczności, nie będę miał do nich pretensji.

W końcu zrozumieli, o co chodzi. Nie robi się wroga z mediów. Na pewno nie wtedy, gdy mają dość poczucia odpowiedzialności, by postawić interes dziecka i rodziców ponad swój własny.

Odniosłem wrażenie, że inspektor generalny Crompton nie jest absolutnie świadom, jakie decyzje zapadają w kwestii jego wystąpienia. Biorąc pod uwagę, że był zapracowanym człowiekiem, prawdopodobnie co miesiąc przyjeżdżał do telewizji, nie wiedząc, o czym będzie mówił. Decyzje zapadały w dowództwie, poza nim.

Aby zminimalizować szkody, zaproponowałem, że przygotuję projekt apelu do porywaczki, skupiając się na najważniejszych kwestiach.

Gdy *Crimestalker* pojawił się na antenie w środę wieczorem, przebywałem w Londynie. Do domu dotarłem dopiero o wpół do drugiej w nocy, a po sześciu godzinach byłem znowu w drodze do Nottingham. Po dotarciu do West Bridgford dowiedziałem się o wydarzeniach poprzedniego wieczoru.

Inspektor generalny Crompton wystąpił z apelem, ale nie wykorzystał moich wskazówek. Skorzystał z wystąpienia przygotowanego przez oficera policji i redaktorów programu. Po apelu kilkakrotnie zadzwonił tajemniczy „Gary" i powiedział, że jego żona przetrzymuje Abbie. Przez dziesięć minut rozmawiał z prezenterem Johnem Stalkerem i zapewnił, że dziecku nic nie grozi. „Gary" rozłączył się, zanim policja zdążyła wydobyć informacje, które mogłyby go zidentyfikować. Crompton zaapelował o ponowny kontakt.

Dla wielu stanowiło to przełom, jednak Harry Shepherd nie mógł ukryć niepokoju. W rozmowie nie uczestniczył przeszkolony negocjator i nikt nie poprosił „Gary'ego" o udowodnienie, że zna szczegóły uprowadzenia. Co gorsza, John Stalker wystąpił następnego dnia w telewizji śniadaniowej i pewien siebie ogłosił, że jego „policyjny instynkt" podpowiada mu, iż widz, który zadzwonił, rzeczywiście przetrzymuje Abbie.

Jako doświadczony policjant Stalker bez wątpienia założył, że rozmówca przeszedł przez formalne sito mające odsiać żartownisiów i oszustów, i próbował utrzymać go na linii jak najdłużej, a także uzyskać jak najwięcej szczegółów.

Jednak z mojego punktu widzenia nie zastosowano żadnego formalnego filtra ani nie zadano żadnego szczegółowego pytania. Nie uzyskano informacji dotyczących psychicznego funkcjonowania „Gary'ego". Gdy naciskałem Shepherda, mógł tylko wzruszyć ramionami i przyznać, że nie zna żadnych szczegółów. Program nie był związany z jego śledztwem.

Po południu nastrój Shepherda był jeszcze gorszy, gdy dowiedział się, że niezwiązany ze śledztwem policjant wygłosił na żywo apel do „żony Gary'ego", która według jego zapewnień ogląda telewizję pomiędzy czternastą a piętnastą. Zgodę wyraził wysoki rangą oficer z komendy hrabstwa.

Nic dziwnego, że Shepherd czuł się, jakby bez jego wiedzy toczyło się drugie śledztwo, nad którym nie miał żadnej kontroli.

Mimo to zdecydował się prowadzić dochodzenie zgodnie z dotychczasową strategią i przejść do drugiego etapu. Zakładaliśmy tutaj, że porywaczka odcięła się od zewnętrznego świata i nie słuchała wcześniejszych apeli. Dzięki temu oswoiła się z sytuacją, zaczęła utożsamiać Abbie z własnym dzieckiem, a sąsiedzi i znajomi stali się mniej podejrzliwi. W związku z tym drugi etap był skierowany bezpośrednio do rodziny, bliskich i znajomych porywaczki, którzy mogli mieć wątpliwości. Być może da się ich zachęcić do przekazania swoich uwag, zwłaszcza gdy przekonają się, że policja nie uważa ich koleżanki czy też członka rodziny za zwyrodniałego zbrodniarza.

Teraz można było pokazać filmy z kamer bezpieczeństwa, ponieważ szanse na ujawnienie porywaczki były o wiele większe niż ryzyko, jakie groziło Abbie, gdyby kobieta wpadła w panikę. Poradziłem też, żeby wprowadzić teraz nowe twarze, na przykład siostrę Karen. Stanowiłoby to urozmaicenie i potwierdzało ogrom cierpienia rodziców.

W czwartek rano udostępniono dziennikarzom nagrania wideo z kamer bezpieczeństwa i trzy portrety pamięciowe powstałe w oparciu o opisy Rogera Humphriesa, Jima i Julie Morrisów oraz personelu Queen's Medical Centre. Następnego dnia wszystkie krajowe gazety opublikowały je, a w pokoju operacyjnym w ciągu dwunastu godzin przyjęto ponad czterysta telefonów od czytelników, tak że trzeba było ściągać personel z innych wydziałów.

Chociaż Harry Shepherd nadal był główną osobą kontaktującą się z mediami, to na prośbę policji z ociąganiem zgodziłem się udzielić kilku wywiadów i teraz nie mogłem tego uniknąć. Nie chciałem budować swojej reputacji kosztem policji i w wywiadach twierdziłem, że jestem po prostu jednym ze środków, z których może skorzystać policja. Po wystąpieniu na konferencji prasowej, na której odpowiadałem na ogólne pytania, udzieliłem jeszcze kilku wywiadów, w których opisywałem prawdopodobne funkcjonowanie umysłu porywaczki.

Któryś z dziennikarzy zadał pytanie, co według mnie ta kobieta robi.

– Z jednej strony próbuje nawiązać całkowicie wyłączne stosunki z Abbie, odcinając się kompletnie od otoczenia, dopóki jej świat nie będzie składał się tylko z niej i jej dziecka – odpowiedziałem. – Z drugiej zaś próbuje wprowadzić dziecko do życia rodzinnego. Chce, żeby Abbie była jej córeczką i kochała ją oraz pragnie zapomnieć o innych ludziach – a szczególnie o prawdziwych rodzicach dziecka.

Któraś z bliskich jej osób musi zdawać sobie sprawę, że to nieprawda albo przynajmniej ma jakieś podejrzenia. To właśnie do tych osób chcemy teraz dotrzeć.

Tego popołudnia siedziałem w gabinecie za stalowym ogrodzeniem w Arnold Lodge, nadganiając papierkową robotę dla państwowej służby zdrowia i zastanawiając się nad wynikami badań młodej pacjentki. Teraz od mediów zależało, czy nasz przekaz dotrze do ludzi mających prawdziwe informacje o Abbie Humphries.

Na smutną ironię losu zakrawa fakt, że w mojej pracy sprawa Abbie Humphries nie była wyjątkiem. Około pół mili od pokoju operacyjnego w West Brigdford znajduje się dom dla matek, które stanowią zagrożenie dla swoich dzieci. Jedną z pensjonariuszek była moja pacjentka z niemowlęciem, która musiała udowodnić, że jest w stanie opiekować się dzieckiem. W przeciwnym wypadku dziecku groziła adopcja. Miałem wystawić jej opinię. Stwierdziłem, że moje myśli krążą wokół państwa Humphriesów, którzy mogliby stanowić wzór rodziców. Jednocześnie niedaleko nich mieszka dziewczyna z niemowlęciem, a moje słowo może sprawić, że je straci.

Tego samego tygodnia spędziłem dzień w więzieniu, badając mężczyznę, którego oskarżono o ciężkie uszkodzenie ciała po tym, jak jego dziecko poparzyło się w czasie kąpieli. Policja przypuszczała, że zrobił to celowo, jednak istniały wątpliwości, czy rzeczywiście ponosi odpowiedzialność z powodu swojej podatności na sugestie.

W piątek 8 lipca, tydzień po porwaniu Abbie, policja w pełnym składzie ponownie pojawiła się w Queen's Medical Centre, przesłuchując raz jeszcze personel, wypytując gości, zatrzymując przechodniów, autobusy i kierowców przed budynkiem, mając nadzieję, że komuś przypomni się jakiś ważny szczegół. Sama liczba telefonów wskazywała, że akcja dotarła do każdego zakątka kraju, chociaż nadal byłem pewien, że porywaczka mieszka w odległości paru mil od szpitala.

W niedzielę po południu zadzwonił Shepherd, przepraszając za zakłócanie spokoju w czasie weekendu. Do pokoju operacyjnego zadzwoniła kobieta twierdząca, że ma u siebie Abbie.

– Dlaczego sądzisz, że to ona? – zapytałem.

– Nie jesteśmy jeszcze pewni, ale nie możemy jej zignorować. Była poruszona i ciągle przerywała rozmowę.

Pojechałem do West Bridgford i dowiedziałem się, że negocjator już jest w drodze. Kobieta zadzwoniła jeszcze raz przed moim przyjazdem, podając niejasne szczegóły, jednak odłożyła słuchawkę, zanim udało się ją namierzyć. Spotkałem się z policjantem, który z nią rozmawiał. Szukałem szczegółów odróżniających ją od wielu dowcipnisiów, którzy trafiali się pomiędzy trzema tysiącami rozmówców dzwoniących w ciągu tygodnia. Nie udało się potwierdzić, że dziecko żyje ani szczegółów dotyczących samego porwania, kobieta jednak sprawiała wrażenie niestabilnej emocjonalnie i jeżeli naprawdę uprowadziła Abbie, to należało być bardzo ostrożnym, by nie wpadła w panikę.

Gdy przybył negocjator, zapoznałem go z emocjonalnym stanem rozmówczyni, podsuwając pomysły, w jaki sposób przedłużyć rozmowę i wyciągnąć informacje, nie naciskając jej zbytnio.

Następnie poczekaliśmy na kolejny telefon. Tym razem udało się ustalić jej nazwisko i adres. Była to kobieta znana pracownikom opieki społecznej. Miała dwójkę dzieci, ale żadne z nich nie było niemowlęciem.

– Słyszałem niemowlę – upierał się policjant.

– Jesteś pewien? – zapytał Shepherd. – Musisz być pewien. To mogło być radio albo telewizor. Czy jesteś pewien, że to niemowlę?

Skinął głową.

Była 23.00, kiedy razem z Shepherdem znalazłem się w miejscowym Biurze Opieki Społecznej, próbując znaleźć dane, dzięki którym mógłbym lepiej poznać porywaczkę. Chociaż nie stanowiła zagrożenia dla dziecka, to jej odpowiedzi były histeryczne, a ją samą charakteryzowała huśtawka nastrojów. Nie była osobą, która potrafi opanować swoje emocje, i policja powinna wkroczyć do akcji bardzo szybko.

O drugiej rano, po krótkiej odprawie, grupa szturmowa wyjechała z Nottingham i po kilku milach dotarła do małego wiejskiego posterunku policji. Policjanci byli uzbrojeni w kevlarowe tarcze, kamizelki kuloodporne i taran do wyważania drzwi. Po ostatecznej odprawie ruszyliśmy dalej, podążając za kilkoma furgonami policyjnymi przez ciemne ulice i drogi z domami przycupniętymi po obu stronach.

Podjechaliśmy na odległość około mili od domu. Kilku policjantów wyruszyło na zwiady. Czekałem na nich z grupą szturmową. W gorącym nocnym powietrzu rozlegały się trzaski krótkofalówek, a na żwirze słuchać było chrzęst ciężkich butów. Wkrótce w domach zaczęły zapalać się światła, a zaciekawieni ludzie wyglądali i zastanawiali się, co się stało.

– Wszystko w porządku. Proszę wrócić do domu – mówił policjant. – Nie ma tu nic do oglądania.

Nadszedł rozkaz wymarszu. Ruszyliśmy do przodu, wybierając trochę okrężną drogę przez ciche uliczki. Chociaż próbowaliśmy nieco rozproszyć grupę i wyglądać niepozornie, trudno było ukryć idącą ulicą armię w ciężkich butach, z tarczami i hełmami.

Dotarliśmy do małego jednopiętrowego szeregowca z dwoma pokojami na dole, dwoma na górze i małym aneksem kuchennym. Zgodnie z planem mieliśmy zadzwonić, tak by kobieta podeszła do telefonu, gdy policja będzie czekała na zewnątrz, gotowa do wejścia. Rozmówca miał powiedzieć, że za chwilę ktoś zapuka i powinna zachować spokój. Gdyby wpadła w panikę, grupa szturmowa miała wyłamać drzwi.

Usłyszałem telefon i po kilku nerwowych chwilach otworzyły się drzwi. Policjanci szybko wkroczyli do domu, przeszukując wszystkie zakamarki, każdą szafkę, pudło, szufladę i ławę. Policjant słyszał przez telefon płacz dziecka. Trzeba było je znaleźć. Czy przydusiła je poduszką, czy gdzieś ukryła? Czy straciliśmy kontrolę nad przebiegiem wypadków?

Zbliżająca się do trzydziestki kobieta była głęboko zszokowana i zaprzeczyła, jakoby dzwoniła na policję. Trudno się dziwić, że jej dzieci w wieku czterech i ośmiu lat były przerażone i płakały, gdy ciężkie buty przechodziły z pokoju do pokoju. Po zakończeniu poszukiwań, kiedy niczego nie znaleziono, napięcie trochę opadło. Ujrzawszy ją na własne oczy i usłyszawszy jak odpowiada na pytania, wiedziałem, że był to dowcip, chociaż policja znalazła pod dywanem wycinki z gazet związane z uprowadzeniem Abbie.

Bez względu na to, czy porwała Abbie, czy nie, jej stan emocjonalny wskazywał, że potrzebuje pomocy specjalisty. Dziećmi zajęła się pracownica opieki społecznej, a matkę zabrano do komisariatu przy Oxclose Lane.

Chociaż nie znaleziono Abbie, to nie winiłem policjanta, który odbierał telefon. Do tego stopnia pochłonęło go śledztwo i na tyle pragnął odnaleźć Abbie, że wmówił sobie, iż w tle słyszał dziecko. Daje to pojęcie, pod jakim ogromnym napięciem znajduje się negocjator albo kurier przekazujący okup, gdy czuje ciężar odpowiedzialności i wie, że od niego może zależeć powodzenie całego dochodzenia.

Niestety, również tego samego dnia udało się ustalić, że „Gary" to kolejny oszust. Nazajutrz (we wtorek 12 lipca) przy wtórze awantur trzydziestosześcioletniemu rozwodnikowi z Gloucester postawiono w sądzie zarzuty wyrządzenia krzywdy Karen i Rogerowi Humphriesom.

W międzyczasie śledztwo nadal posuwało się do przodu, ryzykując utonięciem pod stosami papierów. Ponieważ raporty napływały z tak odległych rejonów jak Irlandia i Londyn, było niezmiernie istotne, aby ważne informacje nie zostały odrzucone wraz z bezwartościowymi śmieciami. Moim zdaniem należało sprawdzić każde dziecko we właściwym wieku, na które natknęliśmy się w czasie śledztwa. Trzeba było uzyskać informacje od lekarzy, położnych i pracowników odwiedzających domy nowo narodzonych dzieci. W każdym miejscu zadać pytanie: „Kiedy dziecko się urodziło? Kto jest pani lekarzem?".

Chociaż media narzekały, to Harry Shepherd nie pozwolił, aby naciski z zewnątrz zmieniły jego strategię. Zadania nie ułatwiali mu przełożeni, gdy pozwolili Central TV kręcić reportaż z przebiegu poszukiwań Abbie. Była to decyzja polityczna i, jak mi powiedziano, zespół śledczy nie miał innego wyjścia jak tylko współpracować. Oficer do spraw kontaktów z mediami, a potem także przedstawiciel Central TV pytali mnie, czy zgodzę się wziąć udział w programie. Odrzuciłem propozycję. Nie miałem ochoty na jeszcze jeden wywiad. Ekipa mogła jednak bez przeszkód poruszać się wszędzie z kamerą. Od czasu do czasu, gdy unosiłem głowę, widziałem, jak filmują mnie na korytarzu lub zza drzwi.

Dwanaście dni po uprowadzeniu zaczęło pojawiać się pytanie, czy czegoś nie przegapiliśmy. Być może ktoś zgłosił swoje podejrzenia, lecz zostały one niewłaściwie ocenione w powodzi tysięcy doniesień o Abbie.

Miałem czas wszystko to przemyśleć w piątek 15 lutego, dochodząc do siebie po problemach, jakie sprawił mi któryś dysk, kręg czy naciągnięty mięsień, zmieniając plecy w kloc drewna, a najmniejszy ruch w torturę. W podobnym stanie byłem w sobotę rano, gdy z wiadomości dowiedziałem się, że we wczesnych godzinach porannych, w domu w Nottingham, odnaleziono Abbie całą i zdrową.

Aresztowano troje ludzi. Pośród nich była dwudziestodwuletnia Julie Kelley – pomoc dentystyczna, która przyznała się do porwania noworodka z Queen's Medical Centre. Mieszkała razem ze swoim chłopakiem – Leigh Gilbertem, dwudziestotrzyletnim mechanikiem motocyklowym, i jego matką. Z przesłuchań wynikało, że Kelley uprowadziła dziecko, żeby scementować rozpadający się związek ze swoim chłopakiem. Rok temu w sierpniu, po tym jak poznał kogoś nowego, zagroził rozstaniem, jednak Kelley powiedziała mu, że jest w ciąży.

Całymi miesiącami podtrzymywała pozory, pozwalając mu malować pokój dla dziecka, a jego rodzinie kupić wózek, łóżeczko i prezenty. Oszustwo było na tyle przemyślane, że symulowała nawet poranne mdłości i zachcianki, pod ubraniami nosiła poduszki i prosiła Gilberta, żeby woził ją do Queen's Medical Centre, każąc mu czekać przy recepcji, podczas gdy ona udawała, że odwiedza ginekologa.

W marcu, pragnąc uzyskać więcej zainteresowania, powiedziała mu, że badania wykazały, iż dziecko może mieć zespół Downa. W związku z tym zaczęli razem odwiedzać szkoły dla dzieci niepełnosprawnych.

Ironia losu sprawiła, że w maju rzeczywiście zaszła w ciążę, jednak nie chciała zrezygnować ze swego wyrafinowanego oszustwa. Na początku lipca jej ciąża wkroczyła w dziesiąty miesiąc i kobieta znalazła się pod presją. Musiała pokazać dziecko, na które czekali wszyscy znajomi. Wykorzystując stary fartuch pomocy dentystycznej i perukę, zmieniła wygląd i porwała Abbie z oddziału położniczego. Następnie wróciła do domu z czerwonej cegły przy Brendon Drive w dzielnicy Wollaton, w odległości niespełna mili od szpitala. Zadzwoniła do Gilberta do pracy i powiedziała, że urodziła w domu. Pośród radosnych okrzyków i rodzinnych uroczystości nikt nie kwestionował jej opowieści.

Również większość sąsiadów wiedziała o jej ciąży i nikt nie był zaskoczony, widząc zabawki przytulanki na parapecie i ubranka suszące się na balkonie. Jednak kilka osób miało wątpliwości. Chodziło tutaj zwłaszcza o to, iż Kelley powiedziała, że będzie miała chłopca. Również poród w domu był niezwykły, a nikt nie widział położnych ani pracowników szpitala odwiedzających noworodki.

Kiedy w końcu rozpoczął się proces Julie Kelley, stwierdzono, że cierpi ona na zaburzenia osobowości, w wyniku których stała się uzależniona od związku. Uwierzyła, że tylko ciąża i dziecko mogą rozwiązać jej problemy osobiste.

Biegły psychiatra doktor Lawrence Bell, który ją badał, stwierdził później, że związek z Leigh Gilbertem stał się dla niej obsesją. Leigh był jej pierwszym poważnym chłopakiem od czasu, gdy poznała go w wieku siedemnastu lat. „Nie potrafiła powiedzieć im, co się stało. Nie potrafiła zmusić się do powiedzenia prawdy".

Z mojego punktu widzenia akcja poszukiwania Abbie zakończyła się pełnym sukcesem. Udało się ją odzyskać bez stosowania przemocy, porywaczka nie trzymała jej w charakterze zakładniczki i nikomu nie stała się krzywda. Wszyscy troskliwie się nią opiekowali i po paru godzinach wróciła do Karen i Rogera, którzy byli policji ogromnie wdzięczni za podjęte wysiłki.

W ciągu kilku następnych dni zespół dochodzeniowy spotkał się z ogromną krytyką. Okazało się, że do pokoju operacyjnego dotarło pięć sygnałów wskazujących na obecność Abbie w domu przy Brendon Drive. Pierwszym był anonimowy telefon, w którym rozmówca podał tylko nazwę ulicy. Drugi rozmówca, pani Glenis Smith, sąsiadka Gilbertów, zgłosiła swe wątpliwości dwa dni po tym, jak policja odwiedziła dom, w którym właśnie rodzina świętowała narodziny, przynosząc prezenty i okolicznościowe kartki.

Shepherd powiedział dziennikarzom:

– Szukali dziecka, które trzeba uratować. Znaleźli dziecko, które znajdowało się w normalnej, troskliwej rodzinie.

Kolejne dwie anonimowe wskazówki dotarły od aptekarza, którego zaniepokoiła kobieta szukająca maści do smarowania pępuszka noworodka. Po jakimś czasie sąsiadka, Glenis Smith, opowiedziała o swoich obawach znajomej położnej, która sprawdziła dokumentację i nie znalazła żadnego śladu porodu, który miałby odbyć się w domu przy Brendon Drive 14. Gdy ta wiadomość dotarła na policję, zaczęto przygotowania do interwencji na miejscu.

Tych pięć sygnałów (trzy z nich były anonimowe) trzeba było wyodrębnić z 4700 telefonów, które odebrano w ciągu piętnastu dni. Doskonale ilustruje to, jaką wagę należy przykładać do właściwej strategii informacyjnej. Trudno tu winić policjantów, którzy widzieli Abbie cztery dni po porwaniu. Przecież tylko Karen i Roger mogliby rozpoznać swoje dziecko. Co jednak stało się z ich raportem? Czy ugrzązł w górach papieru?

Gdy kampania informacyjna prowadzona w mediach prowadzi do napływu różnorodnych informacji, potrzebny jest system dokładnego klasyfikowania, standaryzowania, porządkowania i ustalania priorytetów. Bez niego mnóstwo czasu marnuje się na wyjaśnianie mniej prawdopodobnych wątków, zamiast od początku skoncentrować się na osobach odpowiadających profilowi. Podejmowanie takich decyzji nie jest łatwe. Oznacza nieuleganie pilnym, emocjonalnym myślom o niemowlęciu, któremu może grozić niebezpieczeństwo. Przeszkadzają one w prowadzeniu racjonalnej polityki informacyjnej. Oczywiście należy rozumieć ból bliskich i ryzyko, na jakie narażona jest ofiara, jednak trzeba się od tego odciąć i podejść do śledztwa z dystansem naukowca.

Harry Shepherd i jego ludzie nie zasłużyli na krytykę. Shepherd przez dwadzieścia dwie godziny na dobę zajmował się, jak sam to określił, najbardziej emocjonalnym śledztwem w swojej dwudziestoośmioletniej karierze.

– Jednak nie można emocjom pozwolić dyktować posunięć – powiedział na konferencji prasowej. – Nigdy nie wpadliśmy w panikę. Byliśmy zatroskani. Tak. Ale nie panikowaliśmy. Nigdy nie byłem na sto procent pewien, że odnajdziemy Abbie, jednak zawsze czułem, że to nastąpi.

21

TRZY TYGODNIE PO PRZESŁUCHANIU WSTĘPNYM W SĄDZIE REJONOWYM w Wimbledonie w Leeds odbyła się zupełnie inna rozprawa, która miała diametralnie zmienić kierunek procesu w sprawie o zamordowanie Rachel Nickell. Właściciel straganu z artykułami spożywczymi, Keith Hall, został uniewinniony od zarzutu zamordowania swej żony Patricii, ponieważ sędzia uznał za niedopuszczalne materiały dowodowe pochodzące od tajnej agentki, która zdobyła je dzięki zażyłości z oskarżonym.

Żona Halla zaginęła wiosną 1992 roku po czymś, co sąsiedzi opisali jako zaciekłą kłótnię. On zaś twierdził, że żona po prostu odeszła od niego, zabierając należący do nich samochód Ford Sierra Estate, który później znaleziono porzucony na poboczu drogi. Wprawdzie siedzenie kierowcy przesunięte było w stronę kierownicy, tak jakby to ona ostatnio prowadziła, lecz miejscowy mleczarz przypominał sobie, że za kierownicą samochodu widział mężczyznę, a nie kobietę.

Nie będąc w stanie znaleźć jakichkolwiek pozostawionych przez nią śladów, policja doszła do wniosku, że Patricia Hall została zamordowana. Jednakże nikt nie umiał wskazać na cokolwiek, co mogłoby umieścić jej męża w kręgu podejrzanych. Za poradą prawnika odmówił odpowiedzi na pytania i z kamienną twarzą patrzył, jak policja bez rezultatu przekopuje jego ogród wokół szeregowego domu w Pudsey na obrzeżach Leeds.

Funkcjonariusze rozkopali także świeżo zbudowane i wylane betonem rondo w pobliżu domu.

W październiku 1992 roku ekipa śledcza otrzymała telefon od zamieszkałej w okolicy kobiety imieniem Eliza, która zamieściła ogłoszenie w rubryce samotnych serc w gazecie „Wharfe Valley Times" i ku swemu zdumieniu otrzymała odpowiedź podpisaną nazwiskiem Keith Hall. Nazwisko było jej znane w związku ze sprawą, o której czytała w prasie, i wiedziała, że od śmierci jego żony nie minęło więcej niż sześć miesięcy. Za radą policji odpisała, aby zobaczyć, co mężczyzna zrobi dalej.

Po wymianie kilku listów policja zastąpiła Elizę policjantką z Regionalnego Wydziału Kryminalnego w West Yorkshire. Znajomość rozwijała się przez następne cztery miesiące poprzez korespondencję i rozmowy telefoniczne. Keith i agentka prowadzili długie, poważne dyskusje na temat życia, miłości i ambicji. W końcu spotkali się na parkingu przy pubie Pod Świętym Jerzym i Smokiem, gdzie każde słowo i niepewne kaszlnięcie zarejestrował mikrofon noszony przez „Liz".

W ciągu następnych pięciu miesięcy spotkali się jeszcze pięć razy, zazwyczaj przy małym drinku w tym samym hotelu. Nieoczekiwanie Hall zakochał się w Elizie i kupił jej ślubną obrączkę. Kiedy poprosił, żeby się do niego wprowadziła, Eliza oświadczyła, że jest to niemożliwe, ponieważ jego żona może w każdej chwili wrócić.

Następnego wieczoru, 26 lutego 1993 roku, gdy siedzieli na tym samym hotelowym parkingu, Hall wyznał Elizie, że Patricia na pewno nie wróci, ponieważ on ją zamordował, a ciało skremował w piecu do spalania śmieci.

Aresztowano go i oskarżono o morderstwo. W czwartek 12 marca 1994 roku stanął przed sędzią koronnym Leeds. Po kilkudniowych sporach natury prawnej sędzia Waterhouse orzekł, że materiał dowodowy dostarczony przez tajną funkcjonariuszkę policji – łącznie z nagranymi na taśmie wyznaniami Halla – jest niedopuszczalny. Keitha Halla uznano za niewinnego bez przedstawienia materiału dowodowego ławie przysięgłych. Hall opuścił sąd jako wolny człowiek.

Tamtego popołudnia, kiedy wracałem do Leicester z przychodni, usłyszałem o tej sprawie w wiadomościach radiowych. Pamiętam, że był to dla mnie szok. Tamto śledztwo bardzo przypominało dochodzenie w sprawie morderstwa Rachel Nickell, a sposób jego prowadzenia został odrzucony przez sąd. Zastanawiałem się, czy oznaczało to koniec procesu przeciw Colinowi Staggowi. Czyżby przedstawiciele Biura Prokuratora Koronnego się mylili?

Zadzwoniłem do Peddera, gdy tylko dotarłem do telefonu.

– Słyszałeś – stwierdził.

– Słyszałem. To znaczy, że z naszą sprawą koniec?

– Oczywiście, że nie.

Następnie wyjaśnił, że oskarżyciele przyjrzeli się wcześniej sprawie Halla i są przekonani, iż akcja prowadzona w ukryciu w ramach dochodzenia w sprawie śmierci Rachel została pomyślana i przeprowadzona na zupełnie innych zasadach i nie mogła być rozpatrywana w tych samych kategoriach. Nic nie można jej zarzucić, a tym samym brak jakiegokolwiek cienia wątpliwości.

Pedder dodał:

– Sam wiesz, Paul, nasza akcja nie miała na celu manipulacji człowiekiem, aby wyciągnąć z niego zeznania. Miała mu pozwolić całkowicie wyeliminować się z kręgu podejrzanych albo utwierdzić nas w przekonaniu, że jest jednak w to zamieszany.

– Wiem o tym.

– Więc nie martw się. Sprawą zajmują się teraz prawnicy z samej góry.

Miał rację. Podejmowanie tego rodzaju decyzji należało do doświadczonych prawników i przyjmowałem ich osąd bez zastrzeżeń. Jednakże w miarę jak zbliżał się dzień rozprawy, stało się dla mnie jasne, że nie panował już taki optymizm i pewność siebie jak poprzednio. Do tej pory byliśmy pewni, że uda nam się dojść sprawiedliwości, lecz teraz należało ponownie ocenić prawdopodobieństwo.

Prokuratura miała nowego głównego oskarżyciela nazwiskiem John Nutting. W piątek 2 września zebraliśmy się w jego gabinecie na naradę przed rozprawą. Sprawa miała rozpocząć się w poniedziałek przed Głównym Sądem Kryminalnym Old Bailey. Wokół długiego stołu pokrytego zielonym suknem zasiedli: Pedder, Mick Wickerson, Bruce

Butler, John Nutting, asystent radcy prawnego, ja i jeszcze kilka innych osób.

Po krótkim wstępie Nutting wyjaśnił zebranym, że obrona rozpocznie uderzeniem wyprzedzającym, mającym na celu wyeliminowanie materiału Lizzie James jako niedopuszczalnego, a tym samym odrzucenie sprawy. Poinformował mnie, że w poniedziałek być może będę musiał stawić się w sądzie.

Chciał znać moją opinię.

– Jeśli materiał dowodowy Lizzie James nie zostanie dopuszczony, czy uważa pan, że pańskie zeznania wystarczą, żeby oprzeć na nich oskarżenie?

– Oczywiście, że nie – odparłem.

– Cieszę się, że pan tak uważa, bo ja jestem dokładnie tego samego zdania.

Zaczął zadawać mi pytania na temat zeznań przeze mnie udzielonych, coraz bardziej dociekając szczegółów i interpretacji. Zacząłem czuć się nieswojo, bo wyglądało to tak, jakbym był przesłuchiwany jako świadek strony przeciwnej. Wtedy zdałem sobie sprawę, że Nutting poddawał mnie testowi. Oceniał, jak się zachowam, jeśli w sądzie wpadnę w ręce bardzo dociekliwego obrońcy.

Kiedy spotkanie dobiegło końca, wszystko było jasne – jeśli sąd nie uzna uzyskanego materiału dowodowego, Korona zwinie swoje sztandary i odtrąbi odwrót, wycofując sprawę przeciwko Colinowi Staggowi.

Wychodząc z biura, zaczepiłem Nuttinga:

– Odnoszę wrażenie, że jest pan pesymistycznie nastawiony do tej sprawy.

– Powiedzmy, że po prostu nie żywię optymizmu – odpowiedział nieco drwiąco.

– Nie chciałbym stawiać pana w niezręcznej sytuacji, ale jak ocenia pan prawdopodobieństwo, że Korona wygra tę sprawę?

Nastąpiła długa chwila milczenia.

– Moim zdaniem szanse rozłożyły się równo po obu stronach.

Przez następny tydzień czekałem, odsuwając na bok wszystkie sprawy tak, abym mógł bezzwłocznie wyruszyć do Londynu. Tymczasem mistrzowie prawa przeciągali rozprawę, kwestionując przed sędzią Ognallem słuszność dalszego prowadzenia postępowania przeciwko Colinowi Staggowi.

W końcu dowiedziałem się, że sędzia nie potrzebuje mojej wizyty i wyrok dotyczący materiałów dostarczonych przez Lizzie James zapadnie po zbadaniu dokumentów. Zespół obrońców prowadzony przez Williama Clegga i wspierany przez Jima Sturmana przedłożył sędziemu skróconą listę sprzeciwów i, jak się spodziewano, powołał się na precedens Keitha Halla z Leeds.

Przed zapoznaniem się z argumentami na temat dopuszczalności dowodów sędzia musiał zapoznać się z siedmiuset stronami korespondencji, rozmów telefonicznych oraz nagrywanych na taśmę treści spotkań pomiędzy Colinem Staggiem i Lizzie James. Skończywszy, wezwał pana Clegga w celu przedłożenia oświadczenia.

Obrońca twierdził, że oskarżony stał się ofiarą wyrafinowanej, złośliwej, prowadzonej z ukrycia akcji, która miała na celu wykorzystanie samotnego, wrażliwego młodego człowieka, który rozpaczliwie pragnął stracić dziewictwo. Akcja miała złapać go w pułapkę zeznań, mimo że pan Stagg zawsze zaprzeczał, jakoby mógł mieć cokolwiek wspólnego z zamordowaniem Rachel Nickell.

Raz po raz, wyciągając pojedyncze cytaty z materiałów Lizzie James w celu ilustracji swoich wywodów, pan Clegg twierdził, że Lizzie James ukształtowała ten związek, kusząc obietnicą seksu, i że odpowiedzi pana Stagga były takie, jakich można było się spodziewać po chorobliwie nieśmiałym i niedoświadczonym seksualnie młodym człowieku. Także moje zeznania, jego zdaniem, powinny być odrzucone, ponieważ wspierały tajną akcję.

John Nutting odparł, że obietnica seksu może i była obecna w ich związku, lecz Lizzie nigdy nie mówiła Staggowi, co ma pisać – na pomysły swoich fantazji musiał wpaść sam. To on pierwszy wspominał o otoczeniu leśnym, drzewach, strumyku, nożu, skrajnej przemocy, gwałcie i zadawaniu bólu.

Stwierdził, że opisane przez Stagga szczegóły dotyczące pozycji, w jakiej leżała Rachel, nie mogły pochodzić z jedynej fotografii pokazanej mu przez policję podczas przesłuchania. W szczególności opis jej rąk złożonych dłońmi do siebie był zdaniem Nuttinga szczegółem, który mógł być znany jedynie zabójcy, a to oznacza przyznanie się do winy.

Pan Clegg absolutnie się z tym nie zgodził i zwrócił uwagę, że ręce Rachel krzyżowały się w nadgarstkach, a nie były złożone dłońmi do siebie, a tego nie można uznać za nieznaczną niezgodność szczegółów.

14 września sędzia Ognall przez osiemdziesiąt minut odczytywał orzeczenie, które wytrąciło prokuratorowi wszystkie argumenty z ręki. Wielu obserwatorów zaszokowała zawarta w nim bezgraniczna krytyka skierowana przeciwko policji. Sędzia opisał akcję prowadzoną w ukryciu jako błędną w założeniach i skazaną na niepowodzenie, mówiąc:

– Doskonale rozumiem, pod jak ogromnym naciskiem znajdowała się policja, próbując sprostać dochodzeniu w tak ważkiej sprawie, jednak obawiam się, że tego rodzaju zachowanie zdradza nie tylko nadmierny zapał, lecz także poważną próbę obciążenia podejrzanego poprzez stanowcze i zwodnicze postępowanie w sposób jak najbardziej rażący.

Zgodził się, że Colin Stagg pierwszy wspomniał o nożu w korespondencji z Lizzie i że mówił o swym podnieceniu seksualnym na wieść o okolicznościach, w jakich została zamordowana Rachel Nickell. Mimo to – powiedział – wszelkie próby redagowania i selekcjonowania materiału dowodowego zgromadzonego w ramach prowadzonej z ukrycia akcji były skazane na niepowodzenie.

– Oskarżenie próbowało przekonać mnie, że celem tej operacji było umożliwienie oskarżonemu albo wyeliminowanie się z kręgu podejrzanych, albo wykazanie, że był on faktycznie zamieszany w morderstwo. Zmuszony jestem powiedzieć, że uważam opis tej akcji za wysoce nieszczery.

Odnośnie do opisu zwłok Rachel dokonanego przez Stagga sędzia uznał, że podczas gdy pozostała część zapisów nie ulega wątpliwości, to ten jedyny fragment nie mógł być zweryfikowany inaczej niż pamięcią Lizzie James. Owo spotkanie w Hyde Parku nie zostało zarejestrowane na wideo i tylko Lizzie widziała, w jaki sposób Stagg kładzie się na ziemi i pokazuje, jak leżała Rachel.

Fakt, że ręce Rachel były skrzyżowane w nadgarstkach, a nie złożone dłońmi do siebie, nie stanowił nieznacznej różnicy, ale znaczącą rozbieżność.

– Nie podoba mi się fakt, że obie strony uważają ten jeden drobny fakt za dowód o krytycznym znaczeniu dla ustalenia winy...

Dodam tu, że nawet gdybym miał być przekonywany, iż ten materiał mógłby w sprawiedliwy i właściwy sposób gwarantować uznanie winnym lub oczyszczenie z zarzutów, to uważam go za tak ulotny z natury, że dochodzę do wniosku, iż niesiony przezeń potencjalny brak obiektywizmu wyraźnie przekracza jakąkolwiek wartość dowodową. Najlepszą rzeczą, jaką mogłoby tu zrobić oskarżenie, byłoby przekonanie mnie, że całość materiału dowodowego uzyskanego na drodze skrycie przeprowadzonej akcji nie została uzyskana w sposób nieuczciwy. Nie udało im się tego zrobić.

Sędzia orzekł, że listy, rozmowy telefoniczne i nagrane rozmowy to niedopuszczalny materiał dowodowy, w związku z czym prokuratura natychmiast wycofała oskarżenie. Po ponad dwunastu miesiącach aresztu Colin Stagg został oficjalnie uznany za niewinnego i w otoczeniu kamer telewizyjnych oraz fotografów opuścił Old Bailey jako wolny człowiek.

Na oddziale matki i dziecka w West Bridgeford w Nottingham otrzymałem pilny telefon od Diane.

– Telefony oszalały. Panuje kompletny chaos – donosiła.

Zadzwoniłem do Peddera, który powiedział mi o wyroku. Jego głos brzmiał pusto. Kiedy przytaczał słowa sędziego, próbowałem pojąć możliwe implikacje. Od samego początku prowadzona w ukryciu akcja była śledzona i obserwowana przez najwyższych rangą oficerów stołecznej policji. Doradzał im starszy radca z Ministerstwa Skarbu, a sama operacja zajmowała czołową pozycję na liście spraw poufnych u ministra sprawiedliwości. Żadna z tych osób nigdy nie rzuciła cienia wątpliwości na legalność akcji, przynajmniej nie w mojej obecności.

– Wspomniał o twoich zeznaniach – dorzucił Pedder.

– Ależ on nie słyszał nawet argumentów prawnych na temat moich zeznań – odparłem zaskoczony.

– Wiem.

– Co powiedział?

– Powiedział, że Korona miałaby jeszcze wyższy szczyt do pokonania, gdybyś chciał przekonać go do przyjęcia tych zeznań. Natomiast idea profilu psychologicznego przyjętego jako dowód identyfikacyjny w jakichkolwiek okolicznościach „pachniała niebagatelnym niebezpieczeństwem".

Rozzłościło mnie to najbardziej ze wszystkiego. Nigdy nie dawałem do zrozumienia, że charakterystyka psychologiczna czy analiza dewiacji seksualnych mogłyby stanowić dowód winy – wręcz przeciwnie. Colin Stagg sam postanowił odkryć swą seksualność. Pomimo że pasowała ona dokładnie do sporządzonej przeze mnie charakterystyki niezidentyfikowanego mordercy, nie znaczyło to, że Stagg nim był. Dopiero wtedy, gdy ujawnił rzeczywiste informacje na temat faktycznej zbrodni, w oczach policji stanął w kręgu podejrzanych. Zdenerwowało mnie również, że pan sędzia Ognall skomentował moje zeznania, nie wysłuchawszy najpierw argumentów ani wyjaśnień.

– Co teraz? – zapytałem Peddera. – Mój telefon w biurze dzwoni bez przerwy, a dziennikarze z pewnością są już w drodze.

W jego głosie czuć było nutę wahania.

– Proszę niczego nie komentować. Istnieje możliwość dalszego postępowania prawnego. Przedstawiciele policji i prokuratury zbierają się, by przekazać prasie wspólne oświadczenie.

Przez całe popołudnie i wieczór odebrałem dziesiątki telefonów od dziennikarzy. Kazałem im dzwonić do Scotland Yardu.

Niektórym z nich zdecydowanie to nie odpowiadało. Producent nocnych wiadomości telewizyjnych postawił przede mną ultimatum: „Albo wystąpi pan dziś wieczorem w naszym programie, albo wywiesimy pana jak pranie". Zrobili dokładnie tak, jak obiecał – przedstawili mnie jako mózg budzącej odrazę akcji zaplanowanej z zamiarem wrobienia w zbrodnię niewinnego człowieka.

Kiedy przyjechałem do domu, zastałem Marilyn wraz z rodziną w salonie przed telewizorem, kiedy nadawano ten program. Było to dość surrealistyczne, oglądać grupę ludzi siedzących w studiu telewizyjnym w Londynie i dyskutujących na mój temat. Za nimi na ścianie widniała moja ogromna fotografia. Głównym kierunkiem debaty było ściągnięcie na mnie winy za przeprowadzoną z ukrycia akcję, aresztowanie Colina Stagga i załamanie się procesu sądowego.

Nad moją głową rozpętała się burza. Ze wszystkich stron atakowały nagłówki w gazetach. ZAŁAMANIE SIĘ SPRAWY RACHEL. SĘDZIA WYOBRAŹNI. KOGO TERAZ WROBIĆ?

Przyjechałem do pracy tuż przed 9.30 rano, a telefony już były zablokowane. Centrala przy Arnold Lodge zawiesiła się i nikt nie był w stanie się połączyć. Dziennikarze przychodzili do recepcji, prosząc o widzenie ze mną, i czekali przed bramą wjazdową na moje przybycie.

Tymczasem ja czekałem na oświadczenie dla prasy wydane przez Scotland Yard i Biuro Prokuratora Koronnego, które wyjaśniłoby sprawę. Opisywano mnie jako osobę, która „nakłoniła" policję do uruchomienia tajnej operacji, a następnie przekonała sceptycznie nastawionych prawników Biura Prokuratora Koronnego, aby oskarżyli Colina Stagga o morderstwo. Rzecz jasna, te zarzuty były absurdalne i oczekiwałem, że w każdej chwili pojawi się przedstawiciel Scotland Yardu i powie: „Chwileczkę, zrozumieli to państwo na opak, Paul Britton nie zrobił nic takiego".

Zastanawiałem się nad złożeniem własnego oświadczenia dla prasy, spisałem nawet kilka punktów na odparcie zarzutów stawianych wobec mnie przez środki masowego przekazu, lecz mimo wszystko nie zdecydowałem się na formalne wystąpienie, bo dałem słowo Keithowi Pedderowi, że nie będę niczego komentował. W końcu komisarz oraz główny prokurator wydali oświadczenie dla prasy, które jednak nie zdołało położyć kresu atakom ze strony mediów. Przedtem nie skonsultowano się ze mną ani nie zaproszono na konferencję prasową, mimo że to ja skupiałem na sobie najwięcej ognia krytyki.

Teraz, rzecz jasna, zdaję sobie sprawę z istnienia odmiennych celów przyświecających funkcjonariuszom na różnych szczeblach policyjnej hierarchii. Detektywi pracujący w terenie, jak Keith Pedder, John Bassett i Mick Wickerson, skupiali się na pracy, którą mieli wykonać, natomiast na wyższych szczeblach dowódcy oraz osoby odpowiedzialne za kształtowanie polityki wewnętrznej troszczyli się o wizerunek służb policji. Skoro więc kogoś innego krytykowano za nich, sytuacja była wygodna.

Kiedy załamał się proces sądowy, na który wydano znaczne kwoty z kieszeni podatników, środki masowego przekazu ruszyły na poszukiwanie winnego. Komentarz sędziego pozwolił im zlokalizować cel i tym samym mieli przed sobą trzy możliwości: monolityczny Scotland Yard, bezimienne Biuro Prokuratora Koronnego oraz mnie – Paula Brittona. Ja miałem twarz, imię i nazwisko oraz byłem zdecydowanie najłatwiejszym celem ataków. Kiedy odmówiłem komentarzy, media rozzłościły się ponad wszelką miarę.

Inni zdawali się z ulgą przypatrywać, ile jadu i złośliwości wylewało się na mnie. Jestem pewien, że pomyśleli: „No cóż, to nie jest w porządku, ale świetnie, że to nie mnie spotkało".

To wszystko stanęło mi jeszcze raz przed oczyma jakiś rok później, kiedy znowu znalazłem się w Nowym Scotland Yardzie. Poproszono mnie, abym zaplanował kolejną tajną akcję, tym razem w celu śledzenia aktów niszczenia sprzętu medycznego. Zwróciłem się do dowodzącego policjanta z ekipy prowadzącej akcję w ukryciu.

– Wiesz, że już to kiedyś robiłem. I wiesz, że na tym etapie wszystko było pięknie i wszyscy byli zachwyceni, jak dobrze nam idzie i jaki to kawał dobrej roboty. Tylko kiedy nadeszła rozprawa i poszło nie po naszej myśli, na polu zostałem tylko ja sam. Nikt w pobliżu się nie znalazł.

Policjant roześmiał się.

– Fakt, potraktowali cię kurewsko źle. Ale przecież duży z ciebie chłopak, szeroki w barach, potrafisz się sobą zająć.

Nie jestem zwolennikiem systemu prawnego, który pozwala przetrzymywać podejrzanego o morderstwo w więzieniu przez ponad rok w oczekiwaniu na rozprawę. Policja i prawnicy myśleli, że mogą wytoczyć Colinowi Staggowi proces sądowy, a sędzia prowadzący rozprawę wstępną wyraził na to zgodę. W każdym dochodzeniu niektóre materiały dowodowe będą dopuszczone jako dowody, inne nie, a co do niektórych potrzebna będzie decyzja sędziego, do której z tych dwóch kategorii je zaliczyć. Sędzia prowadzący rozprawę wstępną zbadał materiały dowodowe i wysłał człowieka przed sąd, następnie sędzia Ognall orzekł, że materiał dowodowy zebrany przez Lizzie James nie powinien być przedstawiony ławie przysięgłych. Korona wycofała oskarżenie i, co zupełnie zrozumiałe, Colin Stagg został zwolniony z aresztu.

Najbardziej było mi żal Andre Hanscombe'a, młodego Aleksa oraz rodziców Rachel – Andrew i Moniki Nickellów. Państwo Nickell uczestniczyli we wszystkich posiedzeniach sądu, a owego wieczoru, kiedy składano oświadczenia dla prasy, widziałem, jak pan Nickell bardzo dostojnie wygłaszał z głębi serca płynące oświadczenie na schodach Old Bailey.

– Jesteśmy tu od tygodnia, gdyż w sierpniu 1993 roku Colin Stagg został postawiony w stan oskarżenia po długiej akcji prowadzonej w ukryciu przez policję pod kierunkiem znakomitego psychologa. Policja wszczęła tę akcję, ponieważ uważała, że jest to jedyny sposób na potwierdzenie lub wyeliminowanie ich podejrzeń w stosunku do Colina Stagga.

Nie było namacalnych dowodów, jedynie poważne poszlaki. Co miała robić policja? Czy mieli pozwolić, aby człowiek podejrzewany przez nich o ohydne morderstwo chodził wolno? Jaki mieli wybór? Ich obowiązkiem jest utrzymywanie porządku i ochrona społeczeństwa.

22

W CZWARTEK RANO, GDY NAD MOJĄ GŁOWĄ ROZPĘTAŁO SIĘ PIEKŁO, dodzwoniła się do mnie jedyna osoba, która ani słowem nie wspomniała o artykułach w dzisiejszych gazetach. Podinspektor Colin Port, dyrektor wydziału kryminalnego policji Warwickshire, zwrócił się z prośbą o pomoc przy śledztwie.

Przed trzema dniami przy ruchliwej drodze lokalnej znaleziono martwą kierowniczkę towarzystwa budowlanego z Nuneaton. Biuro zostało ograbione, a w jej domu, w salonie, policjanci znaleźli związanego i zakneblowanego męża.

– W związku z tą sprawą nasuwa się kilka interesujących pytań – powiedział Port bez wchodzenia w szczegóły. – Jeśli zgodziłby się pan pomóc, to poproszę Tony'ego Baylissa, aby się z panem skontaktował.

– Czytał pan już poranne gazety?

– Dlaczego? – zdziwił się.

– Prawdopodobnie jestem krytykowany w związku z procesem pana Stagga.

Roześmiał się.

– Tak. Wiem o tym.

– Jeśli czuje się pan przez to niepewnie, to nie będzie mi przykro, jeśli zwróci się pan o pomoc do kogoś innego.

– Ależ skąd. To właśnie pana proszę o pomoc.

Po odłożeniu słuchawki poczułem się trochę lepiej. Jednym z moich sposobów radzenia sobie z przeciwnościami losu jest wytrwałe parcie do przodu. Za każdym razem ustalam sobie po prostu jakiś cel, do którego dążę.

Po południu pojechałem do Nuneaton, małego miasteczka targowego, tuż na południe od trasy A5, pomiędzy Coventry i Leicester. Centrum miasta jest niewielkie i otoczone ruchliwą obwodnicą. W samym środku znajduje się komenda policji, która wygląda jak wielkie pudełko z butami postawione na boku.

Gdy wjeżdżałem na parking, ujrzałem furgonetkę z zaciemnioną tylną szybą. Nagle stanęła i ruszyła do tyłu. Rozpoznała mnie ekipa telewizyjna. Udało mi się jednak skryć w budynku, zanim zdołali mnie dopaść.

Podkomisarz Tony Bayliss mówił z zauważalnym akcentem ze środkowej Anglii, który sprawiał, że brzmiał niepoważnie i gawędziarsko, jednak pod tą ciepłą powłoką drzemał bystry umysł. Był oddanym mężem oraz ojcem i uważano go za nieco staroświeckiego. Wiele lat mieszkał w Leamington Spa, gdzie spędziłem swoje dzieciństwo.

– Do czego to niektórzy się nie posuną, żeby tylko zwrócić na siebie uwagę gazet – zażartował, nawiązując do procesu.

– A wszystko, czego pragnę, to jedynie odrobina spokoju – odrzekłem.

Zaprowadził mnie na drugie piętro do apartamentu, którego największe pomieszczenie wykorzystywano jako pokój operacyjny. Zauważyłem, że w zaprojektowanie wnętrza włożono mnóstwo wysiłku. Liczne komputery rozmieszczono logicznie, w zależności od czynności wykonywanych przez operatora. Nad obiegiem ogromnej ilości dokumentów związanych ze śledztwem czuwał kierownik biura. Chociaż na twarzach widoczne było zmęczenie, to zarówno policjanci, jak i personel cywilny doskonale wiedzieli, co mają robić.

To, co różniło ten pokój operacyjny od wielu innych, które do tej pory widziałem, to fakt, że Bayliss umieścił swoich wywiadowców w pomieszczeniu przylegającym bezpośrednio do niego. Ich zadaniem było łączenie i weryfikowanie otrzymanych informacji, przekształcanie w gotowe dane wywiadowcze i sugerowanie sposobów wykorzystania.

W kolejnym pomieszczeniu urządzono salkę do prowadzenia poufnych narad i właśnie tam zasiedliśmy. Bayliss zaprosił swego zastępcę, Gino Varrialego, aby się do nas przyłączył.

– Najpierw przedstawię chronologię wydarzeń, a potem omówimy wszystkie szczegóły – powiedział. – Wygląda to jak dobrze zaplanowany rabunek i porwanie, w którym zdarzenia wymknęły się spod kontroli. W poniedziałek o 8.35, przy poboczu drogi A444, w odległości około 2,5 mili od Nuneaton znaleziono zwłoki zadbanej kobiety w średnim wieku. Policja natychmiast rozpoczęła śledztwo i zaczęła sprawdzać rejestr osób zaginionych.

Mniej więcej godzinę później personel, który przybył do pracy w towarzystwie budowlanym Woolwich, zgłosił napad rabunkowy. Sejf był otwarty, a na podłodze walały się papiery. Sandał odkryty w pobliżu pasował do znalezionego przy zwłokach. Dwie sprawy zostały powiązane, a my mieliśmy nazwisko ofiary – Carol Wardell, zastępca dyrektora biura.

Policjanci pojechali natychmiast do Meridan – 12 mil od Nuneaton, gdzie w domu przy Bonneville Close mieszkała ofiara. Zasłony były zaciągnięte, na progu stało mleko, brak było śladów włamania. Tuż przed 14.00 dwaj policjanci podeszli do drzwi frontowych i usłyszeli przytłumione wołanie. Znaleźli Gordona Wardella leżącego na podłodze salonu w samych majtkach. W ustach miał knebel ze szmaty. Przywiązano go do stojaka na worki do śmieci z nogami nad poziomą rurką, a nadgarstki związano plastikowymi zaciskami.

Z oznakami maltretowania i bicia zabrano go do szpitala, gdzie zajęto się jego stanem psychicznymi i powierzchownymi obrażeniami. Pan Wardell nie przestawał pytać, gdzie jest żona. W końcu jego ojciec przekazał mu bolesną wiadomość o śmierci Carol. Łzy stanęły Gordonowi w oczach.

– Dopiero po dwudziestu czterech godzinach mogliśmy go przesłuchać – powiedział Bayliss. – Twierdzi, że w niedzielę wieczorem pojechał wrzucić listy do skrzynki, a w drodze powrotnej napadło go kilku ludzi. Wstrzyknęli mu jakiś narkotyk, a żonie przystawili nóż do gardła. Potem pamięta tylko, jak obudził się w poniedziałek rano.

– W międzyczasie ktoś wykorzystał kod, który znała jedynie Carol, by włamać się do towarzystwa budowlanego – dodał Gino.

– Jakie są straty?

– Około 14 tysięcy funtów, jeżeli wliczyć czeki.

Bayliss skomentował:

– To niewiele pieniędzy, jeżeli wziąć pod uwagę, ile wymagało to pracy i ryzyka. Profesjonalny gang wybrałby lepszy cel. Poza tym, czy zawodowcy zabiliby Carol? Może po prostu któryś ich wsypał. Mógł coś powiedzieć albo odsłonić twarz.

– Albo mogło to być zupełnie niezamierzone. Nieszczęśliwy wypadek – podsunąłem.

– A kod wejściowy? – zapytał Gino. – Według zapisu komputerowego kod Carol wprowadzono o 5.22 rano w dniu napadu. Wszyscy pracownicy mają też dodatkowy kod alarmowy różniący się jedną cyfrą od normalnego kodu wejściowego. Powinien być użyty w przypadku takiego porwania. Gdyby Carol go użyła, mogłaby wejść do środka, a my byśmy wiedzieli o napadzie bez uruchamiania alarmu. W ciągu kilku minut bylibyśmy na miejscu.

– Nie doszukiwałbym się w tym czegoś szczególnego – ostrzegł Bayliss. – Doświadczenie mówi mi, że w rzeczywistych sytuacjach ludzie zachowują się inaczej, niż przewidywali.

– Nawet jeżeli pamiętała kod alarmowy, to nie znaczy, że miała dość odwagi i przytomności umysłu, by go użyć – zgodziłem się. – Była przerażona. W domu zatrzymali męża jako zakładnika. Być może uznała, że nie może ryzykować.

Bayliss omówił z przełożonymi, jak ma wyglądać mój udział w śledztwie. Chciał, abym przedstawił niezależną analizę przestępstwa. Sprowadzałaby się to do oceny faktów oraz raportów bez oceniania hipotez stworzonych przez policję. Gdyby okazało się, że niezależnie doszliśmy do tych samych wniosków, oznaczałoby to, że śledztwo zmierza we właściwym kierunku. Jeśli nie, to policja rozważyłaby inne hipotezy.

Niektóre aspekty sprawy niepokoiły mnie. Przypominało to układanie rozsypanki. Obrazek, który ułożyliśmy, przedstawiał porwanie i rabunek, które wymknęły się spod kontroli. Nie mogłem pozbyć się wrażenia, że elementy pasują do siebie zbyt dobrze.

Bayliss zauważył mój niepokój.

– Nie wygląda to dobrze, prawda?

– Nie.

– Więc byłoby lepiej, gdybyś się z nami podzielił swoimi wątpliwościami.

Wyjaśnił, że przedstawił mi jedynie suche informacje o miejscu i okolicznościach przestępstwa, a nie ujawnił swoich własnych podejrzeń, żeby nie wpłynąć na moją opinię.

– Coś chyba jest w przeszłości pana Wardella?

Bayliss skinął głową.

– Dwadzieścia cztery lata temu zaatakował kobietę w obecności jej dwóch synów. Prawie ją zabił. Odsiedział cztery lata w więzieniu za poważne uszkodzenie ciała.

– Kim była ofiara?

– Żoną nauczyciela geografii – odpowiedział Gino.

Natychmiast się zaniepokoiłem. Jeśli się ich nie prowokuje, to nastoletni chłopcy zazwyczaj nie atakują kobiet, których nigdy nie widzieli. Chyba że cierpią na zaburzenia osobowości, patologie seksualne lub są psychicznie chorzy.

– Tutaj są zeznania z tamtego śledztwa – rzekł Bayliss. Gino zapisał coś w notesie.

Z mojego punktu widzenia to nie wystarczało. Bardzo często oficjalne zeznania nie zawierają najdrobniejszych szczegółów, które mogą wskazywać na motywy i stan umysłu.

– Czy można powtórnie przesłuchać ofiarę? – zapytałem.

Bayliss uniósł brwi.

– Ależ to było dwadzieścia cztery lata temu.

– Zdaję sobie z tego sprawę, ale muszę wiedzieć, co powiedział, co zrobił, jak wyglądał. Muszę znać wszystkie szczegóły.

Spojrzał na Gino i skinął głową, że to jest do zrobienia.

Nie kwestionowałem, że Gordon Wardell jest ogarniętym bólem mężem, na którego spadło tak ogromne nieszczęście. Nie ukrywał swojej przeszłości przed policją. Sam powiedział o tym funkcjonariuszom jeszcze w szpitalu. Wystąpił również na konferencji prasowej, w trakcie której wspomniał, jak bardzo żałuje, że wywleka się teraz jego przeszłość. Stwierdził: „Uważam, że jest to nie fair w stosunku do mojej żony".

Zaprezentował się jako brodaty, czterdziestojednoletni mężczyzna na wózku, w ciemnych okularach. Powiedział, że Carol była dla niego całym światem i że nie wyobraża sobie życia bez niej. Zaapelował również do wszystkich posiadających informacje mogące przyczynić się do wykrycia mordercy, by kontaktowali się z policją.

Bayliss podał mi zeznania.

Wardella przesłuchiwano przez dwa dni i w końcu podpisał długi protokół. Zeznał w nim, że jest kierownikiem magazynu w firmie Veng UK mającej siedzibę w Hinckley w hrabstwie Leicestershire, która zajmuje się sprzedażą części samochodowych. Podjął tam pracę w czerwcu 1994 roku, mając na względzie szanse na szybki awans i zajęcie w końcu miejsca w zarządzie.

Niedzielę spędzili z żoną jak co tydzień, snując się po mieszkaniu i oglądając telewizję. Po kolacji Carol włączyła film *Oddział Delta*, jednak nie obejrzeli zakończenia, bo Carol nie nagrała go do końca.

Po filmie poprosiła Gordona, żeby wysłał jej list. Był zaadresowany do jakiegoś pana Taylora z Exhall i Gordon uznał, że jest to list służbowy. Ponieważ sądził, że to ważna sprawa, ominął skrzynkę, z której wybiera się listy o 7.30 rano, i pojechał sześć mil do Coventry – do urzędu pocztowego przy Bishop Street, gdzie znajduje się ogromna sortownia – by list dostarczono już w poniedziałek. Jak powiedział, przy Bishop Street zainstalowana jest kamera skierowana na ścianę ze skrzynkami pocztowymi.

Następnie pojechał do domu, zatrzymując się w Brookland Put na drinka. Pamięta, że barman opowiadał dowcipy, a w telewizji pokazywano jakieś wyścigi motocyklowe.

Po dwóch kufelkach Gordon pojechał do domu, dokąd dotarł około 22.00.

– Gdy zamknąłem za sobą drzwi wejściowe, poczułem zapach papierosów. Zdziwiłem się, bo ja ani żona nie palimy. Zobaczyłem, że drzwi do salonu są częściowo otwarte. W kuchni paliło się światło. W saloniku panowała ciemność. Otworzyłem drzwi, zrobiłem krok do środka i wtedy ktoś złapał mnie za ramiona z obydwu stron. Trzymało mnie dwóch napastników. Potem ktoś przycisnął mi do ust i nosa jakiś gałgan.

Pamiętam, że powiedziałem: „Co u diabła!".

Czułem ten ostry zapach, który drapał mnie w gardło. Wykręcili mi ręce za plecami i wtedy zapaliła się lampa na ścianie wprost przede mną.

Gdy tylko zapaliło się światło, ujrzałem mężczyznę w masce klauna i kombinezonie. Prawą ręką trzymał Carol za brodę. Jej głowa tkwiła pod prawą pachą w zapaśniczym uścisku. W lewej dłoni miał nóż. Ostrze przyciskał do jej szyi. Widziałem, że jest zakneblowana i wyglądała na przerażoną.

Ten facet powiedział: „Milczeć. Rób, co ci każemy. Na kolana!". Miał miękki irlandzki akcent, głos tłumiła trochę maska. Próbowałem uwolnić się. Popchnęli mnie na ziemię. Poczułem cios w żołądek. Nie wiem, kto go zadał. Zacząłem tracić przytomność. Pchnęli moją głowę do przodu. Poczułem coś twardego na nogach. Ostatnia rzecz, jaką pamiętam, to czarne spodnie i zawiązywane na sznurówki buty, na czarnych grubych podeszwach. Były doskonale wypolerowane. I miał czarne spodnie…

Gordon sądził, że od momentu wejścia do pokoju do chwili, gdy stracił przytomność, upłynęły trzy, cztery minuty. Następnego ranka obudził się skrępowany i przywiązany do stojaka na worki ze śmieciami. Słyszał, że automatyczna sekretarka przyjmuje kilkanaście telefonów. Około ósmej przyszedł listonosz. Dopóki o godzinie czternastej nie znalazła go policja, niespokojny i obolały próbował się uwolnić.

Zeznania zawierały długi i skomplikowany opis okropieństw, przez które przeszedł. Zastanawiały mnie niektóre aspekty jego historii. Ogólnie uważa się, że w chwili wielkiego stresu doskonale zapamiętujemy wszelkie szczegóły, jednak prawda jest zupełnie inna. W rzeczywistości bardzo trudno przypomnieć sobie takie zdarzenia, a Gordon dokładnie zapamiętał wszelkie szczegóły dotyczące butów i zapalania światła.

Podobnie stwierdził, że od ataku do utraty przytomności upłynęły trzy do czterech minut. To sporo czasu, a zdarzenia, które opisał, zajęły nie więcej niż trzydzieści sekund. Co się działo w ciągu pozostałego czasu?

Być może oczekiwałem za dużo. Przecież pan Wardell stracił żonę i pozostawał w stanie szoku po brutalnym ataku. Czy nie usprawiedliwiało to tych niewielkich niejasności?

Podkomisarz Bayliss miał też wątpliwości. List nadany w niedzielę informował „jakiegoś pana Taylora z Exhall", że może odebrać kartę do bankomatu.

– Na pewno można było wysłać go następnego dnia. Więc dlaczego jechał taki kawał do Coventry?

Jeszcze bardziej zastanawiający jest fakt, że spośród wszystkich listów w siedzibie towarzystwa budowlanego otwarty był tylko jeden, zaadresowany do pana Taylora z Exhall.

Rozważaliśmy to jakiś czas w milczeniu, poszukując wyjaśnienia. Obraz, który się teraz przed nami rysował, był o wiele bardziej złożony, niż wynikałoby to z początkowego opisu, jednak nadal nie potrafiłem określić, co widzę.

– Potrzebuję więcej informacji o ich małżeństwie – powiedziałem, robiąc notatki. – Chciałbym także wiedzieć trochę więcej o jego pracy. Dowiedzcie się, czym zajmował się przez ostatnie dwadzieścia lat. Jak długo był żonaty?

– Dwanaście lat – odrzekł Bayliss.

– Nie mieli dzieci?

– Chyba próbowali, ale Carol nie mogła zajść w ciążę i w końcu skoncentrowała się na robieniu kariery.

– Z tych rzeczy tak łatwo się nie rezygnuje – powiedziałem.

Zrobiło się już całkiem późno i wkrótce miał zapaść zmrok. Zajrzałem do kalendarza i umówiliśmy się na obejrzenie miejsc, gdzie popełniono przestępstwa. Potem zacząłem zbierać zdjęcia i kopie dokumentów.

– Na dole czeka ekipa Sky News – poinformował Bayliss.

– Cóż. Nic im nie mogę powiedzieć. Sam przecież nic jeszcze nie wiem.

– Nie. Chcą rozmawiać o Colinie Staggu.

Westchnąłem.

– Wyślę kogoś na dół, żeby ci towarzyszył – zaofiarował się.

– Poradzę sobie.

– Nie, ktoś pomoże ci przenieść materiały.

Gdy otwierałem drzwi, pojawiła się przede mną kamera. Usłyszałem głos:

– Panie Britton, co może pan wnieść do tej sprawy?

– O to trzeba zapytać pana Baylissa.

– Jak skomentuje pan wyrok w procesie o zabójstwo Rachel Nickell?

– Bardzo mi przykro, jednak będą państwo musieli skierować to pytanie do komendanta stołecznej policji.

– Ależ panie Britton, może pan wypowiedzieć się we własnym imieniu. Na pewno ma pan jakieś poglądy na tę sprawę.

Szedłem dalej, a kamerzysta filmował, jak wsiadłem do samochodu i odjechałem.

Nie mogłem uciec od krytyki. Weekendowe wydania gazet dalej pisały o procesie, podgrzewając kontrowersje wokół całej sprawy. Komentatorzy zaczęli zadawać pytania, czy nie został przesądzony los profilowania. Nie mogłem w to wszystko uwierzyć, a moje oburzenie nie znało granic, najbardziej jednak przeżywała to Marilyn. Nie mieściło się jej w głowie, że do tego stopnia można mijać się z prawdą i atakować pojedynczego człowieka. Dlaczego policja tego nie wyjaśniła?

– Jak można tak postępować? – zapytała prawie we łzach. – Po wszystkim, co zrobiłeś. Gdy pomyślę o tych godzinach, które poświęciłeś, żeby pomagać policji, przepracowanych weekendach i urlopach, których nigdy nie mieliśmy. Nigdy nie żądałeś ani grosza i tak cię teraz potraktowali. Te, te, te... – Nie mogła znaleźć właściwego słowa i w końcu powiedziała:

– Tak się po prostu nie robi.

Próbowałem jej wyjaśnić.

– Czy zdarzyło się kiedykolwiek, aby jakieś śledztwo, w którym uczestniczyłem, zrelacjonowano bez błędów?

– Nie.

– Więc dlaczego teraz miałoby być inaczej?

– Faktycznie, nie ma żadnego powodu – wzruszyła ramionami.

Co najśmieszniejsze, gdy moja ściśle strzeżona anonimowość została naruszona w czasie śledztwa dotyczącego uprowadzenia Stephanie Slater, to wszystkie artykuły przedstawiały mnie w korzystnym świetle. Wiedziałem jednak, że ktoś w końcu weźmie mnie na cel. Mówi się przecież często, że ogół usiłuje ściągnąć w dół osoby wyrastające ponad przeciętność.

Marilyn byłaby najbardziej szczęśliwa, gdybym po prostu wycofał się i nigdy już nie oglądał miejsc zbrodni oraz przestał przygotowywać profile. Przez jakiś czas snuliśmy plany na przyszłość, w których nie uwzględnialiśmy poświęcania wolnego czasu policji. W końcu podjąłem decyzję, że ten proces będzie ostatnim, w którym doradzam organom ścigania w poszukiwaniach mordercy.

Było to jednak postawienie sprawy na głowie. Gdybym teraz się wycofał, to ludzie wyciągnęliby błędne wnioski i uznali, że uciekam z ogonem podwiniętym pod siebie. Jeśli ktoś uznałby, że wyrok w sprawie Colina Stagga stanowi gwóźdź do trumny profilowania, to moim obowiązkiem było działać dalej, by wszyscy zrozumieli, że tak nie jest. Ryzykowałem, że jeden proces może zniszczyć cenne narzędzie śledcze.

Przedstawiłem Marilyn wszystkie pozytywne aspekty profilowania, które mogą być zaprzepaszczone, i powiedziałem, że „normalne" życie będzie musiało trochę poczekać. Chociaż była rozczarowana, to zrozumiała. Sądzę, że podejrzewała to, gdy zgodziłem się pomóc w sprawie zamordowania Carol Wardell.

Spędziłem kilka dni pośród protokołów, zeznań i zdjęć z miejsc rabunku, porwania i morderstwa. Ogólne wrażenie miałem takie, że przestępstwo wyglądało zbyt nieporadnie jak na robotę profesjonalnego gangu. Jednocześnie było zbyt skomplikowane i wymagało zbyt dużo zaangażowania jak na dzieło jednego sprawcy. Pomyślałem, że więcej się dowiem po obejrzeniu miejsc, gdzie dokonano tych przestępstw.

Wyszedłem z Baylissem tylnym wyjściem, unikając kontaktów z dziennikarzami. Najpierw poszliśmy do oddziału towarzystwa budowlanego Woolwich, znajdującego się niecałe sto metrów od komisariatu. Przed oknem leżała piramida kwiatów. Od czasu do czasu przechodnie zatrzymywali się na chwilę, oddając hołd ofierze zbrodni. Carol Wardell była lubianą osobą.

Potem pojechaliśmy malowniczą drogą, mijając małe gospodarstwa, gdzie cała produkcja przeznaczana jest na własne potrzeby, zanim w końcu dotarliśmy do niewielkiej wioski w odległości 12 mil od Nuneaton. Wczesna jesień to moja ulubiona pora roku, jednak jazda nie sprawiała mi przyjemności.

Bonneville Close to fragment niewielkiego osiedla, gdzie rzędy podobnie wyglądających budynków stoją wzdłuż cichych uliczek. Wardellowie mieszkali w jednopiętrowym domku z czerwonej cegły z ładnymi oknami tworzącymi mozaikę w oprawie ołowianych drucików. W uporządkowanym ogrodzie na drewnianej belce w pobliżu wejścia przysiadł ceramiczny motyl.

Wychodząc z samochodu, uświadomiłem sobie, że ze wszystkich stron narażeni jesteśmy na spojrzenia sąsiadów. Alarm przeciwwłamaniowy na frontowej ścianie i oświetlenie awaryjne wskazywały, że mieszkańcy zachowują dużą ostrożność. Przyjaciele mówili policji, że Carol bała się, iż ktoś może pojechać za nią do domu i ukraść klucze do towarzystwa budowlanego. Prosiła nawet o wyznaczenie innej osoby do noszenia kluczy.

Tym bardziej zaciekawiło mnie, w jaki sposób gang dostał się do domu. Carol nie otworzyłaby drzwi obcemu, a przecież nie było oznak użycia siły ani wyjmowania szyb z okien.

Po wejściu tylnymi drzwiami przeszliśmy po płytach rozłożonych przez policję do garażu. Wyglądał bardzo schludnie. Wszystko leżało na swoim miejscu: narzędzia, klej, materiały uszczelniające, sznurek, papier ścierny, kabel elektryczny, lina – brak było oznak przeszukiwania i bałaganu.

W całym domu było podobnie. Ławy w kuchni bez najmniejszej plamki, brak śladów, by ktoś nalewał sobie szklankę wody. Na stole w jadalni stała nienaruszona patera z owocami. Drzwi wszystkich szafek kuchennych były zamknięte, a przybory kuchenne na swoich miejscach.

Wchodząc do saloniku, zauważyłem, że kanapę popchnięto w kierunku drugiej ściany i obrócono w niewłaściwą stronę. Jeden z foteli stał do góry nogami na drugim.

Niektóre rzeczy nie dawały mi spokoju. Wardell powiedział, że gdy wszedł do pokoju, złapało go dwóch mężczyzn z dwóch stron, jednak za drzwiami nie było miejsca, gdzie ktoś mógłby stać. I dlaczego meble poprzestawiano w ten sposób?

Metalowy stojak do worków na śmieci nadal leżał na środku podłogi, a w pobliżu żółte plastikowe zaciski do łączenia kabli w wiązki. „Co za dziwny sposób krępowania" – pomyślałem. W innym miejscu, w pokoju na dywaniku przed kominkiem leżała rozrzucona zawartość torebki Carol. W pobliżu walały się buty i ubranie Gordona. Scena wyglądała dziwnie. Zawartość torebki nie leżała rozsypana. Wydawało się wręcz, że została metodycznie rozłożona. Również ubranie Gordona nie wyglądało, jakby napastnicy ściągali je z nieprzytomnego mężczyzny. Odnosiło się wrażenie, że właściciel za chwilę po nie wróci z kąpieli. Buty Gordona i kapcie Carol leżały ładnie złożone parami.

Na parapecie i półce nad kominkiem nadal znajdowały się gromadzone przez nich bibeloty. W wazach stały kwiaty, a delikatna podstawka na kwiaty została przesunięta o metr, jednak nie była rozbita czy nawet uszkodzona. W czasie ataku niczego nie roztrzaskano, nie pobrudzono ani nie zabłocono.

Moim zadaniem było porównać dom z przedstawionym mi opisem. Brutalny gang złożony z czterech mężczyzn napadł i obezwładnił kobietę, jej męża pobił, uśpił, rozebrał i przykuł do metalowej ramy znalezionej w garażu. Mężczyźni spędzili w domu całą noc, a nawet nie napili się szklanki wody, nie spróbowali owoców ani nie otworzyli barku z alkoholami.

– Gdzie są więc ślady przemocy i walki? – zadałem sobie pytanie. W przedpokoju brak było oznak napadu na kobietę, a salonik wyglądał nie na splądrowany, lecz przemeblowany, jakby komuś zależało, żeby nie narobić bałaganu. Gordon Wardell spędził szesnaście godzin, leżąc na podłodze, i nic nie świadczyło o utracie kontroli nad pęcherzem.

Na podeście schodów prowadzących na piętro leżała paczka podpasek. Nie pasowała do wizerunku schludnej Carol Wardell. Skąd się tutaj wzięła? Może nie miało to żadnego znaczenia, ale próbując zrozumieć co się stało, należało zwrócić uwagę na każdy drobiazg.

Natychmiast pojawiło się kolejne pytanie. Dlaczego napastnicy nie zabrali nic z domu? Nawet nie próbowali go przeszukać. Dlaczego przyciągnęli z garażu stojak na worki do śmieci? I dlaczego rozebrali pana Wardella?

Na piętrze w drugiej sypialni stał komputer z małą drukarką. Obok leżało podanie o pracę i curriculum vitae. Policja nie miała powodów, by się szczególnie nimi interesować, ale cv może powiedzieć o wiele więcej o człowieku niż same tylko informacje o doświadczeniu zawodowym. Pozwala porównać to, co dana osoba mówi o sobie – z rzeczywistością. Można się wtedy przekonać, do jakich kłamstw potrafi się posunąć i w jakie zarozumialstwo popaść, kreśląc swój życiorys zawodowy.

Na pierwszej stronie pod nagłówkiem „Profil kandydata" Wardell napisał: „Charyzmatyczny przywódca z doskonałymi umiejętnościami komunikacyjnymi. Energiczny, wysoce zmotywowany, zdyscyplinowany, z praktyczną umiejętnością kierowania, twórczy, wszechstronny człowiek sukcesu. Doskonały strateg i analityk z udokumentowanymi osiągnięciami w magazynowaniu i dystrybucji".

Po zaprezentowaniu dotychczasowych pracodawców pod nagłówkiem „Kwalifikacje zawodowe" napisał: „Członek Instytutu Logistyki". Kiedy Bayliss ujrzał moją reakcję, natychmiast zapytał, co znalazłem.

– Oto jest klucz – powiedziałem, wskazując powyższy tekst. – Jeżeli pan Wardell naprawdę zabił żonę, to właśnie w ten sposób udało mu się tego dokonać. Wynika to z życiorysu.

– Co chcesz przez to powiedzieć?

– Widzieliśmy ślady na miejscu i słyszeliśmy historię pana Wardella i chyba zgadzamy się, że nie pasują do siebie – odpowiedziałem.

Bayliss skinął głową, a ja kontynuowałem:

– Jednocześnie nie wydaje się, aby jedna osoba mogła sprostać temu zadaniu – za duże odległości i zbyt wielkie problemy do pokonania. Lecz prawdę mówiąc, jest to problem logistyczny. Trzeba dotrzeć z punktu A do punktu B i punktu C, a następnie wrócić w określonym przedziale czasu, pokonując pewne problemy fizyczne i techniczne. To jak ćwiczenie z zakresu zarządzania, w którym należy wymyślić i zaplanować całą serię prostych czynności, które razem umożliwią osiągnięcie skomplikowanego celu.

Bayliss pochłaniał informacje, próbując powiązać je z czynnościami, które należało teraz podjąć.

W drodze powrotnej do Nuneaton zacząłem rozmyślać o ogromnej liczbie danych, raportów i doniesień od sąsiadów, znajomych i kolegów z pracy Carol i Gordona. Po dokonaniu selekcji okazało się, że wiele z nich nie mogło pomóc w wyjaśnieniu śmierci Carol, ale każdą informację należało zbadać. Wszystkie musiałem zakwalifikować do oddzielnych kategorii, decydując, które są autentyczne, jak można je potwierdzić i w jakim związku pozostają z zeznaniami poszczególnych osób.

Bayliss zaprosił mnie do uczestniczenia w zespole doradczym śledztwa, a oznaczało to ciągłe zaangażowanie i formalną odpowiedzialność za kształtowanie kierunku dochodzenia. Ludzie z zewnątrz rzadko kiedy dopuszczani są do bijącego serca śledztwa i uznałem to za wielki komplement. Pod wieloma względami moja sytuacja była godna pozazdroszczenia. W przeciwieństwie do policjantów, którzy poświęcili już setki godzin na prowadzenie dochodzenia i byli świadomi ograniczonych środków pieniężnych, czasu i ciągłej obserwacji ze strony prasy, mogłem przyjrzeć się temu wszystkiemu z pewnej perspektywy.

Jedną z najłatwiejszych pułapek, w którą czasami wpada detektyw prowadzący śledztwo, jest postawienie hipotezy i wyszukiwanie faktów, które by ją potwierdzały. Umysł traktuje napływające informacje odmiennie w zależności od tego, czy pasują do hipotezy, czy też nie. Problem ten nabiera ostrości, gdy w dochodzeniu uczestniczy kilkunastu lub kilkudziesięciu detektywów, którzy poświęcają śledztwu mnóstwo czasu i wysiłku. Jeżeli pojawia się nagle informacja, która nie pasuje do przyjętego założenia, to następują próby jej zlekceważenia. Znajdują się powody, dla których źródło można uznać za niegodne zaufania.

Kolejna trudność, która może osłabić śledztwo, występuje wtedy, gdy detektywi sądzą, że ich własny wątek jest najważniejszy, ponieważ zainwestowali w jego wyjaśnienie tyle czasu i wysiłku. Pamiętam, jak podczas śledztwa w sprawie porwania Stephanie Slater byłem w pokoju operacyjnym, gdy zlecono poszczególnym detektywom zbadanie różnych tropów. Na przykład mieli za zadanie odwiedzić agencje handlu nieruchomościami w okolicy, sprawdzić, czy nie zwolniono ostatnio z więzienia ewentualnych sprawców, przeprowadzić rozpoznanie miejscowych źródeł wywiadowczych. Co najmniej trzech z nich zgłosiło się do mnie w tajemnicy przed kolegami w przekonaniu, że zagadkę porwania będzie można wyjaśnić dzięki wątkowi, którym się zajmują.

Tony Bayliss zdawał sobie sprawę, jak łatwo można skupić się wyłącznie na Gordonie z powodu jego kryminalnej przeszłości i obecnych w zeznaniach rozbieżności. Zgodziłem się jednak, że celowo nie wolno skupiać się na jego osobie. Należy sprawdzić wszystkie wątki, gdyż każdy z nich może potencjalnie przynieść informacje niezbędne do znalezienia sprawców. Tylko z tego powodu, że pan Wardell popełnił w przeszłości brutalne przestępstwo, nie można robić z niego mordercy. Jednocześnie nie chroni go to od pechowych zdarzeń. Sprawcy przestępstw padają ofiarami wypadków samochodowych, są napadani i okradani, podobnie jak wielu z nas.

Carol Wardell urodziła się i wychowała w Coventry. Przebyła drogę od kasjerki aż do zastępcy kierownika oddziału w Nuneaton. Uczyła w szkółce niedzielnej i uważana była za nerwową oraz nieśmiałą, łatwo załamywała się w sytuacjach konfrontacji i bardzo dbała o bezpieczeństwo, szczególnie jeśli chodzi o zabezpieczenie domu.

Gordona poznała w miejscowej kręgielni, gdy miała dwadzieścia trzy lata. Jej wybranek był dwa lata starszy. Ślub odbył się cztery lata później, 17 kwietnia 1982 roku w kościele Świętej Trójcy w Coventry. Uważano ich za spokojne małżeństwo, lubiące spędzać czas w domu.

Według słów Gordona Carol była jedyną dziewczyną, z jaką chodził na poważnie i nigdy nie było między nimi zdrady ani przemocy. Twierdził, że Carol wiedziała o jego kryminalnej przeszłości i że on sam nadal używa swojego więziennego numeru (522537) jako szyfru w zamku teczki, żeby nie zapomnieć, co mu się przydarzyło.

W poniedziałek przed śmiercią Carol jej mąż Gordon skarżył się w pracy na mdłości i biegunkę. W końcu poszedł do domu się położyć. Następnego dnia również nie czuł się dobrze i spędził dzień w łóżku, podczas gdy Carol pojechała do pracy swoim szarym peugeotem 106. W środę wstał koło południa i pojechał na rozmowę kwalifikacyjną do zakładu przemysłowego w Coventry. Stwierdził, że w Veng UK nie podobało mu się zbytnio z powodu „lekceważenia przez firmę swoich obowiązków wobec pracowników i bagatelizowania przepisów BHP".

W czwartek był na kolejnej rozmowie kwalifikacyjnej. Tym razem wyjechał z domu o dziesiątej i pojechał do Keighley w Yorkshire oddalonego o 140 mil. Zostawił wiadomość na kartce: „Do Carol. Wyjeżdżam. Wracam o osiemnastej". Było to dziwne. Dlaczego szukał pracy w innej części kraju i nie powiedział o tym swojej żonie?

Ostatni raz żywą Carol widzieli June O'Connell i jej mąż, gdy byli u Wardellów na obiedzie w sobotę wieczorem. Nic nie było wiadomo o tarciach pomiędzy Carol i Gordonem. Gdy goście wychodzili, małżonkowie stali, trzymając się za ręce i machając im na pożegnanie.

Przyglądając się zdjęciom, ciągle dostrzegałem kolejne rozbieżności pomiędzy tym, co widziałem, a zeznaniami pana Wardella. Z jednej strony opisywał elementy starannie zaplanowanego przestępstwa – maski, rękawiczki, kombinezony, krótkie komendy. Z drugiej strony policja musiała uwierzyć, że pomimo szczegółowego planu bandyci nie przynieśli żadnych sznurów do związania ofiary. Zamiast tego byli zmuszeni poszukać czegoś w garażu. Natrafili na plastikowe żółte zaciski wykorzystywane przez Gordona w ogrodzie.

Co za niezwykły sposób krępowania – pomyślałem.

Zdjęcie wnętrza garażu pokazywało kilka zacisków w przezroczystych pojemniczkach przymocowanych do ściany. Jednak było też widać kilka innych lepiej nadających się do wiązania materiałów. Bandyci nie tylko nie zwrócili na nie uwagi, ale znaleźli zaciski bez robienia bałaganu.

Podobnie można było oczekiwać, że półprofesjonalny gang lepiej zwiąże ofiarę, z rękoma za plecami, a nie z przodu, zaknebluje tak, by nie mogła wykrztusić ani słowa. Zamiast tego owinęli mu głowę zwykłym płótnem i przynieśli stojak na worki z garażu. Nie miało to sensu. Mogli go przecież przywiązać do stołu lub krzeseł albo związać ręce z nogami.

Wszystko to rodziło pytanie: czy pan Wardell nie zainscenizował napadu i nie użył plastikowych zacisków jako amatorskich więzów?

Przeszedłem do zdjęć z miejsca, w którym znaleziono ciało Carol. Leżała w trawie, twarzą do dołu, ubrana w normalne weekendowe ubranie. Obok lewej stopy znajdował się niebieski sandał. Pasek był zapięty, podobnie jak w sandale znalezionym w siedzibie Woolwich. Zgubienie jednego sandała w czasie walki wydawało się możliwe, jednak zgubienie dwóch sandałów w dwóch różnych miejscach wykraczało już poza granice prawdopodobieństwa. Brak było śladów zdzierania butów czy też ciągnięcia ciała Carol po drodze i trawiastym poboczu w pobliżu miejsca znalezienia zwłok. Również na sandale nie było widać oznak ściągania go z nogi ani żadnych śladów wskazujących na ciągnięcie po ziemi. Raport z sekcji mówił, że Carol nie miała na sobie sandałów po śmierci.

Zanotowałem pytania do patologa: „Czy można założyć sandały na stopy bez zmiany zapięcia? Czy sandały są dobrze dopasowane? Czy łatwo schodzą?".

Przypomniał mi się fragment zeznań Wardella. Stwierdził, że Carol zwykle chodziła po domu w kapciach i trzymała jedną parę w sypialni, a drugą na dole w pobliżu fotela w salonie. W niedzielny wieczór na pewno była w kapciach. Dlaczego banda brutalnych rabusiów miałaby pozwolić jej założyć sandały przed wyprawą do miasta, by okraść jej towarzystwo budowlane?

W końcu przeszedłem do zdjęć z trzeciego miejsca – oddziału towarzystwa budowlanego. Szybko uświadomiłem sobie, że włamywacze doskonale znali system zabezpieczeń. Musieli wejść do środka, oślepić kamerę systemu bezpieczeństwa, przesunąć biurko, żeby dosięgnąć magnetowidu, gdzie znajdowała się taśma, by w końcu dotrzeć do sejfu. Wszystko to odbywało się w ciemności. Wiedza ta była zbyt złożona, aby udało się ją uzyskać od Carol. Może weszła tam z nimi albo gang wcześniej rozpoznał teren?

W poniedziałek 19 września, tydzień po morderstwie, policja powróciła na trzy miejsca związane z napadem, zatrzymywała przechodniów i kierowców, próbując odtworzyć ostatnie chwile Carol Wardell. Od 4.30 rano założono blokady drogowe koło jej domu, w centrum Nuneaton i w miejscu znalezienia zwłok. Późnym rankiem znowu pojawiłem się w pokoju operacyjnym. Jakiś dowcipniś wyciął z niedzielnej gazety moje zdjęcie i przypiął do ściany. Zdjęcie było dwukolorowe, by uczynić mój wygląd bardziej złowrogim.

Zespół doradczy składał się z Baylissa, Gino Varrialego, mnie i kierownika komórki wywiadu. Od czasu do czasu przyłączał się do nas inspektor z wydziału kryminalnego.

Gino, jak sobie wkrótce uświadomiłem, był osobą najbardziej zaangażowaną w śledztwo, ponieważ do jego zadań należała realizacja ustalanych celów. Bayliss, jako oficer prowadzący dochodzenie, ponosił odpowiedzialność za strategię i wydawał rozkazy, jednak to Gino pilnował, by zostały zrealizowane.

Gdy zaczęliśmy omawiać dotychczasowy przebieg śledztwa, zastanawialiśmy się nad każdą możliwą interpretacją. Nie znaleźliśmy wielu faktów, które mogłyby potwierdzić wersję pana Wardella. Wyjątek stanowiły dwa niepotwierdzone zeznania. Sąsiadka – pani Sarah Harper – doniosła, że dwa tygodnie przed śmiercią Carol widziała białą furgonetkę przypominającą forda transita przejeżdżającą drogą prowadzącą do Bonneville Close. Dwukrotnie widziała ją też zaparkowaną przy drodze i wydawało jej się, że wewnątrz jest dwóch mężczyzn. Kolejny świadek widział metalicznosrebrnego lub matowozielonego austina montego w pobliżu siedziby Woolwich w poniedziałek wczesnym rankiem. Wewnątrz siedziało kilku mężczyzn.

Informacje te mogły dramatycznie wpłynąć na przebieg śledztwa lub nie znaczyć dokładnie nic. Jak daleko mogą nas one doprowadzić? – zastanowiłem się.

– Gordon nie był całkowicie szczery, jeżeli chodzi o jego doskonałe małżeństwo – powiedział Bayliss.

Z uwagą obróciłem się w jego stronę.

– Trochę kręcił na boku.

– Miał romans?

– Odwiedzał prostytutki. Mamy zeznania dwóch i nazwiska dwóch innych.

Christine, matka trojga dzieci, od sześciu albo siedmiu lat regularnie przyjmowała Wardella po tym, jak spotkali się w Hillfields, dzielnicy Coventry, gdzie pracuje większość prostytutek. Za każdym razem płacił 50 funtów. Za tę cenę jechali za miasto, gdzie krępowała go sznurem, który miał przygotowany w bagażniku, i bardzo brutalnie zajmowała się jego penisem.

Ostatni raz widziała go trzy miesiące temu, kiedy to przyjechał małym peugeotem z pluszowymi maskotkami na tylnym siedzeniu (prawdopodobnie samochodem Carol). Miał tylko 15 funtów, które przyjęła „z dobroci serca", a potem przez pięć minut mówiła do niego nieprzyzwoicie i zrobiła mu dobrze ręką.

Kolejna prostytutka, Jenny, opisała, jak zabrał ją w ciągu dnia do domu „gdzieś w okolicy Nuneaton". Mówił o swojej żonie „ona" i wyjaśnił, że jest teraz w pracy.

W miarę jak policja badała przeszłość Wardella, okazało się, że przed siedmioma laty koleżanka powiedziała Carol, iż widziała Gordona w Coventry wchodzącego do pubu cieszącego się złą reputacją. Carol nie uwierzyła jej. Później rozmawiała z Gordonem, który wszystkiemu zaprzeczył. Sprawa została chyba zapomniana.

Baylissowi udało się ustalić szczegóły młodzieńczego napadu, który doprowadził do aresztowania Wardella.

– Nazywała się Brenda Jane Hayes. Była żoną nauczyciela geografii z Woodlands School w Coventry – powiedział.

– Kiedy to było?

– W czerwcu 1970 roku. Miał wtedy siedemnaście lat.

Zacząłem czytać zeznania. W czasie weekendu Wardell zadzwonił do pani Hayes i przedstawił się jako jeden z uczniów męża. Brenda była zaskoczona, że zna ich numer telefonu, który podłączono zaledwie tydzień wcześniej. Jej mąż był na wycieczce klasowej w Derbyshire, a ona opiekowała się dziećmi.

Wardell powiedział, że znalazł roślinę, która była potrzebna panu Hayesowi, i zapytał, czy mogą się spotkać, ponieważ chciałby ją oddać, a nie poradzi sobie bez pomocy. Zgodziła się i spotkali się na wiejskiej drodze niedaleko jej domu. Jej synowie siedzieli na tylnym siedzeniu samochodu, a ona wyjęła z bagażnika skrzynkę oraz rydel i poszła za Wardellem w mały lasek. Wskazał jej coś głową, a potem chwycił od tyłu i przyłożył do gardła finkę.

– Czego chcesz? – wyjąkała.

Powiedział, że nazywa się Paul Newman i chce pieniędzy. Potem poprosił, by położyła się na ziemi, żeby mógł związać jej ręce. Nie zgodziła się, więc zrobił to, gdy stała. Brenda powiedziała, że pieniądze ma w domu, mając nadzieję, że Wardell ją tam zabierze. Zaprowadził ją do samochodu. Po drodze próbował ją zmusić do uklęknięcia. Gdy opierała się, wykręcił jej ręce i kopnął kolanem w plecy.

Zmusił Brendę, aby usiadła na miejscu pasażera, zignorował chłopców na tylnym siedzeniu, po czym ruszyli. Błagała, by puścił dzieci, obiecując, że nikomu nic nie powie, on jednak zjechał w zatoczkę przy drodze i uderzył ją w twarz. Psiknął jej w oczy odmrażaczem do szyb, włożył ręce pod spódnicę i rozdarł majtki. Starszy z chłopców próbował bronić matkę, ale Wardell uderzył go pięścią.

Samochód znowu ruszył i zatrzymał się w kolejnej zatoczce. Tym razem Wardell wysiadł z samochodu i stanął przy drzwiach pasażera. Przebił nożem tylną oponę i zmusił kobietę, by usiadła na miejscu kierowcy. Ugodził ją raz w gardło i dwa razy w kark.

Gdy cofnął się przed strumieniem krwi, zatrzasnęła drzwi od strony pasażera. Zdołała odjechać i zatrzymać przygodnego kierowcę. Karetka zjawiła się w ciągu sześciu minut. Brenda miała ogromne szczęście, że przeżyła. Przetoczono jej łącznie pięć litrów krwi.

Całe zdarzenie trwało czterdzieści pięć minut. Wardell uciekł na rowerze. Aresztowano go na podstawie szczegółowego rysopisu podanego przez starszego syna. Początkowo oskarżono go o usiłowanie morderstwa, ale po jakimś czasie zmieniono zarzut na poważne uszkodzenie ciała. W czasie procesu ustalono, że atak nastąpił na podłożu seksualnym z silnymi elementami fantazji. Uznano, że cierpi na „syndrom Paula Newmana".

Zabrzmiało to jak dzwonek alarmowy. Stało się oczywiste, że Gordon Wardell stanowił poważne zagrożenie i jeżeli nie leczył się, to nie ma powodów, by przypuszczać, że się zmienił. Chociaż dokładnie nie uświadamiałem sobie, na czym polegała fantazja każąca mu zaatakować Brendę Hayes (nie wiedziałem, czego od niej oczekiwał i czy zaopatrzył się w nóż, by ją zabić, czy też by uzyskać nad nią władzę). Było jasne, że w znacznym stopniu zaplanował swój atak i z chęcią stosował przemoc, która mogła spowodować śmierć ofiary. Zdobył numer telefonu, zadzwonił do pani Hayes, zwabił ją do lasu, przyniósł z sobą sznur i nóż.

Było to dwadzieścia cztery lata temu, ale zamiłowanie do korzystania z usług prostytutek i niezwykłe upodobania seksualne zdradzały, że dewiacyjne zachowania w tym zakresie nadal tkwiły w jego umyśle. Mimo to Wardell przedstawił swoje małżeństwo jako instytucję prawie świętą i opisywał głęboki smutek na myśl, że nie mogą mieć dzieci. W podobny sposób określił siebie jako odnoszącego sukcesy menedżera, a w rzeczywistości jego kariera składała się z umów na czas określony i dorywczych prac. Jeżeli chodzi o wszystkie śmiałe plany, to nigdy nie dochodziło do ich realizacji. Obwiniał o to ciężką sytuację gospodarczą. Widziałem, że przecenia swoje zdolności i umiejętności.

Na pewno jego szefowie w Veng UK zaczynali to sobie teraz uświadamiać i określili go jako pracownika niekompetentnego, który nie angażuje się w stawiane mu zadania. Umówili się na spotkanie w celu omówienia braku postępów w realizowanych przez niego projektach, jednak Wardell wybrał ten dzień, by zachorować. Był to oczywisty unik i Gordon spędził resztę tygodnia w domu albo chodząc na rozmowy o pracę.

Kwestia oszustwa pojawiła się również w trakcie dyskretnych przesłuchań prowadzonych pośród personelu medycznego i pozostałych osób mających styczność z panem Wardellem po morderstwie. Ekipa karetki powiedziała, że u pacjenta nie stwierdzono żadnych objawów związanych z traumatycznymi przeżyciami, takich jak podwyższone ciśnienie krwi i przyspieszony puls. W szpitalu Gordon zachowywał się spokojnie, miał normalny apetyt i nie okazywał emocji.

Inni z kolei twierdzili, że jest zimny i nie nawiązuje rozmowy, chyba że poruszy się temat odniesionych przez niego obrażeń. Jednocześnie fizyczny ból, o którym mówił, wydawał się większy, niżby wskazywały rzeczywiste obrażenia. Nadal też chodził o kulach, chociaż lekarze nie widzieli ku temu żadnych powodów.

Gdy powiedziono mu o zamordowaniu Carol, zapytał, czy została okaleczona albo zgwałcona, lecz od tego czasu nie interesował się, czy śledztwo czyni jakieś postępy.

Jego zachowanie można było interpretować na kilka sposobów. Pod działaniem stresu niektórzy odcinają się od rzeczywistości i interesują się tylko sobą, lecz nie oznacza to, że są mordercami.

– Co jeszcze wiemy o jego zachowaniu? – zapytałem.

– Jest bardzo ostrożny – odpowiedział Gino. – Gdy wspomina o rzeczach niewinnych, mówi szybko i z pewnością siebie, jednak gdy odpowiada na inne pytania, zatrzymuje się i zastanawia. Kiedy fotografowano jego obrażenia, jeden z sierżantów zapytał go zupełnie niewinnie: „Gdzie trzymała sandały?".

Wardell odpowiedział: „W drugiej sypialni", a potem zamilkł i zapytał: „O jakich sandałach pan mówi?".

– Dziwne, no nie? – Gino uniósł brwi. – Skąd mógł wiedzieć o sandałach? Całą noc przeleżał nieprzytomny.

– Co mówi o napadzie sprzed dwudziestu czterech lat? – zapytałem.

– Obwinia stres egzaminacyjny i dominującą matkę – odrzekł Bayliss, nie mogąc powstrzymać uśmiechu niedowierzania.

– Czy utrzymuje z kimś bardziej ożywione kontakty?

– Rodzice codziennie odwiedzają go w szpitalu – odparł Gino. – Matka jest wrogo nastawiona do przesłuchań – twierdzi, że jest zbyt słaby. Ojciec wydaje się trochę bardziej wyluzowany.

W miarę rozmowy pojawiła się sylwetka egocentryka i narcyza, który nie boleje nad tym, co spotkało jego i jego żonę. Wszystkim naokoło opowiadał o swoich ranach, ale nikomu nie powiedział o Carol albo swoim małżeństwie. Zastanawiał się, czy nie wyrzucono go z pracy i jak teraz będą traktować go koledzy, gdy wyszła na jaw niechlubna przeszłość.

Na potwierdzenie tego, że jego zachowanie można uznać za dziwaczne, Wardell mówił o „wypieraniu wspomnień", korzystając z pojęć i terminologii, jakie zapamiętał prawdopodobnie z okresu leczenia w Grendon Underwood, kiedy odbywał wyrok więzienia.

Powiedziałem Baylissowi, że zgodnie z moimi oczekiwaniami Gordon dobrze sobie radzi z wpływami otoczenia i sam potrafi na nie wpływać. Potrafi kierować swoim wizerunkiem i z niechęcią podchodzi do ujawniania wszelkich negatywnych cech charakteru. Był dumny ze swojego logistycznego wykształcenia i utrzymywał, że ma doświadczenie w przekazywaniu informacji, łącznie z wizualnym ocenianiem scenariuszy. Jednocześnie był pewnym siebie, inteligentnym, zapalonym majsterkowiczem; twierdził, że rozładowuje stresy poprzez jogging i uprawianie sportu.

Nikt nie zdziwił się, gdy przedstawiłem nową listę pytań, które należało rozważyć.

Czy pan Wardell posiadał własny granatowy kombinezon do majsterkowania?

Czy nosił ubrania, które leżały na podłodze salonu, czy leżały tam tylko po to, by powstrzymać policję przed wysłaniem do laboratorium ubrań, które rzeczywiście miał na sobie?

Dlaczego okulary są tak metodycznie potłuczone, podczas gdy on nie ma żadnych ran ani siniaków na twarzy?

Jeżeli to gang porwał Carol, to dlaczego nikogo nie zostawili na warcie na wypadek, gdyby Wardellowi udało się uciec? Jeżeli nikt go nie pilnował, to jak mogli przekonać Carol, że życie męża będzie w niebezpieczeństwie, jeśli nie będzie z nimi współpracować?

Jak ma się do tego nieprzytomność? Jak długo mógł pozostać w tym stanie?

Po przejrzeniu wszystkich danych przeanalizowaliśmy kierunki śledztwa. Policjanci z komórki wywiadu uruchomili wtyczki, próbując uzyskać informacje potwierdzające związek napadu z osobami ze świata przestępczego. Zgodziliśmy się również, że nagroda 50 tysięcy funtów powinna rozwiązać języki najbardziej milczących świadków i spowodować ujawnienie wszelkich istniejących wątków. Jednocześnie przeprowadzono powtórne przesłuchania sąsiadów, znajomych i kolegów z pracy.

– Chyba czas umieścić Wardella pod obserwacją – powiedział Bayliss. – Co o tym sądzicie?

– Na pewno jest to usprawiedliwione. Powinniśmy mu również zadać parę pytań na temat jego małżeństwa.

– Nie. Od tej pory uważamy go za podejrzanego – odrzekł Bayliss. – Nie możemy mu zadawać takich pytań, bo będzie to stanowiło dla niego ostrzeżenie. Sprawdźmy, co ujawni obserwacja.

Następnego ranka, osiem dni po morderstwie, gdy Gordon Wardell pojechał do Birmingham na spotkanie z szefami żony, detektywi rozpoczęli jego obserwację. Tematem spotkania były świadczenia emerytalne i rentowe z ubezpieczenia żony.

Przyjechał przed terminem i poszedł na spacer po centrum handlowym Pallisades, chodząc bez celu i zatrzymując się przed wystawami. Następnie wrócił do samochodu, wziął laskę i do biura towarzystwa budowlanego Woolwich dotarł jako kulejący inwalida. Wszystko to zarejestrowano na taśmie wideo. Część ujęć pochodziła z kamer policyjnych zainstalowanych na ulicach miasta.

Na spotkaniu z dyrektorem regionalnym dowiedział się, że obciążenie hipoteki domu i pozostałe długi zostaną spłacone przez firmę. Wystąpił ponadto o przyznanie renty i wypłatę zryczałtowanej kwoty 56 tysięcy funtów. Z zaskoczeniem w oczach zaprzeczył, jakoby wiedział o tym, że Carol otrzymywała pensję powiększoną o dodatek za ponoszenie ryzyka, choć później policja znalazła podpisane przez niego dokumenty, w których występował o przyznanie takiego dodatku.

Również anestezjolodzy mieli poważne wątpliwości co do stwierdzenia, że jakiś preparat na tamponie trzymanym przed nosem mógł uśpić go na ponad osiem godzin. Eksperci twierdzili, że podany w ten sposób środek mógł uśpić na nie dłużej niż kilka minut. Nie było po prostu innej możliwości.

Nawet gdyby środek został wstrzyknięty, to jego ilość musiałaby być znaczna i prawdopodobnie wystąpiłyby efekty uboczne, takie jak utrata pamięci. Wardell nie miał śladów ukłucia i doskonale pamiętał najdrobniejsze szczegóły napadu.

Gdy w czwartek znowu przyjechałem do Nuneaton, policja zdążyła już zbadać 340 doniesień i przyjąć ponad tysiąc telefonów od mieszkańców. Pojawiło się sporo nowych wątków. Na przykład około 5.20 rano w dniu znalezienia ciała widziano przy bankomacie mężczyznę, a w pobliżu zaparkowany samochód z zapalonymi światłami, w którym grało radio. Wszystkie te wątki należało wyjaśnić.

O wiele ciekawszy wątek stanowiło odkrycie, że cztery dni przed morderstwem do działu obsługi klienta w centrali towarzystwa budowlanego Woolwich w Londynie zadzwoniła kobieta, która przedstawiła się jako „Carol z Nuneaton". David Smith, który zazwyczaj przyjmował skargi klientów, rozmawiał z nią pomiędzy trzynastą a piętnastą. Rozmowa była przełączona z innego aparatu, a kobieta początkowo chciała rozmawiać z Charlesem Crouchem, który pracował na tym stanowisku przed Smithem. W wewnętrznej książce telefonicznej nadal znajdowało się nazwisko Croucha.

Kobieta powiedziała:

– Mówi Carol z Nuneaton. Chciałabym zasięgnąć rady odnośnie do mężczyzny, który stoi przed biurem.

Stwierdziła, że zachowuje się podejrzanie, ale niepokoiły ją następstwa dla reputacji firmy, gdyby wezwała policję i doszło do zamieszania.

Nie wiedzieliśmy, jakie znaczenie może mieć ten fakt dla śledztwa.

David Smith poradził Carol, żeby skontaktowała się z policją. Nie ma jednak śladów, żeby tam dzwoniła. Była to również niewłaściwa procedura postępowania w przypadku tego typu zdarzeń, a Carol Wardell była znana ze ścisłego trzymania się instrukcji i procedur. Co ważniejsze, jej biuro nie wychodzi na ulicę, więc nie mogła widzieć mężczyzny stojącego przed oddziałem, a żaden z pracowników nie poinformował jej o jakimś podejrzanym osobniku. Ktokolwiek dzwonił, wykazał doskonałą znajomość miejscowych warunków, ponieważ znał nazwę biura, które znajdowało się w tym samym miejscu przed trzema laty.

Gdy policja zdobyła, ze szkoleniowego wideo, próbkę głosu Carol Wardell i puściła nagranie Davidowi Smithowi, ten stwierdził, że kobietą, z którą rozmawiał, na pewno nie była Carol. Dlaczego jednak ktoś miałby się pod nią podszywać? Ktokolwiek to wszystko zorganizował, znał warunki lokalne i miał dostęp do wewnętrznego spisu telefonów towarzystwa budowlanego. Gordon Wardell dysponował jednym i drugim i jeżeli planował morderstwo, to taki telefon mógł wprowadzić dodatkowy zamęt.

Kim jednak była ta kobieta? Bayliss wpadł już na pomysł, że Wardell mógł mieć wspólnika. W tej chwili musiał jednak znaleźć świadka, który pamiętałby Wardella w Brookland Pub z niedzielnej nocy. Mogłoby to potwierdzić, czy rzeczywiście oglądał w pubie podane przez niego programy.

Rozmowy z personelem Veng UK również rzuciły nieco światła na wątpliwe elementy układanki. Koledzy przypomnieli sobie rozmowy, w których Gordon opowiadał o obawach Carol, która była przerażona myślą o napadzie od czasu, gdy nosiła z sobą klucze do oddziału towarzystwa budowlanego. Michael Russell, kierownik działu transportu, przypomniał sobie, że dwa albo trzy tygodnie przed zabójstwem Gordon powiedział mu, iż ktoś ukradł zapasowe koło z peugeota 106, którym jeździła jego żona. Według słów Gordona zgłosili kradzież na policję, ale teraz musieli sprawdzać, czy to naprawdę dzwoni do nich policja, czy też ktoś próbuje ustalić ich adres.

Czy świadczyło to o tym, że profesjonalny gang rozpoznaje teren przed napadem, czy też była to kolejna próba wprowadzenia zamętu do przyszłego śledztwa, by ukryć, co naprawdę miało miejsce? Na ścianie pokoju operacyjnego ktoś przypiął kartkę, na której zapisywano wszystkie niewyjaśnione kwestie. Napis powyżej głosił: „Mieć własne zdanie, a móc je udowodnić, to dwie różne rzeczy".

Dwa tygodnie po morderstwie przeprowadzono ważny eksperyment. Policjant tego samego wzrostu i budowy co pan Wardell rozebrał się i spróbował odtworzyć stan, w jakim znaleziono związanego i zakneblowanego Gordona. Rezultaty były zadziwiające. W mniej niż minutę zdołał przywiązać się do stojaka na worki. Następnie przepełznął po całym parterze domu Wardellów i pomimo knebla krzyknął na tyle głośno, by jego głos był słyszalny po drugiej stronie ulicy. Ponadto w ciągu kilku minut zdołał się uwolnić bez żadnej pomocy.

Wszystkie elementy układanki natychmiast trafiły na swoje miejsce. Oficer zabezpieczający ślady, Graham Smith, określił dom przy Bonneville Close 18 „najczystszym domem, w którym zdarzyło mu się pracować w dwudziestoletniej karierze". Nie znalazł absolutnie żadnych śladów, które wskazywałyby na obecność bandytów, brak było nawet śladów rękawiczek czy pozostałości popiołu papierosów.

Lekarze sądowi potwierdzili, że siniaki na ramionach Wardella nie pasowały do obrażeń, które mogłyby powstać, gdyby był chwycony z tyłu, a siniaki na klatce piersiowej mógł spowodować sam silnym ciosem. Lekarze również podali w wątpliwość fakt, że mógł powstrzymać się od oddawania moczu przez szesnaście godzin unieruchomienia na podłodze.

Na początku października Bayliss i zespół dochodzeniowy czekali na dwa ostatnie dowody, by zdecydować się na przesłuchanie Wardella. Patolodzy Ministerstwa Spraw Wewnętrznych przeprowadzili ponowne badania, próbując w bardziej precyzyjny sposób ustalić czas śmierci Carol.

Gdy dotarły wyniki, okazało się, że będą spoiwem łączącym wszystkie dowody poszlakowe. Sekcja wykazała obecność w żołądku średnio dużego posiłku. Zgadzało się to z informacjami o niedzielnym lunchu. Na podstawie stopnia strawienia treści określono, że śmierć nastąpiła trzy godziny po posiłku, co oznaczało, że zmarła już w niedzielę po południu, a nie w poniedziałek rano.

– Mamy skurwysyna – powiedział Bayliss z błyskiem w oku. – Teraz może próbować wszystko wyjaśniać.

– Musimy zachować ostrożność – ostrzegłem.

– Co masz na myśli?

– Spróbuj przesłuchać mnie. Załóżmy, że jestem Wardellem.

Zamilkł na chwilę.

– A więc, panie Wardell, raport patologa wykazał, że w poniedziałek rano w żołądku nadal tkwił lunch. Oznacza to, że pan kłamie. Pana żona zmarła w niedzielę po południu.

– Jest to całkowicie zrozumiałe. Zjedliśmy resztki na kolację – odpowiedziałem.

– Jednak w pana zeznaniach stwierdził pan, że na kolację jedli państwo sałatkę i szynkę.

– Tak. Ja jadłem sałatkę i szynkę, a Carol zjadła resztki lunchu.

– Dlaczego nic pan o tym wcześniej nie wspominał?

– Nie wydawało mi się to zbyt ważne.

Entuzjazm znikł z twarzy Baylissa. Mogłem wymyślić dwie lub trzy inne odpowiedzi na pytania przesłuchującego. Nowe informacje miały kluczowe znaczenie, ale jeśli powie Wardellowi bezpośrednio o zawartości żołądka, to ten natychmiast zrozumie, do czego zmierza policja, i zacznie się bronić.

Istnieje wiele motywów, dla których w małżeństwie dochodzi do morderstwa, i nie było jasne, dlaczego pan Wardell zdecydował się zamordować żonę. Nie uznałem chciwości za prawdopodobny powód – 14 tysięcy funtów zabrane z sejfu towarzystwa i renta po żonie nie uzasadniały tylu wysiłków i dużego ryzyka.

Gordon Wardell stworzył pozory, że jest zdolnym człowiekiem, odnoszącym wielkie sukcesy. Przedstawił siebie jako kreatywnego menedżera z wizją, stworzonego do wielkich czynów. Jednak w rzeczywistości nie radził sobie w pracy, uciekał w chorobę, wymyślał oszustwa i zmieniał miejsca zatrudnienia, pragnąc uniknąć kompromitacji i utraty dobrej opinii o sobie samym.

Carol bardzo się cieszyła, kiedy zaczął pracę w Veng UK. Zaoferowano mu stanowisko kierownicze, jeśli się sprawdzi. Jednak jak długo można utrzymać pozory? Czy zdoła przyznać się przed samym sobą? A co z żoną?

W domu budował wizerunek błyskotliwego człowieka sukcesu, ale zdawał sobie sprawę, że nie może to trwać w nieskończoność. Całymi latami Carol nie chciała zauważać jego słabości, ale teraz dotarły do niej plotki, że jej męża widziano z prostytutkami. Ponadto nie sypiał z nią, nie chciał mieć dzieci i nie zgadzał się na przeprowadzenie testów płodności, chociaż ona cierpiała z tego powodu. Podejrzewam też, że pojawiły się problemy z gotówką.

Osoba, która nieustannie stwarza iluzje, by chronić swój wizerunek publiczny i ciągle obawia się zdemaskowania, tak bardzo zaczyna przejmować się własnym losem, że z łatwością zgadza się poświęcić kogoś innego, by zmniejszyć napięcie i na zawsze usunąć problem.

Pan Wardell wiedział, że stając się pogrążonym w smutku mężem, będzie mógł liczyć na współczucie całego świata. Znikną problemy w pracy i nikt nie zainteresuje się kontaktami z prostytutkami. Zamordowanie Carol nie było szokującym postępkiem – przecież kiedyś już posunął się do przemocy.

Co spowodowało, że zrealizował swój plan w niedzielę? Może Carol zarzuciła mu kontakty z prostytutkami, a może stwierdziła, że jest nieudacznikiem i nie radzi sobie w pracy? Być może dzień był wyznaczony już wcześniej, co sugeruje epizod ze „skradzionym" kołem. Nie jest ważne, co stało się katalizatorem, określającym: „Dzisiaj jest ten dzień". Rano siedział naprzeciwko niej przy śniadaniu, mówiąc sobie, że jeżeli nie straci odwagi, to po południu będzie już martwa. Z tego, co o nim wiem, to nie wylewał na nią jadu nienawiści, ale był prawdopodobnie bardzo miły i słodki.

Nie wiem, gdzie została zamordowana i ile zamieszania to wywołało, chociaż jeśli użył chloroformu, to porządek niewiele ucierpiał. Nadal interesowała mnie paczka po podpaskach higienicznych, leżąca na podeście schodów. Czy złość z tak prozaicznego powodu jak brak podpasek mogła doprowadzić do kłótni na temat seksu i ciąży? Wątpię, czy kiedykolwiek uda się ten szczegół wyjaśnić.

Następnie posprzątał, lecz dopóki ciało było w domu, czuł się niepewnie. Co się stanie, jeśli ktoś zapuka do drzwi albo zadzwoni i zechce rozmawiać z żoną?

Prawdopodobnie zawinął w coś ciało i przez wieczór trzymał w garażu, gdyż w domu nie znaleziono śladów pośmiertnego rozkurczu pęcherza ani zwieracza. Jadąc do skrzynki pocztowej w Coventry, po znalezieniu pośród rzeczy Carol listu, Gordon przygotował sobie alibi. Wiedział, że skrzynki są tam pod obserwacją kamery, nie mógł jednak wiedzieć, że tej nocy kamera nie działała.

Ostatecznie nie udało się potwierdzić, czy w drodze do domu wpadł do pubu. Żaden klient nie przypomniał go sobie. Również na wydruku z kasy fiskalnej nie odnotowano sprzedaży jego ulubionego piwa. Pamiętał za to, jakie kawały opowiadał barman i co było w telewizji. Nie udało się też potwierdzić zeznań Tiny – rudowłosej prostytutki, która twierdziła, że tej nocy zabawiała pana Wardella w swym apartamencie na piętnastym piętrze wieżowca. Pamięta, że pokazywała mu zbiór modeli swojego dziecka.

Po powrocie do domu Gordon postanowił pozbyć się ciała żony i przeniósł je do swego samochodu. Carol była masywną kobietą, zatem podniesienie i przeniesienie zwłok nie było łatwe. Wiem to z doświadczenia, gdyż kiedyś miałem nieszczęście przejechać wyrośniętą sarnę, którą potem musiałem znieść z drogi. Przypominało to przenoszenie ogromnego worka ciężkiej galarety – za każdym razem, gdy podnosiłem ją z jednej strony, druga się zsuwała.

Chociaż Gordon jest silny, to podejrzewam, że ułatwił sobie pracę za pomocą sznura albo pochylni. Moment przeniesienia ciała z domu do samochodu był niezwykle ryzykowny i na pewno pojawił się wtedy strach, który narastał w czasie dwunastomilowej jazdy do Nuneaton. Z powodu niepewności jechał powoli. Znał kod Carol, ponieważ czasami bywał u niej w pracy w sobotnie ranki, gdy potrzebowała kogoś do przestawiania mebli albo przeniesienia pudeł z dokumentami. Wiedział również, gdzie znajduje się kamera bezpieczeństwa i ukryty magnetowid. Musiał otworzyć sejf i urządzić biuro tak, by przypominało jego wyobrażenia o miejscu, w którym odbył się napad.

Następnie musiał pozbyć się czeków, kluczy, rękawic i ubrania. Sądzę, że zrobił to, zanim umieścił ciało na poboczu. Wiedział przecież, że gdy tylko to zrobi, dramatycznie wzrośnie ryzyko, ponieważ w każdej chwili ktoś mógł je znaleźć. Kryjówka na pewno znajdowała się w jakimś dyskretnym punkcie, w niewielkiej odległości od miejsca znalezienia zwłok. Nie zamierzał przecież ryzykować zabrudzeniem samochodu albo ubrania.

Działał szybko, ponieważ każda chwila przebywania poza domem zwiększała ryzyko bycia dostrzeżonym przez przypadkowego przechodnia w chwili, gdy powinien leżeć związany w domu. Dochodziło również niebezpieczeństwo, że sąsiedzi obudzą się wcześniej, wyjrzą przez okno i ujrzą go wracającego do domu nad ranem. Tutaj pewnie doszło do głosu jego logistyczne doświadczenie, podejmował więc decyzje na podstawie prawdopodobieństwa i mniejszego lub większego ryzyka. Wiedział, co może powierzyć przypadkowi, a czego nie.

Podejrzewam, że w domu salon był już przygotowany na jego przybycie. Wardell zdjął ubranie, które być może było już zmoczone, by ukryć obecność zewnętrznego kombinezonu. Następnie, korzystając z pięści i narzędzi z garażu, przygotował swoje obrażenia, by w końcu przywiązać się do metalowego stojaka.

Zespół doradczy zgromadził się na komendzie policji w Nuneaton, aby zaplanować termin aresztowania pana Wardella i opracować harmonogram jego przesłuchań. Nikt nie oczekiwał, że natychmiast przyzna się do winy i dlatego też strategia przesłuchań zakładała dokładne ustalanie najdrobniejszych szczegółów, by wykryć kłamstwa, które można obalić za pomocą istniejących dowodów. Jeśli przesłuchania zostaną przeprowadzone we właściwy sposób, to mógłby wpaść i sam się oskarżyć.

Bayliss dodał, że ponieważ nie ma powodów, by natychmiast dokonać aresztowania, policja ma rzadką okazję przygotować się do przesłuchań, a nawet wybrać najlepszych przesłuchujących i przeprowadzić próby.

– Czy zgodzisz się to zrobić? – zapytał.

– Jeśli chcecie – odpowiedziałem i ostrzegłem go, żeby nie liczył na łatwiznę. Przesłuchujących należało przygotować na nagłą taktykę odmawiania zeznań, co może mu doradzić adwokat. Gdyby to nastąpiło, zespół musi dalej zadawać pytania i przedstawiać wybrane informacje bez frustracji i wpadania w gniew.

Wybrano sześciu ewentualnych przesłuchujących, jednym z nich była kobieta. Wszyscy oni zgromadzili się pewnego ranka w salce komendy w Nuneaton; w ciągu dnia stawała się coraz bardziej gorącym i dusznym miejscem. Początkowo zapytałem każdego z nich, w jaki sposób zamierzają poprowadzić przesłuchanie. Ogólny zarys był niezły, ale nagle powstrzymałem ich.

– Zadajcie mi jakieś pytanie.

Zapadła cisza.

– Przedstawiliście plany przesłuchania, ale nie usłyszałem nic konkretnego. Zadajcie teraz kilka szczegółowych pytań.

Szybko stało się oczywiste, że nie przygotowali planu w najdrobniejszych szczegółach, z których dopiero można zbudować przesłuchanie. Wyjaśniłem, że muszą opracować pytania wraz z właściwymi reakcjami na wszystkie możliwe odpowiedzi. Należało też przewidzieć, w jaki sposób reagować na informacje udzielane przez Wardella.

W następnym tygodniu ponownie wróciłem do komendy policji, gdzie zostałem „aresztowany" i umieszczony w celi – tym samym pomieszczeniu, które wkrótce pozna Gordon Wardell. Przez kolejnych kilka godzin miałem się wcielić w jego rolę i ocenić, jak będą sobie radzić przesłuchujący.

Siedziałem przy stole i czekałem… i czekałem, aż pojawi się pierwsza para przesłuchujących. W końcu w drzwiach zjawił się Tony Bayliss i rzekł:

– Paul, nie wiem, w jaki sposób ci to powiedzieć.

– Co?

– Nie chcą przyjść.

– Co to znaczy?

– Uważają, że to nie fair. Uważają, że jest to jakiś rodzaj egzaminu i jeśli sobie nie poradzą, to zrujnuje im to karierę.

– Ależ to niedorzeczne – odpowiedziałem zdumiony.

– Bardzo mi przykro. Nie wiem, w co się, do cholery, bawią. Jeszcze raz z nimi porozmawiam.

Nie było moją rolą komentowanie, ale byłem zaskoczony. Byli przecież doświadczonymi policjantami. Czasami jednak zapominam, pod jakim napięciem działają prowadzący przesłuchania. Przygotowywali się do przesłuchania bardzo niebezpiecznego i przebiegłego człowieka, którego uda się oskarżyć o morderstwo jedynie wtedy, gdy policja zdoła wygrać z nim w szachy, korzystając z niewidzialnej szachownicy. Los całego kosztownego śledztwa, obserwowanego przez media, zależał teraz od tego, jak wykorzystają swoje umiejętności w tym małym pokoju.

Po ożywionej, jak się domyślałem, dyskusji pojawiła się pierwsza para i zaczęło się przedstawienie. W ciągu poranka swoje role odgrywało kilka par, a jedna z nich okazała się szczególnie dobrze przygotowana. Rzucałem mnóstwo kwestii, chcąc ich wytrącić z równowagi, i w pewnej chwili wpadłem w gniew, tak że jeden z przesłuchujących omal nie spadł z krzesła.

– Wszystko, co Wardell zobaczy, będzie mu pomagać – wyjaśniłem. – Jeżeli ujawnicie swoje uczucia, to się zorientuje. Potrafi zinterpretować, w jaki sposób siedzicie, mówicie i spoglądacie na siebie. Ten facet do niczego się nie przyzna. Jest niezwykle niebezpieczny i przebiegły. Musicie dopilnować, by ponad wszelką wątpliwość ustalić jego wersję zdarzeń, żeby nie mógł się później wycofać. Wtedy będzie można obalić jego kłamstwa.

Najważniejszym przykładem tej strategii było ustalenie dokładnego opisu ostatniego posiłku Carol. W żołądku znaleziono pozostałości niedzielnego lunchu, a sekcja ustaliła, że zmarła w ciągu trzech godzin od chwili posiłku. Nie odszukano żadnych śladów szynki i sałatki, które według słów Wardella żona zjadła o dziewiętnastej.

Przesłuchujący musieli zmusić go do potwierdzenia swojej wersji i uniemożliwić wycofanie się czy zmianę zeznań. Nie mieli do czynienia z idiotą i było prawdopodobne, że zorientuje się, o co chodzi, gdy bezpośrednio zapytają go o niedzielny lunch. W związku z tym pośród mnóstwa innych pytań musieli ukryć pytania o to, co wydarzyło się tego dnia.

– Powiedzcie, że chcecie wiedzieć, jak wyglądał rozkład dnia jego i jego żony, ponieważ napastnicy musieli go znać. Trzeba go spytać, o której się obudzili, kto pierwszy wstał z łóżka, czy brał prysznic, co jedli na śniadanie, kto sprzątnął ze stołu po śniadaniu, kto wyrzucił resztki z talerzy, kto zmywał. Gdy w ten sposób omówicie cały ranek, to przejście do lunchu nie obudzi żadnych podejrzeń. Nie zdając sobie z tego sprawy, dostarczy zasadniczych dowodów.

Drugim ważnym wątkiem było pozwolić Wardellowi znaleźć przyczyny poza nim, na przykład nie protestować, gdy stwierdzi, że śmierć Carol była przypadkowa, a on później pozbył się ciała, chcąc oszczędzić jej rodziców. Albo że był ofiarą przymusu bądź szantażu napastników, którzy obiecali, że żonie nic się nie stanie, jeśli będzie współpracował, i załamał się, gdy prawda wyszła na jaw.

Przesłuchujący muszą również podkreślać brak elementów przemocy – Carol nie została zbezczeszczona ani poniżona – i okazać szacunek dla przebiegłości stworzonego planu i spokoju, z jakim morderca się zachowywał. Będzie to odpowiadało jego zarozumiałości i złudzeniom na temat własnej przebiegłości i sprytu.

Według moich informacji nigdy jeszcze nie przygotowywano przesłuchujących tak szczegółowo, jednak sukces operacji można ocenić tylko na podstawie reakcji podejrzanego na pytania zadane podczas prawdziwego przesłuchania.

Gordon Wardell został aresztowany o 7.30 rano w czwartek 20 października. Po trzech dniach przesłuchań, w poniedziałek rano, na posiedzeniu sądu rejonowego w Nuneaton przedstawiono mu zarzut zamordowania żony i napadu na towarzystwo budowlane Woolwich.

Tego samego popołudnia zadzwonił Tony Bayliss, zapraszając mnie na drinka w miejscowym klubie policyjnym. Powiedział, że przesłuchania idą dobrze. Wardell ujawniał coraz więcej szczegółów dowodzących, że kłamie. Potem policjanci zaprosili mnie na piwo. Rozumiałem ich satysfakcję. Nie tylko odkryli prawdę pod pokładami kłamstw, ale mieli też sposoby, by ją udowodnić.

Jednak z mojego punktu widzenia sprawa się tutaj nie kończyła. Wardell był niezmiernie niebezpiecznym mężczyzną, który w przeszłości dokonał napadu na tle seksualnym. Te same elementy planowania i przygotowań, które wystąpiły dwadzieścia cztery lata temu, były obecne w morderstwie Carol. Co wydarzyło się w ciągu tego czasu? Czy stosunki z prostytutkami dawały upust jego zboczonym żądzom, czy też zdarzyły się przypadki seksualnej przemocy, które nie zostały zauważone ani zgłoszone?

Tylko w jeden sposób można było się o tym upewnić. Policja musiała prześledzić całe życie Wardella, tydzień po tygodniu, sprawdzając we wszystkich miejscach, gdzie mieszkał, pracował i dokąd wyjeżdżał, czy nie wydarzyły się tam niewyjaśnione morderstwa i przestępstwa na tle seksualnym. Nadal musieliśmy się sporo dowiedzieć o Gordonie Wardellu.

23

W NOWY ROK IAN WŁĄCZYŁ TELEWIZOR I NATYCHMIAST ROZPOZNAŁEM twarz Fredericka Westa. Policyjne zdjęcie sprawiło, że wyglądał młodziej niż na swoje pięćdziesiąt dwa lata. Z przechyloną głową, pokazując baczki rockandrollowca, uśmiechał się.

Prezenter dziennika czytał: „Dzisiejszego popołudnia znaleziono powieszonego w celi Fredericka Westa, robotnika budowlanego z Gloucester, oskarżonego o zamordowanie dwunastu młodych kobiet. Oczekiwał na mający się rozpocząć w przyszłym miesiącu proces. Personel więzienia Winson Green w Birmingham próbował go reanimować, ale o godzinie 13.22 uznano go za zmarłego".

Otrzymałem telefon z centrali Arnold Lodge.

– Słuchałeś już wiadomości? Dzwonił do ciebie jakiś dziennikarz i próbował cię odszukać.

– Oddzwonię do niego, ale wszystkim pozostałym mów, że nie możesz się ze mną skontaktować – odpowiedziałem, chcąc uniknąć wplątania w tę sprawę.

Myślałem teraz o dzieciach Westów – zapomnianych ofiarach Cromwell Street – i rodzinach innych ofiar. Jak oni przyjmą tę wiadomość? Przypomniałem sobie również rozmowę z Johnem Bennettem sprzed kilku miesięcy. Pytał wtedy, czy Fred i Rosemary mogą spróbować samobójstwa.

Niestety, moje obawy dotyczące poczucia izolacji i osamotnienia okazały się słuszne. Po zakończeniu przesłuchań, gdy West uświadomił sobie, że jego ukochana żona i towarzyszka wyrzekła się go, zdecydował się na samobójstwo. Listy, które napisał z więzienia do swoich dzieci, ujawniły stan jego umysłu. Był zły na Rosemary, że nie stoi u jego boku w trudnych chwilach, i oskarżył ją o podburzanie przeciwko niemu ludzi.

Popełnienie samobójstwa nigdy nie stanowiło dla niego problemu. Nie przywiązywał do życia specjalnej wagi. Zamordował dość ludzi, by wiedzieć, że śmierć może być ciężka lub łatwa. Wiedział też, jak niewiele czasu potrzeba, by przejść od męczarni do śmierci. Sądzę, że choć krytykował Rosemary za to, iż go opuściła, to nie przestał jej kochać. Poczuł swoją słabość i obawiał się, że w przyszłości może się załamać i obciążyć swoją towarzyszkę. Po śmierci nie będzie w stanie jej oskarżyć ani nawet zasugerować, że to nie on jest winien.

Rosemary, która również oczekiwała na proces w areszcie, niewiele powiedziała na temat samobójstwa męża. Jej adwokat stwierdził natomiast, że należy odstąpić od zarzutów wobec jego klientki ze względu na brak dowodów i intensywną kampanię środków masowego przekazu, która uniemożliwia przeprowadzenie uczciwego procesu.

– Dlaczego mielibyśmy sądzić młodą, trochę naiwną i bezkrytyczną kobietę, która przypadkiem napotkała na swej drodze starszego mężczyznę, ukrywającego ciemną stronę swej natury nie tylko przed nią, ale i przed całym światem?

Twierdził, że rzeczywiście prowadzili „niezwykły tryb życia", ale „to pan West dokonywał tych przerażających i makabrycznych czynów, które pozostawały dla Rosemary tajemnicą".

Dziesięć miesięcy później, 6 października 1995 roku, w Sądzie Koronnym w Winchester zaprzysiężono ławę przysięgłych, która miała zdecydować o losie Rosemary West. Zarzucono jej dokonanie dziesięciu zabójstw włącznie z zamordowaniem swojej córki Heather i pasierbicy Charmaine.

Podczas trwającego osiem tygodni procesu jako dowody przedstawiono kilkadziesiąt listów napisanych przez Rosemary do Fredericka, gdy w 1971 roku przebywał w więzieniu. W pierwszym liście z 4 maja pisała: „Kochanie! Jeżeli chodzi o Charm, to sądzę, że lubi, by ją traktować brutalnie. Ale Kochanie, dlaczego to ja muszę to robić? Zatrzymałabym ją dla niej samej, gdyby nie chodziło o resztę dzieci. Problem jednak w tym, że wychodzi z domu razem z Anne [inną pasierbicą]".

Kolejny list z 22 maja zaczynał się od słów: „od teraz na wieki wieków".

„Mój Najdroższy Kochanku, przepraszam, że zmartwiłam Cię swym ostatnim listem. Naprawdę nie miałam takiego zamiaru, teraz mówię to poważnie. Wiem, że mnie kochasz, najdroższy, lecz dziwnym się wydaje, że ktoś może o mnie tyle myśleć…

Mamy tyle rzeczy do zrobienia w ciągu następnych kilku lat. Będziemy to robić i kochać się. Lepiej nie pisać za dużo, gdybym coś miała palnąć, cha, cha".

Shirley Ann Giles, sąsiadka mieszkająca wtedy w sąsiednim budynku, zeznała, że jej córka przyszła pewnego razu do domu zrozpaczona, po tym jak zobaczyła Charmaine stojącą na krześle czy taborecie z rękami związanymi z tyłu, podczas gdy Rosemary zamierzała się na nią drewnianą nogą od taboretu, tak jakby chciała ją uderzyć. Kolejne dowody przedstawione przez panią Giles zostały wykorzystane przez prokuraturę, by udowodnić, że Charmaine prawdopodobnie zabito podczas dziesięciomiesięcznego pobytu pana Westa w więzieniu.

Inna sąsiadka, pani Elizabeth Agius, opisała, jak to pani West chwaliła się swoimi podróżami z Gloucester do Londynu w poszukiwaniu nastoletnich dziewic. W jej obecności dziewczęta, które uciekły z domu, czuły się bezpiecznie i łatwo było je zwabić do furgonetki.

W najbardziej wstrząsającym zeznaniu pasierbica Rosemary, Anne Marie Davis, wyznała, że od kiedy skończyła osiem lat, była gwałcona przez ojca i wykorzystywana seksualnie przez macochę. Nauczyła się ukrywać ślady częstego bicia, a w przedostatnim i ostatnim roku nauki była nieobecna w szkole ponad sześćdziesiąt dni. Od kiedy skończyła trzynaście lat, zmuszano ją do sypiania z klientami Rosemary, a ojciec podglądał ich i od czasu do czasu nagradzał ją pudełkiem czekoladek.

Kiedy 31 grudnia Rosemary West weszła za barierkę dla świadków, opisała swoje trudne dzieciństwo. Według jej słów została dwukrotnie zgwałcona przed ukończeniem piętnastego roku życia. Najpierw, kiedy poderwał ją nieznajomy w samochodzie, i później, gdy została uprowadzona z przystanku autobusowego. Co interesujące, obydwa wypadki nie zostały zgłoszone na policję i przypominały uprowadzenia ofiar z Cromwell Street. Albo był to po prostu straszny zbieg okoliczności, albo – jak podejrzewam – wymyśliła to (na wzór porwań, które sama organizowała), by wzbudzić współczucie przysięgłych.

Od czasu do czasu szlochając, zaprezentowała się jako wrażliwa, szukająca uczucia ofiara szalonego, tyranizującego ją męża. Stwierdziła, że prowadzili oddzielne życie. Zaprzeczyła, jakoby była „dobrowolną" wspólniczką Freda i utrzymywała, że nic nie wiedziała o morderstwach.

W trakcie przesłuchania prowadzonego przez prokuratora koronnego Briana Levesona Rosemary przyznała, że posiada jedynie mętne wspomnienia z porwania Caroline Owens w 1972 roku. W końcu przyznała się:

– Tak. Doszło do takiego zdarzenia... Był to największy błąd w moim życiu i teraz strasznie tego żałuję... Zostałam oskarżona o czyn lubieżny, a nie o usiłowanie morderstwa. Teraz jestem oskarżona o morderstwo, a nie czyn lubieżny.

– Powiedzmy więc to jasno – rzekł Leveson. – Czy w ten sposób rozpoczęła pani wykorzystywać seksualnie dziewczęta?

– Nie, panie prokuratorze.

– Czy to pani w jakiś sposób zaczepiała dziewczęta?

– Nie. To nie odbywało się w ten sposób.

Podsumowując wystąpienie pani West, adwokat koronny Richard Ferguson obarczył winą za morderstwa przy Cromwell Street wyłącznie Fredericka Westa, utrzymując z uporem, że brak jest dowodów bezpośrednio obciążających Rosemary.

– To on był człowiekiem pozbawionym współczucia, pochłoniętym seksualną żądzą, sadystycznym mordercą i w oczach wielu wcieleniem zła.

Powiedział, że pan West zabijał, zanim poznał żonę, i nie potrzebował jej „wiedzy, zgody ani współudziału, by kontynuować zabójstwa". Chociaż uznano, że „Rosemary wykorzystuje seksualnie dziewczęta" i notorycznie kłamie, to nie znaczy to automatycznie, że jest winna któregoś z morderstw.

– To nie jest proces O.J. Simpsona. Nie mamy odcisków palców, rękawiczek, wyników badań DNA. Nie proszę was, żebyście wydali wyrok uniewinniający pomimo dowodów. Proszę was o uniewinnienie, ponieważ nie istnieją żadne dowody.

Dwudziestego drugiego listopada tuż przed godziną trzynastą ława przysięgłych zakończyła trzynastogodzinną naradę i uznała Rosemary West winną wszystkich zarzucanych czynów. Sędzia Mantell zwrócił się do pani West i powiedział:

– Została pani jednogłośnie uznana przez ławę przysięgłych winną wszystkich dziesięciu morderstw. Otrzymuje pani wyrok dożywocia, a jeśli władze penitencjarne wezmą pod uwagę moje zalecenie, to nigdy nie zostanie pani zwolniona. Zabrać ją.

Część miejsc dla publiczności, wypełniona rodzinami ofiar, wybuchła entuzjazmem, podczas gdy inni wyrazili aprobatę kulturalnymi brawami.

W dniach, które nastąpiły po procesie, dużo uwagi poświęcono innym niewykrytym ofiarom oraz temu, czy nie można było wcześniej dostrzec znaków ostrzegawczych. Policja i jednostki pomocy społecznej broniły decyzji podejmowanych w ciągu ostatnich trzydziestu lat oraz twierdziły, że nie miały na etacie jasnowidzów, którzy mogliby wykryć seryjnych morderców.

Pytanie, na które musiałem najczęściej odpowiadać, brzmiało: „Jak to możliwe, że zaginęło tak wiele osób i przez tak długi czas nikt nie powiązał tego faktu z Westami?". Choć niektóre z ofiar uciekły z domów albo były bezdomne, to większość z nich jednak miała kochających rodziców, przyjaciół, pracę i kolegów. Na pewno ktoś musiał wiedzieć albo przynajmniej podejrzewać.

Nie powinno nas jednak dziwić, że państwo West zabijali przez ćwierć wieku, zanim w końcu wpadli. W naszym społeczeństwie cały czas ludzie przychodzą i znikają, żony opuszczają mężów, nastolatki uciekają z domów, autostopowicze nie docierają do celu. Można by tę listę ciągnąć bez końca. Przyjaciele i rodziny nie znają ich losu. Często zgłaszają zaginięcia na policję, wynajmują prywatnych detektywów, prasa mobilizuje społeczeństwo do pomocy.

Niektórzy z tych ludzi chcą po prostu pójść swoją drogą albo pragną zacząć wszystko od nowa, lecz inni padają ofiarami brutalnych przestępstw. Jednak bez ciał, plam krwi czy – mówiąc przenośnie – dymiącego rewolweru policja nie ma specjalnych powodów, by podejrzewać, że ktoś został zamordowany. Takie osoby uważane są za „zaginione".

Pięć kobiet spośród ofiar państwa Westów nie miało z nimi żadnych związków. Zostały po prostu porwane z ulicy lub gdy chciały pojechać autostopem. Trzy z nich uciekły z domu i przez jakiś czas mieszkały u Fredericka i Rosemary. Nawet wyjaśnienia dotyczące zniknięcia własnych dzieci – Heather i Charmaine – zadowalały pytających. Jedna z nich uciekła z domu, a po drugą przyjechała jej biologiczna matka.

Kiedy zdarzenia zostały zrekonstruowane przez oskarżyciela, wszystko raptem wydało się oczywiste. Rzeczywiście pojawiły się znaki ostrzegawcze, które mogły zwrócić uwagę otoczenia. Trzeba jednak pamiętać, że nawet dzisiaj, gdy policja o wiele lepiej radzi sobie z przestępstwami, nie zawsze można przygotować akt oskarżenia. Jednym z powodów jest fakt, że policjanci często nie są w stanie zrozumieć przestępców i ich czynów.

Czy mogło być inaczej w przypadku państwa Westów? Długoletnie doświadczenie przygotowuje policjantów do prowadzenia śledztwa w przypadku zabójstw wywołanych żądzą, zemstą lub w afekcie. Teraz jednak zetknęli się z małżonkami, których zepsucie było tak szokujące, że trudno było objąć umysłem ogrom ich zbrodni.

Nie mieli przecież na czole napisu „POTWÓR". Byli sympatycznymi, przyjaznymi ludźmi, którzy wydawali się blisko związani z własnymi dziećmi. Teraz, gdy znamy ich zbrodnie, łatwo jest spojrzeć na ich zdjęcie i „rozpoznać" zboczeńców.

Nie jestem zaskoczony faktem, że tak długo udawało im się zabijać bez zwracania uwagi otoczenia. Mówię to, ponieważ wiem – nie podejrzewam, ale jestem po prostu pewien – że na wolności żyją dziesiątki podobnych im ludzi – seryjni mordercy, którzy być może nigdy nie zostaną ujęci i których tajemnice są ukryte w ogrodzie, leśnym zakątku albo piwnicy.

Wiem także, że nigdy nie uda się zamknąć akt Fredericka i Rosemary Westów, ponieważ ciągle będą odkrywane nowe ofiary. Oczywiście nie mogę powiedzieć, ile dokładnie, choć można bezpiecznie założyć, że jest ich o wiele więcej, niż dotąd wiemy. Przecież państwo West zabijali przez dwadzieścia pięć lat, z upływem czasu nabierając pewności siebie i wyrafinowania. Pomiędzy kwietniem 1973 a kwietniem 1975 roku zamordowali sześć dziewcząt. Potem pojawiła się luka trzech lat, zanim zniknęła Shirley Robinson, i kolejny rok przerwy, kiedy to w 1979 roku zaginęła Alison Chambers, a osiem lat później w 1987 roku Heather West.

Wziąwszy pod uwagę wszystko, co wiemy o Westach i ludziach im podobnych, nie mogli powstrzymywać się przez tak długi okres. Wystarczy pomyśleć, że pierwszą znaną ofiarą była opiekunka do dzieci Anna McFall, która zniknęła w 1967 roku. Frederick miał wtedy dwadzieścia sześć lat. Jak już wyjaśniłem, niebezpieczne psychozy ujawniają się w młodości. Możemy z dużym prawdopodobieństwem założyć, że West zabijał, będąc jeszcze nastolatkiem, mając na względzie swoje pragnienia całkowitego zdominowania kobiet.

Uświadomienie sobie tego faktu wprowadza mnie w ponury nastrój. Wiem teraz, że setki rodziców, których córki zniknęły, zacznie obawiać się najgorszego. Inni, którzy żyją niedaleko miejsc, gdzie mieszkał lub przy budowach, na których pracował Frederick West, zaczną teraz myśleć: „Budował nasze patio… Ciekawe, czy…?".

Cóż więc można albo powinno się zrobić? Wydaje mi się, że istnieją mocne argumenty za tym, by dalej kopać, pomimo ogromnych kosztów emocjonalnych i finansowych. Tylko dwie osoby mogły powiedzieć, gdzie są pochowane kolejne zwłoki. Jedną z nich był Frederick West, który nie powie już nic więcej, drugą jego żona, która wie, lecz nie ma powodów, by zacząć mówić. Lituje się nad własnym losem, nie odczuwając żadnych wyrzutów sumienia w stosunku do ofiar i ich rodzin. Nie leży to w jej naturze.

Dlatego też jedynym wyjściem jest powrót do wszystkich miejsc, gdzie mieszkali, oraz badanie ich życiorysów i jeżeli będzie to konieczne, rozpoczęcie kopania.

Gdy Rosemary West stała się ogólnonarodową gwiazdą, pięćdziesiąt mil od Oksfordu ława przysięgłych decydowała o przyszłości Gordona Wardella. Jego proces przeszedł prawie niezauważony z powodu rozgłosu związanego z procesem Rosemary West.

Oskarżono go o zamordowanie żony, a także o włamanie i kradzież 14 130,92 funta z towarzystwa budowlanego Woolwich. Od chwili aresztowania w październiku 1994 roku utrzymywał, że jest niewinny. Prokurator Richard Wakerley powiedział sądowi, że nie musi podawać motywów morderstwa.

– W małżeństwie może pojawić się wiele motywów. Mogła to być zaciekła kłótnia z jakiegokolwiek powodu. Prokuratura nie musi i nie zamierza przedstawiać motywów morderstwa. Chcemy udowodnić, że przedstawiona przez niego wersja zdarzeń jest nieprawdziwa.

Siódmego grudnia Wardell znalazł się na miejscu dla świadków i zaczął ronić łzy, opowiadając o chwili, gdy ostatni raz widział żonę żywą. Podtrzymał swoją wersję o tym, że został zaatakowany i skrępowany. Powiedział: „Gdy dowiedziałem się o jej śmierci, poczułem, jakby cały świat rozpadł się w proch".

Wielu świadków oskarżenia zeznawało, wyjaśniając, w jaki sposób pan Wardell mógł sfingować swoje obrażenia, obrona natomiast przedstawiła własnych ekspertów, którzy twierdzili, że obrażenia pana Wardella mogły powstać w wyniku pobicia i związania w opisany przez niego sposób. Biegły anestezjolog powiedział, że mógł pozostać nieprzytomny przez mniej więcej siedem godzin po wstrzyknięciu narkotyku, choć wymagałoby to od napastników pewnej wiedzy medycznej. Podobnie fakt, że pan Wardell przez szesnaście godzin nie oddawał moczu, może być objawem rzadkiej postaci niewydolności nerek, która występuje u ofiar trzęsień ziemi i wypadków samochodowych.

Po sześciu tygodniach, w czasie których przesłuchano 128 świadków, ława przysięgłych udała się na naradę i po trwających dziewięć i pół godziny obradach uznała Wardella winnym zamordowania żony.

Sędzia Cresswell pełen uznania podziękował policjantom za ich wysiłki i zwrócił się do Wardella:

– Jest pan niezwykle niebezpiecznym, przebiegłym i nikczemnym człowiekiem. Brutalnie zabił pan żonę, a następnie cynicznie próbował uniknąć kary, starając się stworzyć wrażenie, że przestępstwo jest dziełem gangu. Morderstwo to było ciosem wymierzonym w pana żonę, jej rodzinę i wszystkich, którzy ją znali.

24

KIEDY ZAKOŃCZYŁA SIĘ JEDNA SPRAWA, INNA ZAJĘŁA JEJ MIEJSCE. Nieprzychylne reakcje mediów związane ze sprawą zabójstwa Rachel Nickell szybko ustąpiły miejsca nowym wiadomościom, na które rzucili się dziennikarze. Mimo to mój gniew nie osłabł. Stałem się bardziej wyczulony na rolę, jaką odgrywam w policyjnym śledztwie. Proszono mnie o radę i policja mogła moje uwagi przyjmować i postępować zgodnie z nimi, jednak ostatecznie byłem zdany na samego siebie.

Odkąd pamiętam, zawsze podkreślałem, że nabyte przeze mnie umiejętności i doświadczenie psychologa są jedynie środkami, z których może korzystać policja. Dopiero gwałty popełniane na ścieżkach Green Chain uświadomiły mi, że powinienem być bardziej stanowczy i bezpośredni. Nie wolno mi jedynie przygotować profilu i wskazówek, a potem się wycofać. Od tego czasu zacząłem nalegać na wykonywanie moich zaleceń i prosić o dwukrotne sprawdzanie informacji.

Uświadomiłem sobie też, że zanikła granica pomiędzy rolą psychologa i detektywa. Na przykład pytanie, czy sandał żony daje się z powrotem założyć na jej stopę, nie miało wielkiej wartości psychologicznej, a miało dużą wartość dla śledztwa. Zadając takie pytania, nie sugerowałem, że detektywi je zaniedbali albo nie zdawali sobie sprawy z danej kwestii. Po prostu wiedziałem, że bezkrytyczna analiza informacji może spowodować spore komplikacje. Przegapienie lub złe zinterpretowanie jednego szczegółu może mieć fatalny wpływ na cały przebieg policyjnego śledztwa.

Dochodzenie w sprawie morderstwa żony Wardella skoncentrowało się na niepasujących do siebie szczegółach w relacji jej męża. Natomiast w przypadku morderstwa piętnastoletniej Naomi Smith istniała ogromna liczba podejrzanych. Sprawa zaczęła się dla mnie w niedzielne popołudnie 17 września 1995 roku, gdy zadzwonił nadkomisarz Tony Bayliss. Naomi znaleziono przed trzema dniami z podciętym gardłem i obrażeniami narządów płciowych. Ciało odkryto w Ansley Common – małym górniczym miasteczku na przedmieściach Nuneaton, pod zjeżdżalnią na placu zabaw odległym o sto metrów od jej domu.

Pokój operacyjny zorganizowano w komisariacie policji w Bedworth i Bayliss przekazał mi wskazówki, w jaki sposób tam dojechać. Postępując zgodnie z nimi, wjechałem w strefę ruchu pieszego w Bedworth, omijając słupki i zdziwionych przechodniów robiących popołudniowe zakupy. Gdy znalazłem komisariat, zauważyłem kobietę z aktówką, która przyjechała w tej samej chwili. Staliśmy w holu, starannie unikając kontaktu wzrokowego. Oboje baliśmy się, że to drugie jest dziennikarzem. Ostatecznie spotkaliśmy się w tym samym pokoju, gdzie przedstawiono mi ją jako specjalistkę od badania próbek DNA.

Odprawę poprowadził Bayliss, a dodatkowych informacji udzielili Gino Varriale i sierżant Jez Grew. W czwartek około 21.45 Naomi Smith wyszła z domu-bliźniaka z czerwonej cegły na osiedlu Bretts Hall, gdzie mieszkała z rodzicami. Miała wrzucić do skrzynki list swojej matki Catherine. Skrzynka pocztowa znajdowała się w odległości niecałych 200 metrów na przystanku autobusowym przy ruchliwej drodze.

Przejście całej drogi, obok domów sąsiadów oglądających telewizję, przy świetle lamp ulicznych na Ansley Common Road powinno zająć około dwóch minut.

– Dwunastoletnia dziewczynka, która mieszka po drugiej stronie ulicy, widziała, jak Naomi wrzuciła list do skrzynki – powiedział Bayliss. – Twierdzi, że Naomi zaczęła iść do domu, ale zatrzymała się, zawróciła i przeszła obok skrzynki. Przystanęła na początku nieoświetlonej alejki –

miejscowi nazywają ją „Alejką strachów". Alejka biegnie z tyłu domów i prowadzi na tereny rekreacyjne, gdzie znaleziono ciało. Według świadka Naomi zatrzymała się na chwilkę, a potem weszła w ciemną alejkę. Dziewczynka jest świadkiem godnym zaufania.

Gino dodał:

– Mamy również kierowcę, który twierdzi, że widział Naomi, gdy stała przy skrzynce pocztowej około 21.35. Czekał na zielone światło, kiedy zauważył nastolatkę stojącą na przecięciu drogi i ścieżki i spoglądającą w jego kierunku.

– Jak gdyby na kogoś czekała – wyjaśnił Bayliss.

– Czy planowała wyjście tego wieczoru?

– Jej rodzice twierdzą, że nie – odpowiedział Bayliss.

– Może znalazła pretekst, żeby wyjść z domu?

– Nie. Mama poprosiła ją o wrzucenie listu.

W świetle dnia alejkę można było uznać za trasę powrotną do domu, jednak większość przyjaciół zapewniła, że Naomi nigdy by z niej nie skorzystała w nocy. Alejka prowadziła na plac zabaw, nazywany przez miejscowych mieszkańców po prostu „placem", gdzie na otwartej przestrzeni znajdowało się kilka huśtawek, zjeżdżalnia i mnóstwo innych kolorowych sprzętów.

Ciało Naomi z rozrzuconymi nogami znaleziono o 23.30 pomiędzy szałasem przykrytym ukośnym dachem a zjeżdżalnią. Znaleźli ją ojciec, Brian Smith, i jej najlepsza przyjaciółka, Emma Jones, którzy podjęli poszukiwania.

Bayliss zaczął pokazywać różne zdjęcia, by zilustrować poszczególne kwestie.

– Nie jesteśmy pewni, w jakiej pozycji została znaleziona, bo ojciec ułożył ją w pozycji bocznej ustalonej i przykrył kocem. Dotykała jej również załoga karetki. Z tego, co udało się nam ustalić, leżała z rozchylonymi nogami i zgiętymi kolanami.

Naomi wyszła ubrana w dżinsy, ciemnoniebieską koszulkę polo i stary, biały sweter z surowej wełny. Na to narzuciła jeszcze swoją ulubioną kurtkę z logo straży pożarnej Chicago na plecach i żółtym napisem „BACKDRAFT" oplatanym przez płomienie.

Na zdjęciach było widać na wpół nagie ciało, ze ściągniętymi dżinsami i majtkami, które zaczepiły się na prawej kostce, pozostawiając drugą nogę gołą. W pobliżu leżał but z rozwiązanym sznurowadłem, pusta paczka papierosów i lekko zabrudzona podpaska higieniczna. Prawy but nadal tkwił na nodze. Zwróciłem uwagę na podwójnie zawiązane sznurowadła.

Krwi było niewiele, większość plam znajdowała się na szyi i jednym policzku. Według patologa rany były cięte, a nie kłute. W pewnej chwili ktoś ją obrócił i zmienił pozycję.

Ze szczególną zaciekłością napastnik zaatakował pochwę. Wciśnięto w nią jakiś duży przedmiot, powodując rozległe obrażenia. Leżała wtedy na wznak, ślady krwi wskazywały, że w pewnej chwili jej pośladki zostały uniesione i rzucone w kałużę krwi. Jednocześnie brak krwawienia z genitaliów sugerował, że gdy zaatakowano ten obszar, była już martwa lub umierała.

W którymś momencie napastnik ugryzł jej lewą pierś. Zrobiłem notatkę, by wyjaśnić kolejność zdarzeń, co dalej mogłoby ujawnić motywy ataku i dostarczyć informacji o sprawcy lub sprawcach. Musiałem też na pewno wiedzieć, w jakiej pozycji znaleziono ciało. W jakim stopniu można polegać na pamięci wstrząśniętego ojca i najlepszej przyjaciółki?

– Co wiemy o Naomi? – zapytałem, koncentrując się na jednym z podstawowych pytań, na które musiałem znaleźć odpowiedź: Kim jest ofiara?. Media przedstawiały ją jako słodką, subtelną, uwielbianą przez wszystkich nastolatkę, a najczęściej publikowane zdjęcie w szkolnym mundurku zdawało się potwierdzać ten wizerunek. Również nauczyciele mówili o niej, że: „to była miła dziewczyna, chociaż oceny miała niezbyt dobre".

Według słów ojca, Briana Smitha, Naomi urodziła się w 1980 roku, kiedy pozostawał jeszcze w związku małżeńskim ze swoją pierwszą żoną Jennifer. On sam miał romans z Catherine, która mieszkała w Coventry z trzema synami. Wkrótce potem żona dowiedziała się o romansie i Brian przeprowadził się do Catherine. Opisał Naomi jako zwykłą nastolatkę, trochę nieśmiałą i pozbawioną pewności siebie. Była zakłopotana porażeniem nerwu twarzowego, co sprawiało, że lewy policzek wyglądał na trochę obwisły. Widocznie z tego powodu dzieci w szkole i na placu zabaw wyśmiewały się z niej i Naomi wielokrotnie wracała do domu ze szkoły z płaczem. Pan Smith stwierdził, że pomimo tego była lubiana i zawsze miała mnóstwo koleżanek.

Lubiła muzykę, taniec, kochała zwierzęta. Hodowała króliki, a w domu miała ukochanego ptaszka. Do niedawna w rodzinie były również dwa psy – Tammy i Sandy, które Naomi często zabierała na spacery po polach rozciągających się poza placem zabaw. Była uczennicą poniżej przeciętnej i walczyła o zaliczenie większości przedmiotów. Ojciec przypisywał to faktowi, że rodzina przeprowadzała się wiele razy.

Wersja zaprezentowana przez najlepszą przyjaciółkę ofiary, Emmę Jones, była troszkę inna. Opisała Naomi jako bardzo rozgarniętą i otwartą na ludzi dziewczynę z silną osobowością. Różne postrzeganie tej samej osoby nie jest czymś niezwykłym. Związane jest ze złożonością życia i osobowości poszczególnych ludzi. Ze zjawiskiem tym mam do czynienia codziennie. Wynika ono z tego, że ogólnie rzecz biorąc, ludzie nie są tacy, jak się zachowują. Naomi nie była papierową bohaterką opisywaną w gazetach. Jej życie było o wiele bogatsze i bardziej złożone niż portrety nakreślone przez dziennikarzy. Posiadała własny obraz samej siebie, stworzyła też wizerunek, który chciała pokazać całej reszcie świata i, podobnie jak wszystkie piętnastolatki, miała tajemnice, o których nie mówiła rodzicom.

– Czy była rozwiązła? – zapytałem świadom, jak niezręcznie to brzmi ze względu na jej młody wiek.

– To dla nas kompletna zagadka – odpowiedział Bayliss. – W tylnej kieszeni dżinsów miała dwie prezerwatywy, a w sypialni znaleźliśmy jeszcze dziesięć.

– Co mówią na to jej rodzice?

– Twierdzą, że była dziewicą. Tato mówi, że czekała na właściwego chłopca. Zdawali sobie sprawę, że nie powstrzymają jej przed uprawianiem seksu, więc dał jej tuzin prezerwatyw, żeby się zabezpieczyła. Przy okazji dał też tuzin Emmie, ponieważ często rozmawiały o chłopakach.

Zauważyłem, że Bayliss był tym zaniepokojony. Miał szesnastoletnią córkę i chyba nie spodobała mu się myśl, że ojciec koleżanki może dać jej prezerwatywy.

– Twierdzi, że Naomi mogła mieć jednego lub dwóch chłopaków, o których nie słyszał, lecz nie było to nic poważnego, bo na pewno by mu powiedziała. – W głosie Baylissa nie czułem przekonania.

– A co mówi na ten temat Emma?

– Mniej więcej to samo. Naomi ostatnio chodziła z Richardem Masonem, który pracuje w miejscowym supermarkecie przy wykładaniu towaru na półki. Ma alibi na czwartkową noc.

Wydało mi się ważne, że Mason opowiedział policji o częstych spotkaniach z Naomi na placu zabaw, gdy wracała do domu ze szkoły. Chodzili z sobą już od miesiąca; chociaż ostatnio pokłócili się, to jednak znowu chcieli być razem. Fakt, że był o osiem lat starszy, nie przeszkadzał rodzicom Naomi ani nie wydawał się niczym niezwykłym w miejscowej społeczności.

Na pytanie, czy Naomi miała kontakt z narkotykami, rodzice odpowiedzieli, że przed kilkoma miesiącami matka znalazła skręty, które – jak się obawiała – mogły zawierać marihuanę. Zawiadomili policję i odwiedził ich dzielnicowy, który udzielił rodzicom kilku rad i zafundował Naomi ostre kazanie.

– Powiedziała, że tylko próbowała, jak smakuje marihuana, i wcale jej nie przypadła do gustu – stwierdził pan Smith. – Obiecała, że to się nigdy nie powtórzy.

Osiedle Bretts Hall wybudowano poza granicami Nuneaton w miejscu, gdzie rozpoczynają się wiejskie obszary Warwickshire. Być może George Eliot urodził się w pobliżu i umieścił akcję powieści *Miasteczko Middlemarch** w miejscowym krajobrazie, jednak opisywany przez niego świat nie mógł być bardziej odległy od Ansley Common. To właśnie tutaj

* Mary Ann Evans (1819–1880) w pisanej pod pseudonimem George Eliot powieści *Miasteczko Middlemarch* przedstawia zachowawcze drobnomieszczaństwo.

mieszkają biedniejsi robotnicy, których bardziej niż innych dotyka bezrobocie, przemoc w rodzinie i nuda. Ktoś w pokoju operacyjnym opisał okolice jako pełne „zboczeńców, chuliganów i debili".

Oczywiście takie komentarze nie biorą pod uwagę olbrzymiej większości normalnych, uczciwych mieszkańców, jednak tak się składa, że wystarczy tylko kilka osób, by przykleić etykietkę całej społeczności i podnieść statystykę przestępczości. Spoglądając na dane statystyczne, widziałem społeczność z dużą liczbą przestępstw na tle seksualnym, zwłaszcza przypadków ekshibicjonizmu i gwałtów popełnianych przez bliskich znajomych ofiar. Mieszkał tu również element przestępczy, który wyjeżdżał kraść do innych ośrodków i wieczorem wracał do domu.

Plac zabaw w ciągu dnia był nim faktycznie, lecz po zmroku stawał się miejscem spotkań miejscowej młodzieży, która usiłowała zabić nudę za pomocą mocnego piwa, miękkich narkotyków i wąchania kleju. Byli w wieku od piętnastu do dwudziestu pięciu lat, czasami pojawiali się pomiędzy nimi starsi outsiderzy.

Jedną z socjologicznych i kulturowych cech takiego środowiska jest większa swoboda seksualna i nieodpowiedzialne zachowania, zwłaszcza wśród młodzieży i nastolatków. Dzieje się tak, gdyż mają inną strukturę wartości i tworzą normy społeczne różniące się od norm starszych mieszkańców. Ponieważ nie posiadają zbyt dużych pieniędzy ani szans na znalezienie pracy, powstaje grupa z elementami kultury bandy. Młodzi zaczynają postrzegać struktury władzy, takie jak policja i pracownicy opieki społecznej, jako wrogów.

Trzy miesiące przed morderstwem doszło do bitwy pomiędzy dwoma rywalizującymi gangami, w której wykorzystano kije bejsbolowe, noże, kastety i łomy. Policja sporządziła długą listę doniesień o aktach przemocy, nieprzyzwoitym zachowaniu i próbach porwania związanych z Bretts Hall i Ansley Common.

Inną cechą charakterystyczną dla takich warunków jest częste występowanie związków młodych dziewcząt i starszych mężczyzn. Czternasto-, piętnasto- i szesnastolatki, które do tej pory nie zaznały wiele dobrego, rozwijają się fizycznie i zauważają, że starsi chłopcy po dwudziestce zaczynają się nimi interesować.

Chłopcy w ich wieku są trochę mniej zaradni, mniej obyci i bardziej nieśmiali, podczas gdy młodzi mężczyźni mają pieniądze, samochody i doświadczenie. Niestety starsze dziewczęta wybrały już najlepszych kandydatów, a im zostali najwięksi nieudacznicy. Jedynie na najmłodszych dziewczętach mogą wywrzeć wrażenie stuprocentowych mężczyzn.

Nastoletnie dziewczęta rozumieją pożądanie, a fakt, że potrafią zainteresować sobą dziewiętnasto- czy też dwudziestoletniego mężczyznę, daje im podniecające uczucie władzy. Nie zdają sobie sprawy z niebezpieczeństw i nie rozumieją, że igrają z ogniem.

Bayliss zaangażował pięćdziesięciu funkcjonariuszy, którzy przesłuchali ponad trzysta osób i zebrali ponad pięćdziesiąt relacji świadków. Zespoły wywiadowców chodziły od domu do domu w Ansley Common, inni policjanci sprawdzali pojazdy, potwierdzali alibi i weryfikowali dane informatorów. Tym ostatnim kierował Jez Grew, który był również odpowiedzialny za kontakty z CATCHEM – ogólnokrajowym systemem gromadzenia danych o morderstwach, porwaniach i zaginięciach dzieci od 1960 roku.

Ulokowany w Derbyshire, CATCHEM został przeprowadzony przez najtrudniejsze lata przez podinspektora Duncana Baileya; widział on, jak system zdobywa międzynarodowe uznanie, a w 1994 roku przeszedł na emeryturę. Dane uzyskane dzięki systemowi odegrały znaczną rolę w skazaniu Roberta Blacka za zamordowanie trzech dziewczynek: jedenastoletniej Susan Maxwell, pięcioletniej Caroline Hogg i dziesięcioletniej Sarah Harper oraz porwanie czwartej dziewczynki.

Siedząc, analizowaliśmy poszczególne warianty i stopień ich prawdopodobieństwa. Z jednej strony odrażająca forma zbrodni sugerowała, że dokonał jej zbiegły pacjent zakładu dla psychicznie chorych lub osoba, która była w przeszłości notowana za przestępstwa na tle seksualnym. Z drugiej strony, chociaż Naomi przedstawiono jako względnie niedojrzałą piętnastolatkę, to zeznania świadków nasuwały myśl, że wyszła, oczekując albo przynajmniej mając nadzieję, że kogoś spotka. Najpierw przeszła obok skrzynki pocztowej, a potem z premedytacją weszła w ciemną alejkę. Kto na nią czekał? Czy miała nadzieję, że przyjdzie ktoś z jej znajomych?

Bayliss potrzebował profilu psychologicznego oraz wszelkich sugestii z mojej strony, jak doszło do zbrodni. Przygotowałem mu listę informacji, których potrzebowałem, włącznie ze szczegółowymi zeznaniami i planem ukazującym plac zabaw oraz przyległe ulice i domy.

Moje przyjście do komisariatu zbiegło się z przybyciem kilku specjalistów, których poproszono o pomoc w śledztwie. Była wśród nich specjalistka z laboratorium w Birmingham, która weszła razem ze mną, jak również patolog i stomatolog, który miał zbadać ślady zębów na piersi Naomi.

Spotkaniu w małej salce konferencyjnej przewodniczył Bayliss, który poprosił, abym usiadł. Byłem tym zachwycony, gdyż dało mi to rzadką okazję zadawania pytań bezpośrednio innym biegłym, zamiast kontaktować się z nimi za pośrednictwem oficera prowadzącego śledztwo. Bez cienia wątpliwości najlepszą wiadomością okazało się to, że z pozostałości śliny w miejscu ugryzienia można uzyskać materiał do identyfikacji za pomocą profilu DNA.

Po przedstawieniu różnych raportów zapytałem patologa:

– Dlaczego na miejscu zbrodni jest tak niewiele krwi?

– Prawdopodobnie większość wchłonęła sztuczna murawa i ziemia – odpowiedział.

– Czy leżała na plecach, kiedy podcięto jej gardło?

– Tak.

– Czy są jakieś oznaki ucisku na kark?

– Tego nie można określić. Rany cięte uniemożliwiły powstanie krwiaków.

A więc nadal nie wiadomo, czy nie została najpierw częściowo podduszona, pomyślałem.

– Co może pan powiedzieć o ranach na szyi?

– Dokonano co najmniej dwóch cięć, dwóch prostych cięć.

– Czy mogły to być rany kłute?

– Tak, ale ostrze musiałoby być bardzo małe. Bardziej prawdopodobne jest to, że są to rany cięte.

Zasugerowano, że rany pochwy zostały spowodowane grubym i ciężkim przedmiotem – prawdopodobnie butelką. Zadałem pytanie, ile siły trzeba, by wcisnąć taki przedmiot.

Nastąpiła długa przerwa, podczas której wyczułem, że patolog nie zrozumiał, jak ważne są moje pytania. W końcu powiedział, że potrzeba było znacznej siły.

– Dlaczego w dolnej części ciała pozostało tak niewiele krwi? – zapytałem.

– Brak było krążenia w chwili zaatakowania pochwy.

– A to oznacza, że gardło już było podcięte?

– Tak.

– Czy same rany pochwy wystarczyłyby do zabicia ofiary?

– Prawdopodobnie.

– Czy rany szyi i pochwy zostały zadane od przodu?

– Moim zdaniem tak.

– W jakim momencie ugryzł ją w pierś? Czy wtedy jeszcze żyła?

Tracąc w końcu cierpliwość, spytał:

– O co dokładnie panu chodzi?

Przeprosiłem i wyjaśniłem, dlaczego te informacje są tak ważne. Jeżeli rany szyi i pochwy nastąpiły w tym samym czasie, to należało wnioskować, że napastników było kilku. Podobnie siła ciosu sugerowała wielki gniew lub ogromne podniecenie.

Stomatolog wyjaśnił, w jaki sposób na piersi Naomi znalazły się ślady dolnej i górnej szczęki. Były od siebie bardzo oddalone, co świadczyło o tym, że pierś była ściśnięta w chwili gryzienia.

– Czy leżała wtedy na ziemi? – zapytałem.

Skinął głową i wyjaśnił, że skóra, posiadając określoną elastyczność, zsunęła się ze zranionych miejsc na piersi. Prawdopodobnie ugryzienie nastąpiło z ogromną siłą, nie wystąpiło zassanie, a Naomi jeszcze wtedy żyła.

– Gdzie znajdował się napastnik w chwili ukąszenia?

Stomatolog myślał przez chwilę i w końcu zdecydował, że napastnik znajdował się z lewej strony ofiary pod kątem dziewięćdziesięciu stopni, podczas gdy ofiara leżała na ziemi.

To stwarzało pewien problem. Nie było to miłosne ukąszenie i Naomi na pewno by się opierała. Musiało ją to boleć. Jeżeli napastnik klęczał z lewej strony, to wzrastało prawdopodobieństwo, że obecny był ktoś jeszcze, kto ją przytrzymywał. Ile osób było w to zamieszanych?

Stomatolog zaproponował, że sprawdzi to jeszcze raz. Okazało się, że ślady dolnej i górnej szczęki były umieszczone odwrotnie. Oznaczało to, że napastnik mógł być sam. Leżał na Naomi za jej zgodą albo przyciskał ją siłą do ziemi, a następnie przed ugryzieniem nieco przekręcił jej pierś.

Nawet w takim przypadku nie mogłem wykluczyć udziału kilku sprawców.

Po skończonym spotkaniu Bayliss zwrócił się do mnie:

– Będziesz chciał obejrzeć miejsce zbrodni?

– Tak.

– Czy ktoś z państwa chciałby też pójść? – zapytał.

Kilka osób przyjęło zaproszenie.

Państwo Smith wprowadzili się do swojego domu na osiedlu Bretts Hall osiemnaście miesięcy wcześniej i już byli dobrze znani. Naomi miała dwóch starszych braci, Andrew i Claytona, oraz przyrodniego brata Davida. W bliźniaku zasłony były szczelnie zasunięte, a na drzwiach przyklejona kartka papieru.

Odtwarzając drogę Naomi, w rosnących ciemnościach dotarłem wraz z Baylissem do skrzynki pocztowej. Wtedy Bayliss potwierdził oświadczenie świadka.

– Dwunastolatka mieszka w domu naprzeciwko – powiedział. – Stała na piętrze i wyglądała przez okno wykuszowe.

– Tam nie ma okna wykuszowego.

Stanął w pół kroku.

– Jedyne okno wykuszowe jest tam – powiedziałem, wskazując dom w odległości ponad stu metrów.

– To niemożliwe.

– Przekonajmy się – zaproponowałem.

Numer domu zgadzał się z adresem podanym przez dziewczynkę, co oznaczało, że coś z jej zeznań zostało niewłaściwie zaprotokołowane. Bayliss zaproponował, żebyśmy sprawdzili, czy dziewczynka jest w domu, abym mógł ocenić, czy jest godnym zaufania świadkiem. W zadbanym saloniku porozmawialiśmy przez chwilę z jej ojcem, zanim razem z nią poszliśmy do sypialni rodziców, skąd widziała Naomi.

W zeznaniach stwierdziła:

– Z łatwością zauważyłam ją z okna. Nic nie zasłaniało widoczności i nikogo w pobliżu nie było... Po wrzuceniu listu Naomi przeszła obok przystanku autobusowego, następnie dalej ulicą do tej wielkiej latarni, a potem stanęła. Obróciła się i poszła chodnikiem w kierunku skrzynki pocztowej. Teraz szła szybciej, nie biegła, ale spieszyła się... potem zajrzała w alejkę. Zatrzymała się na chwilę albo dwie, a następnie ruszyła dalej szybkim krokiem, weszła w alejkę i zniknęła mi z oczu.

Gdy dziewczynka wskazała skrzynkę pocztową, stało się jasne, że była zbyt daleko, by rozpoznać czyjąś twarz.

– Poznałam ją po kurtce – wyjaśniła.

Nie wątpiłem, że rozpoznała Naomi, ale z powodu odległości było wątpliwe, czy widziała, dlaczego Naomi weszła w ciemną alejkę. Tego nie mogła być pewna.

Wyszliśmy z powrotem na ulicę, zamieniliśmy kilka słów z właścicielem sklepu i w końcu wkroczyliśmy w alejkę prowadzącą na plac zabaw. Była to w zasadzie zapuszczona ścieżka, którą można wyjść na tyły budynków i która służyła jako skrót do rezerwatu. Po przejściu kilkudziesięciu metrów w całkowitej ciemności detektor ruchu zapalił latarnię i noc zamieniła się w dzień. Nikt o tym wcześniej nie wspomniał. Gdyby Naomi zaszła tak daleko, to lampa by się zapaliła. Bayliss zrobił notatkę, by to sprawdzić.

Plac zabaw był kompletnie ciemny, trudno było więc ocenić, w jakiej odległości znajdują się poszczególne sprzęty. Ktokolwiek z nią był, musiał znać teren na tyle dobrze, by swobodnie poruszać się bez światła. Najprawdopodobniej wiedział, gdzie są ławki i że pod zjeżdżalnią znajduje się sztuczna murawa. Przez cały piątek policja przeczesywała teren placu zabaw rozmyty ulewnym deszczem. Nie znaleziono noża ani narzędzia użytego do penetracji.

Idąc w kierunku domu Naomi, zostaliśmy oślepieni przez kolejną uruchamianą przez czujnik ruchu lampę, stojącą przy narożnym budynku, znajdującym się najbliżej parkingu przy placu zabaw. Lampa wyglądała na nową i Bayliss zdecydował się zapytać właściciela, czy nie została zainstalowana po morderstwie jako środek bezpieczeństwa.

Drzwi otworzyła kobieta z dzieckiem, które trzymało się jej ręki. Przy kostkach raczkowało niemowlę. Potwierdziła, że światło zainstalowała kilka dni temu, tuż po morderstwie, i zapytała:

– Znaleźliście tych trzech chłopców?

– Jakich trzech chłopców? – zareagował Bayliss.

– Tych, którzy biegali tutaj w czwartek w nocy.

– Co pani słyszała?

– Wiem, co słyszałam. Spałam i obudzili mnie. Po placu biegało trzech mężczyzn.

– Która była godzina?

– Jedenasta. Spojrzałam na zegarek.

– Jest pani pewna, że to byli mężczyźni?

– Słyszałam, jak rozmawiali z sobą, a potem biegali i krzyczeli.

– Dlaczego uważa pani, że było ich trzech?

– Sądzę, że było ich trzech. Na pewno więcej niż jeden.

Bayliss pokręcił głową.

– Dlaczego pani nie zeznawała?

Spojrzała niespokojnie.

– Cóż, nikt mnie o nic nie pytał.

Nadkomisarz był bliski eksplozji. Zespoły przesłuchujące mieszkańców chodziły po całym terenie, nawet ulokowały ruchomy posterunek w przyczepie dokładnie naprzeciwko tego domu. Funkcjonariusze przychodzili tu, by wziąć wodę na herbatę, ale nikomu nie przyszło do głowy, by przesłuchać właścicielkę.

Po wyjściu z domu wiedziałem, że w pokoju operacyjnym polecą głowy. Działał zbyt profesjonalnie, by puścić takie przeoczenie płazem. Rozkazał, by jutro rano na biurku znalazło się zeznanie kobiety.

Było to niezwykle ważne, a policja zaczęła poszukiwania trzech lub czterech młodych ludzi, wałęsających się w pobliżu miejsca zbrodni między 22.00 a 23.00 w czwartek. Podczas konferencji prasowych Bayliss kilkakrotnie apelował, by zgłosili się na policję.

Opublikowano także rysopis samotnego człowieka, który wybiegł z alejki na Ansley Common Road. Rowerzysta musiał gwałtownie skręcić i wjechać na chodnik, by uniknąć zderzenia. Opisał go jako młodego, w wieku dwudziestu do dwudziestu pięciu lat, wzrostu 183 centymetrów, atletycznie zbudowanego mężczyznę. Miał krótkie blond włosy, które wyglądały na tlenione, do tego na środku postawione.

Również w sobotę po morderstwie Bayliss podjął niespotykaną dotąd decyzję, aby ujawnić rany zadane Naomi. Miał nadzieję, że skłoni to ludzi, którzy mogliby chronić zabójcę, do ujawnienia swoich informacji.

– Wydaje mi się, że ktoś wie o tym, co zaszło, i teraz go osłania – powiedział. – Chcę, by ta osoba zastanowiła się, czego dokonano. W makabryczny sposób zamordowano piętnastolatkę. Biorąc to pod uwagę, należy zrezygnować z lojalności i poinformować policję, kto jest odpowiedzialny za ten czyn.

Przyrodni brat Naomi, David Freeman, ze łzami w oczach powiedział dziennikarzom:

– Ktoś musi wiedzieć, kim jest ten nikczemnik. Moja siostra była piękną, młodą dziewczyną. Teraz zmieniała się w młodą kobietę. Nigdy nikogo nie skrzywdziła.

Apele zostały wzmocnione nagrodą w wysokości 10 tysięcy funtów ustanowioną przez anonimowego zwycięzcę totolotka.

Przez kilka następnych dni ponownie zapoznawałem się z zeznaniami rodziców i przyjaciół Naomi. Jeszcze raz obejrzałem zdjęcia z miejsca zabójstwa. Bayliss poprosił o sporządzenie profilu sprawcy i analizę zbrodni. Nie mogłem ich przygotować, dopóki nie wyjaśnię rozbieżności w poszczególnych zeznaniach. Trzeba było oddzielić ziarno od plew. Tych drugich było o wiele więcej.

Policja bardzo poważnie traktowała wszelkie informacje wskazujące, że Naomi była z kimś umówiona na spotkanie. Na ile jednak słuszne było to założenie? Jeżeli dowody nie były przekonujące, najlepiej było się skoncentrować na faktach, co do których byliśmy bardziej pewni.

Zeznania Briana i Catherine Smithów doskonale wyjaśniały zachowanie Naomi po wrzuceniu listu do skrzynki.

Brian Smith, czterdziestopięcioletni taksówkarz, który wychodził do pracy bardzo wcześnie każdego ranka, opisał, jak w czwartek wieczorem Naomi poprosiła go, aby wpadł do domu Emmy w piątek rano i obudził ją przed pójściem do szkoły. Pan Smith zaproponował wspólny nocleg dziewczynek u nich w domu. Gdy Naomi miała wyjść do Emmy, by zapytać, czy koleżanka chce u nich przenocować, Catherine poprosiła ją, żeby wrzuciła list do skrzynki. Ta wzięła list, zbiegła na dół i usłyszeli trzaśnięcie drzwi.

Czterdziestosiedmioletnia Catherine Smith przedstawiła nieco inną wersję zdarzeń.

– Naomi zapytała mnie, czy możemy w piątek rano odwieźć Emmę do szkoły, ponieważ jej ojciec musi wyjść wcześniej do pracy i nie może jej sam zawieźć. Poprosiłam Naomi, żeby poszła do skrzynki na Ansley Common i wysłała moje zamówienie na katalog Freemansa. Przy okazji miała zajrzeć do siostry Emmy, która mieszka z matką, i sprawdzić, czy jest tam jeszcze samochód ojca Emmy. Chodziło o to, żeby mogła zapytać ojca Emmy, czy Emma może u nas przenocować.

Mnóstwo wysiłku zmarnowano na wyjaśnienie, dlaczego Naomi poszła ulicą w jedną stronę, a potem wróciła. Odpowiedź znajdowała się w zeznaniach. Naomi sprawdzała, czy w ogrodzie nie stoi samochód ojca Emmy, nie czekała na nikogo.

Jednocześnie niektóre aspekty wspomnień jej rodziców stanowiły zagadkę. W szczególności chodziło o relację pana Smitha, w jaki sposób znalazł ciało Naomi. Powiedział, iż gdy Naomi wyszła, by wysłać list, on ułożył się do snu. Po godzinie obudziła go Catherine, twierdząc, że nie słyszała, żeby Naomi wróciła do domu. Spojrzał na zegarek. Była 22.50. Wstał, nałożył szlafrok i zszedł na dół. Światła w kuchni i salonie nadal się świeciły i stwierdził, że drzwi frontowe są uchylone.

Naomi zostawiła drzwi otwarte – tego nie zrobiłby ktoś wychodzący na spotkanie. Wręcz przeciwnie, wskazywało to, że zamierza wrócić do domu w ciągu kilku minut.

Państwo Smith uznali, że Naomi prawdopodobnie zagadała się z Emmą i postanowili jeszcze chwilę poczekać. Gdy nie było jej w domu o 23.15, Catherine zadzwoniła do matki Emmy i przyjaciółki rodziny – Alison Chapman, aby spytać, czy któraś z nich nie widziała Naomi. Następnie wraz z Alison poszła zajrzeć do samochodu, nalegając, by Brian szedł spać, bo musi wstać wcześnie rano.

Gdy po półgodzinie wróciły bez Naomi, zabrawszy po drodze Emmę, Brian natychmiast się ubrał.

– Wtedy Emma powiedziała, że pójdzie na plac zabaw i sprawdzi, czy tam nie ma Naomi. Wyszła, a ja powiedziałem, że pojadę za nią samochodem, bo teren nie jest oświetlony i na placu zabaw jest bardzo ciemno. Żeby coś zauważyć, będzie potrzebować reflektorów.

Na zewnątrz było ciemno i wilgotno. Emma poszła aleją o jakieś dwadzieścia metrów na lewo od domu, w kierunku placu z paroma huśtawkami i zjeżdżalniami... Wsiadłem do samochodu i pojechałem za nią alejką aż do parkanu, który oddzielał plac zabaw. Gdy byłem pod samym parkanem, zobaczyłem biegnącą i wrzeszczącą Emmę. Wołała mnie i krzyczała, żebym szybko przyszedł. Gdy zatrzymałem samochód, ujrzałem biały kształt pod zjeżdżalnią na placu. Wyskoczyłem z samochodu, zostawiając silnik na wolnych obrotach oraz reflektory skierowane bezpośrednio na zjeżdżalnię.

Podbiegłem po trawie do zjeżdżalni i ujrzałem Naomi. Natychmiast ją rozpoznałem, gdy tak leżała na plecach z twarzą zwróconą ku mnie. Gdy ja biegłem do Naomi, Emma, wrzeszcząc, uciekła alejką w stronę domu.

Naomi leżała płasko na ziemi z nogami zwróconymi w moją stronę... Głowa była przechylona w prawo, ramiona leżały płasko na ziemi wzdłuż boków. Nogi miała rozchylone, obydwie stopy dotykały ziemi, kolana były w powietrzu. Podciągnięty trochę biały sweter odsłaniał kawałek pępka. Dżinsy miała ściągnięte do kostek, chyba obie nogi nadal tkwiły w dżinsach. Nie jestem pewien, ale wydaje mi się, że na nogach miała buty...

Dalej pan Smith opisywał, jak złączył nogi Naomi i pobiegł do domu po koc, żeby ją przykryć – była to ojcowska próba uratowania godności córki. Niestety uniemożliwiła stwierdzenie ze stuprocentową pewnością, w jakiej pozycji morderca czy też mordercy zostawili Naomi. Na przykład na zdjęciach z miejsca zbrodni biały sweterek zakrywał piersi. Czy ściągnęła go po pobiciu, czy morderca poprawił na niej ubranie, a może, co bardziej prawdopodobne, Brian Smith próbował oszczędzić córce poniżeń?

Zaintrygowały mnie również inne rzeczy. Dlaczego Emma Jones zasugerowała, by szukać Naomi na placu zabaw? I dlaczego pobiegła w ciemności jako pierwsza, zamiast poczekać na pana Smitha?

Jej zeznania dawały odpowiedzi jedynie na niektóre pytania. Były najlepszymi przyjaciółkami i razem spędziły popołudnie na próbie miejscowej orkiestry dętej, gdzie Naomi uczyła się grać na perkusji. Obydwie były podekscytowane na myśl o konkursie orkiestr, który miał się odbyć w Londynie w przyszłą sobotę. Do domu odwiózł je ojciec Emmy.

O 23.00, kiedy zjawiła się pani Smith, pytając o Naomi, Emma była już w łóżku. Ubrała się i poszła z nimi na poszukiwania. Gdy jechały już samochodem, Emma skierowała je w alejkę. Część drogi przeszły na piechotę, wołając Naomi. Droga zawiodła je do domu chłopaka Naomi, w którym była zadurzona. Nikt nie odpowiadał i Emma zawróciła.

Stwierdziła, że to Alison zasugerowała, by przeszukać plac zabaw, ale nie wyjaśniła, dlaczego to ona tam poszła.

– Z początku szłam wzdłuż parkanu w kierunku parku, było strasznie ciemno i byłam przerażona. Raz po raz wołałam Naomi, krzycząc: „Odezwij się, jeżeli tu jesteś". Nikt nie odpowiadał, więc szłam dalej. Początkowo widziałam tylko coś białego pod zjeżdżalnią. Sądziłam, że to po prostu zapomniana torba albo koc i wtedy światła samochodu Briana padły na zjeżdżalnię. Natychmiast rozpoznałam Naomi, która leżała pod zjeżdżalnią na plecach, z twarzą zwróconą na bok. Pomyślałam, że straciła na chwilę przytomność, co jej się od czasu do czasu zdarzało. Samochód stanął z reflektorami skierowanymi na park. Pobiegłam w kierunku Naomi i zobaczyłam, że jest na wpół naga. Ubranie, które miała na sobie, zostało ściągnięte. Ciemnoniebieskie dżinsy opuszczone były do kostek, długi biały sweter znajdował się na miejscu. Na szyi widziałam ranę kłutą. Rzuciłam się w kierunku Briana i zaczęłam krzyczeć…

W późniejszym zeznaniu Emma stwierdziła:

– Naomi była moją najlepszą przyjaciółką i powiedziałaby mi, gdyby miała się z kimś spotkać tej nocy. Wieczorami chodziła z psami na spacer na plac zabaw, ale nigdy nie poszłaby tam sama.

Im więcej się dowiadywałem o Naomi, tym bardziej skomplikowane okazywało się jej życie. Również wielu ludzi zamieszanych w tę sprawę wydawało się mieć tajemnice i prowadzić podwójne życie, a ich cechą charakterystyczną było zakłamanie.

Nawet opisy ludzi widzianych w okolicy Ansley Common należało traktować z rezerwą. Żaden z nich nie zgłosił się ani nie został zidentyfikowany. Wszystko to stwarzało podejrzenia, że policja posiadała błędne informacje. W każdym śledztwie pojawiają się tego typu „zakłócenia", bardzo ważne jest jednak to, by je usunąć i wyczulić się na dane, które mają rzeczywistą wartość.

Biorąc to wszystko pod uwagę, zacząłem rekonstruować spotkanie Naomi i jej mordercy. Odtworzyłem ich kroki, które doprowadziły do tragicznych zdarzeń w tę deszczową noc. Nie planowali spotkania. Naomi sądziła, że wychodzi jedynie na chwilę. Wrzuciła list do skrzynki i poszła w kierunku domu siostry Emmy, by sprawdzić, czy jest samochód.

Nie mogła przypuszczać, że z ciemnej ścieżki obserwuje ją ktoś znajomy. Właśnie dlatego zawróciła, gdy ją zawołał, zamiast po prostu wrócić do domu. Gdyby w ciemności usłyszała obcy głos, to najprawdopodobniej by uciekła.

Podobnie jak inni świadkowie, widzi, że Naomi idzie drogą i zaraz zawraca. Dzięki temu może spytać: „Co tu robisz, Naomi? Kogo szukasz? Chciałaś się ze mną spotkać?".

Nie mając powodu, by się go obawiać, poszła wraz z nim ścieżką. Mógł jej powiedzieć wiele różnych rzeczy.

– Wracasz do domu przez plac zabaw?

– Masz szluga?

– Co robisz w weekend?

Naomi musi podjąć decyzję. Zostawiła drzwi domu uchylone i rodzice oczekują jej powrotu lada chwila. Ścieżka przecież prowadzi w stronę domu. Może decyduje się na krótką pogawędkę, tylko żeby uzgodnić plany i zaraz wrócić.

A jej morderca? Dlaczego wyszedł w czwartkową noc? Czego szukał?

Być może obserwował ją i widział, jak wraca z próby orkiestry, a potem czekał w nadziei, że jeszcze wyjdzie. Uznałem jednak ten scenariusz za mało realny. To prawdopodobnie miejscowy chłopak, nastolatek albo młody dwudziestolatek, ktoś stojący wysoko w miejscowym środowisku. Kręci się po okolicy, może ma nadzieję, że kogoś spotka, ale niekoniecznie szuka ofiary. Ma nóż, ale nie ma butelki, prawdopodobnie znalazł ją po drodze i nie potraktował jak broni.

Jego stosunki z dziewczynami świadczą o braku pewności siebie i niewielkim doświadczeniu. Choć ma wysokie potrzeby seksualne, to brak mu wyrafinowania i umiejętności, dzięki którym mógłby zdobyć partnerki. Jednocześnie ma bardzo bogate fantazje masturbacyjne. Prawdopodobnie występuje w nich uwodzenie kobiet i kobiety uwodzące go, jak również seks uprawiany za obopólną zgodą. Występują w nich znane okolice. Być może śledził miejscowe dziewczyny, rozmawiał z nimi i agresywnie ich dotykał. Być może dochodziło do prób gwałtu.

Mężczyzna ten rozpoznaje Naomi przy skrzynce na listy. Widzi, że rozgląda się po ulicy. Przyciąga to jego uwagę. Może zdaje sobie sprawę, że chodzi ze starszymi chłopakami, i zakłada, że się z nimi kocha. Myśli sobie: „Jeżeli może to robić z nimi, to dlaczego nie ze mną?".

Żadne z nich nie spodziewało się takiego spotkania, ale gdy idą ścieżką, on przeczuwa, a może już czuje seksualne podniecenie. Brak obrażeń świadczących o obronie lub walce świadczy, że Naomi poszła na plac zabaw z własnej woli, nieświadoma, że czeka ją tam śmierć. W takim wypadku mogło to oznaczać, że o wiele głębiej tkwi w lokalnym systemie wartości, który akceptował uprawianie seksu przez małoletnie dziewczęta. Bez oporów poszła do miejsca, które obydwoje znali. Mogli tam porozmawiać w absolutnej ciemności. Drewniana konstrukcja zapewniała im kryjówkę, a sztuczna murawa była sucha i miękka w porównaniu z gołą ziemią.

Ważna jest bliskość domów – pomyślałem. To miejscowy chłopak próbujący szczęścia, a nie doświadczony uwodziciel. Jeden krzyk mógł zaalarmować ludzi. Dlatego też nie wierzę, że miał zamiar zabić Naomi. W takim przypadku zaprowadziłby Naomi na pola za placem zabaw. Zamiast tego pozostał w pobliżu domów, obok których musiał przebiec po wszystkim.

Istnieją różne scenariusze dalszego rozwoju wypadków. Może próbuje pocałować Naomi albo zaczyna ją dotykać. Z powodu okresu i podpaski Naomi prawdopodobnie nie chciała uprawiać seksu i potrzebowała trochę zachęty. Ona odmawia, a jemu wpada w ręce nóż. Teraz nie będzie krzyczeć, jest przerażona i robi, co jej każe.

Jeszcze raz przyjrzałem się pozycji, w jakiej znaleziono jej buty. Jeden był zdjęty, a sznurówki rozwiązane. Na drugim znajdował się skomplikowany węzeł. Czegoś takiego nie da się rozwiązać jednym pociągnięciem. W ciemności nie widział węzła, więc prawdopodobnie to Naomi rozwiązała sznurówkę. Potem on pomaga jej zdjąć spodnie i majtki, ale schodzą tylko z jednej nogi. Nie można oczekiwać długiego wstępu, wszystko nastąpi bardzo szybko.

Jej pośladki ocierają się o ziemię, a sweter i biustonosz są wepchnięte nad piersi. Naomi ulega, lecz on nie może się powstrzymać. Gryzie ją i wszystko się zmienia. Teraz ona chce po prostu uciec, on wybucha gniewem. Wykorzystanie nadarzającej się okazji staje się brutalnym gwałtem.

Naomi leży na plecach, ze ściągniętymi dżinsami, na niej leży mężczyzna. Jej pochwa jest sucha, a po ukąszeniu ściska uda i napastnik nie może doprowadzić do penetracji. Ponieważ jest niedoświadczony, nie wie, w jaki sposób obejść ten problem. Łatwo wybucha gniewem, zwłaszcza gdy jest sfrustrowany i teraz wpada we wściekłość. Istnieje tyle potencjalnych bodźców. Może uważać, że dziewczyna naśmiewa się z niego, obwinia ją o wycofanie się, o miesiączkę. Bierze nóż i jej bezgłośny strach staje się przerażeniem, gdy podcina jej gardło. Następnie chwyta to, co ma pod ręką, na przykład butelkę, i silnym ciosem ją okalecza.

Gdy uświadamia sobie, co zrobił, ma mieszane uczucia. Z jednej strony myśli: „Problem z głowy", z drugiej zaś jest otumaniony szokiem. Brak świateł na placu oznacza, że nie będzie miał w pamięci obrazów tego, co nastąpiło. Właśnie to zwykle nie daje mordercom spokoju. Nie mogą zapomnieć obrazów, które ich prześladują. Ciemność łagodzi ten syndrom.

Nie uwzględniłem możliwości, że było kilku napastników. W takim przypadku scenariusz wyglądałby nieco inaczej. Nastąpiłoby rozproszenie odpowiedzialności i każdy z nich zrzucałby winę na pozostałych. W takiej sytuacji nawzajem się podburzają i nie chcą stracić przed sobą twarzy. Naomi staje się kimś nieważnym, ponieważ w danej chwili ważniejsza jest więź między napastnikami.

Gdyby była zaangażowana więcej niż jedna osoba, to bardziej prawdopodobne byłoby, że Naomi uległa przemocy pod zjeżdżalnią i zmuszono ją do rozebrania się. Z tego, co wiedziałem, nic nie wskazywało na to, by zgodziła się na seks grupowy. Z łatwością mogli ją obezwładnić, przycisnąć do ziemi, zakrywając usta, gdyby zaczęła krzyczeć.

Dwudziestego pierwszego września, tydzień po morderstwie, ponownie pojawiłem się w komisariacie w Bedworth, by przedstawić profil psychologiczny. Wczesnym rankiem policja aresztowała pięciu mężczyzn mieszkających na samych błoniach i w okolicy Ansley Common. Do laboratorium zabrano noże, ubrania i buty.

Nie miałem o tym pojęcia, dopóki nie pojawiłem się w komisariacie. Aresztowania dotyczyły młodych ludzi, których widywano na placu zabaw w nocy. Zespół dochodzeniowy był zdumiony, dlaczego ich nazwiska nie pojawiły się do tej pory w śledztwie. Bayliss podejrzewał, że niektórzy z nich znali personalia mordercy, ale celowo nie dzielili się nimi z policją ze strachu przed bossami półświatka.

Pięciu zatrzymanych zabrano na przesłuchania do pięciu różnych komisariatów.

Bayliss z dużym zainteresowaniem sprawdzał, czy któryś z nich pasuje do przygotowanego przeze mnie profilu mordercy Naomi.

– Sprawca ma najprawdopodobniej od kilkunastu do dwudziestu kilku lat – zacząłem. – Nie jest doświadczony seksualnie i nie był związany z wieloma dziewczynami. Nie jest też uważany za nauczyciela. Nie posiada szczegółowej wiedzy na temat życia seksualnego.

Ślad zębów na piersi Naomi jest oznaką młodzieńczej niedojrzałości, a nie sadyzmu. W przeciwnym wypadku istniałyby oznaki potrzeby kontroli i dominacji. Gdyby chciał sprawić jej ból, to istniały o wiele bardziej wyrafinowane sposoby niż ugryzienie.

– Oto najważniejsze punkty – powiedziałem, spoglądając w notatki. – Po pierwsze, Naomi znała mordercę z widzenia. Po drugie, przestępca mieszka w okolicy, w promieniu czterystu–pięciuset metrów od miejsca zbrodni. Potrafi poruszać się po placu zabaw w ciemnościach. Wie, że może zaatakować piętnastoletnią dziewczynę sto metrów od domu i nikt mu w tym nie przeszkodzi.

Inteligencja nie wyższa od przeciętnej. Nic nie wskazuje na to, by sprawca był opóźniony w rozwoju.

Szukamy kogoś, kto może łatwo wpaść w furię i pozbyć się zahamowań. Niewiele mu trzeba, żeby stracić panowanie nad sobą. Gdy to się stanie, jest zdolny do użycia przemocy. Takie zachowanie może być spowodowane alkoholem lub narkotykami.

Brak zahamowań i nachalne obmacywanie miejscowych dziewczyn mogło już doprowadzić do kontaktu z policją pod zarzutem drobnych przestępstw seksualnych.

Spojrzałem na Baylissa.

– Jeżeli był to pojedynczy sprawca, to nie wykluczam, że Naomi sama się rozebrała, chcąc ułatwić mu pospieszny stosunek. Nie mogę wykluczyć, że napastników było więcej. W takim przypadku mogli ją z łatwością obezwładnić i rozebrać, bez zostawiania obrażeń i śladów walki. To z kolei sugeruje, że wybrała nieodpowiedniego mężczyznę, a drugi z nich uległ wściekłości. W jednym i drugim przypadku tłumaczy to, dlaczego nikt nie słyszał jej krzyków.

Wyjaśniłem, w jaki sposób złość i radosne podniecenie mogły szybko ustąpić szokowi i przerażeniu.

– Ponieważ mieszka w okolicy, przyszedł do domu i zachowywał się inaczej niż zazwyczaj. Właśnie dlatego jego otoczenie zorientowało się, co się wydarzyło, albo przynajmniej może tak podejrzewać.

– Więc ktoś musi go osłaniać – powiedział Bayliss, który również miał takie podejrzenia. – Na ile jesteś pewien, że mieszka w pobliżu?

– Bardzo.

– To oznacza, że na pewno już z nim rozmawialiśmy. Stukaliśmy do wszystkich drzwi – rzucił okiem na plan Ansley Common na ścianie pokoju. – Jest gdzieś tu. Naszym zadaniem jest go znaleźć.

Wyjaśniłem, że ponieważ najprawdopodobniej sprawca mieszka z rodziną albo jest znany okolicznym mieszkańcom, z każdym dniem będzie wzmacniać się ich wsparcie. Jeżeli są to rodzice, to sprawa jest szczególnie trudna.

Nie wydaje mi się, żebym w swojej karierze spotkał matkę, która powiedziała: „Mój syn jest potworem i wiem, że zabił tę dziewczynę. Muszę zawiadomić policję". To samo tyczy się również ojców, ale są oni zazwyczaj większymi realistami. Matka nie chce uwierzyć, że jej dziecko było w stanie popełnić taki czyn. Nawet jeśli przyjmie do wiadomości, że dopuściło się odrażającej zbrodni, to uważa, że doszło do nieporozumienia. Później zamienia się to w niezłomne przekonanie, że syna wplątano w tę sprawę albo musiała go sprowokować dziewczyna. Następnie zaczyna myśleć: „Biedna dziewczyna nie żyje, ale mój syn żyje dalej. Pomimo tego, co się wydarzyło, to przecież go znam, wiem, że jest naprawdę dobrym chłopcem. Co za sens go zamykać, jej to życia nie przywróci, a ja będę na niego uważać i dopilnuję, żeby nic takiego się więcej nie powtórzyło".

Specjalistka od DNA powróciła z kompletnym profilem genetycznym. Dzięki temu Bayliss podjął decyzję o przeprowadzeniu masowych badań DNA, podobnych do zastosowanych w przypadku morderstwa Dawn

Ashworth. Chciał wywrzeć nacisk na mężczyzn, by zgłaszali się do punktu pobierania śliny, która miała być następnie wykorzystana do stworzenia profilów genetycznych, a te porównano by z materiałem znalezionym na miejscu zbrodni.

Było to możliwe dzięki zawężeniu kręgu podejrzanych za pomocą profilu psychologicznego. Jednak by zabezpieczyć się ze wszystkich stron, rozszerzono wiek podejrzanych i obszar geograficzny na każdego mężczyznę w wieku od czternastu do czterdziestu lat zamieszkałych w promieniu pół mili od miejsca zbrodni. Oznaczało to przebadanie 5 tysięcy potencjalnych podejrzanych i wydanie 200 tysięcy funtów na testy.

Bayliss zdołał zapewnić budżet w wysokości 40 tysięcy funtów. Przy koszcie badania wynoszącym 40 funtów oznaczało to, że uda się wykonać jedynie tysiąc analiz. Należało znaleźć racjonalną podstawę doboru podejrzanych i ustalić kolejność przeprowadzania analiz.

Bayliss zdecydował się skorzystać z pełnego profilu psychologicznego w celu zawężenia grupy mężczyzn skierowanych na badania. Nowy system komputerowy znany pod nazwą Watson, pracujący przy użyciu bazy danych HOLMES, wykorzystał cechy zawarte w profilu, by zawęzić listę podejrzanych najpierw do 1750, a następnie do 850.

Największymi zaletami Watsona jest możliwość zadawania mu szczegółowych pytań i wykorzystania do przetwarzania góry informacji zgromadzonych w czasie śledztwa. Na przykład można zadać pytanie: „Jak nazywają się wszyscy mężczyźni, których znała Naomi?", i natychmiast otrzymujemy 395 nazwisk. Kolejne pytania mogą brzmieć: „Którzy z nich mają od osiemnastu do dwudziestu trzech lat?", „Którzy są notowani ze względu na czyny lubieżne?".

W ten sposób komputer zaczyna ustalać kolejność według kryterium największej zgodności z profilem psychologicznym i wskazuje grupy mężczyzn o równym stopniu zgodności. Na pierwszy ogień miała pójść grupa dwudziestu mężczyzn najlepiej pasujących do profilu. Po niej kolejna dwudziestka, potem następna, aż do skutku.

W przeciwieństwie do badań prowadzonych przed laty w Narborough, Enderby i Littlethorpe, udoskonalono całą procedurę i wykorzystano zdjęcia oraz świadków, by uniknąć oddania śliny do analizy przez podstawioną osobę. Jednocześnie na szczególną uwagę zasługiwały osoby, które odmawiały poddania się badaniom lub które się wyprowadziły.

Nieoficjalnie Bayliss miał nadzieję, że wiadomość o testach DNA wywrze nacisk na rodzinę i znajomych mordercy, by podzielili się z policją swoimi podejrzeniami. Poprosił mnie, bym rzucił okiem na informację dla prasy i zredagował ją w taki sposób, aby stało się jasne, że do akcji wkracza nowoczesna technika i jedynie kwestią czasu pozostaje wykrycie mordercy. Jeśli jego rodzina i przyjaciele zdadzą sobie sprawę, że gra jest skończona, to zgłoszą się sami, nie chcąc być oskarżonymi o ukrywanie mordercy, lub sam morderca ucieknie, wskazując na siebie jako sprawcę.

Dwudziestego trzeciego września wiadomość dotarła do społeczeństwa, a gazety donosiły: „PRZECZESYWANIE DNA" i „MASOWE TESTY DNA W POSZUKIWANIU MORDERCY NAOMI".

– Testy rozpoczną się jutro – powiedział Bayliss – kiedy to dwudziestu policjantów zacznie odwiedzać domy młodych ludzi. Teraz to już nie jest kwestia tego, czy, ale kiedy złapiemy sprawcę. Jestem świadom, że istniały obawy, iż śledztwo traci rozmach. Chcę was zapewnić, że nic takiego nie ma miejsca.

Dodał, że nie można nikogo zmusić do poddania się badaniu, ale jeśli ktoś odmówi bez sensownego powodu, to policja będzie miała podstawy do dogłębnego zainteresowania się delikwentem. Pobrano już próbki śliny od ludzi, którzy byli w nocy na miejscu zbrodni, włącznie z członkami rodziny, personelu medycznego i policjantami, by wyeliminować ich wszystkich ze śledztwa.

W sobotę zwolniono wszystkich pięciu mężczyzn aresztowanych przez policję w ubiegły czwartek – pomimo tego, że ich zeznania ujawniły nowe wątki – a policjanci odwiedzili następne trzydzieści trzy domy w Nuneaton i Bedworth. Przeprowadzono rozmowy z ponad 1800 ludźmi i zaprotokołowano zeznania 441 świadków.

Mimo to detektywi spotykali się z nieprzychylnymi reakcjami podczas dramatycznych porannych wizyt. Wielu z mężczyzn zagroziło podjęciem kroków prawnych, szczególnie że ich zatrzymanie było filmowane przez ekipę telewizyjną, która uzyskała zgodę na śledzenie operacji.

W ciągu następnego tygodnia wielokrotnie odwiedzałem pokój operacyjny, często po drodze z konsultacji klinicznych, by odbierać nowe zeznania. W śledztwie nagromadziła się ogromna ilość dokumentów i widziałem, że funkcjonariusze i funkcjonariuszki pracują ponad siły, by je ogarnąć. W szybko toczącym się śledztwie zawsze może nadejść chwila, że nawet dwadzieścia, trzydzieści osób nie będzie w stanie poradzić sobie z gromadzonymi informacjami. Naocznie przekonałem się o tym w przypadku porwania Abbie Humphries, gdzie ważne informacje były w posiadaniu policji, jednak utonęły pod stosami papierów. Doprowadziło to do opóźnień, których można było prawdopodobnie uniknąć.

Właśnie tu widać potrzebę użycia systemu zarządzania informacjami do poradzenia sobie z mnóstwem różnorodnych napływających ze wszystkich stron danych, ich szeregowaniem i przedstawianiem. Uderzyło mnie to na ogromnej odprawie zespołu dochodzeniowego, która odbyła się w komisariacie policji w Bedworth, kiedy to Bayliss stał przed tłumem detektywów siedzących na krzesłach, stołach oraz zajmujących każde wolne miejsce. Bayliss przedstawił postęp śledztwa i poprosił o składanie raportów na temat poszczególnych wątków dochodzenia, takich jak prowadzenie przesłuchiwania mieszkańców i potwierdzenie poszczególnych alibi. Detektywi wstawali, przedstawiali informacje, a następnie ponownie siadali.

Odprawa miała ogromne znaczenie, jeżeli chodzi o pozytywne motywowanie funkcjonariuszy, jednak kilka rzeczy wskazywało na to, że jedno czy dwa działania zawisły w powietrzu, niedokończone. Niestety ludzie często czynią założenie lub bezpodstawnie uznają, że sprawą zajął się już ktoś inny i niczego znaczącego nie stwierdzono. Brak informacji uznają za powód, aby nie reagować.

Weźmy na przykład kobietę mieszkającą przy placu zabaw, której nie przesłuchano, ponieważ wszyscy detektywi sądzili, że już przesłuchał ją kolega.

Tony Bayliss i ja przeprowadziliśmy na ten temat długą rozmowę.

– Ile wątków objęło śledztwo? – zapytałem.

– Nie mam absolutnej pewności – odpowiedział.

– A ile z nich zakończono i do czego doprowadziły?

– Będą wiedzieć w pokoju operacyjnym.

– Świetnie. Masz rację, ale to ty prowadzisz ten pociąg i musisz mieć pewność, że wszystkie ważne szczegóły dotrą do ciebie natychmiast. Weźmy pod uwagę to, czy Naomi wyszła kogoś szukać. Przecież przy każdej odprawie kwestia ta była pomijana, pomimo że odpowiedź tkwiła już w systemie.

Bayliss zgodził się, że należało ją wyjaśnić za pierwszym razem, gdy tylko się pojawiła. Przedyskutowaliśmy, w jaki sposób należałoby usprawnić system zarządzania informacjami, by w każdej chwili wiedzieć, jakie działania zostały podjęte i jakie są ich rezultaty.

Podejrzewam, że przyczyną tego problemu była nieobecność jednego z wyższych rangą detektywów prowadzących śledztwo, który wziął wolne z powodu śmierci w rodzinie. Ponieważ Bayliss bardzo blisko pracował ze swoim zespołem, ich role nigdy nie zostały dokładnie określone i nieobecność jednego detektywa miała konsekwencje, których nikt nie przewidywał. Sytuacja ta wygląda trochę jak dziura wybita w kadłubie wyścigowego jachtu. Dalej płynie, ale nie rozwija takiej szybkości jak dotychczas.

Śledztwo nadal toczyło się szerokim frontem. Dwudziestego siódmego września koroner zarządził przeprowadzenie kolejnej sekcji. Ujawniła, że wtargnięcie do pochwy nastąpiło z ogromną siłą. Ustalono też, że broń miała co najmniej 25 centymetrów długości.

Coraz bardziej oczywiste stawało się, że Naomi mogła nie być spokojną, przeciętną uczennicą, jak ją przedstawiano. Jeden z mieszkańców Ansley Common w swych zeznaniach stwierdził, że czterokrotnie widział rudowłosą dziewczynę, pasującą do rysopisu Naomi, późno w nocy lub wczesnym rankiem.

Za pierwszym razem wyprowadzała psa około dwudziestej trzeciej. Kilka tygodni później około drugiej nad ranem wyjrzał przez okno sypialni swojej córki na ciemną alejkę. Ujrzał postać nadchodzącą powoli od strony placu zabaw. Gdy zapaliły się automatyczne światła, dostrzegł dziewczynę o ognistych włosach w krótkiej spódniczce „ubraną jak osiemnastolatka".

Pobiegła w kierunku Ansley Common Road i zniknęła mu z oczu, a on pomyślał: „Co ona robi na zewnątrz o tej porze ubrana w ten sposób? Na pewno nie pozwoliłbym mojej córce tak się ubrać".

Ponownie zobaczył ją innej nocy w podobnych okolicznościach, ubraną w krótką spódnicę. Nie znał imienia Naomi, ale rozpoznał ją jako dziewczynę, którą widział w sklepie papierniczym po południu w czwartek 14 września, gdy szedł odebrać córkę ze szkoły.

– W piątek rano, kiedy córka powiedziała mi „Tatusiu, na placu zabaw zamordowano dziewczynę", moje pierwsze słowa brzmiały: „Założę się, że to ta dziewczyna z rudymi włosami". Przyszło mi to do głowy, ponieważ widziałem ją o dziwnych porach nocy.

Policja ponownie przesłuchała Emmę Jones. Przyznała, że ona i Naomi czasami wykradały się późną nocą, zwykle aby wyprowadzić psy na spacer. Naomi nie zamykała drzwi wejściowych na klucz albo zabierała klucz z sobą. Wykradały się, gdy Emma u niej nocowała, głównie z powodu nudy. Po wyjściu z domu chodziły po Ansley Common, trzymając się dobrze oświetlonych ulic.

– Z nikim się nie spotykałyśmy – stwierdziła Emma – po prostu chodziłyśmy po ulicach, dopóki nie zmęczyłyśmy się, a potem wracałyśmy z powrotem do Naomi. Ostatni raz wymknęłyśmy się w tym roku w maju.

Podczas różnych spotkań z Tonym Baylissem omówiliśmy znaczenie nocnych wycieczek Naomi. Przebywanie poza domem w prowokacyjnych ubraniach we wczesnych godzinach rannych wydaje się potwierdzać złożoność jej życia i fakt, że jego część ukryta była przed innymi.

Stwarzało to problemy dla prowadzącego śledztwo. Całkiem słusznie założył, że w celu efektywnego wykorzystania mediów i zachęcenia ludzi do pomocy o wiele lepiej byłoby, gdyby przedstawiono Naomi jako jednowymiarową, słodką, zwyczajną dziewczynę. Gdyby pojawiły się jakieś spekulacje na temat jej zepsucia lub używania narkotyków, potok informacji natychmiast zostałby zahamowany. Jednocześnie zabił ją ktoś, kogo znała, i dlatego trzeba było znaleźć wszystkich znajomych i odtworzyć wszystko, co robiła przed śmiercią.

– Problem w tym, że tak naprawdę nie znamy Naomi – powiedział Bayliss. – Prowadzimy śledztwo w środowisku, gdzie panuje swoboda obyczajowa i luźne zasady moralne i ni stąd, ni zowąd mamy do czynienia z niewinną Królewną Śnieżką brutalnie zamordowaną przez potwora. Z jednej strony jest ona dziewicą, czekającą na swego księcia z bajki, ale jednocześnie ta dziewica ma dwie prezerwatywy w kieszeniach dżinsów i starszego chłopaka.

– Kiedy miałeś piętnaście lat, Tony – zapytałem go – to czy twoi starzy wiedzieli o wszystkim, w co się pakowałeś?

– A gdzieżby – roześmiał się.

– Więc miałeś przed nimi tajemnice?

– No jasne.

– A jeżeli ktoś znał twoje tajemnice, to kto to był?

– No cóż, moi kumple.

– No właśnie. A kto jest najlepszą przyjaciółką Naomi?

– Emma.

Dwa dni po morderstwie Bayliss zadzwonił do specjalistki, by przesłuchała Emmę. Kobieta nauczyła się wywiadu kognitywnego na policji w Warwickshire. Jest to oznaką, jak daleko zaszły techniki przesłuchań w ciągu ostatnich dziesięciu lat.

Jednak Emma została przesłuchana zaledwie kilka godzin po łzawej konferencji prasowej, gdzie wystąpiła wraz z matką i ojcem Naomi. Przedstawiła swój smutek po utracie Naomi, „mojej najlepszej przyjaciółki".

– Ktoś mi ją odebrał. Trudno będzie żyć bez niej, zarówno mnie, jak i jej rodzinie. Była najmilszą osobą na świecie. Jej towarzystwo sprawiało mi przyjemność i razem byłyśmy szczęśliwe.

Po tak emocjonalnej i publicznej demonstracji lojalności w stosunku do Naomi i jej rodziców Emmie trudno byłoby ujawnić jakiekolwiek informacje na temat swojej najlepszej przyjaciółki, które mogłyby zaszkodzić jej reputacji lub zasmucić rodzinę. Teraz przybrała już swą pozę i nie chciała z niej łatwo zrezygnować. W rezultacie przesłuchanie Emmy nie ujawniło nowych informacji na temat życia Naomi.

Na prośbę Baylissa zgodziłem się ponownie porozmawiać z Emmą. Najpierw jednak chciałem spotkać się z Brianem Smithem, ponieważ niektóre aspekty jego zeznania nadal mnie zastanawiały. W szczególności chciałem sprawdzić, czy można ustalić dokładnie, w jakiej pozycji było ciało Naomi, kiedy je znalazł.

Catherine Smith wyglądała na bardzo kruchą kobietę, gdy ujrzałem ją w drzwiach bliźniaka w Ansley Common. Jej ból był namacalny. Brian siedział w fotelu w salonie, oglądając telewizję w ogromnym, stojącym w rogu telewizorze. Był dużym mężczyzną, z brodą i rzednącymi włosami, w srebrzystych spodniach od dresu i podkoszulce.

Siedząc obok niego na kanapie, próbowałem rozpocząć przesłuchanie i w końcu musiałem poprosić go, żeby wyłączył telewizor. Przeprowadziliśmy bardzo długą, skomplikowaną i ciekawą rozmowę i byłem zaskoczony tym, ile pan Smith wiedział o ubraniach i makijażu Naomi. Utrzymywał również bliski kontakt z Emmą.

Omówiliśmy cały dzień, w którym dokonano morderstwa, od czwartej rano, kiedy to wstał i pojechał do pracy w MGM Taxis, aż do wieczora, kiedy to Naomi wyszła, żeby wrzucić do skrzynki list matki.

Pośród nowych szczegółów ustaliliśmy, że gdy wychodziła, na stole w kącie pokoju znajdował się klucz od drzwi wejściowych. Według jego słów zawsze go tam zostawiała, gdy wychodziła niedaleko albo za chwilę miała wrócić. Znowu wskazywało to na fakt, że zamierzała wrócić prosto do domu natychmiast po wrzuceniu listu.

Pan Smith stwierdził, że to właśnie on zaproponował przeszukanie placu zabaw, a Emma zaofiarowała się pójść razem z nim. Było to niezgodne z pierwotnymi zeznaniami i nie wyjaśniało, dlaczego Emma poszła sama w ciemną alejkę.

Co ważne – pan Smith uparcie utrzymywał, że reflektory samochodu oświetliły białą plamę ciała Naomi. Leżała obok zjeżdżalni, a nie pod nią. Był co do tego nieugięty, mimo śladów krwi, które wskazywały na coś innego. Był pewien, że miała na sobie oba buty i że dżinsy oraz majtki były ściągnięte, ale nadal tkwiły na jednej nodze. Nie można było obwiniać go o pomyłkę – był zszokowanym, ogarniętym bólem ojcem, który odczuwał przemożną potrzebę zrozumienia, co się stało z jego córką. Wpłynęło to jednak na moją ocenę, na ile wiarygodne są jego zeznania o wyjściu Naomi z domu.

Okazało się, że kwestia ta nie będzie do końca rozstrzygnięta, chociaż pan Smith przyznał, iż opuścił sweter na odsłonięte piersi Naomi, by chronić to, co zostało z jej godności.

Pięć dni później, we wtorek 10 września wyszedłem z kursu negocjatorów, który prowadziłem w Leicester, i pojechałem na komendę, gdzie miałem spotkać się z Emmą Jones. Nie miał to być normalny wywiad kognitywny, który stosuję zazwyczaj, gdy ktoś powiedział już wszystko, co tylko pamięta. W tym przypadku Emma pamiętała więcej, niż chciała przyznać.

W większości wywiadów klinicznych, gdy po raz pierwszy rozmawiam z pacjentem, mówię mu, że na pewno sądzi, iż musi przede mną ukrywać różne rzeczy i kłamać. Wyjaśniłem to Emmie.

– W życiu każdego człowieka są rzeczy, których nigdy nikomu nie mówi. Niektórzy nawet ukrywają je przed samym sobą. Na pewno nie chcesz o takich rzeczach mówić bez żadnego przygotowania kompletnie obcej osobie. W miarę rozmowy będziesz się czuła coraz swobodniej i nie będziesz zakłopotana. W pewnej chwili zadam ci kolejne pytanie, a ty pomyślisz sobie: „Powinnam mu powiedzieć czy nie?". Musisz wiedzieć, że nie nazwę cię kłamczuchą ani nie będę myślał o tobie źle. Po prostu chcę, żebyś pomogła mi zrozumieć prawdę.

Siedzieliśmy w pokoju w komisariacie w Bedworth. Emma ściskała małą przytulankę, która należała do Naomi. Dostała ją od pani Smith i teraz nie chciała jej wypuścić. Dorosła dziewczyna w czarnej skórzanej kurtce wyglądała, jakby dopiero co przekręcono ją przez maszynkę. Nie mogła spać w nocy, a do tego obawiała się, że morderca zacznie jej szukać, po tym jak jej nazwisko pojawiło się w mediach.

Ciężko mi było sobie wyobrazić bardziej bolesną i trudną sytuację. Miała piętnaście lat i będąc na granicy pomiędzy dzieciństwem a dorosłością, znalazła się nagle w centrum dochodzenia w sprawie przerażającego morderstwa. Nie tylko zamordowano jej najlepszą przyjaciółkę, ale do tego sama znalazła jej ciało.

– Przykro mi, ale nie sprawię, że te obrazy znikną. Chciałbym, ale nie potrafię. Mogę obiecać, że stopniowo staną się coraz bledsze, a w miarę upływu czasu ustąpią miejsca innym zdarzeniom.

Wyjaśniłem, kim jestem, i powiedziałem, że podobnie jak wszystkie piętnastolatki na pewno ma tajemnice, o których wiedzą tylko najbliższe przyjaciółki.

– Są pewne rzeczy, których twoi rodzice mogliby nie zrozumieć albo by się im nie spodobały – powiedziałem. – Miejsca, które odwiedzałyście, wspólne przeżycia. Mam rację?

Skinęła głową.

– Żeby dowiedzieć się, co się stało i kto skrzywdził Naomi, naprawdę musimy o niej wiedzieć tyle, ile się da. Chociaż mieszkała z mamą i tatą i kochała ich, to na pewno są rzeczy, na które nie byli przygotowani, o których rozmawiała tylko z najlepszą przyjaciółką. Większość nastolatków jest taka sama.

Muszę dowiedzieć się wszystkiego o Naomi i muszę poznać ją tak blisko, że tylko ty możesz mi w tym pomóc. Wiem, że obiecałaś nikomu o tym nie mówić.

Skinęła głową.

– Ale teraz jesteśmy w trochę innej sytuacji. Ktoś zamordował Naomi. Pomyśl, gdyby Naomi tu była, to powiedziałaby: „Emmo, możesz powiedzieć".

– Ona… ona mówi do mnie – Emma wyrzuciła to z siebie, na chwilę kurczowo chwyciła misia. Wyjaśniła, że gdy ma przy sobie uzdrawiający kryształ, to śni się jej żywa Naomi, jak chodzi, rozmawia i wzywa mordercę. Bez kryształu ma okropne koszmary.

– Czy sądzisz, że Naomi chciałaby pomóc nam go złapać?

– Tak – wyszeptała.

Widziałem, że się trochę odpręża.

Razem sporządziliśmy na kartce listę tajemnic, jakie nastolatki mają przed rodzicami:

– stosunki seksualne,

– kradzież,

– wagary,

– picie i palenie,
– wychodzenie z domu w nocy,
– późne powroty do domu,
– przebywanie w niewłaściwym towarzystwie,
– narkotyki.

W miarę analizowania listy Emma przyznała, że Naomi nie była dziewicą i spała z wieloma chłopakami. Wolała aktywnych partnerów i interesowała się dwudziestolatkami, a nie partnerami w swoim wieku. Poza prezerwatywami, które dał jej ojciec, miała jeszcze osiemnaście innych.

Naomi z łatwością przenosiła swe uczucia z chłopaka na chłopaka, ale nie mogła się z żadnym z nich rozstać, więc co rusz chodziła z kimś innym. Nie lubiła uprawiać seksu na zewnątrz, ponieważ było to niezbyt wygodne i uważała to za „nieprzyzwoite".

Gdy Emma uświadomiła sobie, że nie będę jej krytykował, rozmowa stała się łatwiejsza, przyniosła swoiste katharsis, w miarę jak dziewczyna ujawniała skrywane doświadczenia. Opisała, jak czasami razem z Naomi wychodziły na spacer o drugiej albo trzeciej rano w spódniczkach mini i wyzywających ubraniach. Czasami zaczepiali je mężczyźni w samochodach, jednak one zawsze odrzucały ich oferty.

– Naomi zawsze chwaliła się tym, że faceci się jej przyglądają i mówią: „Cześć, maleńka". Wszyscy w szkole uważali, że jest brzydka, ale gdy przebierała się w wyzywające ciuchy, faceci uważali ją za seksowną.

Zazwyczaj po prostu wyprowadzały na spacer psy Naomi – Sandy i Tammy. Jednak ostatnio psy zabiły kota, więc Naomi oddała je w dobre ręce. Teraz Emma uważała, że gdyby psy były z Naomi, to nie zostałaby zamordowana.

Opisując noc morderstwa, Emma powiedziała, iż pomyślała wtedy, że Naomi może być w którejś z alejek z chłopcem, który się jej podobał.

– Przyszło mi do głowy, że znowu z nim poszła tam, gdzie już ich widziałam, w głębi alejki.

Kiedy wróciła do domu, zaofiarowała się przeszukać plac zabaw razem z Brianem, żeby ostrzec Naomi na wypadek, gdyby była tam z kimś.

– Pobiegłam i chciałam krzyknąć jej prosto w twarz: „A wy co tu robicie?!".

Zgodnie z tym, co usłyszałem, Naomi była dziewczyną o wiele bardziej światową i umiejącą skorzystać ze swoich kobiecych wdzięków, niż to się do tej pory wydawało. Nie było to jednak nic niezwykłego. Prawdę mówiąc, potwierdzało fakt, że była zupełnie normalną dziewczyną w systemie wartości, w którym funkcjonowała.

Naomi była świadoma swojej kobiecości i aktywna seksualnie. Czerpała przyjemność z szeregu związków z młodymi mężczyznami, zazwyczaj starszymi od niej. Jej niechęć do uprawiania seksu na zewnątrz dawała podstawy, by przypuszczać, że nie zgodziła się na szybki numerek pod zjeżdżalnią. Jednocześnie lubiła droczyć się z mężczyznami, nie rozumiała męskiej seksualności i nie zdawała sobie sprawy, że po przekroczeniu pewnej bariery bieg wydarzeń wymknie się spod jej kontroli.

W pierwszym tygodniu listopada, siedem tygodni po morderstwie, Tony Bayliss telefonicznie poinformował o znalezieniu sprawcy w wyniku badania DNA.

– Znaleźliśmy go od pierwszego kopa. Był na samym początku listy – powiedział. – Edwin Douglas Hopkins, koledzy nazywają go „Eddy", mieszka na błoniach Ansley Common, bardzo blisko placu zabaw.

– Zgarnęliście go już?

– Nie. Ustalamy w tej chwili wszystkie szczegóły całej historii i listę znajomych. Czy mógłbyś przejrzeć te akta?

Bayliss zdawał sobie sprawę, że na mocy Ustawy o ewidencji policyjnej i kryminalnej akt oskarżenia musi być zapięty na ostatni guzik, zanim dokona aresztowania. Należało też ustalić, czy nikt nie osłaniał sprawcy od chwili popełnienia morderstwa.

Następnego ranka do mojego gabinetu dostarczono ogromny segregator. Zawierał dziesiątki zeznań i sprawozdań z obserwacji Eddy'ego

Hopkinsa – dziewiętnastoletniego ucznia w zakładzie lakierniczym, który mieszkał z rodzicami i młodszym bratem.

Na Hopkinsa po raz pierwszy zwrócono uwagę 18 września, cztery dni po morderstwie, kiedy to zadzwonił na komisariat policji w Bedworth i powiedział dyżurującej policjantce:

– Moja mama zasugerowała, żebym zadzwonił. Byłem w noc morderstwa na Ansley Common. Mam 183 centymetry wzrostu i sterczące włosy koloru szary blond. Tej nocy miałem z sobą rower.

Tego samego dnia złożył zeznania. Opisał, jak przybył do domu z pracy około siedemnastej, a po kąpieli i zjedzeniu jakiegoś posiłku poszedł do siostry mieszkającej w odległości kilkunastu domów. Dwudziestodwuletnia Julie Hopkins mieszkała tam ze swoim chłopakiem Steve'em i dwójką dzieci. Według słów Hopkinsa około 21.30 wyszedł od nich. Pożyczył górski rower Steve'a i pojechał Ansley Common do sklepu. Zajęło mu to pięć do dziesięciu minut. Przejeżdżając obok Bretts Hall, nie zauważył niczego dziwnego.

Kupił osiem puszek piwa Carling Black Label i czternaście paczek chrupek po dziesięć pensów od azjatyckiego sklepikarza. Następnie pojechał z powrotem do domu siostry, w każdym ręku trzymając torbę z zakupami. W domu siostry był o dwudziestej drugiej i został tam, pijąc piwo aż do pierwszej nad ranem w piątek. Właśnie wtedy usłyszał, że nad placem zabaw krąży policyjny helikopter i zdecydował się razem z kuzynem wyprowadzić psy koło Bretts Hall, żeby zobaczyć, co się stało.

Policjanci, chodzący od domu do domu i przesłuchujący mieszkańców, 3 września przesłuchali Mary Oxford, z zawodu gospodynię domową, która stwierdziła, iż jej córka Rachel Hamilton powiedziała jej w zaufaniu, że w noc morderstwa Eddy Hopkins wpadł do ich domu o 22.30, prosząc o trochę szamponu i płynu po goleniu, ponieważ chciał wziąć prysznic.

Następnie policjanci przesłuchali Rachel, dziewczynę Johna Simpsona. Upierała się, że Hopkins poprosił ją o szampon o 18.00, a nie o 22.30. Według złożonych przez nią zeznań wyszedł z domu o osiemnastej z Johnem Simpsonem i zobaczyła ich dopiero około 23.45, kiedy obydwaj wpadli do domu, żeby wyprowadzić psy na spacer. Powiedzieli, że coś się stało przy Bretts Hall, i wyszli.

Piętnastego października Hopkins złożył kolejne zeznania i opowiedział, że kiedy uczęszczał do szkoły, do 1992 roku regularnie chodził na plac zabaw.

– Kiedyś ciągle grałem tam w piłkę i spotykałem się z kumplami. Jest to miejsce spotkań młodzieży. Od sześciu miesięcy tam nie chodziłem. Teraz głównie moim kumplem jest John Simpson...

Powtórzył swoją historię o tym, jak pojechał rowerem do sklepu na Birmingham Road, żeby kupić piwo i chrupki. Przypomniał sobie, że widział synów właściciela wykładających towar na półki i przygotowujących się do zamknięcia sklepu. Na pewno była już 21.45, kiedy wyszedł ze sklepu i pojechał bezpośrednio do siostry, ponieważ zaczął zacinać deszcz.

Następnie on sam, jego kuzyn i chłopak siostry grali na komputerze do północy, kiedy to usłyszeli hałas lecącego helikoptera. Z tyłu domu widać było reflektory omiatające Bretts Hall, więc Hopkins i Simpson poszli na spacer. Rozmawiali z policjantem, który nie wpuszczał przechodniów na plac zabaw, jednak nie dowiedzieli się od niego, co się stało. Kilka minut później spotkali miejscową dziewczynę, która powiedziała im, że zamordowano Naomi Smith.

– Wiedziałem, że dziewczyna o takim imieniu mieszka na osiedlu Bretts Hall i że jest przyjaciółką Emmy Jones. Znałem Emmę, ponieważ kiedyś chodziłem z jej siostrą Rebeccą. Widziałem Naomi i Emmę w naszej miejscowości i czasami z nimi rozmawiałem. To były takie zwykłe ogólne rozmowy, zazwyczaj miały z sobą psa. Ostatni raz rozmawiałem z którąś z nich kilka miesięcy temu. Nic mi nie wiadomo o chłopaku, który by z którąś z nich chodził, ani o kimś, kto byłby z nimi związany.

Zebrane dane ujawniły jedno raczej niepokojące zdarzenie związane z Hopkinsem, które miało miejsce w marcu 1993 roku. Miejscowa nastolatka doniosła, że została zaatakowana przez Hopkinsa na polach za placem zabaw. Twierdziła, że Hopkins śledził ją i gdy znaleźli się z dala od ludzi, podbiegł do niej. Według jej słów zdarł z niej legginsy i majtki, usiadł na niej okrakiem i ściągnął z niej ubranie, obnażając piersi. Zaraz potem uciekł.

Hopkins zaprzeczył wszystkiemu, wielu świadków przedstawiało sprzeczne zeznania. Zaraz potem dziewczyna wycofała oskarżenie, a policja musiała jedynie ograniczyć się do udzielenia Hopkinsowi ostrzeżenia i zakończyć śledztwo.

W miarę czytania nabierałem przekonania, że dochodzenie poszło we właściwym kierunku, a gdyby ktoś potrzebował dodatkowej wskazówki, to właśnie to zdarzenie nią było.

Edwin Hopkins pojawił się na samym początku śledztwa, a komputer umieścił jego nazwisko na szczycie listy kandydatów do badania DNA, przy uwzględnieniu kryteriów ustalonych w profilu psychologicznym. Pomimo to nie można było absolutnie sugerować, że policja mogła albo powinna była zidentyfikować mordercę wcześniej. Jego powiązania z Naomi nie były bardziej spektakularne czy ważkie niż stu innych młodych ludzi w okolicy. Byłaby to doskonała fabuła kolejnej powieści Agathy Christie, gdyby pisarka zechciała umieścić akcję na osiedlu mieszkaniowym zamiast w wiejskim dworku. Podejrzani byli wszędzie.

Z tego też powodu śledztwo okazało się doskonałą okazją do wykorzystania profilu psychologicznego w celu zawężenia kręgu podejrzanych. Nie tylko udało się zatrzymać podejrzanego, który w innych okolicznościach mógł umknąć uwadze policji, ale również zaoszczędzono sporo czasu i pieniędzy.

O świcie 16 listopada policjanci aresztowali Hopkinsa w szeregowcu jego rodziców przy West View na Ansley Common. Weszli ponadto do dwunastu innych domów w okolicy i dokonali jeszcze trzech aresztowań, zabierając podejrzanych do różnych komisariatów w Bedworth, Nuneaton, Atherstone i Rugby.

Dzień wcześniej odwiedziłem komendę policji w Warwickshire i przedstawiłem, w jaki sposób należy przesłuchiwać Hopkinsa. Podobnie jak w przypadku Gordona Wardella i Roberta Nappera ważne było, by Hopkins potwierdził swoje wcześniejsze stwierdzenie, że nie był na placu zabaw od sześciu miesięcy i nie rozmawiał z Naomi od lata.

W podobny sposób policja musiała dać mu szansę ponownego przedstawienia swojego alibi na noc morderstwa. Dzięki temu miał potwierdzić kłamstwa, które policja mogła bez trudu obalić. Hopkins przedstawił już historyjkę, która według niego oczyszczała go z zarzutów, jednak policja miała teraz wynik badania DNA, który potwierdzał ponad wszelką wątpliwość, że był obecny na placu zabaw w noc zabójstwa i że ugryzł Naomi podczas ataku.

Na początku przesłuchania Hopkins powiedział bardzo niewiele. Gdy skonfrontowano go z wynikami testów DNA, zgodził się, iż łączy go to z miejscem zbrodni i Naomi, jednak utrzymywał, że jej nie zamordował. Dwudziestego listopada w sądzie rejonowym w Nuneaton przedstawiono mu zarzut zamordowania Naomi Smith, lecz nie przyznał się do winy. Jednocześnie dwóch innych młodych ludzi w wieku dwudziestu trzech i dwudziestu jeden lat, którym postawiono zarzut utrudniania śledztwa, zwolniono za kaucją z obowiązkiem meldowania się na komisariacie w Bedworth.

Czternaście miesięcy później, 22 stycznia 1997 roku w Sądzie Koronnym w Birmingham rozpoczął się proces przeciwko Edwinowi Hopkinsowi. Gdy odczytano mu akt oskarżenia, ten trochę pulchny dwudziestolatek, patrząc wprost na ławę przysięgłych, składającą się z sześciu kobiet i sześciu mężczyzn, powiedział: „Niewinny".

Ociężały młody człowiek, o przeciętnej inteligencji i popularności, nie wyglądał w niczyich oczach szczególnie groźnie ani niegodziwie. Prawdę mówiąc, Tony Bayliss później przyznał się przed dziennikarzami:

– Hopkins sprawiał wrażenie zupełnie spokojnego młodego człowieka i brak było zewnętrznych oznak wskazujących, że może być podejrzany w tej sprawie.

Prokurator Colman Treacy powiedział sądowi, że Naomi padła ofiarą „zboczonego seksualnego ataku" i że bez wątpienia mają przed sobą jego sprawcę. Wyjaśnił również, że próbki śliny pobrane od Hopkinsa podczas badań DNA wykazały, iż jest poważnym podejrzanym. Dalsze badania krwi ujawniły, że DNA ze śliny znalezionej na ciele Naomi doskonale pasuje do DNA oskarżonego. W rezultacie istnieje szansa jak jeden do czterdziestu czterech milionów, że mordercą może być ktoś inny.

Kolejnych mocnych dowodów dostarczyła ekspertyza dentystyczna. W wieku siedmiu lat Hopkins spadł z roweru i wybił sobie jeden z przednich zębów. Inne zęby weszły w to miejsce, powodując asymetryczny układ zębów w górnej szczęce.

Kiedy doktor Andrew Walker, stomatolog sądowy, zbadał gipsowy odlew szczęki Hopkinsa, znalazł wszystkie nieregularności śladu po ugryzieniu piersi Naomi.

– Równie dobrze morderca mógłby zostawić swój podpis – podsumował prokurator Treacy.

Kiedy Hopkins wszedł za barierkę dla świadków, powiedział, że znał Naomi i czasami, gdy przejeżdżał na rowerze, zatrzymywał się, żeby pogawędzić z nią i jej koleżankami. Przez pewien czas chodził z Rebeccą – siostrą Emmy i według słów Emmy „Naomi całkiem go lubiła", chociaż nigdy się nie umówili.

Odnośnie do nocy morderstwa Hopkins podtrzymał swoją wersję wydarzeń, jakoby pił i grał w *Trivial Pursuit* w domu swojej siostry Julie na Ansley Common. Wyszedł około 21.30, żeby kupić piwo i chrupki w monopolowym. Cała podróż w obie strony zajęła mu około trzydziestu minut rowerem. Chociaż był w tym samym miejscu, gdzie Naomi wrzucała list do skrzynki, to nie pamięta, żeby kogoś widział po drodze.

Jednakże zapłakana Julie Hopkins zniszczyła alibi młodszego brata, kiedy zeznała sądowi, że jego wyjście do sklepu zabrało mu więcej czasu.

– Nie chciałam go wpędzać w kłopoty – powiedziała, wyjaśniając, dlaczego początkowo skłamała policji.

Hopkinsa nie było tak długo, że Julie zaczęła się martwić, sądząc, że zdarzył się jakiś wypadek. Kiedy wrócił czterdzieści pięć minut później, zauważyła, że włożył świeże ubranie. Wyjaśnił, że zatrzymano go z powodu braku świateł na rowerze, a ona pomyślała, że złapał go deszcz.

Kolejne dowody ujawniły, że Hopkins przejawiał niezwykłe zainteresowanie maczetami i nożami w stylu Rambo, których spora kolekcja wisiała na ścianach jego sypialni i które często nosił przy sobie. Kiedy był małym chłopcem, ojciec nauczył go obdzierać ze skóry króliki i razem często chodzili polować na polach i w lasach wokół Nuneaton.

Po siedmiu dniach przedstawiania materiałów dowodowych Hopkins nie okazał żadnych emocji, gdy sąd uznał go winnym.

Opisując go jako dzikiego mordercę o sadystycznych cechach, sędzia Tucker powiedział:

– W opinii sądu jest pan bardzo niebezpiecznym młodym człowiekiem. Sąd bierze również pod uwagę pana młody wiek. Dlatego też zostaje pan skazany na dożywotnie więzienie.

Praca Baylissa i jego asystenta Gino Varrialego nie kończy się w tym miejscu. Śledztwo doprowadzono do pomyślnego finału, ale widzieli tyle bólu, zamieszania i tajemnic w małej społeczności, że musieli dowiedzieć się, co się wydarzyło, a wiedząc, kto był sprawcą, także – dlaczego się to wydarzyło.

Tylko jedna osoba – Edwin Hopkins – może ostatecznie odpowiedzieć na te pytania. Bayliss i Varriale nie spoczną, dopóki tego nie zrobią, bo tylko wtedy będą lepiej przygotowani na takie zdarzenia w przyszłości.

25

OD KIEDY PO RAZ PIERWSZY PUBLICZNIE WYMIENIONO MOJE NAZWISKO w związku z policyjnym śledztwem, świadom jestem, że ludzie w różny sposób postrzegają moją pracę. Również niewiele pomogły mi takie filmy, jak *Milczenie owiec* czy *Cracker.* Nawet przyjaciele rzucają komentarze, że moja praca musi być bardzo podniecająca. Minęło wiele czasu, zanim zrozumiałem ich reakcje.

Niektórzy uważają, że psycholog-detektyw przechadza się po miejscu zbrodni, które według ich wyobrażeń jest czystym i schludnym miejscem, jak w powieściach Agathy Christie. W rzeczywistości morderstwo popełnione w angielskim dworku może być równie odrażające co śmierć prostytutki w przeżartym narkomanią osiedlu komunalnym, a mogą za nim stać równie obrzydliwe motywy. Są osoby, które traktują psychologa jako coś pośredniego pomiędzy jasnowidzem a szamanem. Nie ufają temu, czego nie rozumieją, lub wręcz przeciwnie – akceptują to bez zastrzeżeń.

Jedno z najbardziej przerażających i niepokojących zdarzeń, które pamiętam, to przypadek pewnego psychologa, który udzieliwszy porady w kwestii morderstwa, opisał to jako „najbardziej ekscytujące, podniecające i dające satysfakcję doświadczenie w całym życiu. To było lepsze niż seks".

Uważam to za odrażające. Przeraża mnie myśl o kolejnych telefonach od policji i nienawidzę każdej chwili w procesie odtwarzania zbrodni.

Czemu więc to robię? Cóż, odpowiedź jest prosta. W ciągu ostatnich piętnastu lat mógłbym naliczyć zaledwie tydzień, w którym nie zetknąłem się ze smutkiem i cierpieniem spowodowanym przez zbrodnię. Wysłuchuję ofiar gwałtów i widzę rodziny przybite śmiercią ukochanej osoby. Ponadto widzę i słyszę, co robią przestępcy i mordercy na tle seksualnym, i wiem, co nimi kieruje. Czy może istnieć potężniejsza motywacja niż chęć zapobieżenia nowym nieszczęściom?

Nie ma w tym nic bohaterskiego ani podniecającego. Zazwyczaj kiedy stykam się z daną sprawą, ktoś już nie żyje, a ja sam jestem nieustannie świadom, że jeśli popełnię błąd i skieruję śledztwo w złym kierunku, to może zginąć kolejna ofiara. Przypomina to zbliżanie się do strefy mroku. Jedyna dobra rzecz to chwila, gdy się przez nią przebrnie.

W Wielkiej Brytanii profilowanie po raz pierwszy zastosowano na początku lat osiemdziesiątych. Nie chodziło jedynie o to, na ile niezawodna jest ta metoda ani jaką wagę policja może przywiązywać do moich ustaleń. Pytali po prostu: „Co mamy z tym zrobić?".

Mogłem im powiedzieć, dlaczego dokonano danego przestępstwa, że sprawca zbliżał się do pięćdziesiątki, miał określoną pracę, wykształcenie, styl życia, miejsce zamieszkania i w jaki sposób zareaguje na działania policji. Dopóki jednak policja nie decydowała się zrobić czegoś z tymi informacjami, nie miały wielkiej wartości operacyjnej. Poczynienie jakichś kroków oznaczało ponoszenie odpowiedzialności, angażowanie swojego czasu, pieniędzy i personelu. Skąd mogli jednak wiedzieć, że mam rację? Co by się stało, gdybym się pomylił?

Większość oficerów śledczych korzystała z moich rad, kilku je zignorowało, a kilku czekało na potwierdzenie chociaż jednego z moich przewidywań i wtedy dopiero bliżej przyglądało się pozostałym stwierdzeniom.

W ciągu tych lat psychologiczna analiza zbrodni rozwinęła się i zyskała na znaczeniu. Niedowiarkowie sprzed lat są teraz zwolennikami profilowania. Wykorzystanie profilowania do wybrania kandydatów w celu badania DNA w przypadku poszukiwania mordercy Naomi jest doskonałym przykładem, jak bardzo policja zaczęła ufać tej nowej metodzie w porównaniu z początkami jej stosowania.

Nie wiem, jak długo będę jeszcze zajmował się morderstwami i przestępstwami na tle seksualnym. Wiele lat temu uświadomiłem sobie, że zamiast przynosić swoją pracę do domu, pozostawiam cząstkę siebie na każdym miejscu zbrodni. Zastanawiam się tylko, czy któregoś dnia nie zabraknie mnie zupełnie i czy będzie miał kto wrócić do rodziny.

Jestem w tym młynie już od wielu lat. Uczestniczyłem w ponad stu śledztwach. To więcej spraw, niż wielu oficerów poprowadzi w ciągu swojej całej kariery.

Mógłbym to kontynuować, ale wydaje mi się, że o wiele ważniejszy jest fakt, by policja mnie nie potrzebowała, z wyjątkiem jedynie najtrudniejszych przypadków. Sądzę, że należy zorganizować seminaria i szkolenia, które umożliwią oficerom poznanie podstawowych psychologicznych przesłanek i zasad rządzących różnymi rodzajami przestępstw.

Ponadto będę kontynuował pracę związaną z oceną ryzyka i zapobieganiem przestępstwom. Oznacza to, że będę miał więcej pracy w niektórych obszarach działalności, przede wszystkim szkoląc ludzi, by byli bardziej czujni i przygotowani na atak, a przez to mniej narażeni, aby stać się ofiarą.

Nadal będę doradzał spółkom i innym instytucjom, w jaki sposób reagować na groźby i organizować przeciwdziałanie, by osiągnąć najlepsze rezultaty. Nigdy nie zapomniałem porwania Abbie Humphries – kamery bezpieczeństwa w Queen's Medical Centre były zainstalowane w takich miejscach, że zdjęcia z nich okazały się najbardziej destruktywnym aspektem całego śledztwa. Ich jakość była tak niska, że nie miały żadnej wartości, a mimo to stały się przedmiotem ożywionej debaty, czy powinny być opublikowane. Co ważne, brak było zdjęć „pielęgniarki" zrobionych w tych częściach szpitala, gdzie ryzyko było największe.

Pamiętam również przypadek zatrucia odżywek dla niemowląt Heinza, kiedy to rady psychologa okazały się bardzo ważne dla opracowania reakcji policji.

Z prac badawczych wiadomo, co motywuje ludzi do mordowania, więc muszą istnieć sposoby, by dowiedzieć się, jak można ich powstrzymać. Jak pilna jest to kwestia, wskazuje strzelanina w szkole podstawowej w Dunblane. Nawet biorąc pod uwagę tę niewielką część materiałów na temat Thomasa Hamiltona, z jakimi się zapoznałem, istniały wystarczające przesłanki, by stwierdzić: „Temu facetowi lepiej nie dawać broni do ręki".

Nie sugeruję, że można było zapobiec morderstwu. Nawet bez strzelby pan Hamilton mógł znaleźć inne sposoby, by zabić dzieci w Dunblane, jednak w sytuacji, w jakiej się znalazł, dostał do ręki środki. Odmowa wydania pozwolenia na broń wskazywałaby, że coś jest nie w porządku.

Kiedy w czerwcu 1992 roku ukończyłem opracowanie na temat profilowania na świecie na potrzeby Ministerstwa Spraw Wewnętrznych, moje zalecenia zostały zaakceptowane. Miały na celu uczynienie z Wielkiej Brytanii, w ciągu dwóch–trzech lat, europejskiego ośrodka profilowania na najwyższym poziomie. Niestety postęp okazał się o wiele wolniejszy.

Problem leży w tym, że pojawia się zbyt wiele osobistych interesów i planów zacierających podstawowe cele. W każdym zawodzie istnieją drobne zawiści, ale w dziedzinie profilowania wydaje się je spotykać na każdym kroku. Jeden z producentów radiowych BBC, który chciał zrobić program na temat profilowania, powiedział mi przy jakiejś okazji: „Od dawna zajmuję się robieniem reportaży, ale nigdy jeszcze nie natknąłem się na środowisko tak pełne wrogości i niechęci".

Nadszedł teraz czas, by profilowaniem zajęli się nowi ludzie, ludzie, którzy nie zaangażowali się w udowadnianie, że mają rację w określonym przypadku lub że ktoś inny jest w błędzie. Prawdziwy naukowiec musi stwierdzić: „No cóż, przyjrzyjmy się bliżej profilowaniu. Uczyńmy je przedmiotem badań podobnie jak pamięć, język, czynności poznawcze. Niech przestanie być utożsamiane z pół tuzinem ekspertów, a stanie się umiejętnością, której można się nauczyć, którą można udoskonalić i która może doprowadzić do zwiększenia efektywności śledztwa".

Wprowadzi to do działań niezależnych psychologów eksperymentalnych, którzy będą tę nową dziedzinę wiedzy kwestionować, usuwać plewy i pozostawiać ziarno solidnej wiedzy.

W swojej karierze zawodowej miałem to szczęście, że pracowałem z najlepszymi policjantami i policjantkami – inteligentnymi, bezpośrednimi i pragmatycznymi ludźmi, którzy w cudowny sposób ogarniali skomplikowane szczegóły i bogactwo informacji. Ogólnie rzecz biorąc, założyli, że skorzystają z wszystkiego, co może im pomóc w śledztwie.

Smutne jednak jest to, że pojawienie się psychologii w dochodzeniu jest podchwytywane i nagłaśniane przez media. Może to prowadzić do niezadowolenia, niekoniecznie wśród ekipy śledczej, ale wyżej – pośród osób odpowiedzialnych za podejmowanie decyzji, na skutek obawy, że staną się niepotrzebne albo niedocenione.

Sytuacja ta zmieni się. Kilka lat temu kryminolog, który pojawił się na pierwszych stronach gazet i zdobył uznanie opinii publicznej, stawał się inspiracją powieści kryminalnych, sztuk telewizyjnych i filmów fabularnych. Teraz psychologia i profilowanie cieszą się zainteresowaniem. Zainteresowanie to przeminie i wkrótce osoby przygotowujące profile będą uznawane za jeszcze jedno źródło, z którego może korzystać policja.

Jeżeli zaś chodzi o wpływ, jaki praca wywiera na mnie, to widzę go zupełnie inaczej niż wiele lat temu, kiedy startowałem w zawodzie. Postrzegam teraz zjawiska w kategoriach ryzyka. Zwracam uwagę na kobiety, które odbierają listy od listonosza ubrane w szlafrok lub nie zasłaniają okien w nocy. Właśnie to może stanowić bodziec, którego potrzebuje podglądacz. Teraz może się to wydać oczywiste, że gdyby Samantha Bissett mieszkała na drugim piętrze, to ona i Jazmine żyłyby nadal. Równie oczywiste jest to, że gdyby zamykała drzwi balkonowe i zasłaniała w nocy zasłony, to Robert Napper nigdy by jej nie namierzył.

Podobne wrażenie odnoszę, gdy widzę młode, zanoszące się śmiechem kobiety, które wychodzą z hoteli. Patrzę na nie i oceniam, na jakie ryzyko są narażone. Wszyscy staramy się stworzyć swój własny wizerunek poprzez ubrania, sposób zachowania i wszystko, co mówimy. Pozwala to dostrzec inne aspekty życia człowieka, dzięki czemu można z kolei ocenić, jakie są nasze szanse stania się ofiarą drapieżników.

Obecnie, chodząc ulicami, zauważam rzeczy, których nie widziałem piętnaście lat temu. Widzę, w jaki sposób ludzie wykorzystują swoje ciała, twarze i głosy, co noszą na sobie, w jaki sposób prowadzą samochód i odnoszą do siebie. Brzmi to okropnie, ale sądzę, iż jednym z powodów, dla których nie angażuję się tak chętnie w rozmowy, jest to, że nawet nie chcąc, uzyskuję informacje o ludziach. Nie są to szczegółowe informacje dotyczące ich życia, ale poznaję ich osobowość i sposób myślenia. W pewnej chwili stwierdzam, że wiem o nich więcej, niż kiedykolwiek miałem na to ochotę.

Mój syn Ian, będący teraz moim asystentem, i córka Emma wspaniale skomentowali to któregoś dnia, gdy wziąłem z talerza kromkę chleba, do której przykleiła się druga kromka chleba.

Ian stwierdził:

– Założę się, że gdybyś był inżynierem materiałowym, to czy chciałbyś tego, czy nie, pomyślałbyś o sile tarcia, wytrzymałości na rozciąganie i temu podobnych rzeczach.

A Emma dodała:

– Chciałeś tylko kromkę chleba, a twoje wykształcenie podpowiedziałoby ci te wszystkie dodatkowe informacje.

Z perspektywy minionych lat nie pamiętam twarzy ofiar. Zazwyczaj oglądam zdjęcia robione po śmierci, kiedy w ich oczach czai się pustka. W pamięci pozostaje tylko ich osobowość, ponieważ moja praca w dużej mierze polega na poznawaniu ich życia i wszelkich intymnych przeżyć. Fakt, że je poznaję i dowiaduję się, co je spotkało, sprawia, że jeszcze mocniej odczuwam ból i smutek po ich śmierci. Z pewnością nie jest to praca przyjemna.

Wspomnienia te nigdy nie chcą mnie opuścić i to one są najpotężniejszą przyczyną, dla której nie mogę powiedzieć „nie", kiedy policja prosi o pomoc. Za każdym razem widzę setki umysłów, tłum ludzi, których zamordowano, zgwałcono, wykorzystano seksualnie, poniżono i nieustannie pamiętam, że gdzieś istnieje człowiek, który nadal będzie to robił. Najprawdopodobniej teraz w ukryciu rozpamiętuje to, co zrobił, napawa się wspomnieniami i podnieca go sama myśl o tym. Morderca nie jest tworem dziennikarzy, jest prawdziwy, przebywa na wolności, a jego podniecenie będzie z biegiem czasu narastać. Nie zawsze mogę przewidzieć, kiedy to nastąpi, ale jestem pewien, że jeżeli się go nie powstrzyma, to będzie zabijał kolejne ofiary.

Czyż mogę wtedy odmówić?